엔트로피와 경제

인간 활동에 관한 또 다른 시각

이 도서의 국립중앙도서관 출판예정도서목록(CIP)은 서지정보유통지원시스템 홈페이지(http://seoji.nl.go.kr)와 국가자료공동목록시스템(http://www.nl.go.kr/kolisnet)에서 이용하실 수 있습니다. CIP제어번호 : CIP2017002646(양장) CIP2017002647(반양장)

인간 활동에 관한 또 다른 시각

엔트로피와 경제

니콜라스 게오르게스쿠-뢰겐 지음
김학진·유종일 옮김

THE ENTROPY LAW AND THE ECONOMIC PROCESS

한울
아카데미

THE ENTROPY LAW AND THE ECONOMIC PROCESS

by Nicolas Georgescu-Roegen

차례

옮긴이의 말

위키피디아에 따르면, 니콜라스 게오르게스쿠-뢰겐(Nicholas Georgescu-Roegen, 1906~1994)은 루마니아 태생의 수학자, 통계학자, 경제학자로, 1971년 발간된 이 책이 그의 대표작이라고 소개되어 있다. 생태경제학(ecological economics)의 선구자라 할 수 있는 뢰겐은 부쿠레슈티, 파리, 런던에서 수학한 후 루마니아로 돌아가 부쿠레슈티대학에 재직하다가, 미국 테네시 주 벤더빌트대학으로 옮겨 1976년 70세로 은퇴할 때까지 재직하였다. 그는 부쿠레슈티대학 재직 중 하버드대학에서 잠시 연구할 기회를 가졌는데, 그때 인연을 맺은 슘페터(Joseph Schumpeter)의 제자로 알려져 있다. 이 책의 내용 중 일부는 우리나라에 비교적 널리 알려진 리프킨(Jeremy Rifkin)의 책, 『엔트로피(Entropy: A New World View)』(1980)의 여러 부분에 인용되고 있다. 게오르게스쿠-뢰겐은 그 책의 발문을 썼으며, 리프킨은 그 책을 스승인 게오르게스쿠-뢰겐에게 바친다고 책머리에 적고 있다.

엔트로피는 이 책에서 게오르게스쿠-뢰겐이 가장 핵심적으로 다루는, 경제과정과 자연환경의 상호작용에서 핵심적인 개념이다. 슈뢰딩거(Erwin Schrödinger)가 오래전에 『생명이란 무엇인가?(What is Life?)』(1944)에서 논의했듯이, 경제과정을 포함하여 모든 생명활동은 사실 우리에게 유용한 낮은 엔트로피를 얻는 과정이고, 이 과정에서 불가피하게 에너지와 물질이 쓸모없는 형태로 흩어지고 폐기물이 되면서 지구 전체적으로는 엔트로피를 증가시킨다. 경제적 가치는 우리 삶에 유용하고 즐거움을 주는 것이지만, 그 밑바탕에는 자연의 낮은 엔트로피가 존재한다. 광물자원이나 에너지자원의 형태로 집적되어 있는 낮은 엔트로피나 햇빛을 통해 지구로 전달되는 태양에너지 형태의 낮은 엔트로피 없이는 어떤 생명활동이나 경제과정도 성립할 수 없다. 따라서 낮은 엔트로피는 가치의 충분조건은 아니지만 필요조건이다. 낮은 엔트로피를 음의 엔트로피(negative entropy) 혹은 축약하여 네겐트로피(negentropy)라고 부르기도 한다.

문제는 이러한 낮은 엔트로피는 한정된 것이며 시간이 흐름에 따라 항상 감소한다는 데 있다. 즉, 잘 알려진 대로 엔트로피는 항상 증가한다. 따라서 낮은 엔트로피야말로 본질적으로 희소한 것이다. 경제과정은 자연에서 낮은 엔트로피를 걸러내어 경제적 가치를 생산하는 것으로부터 비롯되는데, 이 과정에서 낮은 엔트로피의 일부가 어쩔 수 없이 폐기물이 되고 그 결과 지구 전체의 엔트로피는 더욱 증가한다. 따라서 경제과정은 자연적인 엔트로피 증가를 가속화한다. 주류 경제학은 경제과정과 자연환경과의 이러한 상호작용을 무시함으로써 마음 편히 산업화와 경제성장을 찬양하고 있지만, 그 근저에서는 낮은 엔트로피라는 근원적으로 희소한 자원의 소진이 가속화하고 있는 것이다. 게오르게스쿠-뢰겐은 단순한 성장(pure growth)과 진정한 발전(development proper)을 구분할 것을 제안한다. 단순한 성장이란 낮은 엔트로피를 걸러내는 기존의 과정을 확대하는 것인 반면, 진정한 발전은 더욱 정교한 방법으로 낮은 엔트로피를 걸러내어 동일한 경제적 가치를 생산할 때 발생하는 폐기물과 지구 전체의 엔트로피 증가를 줄이는 것이다.

옮긴이의 말은 보통 번역서의 뒷부분에 놓는데 이를 책의 앞에 놓은 것은 우선 이 책이 어느 분야의 사람이든—자연과학자든 경제학자든 쉽게 읽기 힘들기 때문에 몇몇 전문 용어를 포함하여 전반적인 내용에 관한 대략적인 설명이 필요하다고 느꼈기 때문이다. 또한 이 책이 발간된 지 40년이 넘었음에도 그 선구자적 의미를 대략 소개하는 것이 이 책을 이해하는 데 도움이 될 것이라고 생각하기 때문이다. 먼저 이 책에 나오는 몇몇 중요 용어를 살펴보고, 이 책의 경제학적 의미에 관하여 생각해보기로 하자.

고립계, 닫힌계, 열린계: 엔트로피는 물리학, 화학, 일부 공학 분야에서 가르치는 과목인 열역학에 나오는 용어이다. 에너지와 같은 열역학 용어는 이미 생활용어로 자리 잡고 있지만 열역학 용어들은 대부분 번역어이기 때문에 정확하게 이해하기 쉽지 않다. 열역학에서는 관심 대상 혹은 부분을 계(界, system)라고 하고, 계를 제외한 나머지 부분을 주변 혹은 환경이라고 한다. 우주는 계와 주변을 합친 전체로, 유일하게 주변이 없는 계이다. 계는 주변과의 상호 작용 형태에 따라, 다시 말하면 계와 주변 사이에 있는 경계의 특성에 따라 세 가지로 나뉜다. 주변과 아무런 상호 작용이 없는 계는 고립계(isolated system)이며, 주변과 에너지 교환만 하는 계는 닫힌계(closed system)이며, 주변과 에너지는 물론 물질도 교환하는 계는 열린계(open system)이다. 인간의 피부와 같이 경계가 진공이 아닌 물질로 되어 있으면, 계와 주변 사이의 열전도를, 즉 에너지 교환을 막을 방법은 없다. 태양 에너지가 지구로 전달되는 것에서 알 수 있듯이, 빛(전자기파)을 통한 에너지 전달은 경계가 진공인 경우에도 가능하다. 물질은 그 온도에 상응하는 전자기파(빛)를 내어놓기 때문에 온도가 서로 다른 계와 주변 사이의 에너지 이동은 어떤 경우에도 완벽하게 막을 수 없다. 달리 말하면, 주변과 물질은 물론 에너지 교환도 하지 않는 엄밀한 의미의 고립계는 우주, 주변 자체가 없는 우주뿐이다. 가끔 지구에 떨어지는 운석과 지구 바깥으로 보내졌다 돌아오는 우주선(宇宙船)을 무시하면, 지구를 출입하는 것은 태양 등 외계에서 들어오는 높은 에너지의 빛과 지구에서 외계로 방출되는 (지구 온난화 설명에 등장하는) 낮은 에너지의 복사열, 즉

빛 에너지뿐이기 때문에 지구는 닫힌계이다. 가끔 우리에게 필요한 물질을 달과 같은 다른 천체에서 가져오는 구상을 하기도 하지만, 그에 소요될 에너지를 생각하면 아직 우리가 상상하지 못하는 신기술이 나타나지 않는 한 우리가 사용할 수 있는 물질은 오롯이 지구에 있는 것들뿐이라는 것이 타당하다. 과학자의 부정적 예견은 항상 거꾸로 실현된다는 이야기가 있지만 말이다. 생명체를 포함하여 우리가 일상생활에서 접할 수 있는 거의 모든 대상은 열린계를 구성한다. 이런 계들은 단순하든 복잡하든 어떤 구조를 가지고 있으며, 그 구조는 우리가 경험에서 알고 있는 것처럼 언젠가는 붕괴하고 소멸한다. 넓게 보면 엔트로피는 이런 우리의 경험에서 찾아낸 열역학적 양이다.

열역학 제2법칙: 엔트로피 법칙이라고도 불리는 열역학 제2법칙은 산업혁명 시대에 개발된 증기기관의 작동 원리를 탐구하는 과정에 기원을 두고 있다. 증기기관은 석탄의 열에너지를 일(work)로 바꾸는, 즉 방향을 가진 변화를 만들어내는 에너지 변환 기구이다. 열과 일은 열역학적 정의가 필요한 열역학 용어이다. 열역학에서 열은 두 가지 의미로 사용된다. 하나는 물질의 뜨겁고 차가운 정도로, 즉 온도로 표현되는 에너지의 한 가지 형태—물체를 구성하는 입자들의 무질서한 운동 에너지—를 의미하며, 다른 하나는 열에너지의 변화가 일어나는 에너지 전달 방식을 의미한다. 엔트로피 변화는 열에너지가 변화할 때 일어난다. 일은 엔트로피 변화 없이 일어나는 에너지 전달 방식이다. 하지만 현실적으로 줄일 수는 있어도 완전히 없앨 수는 없는 마찰로 인해 엔트로피 변화가 전혀 일어나지 않는 에너지 전달 과정은 실제로 존재하지 않기 때문에 일은 과학적 분석을 위한 가상적인 과정이거나 근사적인 과정이다. 일은 에너지 자체가 아니라, 힘을 가하여 일어나는 변화인데, 일과 힘을 혼동하는 것은 쉽게 볼 수 있다. 일과 관련된 힘에는 뉴턴의 식 $F = ma$로 표시되는 역학의 힘 이외에도 다양하게 정의되는 열역학적 힘들이 있다. 증기기관은 열과 일이라는 에너지 전달 과정들이 합해져 작동하는데, 각 전달 과정에서 이동하는 에너지의 형태와 그 양은 경로에 따라 달라진다. 19세기 과학기술자들이 이 에너지 변환 과정을 이해하려고 노력하던 중에 에너지 전달 경로와 무관한 새로운 양을, 즉 엔트로피를 찾아냈다(혹은 만들어냈다). 열역학에서는 경로와 무관하게, 즉 과거 이력(인문학적으로 달리 표현하면 역사)과 무관하게 주어진 상태에 의해서만 결정되는 변수를 선호하는데, 이를 상태 함수(state function)라고 하며, 엔트로피는 상태 함수이다.

어떤 과정의 엔트로피 변화량은 그에 수반되는 열에너지 변화와 관련되어 정의되는데, 이를 바탕으로 인간의 경험을 법칙화한 것이 열역학 제2법칙이다. 엔트로피 법칙은 고립계에 관한 법칙으로, 예컨대 우주에서 일어나는 변화의 방향은 계의 엔트로피가 증가하는 방향이라고 말한다. 고립계는 주변과 아무런 상호 작용이 없기 때문에 고립계에서 일어나는 변화는 저절로 일어나는 변화로, 열역학 용어로 표현하면 자발적인(spontaneous) 변화이다. 엔트로피가 증가하는 자발적인 변화는 여러 가지로 표현된다. 인간이 일로 쉽게 변환할 수 있는 에너지가 변환하기가 거의 불가능한 형태로 흩어진다는 의미에서 분산(dispersive) 혹은 소산(消散, dissipative)이라고 한다. 이 책에서는 그냥 엔트로피 과정 혹은 'degradation'이라고 표현하는데, 이를 열성화(劣性化)라고 옮겼다. 다른 문헌에서는 열화(劣化)라는 표현도 볼 수 있다.

엔트로피 변화량은 정확하게 정의되며, 에너지와 달리 상황에 따라서는 그 절댓값도 계산할 수 있지만, 여러 가지 이유로 인해 엔트로피 그 자체를 이해하기는 쉽지 않다. 우선 열역학 제2법칙은 고립계의 엔트로피가 증가한다는 것 이외에, 열은 뜨거운 것에서 차가운 것으로 흐르지만 차가운 것에서 뜨거운 것으로 흐르지 않는다든지, 일은 열로 100% 바뀌지만 열은 일로 100% 바뀌지 않는다는 것 등 일상생활에서 접할 수 있는 표현으로도 기술된다. 이 표현들은 순환적이며, 따라서 동등하지만 그 동등성을 직관적으로 받아들이기는 쉽지 않다. 엔트로피 변화를 측정하는 도구는 온도계, 수도 검침기, 전기 계량기 등과는 달리 간단하지 않다. 엔트로피 변화량은 계의 온도 변화와 출입하는 에너지 변화를 동시에 측정해야 그로부터 계산될 수 있다. 또한 에너지 변환 과정에서 생겨난 엔트로피 개념이 물질의 구성으로, 즉 혼합으로 확장되기 때문에 모호함이 더해졌다. 이상하게 들리겠지만 엔트로피라는 용어 자체가 고등학교 과학 교과과정에 도입된 것은 근래의 일인데, 현재 고등학교 과학에서 다루는 엔트로피에 대한 정의는 무질서도(disorder)이다. 하지만 이는 의인화된 표현으로, 즉 인간중심적인 표현으로 엔트로피에 대한 오해를 낳기 쉽다. 접시 물에 파란 잉크 한 방울을 떨어뜨리면 잉크는 현란한 무늬를 만들며 퍼져나가고, 조금 시간이 지나면 접시 물은 한 가지 톤의 푸른색이 될 것이다. 이 현란한 무늬를 미술 작품으로 만드는 기법을 마블링이라고 한다. 사람들은 보통 현란한 무늬의 접시 물이 단조로운 색조의 접시 물보다 무질서하다고 느끼지만, 엔트로피 법칙은 나중에 나타나는 단조로운 색조의 접시 물의 엔트로피가 더 높다고 말한다. 엔트로피 개념은 에너지의 열성화와 물질의 분산을 넘어 볼츠만(L. Boltzmann)의 확률론적 해석의 확장을 통해 정보통신 이론에서도 나타났는데, 이 책에 나오는 이 새로운 엔트로피 개념에 관한 비판적 논의는 관련 분야 전문가들도 유념할 만한 내용이다.

에너지, 자유 에너지: 엔트로피와 밀접하게 연관되어 있는 에너지는 이미 생활용어이지만 그 본질적인 속성을 한정하여 정의하는 것은 불가능하다. 댐에 가둔 물의 위치 에너지는 mgh, 구르는 돌의 운동 에너지는 $mv^2/2$ 등과 같은 명시적 정의가 가능할 뿐이다. 우주론에서 나오는 암흑 에너지(dark energy)는 그것이 구체적으로 무엇인지 모른다는 말의 다른 표현이다. 열역학 제1법칙은 에너지 보존 법칙인데, 이 말 그대로, 변화가 일어날 때 변화하지 않는 어떤 양을 에너지라고 부른다는 파인먼(R. Feynman)의 설명도 있다. 아인슈타인이 $E = mc^2$ 식을 통해 에너지와 질량의 등가성을 찾아냈듯이 새로운 현상에 대한 이해 결과 새로운 형태의 에너지가 나타날 가능성은 항상 열려 있다. 아인슈타인의 식으로 인해 물질과 에너지의 구분이 모호해질 수도 있지만 입자 가속기나 원자로와 같은 극한의 조건을 제외하면 물질과 에너지 사이의 상호 변환은 무시할 만하다. 이런 배경에서 어떤 상태에 있는 물질 혹은 계의 에너지는 과학자들이 정한 기준 상태의 에너지와의 차이로 규정된다. 이 책에서 자주 논의되고 있는 에너지의 한 가지 형태는 자유 에너지(free energy)인데, 열역학에서 자유 에너지는 계의 변화 방향에 관한 정보 등을 제공하는 에너지 형태이며, 일로 변환 가능한 에너지이다. 이 책에서는 'free energy'가 인간이 사용 가능한 에너지라는 점을 강조하고 있기 때문에 가용 에너지로도 옮겼다.

계량형태: 이 책에서 비판적으로 다루고 있는 여러 내용 중 하나는 '어린 왕자'가 어른들의 특성이라고 묘사한, 어떤 사물, 개념, 성질 등을 숫자로 표현하는 경향이다. 게오르게스쿠-뢰겐은 이에 대해 arithmomorphic이라는 단어를 만들어 설명하는데, 이 말은 '계량형태'로 옮겼다. 이 특성은 많은 학문분야에서 뉴턴으로부터 출발한 고전물리학의 성공을 닮으려는 데서 유래한 것으로, 물리학 이외의 자연과학 분야들은 물론 사회과학에도 커다란 영향을 주고 있다. 이 책에서 논의되는 것처럼 정량적으로 다루는 데서 오는 편리함은 너무도 크며 특히 서열화를 중시하는 문화권에서는 매우 편리한 기준을 제공하기 때문에, 물리학 이외의 분야에서 수식과 그에 따른 수(數)를 기반으로 하는 정량적인 과학인 물리학을 닮으려는 것은 충분히 이해할 만하다. 하지만 세상은 그렇게 단순하지 않아, 많은 것들을 숫자로 표현할 수 없으며, 무리하게 계량형태를 추구함으로 인해 생기는 폐해는 심각하다. 당연하지만 사회가 복잡해질수록 계량형태를 추구함으로 인한 폐해는 더욱 심각해지며, 대학입시 등 한국사회에서 이런 폐해를 쉽게 볼 수 있다. 수학이 과학의 언어라는 말에서 과학은 물리학에 한정될 뿐이다. 계량형태는 사물화(事物化) 혹은 물화(物化)와 일맥상통한다. 계량형태로 인해 왜곡되기 쉬운, 정확하게 이해하기 어려워지는 것은 경계인데, 대부분 경계에는 수학적으로 정의할 수 없

는 모호함이 있다. 이 책에서는 경계의 모호함을 penumbra라고 표현하는데, 이 변증법적 특성을 반(半)그림자라고 옮겼다. 원래 반그림자는 광원의 빛의 일부만 도달하는 부분을 가리킨다. 부분일식이나 금환식은 지구가 반그림자에 들어갔을 때 관찰되는 현상이다.

계량형태가 만들어낸 커다란 성과 중 돋보이는 것은 0과 1로만 논리체계를 구성하는 컴퓨터이다. 2016년 3월 이세돌과 알파고의 바둑대결은 계량형태를 이용하는 인간의 능력에 전환점이 생긴 것을 극명하게 보여주었다. 바둑은 천문학적 수를 넘어서는 경우의 수로 인해 컴퓨터로 근접할 수 없는 게임으로 인식되어왔다. 그런데 알파고는 딥러닝(deep learning)이라고 부르는 빅데이터(big data)를 활용하는 새로운 알고리즘을, 즉 계량형태 기술을 통해 인간을 넘어서는 성과를 보여주었다. 이 책에도 언급되어 있는 뇌의 언어는 수학의 언어가 아니라는 폰 노이만(John von Neumann)의 말은 아직도 유효하지만, 인간의 사유과정을 계량형태로 표현할 수 있다는 마빈 민스키(Marvin Minsky)를 비롯한 많은 인공지능 개발자들의 생각 역시 유효해 보인다. 알파고가 프로그래머라는 인간을 통해 실현된 것임을 생각할 때 바둑 대결의 결과가 무엇이든 인간의 승리라는 말은 일견 타당해 보인다. 하지만 언론에는 알파고보다 덜 알려졌지만 알파고와의 대결 직후에 가동되었다가 중지된 마이크로소프트(MS)의 테이(Tay)는 계량형태 기술이 낳을 수 있는 문제점을 분명하게 보여준다. 활자로 된 메시지를 통해서만 소통하는 상대가 인간인지 기계인지에 관하여 알아내는 앨런 튜링(Alan Turing)의 유명한 문제가 이 책에 논의되어 있는데, 테이는 딥러닝을 통해 인간과 대화할 수 있도록 만들어진 인공지능이다. 알파고가 이전에 두어진 수천만 건의 기보를 학습하여 진화한 데 반해 테이는 사용자와의 대화를 통해 진화하도록 설계되었는데, 테이가 사용자와 대화한 지 16시간 만에 비상식적인 인종주의자가 되어버리는 바람에 가동이 중단되었다. 이는 인간을 대상으로 하는 계량형태 기술을 설계하는 것이 얼마나 어렵고 또한 위험한 것인지 보여주는 단적인 예이다. 계량형태가 경제학에서 만들어내는 폐해에 관한 옮긴이의 논의는 아래에 나와 있다.

연속체: 이 책을 통해 여러 가지 면에서 역사를 느낄 수 있다. 특히 점과 선의 관계와 시간 등에서 나타나는 연속체(continuum)에 대한 논의는 수학의 역사를 통해 (수학자가 아닌 이들의) 수학에 대한 인식을 새롭게 한다. 인도인들이 자리수를 채우는 기호가 아닌 양과 음 사이의 무엇으로 0을 인식하게 됨으로써 자연수는 음수의 정수로 확장되었다. 그 후 수의 개념은 0과 1 사이에 자연수만큼 많은 유리수가 존재하며, 그 유리수보다 훨씬 많은 무리수가 존재한다는 것으로 확장되었다. 현재 수 체계는 복소수로 완성되어 있지만, 현재의 수 개념이 진정 완성된 것이 아니라는, 달리 말하면 인간의 상상력이 언젠가 새로운 수를 만들어낼 것이라는 저자의 말에서 다른 과학들과 마찬가지로 인간의 상상력을 확장해온 수학의 중요성을 알 수 있다. 이는 모든 학문 분야에서 역사가 중요하다는 점을 일깨워주기도 하고 앞에서 언급한 계량형태의 양면성을 인식하게 해준다.

경제학의 위기와 게오르게스쿠-뢰겐의 경제학 비판

2008년 글로벌 금융위기는 많은 것을 앗아갔는데, 그중 하나가 주류 경제학의 공신력과 자신감이다. 막대한 재산 피해를 입은 엘리자베스 영국 여왕부터 집을 날리고 직장을 잃은 평범한 시민까지 많은 사람들이 도대체 경제학은 위기가 오는 것을 왜 몰랐고 왜 이를 막지도 못했는지 질타했다. 자유시장의 효율성을 설파하며 규제완화를 뒷받침하던 앨런 그린스펀(Alan Greenspan) 전 연방준비은행 이사장은 의회 청문회에 불려나가 자신의 과오를 인정해야 했고, "버블은 존재하지도 않고 존재할 수도 없다"고 소리치던 효율시장가설(efficient-market hypothesis)의 주창자 유진 파마(Eugene Fama)나 전미경제학회에서 "불황의 예방이라는 거시경제학의 중심 문제는 사실상 해결되었다"고 선언한 로버트 루카스(Robert Lucas)와 같은 시카고대학의 자유시장주의자들은 참으로 난처한 상황에 처했다. 이들보다는 온건한 대다수의 경제학자들 역시 거대한 금융위기가 다가오고 있다는 사실을 알아차리지 못한 것은 마찬가지였다. 주류 경제학에서는 가격이나 임금의 경직성 등 약간의 마찰적 요인에 의한 시장의 불완전성은 인정할지라도 개인의 합리성이나 시장시스템의 안정성 자체에 대한 의문은 제기되지 않았기 때문이다.

경제학계에서는 자책과 반성의 소리가 터져 나왔다. 개인의 합리성과 시장의 효율성에 대한 과신, 기계론적인 모형의 중시와 역사적 교훈의 경시, 계량형태의 신격화와 정성적(定性的) 혹은 질적 연구의 무시, 수학적 깔끔함의 지나친 추구 등이 문제로 지적되었다. 사실 대다수 주류 경제학자들이 글로벌 금융위기는 '블랙 스완' 같은 것이어서 이를 예측하지 못한 것은 잘못이 아니라고 변명하지만, 위에서 지적한 경제학계의 잘못된 풍토 때문에 비주류로 밀려난 이론적 전통에서는 위기가 충분히 예견된 것이었다.

게오르게스쿠-뢰겐의 관점은 주류 경제학에 대한 비판적 대안의 단초를 마련해준다. 분석 대상을 계량형태 변수들로 한정하고, 이들 사이의 관계를 몇 가지 기본 원리에 입각하여 기계론적으로 설정하며, 이러한 수리모형에 입각해서 데이터를 통한 검증을 한다는 매우 과학적인 것으로 보이는 방법론이 사실은 커다란 오류를 잉태하는 근원이라는 것이다. 현대 경제학은 가격, 소득, 고용, 금리, 환율 등 계량형태 변수들을 분석대상으로 하고, 이들을 결정하는 이론을 합리성 가정과 효용극대화 및 이윤극대화 등 기본원리에서 도출해내고, 이러한 이론을 수리모형으로 만들어내고, 이 모형이 실제 데이터와 부합하는지 검증하는 방식을 너무도 당연한 것으로 여기고 신성시하고 있다. 그러나 게오르게스쿠-뢰겐은 이런 기계론적 분석 방법론은 사실 자연과학에서도 일반적으로 통용되지 않으며, 물리학 중에서도 고전역학 등 한정된 분야에서만 적용된다는 것을 지적하고 있다. 나아가 통계역학이나 생물학 등의 자연과학 분야에서 기계론적 환상이 낳는 폐해를 자세히 논의하고 있으며, 경제학과 같은 사회과학에서는 그 폐해가 훨씬 더 심각하다고 주장하고 있다.

숫자로 표현되는 계량형태 변수들에 관심을 국한시키면 복잡하고 정성적인 현상을 제대로 고려할 수 없다. 주류 경제학이 인간의 심리를 분석대상에서 제외하고 합리성 가정으로 대체해버린 결과, 하이먼 민스키(Hyman Minsky)나 찰스 킨들버거(Charles Kindleberger)의 통찰은 비주류 변방으로 밀려날 수밖에 없었다. 금융위기가 자본주의 시장경제의 불가피한 결과이고 국가의 적극적인 규제와 개입을 통해서만 금융안정을 달성할 수 있음을 오래전부터 설파한 민스키의 금융불안정성 가설(financial instability hypothesis)은 금융위기를 이해하고 예견할 수 있는 훌륭한 이론적 토대를 제공해주고 있었다. 경제사학의 거장 킨들버거도 금융시장은 항상 도취와 광기에 따른 버블을 낳고, 이는 결국 패닉과 붕괴를 낳는다는 것을 역사적으로 보여주었다. 사실 20세기에 가장 큰 영향력을 행사한 경제학자이자 민스키나 킨들버거가 자신들의 영감의 원천으로 지목한 존 메이너드 케인스(John Maynard Keynes)의 경우에도 투자자의 '동물적 본능(animal spirits)'과 소비자의 한계소비성향 등 심리적 요인을 경기변동의 핵심요인으로 보았으나, 주류 경제학에서 케인스의 이론은 IS-LM 모형[존 힉스(John Hicks)가 케인스의 이론을 토대로 생산물시장과 화폐시장의 균형을 모형화한 것으로 20세기 후반 거시경제학의 가장 기본적인 모형으로 자리 잡았으나, 케인스의 통찰을 제대로 담아내지 못했다는 비판이 끊임없이 제기되고 있다]과 뉴케인지언 모형[1980년대 이후 주류 거시경제학에서 신케인스학파가 제안한 일련의 모형으로, 뉴클래시컬학파의 합리적 기대 가설은 받아들이지만 가격이나 임금의 경직성과 같은 시장의 불완전성 때문에 시장균형이 효율적이지 않은 결과를 보여주는데, 케인스 이론의 본질이 거의 제거되고 말았다고 할 수 있다으로 변형되었고 케인스 자신의 본질적인 통찰은 상당부분 사라지고 말았다. 케인스는 개인의 심리가 사회적 영향 속에서 형성되며 매우 가변적인 것에 주목하였고 민스키는 이를 토대로 금융불안정성 가설을 전개했지만, 주류경제학에서 심리는 시간 선호, 위험회피 성향 등 고정불변으로 주어진 외생적 데이터 이상의 역할을 하지 못한다. 게오르게스쿠-뢰겐이 거듭 지적하듯이 계량형태와 기계론적 논리에 집착하면 인위적인 경계를 만들어 타 영역과의 상호작용을 간과하게 되고 질적인 변화를 무시하게 된다.

경제변수들은 속성상 심리적·사회적·정치적 변화 등과 맞물려 변화하면서 움직임이 급격히 달라질 수 있다. 게오르게스쿠-뢰겐은 경제학이 이러한 질적인 변화를 배제한 계량형태 경제모형이라는 환상에서 시급히 벗어나야 한다고 주장한다. 현대 경제학은 이러한 게오르게스쿠-뢰겐의 경고를 대체로 무시하기는 했지만, 부분적으로는 심리학이나 사회학에서 얻어진 통찰이 경제연구에 도입되기도 하였다. 정보의 불완전성을 기초로 정체성, 사회규범 등 사회심리학과 사회학의 개념들을 도입하여 독특한 이론들을 개발한 2001년 노벨경제학상 수상자 조지 애컬러프(George Akerlof)의 경우가 대표적이다. 2002년에는 의사결정을 연구한 심리학자인 대니얼 카너먼(Daniel Khaneman)이 노벨경제학상을 수상하기도 하였고, 근래에는 합리성 가정을 버리고 심리학과 유사하게 경제적 행동을 연구하는 행동경제학(Behavioral Economics)이 주요한 분야로 떠오르기도 했다. 과거에 비해 진일보한 것은 분명하지만, 과연 주류 경제학 자체가 본질적으로 변화할 것인지는 아직 판단하기 어렵다.

이상의 설명을 읽고 행여 게오르게스쿠-뢰겐이 이 책에서 금융위기나 행동경제학을 논의하고 있는 것으로 오해하는 일은 없기 바란다. 그의 전문분야는 소비자 이론과 농업경제학이었을뿐더러 게오르게스쿠-뢰겐이 이 책을 집필하던 시대는 금융이 매우 안정되어 있던 '자본주의의 황금기'였다. 이 책의 논의는 근본적인 개념과 이론에 치우쳐 있어서, 게오르게스쿠-뢰겐이 제기하는 문제의 성격에 대한 독자의 이해를 돕고자 위와 같은 사례를 들어 설명하였을 따름이다. 게오르게스쿠-뢰겐이 관심을 가졌고 이 책에서도 언급하고 있는 사례는 개발도상국의 경제개발 정책이다. 전통문화와 상이한 제도적 환경, 그리고 이들과 긴밀하게 연관되어 있는 정치적 밸런스 등을 무시하고 선진국에서 통용되는 이론에 입각해서 개발정책을 수립하다 보면 전혀 예기치 않은 부작용이 나타날 수 있는데, 이는 주류 경제학이 계량형태에 집착한 결과 나타나는 정책처방의 오류라는 것이다. 실제로 세계은행이 개도국에서 수행한 개발 프로젝트의 1/3 이상이 실패로 판명되었고, 선진국의 개발원조가 개도국의 경제발전을 돕기는커녕 의존성과 부패를 조장하는 등 부작용만 양산한다는 비판의 목소리도 크다. 국제통화기금(IMF)의 안정화 정책이나 세계은행의 구조조정 정책을 받아들인 개도국들에서 예기치 않은 정치적 불안정이나 사회경제적 양극화가 발생하는 경우도 많았다.

게오르게스쿠-뢰겐은 단순히 주류 경제학의 방법론을 비판하는 데 그치지 않고 대안적인 이론체계의 초석을 놓는 작업을 전개한다. 그 첫 과제로 게오르게스쿠-뢰겐은 경제 영역이 타 영역과 완전히 분리될 수 없다는 사실과 경제과정에서 질적 혹은 정성적 변화를 무시하면 안 된다는 입장에 입각해서 생산과정을 새롭게 개념화한다. 주류 경제학은 생산과정을 자본, 노동 등의 투입에 조응하여 산출물이 생산되는 매우 기계론적인 신고전파 생산함수로 개념화하지만, 게오르게스쿠-뢰겐은 이러한 생산함수는 많은 중요한 문제들을 간과하고 있음을 보여준다. 자세한 설명은 생략하지만, 예를 들어 신고전파 생산함수는 시간이라는 핵심적인 변수를 제대로 다루고 있지 않음을 보여주고 있다. 게오르게스쿠-뢰겐은 또한 신고전파 생산함수와 달리 실제 생산과정의 결과는 산출물뿐만 아니라 폐기물도 있으며, 생산과정이 시작되기 전에 활기 있던 노동자는 생산과정이 끝난 후에는 지친 노동자가 된다는 점을 강조한다. 다시 말해, 게오르게스쿠-뢰겐의 생산과정에는 시간과 폐기물과 살아 있는 노동자가 등장한다. 이로써 경제과정은 한편으로는 환경과 상호작용하며 다른 한편으로는 사회와 상호작용하는 과정으로 개념화된다.

게오르게스쿠-뢰겐이 이 책을 발간할 때만 해도 환경문제에 대한 인식이 매우 부족했고, 특히 경제학계에서는 환경적 제약을 전혀 고려하지 않는 풍토가 지배적이었다. 경제학에서는 자연의 역할을 갈수록 경시하는 경향이 사실 존재했다. 17세기 경제학자 윌리엄 페티(William Petty)는 "노동은 부의 아버지요, 자연은 부의 어머니"라고 했으며, 18~19세기 고전파 경제학에서는 자연 혹은 토지가 노동과 자본과 더불어 생산의 3대 요소로 꼽혔다. 자본주의 시대의 도래와 더불어 자본이 중시된 것은 당연한 일이었다. 그런데 20세기에 들어서면 신고전파 경제학을 포함한 주류 경제학에서는 노동과 자본만을 양대 생산요소로 간주하였다. 한정된 자연자원이나 토지 등은 매우 특수한 분야에서만 다루는 사안이 되었고, 일반적인 생산함수는 노동과 자본만을 투입요소로 취급하였다. 19세기 고전파 경제학자들은 대체로 자연자원의 제약 때문에 언젠가는 성장이 멈추는 정상 상태(stationary state)에 이를 것으로 보았으나, 20세기 신고전파 경제학에서는 자본축적에 따른 수확체감의 법칙에 따라 성장률이 기술발전의 속도로 수렴하는 균제 상태(steady state)에 이를 것으로 전망하였다. 게다가 20세기 말엽 등장한 신성장이론에 따르면 얼마든지 기술발전이 가속화하고 성장률이 더욱 높아질 수도 있다고 한다.

주류 경제학의 역사를 보면 마치 자연자원은 무한한 것처럼 보인다. 하지만 1970년대부터 환경문제에 관한 관심이 급증하기 시작했다. 1972년 게오르게스쿠-뢰겐이 이 책을 출간한 이듬해에는 『성장의 한계(Limits to Growth)』라는 로마 클럽의 유명한 보고서가 발간되었고, 이후 각계에서 자원고갈에 대한 우려가 제기되었다. 그러나 주류 경제학의 반응은 낙관적이었다. 자원이 부족해지면 가격이 오르고, 이는 채굴 기술의 발전과 대체제의 개발, 그리고 소비행태의 변화 등을 불러와서 문제가 해결된다는 것이다. 시장 메커니즘에 의한 자연스러운 조정에 맡기면 된다는 것이다. 사실 이러한 낙관론은 대체로 옳았다. 일찍이 토머스 맬서스(Thomas Malthus)가 『인구론(An Essay on the Principle of Population)』(1798)에서 예견한 식량부족과 대기근이 일어나기는커녕 20세기에 폭증하는 인구를 먹이고도 남을 만큼 식량생산이 가파르게 증가했던 것처럼, 석유를 비롯한 많은 자연자원들의 소비가 급증하는데도 탐사와 채굴의 기술이 발달하면서 로마 클럽의 자원고갈 경고와는 반대로 오히려 확인된 매장량이 증가하기도 했다. 그러나 이러한 과거의 패턴이 무한히 반복될 수는 없다. 식량생산이나 자원고갈의 문제는 기술의 발전에 의해 늦출 수는 있겠지만, 언젠가는 맞닥뜨릴 수밖에 없을 것이다.

진짜 문제는 엔트로피 증가가 재생 불가능한 자원의 고갈이라는 형태로만 나타나는 것이 아니라는 점이다. 최근 인류가 직면한 심각한 환경문제는 기후변화, 사막화와 물 부족, 생물다양성 손실 등 오히려 재생 가능한 자원의 오염과 퇴화에서 비롯된다. 각종 기상이변을 일으키며 곳곳에서 인류의 삶을 위협하기 시작한 온난화 문제는 이제 인류가 직면한 최대의 난제로 등장하였다. 일례로 할리우드의 영화 〈인터스텔라〉는 온난화로 인해 황폐해진 지구의 미래를 경고하고 있다. 그런데 환경파괴로 인한 문명의 몰락이 할리우드 영화나 공상과학소설이 소재로 삼는 먼 미래의 이야기만은 아니다. 재레드 다이아몬드(Jared Diamond)는 『문명의 붕괴: 과거의 위대했던 문명은 왜 몰락했는가(Collapse: How Societies Choose to Fail or Succeed)』(2005)에서 과거에 지구상의 많은 문명들이 이러한 길을 걸었다는 사실을 보여주고 있다. 게오르게스쿠-뢰겐은 이미 이 책에서 이러한 관점을 제시하였다. 특정 지역에서 낮은 엔트로피가 고갈됨으로써 문명의 쇠퇴나 인구의 대이동이 일어났음을 지적하였고, 낮은 엔트로피를 걸러내어 경제적 가치를 만들어내는 과정이 사회적으로 조직되는 한 경제적 가치의 분배를 둘러싸고 사회적 투쟁이 끊임없이 발생할 수밖에 없음을 설파하였다.

위와 같은 이 책의 내용에 비추어 게오르게스쿠-뢰겐이 생태경제학의 시조로 여겨지는 것은 당연하다. 하지만 이 책을 읽으면 알 수 있듯이 그는 방대한 지식을 동원하여 지식, 과학, 이론 등의 근본 바탕을 탐구하고, 이를 기초로 경제학이 취해야 할 연구방법과 나아갈 길을 제시하고 있다. 경제학의 이론은 기계적인 운동론이 아니라 역사적인 진화론일 수밖에 없음을 강조하고, 계량형태 변수들과 수리모형에만 집착할 것이 아니라 고유한 전통과 정신세계를 지닌 인간과 이들이 모여서 이루는 사회의 탐구를 중심에 두어야 한다고 주장한다. 여러모로 예언자적인 저서라고 할 것이다.

이 책의 일부 내용은 매우 현학적이며, 인문학·사회과학·자연과학은 물론 우리나라 고등학교 수준을 훨씬 넘어서는 수학까지 포함하기 때문에 읽기 쉽지 않다. 더구나 문외한들은 그 뜻을 정확하게 이해하기 어려운 전문 용어는, 특히 한글화가 잘 되어 있지 않은 분야들의 외래 전문 용어는 정확하게 옮기기가 어렵다는 점에서 오역에 대한 두려움을 떨치기가 어렵다. 또한 이 책이 발간된 이래 수십 년 동안 일어난 생물학의 비약적인 발전에 비추어보면 생물학과 관련된 내용들에 대한 옮긴이의 주석은 피할 수 없는데, 이와 관련된 부족함은 옮긴이들의 한계를 반영하는 것으로 이해하기 바란다.

그리고 이 번역본의 첫 번째 독자로서 꼼꼼히 읽어주시고 많은 좋은 제안을 해주신 조애리, 정남영 교수님께 감사를 드린다. 또한 대중성이 그다지 크지 않은 책의 판권 구입부터 출판까지 물심양면으로 신경써주신 한울엠플러스(주)의 김종수 대표이사님과 편집 과정에 애써주신 편집자들에게도 깊은 감사를 드린다.

머리말

엔트로피 법칙은 아직도 많은 개념상 혼란과 그만큼 많은 논쟁에 휩싸여 있다. 그러나 이 때문에 대부분 자연과학자들이 엔트로피 법칙을 모든 물질에 관한 법칙들 중 가장 독특하다고 생각하는 것은 아니다. 에딩턴(A. S. Eddington) 경은 엔트로피 법칙이 '최고'의 법칙이라고 주장하기도 하였다.[1] 고전물리학의 기계론적 사고에서 모든 현상은 단지 기계적 운동으로 구성되며, 따라서 자연에는 불가역적 변화가 없다고 주장하였는데, 엔트로피 법칙의 발견으로 이 독단이 무너진 것이 중요하다. 몇몇 학자들이 생명체의 특이한 현상과 엔트로피 법칙의 밀접한 연관을 금방 인식했던 것은 엔트로피 법칙에서 불가역적 변화가 입증되었기 때문이다. 이제 아무도 생물학적 과정들의 질서정연함이 역학의 법칙들이 아닌 엔트로피 법칙에 의해 결정된다는 사실을 부정하지 않는다.

이 책은 경제 과정 역시 엔트로피 법칙과 밀접하게 연관되어 있다는 생각에서 출발하였다. 이 연관성의 여러 측면들을 살펴보는 과정에서 경제학의

1 아인슈타인은 어떤 물리 법칙이 깨지더라도 놀라지 않겠지만, 엔트로피 법칙이 깨졌다는 이야기를 들으면 깜짝 놀랄 것이라고 하였다 — 옮긴이.

범주를 넘어서는 다양한 분야들을 다루게 되었다. 이 때문에 이 책의 주제를 설명하기 위한 특별한 장(章)을 두어야 한다고 느꼈다.

바로 이 주제의 특별한 성격 때문에 이 책을 쓰는 동안 오래전부터 가지고 있던 생각들이, 즉 자신의 것이라고 부르는 모든 것들이 다른 사람들에게서 유래한 산더미 같은 지식 위에 새로움을 몇 숟가락 올려놓은 것에 지나지 않는다는 것을 확인하였다. 교정쇄를 훑어보는 동안 스승들에게서 받은 가르침이 무한함을, 또한 수많은 스승들이 있었음을 깨달았으며, 이 기회를 빌려 이 책을 나의 스승들에게 바치면서 고마움을 표시하고자 한다.

많은 스승들의 이름이 학문의 전당에 새겨지지는 않을 터이지만, 그렇다고 나의 존경심이 덜하지는 않을 것이다. 이러한 범주의 가장 앞자리에 (또한 나의 가슴속에) 부모님이 계신다. 아버지는 읽고 쓰고 셈하기를 가르쳐주셨고 지적 호기심의 씨앗을 뿌렸으며, 어머니는 열심히 일하는 것의 가치를 몸소 생생하게 가르쳐주셨다. 옛 루마니아의 작은 마을 초등학교 교사였던 러둘레스쿠 선생님은 나중에 대수학에서 접하게 된 '까다로운' 문제들을 푸는 방법을 통해 어린 시절 수학적 자질을 대단히 슬기롭게 길러주셨다. 므너스티레아 데알루 중학교에서 헌신적으로 가르침을 주셨던 분들로는 투철한 소명 의식으로 고등수학을 지도해주신 자판 선생님과 두미트레스쿠 선생님이 계신다. 대학에서의 행운 역시 보통 이상이었는데, (부쿠레슈티에서의) 랄레스쿠, 오니세스쿠, 티테이카, (파리에서의) 아프탈리옹, 보렐, 다모이, 프레셰, (미국에서의) 윌슨 등 과학사의 영광스러운 자리들을 차지하고 있는 학자들과 함께 공부할 수 있었다. 나의 과학적 성향에 결정적인 영향을 준 스승은 두 분인데, 혼자 힘으로 통계학의 기초를 놓은 폭넓은 학자인 피어슨(Karl Pearson)과 경제 과정에 대한 독특한 관점을 통해 계량적·질적 진화 이론을 조화롭게 결합시킨 슘페터(Joseph A. Schumpeter)이다.

물론 또 다른 방식을, 주로 저서를 통해 배울 수 있었던 분들 역시 스승들이다. 다른 사람들과 마찬가지로 많은 것들을 학문의 동료(또한 학생)들로부터 배웠다. 수많은 경제학자(그리고 계량경제학자) 중에서 두 동료, 레온티에프(Wassily W. Leontief)와 새뮤얼슨(Paul A. Samuelson)을 꼽지 않을 수 없다.

독자들은 이런 성격의 책을 정해진 시간표에 따라 진행된 연구를 통해 쓸 수 없다는 것은 쉽게 알 수 있을 것이다. 이 책에 담긴 생각들은 무려 20년이라는 오랜 기간에 걸쳐 여러 상황에서, 강의를 통해서나 정원에서 일하는 동안 떠오른 것들이다. 이 책의 내용 중 일부는 이미 발표된 내용으로, 주로 나의 책 『분석경제학(Analytical Economics; Issues and Problems)』 서론 부분에 발표되었다.

이 책이 완성되기까지 밴더빌트대학으로부터 도움을 받았는데, 많은 부분은 경제발전 대학원 과정에서 이루어졌다. 동료인 스토킹, 펠스, 탕, 윌리에게 특별히 감사한다. 미국 과학재단 연구비를 통해 1년 반 동안 강의 부담을 경감받아 이 책을 완성할 수 있었으며, 이 기간 동안 에셀론과 에리스의 도움을 받았다.

또한 나의 저서, 『분석경제학』 서론을 확장하여 이 책으로 완성하는 것을 가치 있는 일로 생각해준 하버드대학 출판사 이사회에도 감사한다.

마지막으로, 인내심을 가진 주의 깊은 독자이자 신랄하지만 건설적인 비평가와 꼼꼼한 교정자 역할을 해주고, 연구하고 일할 수 있는 따뜻한 가정을 꾸려준 나의 아내에게 감사한다.

니콜라스 게오르게스쿠-뢰겐

밴더빌트대학

1970년 7월

주 이 책의 각주에 나오는 『AE』는 1966년 하버드대학 출판사에서 펴낸 나의 책 『분석경제학: 쟁점과 문제(Analytical Economics; Issues and Problems)』를 가리킨다.

서장

경제학만큼 자기 분야 학자들의 공개적인 비판을 끊임없이 받는 과학은 없다. 경제학에 불만족하는 동기는 많지만, 가장 중요한 동기는 '경제적 인간'이라는 허구적 개념과 관련된 것이다. 이 개념은 인간이 경제생활에서 기계적으로 행동한다고 말하는 것이나 마찬가지인바, 이 허구로 인해 인간의 행동에서 모든 문화적 성향이 제거된다는 점이 불만의 요인이다. 이 때문에 경제학은 흔히 현대 경제학에서 기계론적 입장으로 드러나는 약점을 가진다. 이 비판을 반박하기는 어렵다. 그런데 경제학의 기계론적 오류는 이러한 비판이 의미하는 것보다 훨씬 심각하다. 경제과정을 순수하게 물리적 관점에서 보더라도 기계론적 오류가 존재하기 때문이다. 오늘날 경제학을 가르치는 일반적인 방식을 보면, 다름아닌 고전역학이 기계론적이라고 우리가 일반적으로 이해하는 것과 정확하게 똑같은 의미에서 기계론적이다.

고전역학은 자연에서 일어나는 항구적인 질적(質的) 변화들의 존재를 설명하지도, 그 존재를 독립적인 사실로 받아들일 수도 없기 때문에 기계론적이다. 역학은 단지 기계적 운동만 설명하는데, 기계적 운동은 가역적이며 질적인 특성을 가지고 있지 않다. 제본스(W. S. Jevons)와 왈라스(M. E. L. Walras) 같은 현대 경제학의 창시자들에게 가장 큰 꿈은 역학의 패턴을 완벽하게 모방하여 경제과학을 만드는 것이었고, 그 결과 똑같은 결점이 도입되었다. 피셔(I. Fisher)를 보면 초창기 경제학자들 사이에 역학에 대한 갈망이 얼마나 강했는지 알 수 있다. 그는 단지 소비자 행동이 순수하게 기계적이라는 것을 보이기 위해 매우 복잡한 장치를 만들기까지 하였다.[1]

이 초창기 경제학자들은 그 원대한 계획에서 크게 성공하였으며, 그 결과 역학의 유사체로서 경제과정에 관한 개념이 경제사상을 완전히 지배해왔다. 이 관점에서 경제과정은 그 환경에 어떤 질적인 변화도 일으키지 않으며, 또한 환경의 질적인 변화에 영향 받지도 않는다. 경제과정은 독립적이며, 역사와 무관한, 자기충족적인 과정으로, 경제학 기본교과서들에 나와 있듯이 출구와 입구가 없는 생산과 소비 사이를 순환하는 과정일 뿐이다. 간혹 경제학자들이 자연자원에 대하여 말하지만, 아무리 찾아보더라도, 현존하는 어떤 경제 모형에도 자연의 지속적인 기여에 해당하는 변수가 없다는 사실에는 변함이 없다. 일부 모형에 나오는 자연 환경과 관련된 내용은 리카도(David Ricardo)의 토지에 한정되며, 이는 어떤 질적 변화와도 무관한 요소로 명백하게 정의된다. 리카도의 토지는 단순히 '공간'이라고 하는 편이 더 나을 수 있다. 그러나 원초적인 기계론적 오류가 주류 경제학에 국한된 것은 아니다. 경제적 재생산에 관한 마르크스의 도해에는 이 무미건조한 좌표조차도 포함되어 있지 않다. 이 상황을 유행하는 말로 표현하면, 경제사상의 두 흐름 모두에서 경제과정을 자연과 관련하여 '투자가 없으면 수익이 없는' 문제로 본다.

경제과정에 대한 신고전파 경제학의 표현에서 자연자원을 아무런 문제의식 없이 생략한 것은 자연에서 얻는 모든 것이 공짜라는 마르크스의 도그마와 무관하지 않을지도 모른다. 이 편리함, 그리고 이 생략에 대한 문제제기의 결여에 대한 더 그럴듯한 설명은 "투자가 없으면 수익이 없다"는 말이 기업가

1 Irving Fisher, *Mathematical Investigations in the Theory of Value and Prices*(New Haven, 1925), pp. 38 f 등. 이 책은 1892년 처음 출판되었다.

의 관점과 일치한다는 것이다. 경제생활에서 돈만 관찰하면, 돈이 한 사람에게서 다른 사람에게로 옮겨갔다는 것만 볼 수 있기 때문이다. 안타까운 사고(事故)만 없으면, 돈은 경제과정에서 빠져나가지 않는다. 경제학자들이 자연자원에 대해 무관심하게 된 또 다른 이유는 아마도 현대 경제학이 싹트고 번성한 나라들이 원자재 확보에 아무런 어려움을 겪지 않았다는 데 있을지도 모른다. 세계의 자연자원을 지배하기 위해 이 나라들이 일으킨 전쟁을 보고도 경제학자들은 전혀 깨닫지 못하였다.[2]

요컨대, 지난 150년 동안 거의 모든 경제학자들이 기계론적 도그마에 집착한 것은 아직도 역사의 수수께끼이다. 일찍이 물리학자, 수학자, 철학자 모두 한 목소리로 역학을 인간 이성의 최고 승리로 칭송한 것은 사실이다. 그러나 제본스와 왈라스가 현대 경제학의 주춧돌을 놓기 시작할 즈음 이미 물리학에서 장대한 혁명이 일어나 자연과학과 철학 모두에서 기계론적 도그마는 몰락하였다. 흥미롭게도 '효용과 이기심의 역학'의 창안자들은 물론, 후일의 모형 제작자들 역시 이 몰락을 알아차리지 못한 것 같다. 그렇지 않고는 그렇게 열정적으로 기계론적 구조에 집착하였던 이유를 이해할 수 없다. 얼마 전에는 나이트(F. H. Knight)같이 철학적 능력을 가진 경제학자까지도 역학을 경제학의 '자매 과학'이라고 불렀다.[3]

물리학에서 혁명은 아주 빈번하다. 여기서 우리가 관심을 갖는 혁명은 물리학자들이 열은 항상 한 방향으로만, 뜨거운 물체에서 차가운 물체로 저절

2 이 흥미로운 역사적 사실들의 최고봉은 제본스가 자신의 역작 *Lectures*를 출판하기 6년 전쯤 영국의 석탄 자원이 빠르게 고갈될 때 나타날 결과를 흥미롭게 분석하였다는 사실이다. W. Stanley Jevons, *The Coal Question*, ed. A. W. Flux(3rd ed, London, 1906)는 원래 1865년에 출판되었는데, 이는 경제학에 관한 제본스의 최초 중요 저작이었다.

3 Frank H. Knight, *The Ethics of Competition*(New York, 1935), p.85.

로 이동한다는 기본적인 사실을 인식함에 따라 시작되었다. 이 결과, 기계적 운동으로 환원할 수 없으며 따라서 역학으로 설명할 수 없는 현상들을 인식하게 되었다. 이리하여 물리학의 새로운 분야인 열역학이 생겨났으며, 새로운 법칙인 엔트로피 법칙이 뉴턴 역학의 법칙들과 나란히—역학의 법칙들과는 다소 맞서면서—물리학에 자리 잡게 되었다.

하지만 경제과학의 관점에서 보면 이 혁명에는 물리학에서 기계론적 인식론의 권위를 종식시켰다는 사실 이상의 의미가 있다. 경제학자에게 의미 있는 사실은 새로운 과학인 열역학이 경제적 가치에 관한 물리학으로 출발하였으며, 기본적으로 아직도 그렇게 생각할 수 있다는 것이다. 엔트로피 법칙 자체가 그 특성상 모든 자연 법칙 중에서 더할 나위 없이 경제적인 것이다. 주요 물질과학에서 일어난 이 진전들을 바라보는 시각에서 경제과정의 근본적인 비(非)기계론적 특성이 완전히 드러난다. 내가 『분석경제학』 서론에서 주장하였듯이, 현대 경제학의 기계론적 유사체로는 이해할 수 없는 경제과정의 결정적인 질적 특성들이 엔트로피 법칙과 경제과정 사이의 밀접한 관계 분석을 통해서만 드러난다. 이 책에서는 그 서론과 동일한 목적에서, 즉 경제 이론의 심각한 공백을 채우겠다는 목적에서 훨씬 더 세부적으로, 또한 더 다양한 방향에서 이 관계를 살펴볼 것이다.

자연 법칙이 인간 행동의 모든 면에 관여한다는 사실은 너무도 당연하기 때문에 엔트로피 법칙이 인간의 경제 행동에 미치는 영향에 관한 연구는 특별히 복잡한 것이 없을 것이라고 예상할 수도 있다. 하지만 이 문제와 씨름하기 시작하자마자 너무도 많은 접근 방식들과 마주하게 된다. 더욱이 이들은 경제학뿐만 아니라 사회과학의 경계를 넘어 전개된다. 하지만 호기심을 가지고 이들을 살펴보면, 보통 경제학(혹은 사회과학)에 고유한 문제라고 생각해왔던 쟁점들이 자연과학의 여러 분야에서도 나타났다는 것을 알 수 있다. 어떤 탐구자도 이런 놀라운 광경 앞에 눈을 감아버리고 일상사를 계속할 수는 없을 것이다.

이런 성격의 탐구에 자신의 영역을 넘어, 자신의 전문성이 부족한 분야로 뛰어드는 모험이 필요하다는 것은 말할 나위가 없다. 이런 상황에서 기껏 할 수 있는 일은 모든 생소한 분야에서는 권위자들에 의존하고, (각주의 수를 최소화하거나 모두 없애버리는 최근의 경향과는 배치되지만) 독자를 위해 원전을 빠짐없이 밝혀주는 일이다. 그렇더라도 상당한 위험이 따르지만 이 탐구에는 분명히 그럴 만한 가치가 있다. 이 탐구를 통해 경제과정과 엔트로피 법칙의 관계는 보다 일반적인 사실의 한 측면일 뿐이라는 것이, 즉 이 법칙이 모든 수준에서 삶의 경제의 기초임이 드러난다. 또한 이 탐구 분석을 통해 (경제학자처럼) 삶의 현상을 연구하는 사람뿐만 아니라 모든 과학자와 철학자의 관심을 끄는 일반적인 결론에 수렴하는 몇 가지 좋은 인식론적 교훈들을 얻을 수 있다. 그 결론은 실제로 질적 측면이나 역사가 존재하지 않는 것은 오직 기계적 운동 하나뿐이며, 그 나머지 모든 것은 그야말로 변화라는 것이다.

어떤 사람들에게 '엔트로피'라는 용어는 생소하게 보일 수 있다. 한때는 그랬지만 이제 여러 분야에서 널리 회자되는 용어가 되었다. 하지만 같은 분야 지식인들조차 이 용어를 종종 크게 다른 의미로 사용하기 때문에 주의해야 한다. 『웹스터 대학생 사전』에만도 '엔트로피' 항목에는 서로 다른 내용 네 개가 나와 있다.[4] 이 상황은 유명한 논쟁들이 끊이지 않았으며 아직도 완전히 끝나지 않았다는 매우 이례적인 엔트로피의 역사에서 비롯된 것이다. 몇몇 분야에서 쌓여온 혼동을 생각하면, '엔트로피'의 주요 의미들을 비교하는 사

4 *Webster's New College Dictionary*(4th Ed.)에 나오는 네 개 내용을 옮기면 다음과 같다. ① 변화하는 계에서 유용한 일을 하는 데 사용할 수 없는 에너지의 양에 대한 열역학적 척도. ② 물질이나 계에서 무질서 정도에 해당하는 척도. ③ 정보이론에서 정보의 불확실성에 대하여 평가된 메시지에 포함된 정보량의 척도. ④ 불확정성, 무질서, 붕괴, 혼돈 등의 정도가 증가함에 따라 다양하게 나타나는 열성화(劣性化) 과정 ― 옮긴이.

전 준비는 그중 몇몇에 이미 익숙한 독자에게도 유익할 것이다.

우선 150년쯤 거슬러 올라가 보면, 독일의 물리학자 클라우지우스(R. Clausius)가 '엔트로피'를 최초로 발표하였을 때 사용한 의미가 있다. 이는 물리적 사실의 기본 원리에 기초하며, 그 이외의 다른 모든 의미는 클라우지우스의 의미에 대비되는 별도의 범주에 속한다. 이 다른 의미들은 완전히 형식적인 방식을 통해 간단한 수학 공식과 연관되며, 점점 더 많은 사회과학자들은 이 공식을 핑계 삼아 '엔트로피'가 이제는 익숙해졌다고 생각한다. 아주 최근에는 경제학자의 도구 상자에 특별한 '정보이론'을 포함시켜야 한다는 제안에 따라, 그런 형식적 의미를 가진 이 용어가 경제학자의 시야에 들어왔다.[5]

일반적으로 이 물리적 개념이 꽤나 어렵다고 생각한다. 몇몇 전문가에 따르면, 물리학자들 모두가 이 개념의 정확한 의미를 아주 분명하게 이해하고 있지도 않다. 실제로 그 세부 전문 내용은 방대하다. "열역학적 닫힌계에서 불가용 에너지의 척도로, 이는 계의 상태와 다음과 같이, 즉 척도의 변화가 계의 절대온도에 대한 그 온도에서 흡수한 열량의 비에 따라 달라지는 식으로 연관되어 있다"[6]는 식의 사전적 정의조차도 보통 사람의 지적 호기심을 없애버리기 충분하다. 그럼에도 불구하고 대부분 열역학적 현상의 특성은 너무도 단순하여 보통 사람들도 큰 어려움 없이 엔트로피 개념을 개략적으로 파악할 수 있다.

이글거리며 타는 석탄에서 옮겨간 보일러의 열이 새나가는 증기를 통해 대기로 빠져나가는 구식 증기기관차의 엔진을 생각해보자. 이 과정의 한 가지 분명한 결과는 역학적 일(work)로,[7] 기차가 한 역에서 다른 역으로 이동하였

---

5 타일은 이 특별한 아이디어를 설명하는 데 책 전체를 할애하였다. H. Theil, *Economics and Information Theory*(Chicago, 1967) 참조.

6 *Webster's Seventh New Collegiate Dictionary.*

7 여기서 일은 자연과학 용어로 에너지 전달 방식 중 하나이다. 보통 힘과 이동거리의 스칼라 곱으로 표현되는 일은 엔트로피 변화 없이 일어나는 에너지 전달 방식으로,

다. 그리고 이 과정에서 또 다른 부정할 수 없는 변화가 일어난다. 즉, 석탄이 재로 변하였다. 하지만 한 가지는 분명하다. 물질과 에너지의 총량은 달라지지 않았다. 이는 물질과 에너지의 보존 법칙이, 즉 열역학 제1법칙이 작동한 결과이며, 역학의 어떤 법칙과도 모순되지 않는다. 물질과 에너지에 의해 일어난 변화는 '질적인' 변화여야만 한다는 것이 유일한 결론일 수밖에 없다.

석탄의 화학적 에너지를 역학적 일을 하는 데 사용할 수 있다는 의미에서 이 에너지는 처음에 '자유롭게 사용될 수 있다'. 그렇지만 이 과정에서 가용 에너지는 이 성질을 조금씩, 조금씩 잃어버린다[옮긴이의 말에서 언급한 대로 free energy를 가용 에너지로 옮겼다—옮긴이]. 궁극적으로 이 에너지는 언제나 전체 시스템에 완전히 분산됨으로써 불가용 에너지가, 즉 역학적 일을 하는 데 더는 사용할 수 없는 에너지가 된다. 물론 전체적인 설명은 더 복잡하다. 사실 엔트로피를 새로운 상태 변수로 도입하는 데 따르는 장점은 이를 통한 분석의 단순화와 통합에 있다. 그렇더라도 가용 에너지와 불가용 에너지라는 좀 더 직관적인 개념의 분명한 의미가 없어지지는 않는다. 왜냐하면 넓은, 그러나 실질적인 관점에서 보면, 엔트로피는 고립계에 포함된 불가용 에너지의 상대적 양의 지표이기 때문, 좀 더 정확히 말하면 에너지가 그 계에 얼마나 고르게 분포되어 있는지 보여주는 지표이기 때문이다. 달리 표현하면, 높은 엔트로피는 대부분의 혹은 모든 에너지가 불가용인 계를 의미하며 낮은 엔트로피는 그 반대인 계를 의미한다.

열은 뜨거운 물체에서 차가운 물체로 저절로 흐르며, 그 역은 절대 일어나지 않는다는 잘 알려진 사실은 엔트로피 법칙으로, 즉 열역학 제2법칙으로 일반화되었다. 열역학 제2법칙은 고전역학의 원리들과 모순이다. 이 법칙은 믿기 어려울 정도로 간단하고 명확하게 서술될 수 있다. 우주(혹은 고립계)의 엔트로피는 끊임없이, 또한 불가역적으로 증가한다는 것이 전부이다.[8] 달리 말

엔트로피 변화가 수반되는 에너지 전달 방식인 열(heat)과 대비된다—옮긴이.

하면, 우주에서 가용 에너지가 불가용 에너지로 변화하는, 지속적이고 불가역적인 질적 열성화(質的 劣性化)가 일어나고 있다. 오늘날 이 열성화가 질서에서 무질서로의 끊임없는 변화라는 현대적인 해석을 자주 볼 수 있는데, 이는 가용 에너지는 질서 있는 구조인 반면 불가용 에너지는 혼돈의 무질서한 분포라는 의견에 기초한다.

이 설명을 마무리할 때, 엔트로피 법칙의 의미가 인간과 같은 지적 존재가 의식적으로 행하는 역학적 일에만 연관하여 질적 열성화가 일어나는 것은 아니라는 점을 염두에 두어야 한다. 태양 에너지가 예시하듯이, 엔트로피 열성화는 가용 에너지를 역학적 일을 하는 데 사용하는지 여부와 무관하게 저절로 일어난다. 따라서 석탄의 가용 에너지는 석탄이 광맥에 그대로 남아 있더라도 궁극적으로 쓸모없는 에너지로 변화할 것이다.

엔트로피 과정의 불가역성을 (이 서론 부분과 다른 여러 장에서) 강조하는 데는 몇 가지 타당한 이유가 있다. 특히 한 가지 이유가 경제학자의 관심을 끈다. 엔트로피 과정이 불가역적 과정이 아니라면, 즉 석탄이나 우라늄 조각의 에너지를 영원히 계속 사용할 수 있다면, 인류의 생활에서 희소성의 문제는 사라질 것이다. 인류는 부존자원을 단순히 더 자주 사용하기만 하면 되기 때문에 인구가 늘어나더라도 어떤 수준까지는 물자 부족 문제가 일어나지 않을 것이다. 또 다른 이유는 더 일반적인데, 이는 인간의 약점과, 즉 공간·시간·물질·에너지와 연관된 한계를 인식하기 싫어하는 약점과 관련되어 있다. 바로 이 약점 때문에 아무도 보일러를 석탄재로 가열할 수 있다고 주장하지는 않지만 기발한 기구를 사용하는 낮은 엔트로피 훔치기로 엔트로피 법칙을 이겨낼 수 있다는 아이디어가 주기적으로 나타난다.[9] 다른 한편, 사람들은 그

8 보통은 '불가역적으로'라는 표현을 넣지 않는데, 저자는 이를 강조하고자 하였다 —옮긴이.

9 낮은 엔트로피 훔치기는 엔트로피 법칙에 반하여 작동하는 기구와 아이디어를 통칭한다 —옮긴이.

자체에 무한한 능력이 있는 특별한 형태의 에너지가 존재한다고 믿는 경향이 있다.[10]

그러나 물리학자들이 통계역학이라고, 좀 더 정확하게 통계열역학이라고 알려진 새로운 과학을 통해 가르친 내용 때문에, 보통 사람들이 낮은 엔트로피 훔치기가 가능하다고 오해하게 되었다는 것은 명백하다. 이 학문 분야의 존재 자체가, 모든 증거에도 불구하고 아직도 사람들이 기계적 운동만으로 이루어진 실재에 맹목적으로 집착하고 있다는 사실을 나타낸다. 이런 특이성의 조짐의 하나는 역학 법칙의 엄격함과 확률 개념에 고유한 불확실성을 엮어 만든 잡종의 토대에 기초한 열 과학을 선전하려던 볼츠만(L. Boltzmann)의 비극적 노력이었다. 볼츠만은 그의 이론에 쏟아지는 비판을 견디지 못하고 자살하였다. 그러나 그의 사후, 인간의 똑같은 특이성으로 인해 거의 모든 사람들은 그 비판을 통해 드러난 모든 논리적 오류를 무시하게 되었으며, 그 결과 그의 이론은 물리학의 공인된 분야의 하나가 되었다. 이 새로운 학문 분야에 따르면, 당연히 석탄재로 보일러를 가열할 수도 있다. 또한 시체가 일어나 지난 삶과 정확하게 역순으로 두 번째 삶을 살 수도 있다. 단지 이런 일의 확률이 너무도 낮을 뿐이다. 우리가 통계역학의 옹호자들이 주장하는 이런 '기적'을 아직 보지 못했다면, 이는 우리가 충분히 많은 석탄재와 시체를 보지 못하였기 때문이다.

고전열역학과 달리 통계열역학은 해당 분야의 고도로 전문적인 것을 포함한 지식이 없으면 그 개략적 논의조차 할 수 없다. 그렇지만 지금부터 볼츠만의 대전제를 설명하지 않을 수 없다. 이 대전제는 *N*개 분자로 이루어진 고립

---

10 제본스가 말했듯이(*The Coal Question*, pp. 106 f), 그의 시대에 많은 사람들은 전기(電氣)에 그런 능력이 있다고 생각하였다. 내 개인적인 경험에서 볼 때 (최소한) 일부 경제학자들은 원자력 에너지가 현재 그런 경우라고 믿는다.

된 기체의 엔트로피는 물리적 상수에 해당하는 요소를 제외하면, 다음 식으로 주어진다는 것이다.[11]

(1) 엔트로피 $= S = \ln W$

(2) $$W = \frac{N!}{N_1!\,N_2!\ldots N_m!}$$

여기서 N_i들은 m개의 가능한 상태에 존재하는 기체 분자의 분포를 나타낸다.[12] 그리고 조합 W가 확률 계산에서 익숙한 형태이기 때문에, 식 (1)을 "엔트로피는 열역학적 확률과 같다"고 해석하였다.

이렇게 해서 볼츠만의 접근법은 엔트로피의 의미에 관한 셀 수 없이 다양한 해석과 동시에, 서로 다른 형식의 여러 가지 정의에 이르는 길을 터놓았다. 이 접근법을 따르는 학자들 중 일부는 엔트로피 법칙이 자연 법칙이라는 것을 부정하기까지 한다. 대신 그들은 이 법칙이 아주 많은 세부 사항을 포함하는 상태를 표현할 때 나타나는 정신력의 한계를 보여줄 뿐이라고 주장한다. 분명히 이런 혼란스런 상황은 '엔트로피'라는 용어를 사용하는 누구나 조심해야 하는 함정이다.

식 (1)을 엔트로피의 공식적인 정의로 받아들이면, 이런저런 방식으로 W가 관련될 수 있는 모든 상황에 대해 이 개념을 적용할 수 있다. 예컨대 평면 위 점 다섯 개를 생각해보자. $N=5$, $N_1=2$, $N_2=3$이면, W는 이 점들로 결정되는 직선의 최대 개수이다. 따라서 다음 식을 '오각형의 엔트로피'라고 부를 수도 있다.

---

11 이후 나오는 ln은 자연로그이며, 볼츠만의 묘비명에는 $S=k \log W$라고 새겨져 있다. 여기서 k는 볼츠만 상수이다—옮긴이.

12 N_i는 i-번째 상태에 존재하는 기체 분자의 수이며, 따라서 N_i들의 합 $\Sigma N_i = N$이다. !는 계승(factorial)이다—옮긴이.

$$S = \log_{10} \frac{5!}{2!\,3!} = 1 \qquad (3)$$

이 예는 완전히 공허한 '엔트로피'의 의미를 만드는 것이 얼마나 쉬운지 보여준다.

신호(혹은 기호) 순서의 전달과 연관된 문제에서 식 (1)이 나타나는 것은 놀랍지 않은 일이다. 서로 다른 신호의 수가 m인 경우, W는 i-번째 신호가 N_i번 나타나는 길이 N인 서로 다른 신호 순서의 수이다. 하지만 S와 이런 순서에 포함된 **정보의** 양을 동일시하는 것은 참으로 놀랍다. 이 해석에 따르면 뉴턴의 『프린키피아(Principia Mathematica)』[13]에 나오는 문자와 기호를 마구 뒤섞어도, 그 책에는 여전히 동일한 양의 정보가 들어 있다! 정보의 총량이 네겐트로피(negentropy)와,[14] 즉 **물리적** 엔트로피의 음의 값과 동일하다는 이어지는 주장은 더욱 당혹스럽다.

엔트로피 개념은 조합론에, 따라서 W가 들어설 여지가 없는 영역에도 파고들었다. 이는 정보량의 '척도'로서의 개념에 대한 가장 흔한 정의가 식 (1)의 특별한 변환으로 주어지기 때문이다. 이 정의는 다음과 같다.[15]

$$E = -\sum f_i \log f_i \qquad (4)$$

모든 i에 대하여 $f_i > 0$이며, $\Sigma f_i = 1$이다.

이 식에는 많은 사람들의 관심을 끌게 만든 몇 가지 흥미로운 성질들이 있다. 가장 흥미로운 특징은 모든 백분율 분포에, 예컨대 한 국가 수출품의 목적지별 분포 혹은 소득 계층별 개인 소득의 분포 등에 이 식을 적용할 수 있다

13 Philosophiae Naturalis Principia Mathematica: 자연철학의 수학적 원리. 운동 법칙에 관한 세 권의 책—옮긴이.

14 negative entropy를 줄인 negentropy를 음의 엔트로피라고 옮기기도 한다—옮긴이.

15 이 변환에는 모든 N_i가 충분히 커서 $N_i!$을 스털링 공식(Stirling's formula)으로 근사할 수 있다는 가정이 있다. 이 공식은 이 책 부록 G의 각주 33에 나와 있다.

는 것이다. '엔트로피'라는 용어를 사용하는 모든 사람들이 이런 복잡한 변형에 관하여 알지는 못하겠지만, 이런 변형을 통해 우리는 거의 모든 통계 데이터에 대한 **정보량**에 관하여 말하게 되었다. 더 나아가, 이 용어상 뒤죽박죽으로 인해, 예컨대 소득이 더 균등하게 배분된 나라의 소득 분포 통계에 더 많은 정보가 포함되어 있다는 황당한 말을 하게 된다는 것을 인식하지도 못하고 있다![16]

한 단어를 원하는 아무 단어나 멋대로 사용하도록 하는 '제멋대로' 규정이 용어상 특권에 대한 최고 권위로 너무 자주 행사되고 있다. 그러나 이 특권의 유일한 결과가 대개 혼동뿐이라고 아무도 이의를 제기하지 않았다. 그 결과 식 (1) 또는 (4) 같은 표현의 수치 값을 '정보량'이라고 부르게 되었다. 어쨌거나 이 용어의 선택은 과학의 역사상 가장 불행한 일일 것이다.

클라우지우스의 엔트로피 개념에 해당하지만, 기계적 운동으로, 더군다나 확률 또는 주관적 요소로는 더더욱 환원할 수 없는 요소가 현실 세계에 있다는 것이 이 책에서 취하는 입장이라고 강조하는 이유를 이제 이해할 수 있을 것이다. 달리 말하면, 엔트로피 법칙은 고전역학의 원리들로부터 유추할 수 있는 정리도 아니며 인간의 불완전성이나 환상의 반영도 아니다. 그와 반대로, 이는 예컨대 만유인력 법칙만큼이나 독립적인, 또한 불변의 법칙이다. 석탄이 불가역적으로 재로 타버리는 엔트로피 현상은 작은 값에서 큰 값으로 변화하는 확률의 흐름도, 관찰자 무지의 증가도, 시간적 연속에 대한 인간의 환상도 아니다.

이 책을 읽는 동안 점차 깨닫겠지만, 자연의 모든 법칙 중에서 엔트로피 법칙이 차지하는 위치는 너무도 많은 점에서 독특하다. 이는 엄격한 물리적 영

16 E가 명백하게 나타내는 성질은 f_i들로 표현된 분포의 균일한 정도(간접적으로 집중 정도)이다. 이 책의 부록 B 참조.

역을 넘어 엔트로피 법칙의 중요성을 살펴보고자 하는 모든 이들을 압도할 엄청난 질문과 쟁점들을 설명해준다.

엔트로피가 그와 연관된 가용 에너지와 불가용 에너지와 함께 기계적 운동보다 훨씬 더 신비로운 개념이라는 것을 누구도 부정할 수 없다. 인간이 물질 환경에 의식적으로 행할 수 있는 유일한 방법은 밀거나 당기는 것이고, 이는 심지어 불을 피울 때도 마찬가지이다. 그러나 이 때문에 엔트로피 과정이 기계적 운동으로 분명히 환원될 수 있다는 아이디어에 집착해서는 안 된다. 일원론(一元論)은 오래전에 과학에서 그 의미를 잃었다. 과학에는 아무런 모순이 없어야 한다는 주장도 이제는 지배적이지 않다. 오늘날 물리학 스스로가 실재를 모순되지 않는 구조로 볼 것을 고집해서는 안 된다고 가르친다. 닐스 보어(Niels Bohr)의 상보성(相補性) 원리를 통해 전자(電子)가 서로 환원 불가능한 개념인 파동과 입자 모두처럼 행동한다는 황당한 사실을 받아들여야 한다고 배우듯이, 이제 서로 대립하지만 공존하는 열역학적 현상과 역학적 현상의 존재를 받아들여야 한다.

인식론적 관점에서 보면 엔트로피 법칙은 물리학이 겪은 가장 큰 전환으로 평가된다. 이는 모든 자연과학 중에서 가장 신뢰를 받아온 학문인 물리학에서 우주에 질적 변화가 있다는 것을 인식하였음을 보여준다.[17] 이 법칙이 주장하는 불가역성 개념을 통해 기계적 운동과 실제 일어나는 일 사이의 상식적인 구별을 분명히 하였다는 사실은 더욱 중요하다. 이 구별에 따르면, 역과정을 통해 이전 상태로 돌아갈 수 없는 일들만 실제 일어난다. 이렇게 '일어나는 일'의 의미는 생명체의 일생이나 종의 진화(단순한 돌연변이에 의한 변화들은 가역적인데, 이들과 구별되는 진화)에서 잘 알 수 있다. 실제 일어나는 일과

17 이제 이 개념은 기본 물질에 관한 과학에서 드문 일이 아니다. 우주론에서는 창조에 대해서까지 두 개의 경쟁하는 이론이 있다. 하나는 우주가 빅뱅에 의해서 창조되었다고, 다른 하나는 물질이 끊임없이 창조되고 파괴된다고 주장한다.

기계적 운동의 대비는 인간중심적 인식이라고 비난받기 쉽다. 실제로 실증주의적 순수주의자들은 열역학 자체를 인간중심적 혼합체라고 공격한다. 시간조차 인간의 환상일 뿐이며, 따라서 자연 현상의 가역성이나 비가역성을 논하는 것은 무의미하다고 주장하기도 한다. 다른 한편으로, 역학적 동력으로 이루어진 인간 경제에서 가용 에너지와 불가용 에너지의 구별이 갖는 중요성으로 인해 열역학이 발전하였다는 사실은 결코 부정할 수 없다. 하지만 열역학만이 인간중심적이라는 주장은 완전히 틀린 이야기이다. 예컨대 기계적 운동, 입자, 파동, 방정식 등은 엔트로피의 두 얼굴, 즉 에너지의 두 속성 못지않게 인간중심적인 개념들이다. 유일한 차이는 모든 물질과학 중에서 열역학이 비유가 아닌 문자 그대로, 인간 피부에 가장 가깝다는 것이다.

사람은 눈이나 귀가 멀거나 냄새나 맛을 느끼지 못해도 살 수 있다는 것을 우리 모두 알고 있다. 그러나 아무도 엔트로피 흐름에 대한 느낌 없이, 즉 생명 유지와 직접 연관된 활동들을 여러 가지 형태로 조절하는 느낌 없이 살 수 있는 사람은 없다는 것도 알고 있다. 포유류의 경우 이 느낌에는 온기와 냉기뿐만 아니라 배고픔의 고통, 식사 후 만족감, 피로와 쉬고 싶다는 느낌 등 많은 비슷한 느낌들이 포함된다.[18] 따라서 의식적·무의식적으로 나타나는 엔트로피 느낌이 아메바부터 인간을 망라하는 생명의 기본이라는 주장은 과장이 아니다.

어쨌든 생명의 물질적 기반이 엔트로피 과정이라는 것은 사실이다. 슈뢰딩거(Erwin Schrödinger)가 명확히 설명하였듯이, 생명을 품은 모든 구조는 환경으로부터 낮은 엔트로피를 흡수하여 높은 엔트로피로 변환함으로써 스스로를 겉보기 불변 상태[19]로 유지한다. 일부 학자들은, 특히 프랑스 철학자 베

18 이 의미에 따르면, 미각과 후각으로 구성된 '감각들'이 동시에 없을 수 없다는 것을 알 수 있다.

르그송(Henry Bergson)은 생명체는 실제로 무생물을 지배하는 질적 열성화에 반하는 경향을 보인다고도 주장하였다. 아직도 지구에서 처음 생겨났을 때와 비슷한 원시적인 아메바의 핵을 생각해보자. 이만큼 많은 분자로 이루어진 어떤 무생물도 20억 년이라는 긴 시간 동안 엔트로피 법칙의 해체 작업을 온전하게 견디어낼 수는 없다.

생명을 '이 법칙을 피해가는 능력으로 규정'할 수도 있다는 생각은 한때 순진한 반(反)계몽주의라고 널리 공격받았지만, 지금은 거의 모든 생리화학 권위자들이 이를 지지한다.[20] 그럼에도 생각을 이런 식으로 간결히 표현하면 쉽게 왜곡될 수 있다는 것은 사실이다. 생명체는 단지 자기 구조의 엔트로피 열성화만 피할 수 있다. 생명체가 자신과 환경을 포함하는 전체 계의 엔트로피 증가를 막을 수는 없다. 오히려, 생명체가 존재하면 전체 계의 엔트로피는 생명체가 없을 때보다 훨씬 빠른 속도로 증가한다는 것을 이제는 알게 되었다.

이 마지막 논지는 인류를 생각해보면 너무도 명백하다. 경제적 경쟁이란 단지 낮은 엔트로피하고만 연관되며 경제과정 전체는 순전히 엔트로피 증가라는 점을 알게 하는 데에는 더 덧붙일 필요가 없다. 그렇지만 뛰어난 경제학자 중에서 마셜(Alfred Marshall)만이 역학이 아닌 생물학이 경제학자의 진정한 메카라는 것을 직관적으로 알았다. 마셜의 반(反)역학적 성향은 유명한 생물학적 비유들에 주로 반영되어 있지만, 장기 공급 계획의 비가역성이라는 탁월한 발견이 이 성향 덕분임은 분명하다. 불행히도 마셜의 영향은 지속하지 못하였으며, 아무도 비가역성이 모든 경제 법칙들의 일반 특성이라는 데 주목하지 않았다.

마셜과 같은 이해력이 없었기에 경제학자들은 생물학 발전을 따라가는 일

---

19 steady state는 경제학에서는 균제(均齊) 상태로, 자연과학에서는 정상(定常), 정류(定流) 혹은 여기에서처럼 불변 상태로 옮긴다 — 옮긴이.

20 James Jeans, *The New Background of Science*(New York, 1934), p.280의 인용은 이런 많은 지지 중 하나이다.

의 중요성을 보지 못했으며, 그 결과 많은 생산적인 아이디어들을 놓치고 말았다. 그중 하나는 경제과정이 생물학적 과정의 연장인 이유를 설명한 물리생물학자 로트카(Alfred J. Lotka)의 매우 흥미로운 방법이다. 로트카는 인간이 다른 생물들과 마찬가지로 생물학적 과정에서 체내 기구들만, 즉 태어날 때부터 생명체의 일부인 기관들만 사용한다고 지적하였다. 경제과정에서 인간은 자신이 직접 만든 체외 기구도, 즉 칼·망치·배·엔진 등도 사용한다. 로트카의 이론적 설명은 인류만이 환원 불가능한 사회적 갈등에 빠지기 쉬운 이유를 이해하는 데 도움이 된다.

엔트로피 법칙의 결정력이 지닌 독특한 특징으로 인해 이 법칙과 생명 현상 사이의 관계는 앞에서 본 것보다 훨씬 더 오묘하다. 우리는 (그 어원[기하학의 어원은 토지의 측정 — 옮긴이]에서 알 수 있듯이) 기하학, 천문학, 고전역학을 통해 특정한 일이 일어날 장소와 시간을 '정확하게' 결정할 수 있는 과학의 능력에 익숙하다. 나중에 양자 현상을 통해 과학 법칙들은 단지 어떤 일이 일어날 확률만 결정할 수 있다는 과학의 추락한 위상을 받아들여야 했다. 그런데 엔트로피 법칙은 기묘한 경우이다. 닫힌계의 엔트로피가 특정한 수준에 (시계의 시간에 따르면) 언제 도달할지 혹은 정확하게 무엇이 일어날지 이 법칙으로 결정할 수 없다.[21] 이런 결점이 있음에도(몇몇 사람들이 주장하는 것과 달리), 엔트로피 법칙은 무의미하지 않다. 엔트로피 법칙은 모든 고립계에서 일어나는 엔트로피 과정의 일반적인 방향을 결정한다.

그러나 엔트로피 과정에 영향을 주는 유일한 열역학 법칙이 물질과 에너지 보존 법칙이라는 사실에 비추어볼 때 엔트로피 법칙의 이 결점은 엄청나게 중요하다.[22] 이는 우리가 엔트로피 과정에 관하여 말할 수 있는 것은 시간이

21 첫 번째 논점은 엔트로피 법칙의 단순한 서술에서, 두 번째 논점은 엔트로피가 단지 계 내부의 전체 에너지의 분포에 대한 평균 지표라는 데서 바로 나타난다.

경과함에 따라 에너지 총량은 일정하지만 그 분포는 더욱 균일해진다는 것뿐임을 의미한다. 따라서 이 열역학의 원리들로 인해 엔트로피 과정의 실제 경로와 시간대에 상당한 자유도가 생긴다. 열역학적 현상에 관하여 이 책에서 취하는 입장에 따르면 이 자유도와 무작위적 불확실성을 혼동해서는 안 된다. 이 자유도를 엔트로피의 불확정성이라고 부르기도 한다.[23]

이는 실재에 존재하는 대단히 중요한 특징이다. 왜냐하면 엔트로피의 불확정성이 없다면 생명체가 자신의 엔트로피를 일정하게 유지하는 것은 가능하지 않을 것이기 때문이다. 철광석과 석탄으로 강철을 만들 때처럼 엔트로피를 큰 값에서 작은 값으로 '역전시키는' 것도 불가능할 것이다. 무엇보다도 생명체가 환경의 낮은 엔트로피를 추구하고, 박테리아·바다가재·나비·잡초·인류 등 셀 수 없이 많은 생명체들만큼이나 놀랍도록 다양한 방식으로 낮은 엔트로피를 이용하기는 불가능할 것이다. 하지만 이 불확정성 자체가 생태계의 무수히 많은 형태와 기능을 보장하지 않는다는 것도 인식해야 한다. 사실 불확정성은 어떤 생명체의 생존도 보장하지 않는다. 공간이나 물질 같은 실재의 '신비로운' 요소들처럼, 생명을 품은 구조의 존재 역시 가정해야만 하는 원초적인 사건이다.

그러나 이 가정을 받아들여도, 엔트로피의 불확정성으로 남겨진 부분에 하나의 형태가 아닌 많은 종과 변종들이 채워진 이유를 설명할 수는 없다. 모든 생명체의 물질 구조는 열역학 법칙들뿐만 아니라 다른 물질 법칙들도 만족시

---

22 두 법칙에 추가하여, 또 다른 나머지 열역학의 기본 법칙은 네른스트 법칙(Nernst's Law)으로, 이 법칙은 엔트로피 최솟값에 실제 도달할 수 없다고 말해준다[네른스트 법칙은 열역학 제3법칙이라고 부르는데, 이에 따르면 계의 온도가 절대온도 0도에 접근함에 따라 계의 엔트로피는 최솟값에 도달한다. 하지만 유한한 횟수의 냉각 과정을 통해서 0도에 도달할 수 없기 때문에 실질적으로 엔트로피 최솟값에 도달할 수 없다—옮긴이].

23 우주 같은 고립계 내부에 부분적으로 엔트로피가 서로 다른 부분들이 공존할 수 있다는 의미이다—옮긴이.

켜야 하기 때문이다. 그리고 열역학 너머를 보면, 첫째, 고전역학에는 확정되지 않은 것이 없으며, 둘째, 양자역학에서 허용된 자유도는 확률적인 변동에만 국한된 것으로서, 영구적 변동에는 적용될 수는 없는 것임을 알 수 있다. 따라서 생명체의 변이성은 아직도 수수께끼로 보인다. 하지만 이 수수께끼에는 답이 있으며, 이 답은 평범하지만 궁극적인 원리, 즉 결합에 의한 새로움의 창발이다.

이 원리의 의미는 뻔할 만큼 단순하다. 예컨대 물의 성질 대부분은 그 구성 성분인 수소와 산소의 성질들로부터 보편적 원리들을 따라 유추할 수 없다. 따라서 수소와 산소의 성질과 비교하면, 물의 성질은 새롭다. 이 원리는 무기물 영역의 원자물리학부터 초유기체 영역의 사회적 형태에 이르기까지 끊임없이 증가하는 다양성의 정도에 따라 어디서나 작동한다. 이 모든 관점에서 볼 때 "생명체는 구성 분자들의 크게 확대된 발현"[24]이라는 자주 인용되는 말은 20세기 후반에 역사의 뒤안길로 사라진 가장 부적절한 무모한 학자의 문구가 되었다. 만약 이 표현이 맞는다면, 분자 또한 단지 그것을 구성하는 소립자의 발현이며, 사회는 그 구성원인 생명체의 발현일 것이다. 이 모든 것을 확장하면 사회, 생명체, 분자, 원자는 단지 소립자의 발현이라는 결론에 도달한다. 이 결론이 맞는다면, 생물분자들을 연구할 필요도 없이, 소립자만 연구하면 된다!

물론 우리는 생명체의 분자들뿐만 아니라 그 기원에 상관없이 분자들을 연

---

24 최초의 표현은 *Proceedings of the Fifth International Congress of Biochemistry*, vol. III, *Evolutionary Biochemistry*, ed A. I. Oparin(New York, 1963), p.12, G. Wald, "Phylogeny and Ontogeny at the Molecular Level"에 나온다. 왈드 자신은 이 표현을 전적으로 받아들이지 않았다는 점을 덧붙여야 할 것이다. 한 예로, 같은 책 p. 13에 나오는 "생명체의 운명을 결정하는 것은 그 이웃들과 경쟁 관계에 있는 생명체가 환경과 맺는 계약이다. 그리고 그 운명은 DNA를 포함하여 그 생명체의 분자들과 공유한다"는 왈드의 설명을 보라.

구해야 한다. 그러나 동시에, 결합에 의한 새로움으로 인해, 분자 자체의 성질로부터 생명체의 행동 방식을, 좀 더 일반적으로 분자들이 서로 연관되어 움직이는 방식을 알 수 없다는 점도 명심해야 한다. 많은 예 중 하나로, 탈리도마이드(thalidomide)[25]를 분자 수준에서 연구하여 이 물질이 인체 내 온갖 분자들과 만들어낼 새로움을 예측할 수 있는가? 전자(電子)(혹은 어떤 소립자)의 성질에 생물이든 무생물이든 물질의 모든 성질이 있다고 인정하지 않으면 과학은 작동하지 않는다. 지식의 기초는 전체와 부분 가운데 그 어느 하나로만 환원될 수 없다.[26] 경제학자가 개별 경제 단위와 전체 경제 모두를 연구해야 하는 것처럼 생물학자는 분자, 세포, 생명체 각각을 연구해야 한다.

바로 앞에 설명한 두 가지 원리는, 즉 엔트로피의 불확정성과 결합에 의한 새로움의 창발은 단순한 물질 영역보다 생명 현상 영역에서 훨씬 더 중요하지만, 그 기원은 물질 현상 영역에 있다는 것을 잊어서는 안 된다. 따라서 이 원리들을 통해 소위 낭만파 생물학자와 사회과학자들이 비논리적으로 만들었다고 일반적으로 생각하는 다른 쟁점들을 새롭게 조명하는 것은 더욱 흥미롭다.

이 쟁점들 중 하나는 과학이 측정이라는 통념, 즉 이론의 한계 너머를 전혀 알 수 없다는 통념이다. 여기서 '이론'은 분석적인 의미로, 즉 어떤 과학의 논리적 토대를 이루는 몇몇 명제로부터 (아리스토텔레스적 좁은 의미에서) 논리에 따라 유도되는 한 분야 내 모든 서술 명제들을 정리해놓은 것을 의미한다. 이렇게 모든 명제를 '가정'과 '정리'로 나눌 때에는 모든 명제를 논리적으로 엄밀히 조사할 수 있어야 한다. 문제는 논리가 매우 제한된 부류의 개념들만 다룰

25 진정제 등으로 쓰였지만 임신 초기에 복용하면 기형아 출산의 원인이 되는 것이 밝혀진 약물. 1960년대 초반 임산부들이 이 약물을 입덧 완화제로 복용하여 많은 기형아가 출생하였는데, 오늘날에는 항암제로 사용되기도 한다 — 옮긴이.

26 각주 24에 인용된 왈드의 말은 이 점을 분명하게 보여준다.

수 있다는 것인데, 그러한 개념 하나하나는 무수히 많은 다른 개념들과의 관계에서 하나의 숫자처럼 분명히 구별된다는 그 나름대로의 이유 때문에 나는 이 제한된 부류의 개념들을 **계량형태**라고 부르고자 한다. 하지만 우리 생각의 대부분은 형태 및 질(質)과 관련되어 있다. 실질적으로 모든 형태(예컨대 잎사귀)와 질(質)(예컨대 합리적)은 **변증법적** 개념, 즉 각 개념과 그 대립 개념이 다양한 폭을 가진 윤곽선 없는 모호한 반(半)그림자 영역에 걸쳐 중복되는 개념이다.

우주의 규칙은 단순히 "수학의 언어로만 기록되었으며, 그 문자들은 삼각형, 원, 또 다른 기하학적 형태들"이라는 갈릴레오의 주장[27]은 전혀 사실이 아니다. 물리학 자체의 규칙에서 가장 높은 수준의 변증법적 개념인 확률이 등장한다. 그리고 생명 현상에 관한 어떤 규칙에서도 종(種), 필요, 산업, 실현 가능한 경쟁, 민주주의와 같이 기본적이지만 변증법적인 개념을 배제할 수 없다. 내 생각에, 이런 종류의 규칙을 절대 만들면 안 된다든지, 혹시 만들더라도 그 규칙은 단순히 터무니없는 것을 유포하는 것이라고 치부하는 것은 어리석기 짝이 없다. 무심한 독자가 이런 입장을 오해하지 않도록 하기 위해, 나의 논점은 과학의 수치화가 바람직하지 않다는 것이 **아니라는** 점을 반복하고자 한다. 수치화가 가능한 모든 경우, 그 장점은 이루 다 말할 수 없다. 나의 논점은 총체적인 수치화는 불가능하며, 수치화 없이도 타당한 지식이 존재하며, 진실인 양하는 거짓된 수치화는 위험하다는 것이다.

또한 수치화만으로는 이론 구조의 적절함과 타당함이 보장되지 않는다는 것도 알아야 한다. 대부분 요소들을 계량화할 수 있어 계량형태 과학인 화학에서 볼 수 있듯이, 결합에 의한 새로움은 "이론 없는 과학은 없다"는 믿음에 더욱 큰 충격이 된다. 화학의 이론 구조를 만든다면 작은 상부 구조를 떠받치

---

27 Galileo Galilei, *The Controversy on the Comets*, trs. S. Drake and C. D. O'Malley (Philadelphia, 1960) 중 *Il Saggiatore*, p. 184.

는 거대한 기초로 이루어져야 할 것이기 때문에 전혀 도움이 되지 않을 것이다. 이론의 유일한 존재 이유는 사고(思考)의 절약인데, 이 절약에는 오히려 작은 기초 위에 놓인 거대한 상부구조가 필요하기 때문이다.[28]

이제까지 논의한 배경에 비추어 바로 눈에 띄는 또 다른 쟁점은 결정론이다. 이는 예측하고, 조작할 수 있는 과학의 능력과 관계가 있기 때문에 우리의 관심을 끈다.

오늘날 물리학자들은 무언가가 라듐 원자를 붕괴시켜서가 아니라, 원자가 붕괴하고 싶을 때 붕괴한다고 설명한다. 그렇지만 정확한 이야기는 붕괴 빈도에는 변증법적 안정성이 있으며, 이 안정성으로 인해 최소한 덩어리로 존재하는 라듐의 거동(behavior)[29]을 예측할 수 있다는 것이다. 요점은 예측 능력에 대한 가장 큰 제약이 엔트로피의 불확정성, 그리고 특히 결합에 의한 새로움의 창발에서 유래한다는 것이다. 이들이 자연에 대한 이해를 아리스토텔레스로부터 내려온 '작용인'으로 환원할 수 없는 가장 중요한 이유이다.[30]

(동시적인 혹은 연속적인 요소들의) 결합에 의한 새로움의 경우 여러 가지 일들이 작용인이나 목적인 없이 그냥 일어난다. 게다가 우리 지식의 가장 흔하고 기초적인 요소들이 이 범주에 속한다. 이들이 실재인 것은 추론을 통해서나 이들을 목적과 연관시켜서가 아니라 반복적인 관찰을 통해 알 수 있다. 수소와 산소가 결합하여 물의 성질을 가진 물질로 변하는 것을 본 적이 없는 사람은 이 반응을 맨 처음 본 후에는 당연히 이 반응이 신비롭다고 생각할 것이

28 화학 반응들의 특성은 제각기 다르기 때문에 각각에 적합한 많은 양의 설명이 필요하다 — 옮긴이.

29 자연과학에서는 사람의 행동과 연관하여 사용하는 단어를 물질에 대해서도 보통 사용한다 — 옮긴이.

30 아리스토텔레스가 구별한 운동과 변화의 네 가지 원인인 질료인, 형상인, 목적인, 작용인 중 작용인은 사물이 형성되도록 하는 힘을 가리킨다 — 옮긴이.

다. 마찬가지로 우리에게는 행성이 만들어져 진화하고 사라지는 것을 관찰할 수 있는 능력이 없기 때문에 진화는 매우 신비롭게 보인다. 이 능력이 없기 때문에 어떤 사회과학자도 인류의 미래 사회 구조를 꿰뚫어 예측할 수 없다. 다시 말하면 인간의 지식은 끊임없이 진보하고 있지만, 어떤 순간에나 전체의 일부만 포함한다. 더구나 이 진보의 과정에서는 다양한 질문들이 이미 해결된 모든 문제들로부터 새롭게 나타난다.

이런 상황에서 항상 '왜'라고 묻기를 고집해서는 안 된다. 어떤 문제들에 대해서는 '무슨 목적에서'라고 물어서 심오한 통찰력을 얻을 수도 있다. 생기론(生氣論)[31]의 어떤 기미도 피하려는 생물학자들도 일부 생물학적 현상들을 유사(類似) 목적론적으로 분류할 때 약간의 이점이 있다고 인정한다. 그러나 이 미사여구의 속임수는 인간 이외의 종에만 효과가 있다. 모두 알다시피 인간은 (가장 직접적으로) **작용인**이 아닌 **목적인** 때문에 학위를 받으려 공부를 하거나 노후를 위해 절약한다. 인간이 목적에 따라 의식적인 행동을 통해 움직이지 않는다고 말하는 것은 진실과는 거리가 먼 이야기일 것이다. 화이트헤드(A. N. Whitehead)의 흥미로운 지적대로, 목적 개념이 엉터리임을 증명하는 것이 목적이라고 되풀이해서 주장하는 사람은 그 자체로 매우 흥미로운 연구 대상이다.

실제로 현대 사회에 관한 연구는 그 사회의 성향 및 분위기에 대한 감정이입적 해석에 의해서만 진행할 수 있고 이는 다른 어떤 수단으로도 해낼 수 없다. 인간의 정신만이 다른 사람의 느낌이 어떤지, 목적이 무엇인지 알아낼 수 있다. 그리고 이 방법을 통해서만 당면한 사회적 경향의 대체적인 방향을 약간이나마 알 수 있다.

결론은 분명하다. 예컨대 물리학이 공간 여행 기술에 유용한 것처럼 통치

31 비물질적 생명력과 같은, 자연 법칙으로 파악할 수 없는 원리에 의해 생명 현상이 일어난다는 이론—옮긴이.

술에 유용할 수 있는 사회과학은 전혀 없다. 그렇지만 몇몇 사회과학자들은 이 결론을 받아들이기를 무작정 거부하고, 마치 자포자기라도 한 듯이 '우리'가 원하는 방식으로 사람들이 행동하도록 할 수단을 만들어내면, '우리'의 예측은 항상 실현될 것이라는 희한한 제안을 하기에 이르렀다. 이 제안에 담긴 플라톤 이래의 '합리적인' 사회를 향한 끊임없는 노력은 인정하지만, 뻔뻔하게 근거 없이 전제를 세우는 허위 때문에 이 제안은 (심지어 물리적으로 강요하더라도 오랫동안) 성공할 수 없다. 모든 계획의 첫 번째 필수 조건은 관련 요소들의 거동을 최소한 일정 시간동안 완전히 예측할 수 있어야 한다는 것이다.

그러나 공격적인 학자들은 항상 '인류의 진보'를 위한 새로운 계획을 만들어낸다. 기존의 사회를 원하는 대로 움직이도록 하는 어려움을 더는 숨길 수 없다면, 우리 자신의 '합리적인' 계획에 따라 새로운 사회를 건설하면 되지 않겠는가? 심지어 몇몇 분자생물학자들은 조만간 '유전자 조작으로 아인슈타인'을 만들 수 있다고 주장한다. 그러나 이들은 초우주적 차원의 문제와 결합에 의한 새로움을 포함하여 여러 근본적인 어려움을 외면하고 있다. 아주 흥미롭게도, 이들은 천재들로만, 아니 지적인 직업에 적합한 사람들로만 이루어진 사회는 단 하루도 존속할 수 없을 것이라는 것을 모르는 듯하다. 반면에, 인간이 인위적으로 만든 사회에 '노동' 계급도 존재한다면, 두 계급의 피할 수 없는 사회적 갈등으로 인해(이 생물학적 마술사들이 사회적 곤충의 유전자 형태에 따라 인류를 개조할 수 없다면) 그 사회는 '합리적일' 수 없을 것이다.

많은 경제학자들은 인간이 물질도 에너지도 만들 수 없다는 점을 적시함으로써 열역학 제1법칙을 간접적으로 언급해왔다. 그러나 통계열역학의 창시자 중 한 사람인 깁스(J. W. Gibbs)의 초기 문하생이었던 피셔(I. Fisher)조차 경제과정에서 엔트로피 법칙이 훨씬 더 중요하다는 것을 인식하지 못하였다. 계량경제학의 선구자 중 한 사람인 데이비스(H. T. Davis)는 기본적인 열역학 방정식과 경제 모형에서 사용되는 방정식 사이에 형식적 유사성을 정립하려 노력한 유일한 사람인 듯하다. 그는 거시분석의 예산 방정식을 염두에 두고 화폐의 효용이 경제의 엔트로피에 해당한다고 제안하였다.[32] 그러나 나중에 리스먼(J. H. C. Lisman)이 데이비스의 외로운 노력에 대해 언급하면서 암시하였듯이,[33] 수리경제 모형에 사용되는 어떤 변수도 열역학에서의 엔트로피와 같은 역할을 하지 않는 듯하다. 앞에 전개한 아이디어에 비추어보면 이 결론은 피할 수 없다. 역학을 본떠 만든 모형에는 열역학과 역학을 대비하는 개념에 해당하는 것이 있을 수 없기 때문이다.

오늘날 경제학자들은 경제학의 일반적인 수학적 체계에서 열역학적 상응물을 찾는 대신 열역학 체계를 본뜬 새로운 방정식 체계로 경제과정을 표현하고자 시도해볼 수 있다. 원칙적으로(모든 전문적인 세부내용 없이 최소한 포괄적인 형태로) 모든 생산, 소비 과정에 대한 방정식을 실제로 세울 수 있다. 그다음 이 방정식들을 거대한 체계로 종합하든지 아니면 더 쉽게 다룰 수 있는 형태로 묶는다. 그러나 어떤 일련의 초기 방정식들을 쓰려면, 그 방정식에 해당하는 각 과정의 정확한 특성들을 알아야 한다. 그런데 문제는 장기 혹은 그리 길지 않은 진행에서도 경제(또한 생물학적) 과정은 필연적으로 미리 알 수 없는 질적 변화에 휩싸여버린다는 것이다. 생명체 자신이 끊임없이 불가역적으로 변화시키는 환경에서 살아남으려면, 생명체는 새로운 돌연변이를 만들어야만 한다. 따라서 어떤 방정식 체계로도 진화 과정의 전개를 설명할 수 없다. 만약 그렇지 않다면, (오랫동안 열역학을 잘 적용해온) 생물학자들은 최후의 날까지의 생물학적 과정의 경로를 보여주는 방대한 체계를 이미 만들었을 것이다.

주어진 생산, 소비 과정을 열역학 체계로 표현하는 것은 엔지니어 혹은 경

---

32 Harold T. Davis, *The Theory of Econometrics* (Bloomington, 1941), pp. 171~176.

33 J. H. C. Lisman, "Econometrics and Thermodynamics: A Remark on Davis's Theory of Budgets," *Econometrica*, *17*(1949) 59~62.

영전문가가 엔트로피 의미에서 효율적인 과정을 결정하는 데 도움이 될 수 있다. 그러나 인간을 탐구하는 경제학자가 경제과정의 엔트로피 특성을 파악하는 방식은 모든 것을 엔트로피로 환원하는 수학적 체계를 통해서가 아니다. 인간이 엔트로피 때문에 발버둥치고 있지만 모든 형태의 엔트로피가 그 목표는 아니라는 것을 잊어서는 안 된다. 아무도 독버섯의 낮은 엔트로피를 사용할 수 없으며, 모두가 해초나 딱정벌레의 낮은 엔트로피를 얻으려고 애쓰지는 않는다.[34]

엔트로피 법칙과 경제과정의 밀접한 관계가 주어진 경제를 개선하는 데 도움이 되는 것도 아니다. 내 생각에는 엔트로피 법칙의 의미 자체가 훨씬 더 중요하다. 엔트로피 법칙은 경제과정에 대한 이해를 넓고 깊게 하여, 어떤 목표들이 인류 경제를 위해 더 나은 것인지 알려는 누구에게나 가르침이 될 것이다.

순수하게 물리적 관점에서 볼 때 경제과정이 역학의 유사체가 아니라는 단순한 사실로부터 일반 과학에 관한 근본적으로 중요하고 까다로운 질문이 생긴다. 무엇이 '과정'이며, 우리는 그것을 해석학적으로[수학적으로—옮긴이] 어떻게 표현할 수 있는가? 그 답을 통해 생산에 대한 신고전파 분석과 마르크스주의 분석 모두에 몇 가지 분명히 누락된 것이 있다는 것을 알 수 있다. 또한 그 답을 통해 이제까지 제안된 모든 가치에 관한 학설을 검토, 비교, 평가할 수 있는 가치에 관한 방정식(오히려 '유사 방정식'이라고 불러야 한다)을 도출할 수 있다. 이 방정식을 통해 논쟁이 난무하는 가치 문제에 관한 몇 가지 논점이 해결된다.

경제과정은 실질적으로 낮은 엔트로피를 높은 엔트로피로, 즉 폐기물로 변환하기 때문에, 또한 이 변화는 불가역적이기 때문에, 자연자원은 필연적으

---

34 많은 서양인들은 해초를 먹지 않지만 동양인들은 김, 미역 등 해초를 많이 먹는다—옮긴이.

로 경제적 가치 개념의 한 부분이어야 한다. 그리고 경제과정은 무의식이 아닌 의지에 따라 일어나기 때문에, 인간이든 물질이든 모든 작인(作因)의 기여 역시 가치 개념의 동일한 일면에 속한다. 다른 측면으로 경제과정에서 단지 폐기물만 만든다는 생각은 너무나 어처구니없다는 것도 염두에 두어야 한다. 반박할 수 없는 결론은 경제과정의 진정한 생산물이 비물질적 흐름이라는, 즉 삶의 즐거움이라는 것이다. 이 흐름이 경제 가치의 두 번째 일면을 구성한다. 높은 소비 수준이 삶의 즐거움을 크게 하는 경향이 있는 것처럼, 힘든 노동은 즐거움을 감소시키는 경향이 있다.

역설적이지만, 경제과정에서 문화 전통의 역할을 인정할 수밖에 없게 만드는 것은 기본 물질에 관한 법칙인 엔트로피 법칙이다. 이 법칙이 분명히 보여주듯이 에너지의 분산은 어디서나 저절로 일어난다. 이것이 바로, 모든 생산라인에서 볼 수 있는 것과 같은 엔트로피 역전에는 목적을 가진 활동의 지울 수 없는 흔적이 남는 이유이다.[35] 그리고 이 활동을 계획하고 수행하는 방식은 분명히 그 사회의 문화에 따라 결정된다. 빈약한 자연환경을 가진 선진국들과, 그와 반대로 풍부한 자연자원을 가진 저개발국들의 흥미로운 차이를 설명할 수 있는 다른 방법은 없다. 인간의 체외 진화는 기술적인 지식뿐만 아니라 문화 전통을 통해서도 이루어진다.

엔트로피 법칙은 경제학자들이 내일, 내년, 혹은 몇 년 후 일어날 일을 정확하게 예측하는 데 도움을 주지 못한다. 생명체의 노화처럼 엔트로피 법칙은 경제과정 내내 비교적 느리게 작용하지만 절대 멈추지 않는다. 따라서 엔트로피 효과는 오랫동안 축적된 후에야 드러난다. 수천 년에 걸쳐 양을 방목한 후에야 유라시아 대평원의 토양이 황폐해져 '대이동'[5세기 훈족의 대이동—

35 생산 라인에서는 투입물의 낮은 엔트로피가 사용되어 낮은 엔트로피를 가진 물건이 만들어지는데, 이 결과 전체 엔트로피는 증가한다—옮긴이.

옮긴이]이 일어났다. 엔트로피 법칙을 통해 이와 똑같은 성격의 훨씬 심각한 결과를 초래할 상황이 현재 전개되고 있다는 것을 인식할 수 있다. 농지면적의 증가에는 한계가 있다. 따라서 인류는 농업에서 얻어지는 낮은 엔트로피를 노동의 전통적 동반자인 짐 운반용 가축들과 더는 공유할 수 없다. 이는 농업 기계화가 세상 구석구석으로 최소한 앞으로 오랫동안 퍼져나갈 수밖에 없는 가장 주된 이유이다.

또한 현재 일반 대중과 정부의 관심을 사로잡고, 거의 모든 과학자들이 몰두하고 있는 두 가지 문제, 즉 환경오염과 지속적인 인구 증가의 기본적이지만 무시되었던 양상들 역시 엔트로피 법칙을 통해 표면화되었다.

온갖 종류의 기계론적 모형을 즐기고 있는 경제학자들이 환경오염의 등장을 의외로 생각하는 것은 당연하다. 기묘하게도 일이 일어난 뒤에도 경제학에는 경제과정에서의 자연자원의 역할을 인식하는 어떤 징후도 없다. 경제과정의 산물이 폐기물이기 때문에 폐기물은 경제과정의 피할 수 없는 결과이며, 다른 사정이 같다면 폐기물은 경제활동의 집약도보다 더 큰 비율로 증가한다는 사실을 경제학자들은 여전히 깨닫지 못한 듯하다. 이 때문에 예컨대 티베트나 아프가니스탄에서 아직은 환경오염이 문제가 되지 않는다.[36] 만일 경제학자들이 경제과정의 엔트로피 특성을 인식하였더라면, 인류 복지를 위한 공동 작업자인 기술자들에게 '더 크고 고급인' 세탁기, 자동차, 초음속 제트기들이 '더 많고 심각한' 환경오염을 일으킬 수밖에 없다고 경고할 수 있었을 것이다. 당대의 과학자들이 이 어려움을 해결하기 위해 모일 때면, 선배 과학자들의 너무도 공격적인 학식과 편협한 통찰력을 비난할 따름이다. 미래를 예측할 수 없는 우리로서는 미래의 과학자들이 현세대의 공격성과 통찰력을 어떻게 평가할지 궁금할 뿐이다.

---

36 수십 년 전에는 오지였던 이런 지역에서도 관광과 전쟁 등 인간의 활동이 급속히 확대됨에 따라 환경오염 문제가 대두되고 있다 — 옮긴이.

농촌의 전원생활에 끼친 현대 기술의 영향을 비난하였던 밴더빌트 도망자(Vanderbilt Fugitives) 문학 그룹[37]의 가장 극단적인 견해들조차 오늘날 떠오르는 환경오염 전문가들이 설파하는 견해들과 비교해보면 보잘것없어 보일 뿐이다. 이와는 대조적으로, 인류가 환경오염이 없는 산업 기술만 사용하면 낮은 엔트로피 비용을 치르지 않고 환경오염을 쉽게 없앨 수 있다고 생각하는, 즉 내가 앞에서 언급하였던 낮은 엔트로피 훔치기의 가능성에 대한 믿음을 가진 듯한 전문가들도 있다. 환경오염 문제는 매우 오래오래 지속될 문제이며, 인류에게 허용된 범위 내에 있는 낮은 엔트로피를 사용하는 방법과 밀접하게 연관되어 있다. 인구 문제의 본질은 바로 이 문제이다.

우리의 지구가 얼마나 많은 인구를 부양할 수 있을지 평가하는 문제가 요즘 유행이다. 어떤 이들은 50억 정도로 낮게, 어떤 이들은 450억 정도로 높게 평가한다.[38] 그렇지만 인류가 스스로를 부양하는 경제과정의 엔트로피 특성을 고려하면, 이는 인구 문제를 고찰하는 방법으로 적절하지 않다. 아마도 지구는 450억 명을 부양할 수도 있겠지만, 분명 무한하지는 않다. 따라서 우리는 "얼마나 오랫동안 지구가 450억 명을 부양할 수 있는가?"라고 물어야 한다. 그리고 그 답이 예컨대 1000년이라면, "그다음에 무슨 일이 일어날까?"라고 또 물어야 한다. 이 질문들은 생태학적으로 결정된 요소로 생각했던 적정 인구의 개념에도 부자연스러운 가치만이 있음을 보여준다.

인구 문제를 서기 2000년 혹은 다른 어떤 시점에 부양할 수 있는 인구의 크기에 국한할 때 인류에게 몇 가지 위험이 존재한다. 인구 문제는 그 이후로도

37 1920년대 미국 테네시 주 밴더빌트대학에 모여 도망자(Fugitive)라는 문학잡지를 발간하였던 시인과 문학자들—옮긴이.

38 내가 아는 한, 450억은 세계 인구의 가능한 크기로 언급된 값 중에서 가장 큰 값이다. 이를 제안한 사람은 클락이다. Colin Clark "Agricultural Productivity in Relation to Population" in *Man and His Future*, ed. G. Wolstenholme (Boston, 1963), p.35[이 책이 출간된 1971년에 세계 인구는 약 37억 명이었다—옮긴이].

이어져 있다. 게다가, 항상 최대 인구를 유지하는 것이 인류에게 좋은 일은 결코 아니다. 모든 가치문제를 빼더라도, 인구 문제는 국지적인 최댓값이 아니라 인간이 자연자원을 완전히 소진할 때까지 부양할 수 있는 총수명의 최댓값에 관한 문제이다. 이 문제와 관련해서 총수명을 현재와 미래의 모든 사람들이 살아가는 햇수의 합으로 단순하게 정의할 수 있다.[39] 알다시피 자연자원은 본질적으로 서로 다른 두 요소로 구성되어 있다. 그것은 ① 지구의 표면 혹은 내부에 존재하는 낮은 엔트로피 저량(貯量), ② 엔트로피 열성화로 인해 느리지만 지속적으로 세기가 줄어들고 있는 태양 에너지 유량(流量)이다.[40] 그러나 인류의 미래 체외 진화에 대한 모든 합리적인 추측뿐만 아니라 인구 문제에서도 결정적인 점은 이 두 요소의 상대적인 비중이다. 놀랍지만 자연자원의 전체 저량은 태양 에너지 며칠분밖에 되지 않는다![41]

인류의 종말을 초래할 다른 원인들을 제쳐놓고 보면, 자연자원이 인류 문명의 수명을 제한하는 요소라는 것은 명백하다. 예컨대 호흡할 때 폐와 공기의 사용이 생존과 직결된 것처럼, 인류의 생존은 체외 도구의 사용과, 따라서 자연자원의 사용과 불가역적으로 연결되어 있다. 인류의 총수명이 최대가 되려면 자연자원의 고갈 속도가 최소여야 한다는 것을 이해하는 데는 상세한 논쟁이 필요 없다. 자연자원을 너무 빨리 사용해버리면, 인류는 자신의 종말 후에도 오랫동안 지구에 도달할 태양 에너지를 낭비하는 셈이다. 그리고 지

---

39 이 총합은 첫째, 각 개인이 살고 있는 시점과, 둘째, 각 개인의 수명이 똑같을지와 무관하다는 것을 염두에 두어야 한다. 최적의 개인 평균 수명이 얼마인지는 많은 부수적인 쟁점들 중 하나이다.

40 천문학에서는 태양이 약간씩 밝아지고 커지고 있다고 말한다. 태양은 10억 년에 10% 정도 밝아지는데, 20억 년 후에는 지구의 물을 모두 증발시킬 것으로 예상된다. 그 후 태양은 지구를 비롯한 내부 행성들을 삼켜버릴 만큼 커지고, 변이를 계속할 것으로 예상된다 — 옮긴이.

41 자연자원의 전체 저량은 우리가 낮은 엔트로피를 획득하기 위해 사용하는 기술의 발전에 따라 늘어나고 있지만 분명 무한하지는 않다 — 옮긴이.

난 200여 년 동안 인류가 행한 모든 것은 인류를 엄청난 낭비자로 만들었다. 여기에는 의심의 여지가 없다. 생명 유지와 무관한 필요를 충족시키기 위해 자연자원을 사용하는 것은 미래의 인류의 총수명이 더 작아짐을 의미한다.[42] 우리가 이 문제를 잘 이해한다면, 철광석 자원을 가장 잘 이용하는 방법은 쟁기나 써레를 필요한 만큼 만드는 것이지, 롤스로이스나 심지어 농업용 트랙터를 만드는 것도 아니다.

이런 진실들을 깨닫더라도 인간이 공허한 욕망에 덜 안달하고 덜 매달리지는 않을 것이다. 가장 급박한 필요만이 인간이 다르게 행동하도록 억제할 수 있다. 그러나 진실은 짐 운반용 가축들이 지구 자원 대신 태양 에너지를 사용하기 때문에 이들을 이용하는 것이 더 이익이라는 것을 깨달을 상황이 다시 올 가능성을 예견하게 해준다. 또한 진실은 서기 2000년에는 석유에서 만든 단백질을 식량화함으로써 인구 문제를 완전하고 영원히 해결할 수 있을지도 모른다는 것을 알아낸 직후 일부 학자들이 인간으로서의 오만에 휩싸인 것이 얼마나 공허한지도 가르쳐준다. 이런 변환의 가능성은 매우 높지만, 인류가 계속 존속하고 내연기관을 사용하려 한다면 언젠가는, 아마도 생각보다 훨씬 빨리 기술을 지금과는 반대 방향으로 돌려야 할 것이 분명하다. 즉 옥수수에서 휘발유를 만들어야만 한다는 것이다.[43] 인간은 과거와 다르게 자신의 존재가 태양이 준 공짜 선물이라는 인식으로 되돌아가야 할 것이다.

---

42 생명 유지에 필요한 것과 무관한 것을 구별하는 일이 변증법적이라는 것을 기꺼이 먼저 인정한다. 분명히 옥수수 밭을 경작하는 것은 생명 유지에 필요하지만, 롤스로이스를 모는 것은 그렇지 않다.

43 지속 가능하지 않은 석유를 대체하기 위해 옥수수와 사탕수수에서 자동차를 움직일 지속 가능한 연료를 만들려는 작업이 전개되고 있지만 이는 식량과 사료의 부족이라는 또 다른 문제들을 야기하고 있다 — 옮긴이.

1장

지식체계

간략한 진화론적 분석

1. 지식체계[1]의 발생

지식체계는 '많은 찬란한 것'[영화 제목 Love is a many splendored thing에서 따온 표현—옮긴이]으로 되어 있기 때문에 여러 관점에서 볼 수 있다. 그렇지만 오늘날 알고 있는 것처럼 지식체계가 어디에나 항상 있어온 것은 아니다. 또한 현대적 형태의 지식체계는 지구상 모든 지역의 모든 사람에게 순식간에 드러난 특별한 계명으로 선포되어 생겨나지도 않았다. 지식체계는 생물학에서 사용되는 의미 그대로, 발생하고 진화하였다. 지난 3, 4세기 동안 지식체계가 어떻게 근본적으로 변화하였는지 생각해볼수록, 지식체계가 살아 있는 유기체라는 사실은 더욱 분명해진다. 이런 연유로, 지식체계를 하나의 특성으로 정의하려는 모든 시도들이 실패하였다는 것은 놀랍지 않다.

체계적 논의를 위해, 우선 지식체계가 존재하게 된 이유를, 즉 (아리스토텔레스의 의미에서) **작용인**을 살펴보고자 한다. 우리가 추론하는 바에 의하면, 이 작용인은 인간과 다른 모든 동물이 공유하고 있는 본능, 즉 주변 환경을 탐

1 science를 지식체계 또는 과학으로 옮겼다—옮긴이.

구하려는 본능이었다. 여기저기에서 여러 종족들은 첫째, 지식은 환경에 대한 지배력을 (불행히도 인간에 대한 지배력도 함께) 제공하며, 그 결과 지식을 소유한 사람의 삶이 더 편하다는 것을 깨달았다. 둘째, 다른 사람들이 이미 알고 있는 지식을 배우는 것이 자신의 경험을 통해 지식을 얻는 것보다 훨씬 경제적이라는 것을 깨달았다. 인간이 그 사회의 총체적 지식에 가치를 부여하고 지식을 대대로 저장 보존할 필요를 느끼기 시작한 것은 그 무렵이었다. 이렇게 최초 형태의 지식체계가 탄생하였다.

따라서 명백히 지식체계의 (다시 아리스토텔레스의 의미에서) **질료인**은 사회의 축적된 지식, 즉 한 사회의 모든 구성원들에 알려져 있고, 기준 시점에 지배적인 타당성 기준에 따라 사실이라고 믿어지는 모든 서술형 명제들의 집합체이다. 이 설명을 지식체계의 정의로 받아들이는 것은 분명히 부적절할 테지만, 다른 한편으로 이 설명이 고대 문명부터 현대 문명에 이르는 모든 시대와 장소에서 유효하다는 데는 이의를 제기할 수 없다. 게다가 이는 지식체계는 서술의 반대라는 견해를 해결한다. 오히려 지식체계는 서술 없이 존재할 수 없다.[2]

한 발 더 나아가, 앞 문단에 제시한 설명은 예컨대 물리학이나 정치학 같은 사실에 관한 지식체계뿐만 아니라 수학과 논리학 같은 본질에 관한 지식체계에도 적용된다.[3] 실제로 "p가 q를 포함하고, q가 r을 포함한다는 말은 p가 r을 포함한다는 결과를 낳는다"는 명제는 "산과 염기가 염을 만든다"는 명제만

2 P. W. Bridgman, *The Logic of Modern Physics*(New York, 1928), p. 175 참조.

3 후설(E. Husserl)은 본질뿐만 아니라 사실도 서술의 대상이며, 따라서 지식체계의 대상이라고 생각하였다. Edmund Husserl, *Ideas: General Introduction to Pure Phenomenology*(New York, 1931), pp. 61 ff. 차이는 본질에 관한 지식체계는 사실을 서술하는 대신 인간의 정신을 통해 사실을 이해하고, 분류하고, 관계 짓는 방식을 서술한다는 것이다. 달리 표현하면, 수학은 모든 특별한 질(質)을 제거한 대상을 연구하며, 논리학은 모든 사실적인 내용을 제거한 명제들을 연구한다.

큼이나 서술형이다. 이 두 명제는 모두 획득한 지식이며, 따라서 그 의미는 이 지식이 쌓여감에 따라 변하기 쉽다. 지금은 본질에 관한 지식체계에서도 모든 백조가 희지는 않다는 것을 발견할 수 있음을 인식하게 되었다. 100년도 더 전에 볼차노(B. Bolzano)는 논리 면에서도 앞으로 많은 새로운 발견들이 이루어질 것이라고 올바르게 깨우쳐주었다.[4] 모든 사람이 필연적으로 도달하는 유일한 지식만이, 예컨대 "나는 네가 아니다" 같은 지식만이 시간이 가도 변하지 않는다. 이런 명제들은 지식체계의 질료인이 되지 못한다.

2. 돌연변이에 의한 진화

이미 암시한 것처럼, 동물의 본능인 학습은 공동체의 지식체계를 발전시키기에 충분하지 않았다. 공동체의 모든 지식을 저장하는 것의 유용성을 인식할 수 있도록 공리주의적 본능 역시 상당한 정도로 발전시켜야만 했다. 어떤 종족들은 현대까지 살아남았지만 미약한 공리주의적 본능 때문에 지식체계를 발전시키지 못하였다. 이 부족함은 우리에게 수수께끼로 보이는, 이들 공동체가 공통으로 지니고 있는 여타의 문화적 패턴들의 원인이기도 하다. 지식체계를 가지지 못한 공동체가 오늘날까지 살아남은 것은 전적으로 다른 공동체와 우연히 격리된 덕분이라는 것도 분명히 말할 수 있다. 진화론자라면 누구나 알 수 있듯이, 만약 그렇지 않았다면, 그들의 역사는 지식체계를 전쟁에 사용할 수 있었던 다른 종족의 공격으로 사라지는 자연선택이 일어났을 것이다. 역사를 보면, 사실에 관한 지식의 수준 차이도 인간 공동체 사이의 싸움에서 결정적이지는 않더라도 중요한 역할을 한다는 것을 알 수 있다. 유럽 제국들이 유럽 외부 세계에 비해 사실에 관한 지식의 양에서 월등하지 않았더

4 Bernhard Bolzano, *Paradoxes of the Infinite*(New Haven, 1950), p. 42; P. W. Bridgman, *The Intelligent Individual and Society*(New York, 1938), p. 98.

라면, 유럽의 식민주의는 도래하지 않았을 것이라는 데 의심의 여지가 없다. 만일 아시아 문명이 이 우월성을 먼저 성취하였더라면, 분명히 중국이나 인도가 유럽을 포함한 세계를 식민지로 삼았을 것이다.

지식체계의 탄생을 설명할 수 있는 원인들은 어디서나 같아 보이지만, 지식체계의 진화가 모두 같은 형태를 취한 것은 아니다. 베블런(T. Veblen)처럼 원시 지식체계의 팽창과 전환을 한가한 호기심 본능 탓으로 돌릴 수도 있다. 그렇더라도, 이 본능이 학습 본능처럼 타고난 것은 아니라고 인정해야 할 것이다. 세계 각 지역의 완전히 다른 지식체계의 진화를 보면 이를 인정해야 한다. 한가한 호기심 본능은 분명 뒤에 나타난 우연한 돌연변이이며, 모든 성공적인 돌연변이와 마찬가지로 점점 더 큰 집단들로 확산되었다.

3. 기억: 가장 오래된 지식 저장고

지식을 저장하고 보존하는 문제는 곧바로 지식인이라는 직업과 교육기관으로 이어졌다. 서술형 명제가 비교적 짧았던 동안에는 그것을 기억하는 것이 가장 편리한 저장 방식이었다. 이 방식은 존재하는 지식의 모든 부분에 거의 즉각적으로 접근할 수 있다는 점에서도 완벽하였다. 따라서 기억력은 오랫동안 지식인의 유일한 필수 능력이었으며, 그 결과 가장 가치 있는 덕목의 하나로 생각하게 되었다.[5]

마침내 가장 뛰어난 사람의 기억도 늘어나는 지식을 정리·저장하는 역할을 더는 할 수 없는 시점에 도달하였다. 지식을 잃어버리지 않기 위해서 인간이 아닌 보관함을 새롭게 만들어야 했다. 다행히 이 어려움은 문자와 파피루

5 플라톤은 문자의 발명으로 말미암아 사람들이 기억 훈련에 덜 관심을 갖게 될 것이라고 문자의 발명을 개탄하였던 유명한 이집트의 왕을 소개하고 있다. Plato, *Phaedrus*, 274~275.

스의 발명으로 해결되었다. 그러나 지식이 계속 늘어감에 따라 매우 난처한 새로운 문제가, 즉 전체 보관함을 다 뒤지지 않더라도 필요한 명제를 찾을 수 있도록 정리해야 한다는 문제가 등장했다. 이 문제에 관한 정확한 설명을 찾을 수는 없지만, 당시 지식인들을 끊임없이 괴롭혔을 어려움을 충분히 짐작할 수 있다. 도덕적·합법적 행위에 관한 가장 오래된 강령에서 볼 수 있듯이, 지식인들은 처음에 분류학적 정리를 떠올렸다. 그렇지만 제대로 된 분류학적 정리에는 역사적 사실들을 정리하는 연대기 순서같이 쉽게 적용할 수 있는 기준이 필요하다. 알려진 문명 중에서 최소한 고대 그리스 문명에서 아마도 유일하게 분류에 관하여 논의하게 되었고, 그 미묘한 쟁점들에 관하여 뜨겁게 논쟁하였다. 예컨대 플라톤은 이분법이 분류의 합리적인 원리라고 주장하였다. 아리스토텔레스는 이에 강하게 이의를 제기하여, 대부분의 경우 이분법은 "불가능하거나 무의미하다"고 올바르게 지적하였다.[6]

오늘날에도 많은 양의 사실에 관한 지식들을 분류학적으로 정리해야 한다는 단순한 이유 때문에 정리 체계로서의 분류는 남아 있다. 이는 생물학뿐만 아니라 물리학의 가장 수준 높은 영역에서도 마찬가지이다. 물리학자들은 계속해서 발견되는 여러 가지 소립자들을 분류하는 데 몰두하고 있다.[7] 퀴비에(Georges Cuvier)가 공식화한 '**명명**', '**분류**', '**서술**'의 세 명령은 항상 분리하여 수행하거나 그 순서대로 수행할 수 있는 것은 아니지만 지속적인 가치를 가진다. 불행히도 분류의 기본 쟁점들은 아직 미해결이며, 생물분류학자부터 논리학자에 이르는 많은 지식인들을 괴롭히고 있다. 실제로 "모든 크레타 사람들은 거짓말쟁이라고 말하는 크레타 사람"이라는 모순부터 "모든 집합들의 집합"이라는 러셀(B. Russell)의 모순까지 참으로 많은 논리적 모순들이 분

---

6 Plato, *Sophist*, 219, 253, *Statesman*; Aristotle, *De Partibus Animalium*, I. 2~4.

7 Louis de Broglie, *New Perspectives in Physics*(New York, 1962), p.35; David Bohm, *Causality and Chance in Modern Physics*(London, 1957), pp.122 f 참조.

류에서 생겨났다.[8]

4. 분류학적 정리에서 논리적 정리로

분류에 관한 보편적인 원리를 찾으려고 노력한 결과 고대 그리스 철학자들은 개념들의 특성과 그 관계를 탐구하였다. 이런 지적 노력을 통해 논리학이 탄생하였다. 이는 길고 산만한 여정에 종지부를 찍었다. 이미 기원전 6세기 초에 기하학 명제에 대한 논리적 증명이 사용되었다. 하지만 아리스토텔레스의 스승인 플라톤에게도 삼단논법 개념은 없었다. 플라톤은 몇 가지 기본 진리에서 출발한 체계적인 명제들에 관하여 논의하였지만, 아리스토텔레스 이전에 지식의 논리적 체계에 대한 명쾌한 설명은 없었다.[9] 아리스토텔레스 자신도 그 시대에 존재하였으며 유클리드로부터 아주 깔끔한 형태로 오늘날까지 전해진 『기하학 원본(Elements of Geometry)』의 영향을 받았다는 것은 중요한 사실이다.[10] 다시 말하면, 최초의 이론적 지식체계를 포함하여 모든 사물의 탄생은 그 개념적 서술에 앞선다.

기하학의 이론 체계가 그 어원의 의미에서 알 수 있듯이 하루아침에 세워지지 않았다는 것은 말할 나위가 없다. 그리고 아무도 최종 결과를 분명하게 예상하지 못하였기 때문에, 초창기 기하학자들은 다른 목적들에 이끌렸음이 분명하다. 그리스 사상의 독특한 전통에 따라, 이 관념적 사상가들은 제1원리를 찾으려 하였다. 다른 한편으로, 고대 이집트의 **토지 측량기사들**은 얼마 되지 않아 다음 내용을, 즉 예컨대 아래 명제 A를 기억할 수 있으면 명제 B를 외울 필요가 없다는 것을 분명히 깨닫게 되었을 것이라고 추측할 수 있다.

---

8 존경스럽게도 이 문제는 푸앵카레가 훌륭하게 설명하였다. Henry Poincaré, *Mathematics and Science: Last Essays*(New York, 1963), pp. 45~55.

9 Plato, *Republic*, VII. 533; Aristotle, *Analytica Posteriora* I. 1~6.

10 W. D. Ross, *Aristotle*(3rd edn., London, 1937), p. 44 참조.

A. 삼각형의 내각의 합은 180도이다.

B. 볼록 사각형의 내각의 합은 360도이다.

이렇게 해서 『기하학 원본』이 저술되기 오래전에 토지 측량기사들은 논리적 알고리즘이 기억하는 노력을 줄여주었다는 단순한 이유 때문에 알게 모르게 논리적 알고리즘을 사용하게 되었다. 이런 경제적 측면이 없었더라면, 논리적 알고리즘은 분명히, 예컨대 제1원인처럼 난해한 개념으로 남았을 것이다.

오늘날 논리적 알고리즘과 이론적 지식체계의 관계는 단순해 보인다. 논리적 분류를 통해 특정 지식 분야에서 이미 정립된 모든 명제 $P_1, P_2, \cdots, P_n$은 다음 두 가지 집합, $\{\alpha\}$와 $\{\beta\}$로 나눌 수 있다.

(1) 모든 β-명제는 몇몇 α-명제들로부터 논리적으로 파생된다.

(2) 어떤 α-명제도 다른 α-명제로부터 파생되지 않는다.[11]

이 논리적 분류는 지식체계 이론이 만들어지고 유지되는 내부 메커니즘을 보여준다. 따라서 이론적 지식체계는 분류학이나 사전식 순서와는 다른 논리적 순서에 따라 알고 있는 명제들을 수록한 목록이다. 달리 표현하면, 다음 첫 번째 관계가 얻어진다.

'이론적 지식체계' = '논리적으로 배열된 서술'

실제로 논리의 편익은 항상 여기서 멈추지 않는다. 간혹 사변적 명제들을 '떠올리고', 가능한 한 많은 α-명제를 집합 $\{\beta\}$로 옮길 목적에서 이들을 집합 $\{\alpha\}$에 더한다. 따라서 사변적 명제가 더해진 집합 $\{\alpha\}$를 집합 $\{\omega\}$로 바꾸면,

11 $\{\beta\}$가 공집합이 아니려면, 명제 $P_1, P_2, \cdots, P_n$은 완전 순환이어서는 안 된다. 예컨대 사실에 관한 지식은 다음과 같은 지식들로만 이루어져서는 안 된다. 번개는 빛이다; 빛은 전기이다; 전기는 번개이다. 이 필연성은 과학자들이 전통적으로 순환 주장을 혐오하는 이유를 설명해준다.

집합 {ω}는 더 커진 집합 {β}에 대해 집합 {α}와 마찬가지 역할을 한다. 유일한 차이는 집합 {ω}에는 관찰할 수 없는 명제들이, 즉 몇 가지 제1원리가 있다는 것이다. 그러나 이로 인해 위 등식의 타당성이 달라지지는 않는다.[12]

5. 이론적 지식체계와 사고(思考)의 절약

지식을 논리적으로 정리해도 지식은 늘어나지 않는다. 단지 논리적 알고리즘의 경제적 이득을 극대화할 뿐이다. 모든 개별 학문의 ω-명제에는 명시적이든 암묵적이든 특정한 영역에 존재하는 모든 지식이 포함되어 있다. 따라서 엄격히 말하면, 한 영역에서 이미 알려진 모든 지식을 저장하기 위해서 집합 {ω}만, 즉 현재 각 지식체계의 논리적 토대라고 부르는 것만 기억하면 된다. 물론 지식인들은 보통 몇몇 β-명제들을 외우고 있는데, 이는 단지 직업상 날마다 매우 자주 필요한 명제들에 즉각 접근하는 것이 편리하다는 것을 알기 때문이다. 이론적으로 이해할 수 있는 영역의 수는 단편적이나마 늘어나고 있다는 바로 그 이유 때문에, 사실에 관한 정보량은 끊임없이 팽창하고 있지만 그로 인한 곤란함은 나날이 줄어들고 있다는 점은 매우 중요하다. 메더워(P. B. Medawar)가 잘 지적한 것처럼, "모든 과학에서 특정한 예에 대한 부담으로부터, 즉 세부적인 것의 횡포로부터 점점 자유로워지고 있다. 이제 우리는 모든 사과의 낙하를 더는 기록할 필요가 없다".[13]

고대 그리스 철학자들은 천상(天上)의 것처럼 추상적인 이슈들과 실질적인 가치가 없는 문제들에 집착했던 것으로 보일 수 있다. 그러나 그들의 깊은 지적 갈등의 내면에는 각 개인이 이해할 수 있는 형태로 지식을 분류할 욕구가

12 현재 어법에서 '이론적 지식체계'와 특히 '이론'에는 매우 신축적인 의미가 있기 때문에, 나중에 나타날 수도 있는 불편을 피하기 위해 이 책에서는 '이론적 지식체계'를 이 등식으로 정의한 의미로 사용한다는 점을 강조하고자 한다.

13 *The Listener*, 1967년 5월 18일, p.647에 인용.

있었다. 아무도 표의문자에서 표음문자로 바뀐 것이 가져온 엄청난 편익에 대해 문자가 바뀌었을 때나 그 이전에 관심을 두지 않았던 것처럼, 어떤 철학자도 분류의 경제적 의미나 분류의 필요성 자체를 인식하지 못하였을 것이다. 일반적으로 말하면, 진화에 의해 만들어진 필요성은 항상 그러하듯 조용하게 인간을 이끈다. 우리는 복잡한 활동에 대한 그 영향을 (아니 그 존재조차도) 거의 인식하지 못한다. 아주 오랜 시간이 지난 후에나 우리가 애쓴 이유와 추구하였던 것이 무엇인지 깨닫는다. 일이 일어난 후에야 슈펭글러(Ostwald Spengler)처럼 "역사적 필요에서 시작된 일은 개인이 원하든 원하지 않든 반드시 이루어질 것"이라고 말한다.[14]

따라서 1872년 마흐(Ernst Mach)가 지식체계는 "경제적 순서로 배열한 경험"[15]이라고 처음 주장할 때까지 이론적 지식체계의 경제적 측면을 전혀 인식하지 못한 것은 놀랍지 않다.

이론적 지식체계를 통해 얻은 사고의 절약에 대하여 말하려면, 우선 암기가 추론보다 훨씬 비용이 많이 드는 지적 활동임을 먼저 보여야 한다. 분명히 대부분의 사람들에게 이는 사실이 아닐 것이다. 상당수 대학생들도 논리적으로 정리하기보다 분류학적으로 나열된 지식을 암기하는 서술형 강의를 더 좋

---

14 Oswald Spengler, *The Decline of the West*(2 vols., New York, 1928) II, 507. 현재의 우주탐사 계획은 미래의 인구 폭발 문제에 대비할 필요성에 부응하였었다는 것이 먼 훗날 증명될 것이라고, 삽화적이지만 적절하게 생각할 수도 있다.

15 Ernst Mach, *Popular Scientific Lectures*(Chicago, 1895), p.197 등. Mach, *The Science of Mechanics*(La Salle, Ill., 1942), pp.578~596. 피어슨은 똑같은 생각을 훨씬 뛰어난 안목으로 다듬었다. Karl Pearson, *The Grammar of Science*(Everybody's Library edn., London, 1937), p.21, 32 등.
그렇지만 마흐는 논리 순서는 신경 쓰지 않았다. 오히려 그는 수표(數表)나 수학적 기호체계를 통한 기억의 부담 덜기를 강조하였다. 하지만 역학이 이론적 지식체계가 되기 훨씬 이전부터 천문력표가 있었으며, 구구단은 항상 단지 기억을 돕는 것일 뿐이었다. 표와 기호로 얻는 사고의 절약은 다른 무엇보다도 문자를 발명한 덕분이라고 해야 한다.

아한다. 암기와 추론은 훈련을 통해 나아질 수 있는 능력이다. 그런데 훈련의 중점은 문화적인 전통에 따라 둘 중 하나로 달라진다. 중국과 일본 학생들은 서구와 비교할 수 없을 정도로 지속적인 암기 훈련을 오랫동안 계속 받아야 한다. 이 훈련은 그들이 수천 자의 표의문자를 암기해야 하는 한 계속될 것이다. 하지만 결국 중국과 일본 학자들조차 암기에 대한 압력에 손을 들어야 했다. 오늘날 기구를 타고 달에 갈 수 있다고는 아무도 생각하지 않듯이, 자신의 분야가 아무리 좁더라도 방대한 양의 사실에 관한 지식을 모두 외울 수 있다고 상상하는 사람은 없다. 사실에 관한 지식의 일부만 암기하면 숙련공으로 성공할 수는 있지만 지식인으로서는 분명 아니다.

그러나 진화에서는 어떤 것도 일반적이거나 최종적이지 않다. 외계 생명체의 두뇌 구조가 상대적으로 기억에 제한이 없는 구조일 수도 있다. 그런 생명체에게 이론적 지식체계는 훨씬 비경제적일 수 있다. 한편으로, 지구에서의 지식체계의 구조 역시 시간에 따라 변화한다고 예상해야만 한다. 언젠가는 전자두뇌들이 습득한 모든 것을 정확히 기억, 분류, 계산하는 작업을 인간보다 엄청나게 빠른 속도와 훨씬 더 큰 규모로 완전히 떠맡을 것이다. 우리는 이 전자두뇌들이 생겨난 후에 나타날 지식체계의 다음 돌연변이를, 어렴풋이나마 벌써 짐작할 수 있다.

그렇지만 이런 허드렛일에서 벗어난 인간이 필연적으로, 사실과 허구의 규칙성을 찾아내고, 외관상 다각적인 사실들을 하나의 논리적 토대 속에 통합하는 새로운 개념을 생각해내고, 엄청나게 많은 상황에 타당한 명제들을 만들어 증명하는 등의 창조적 특권을 아주 쉽고 효율적으로 행사할 수 있으리라 여겨서는 안 된다.[16] 현재 우리 주변을 볼 때 인간은 일군의 계산 기계들이

16 이 점에 관해서는 3장 10절에 좀 더 나와 있다. 그러나 여기서 컴퓨터의 우수성에 관해 널리 퍼져 있는 한 가지 그릇된 생각을 언급하는 것이 좋겠다. 두뇌의 기억 용량은 (앞에서 말한 것처럼) 불충분하지만, 컴퓨터의 용량에 비해 훨씬 크다. 그럼에도 컴퓨터의 용량이 더 크다고 느낀다면, 이는 단지 대도시에 갓 온 촌뜨기처럼 개인이 자

전자속도로 만들어내는 결과들의 거대한 물결 아래 침몰하는 것처럼 보인다. 최소한 경제학 분야에서는, 컴퓨터센터가 만들어진 이후 작성된 각기 다른 세부 주제를 다룬 수천의 박사 학위 논문들을 통합하는 어떤 작업도 거의 이루어지지 않았다는 것은 이미 사실이 아닌가? 애덤 스미스나 마르크스 같은 이들조차 이런 소위 분석된 정보의 정글에서 어떻게 길을 찾을 것인지 상상하기 어렵다. 저명 기관에서 "자신의 거대 '응용' 연구 프로그램이 담당 분야를 발전시키는 데 별로 효율적이지 않다고 갑자기 판단하여, 수백만 달러가 투입될 '기초' 연구를 시작하기로 [결정]하였다"[17]는 사례에서 볼 수 있듯이, 상황은 울타리 너머에서도 별반 다르지 않다. 이렇게 컴퓨터는 단지 존재함으로써 우리 모두가 또 다른 사과의 낙하를 기록하도록 종용하는 듯 보인다. 게다가, 많은 연구자들이 컴퓨터센터에 접속하여 자신들의 세부 모형을 시험할 때 사용하는 통계 도구들의 타당성에 예전보다 주의를 훨씬 덜 기울이기 때문에 이 기록들조차 점점 더 잘못되고 있다.[18]

그러나 모든 사과의 낙하 현상을 거대한 방정식 시스템으로 다듬는 일을 학자의 징표로 삼고, 문제를 컴퓨터에 집어넣는 일이 꼬박 하루치 일이 된 시

신의 생활에서 헤매지 않기 위해서 뇌가 얼마나 많은 기억을 해야 하는지를 모르기 때문이다. 인간은 최소한 얼마 동안은 아침에 먹은 음식과 그 맛까지도 기억해야 한다. 바로 이 때문에 인간의 두뇌는 로그표 전체를 외우는 것이 어리석다는 것을 알 수 있도록 만들어져 있다. 컴퓨터는 그렇지 않다[인간 두뇌의 기억 용량은 1~1000TB 정도로 추정된다. 머지않아 컴퓨터의 용량은 인간 두뇌의 용량을 넘어설 것이다—옮긴이].

17 J. R. Pierce, "When Is Research the Answer?" *Science,* March 8, 1968, p. 1079. 피어스는 '응용' 연구의 우월성에 대한 신봉자로 보이는데, (그가 이름을 밝히지 않은) 저명 기관의 자연과학자들이 "자신들의 일상적인 일을 만족스럽고 사려 깊게 하지" 못한다고 비난하였다. 그러나 내가 방금 언급한 것처럼, 뉴턴 같은 이도 세부적인 것들의 홍수 속에서는 어떤 통합도 이루지 못했을 것이다.

18 저자의 논문, "Further Thoughts on Corrado Gini's *Delusoini dell' econometria,*" *Metron, 25*(1966) 265~279 참조.

대의 가장 큰 위기는, 잠재적 뉴턴들조차 통합에는 관심을 갖지 않도록 방해한다는 것이다. 컴퓨터에 의한 인간 추리력의 확장에 관한 워싱턴 심포지엄에 참여한 사람들은 오늘날 인간의 지적 능력 향상보다 컴퓨터 개선에 더 많은 노력을 기울인다는 데이비스(Ruth Davis)의 비판에 분명히 거부감을 느꼈을 것이다.[19] 이 시대의 분위기에는 이런 진실에 귀를 기울일 마음이 없다. 이 결과 지식체계는 악순환에 빠진 듯하다. 통합 작업의 부족으로 인해 우리는 충분히 많은 사례를 분석하지 않았다고 믿게 되었다. 그리고 더 세부적인 사례들이 더해져 통합 작업이 점점 더 어렵게 될 뿐이다. (오늘날보다 그 수가 분명히 훨씬 더 적었던) 1949년『화학색인』에는 22만 개 항목에 대한 7만 개 정도의 논문이 있었다는 사실을 생각해보라. 폴링(Linus Pauling)은 모든 자연과학 분야에서 매년 보고되는 '새로운 과학적 사실들'이 100만 개에 이를 것이라고 어림한다![20] 따라서 과학이 자신의 창조물, 즉 온갖 자동장치들의 이식(移植)을 완전히 흡수하기도 전에 몸부림치며 거부하리라는 것을 예견할 수 있다.

6. 동양과 서양의 뚜렷한 차이

논리 순서로 서술된 사실들은 분류학적 서술 구조와는 완전히 다른 구조를 이룬다. 따라서 유클리드의『기하학 원본』에 따라 기하학의 질료인이 근본적인 변환을 겪었다는 주장은 정당하다고 할 수 있다. 기하학은 형태가 다소 일

19 *Symposium on Computer Augmentation of Human Reasoning*, ed. Margo A Sass and W. D. Wilkinson(Washington, 1965), p. 152.

20 Linus Pauling, "The Significance of Chemistry," *Frontiers in Science: A Survey*, ed. E. Hutchings, Jr,(New York, 1958), pp. 279 f[2009년 9월 미국화학회에서 관리하는 위에 언급된『화학색인』에는 5000만 번째(과학 항목이 아니라) 화학물질이 등록되었다. 4000만 번째 화학물질이 등록된 후 9개월 만의 일이다. 1990년에 1000만 번째 화합물이 등록되기까지 33년이 걸렸다 — 옮긴이].

정하지 않은 명제 집합으로부터 '해부학적' 구조를 만들었다. 앞으로 설명하겠지만, 기하학 자체는 고유한 생리 기능과 목적을 가진 살아 있는 유기체로 탄생하였다. 그리고 이 진정한 돌연변이는 인간 사고에 대한 그리스 문명의 가장 가치 있는 기여일 뿐만 아니라 언어나 문자의 발명에나 비교될 만한 인류 진화사의 획기적인 사건이다.

그리스 사상의 전개를 되돌아보면 이론적 지식체계의 탄생이 논리학의 정상적이며 거의 필연적인 산물이었다고 결론짓기 쉽지만, 이보다 더 큰 실수는 없다. 인도·중국 문명에도 어떤 면에서는 아리스토텔레스보다 더 세련된[21] 고유의 논리학이 있었지만, 어느 문명도 사실에 관한 지식을 분류하는 데 논리가 갖는 유용성을 깨닫는 수준에 이르지는 못했다. 결과적으로 동양의 지식체계는 분류학의 단계를 넘지 못했다. 따라서 그리스 문화에는 동양에는 없는 어떤 특색이 있었음이 분명하다. 그렇지 않다면 동서양의 지식체계 발전의 차이를 설명할 수가 없다.

그리스 철학의 뚜렷한 특징이 비종교적 성격의 **제1원인**에 대한 믿음이라는 것을 깨닫는 것은 어렵지 않다. 기원전 6세기 초 다양한 재능을 가진 학자인 탈레스(Thales)는 "물이 만물의 물질적 근원"이라고 가르쳤다.[22] **제1원인**을 찾기 위해서는 어차피 인접 원인들을 조사해야만 한다. 그리고 실제로 탈레스 이후 한 세대 만에, 아낙시만드로스(Anaximandros)가 지구는 "모든 것으로부터 같은 거리에 있기 때문에 (아무것에도 묶이지 않고) 현재 자리에 존재한

21 예컨대 동양의 논리학에서는 무의미한 사실을 제거하려면 다음 예에서와 같이 삼단논법의 전제에 한 예를 포함시켜야 한다고 규정하였다. "부엌의 사례에서 보듯, 연기가 있는 곳에는 불이 있다"(Chan Wing-tsit, "The Spirit of Oriental Philosophy," in *Philosophy: East and West*, ed. Charles A. Moore(Princeton, 1944), p.162). 하지만 동양의 논리학은 주로 고도의 변증법적 계통을 따라 발전하였다(Chan Wing-tsit, "The Story of Chinese Philosophy," the same volume, pp.41 ff).

22 J. Burnet, *Early Greek Philosophy*(4th ed., London, 1930), p.47.

다"는 꽤나 현대적인 투의 설명을 한 것을 볼 수 있다.[23]

다른 문명에서도 원인과 결과 개념을 도출했었는지 모르겠지만, 고대 그리스인들만 거의 처음부터 인과 관계 개념을 양방향 알고리즘으로 생각하였다. 즉, **제1원인**을 제외하면 모든 것에는 결과 이외에 원인도 있다고 생각하였다. 그렇지만 그리스 철학자들은 **제1원인**에 커다란 흥미를 가졌기 때문에 결과보다는 원인에 관심을 집중하였다.[24] 알다시피 아리스토텔레스는 원인의 네 가지 형태를 발견할 때까지 원인 개념의 주변을 맴돌았다.[25]

근인(近因)을 찾는 일은 **제1원인**을 찾는 일 다음으로 가장 고상한 인간 활동의 하나로 생각하게 되었다. 그리스인들은 사실을 기억하는 것은 반쪽 지식, 즉 단순히 의견이라고 주장하였다. 온전한 지식에는, 즉 이해에는 사물의 원인을 아는 것도 포함된다. 이 견해는 이미 플라톤 시대에도 유력하게 받아들여졌기 때문에 아리스토텔레스는 이를 어려움 없이 정설로 제시하였다.[26] 고대 그리스 사상의 독특한 특징은 "왜?"라는 질문에 대한 과도한 집착이었다고 해도 과장이 아니다.

그러나 이 집착은 그 자체로 그리스 사상에서 일어난 논리학과 지식체계의 결합을 설명하기에는 충분하지 않다. 이 결합은 특별한 혼동, "왜"라는 질문과 '논리적 근거' 사이의 혼동, 즉 **작용인**과 **형상인**의 혼동 때문에 가능하였다. 아리스토텔레스가 네 가지의 원인을 구별하면서 이 둘을 한 데로 모은 데서,[27]

---

23 앞의 책, p.64.

24 (기원전 5세기 중반 레우키포스가 쓴) 인과율을 형식화한 최초의 기록이 이를 잘 보여준다. "아무것도 아무런 이유 없이 일어나지 않을 뿐만 아니라 모든 것은 어떤 근원에서 그리고 필연적으로 일어난다." 앞의 책, p.340.

25 *Physics*, II. 3; *Metaphysics* I. 3, 10; V. 2.

26 Plato, *Meno*, 81~86, *Theaetetus*, 201 ff; Aristotle, *Analytica Posteriora*, 78ª 23, 88ᵇ 30, 94ª 20, *Physics*, 194ª 15 참조.

27 실제로 아리스토텔레스는 *Physics* II의 iii절을 "'이유'에 답하는 '원인'에는 많은 의미가" 있다는 말로 시작한다. 또한 *Metaphysics*, 1013ᵇ 3~4 참조.

또한 우리가 두 원인 각각과 연관된 두 가지 다른 의미로 '설명'이라는 말을 사용하는 데서 더욱 그 징후가 나타난다.[28] 만약 (사물들이 움직이지도 변화하지도 않고 단지 존재하기만 하는) 기하학 이외의 분야에서 이론적 지식체계를 만들 때 논리학이 처음 적용되었더라면, 오늘날 논리실증주의와 실재론 사이에서 벌어진 논쟁은 『기하학 원본』 발간 후 얼마 안 되어 일어났을 것이다.

서양식 사고방식을 가진 사람으로서 우리는 인과 관계가 칸트의 의미에서 **선험적** 형태는 아니더라도, 태곳적 사람들이 필연적으로 가졌던 개념들 중 최소한 하나라고 믿는 경향이 있다.[29] 하지만 그리스 문명과 달리 고대 아시아 문화에서는 인과 관계 사고를 전혀 발전시키지 않았다는 것이 엄연한 사실이다.[30] 따라서 동양인들이 논리적 연역법을 인과 관계의 알고리즘과 연결하고, 사실에 관한 지식을 이론적으로 조직하기는 불가능하였다. 그렇지만 처음에 서양을 압도하였던 동양의 커다란 진보가 있었음에도 지난 2000년 동안 동양에서 사실에 관한 지식이 거의 발전하지 않았다는 잘 알려진 사실을 이론적 지식체계의 부재 탓으로만 돌릴 수는 없다.[31] 다른 요소들 역시 상당히 중요하게 작용하였다.

그리스 철학자들이 **제1원인**을 탐구하는 동안, 예컨대 인도에서는 마야의 베일에 싸인 절대적인 본질을 찾는 데 노력을 기울였다. 그리스인들은 추론을 통해 진리를 알 수 있다고 믿었던 반면, 인도인들은 명상을 통해 진리가 드러난다고 생각했다. 명상에는 몇 가지 분명한 장점이 있다. 명상을 하지 않으면 완전한 설명을 할 수 없으며, 또한 현대 지식체계에서 이루어지는 추론에

---

28 John Stuart Mill, *A System of Logic* (8th edn., New York, 1874), pp.332 ff.

29 Mach, *Lectures,* p.190.

30 Junjiro Takakusu, "'Buddhism as a Philosophy of 'Thusness,'" in *Philosophy: East and West,* pp.74 ff 참조.

31 이 차이에 대한 인식은 새로운 것이 아니다. G. W. F. Hegel, *Lectures on Philosophy of History* (London, 1888), pp.141 ff 참조.

입각한 상상을 할 수 없다. 그러나 명상만 하는 사람은 '매우 신비로운' 일들을 깨닫더라도[32] 자연 현상의 영역에서 벌어나는 다양한 일들을 체계적으로 진술할 수는 없다. 이런 사람은 실험을 고안하고 실행하는 일은 더더욱 생각할 수 없다. 지적 엘리트들의 명상적 경향으로 인해 동양에서 사실에 관한 지식의 발전은 온전히 기술자들의 우연한 발견에 의존할 수밖에 없었는데, 대개 기술자는 지식인에 비해 관찰하고 평가하는 능력이 뒤떨어진다.[33]

7. 이론적 지식체계: 실험적 착상의 지속적인 원천

바로 앞의 논의는 새로운 의문을 제기한다. 만약 동양의 지식인들이 일반적인 자연 현상 관찰을 회피하지 않았더라면, 동양의 사실에 관한 지식이 서양만큼 성장할 수 있었을까? 달리 말하면 이론적 지식체계가 투박한 경험주의보다 더 편리한 지식 저장소일 뿐만 아니라 지식을 확장하는 데 더 효율적인가? 이에 관하여 흔히 두 가지 상반되는 견해가, 즉 혁명적인 발견들이 우연히 이루어져 왔다는 견해와 이론을 통해 우연한 발견에 의존하지 않게 된다는 견해가 있다.

32 William Ernest Hocking, "Value of the Comparative Study of Philosophy," *Philosophy: East and West*, p.3 참조.

33 이미 논의한 것처럼, 이론적 지식체계가 없다면, 지식에 쉽게 접근할 수 있도록 저장하는 일은 전적으로 뛰어난 기억에 의존한다. 이는 극동 지역에 표의문자가 남아 있는 것과 무관하지 않다. 또한 이런 문자를 사용하는 것이 커다란 지적 장애물이라는 점 역시 주목해야 한다. 표의문자로 인해 실제 지식인의 수가 제한되며, 나아가 상당한 지적 에너지가 낭비된다. 오늘날 이는 타자기와 자동 주조 식자기의 사용을 방해하여 그 사회에 훨씬 더 큰 총체적 손실이 된다.
언어를 제외하면 통일된 문화를 가진 중국의 경우 다양한 방언 때문에 표의문자를 사용하는 것은 어느 정도 정당화된다. 그러나 어떤 체계적인 규칙도 무시하는 혼합 문자를 사용하는 일본은 그 경제가 이룩한 기적을 고려하면 매우 흥미로운 수수께끼로 보인다.

그렇지만 좀 더 생각해보면, 우연과는 완전히 동떨어진, 사실에 관한 완전히 새로운 지식이라는 개념은 그 의미상 모순임을 알 수 있다. 물론 이는 '운 좋은' 발견의 확률을 높일 수 있는 방법이 전혀 없다는 의미는 아니다. 분명히 "우연이 일어나기를 기다리지 말고 지속적인 실험을 통해 우연이 일어나도록 하라"는 가르침은 훌륭하지만, 이 가르침을 따르려 할 때 무엇이 다음에 해야 할 실험인가라는 문제에 곧 부딪힌다. 새로운 실험을 생각하는 데 전적으로 상상력에 의존한다면, 이 가르침을 따를 수 없을 것이다. 상상력이란 변덕스러워 가끔 오랜 시간 동안 아무런 성과를 주지 않기 때문이다. 다른 방법은 없는가?

상상력의 작동이 논리적인 발견 과정에 필수적이지만, 항상 그런 것은 아니라는 점에 주목하라. 모든 형태의 논리에는 아무런 외부 도움 없이 꽤나 오랫동안 그 과정을 진행시키는 기계적인 규칙이 있다. 이런 일이 일어나면 종종 펜 끝은 펜을 쥔 사람보다 높은 지적 수준을 보여준다. 게다가 논리적 탐구는 항상 너무 많은 방향으로 가지를 쳐서, 모든 추론 과정이 새롭게 작동하기 위해 상상력이 필요한 단계에 동시에 도달하여 이 과정들이 모두 함께 멎게 될 확률은 지극히 낮다. 결과적으로 지식체계의 논리적 기초로부터 새로운 명제들이 끊임없이 유도될 수 있다. 이론적 지식체계의 선천적인 기능은 바로 그렇게, 새로운 명제를, 즉 집합 {β}에 아직 포함되지 않은 명제를 지속적으로 도출하는 일이다. 따라서 연구실에서 실험적으로 검토할 아이디어가 부족한 경우는 없다. 예컨대 어떤 개기일식도 헤아릴 수 없는 실험 활동 없이는 발견되지 않는다. 따라서 이론적 지식체계의 두 번째 경제적 편익은 실험 수단을 항상 충분히 사용한다는 데 있다는 것은 분명하다. 그리고 이로 인해 과학자가 하루 종일 바쁘게 움직이다 보면, 전혀 기대하지 않았던 것도 발견할 수 있다. 유명한 일례는 베크렐(A. H. Becquerel)의 경우로, 그는 형광 현상이 존재할 것이라고 잘못 생각하여 그것을 찾다가 방사능을 발견하였다.[34]

8. 이론적 지식체계와 분석 습관

여기서 논리적으로 유도된 명제가 실험을 통해 확인될 때보다 부정될 때 지식이 크게 발전한다는 점이 중요하다. 따라서 논리적으로 유도한 명제들을 검토하기 위해 실험 수단을 충분히 사용할 때 우연한 행운에 관하여, 즉 참된 발견의 확률이 높아졌는지를 물어야 한다. 오로지 이론적 지식체계의 우월성을 증명하기 위한 실재의 합리성 도그마가 이 물음에 긍정적으로 답하는 데 도움이 안 된다는 것은 오히려 뜻밖이다. 만일 실재가 합리적이라면, 지식체계가 합리적인 실재에 가까울수록 논리적으로 유도한 명제가 실험적인 검증을 통과할 확률이 높아진다. 이와 대조적으로, 사실이 이 물음에 긍정적인 답을 얻는 데 충분하다고 주장한다면, 실재는 단순히 불합리한 것이 아니라 반(反)합리적이라는 결론에 도달할 수밖에 없다[합리적 명제가 부정될 때 크나큰 발전이 있어왔으므로, 실재는 합리적이지 않다 — 옮긴이]. 이 문제는 매우 미묘하다.

엘레아학파는 최초로 "생각해낼 수 있는 사물과 그 생각이 존재하는 이유인 사물은 서로 같다"[35]는 주장을 하였다. 이 도그마는 새로운 이론적 지식체계인 뉴턴 역학을 매우 자랑스럽게 인용할 수 있었던 18세기 합리주의 철학에서 극을 이루었다. 그러나 지난 100년 동안 이루어진 거의 모든 위대한 발견들로 인해 합리주의가 결정적인 타격을 받았다는 것도 마찬가지로 잘 알려져 있다.

실재가 합리적이라면, 사실을 진술하는 모든 두 명제 사이에는 어떤 논리적 모순도 존재할 수 없다. 특히 지식체계의 논리적 기반은 지식체계를 만들

34 퀴리 부부의 스승인 베크렐은 이 공로로 퀴리 부부와 함께 1903년 노벨물리학상을 수상하였다 — 옮긴이.

35 Burnet, *Early Greece Philosophy*, p.176 중 *Parmenides* 일부.

어낸 논리적 알고리즘이 보장하듯이 과잉이나 모순이 없어야 한다. 그렇지만 물리학에서 모순은 주기적으로 나타났다. 가장 생생한 예들을 보자. ① 역학에서 운동은 방향과 무관하지만, 열은 뜨거운 물체에서 차가운 물체로만 이동한다. ② 전자(電子)는 간혹 공간의 일부만 차지하는 입자처럼 보이지만, 어떤 경우에는 전 공간을 채우고 있는 파동처럼 보인다.[36] 합리주의 도그마의 부정을 단정적으로 거부한 아인슈타인조차 "지금으로서는… 물리학에는 논리적 기반이랄 수 있는 어떤 일반적인 이론적 기초도 없다"고 인정해야 했다.[37] 그리고 "지금으로서는"이라는 말이 영구적으로 보이기 때문에, 닐스 보어(Niels Bohr)는 **상보성**(相補性) **원리**(Principle of Complementarity)라는 새로운 인식론적 원리를 제안하였다. "현상의 총체성만이 사물에 대한 가능한 정보를 망라한다."[38] 예컨대 전자에 관한 두 가지 이론인 입자설과 파동설은 상호 모순되지만 각각은 그 자체로 모순되지 않는 이론이며, 이들을 함께 받아들여야 한다. 어느 이론을 사용할지는 관찰하는 현상에 따라 달라지는 것이다. 혹은 브리지먼(P. W. Bridgman)이 보다 직설적으로 말했듯이, "유일하게 가능한 이론은 전체의 제한된 측면에 관한 어중간한 이론이다".[39]

이와 같은 생각들은, "**자연에 대한 이해는 법칙들을** (선험적으로) **자연으로부**

---

36 좀 더 자세한 내용을 보려면, 예컨대 R. E. Peierls, *The Laws of Nature*(London, 1957), pp. 152, 182, 246 등 참조.

37 Albert Einstein, *Out of My Later Years*(New York, 1950), p. 71, 110. Max Planck, *The Universe in the Light of Modern Physics*(New York, 1931), p. 94의 내용이 더 단정적이다. 상대성 이론과 양자역학은 "심지어 양립할 수 없다". 이 '갈등'에 연관된 몇몇 등장인물에 대한 놀라운 설명으로 de Broglie, *New Perspectives*, pp. 138~155를 보라.

38 Niels Bohr, *Atomic Physics and Human Knowledge*(New York, 1958), pp. 40, 90. Werner Heisenberg, *Physics and Philosophy: The Revolution in Modern Science*(New York, 1958), pp. 162 f.

39 P. W. Bridgman, *The Nature of Physical Theory*(Princeton, 1936), p. 118.

터 이끌어내는 것이 아니라 자연에 대해 법칙들을 규정하는 것"이라는 오래전 칸트의 가르침에 암시되어 있는데, 이는 자연을 파악하기 위해서 자연에 합리성을 부여한 것이 인간이라는 의미였다.[40] 따라서 자연에 대해 많이 알게 될수록 자연이 얼마나 비합리적인지 깨닫게 되는 것은 조금도 놀랍지 않다. 드브로이(L. V. de Broglie)의 논평처럼, 그럼에도 자연 현상과 그에 대한 인간의 관념적 표현 사이에 부분적이고 제한된 일치라도 가능한 것은 기적이다.[41] 이와 대조적으로, 우리는 합리성이 인간에 대한 모든 지식체계의 발판이라고 생각해야 한다. 하지만 상보성 원리는 경제학에도 적용 가능해 보인다. 대부분의 경우, 한 사건을 단 하나의 이론만으로 충분히 설명할 수 없다.[42]

흥미롭게도 합리주의 도그마를 거부하는 과학자들 역시 복음은 거부하지만 그 가르침은 따르는 무신론자들처럼 행동한다. 이렇게 이들 모두는 형이상학적 믿음과 무관하게 사실들을 논리적 순서로 배열하려 한다. 이 관념적 습관의 기원은 (이는 진짜 습관인데) 최초의 이론적 지식체계로, 즉 첫 번째 『기하학 원본』의 시대로 거슬러 올라간다. 이 습관이 나타난 방식은 노동 절약형 가사 도구를 생전 처음 사용해본 후의 주부의 태도와 흡사하다. 지식인 역시 이론적 지식체계의 경제적 편익을 경험한 후에는 이론적 지식체계 없이 일하려 하지 않는다. 지식을 이론적 형태로 한 번만이라도 경험한 후에는 논리적 순서에 대한 억누를 수 없는 욕망을 만드는, 말하자면 치료할 수 없는 바이러

40 Immanuel Kant, *Prolegomena to Any Future Metaphysics That Will be Able to Present Itself as a Science*(Manchester, 1953), p. 82.

41 Louis de Broglie, *Physics and Microphysics*(London, 1955), pp. 208 f.

42 『AE』에 재수록된 저자의 논문, "Economic Theory and Agrarian Economics"(1960), pp. 361 f; 또한 H. S. Ferns, *Britain and Argentina in the Nineteenth Century* (Oxford, 1960), p. 436 참조. 그러나 인간은 정의상 이성적이기 때문에 이 경우 상보성은 비논리적이며, 인간이 이성적일 수 있는 형태들의 복잡성만 반영하는 것일 수 있다. 이에 관해서는 이 책의 마지막 장에서 다시 논의할 것이다.

스에 감염된 상태가 된다. 바로 이 때문에 사실로 인해 이론이 망가지는 스펜서의 비극이 일어날 때마다 지식인들은 새로운 논리적 토대가 만들어질 때까지 쉴 수가 없다.

분석하는 습관을 갖게 된 이유가 사고를 절약하기 위해서이기는 하지만, 이 습관에는 또 다른 매우 중요한 경제적 기능이 있다. 이 습관 덕분에 실험은 논리적으로 유도한 명제가 가진 사실에 관한 진리치를 정립하는 판에 박힌 과정을 되풀이하는 노릇을 그만하게 되었다. 분석 습관은 실험하는 지식인의 상상력을 자극하여, 이론적인 실험이 맹목적인 실험보다 훨씬 운이 좋게 만든다. 일찍이 파스퇴르(L. Pasteur)가 주장하였듯이, 실험실에서 우연은 준비된 사람들에게만 호의를 보인다.

게다가 분석적 사고는 스스로 원하는 것을, 즉 논리적인 순서를 만들어낸다. 분석적 사고는 유클리드에서 뉴턴에 이르는 세월 동안 논리적으로 정리된 지식 조각들을 서두르지 않으면서 창조하였고, 각 조각의 크기를 점점 키워, 궁극적으로 하나의 조각, 이론역학으로 통합하였다. 앞에서 말했듯이, 이론이 엉망이 될 때마다 분석적 사고는 즉시 옛 이론의 잿더미 위에 새로운 논리적 토대를 재건하기 시작한다. 이런 재건에서 가장 중요한 일은 완전히 새로운 개념을 만드는 일이다. 이 개념은 새로운 실험 기반을 펼치고, 그 결과 사실에 관한 새로운 지식을 수확할 수 있는 장을 확장시킨다. 분석 습관 덕분에 모든 스펜서의 비극 다음에는 체계적인 노다지가 뒤따른다. 다른 한편으로, 아인슈타인이 충고한 것처럼, 이 습관이 순수한 논리적 사고로만 이루어져 있다고 믿어서는 안 된다. 여기에는 무엇보다도 "경험에 대한 공감적 이해에 기초한 직관이",[43] 그리고 내가 덧붙이자면 고도의 지적 상상이 필요하다. 논리는 단지 이미 궁리해낸 생각을 표현하는 데만 도움이 되지, 생각들을 떠올리는 데는 도움이 되지 않는다.[44]

---

43 Albert Einstein, *Ideas and Opinions* (New York, 1954), p. 226, 271. 저자의 강조.

이상의 분석에서 사실에 관한 지식의 진보에 대한 동서양의 커다란 차이가 이성적 실재를 옹호하는 어떤 증거도 되지 않는다는 것을 알 수 있다. 그렇지만 인간 정신이 가진 기본 능력의 부족함을 고려할 때, 앞의 분석은 이론적 지식체계가 실재를 연구하는 데 이제까지 가장 성공적인 도구임을 분명히 보여준다.

9. 이론적 지식체계: 살아 있는 유기체

이 장에서 전개한 주된 논제는 살아 있는 유기체가 무생물 물질에서 나타난 것과 똑같이 이론적 지식체계가 무정형 구조인 분류 체계에서 나타났기 때문에 살아 있는 유기체라는 것이다. 또한 물질이 있었던 모든 곳에서 생명체가 생기지 않았던 것처럼 이론적 지식체계는 분류 체계가 존재하였던 모든 곳에서 발전하지 않았다. 그 탄생은 역사의 우연이었다. 이 비유는 더 넓게 적용된다. "과학이 과학자들이 하는 일"이라는 점을 생각하면, 이론적 지식체계는 번식, 성장하고, 스스로를 보존하는 목적론적 메커니즘이라고 할 수 있다. 어떤 '잊어버린' 명제도 논리적 토대로부터 추론하여 재발견할 수 있기 때문에 지식체계는 스스로 번식한다. 동일한 토대로부터 새로운 명제들이 끊임없이 유도되며, 이 명제들 중 많은 명제들이 사실에 관한 진실로 확인되기 때문에 성장한다. 또한 파괴적 모순이 그 몸통을 공격할 때 일련의 요소들이 이를 제거하기 위해 자동적으로 작동하기 때문에 그 본질이 보존된다.

요약하면, 해부학적으로 볼 때, 이론적 지식체계는 논리적으로 정리된 지식이다. 요즘 말로 하자면, 야적장의 자재들이 집이 아니듯 단순히 사실을 나

---

44 이 문제에 대한 충분히 입증되고 매우 통찰력 있는 논의는 Jacques Hadamard, *An Essay on the Psychology of Invention in the Mathematical Field*(Princeton, 1945)에 나와 있다.

열한다고 지식체계가 되는 것은 아니다. 생리적으로 지식체계는 실험에 관한 착상들을 지속적으로 만들어내고, 여기서 검증된 결과들이 해부학적 구조에 조직적으로 집적된다. 달리 말하면, 이론적 지식체계는 오래된 사실들로부터 새로운 사실들을 끊임없이 만들어내지만, 그 성장은 누적적이 아니라 유기적이다. 그 동화작용은 간혹 해부학적 구조까지도 바꿀 정도로 매우 복잡하다. "지식체계는 아무것도 '설명하지' 않는다"고 큰소리칠 때에도 이 과정을 '설명'이라 부른다.[45] 목적론적으로 이론적 지식체계는 새로운 지식을 찾아다니는 생명체이다.

몇몇 사람들은 지식체계의 목적이 예측이라고 한다. 이는 크로체(B. Croce) 혹은 나이트(F. Knight) 같은 학자들의 지지를 받기도 할뿐더러, 일반 사람들의 견해이기도 하다.[46] 신마흐주의자(neo-Machian)들은 한 걸음 더 나아간다. 마흐가 논리적 순서의 특별한 역할에 아랑곳하지 않고 사고의 절약에 관심의 초점을 맞춘 것처럼, 그들은 실용적 성공이 전부이며 이해는 중요하지 않다고 주장한다. 만약 지식체계가 예측에 기초하여 행동하는 실용적인 사람에게 아무런 이득이 안 되었다면, 오늘날 과학자들은 서양장기에 빠진 사람들처럼 그들만의 사교 클럽에서 하찮은 게임을 하고 있을 것임에 의문의 여지가 없다. 하지만 "인간은 실천 속에서 진실을 증명해야 한다"고 마르크스가 말했듯이[47] 예측이 과학지식의 시금석이더라도, 과학의 목적은 일반적으로 예측이 아니라 지식 자체이다. 피타고라스학파 때부터 과학은 실용적인 요구만 충족시키기를 멈추고 항상 그보다 앞서왔다.[48] 실용적인 인간은 과학

45 Alfred J. Lotka, *Elements of Physical Biology*(Baltimore, 1925), p.389.

46 Frank H. Knight, *The Ethics of Competition*(New York, 1935), pp.109 f.

47 F. Engels, *Ludwig Feuerbach and the Outcome of Classical German Philosophy* (London, 1947), p.76.

48 Burnet, *Early Greek Philosophy* p.99; P. W. Bridgman, *Reflections of a Physicist* (2nd edn., New York, 1955), pp.348 f. 아주 가까운 미래에 이 점이 어떻게 변할지

에 활력을 주는 것이 분석 습관과 한가한 호기심의 만족이라는 것을 상상하기 어렵다. 따라서 자신의 가장 큰 자산의 원천이 무엇인지 전혀 깨닫지 못할 수도 있다. 참된 지식인을 흥분시키는 유일한 일은 미완성인 교향악에 음표를 몇 개 더하거나, 자연의 존재론적 질서를 믿는다면 그 질서의 또 하나의 이음매를 파헤칠 때의 즐거움이다. 문제에 대한 흥미는 문제를 해결하는 그 순간 완전히 사라진다.[49]

어떤 이들은 과학이 실험하기라고 한다. 최소한 이론적 지식체계에 관한 한 이 견해는 전체 생명체를 생리적 기능 중 하나와 동일시하는 것이다. 이런 실수를 하는 사람은 대개 "베이컨(Francis Bacon)이 (과학의) 세례 요한"이라고 주장한다.[50] 자연히 이들은 베이컨 시대까지의 허약한 과학을 논리학에 중점을 둔 아리스토텔레스 철학 탓으로 돌리는데, 이들의 주장은 사실을 완전히 묵살한 것이다. 우선 다음의 설득력 있는 인용으로 충분히 알 수 있듯이, 아리스토텔레스는 경험의 중요성을 전혀 부정하지 않았다. "어떤 미래에라도 (새로운 사실이) 확인된다면, 이론보다 관찰을 믿어야 하며, 이론은 관찰된 사실들과 일치할 때에만 믿어야 한다."[51] 아리스토텔레스가 살았던 시대를 생각하면, 그는 가장 위대한 실험가이자 가장 예리한 관찰자였다. 다윈의 판단처럼, 린네(C. Linnaeus)와 퀴비에(Georges Cuvier)는 "오래전의 아리스토텔레스의 학생에 지나지 않는다".[52] 스콜라학파가 아리스토텔레스의 가르침으로 행한 것 때문에 그의 가르침을 비난해서는 안 된다. 마지막으로, 베이컨의 저

는 알 수 없다. 그러나 F. Engels, *On Historical Materialism*(New York, 1940), p.14에 나오는, 자본가 사회만이 과학 없이 존재할 수 없었기 때문에 그 이전에는 과학이 없었다는 주장은 진실과 아주 동떨어져 있다.

49 Hadamard, *Psychology of Invention* p.60; H. Poincaré, *The Foundations of Science*(Lancaster, Pa., 1946), pp.366 f.

50 J. S. Huxley, "Science, Natural and Social," *Scientific Monthly*, *50*(1940) 5.

51 *De Generatione Animalium*, 760^{b} 30~33. *Metaphysics*, 981^{a}.

52 Ross, *Aristotle*, pp.112~114.

작들이 나타났을 때 역학은 이미 아리스토텔레스의 이론적 궤적을 따라 빠르게 움직이고 있었다. 만일 유클리드의 『기하학 원본』과 아리스토텔레스의 저작을 통해 유지되었던 분석 습관이 없었더라면 케플러, 갈릴레오, 뉴턴, 그리고 후에 등장하는 모든 위대한 과학자들은 중국, 인도인들처럼 자연을 명상적이고 피상적으로 관찰하는 데 그치고 말았을 것이다.[53] 역사를 머릿속에서 회전시켜보면, 우리는 다음과 같이 추론할 수도 있다. 만약 **이해**에 대한 고대 그리스인의 특별한 사랑이 없었더라면,[54] 우리의 지식은 오늘날의 수준에 훨씬 미치지 못했을 것이며, 현대 문명 역시 지금과 크게 달랐을 것이다. 좋건 나쁘건, 이제까지 우리가 생각해온 문제 중에 그리스 철학자들이 이해하려 했던 문제가 아닌 것은 하나도 없다.

53 Alfred North Whitehead, *Process and Reality: An Essay in Cosmology*(New York, 1929), p.7.

54 Plato, *Republic*, V. 435~436. W. T. Stace, *A Critical History of Greek Philosophy* (London, 1934), pp.17 f; Cyril Bailey, *The Greek Atomists and Epicurus*(Oxford, 1928), p.5 참조.

2장

지식체계, 계량형태, 변증법

1. "이론 없는 지식체계는 없다"

이론적 지식체계에는 앞에 논의한 놀라운 성질들이 있기 때문에 우리는 역학을 이론적 지식체계로 변환한 뉴턴의 성공이 가져온 낙관적인 희망들을 쉽게 이해할 수 있다. 마침내 유클리드가 『기하학 원본』을 쓴 지 약 2000년 후, 뉴턴의 『프린키피아』는 이론적 지식체계가 기하학 이외의 다른 영역에서도 생겨나 기하학과 마찬가지로 크게 발전할 수 있음을 보였다. 그러나 낙관적인 희망은 잔인한 희망이기도 하다. 물질에 관한 연구자들은, 특히 논리학의 힘에 크게 매료되었던 사람들은 일부 영역과 모든 영역을 혼동하는 피해자가 되었다. 결국 거의 모든 사람들은 『프린키피아』를 모든 영역의 지식을 이론적 틀에 넣을 수 있다는 증명으로 판단하였다. 특히 "르베리에(U. J. Leverrier)의 펜 끝에서"[태양계 행성의 위치를 뉴턴 역학을 이용하여 예측—옮긴이] 해왕성이 발견된 후에는 모든 학문 분야에서 기대감이 높아졌으며, 과학자들은 차례차례 자신의 분야에서 뉴턴이 되려는 의지를 피력하였다. 마장디(F. Magendie)는 생리학도 역학과 "마찬가지로 확고한 기반" 위에 올려놓겠다는 포부를 가졌다.[1] 한 경제학자가 한탄하였듯이, "이렇게 해서 말의 혼동이 모든 과학에

퍼져나갔다".[2]

전반적으로 이와 같은 과학의 경향이 크게 달라지지는 않았다. 물론 라플라스(P. S. Laplace)가 최고 절정기에 주장하였던 것 같은,[3] 역학이 신성한 지식에 이르는 유일한 길이라는 입장은 거의 모든 과학 분야에서 공식적으로 폐기되었다. 흥미롭게도 이 변화는 물리학 이외의 분야에서 이 입장을 따를 때 실패해서가 아니라 물리학 자체에서 이를 거부해야 한 데서 시작되었다.[4] 이제 과학자 집단의 슬로건은 "모든 과학이 역학을 모방해야 한다"는 것 대신 "이론 없는 지식체계는 없다"이다. 그러나 과학자들에게 '이론'은 대개 기하학과 역학만으로 예증되는 지식의 논리적 기록을 의미하기 때문에, 그 변화는 피상적이었다.[5]

역학적 인식론을 향한 열정이 그 분야의 전개에 미친 영향을 경제학보다 잘 보여주는 과학은 없다. 경제학이 '물리-수리과학'으로 변환하는 데 우리가 알지 못하는 효용의 척도가 요구되는가? 왈라스는 특유의 감탄을 터뜨리며, "흠, 이 어려움도 극복해낼 수 있구나. 이 척도가 존재한다고 가정하면," 효용이 가격 등에 미치는 영향을 "정확하고 수학적인 양으로 설정할 수 있을 것이다"[6]라고 하였다. 불행히도 그 후 이 무비판적 자세는 수리경제학의 가

---

1 J. M. D. Olmsted and E. H. Olmsted, *Claude Bernard and the Experimental Method in Medicine*(New York, 1952), p. 23.

2 J. S. Gambs, *Beyond Supply and Demand*(New York, 1946), p. 29n에 인용된 S. Bauer. 저자의 번역.

3 P. S. Laplace, *A Philosophical Essay on Probabilities*(New York, 1902), p. 4.

4 A. Einstein and L. Infeld, *The Evolution in Physics*(New York, 1938) "The Decline of the Mechanical View" 부분을 보라.

5 많은 지식인들이 이를 되풀이하여 인식해왔다. 예컨대 Max Planck, *Scientific Autobiography and Other Papers*(New York, 1949), p. 152.

6 Léon Walras, *Éléments d'économie politique pure*(순수 정치경제학 원리)(3rd edn., Lausanne, 1896), p. 97. 저자의 번역.

장 두드러진 특성이 되었다. 이론적 지식체계가 살아 있는 유기체라는 사실에 비추어보면, 이런 태도는 축축한 화단을 물고기 부화장으로 삼으려는 계획만큼이나 터무니없다고 해도 지나치지 않을 것이다.

제본스는 이론적 유기체가 성장, 생존하는 데 필요한 기본 요소들이 새로운 환경에, 즉 경제 분야에 있는지 관심을 보였다. 실제로 그는 경제학을 '효용과 이기심의 역학'으로 재건할 의도를 드러내기 전에 '개인 예금 계좌, 상인, 은행가, 공무원의 장부, 주식 목록, 가격 목록, 은행 보고서, 금융 정보, 세관, 그 외 정부 보고서' 등 경제 현상의 영역에 많은 계량적 '습기'가 있다고 애써 지적하였다.[7] 그러나 제본스는 많은 후학들과 마찬가지로 일반적인 통계 데이터들이 역학 방정식의 변수로 어떻게 바뀔 수 있는지 설명하지 못하였다. 그는 통계학이 "더 완벽하고 정확해질 수도 있을 것이며… 따라서 그 공식에 엄밀한 의미를 부여할 수도 있을 것"[8]이라는 희망을 피력함으로써 이 쟁점을 피하는 데 종종 사용되는 모범적인 사례를 보여주었다.

만약 이론적 지식체계가 기하학 이외의 영역에서 적절하게 작동할 수 있다는 것을 발견한 후 과학자들이 '화단에 물고기 부화장'을 시도하지 않았더라면, 분명히 직무태만이었을 것이다. 생물학적 진화에서와 마찬가지로, 새롭고 다양한 시도는 지식의 진보에 충분조건은 아니지만 절대적으로 필요하다. 이 때문에 자신들의 영역을 먼저 검토하지 않고 새로운 관점을 성급하게 선택한 제본스, 왈라스 같은 경제학자나 많은 물리학자들을 존경하지 않을 수 없다.[9] 그러나 그런 독특한 공로에 대한 존경심이 헛수고라고 증명된 방향에 쏟은 노력을 정당화하지는 않는다. 경제과정이 역학 방정식으로 환원될 수 없다는 것을 얼버무리는 것은 과학에 보탬이 되지 않는다. 멩거(Carl Menger)

7 W. Stanley Jevons, *The Theory of Political Economy* (4th edn., London, 1924), p. 21 and 11.

8 같은 책, p. 21.

9 P. W. Bridgman, *Reflections of a Physicist* (2nd edn., New York, 1955), p. 355 참조.

가 똑같은 문제를, 즉 가치의 주관적 기초 문제를 다루는 데 왈라스나 제본스보다 더 보수적이었다는 이유만으로 많은 역사가들이 그를 더 낮게 평가한다는 사실은 이런 점에서 의미심장하다.[10] 게다가 역학 방정식인 라그랑주(Lagrange) 시스템으로 태양계를 설명하는 것과 똑같은 방식으로 작동하는 왈라스 시스템으로는 어떤 경제도, 심지어 로빈슨 크루소 경제도 설명할 수 없는데, 그럼에도 경제학이 "뉴턴식 혁명을 이루었다"고 주장하는 목소리들을 들을 수 있다. 다른 사회과학 분야들은 아직도 그 분야의 갈릴레오나 파스퇴르를 기다리고 있을 따름이라는 것이다.[11] "지식인들의 자부심은 [우리] 문명의 희극적 비극"[12]이라는 화이트헤드의 불평은 불쾌할 수는 있지만 근거가 없지는 않아 보인다.

"경제학이 과학이고자 한다면, 수리과학이어야만 한다"[13]는 왈라스와 제본스의 주장에 대해 반대가 나오지 않은 것은 아니다. 그러나 내 의견으로는, 이어지는 논쟁에서 핵심적인 이슈가 간과되었다. 나는 사회과학에, 아니 모든 과학에 필요한 것은 새로운 갈릴레오나 뉴턴이라기보다 논리학으로 다룰 수 없는 개념들을 다루기 위한 새로운 규칙들을 정할 새로운 아리스토텔레스라고 믿기 때문이다.

이는 터무니없는 시각이 아니다. 오늘날 우리가 아무리 최신 과학 업적을 가지고 우쭐대더라도, 인간 사고의 진화는 멈추지 않았다. 우리가 정말로 종착역에 접근하였다고 생각하는 것은 전적으로 오만이거나 굴욕적인 비관론

10 예컨대, K. Wicksell, *Value, Capital and Rent*(London, 1954), p.53; Joseph A. Schumpeter, *History of Economic Analysis*(New York, 1954), p.918. 몇 가지 예외로, Frank H. Knight, "Marginal Utility Economics," *Encyclopaedia of the Social Sciences*(New York, 1931), V, 363; George J. Stigler, *Production and Distribution Theories*(New York, 1948), p.134.

11 Karl R. Popper, *The Poverty of Historicism*(Boston, 1957), p.60 and note.

12 Alfred North Whitehead, *Science and Philosophy*(New York, 1948), p.103.

13 Jevons, *Theory*, p.3.

이다. 따라서 사회과학만큼이나 자연과학에서도 마찬가지로 잘 성숙할 수 있는 지식체계의 조직이 될 적절한 돌연변이 같은 아이디어가 언젠가 떠오를 가능성을 배제할 수는 없다. 그런 통합된 지식체계에서는 생물학이 물리학에 '먹혀버리는' 것이 아니라 그 반대로 물리학이 생물학에 먹혀버릴 것이라는 아주 적절한 언급에서 이러한 희망이 더욱 분명하게 표현되는 것을 드물게 볼 수 있다.[14] 화이트헤드가 더 예리하게 표현하였듯이, "생물학을 죽이지 않고서는 생물학이 물리학으로 통합되는 일은 없을 것이다".[15] 역사적 선례는 이미 존재한다. 물리학과 화학에서만 엄밀하게 적용되는 관계를 보았기 때문에 물리학자와 과학철학자들은 이들 이외 영역에 '정밀한' 법칙이 존재한다는 것을 오랫동안 부정해왔었다. 오늘날 이들은 그와 반대로, 자연 법칙이 엄격하지 않고 확률적이며, 엄격한 법칙은 단지 극한의, 따라서 매우 특별한 확률적인 경우라는 것을 모두에게 확신시키기 위해 애쓰고 있다. 그러면서도 이들은 확률적인 법칙이 물질과학이 아닌 생명과학의 특성이라는 점을 대개 간과한다.

따라서 인류 사상사를 보면, 사고(思考)를 통해 발견할지도 모를 내용이나 분야와 관련하여 어떤 것도 터무니없지 않다는 것을 알 수 있다. 무엇보다 현재 우리 앞에 놓인 어려움의 특성뿐만 아니라 근원을 철저히 인식하는 것이 필요하다.

---

14 J. S. Haldane, *The Sciences and Philosophy*(New York, 1929), p. 211 참조. 또한 Erwin Schrödinger, *What is life?*(Cambridge, Eng., 1944), p. 68 f; R. E. Peierls, *The Laws of Nature*(London, 1957), p. 277; L. von Bertalanffy, *Problems of Life* (New York, 1952), p. 153. 아주 최근에 노벨상 수상자인 톰슨(G. P. Thomson)은 라이스 연구소에서 행한 50주년 강좌(1962)를 "물리학의 미래는 생물학에 놓여 있다"면서 마무리하였다.

15 Alfred North Whitehead, *Problems of Science and Philosophy*, Aristotelian Society, suppl. vol. 2, 1919 중 "Time, Space, and Material," p. 45. 또한 이 책 5장 1절을 보라.

2. 이론적 지식체계 vs 실제 과학

생명체가 목숨을 부지하기 위한 환경의 첫 번째 조건은 그 생명체에서 발견되는 원소들이 환경에 있어야만 한다는 것이다. 그렇지 않다면 더는 논의할 필요가 없다. 따라서 이론적 지식체계의 조직에 대한 '화학적' 분석부터 살펴보자.

내가 앞에서 지적한 것처럼, 이론적 지식체계의 질료인뿐만 아니라 실제 과학의 질료인은 서술형 명제로 되어 있다. 또한 이론적 지식체계의 독특한 특성이 논리적으로 정돈된 조직이라고 설명한 바 있다. 냉정한 현실을 직시하고 그 불편함까지도 기꺼이 받아들이는 사람은 누구나 여러 현상 영역의 대다수 서술형 명제에는 논리적 배열에 필요한 '화학적' 성질이 없다는 데 동의할 것이다.

현재의 아리스토텔레스 식 의미에서 이해되는 논리학이 다음과 같은 특이한 종류의 명제만을 다룰 수 있다는 사실은 아무리 강조해도 지나치지 않는다.

A. 빗변은 밑변보다 길다.

그러나 논리학은 다음과 같은 명제들에 대해 대부분 무력하다.

B. 문화적으로 결정된 욕구는 생물학적 욕구보다 고상하다.

혹은

C. 윌슨은 베르사유 평화 조약에 결정적인 영향을 끼쳤다.

논리학자는 이 차이를 부정하지 않을 것이다. 그러나 많은 사람들은, 특히 논리실증주의자들은 B나 C 같은 명제에는 의미가 없으며, 따라서 이 차이가 논리학의 한계를 증명하는 것은 아니라고 주장할 것이다. 블랙(Max Black)은 이런 입장을 명확하게 설명하였다. 빨강은 모호한 개념이므로 "이 색이 빨강

이냐?"는 질문에는 의미가 별로 없다는 것이다.[16] 그렇지만 논리학에서 다룰 수 없는 명제들에 대하여 '의미 없음'이라는 용어를 사용하는 것은 중요한 질문을 회피하는 교묘한 수단일 뿐이다.

근본적으로 문제는 지식이 이론으로 통합될 수 있을 때에만 진정한 지식인가 여부이다. 달리 표현하면, 이론적 지식체계가 과학적 지식의 유일한 형태인가 하는 문제다. 이 쟁점은 몇 가지 질문으로 나뉜다. 첫 번째 질문은 '의미 없는' 명제들을 다루지 못하는 논리학의 무력함을 어떻게 설명할 것인가이다.

3. 숫자와 계량형태 개념

사실을 다루는 모든 과학의 경계는 움직이는 반(半)그림자이다. 물리학에는 화학이, 화학에는 생물학이, 경제학에는 정치학과 사회학 등등이 혼합되어 있다. 물리화학, 생화학, 요즘 말하기 꺼려하는 정치경제학도 있다. 『프린키피아』를 통해 인식되듯이, 논리학 영역만이 엄격한 집합과 뚜렷한 경계로 제한된다. 그 이유는 불연속적인 구분이야말로 논리학의 순수한 본질을 구성하기 때문이며, 필연적으로 불연속적인 구분은 논리학 자체의 경계에 적용되어야 한다.

불연속적인 구분에 대한 기본적인 근거는 'm'과 'n', '3'과 '8', '발췌문(excerpt)'과 '예외(except)' 등 두 개 문자의 기호를 구별할 수 있다는 데 있다. 이 예들에서 알 수 있듯이, 좋은 기호 체계에서는 완벽하게 명료한 작성을 할 수 있어야 한다. 그렇지 않으면 두 문자 기호를 아무런 의심 없이 구별할 수는 없을 것이다. 마찬가지로 구술 기호 체계에는 혀 짧은 소리나 중얼거림 없는

16 Max Black, *The Nature of Mathematics*(New York, 1935), p. 100n. 이 입장은 "기계가 생각할 수 있는가?" 같은 기본적인 질문들을 교묘히 받아넘기는 데 자주 쓰인다. 이 책 3장 10절을 보라.

명확한 발음이 필요하다.

기호를 사용하는 데는 오직 하나의 이유만 있다. 시각적으로나 청각적으로 개념들을 표현하여 다른 사람에게 전달하기 위함이다.[17] 일반적인 추론에서든 논리학(형식논리학)에서든 현존하는 개념들을 표현하는 수단으로 기호를 다룬다. 숫자와 개념들이 개념을 표현하는 기호만큼 서로 구별되는 수학에서도 숫자는 단지 '기호'일 뿐이라는 입장은 엄청난 저항을 받아왔다.[18] 우리는 아직 논리학의 기본 원리가 불연속적인 구분이라는 성질에 기호뿐만 아니라 개념들도 포함해야 한다는 것임을 깨닫지 못한 듯하다(깨달았더라도 인정할 정도는 아닌 듯하다).

이 원리를 규범적인 것으로 받아들이는 한 아마 아무도 시비를 걸지 못할 것이다. 오히려, 규범을 따르는 것이 가능할 때의 커다란 이점을 누구도 부정하지 못할 것이다. 그러나 흔히 이를 사고(思考)의 일반 법칙이라고 하는 것은 화이트헤드의 '전도된 구체성의 오류'를 보여주는 탁월한 사례이다. 어떤 사람들은 이를 옹호하기 위해 인간이 오로지 언어로만 생각한다고 주장하기도 한다. 만약 그렇다면, 생각이 언어의 '기호'가 되는, 즉 수단과 목적이 전도된 매우 기이한 경우가 될 것이다. 이런 황당한 오류가 누차 지적되었지만 아직도 논리실증주의는 이런 입장을 견지하고 있다.[19] 파레토(V. Pareto)가 '경

---

17 이 한계는 악수나 어깨를 두드리는 등 촉각 신호 체계를 무시하는 일반적인 경향을 반영한 것이다. 브레이유[점자를 고안한 프랑스 맹인 교사 — 옮긴이]와, 특히 헬렌 켈러의 경우는 촉각 신호 체계가 시각, 청각 신호 체계처럼 분명하게 구별되며, 효율적일 수 있다는 것을 보여준다. 이 체계의 유일한 단점은 떨어져 있을 때에는 전달할 수 없다는 것이다.

18 Georg Cantor, *Contributions to the Founding of Theory of Transfinite Numbers* (New York, 연대 불명)의 P. E. B. Jourdain의 서론 p.20, 69 f; R. L. Wilder, *Introduction to the Foundations of Mathematics*(New York, 1956), 10장 등 참조.

19 '사고=언어'라는 관계식에 반하는 심리학적 증거에 관한 논의로, Jacques Hadamard, *An Essay on the Psychology of Invention in the Mathematical Field*(Princeton,

제적 만족도'라는 단어를 먼저 만들고 난 후에 그 개념을 생각한 것은 아니다. 또한 사고(思考)는 매우 유동적이어서 모든 생각에 대해 단어를 만들 수 있다는 더 약한 주장도 여전히 터무니없다. '완벽한 사전의 오류'[20]는 분명하다. 사고는 가장 절대적인 의미에서 연속인 반면, 완벽한 사전조차 작은 알갱이로 이루어져 있다. "진리를 기호로 쓰면, 감각적 요소에 의해서 흐려지고 가려진다"[21]는 말의 이유와 의미 역시 분명하다.

개개의 실수(實數)는 불연속인 개별 개념의 가장 기초적인 예이기 때문에, 이런 개념을 **계량형태** 개념이라고 부르기로 하자. 실제로 모든 실수의 집합에 대해 '연속체(continuum)'라는 용어를 사용하지만, 모든 실수는 자연수 순서 내에서 정수의 **고유한 개별성**과 모든 면에서 똑같은 개별성을 연속체 내부에 갖는다. 예컨대 원주율 π는 다른 모든 숫자와, 일례로 3.141592653589793 혹은 10^{100}과 별개로 구별된다. '원'이라는 개념 역시 '10^{100}각형' 혹은 '정사각형'과 구별되며, '전자(電子)'는 '양성자'와 구별된다. 논리학에서 '똑같다'와 '똑같지 않다', '속한다'와 '속하지 않는다', '일부'와 '전체' 역시 **별개로** 구별된다.

모든 '자아(自我)'가 다른 '자아들'과 절대적으로 구별됨을 완벽하게 인식하며 존재하는 것과 정확하게 똑같이 특별한 방식으로 모든 계량형태 개념이 존재한다. 이것이 계량형태 개념을 갈망하는 분명한 이유이며, 이는 자신의 존재를 느끼고 있는 것만큼이나 명백하다. 보다 단도직입적으로 말하면, 계량형태 개념은 **중복되지 않는다**. 논리학의 엄청난 효율을 설명하는 것은 바로 논리학이 다룰 수 있는 자료의 특이한 (동시에 제한적인) 성질이다. 만약 이 성

1945), pp. 66 ff를 보라. 참고가 될 수 있는 내용으로, 나는 다중언어 사용자인데 나의 생각을 말이나 글로 표현하기 바로 직전을 제외하고는 어떤 언어로도 거의 생각하지 않는다는 것을 단언할 수 있다.

20 Alfred North Whitehead, *Modes of Thought*(New York, 1938), p. 235. 또한 P. W. Bridgman, *The Intelligent Individual and Society*(New York, 1938), pp. 69 f를 보라.

21 G. W. F. Hegel, *Hegel's Science of Logic*(2 vols., London, 1951), I. 231.

질이 없다면 계산하거나 추론하거나 이론적 지식체계를 만들 수 없었을 것이다. 그러나 모든 능력이 그러하듯이 논리학의 능력 역시 그 자체의 토대로 인해 제한된다.

4. 변증법적 개념

플라톤이 특히 고심하였던 **하나**와 **다수** 사이의 이율배반은 잘 알려져 있다. 그 원인 중 하나는 계량형태 개념의 불연속적 구별이 구체적인 표상에 반드시 적용되지는 않는 데 있다. 물론 네 개의 연필은 '짝수'의 연필이다, 혹은 실제 삼각형은 '정사각형'이 아니다처럼 적용되는 예들도 있다. 루이 14세가 '왕'의 표상에 해당한다고 하여도 크게 곤란하지 않다. 그러나 실제 사각형이 '정사각형'인지 완전히 확신할 수는 없다.[22] 이데아계에서 '정사각형'은 **하나**이지만, 감성계에서는 **다수**이다.[23]

반면에 특정 국가가 '민주국가'인지에 관하여 끝없는 논쟁에 빠지기 쉽다면, 그것은 무엇보다도 그 개념 자체가 **다수**로 나타나기 때문이다. 즉, 민주국가는 불연속으로 구별되지 않기 때문이다. 이 말이 옳다면, 구체적인 것은 더더욱 **하나**일 수가 없다. 엄청나게 많은 개념들이 이 범주에 속한다. 여기에는 '공정함', '정의', '가능성', '필요' 등과 같이 인간의 판단에 중요한 개념들이 있다. 이들에는 계량형태 경계가 없다. 대신 **이들은 대립되는 개념들과 겹치는 반그림자에 둘러싸여 있다.**

사람에게 '젊은' 동시에 '늙은' 나이가 있는 것처럼, 역사상 특정 시점의 어떤 나라는 '민주적'인 동시에 '비민주적'일 수 있다. 최근에 생물학자들은 '생

22 이상스럽게도 논리학자들은 이 사실 때문에 '정사각형'이 **모호한** 개념이며, "이 사각형이 정사각형인가?"라는 질문이 의미 없다고 하지는 않는다.

23 Plato, *Phaedrus*, 265D, 특히 *Republic*, VI. 507.

명'에도 계량형태 경계가 없다는 것을 깨달았다. 생물과 무생물 사이에 반그림자를 만드는 바이러스가 존재한다.[24] 내가 과거에는 많이 사용했지만 요즘은 사용하지 않는 방식에 따라 주장한 것처럼, 모든 특별한 욕구는 의식하지 못하는 사이에 다른 욕구가 되어버린다.[25] 신중한 사람은 수학에서도 "집합을 정의할 때 서술 형태가 만족스러운지 정하는 데 뛰어난 판단력이 있어야만 한다"[26]는 것을 숨기지 않는다.

위에서 설명한 개념의 범주에 논리학의 기본 법칙인 모순의 법칙을, "B는 A인 동시에 A가 아닌 것일 수 없다"는 법칙을 적용할 수 없다는 것은 말할 필요도 없다. 반대로 최소한 어떤 예들에서는 "B는 A인 동시에 A가 아닌 것"이 옳다고 받아들여야만 한다. 후자의 원리는 헤겔 변증법의 토대 중 하나이기 때문에, 모순의 법칙에 위배되는 개념들을 **변증법적**이라고 부르고자 한다.[27]

변증법적 개념으로 이해하려는 내용을 명확히 하기 위해, 두 가지 요점을 강조하고자 한다.

첫째, 앞에서 언급한 불가능성은, 즉 어떤 실제 사각형이 '정사각형'인지 아닌지 결정하기가 불가능한 것은 인간의 감각과 그 확장인 측정도구의 불완전성에 근거한다. 완벽한 도구를 사용하면 이 불가능성은 제거된다. 반면에 특정 국가가 민주주의인지 아닌지 결정하는 데 따르는 어려움은 감각기관의 불

---

24 생명의 계량형태 정의에 관하여, Alfred J. Lotka, *Elements of Physical Biology* (Baltimore, 1925), 1장과 p. 218n 참조.

25 『AE』에 재수록된 저자의 논문, "Choice, Expectations and Measurability"(1954).

26 L. M. Graves, *The Theory of Functions of Real Variables*(New York, 1946), p. 7. Henry Poincaré, *The Foundations of Science*(Lancaster, Pa, 1946), p. 479.

27 이렇게 정의된 변증법적 개념과 헤겔학파 논리학의 관계는 이 원리에만 한정되지 않는다. 그리고 이 주장의 방향은 헤겔 논리학에 의해 고무되었지만, 모든 면에서 헤겔을 따르지는 않는다. 헤겔을 무시하는 것은 엄청난 잘못이라는 충고가 있으며, 이에는 충분한 이유가 있다고 생각한다. 부분적으로만 헤겔을 따르는 것은 무엇보다도 큰 위험일 수 있지만, 나에게는 이 위험을 감수하는 것 외에는 다른 선택이 없다.

완전성과 아무 관계가 없다. 곧 자세히 설명하겠지만, 이 어려움은 또 다른 '불완전성'에, 즉 인간 사고의 불완전성에 기인한다. 우리가 인식한 개념을 계량형태 개념으로 항상 환원할 수는 없다는 것이다. 물론 이 경우에도 완벽한 인간에게는 어려움이 없다고 말할 수 있다. 그렇지만 이 비유는 유효하지 않는 듯하다. 왜냐하면 완벽한 측정도구라는 개념은 충분히 성립하지만 (게다가 물리적 측정의 불확정성을 설명하는 데도 필수적이지만), 완벽한 인간이라는 개념은 기껏해야 말뿐이기 때문이다. 불완전한 측정도구와 완벽한 측정도구 사이에는 연관이 전혀 없다. 마찬가지로 불완전한 인간은 완벽한 인간이 실제 어떻게 생각하는지 알 수가 없다. 완벽한 인간이 어떻게 생각하는지 아는 순간 그 스스로가 이미 완벽한 인간일 것이다.

둘째, 내가 사용하는 의미에서의 변증법적 개념은 그 개념이 가리키는 모든 영역에서 그 대립 개념과 겹치는 것은 아니다. 많은 경우 어떤 사물 혹은 특정 개념이 생명체에 해당하는지 무생물에 해당하는지 결정할 수 있다. 그렇지 않다면, 변증법적 개념은 효용이 없을 뿐만 아니라 해로울 것이다. 변증법적 개념은 별개로 구별되지는 않지만, 그럼에도 구별된다. 그 차이는 다음과 같다. 반그림자는 변증법적 개념을 그 대립 개념으로부터 분리한다. 계량형태 개념에서 분리는 공백으로 이루어져 있어, 제3의 경우는 없다. 분리하는 반그림자 자체가 변증법적 개념이라는 점은 매우 중요하다. 만약 A의 반그림자에 계량형태 경계가 있다면, 불연속인 개별 개념 세 개로, '엄밀한 의미에서 A', '엄밀한 의미에서 A가 아닌 것', 그리고 'A와 무관한 것'으로 이루어진 계량형태 구조를 쉽게 만들 수 있을 것이다. '선호'와 '비선호' 사이에 '무차별'이 반드시 존재하는 것을 당연하게 여기는 소비자 선택에 관한 연구자들은 이 절차에 아주 익숙하다.[28]

또 다른 반그림자에 둘러싸인 반그림자는 물론 무한반복[infinite regression:

28 『AE』에 재수록된 저자의 논문, "Choice, Expectations and Measurability"(1954) 참조.

무한회귀로도 번역된다—옮긴이]을 낳는다. 그러나 이 때문에 변증법적 개념을 비난할 필요는 없다. 변증법적 무한반복은 거북이를 뒤쫓는 아킬레스의 무한반복이 실제로 끝나듯이 결국 저절로 해결된다. 슘페터의 올바른 주장처럼, "우리의 경우 '그러면 그런 타입의 [기업가]는 어디서 생기는가?'라고 묻고 '그런 타입은 없네!'라고 대답하는 것은 아무 의미가 없다".[29] 또한 흄(D. Hume) 등 많은 이들이 주장하였듯이,[30] 인간 정신의 대립되는 두 가지 속성인 선과 악 사이에 명확한 구별이 없기 때문에 이들을 인식하고 연구하기를 거부해야 하는가? 변증법적 반그림자의 무한반복은 치명적 오류와는 거리가 먼, 변증법적 개념의 뛰어난 장점이다. 앞으로 보겠지만 이는 **변화**의 가장 본질적인 측면을 보여준다.

5. 근대 사상에 존재하는 플라톤의 전통

하나와 **다수**라는 당혹스런 문제를 해결하기 위해, 플라톤은 각각의 이데아는 자신들의 세계에, 즉 '천상(天上)에' 존재하며, 거기서 각각은 '영원한 개별성'을 유지하며, 또한 '변화 없이 똑같이' 존재한다고 가르쳤다.[31] '지상'의 사물들은 이들 이데아의 성질들을 갖는다, 즉 그들을 닮는다.[32] 나중에 칸트가 몇몇 개념에 대하여 주장하게 되듯이, 플라톤 인식론의 요점은 우리가 모든 이

---

29 Joseph A. Schumpeter, *The Theory of Economic Development* (Cambridge, Mass., 1949), p. 82n[실제 존재하지 않는 것에 대한 질문은 무의미하다는 의미—옮긴이].

30 David Hume, *Writings on Economics*, ed. E. Rotwein (London, 1955), p. 19.

31 *Phaedo*, 78, *Philebus* 15. 이데아들이 '고정된 형태'라는 플라톤의 견해는 그의 대화편 전체에 스며 있다. 추가적인 참고 문헌으로, *Parmenides*, 129 ff, *Cratylus*, 439~440.

32 *Phaedo*, 100 ff. 플라톤은 이데아들이 별개로 구분된다는 것을 정수(整數)를 인용하여 설명하였지만(*Phaedo*, 104), 어떤 사물들은 이데아의 전부를, 어떤 사물들은 일부만 가지고 있는 이유에 관하여 논한 적이 없다는 것은 중요하다.

데아에 대한 잠재적인 인식을 가지고 태어난다는 것인데, 이는 우리의 영원불멸한 영혼이 과거 언젠가 그 세계를 방문한 적이 있기 때문이다. 따라서 누구나 회상을 통해 이데아를 깨달을 수 있다.[33]

오늘날 플라톤의 극단적인 이상주의는 공개적인 찬사를 거의 받지 못한다. 하지만 이데아가 가장 완벽한 형태로 드러나는 방식에 대한 그의 신비로운 설명은 '명확한 사고'에 대한 많은 근대 사상의 기초가 된다. 특권을 가진 소수만이 이데아에 익숙하지만 이를 공개적으로 설명할 수는 없다는 플라톤의 견해는 예컨대 '종(種)'은 '건전한 판단력과 폭넓은 경험을 가진 박물학자의 의견'에 따라 분류된 형태라는 다윈의 태도[34]에서 뚜렷하게 나타난다. '헌법'에는 단 하나의 정의(定義)만, 미국 연방 대법원에 제기된 사건에 대해 대법원이 명시적으로 판결하여 공표한 법이 헌법이라는 정의만 있다는 흔한 의견은 본질적으로 플라톤적이다.

유능한 박물학자나 연방 대법원 판사가 종이나 헌법 문제를 다루는 데 보통 사람보다 훨씬 뛰어나다는 사실에는 의심의 여지가 없다. 그러나 이는 이런 종류의 정의를 옹호하는 사람들이 의미하는 정의가 아니다. 이들은 정의가 사용 가능하며, 따라서 명확한 사고에 가장 큰 문제인 모호함을 해결해야 한다고 주장한다. 하지만 정의 작업의 결과가 **하나**가 아니라 **다수**이기 때문에[35] 분명히 이 주장은 허울뿐이다. 이 정의 작업은 극도로 성가시고, 때로는 비실용적일 뿐만 아니라, 그 결과는 연구자들에게 아무런 도움이 되지 않는다. 누구나 진화에 관한 권위자가 되기 전에, 그리고 된 후에라도, 적응하지 못한 것들이 자연 선택을 통해 제거될 때까지 기다리지 않고 '적응'의 의미를

---

33 *Meno*, 81~82, *Phaedo*, 73 ff. *Phaedrus*, 249~250.

34 Charles Darwin, *The Origin of Species*(6th ed., London, 1898), p.34.

35 다윈 자신이 다른 곳, *The Descent of Man*(2nd ed., New York, 연도 불명), p.190에서 주장하였듯이, 13명의 뛰어난 박물학자들은 서로 크게 달라 인간을 적게는 2종, 많게는 63종으로 나누었다!

알 필요가 있다. 독버섯인지 판단하는 유일한 방법이 그것을 먹어보는 것이라는 생각은 과학에 합당하지 않다.

사회학과, 특히 정치학에는 겉으로만 플라톤적인 합리성의 또 다른 형태의 예들이 넘친다. 대개 논쟁은 예컨대 '민주주의'의 완벽한 개념이 특정한 나라로, 대개 자기 나라로 대표되며, 모든 나라는 각기 다른 정도로 민주적일 뿐이라는 입장에서 무의식적으로 시작된다.

플라톤의 『대화(Dialogues)』를 보면, 그는 우리가 정의나 직관을 통해 개념들을 깨닫는다는 사실을 완벽하게 인지하고 있었다는 데 의문의 여지가 없다. 플라톤은 정의가 대중적 설명이기 때문에 누구나 정의를 통해 개념을 배울 수 있다고 분명하게 이해하였다. 또한 우리가 소크라테스식 분석으로 보완되는 직접적인 이해를 통해서만 몇몇 개념에 익숙해질 수 있다고 명확히 이해하였다.[36] 그의 친구인 제노크라테스(Xenocrates)가 후에 말하게 되듯이, 플라톤의 곤경은 그 형성과 무관하게 모든 개념은 계량형태라는, 즉 "모든 것은 숫자를 닮았다"는 믿음에서 유래한다. 플라톤은 많은 개념의 경우 그를 정의하는 데 어려움을 겪었지만 결국 모든 개념을 정의할 수 있다고 굳게 믿었다는 것을 여러 대화에서 알 수 있다. 분명 플라톤은 많은 후세대 사람들처럼 다음과 같이 과거를 무차별적으로 확장하였을 것이다. 모든 정의된 개념은 한때 직관에 따른 개념이었기 때문에, 직관에 따른 현재의 모든 개념은 필연적으로 정의에 의한 개념이 될 것이라고 말이다.

이 쟁점은 이미 언급한 예로 설명할 수 있다. '민주국가'의 계량형태 개념을 찾고자 하면, 어떤 민주국가도 이 개념에 부합되지 않는다는 것을 금방 알 수 있을 것이다. 스위스는 여성 투표권이 없기 때문에 민주국가가 아니다[스위스에서는 여성 투표권이 1971년에 인정되었다—옮긴이], 미국은 국민투표제도가

---

36 *Republic*, VI. 511. 분명히 플라톤은 이런 분석이 '변증법'이라고 생각하였지만, 이 용어를 명확히 하지는 않았다.

없기 때문에 민주국가가 아니다, 영국은 국왕의 정식 동의 없이는 국회를 열 수 없기 때문에 민주국가가 아니다 등등. '민주국가'와 '독재국가'를 나누는 반그림자는 실로 매우 넓다. 결과적으로, "국가사회주의 독일의 히틀러가 가졌던 절대 권력에도 민주적 특징들이 있었으며, 미국의 민주주의에도 독재 요소들을 볼 수 있다".[37] 그러나 바이러스가 가진 반그림자의 존재가 '인간'과 '돌'의 구별을 무의미하게 하지 않는 것처럼, 이는 히틀러의 독일과 미국을 동일한 개념 묶음에 넣어야 한다는 의미는 아니다.

더구나 민주주의의 정의에는 앞에 언급한 것보다 더 일반적이고 더 분명한 난점이 있다. '민주주의'는 분명히 투표할 권리를 의미하지만 모든 연령의 사람이 그 권리를 가진 것은 아니기 때문에, 그 정의에는 필연적으로 투표 연령에 대한 **적절한** 제한이 있어야 한다. 그 제한이 L이라는 데 모두 동의한다고 해보자. $L-\epsilon$이 마찬가지로 좋은 제한이 아닌 이유를 묻는 자연스러운 질문이 '민주주의'의 모든 불확정 요소들을 계량형태 개념으로 해결할 수 없다는 것을 온전히 보여준다.

'공정함', '욕구'뿐만 아니라 '민주주의'에 대해서도 아우구스티누스(St. Augustinus)가 **시간**에 대하여 본질적으로 말했던 것을 적용할 수 있다: 당신이 그것에 대하여 아무것도 모른다면 그것이 무엇인지 말해줄 수 없지만, 그 의미를 희미하게나마 알고 있다면 그것에 대하여 이야기해보자.[38]

6. 변증법적 개념과 지식체계

나는 오늘날 어떤 철학 학파도 앞에 정의한 것과 같은 변증법적 개념의 존재

37 Max Weber, *On Law in Economy and Society*(Cambridge, Mass, 1954), p.36 「서론」에 나오는 라인슈타인(Max Rheinstein).

38 Saint Augustine, *Confessions*, XI 17.

를 부정하지 않는다고 생각한다. 그러나 변증법적 개념과 지식체계와의 관계 그리고 지식과의 관계에 대한 의견은 대체로 두 극단 사이에 나뉘어 있다.

한 극단에는 변증법적 개념의 목적과 용법이 무엇이든 이 개념은 지식체계에 적대적이라고 주장하는 모든 형태의 실증주의가 있다. 진정한 지식은 그것이 계량형태 개념으로 표현되는 범위에만 존재한다. 이 입장은 신성한 사고는 라틴어로만 표현될 수 있다는 가톨릭교회의 태도를 연상시킨다.

다른 극단에는 엄격한 헤겔적 의미의 변증법적 개념의, 즉 'A는 A가 아닌 것'이라는 원리가 항상 적용되는 개념의 도움이 있어야만 지식을 얻을 수 있다고 주장하는 모든 형태의 헤겔학파가 있다.

두 대립하는 학파 사이에 뚜렷한 비대칭이 있기는 하다. 헤겔을 포함하여 어떤 헤겔학파도 계량형태 개념들을 다루는 사고가 갖는 독특한 편리함이나 엄청난 유용성을 부정하지 않는다.[39] 계량형태 개념에는 변증법적 개념에는 없는, 거의 모든 종류의 사고(思考) 오류를 수정할 수 있는 내장된 도구가 있다. 이 차이 때문에 논리실증주의자를 자처하지 않더라도, 변증법적 개념을 엉성한 사고와 연관시키는 경향이 있다. 유명한 '헤겔 변증법의 진흙탕 물'이라는 표현이 이를 대변한다. 게다가 변증법을 논박하는 무기는 다른 이들의 주장을 공격하는 가장 손쉬운 방법이 되었다.[40] 하지만 변증법적 개념에 끊임

---

39 헤겔 철학은 거의 모든 이데올로기적 악용을 책임지게 되었으며, "이전에는 정신병원에만 알려졌던 완전히 터무니없는 일" 또는 "독일식 멍청함의 기념비"라고 다양하게 비난받아온 것에 신경 쓸 필요는 없다[Will Durant, *The Story of Philosophy*(New York, 1953), p.221에는 이 의견들의 근거로 E. Caird, *Hegel*(London, 1883)이 나와 있는데, 이 인용의 원전을 찾으려 꽤나 노력했지만 헛수고였다]. 그러나 헤겔이 수학이나 이론적 지식체계의 커다란 유용성을 부정하였다는 가끔 들리는 비난에는 아무런 근거가 없다는 것을 분명히 지적하고자 한다. *The Logic of Hegel*, tr. W. Wallace (2nd edn., London, 1904), p.187.

40 잘못이 일반인들에게만 한정되지는 않는다는 것을 지적하고 싶다. 일례로 나이트는 한 논문 안에서 본능 개념을 임의적이며 비과학적이라고 비난하면서도 결핍 개념은

없이 의지하지 않고는 아무도 변증법적 개념에 대한 반론을 펼칠 수 없었다는 것이 매우 중요한 사실이다!

문장에 '어떤 경우에만' 혹은 '어떤 것만'이라는 표현이 있으면 모든 '변증법적 오류'가 없어진다고 믿는 것은 큰 잘못이다. 생생한 예로 비엔나 실증주의의 뼈대를 이루는 두 문장을, "명제는 증명 가능한 경우에만 의미가 있다"와 "증명 가능성을 논할 때에는 오로지 논리적 증명 가능성만 의미한다"를 생각해보자.[41] 실증주의자가 아니라면, 일정한 비판을 하면서도 이 신조에 약간의 의미가 있다고 생각할 것이다. 그러나 어엿한 실증주의자라면, "논리적 증명 가능성과 불가능성 사이의 경계선은 **절대적으로 명확하고 구별된다.** 의미와 무의미 사이에는 어떤 점진적인 변환도 없다"고 명확하게 주장할 것이다.[42] 따라서 앞의 두 문장이 의미를 갖기 위해서는 절대적으로 명확하고 구별되는 방식으로 '[이들의] 논리적 증명 가능성'을 설명할 필요가 있다. 하지만 내가 아는 범위에서 어느 누구도 그런 설명을 한 적이 없다. 실증주의자는 증명 가능성 개념 혹은 '명제의 의미가 곧 증명의 방법'[43]이라는 입장이 그 논거에 사용된 문장이 겉으로는 엄밀해 보임에도 변증법적 반그림자에 포함된다는 점을 깨닫지 못한 듯하다. 물론 누구나 완전한 난센스의 예를, 예컨대 슐리크(Moritz Schlick)가 사용한 "내 친구는 모레 죽었다", 혹은 완전한 계량형태 의미의 예를 쉽게 댈 수 있다. 그렇지만 내가 앞에서 주장한 것처럼, 이 때문에 두 극단 사이에 있는 명확성이 조금씩 달라지는 변증법적 반그림자가 없어지지 않는다. 우리 모두가 계속 허튼 소리를 하고 있다는, 다시 말하면

마음대로 사용하고 있다. Frank H. Knight, *The Ethics of Competition* (New York, 1935), p. 29 등.

41 Moritz Schlick, "Meaning and Verification," *Philosophical Review 45*(1936) 344, 349.

42 앞의 인용, 352. 저자의 강조.

43 앞의 인용, 341.

명확한 의미가 없는 변증법적 용어로 생각을 표현하고 있다는 어쩔 수 없는 결론에 독자들은 기분 상하지 않기를 바란다.

과학에서 모호함과 싸우는 것이 최고의 지적 명예라고 생각하는 바로 그 사람들의, 예컨대 러셀이나 브리지먼 같은 사람들의 책은 변증법적 개념으로 올바르게 추론하기가 불가능하지 않다는 것을 가장 설득력 있게 보여준다.[44] 이와 관련하여, 또한 앞에서 언급한(2절) '이 색은 빨강'이라는 명제에는 의미가 없다는 실증주의 관점과 관련하여 러셀의 가장 유명한 논문 중 하나를 살펴보자. "우리는 특정한 노란색들을 인식하고 있을 뿐만 아니라, 충분히 많은 종류의 노란색들을 보고 또한 충분한 지적 능력이 있다면 보편적인 **노란색**도 인식한다. 보편적인 노란색이라는 말은 '노랑은 파랑과 다르다' 혹은 '노랑은 파랑보다 초록과 더 비슷하다'는 판단의 주어이다. 그리고 보편적인 노란색은 '이것은 노랗다'라는 판단의 술어이다."[45] 분명히 실증주의자는 이 변증법적 개념의 사슬을 이해하려 하지 않겠지만, 이는 내가 보기에 변증법적 추론의 최고봉을 보여준다(이 때문에 러셀이 기분 상할 수 있겠지만). 이런 추론이 계량형태 개념을 사용한 추론보다 훨씬 더 섬세하다는 것이 중요하다. 뒤에(3장 10절) 계속 논의하겠지만, 이는 인간의 지성이 가진, 모든 기계적 두뇌와 구별되는 가장 중요한 속성이다.

오래전에 파스칼은 인간 지능의 두 가지 별개 속성의, **추리**와 **직관**의 상관관계와 아울러 이 두 가지 추론 형태의 차이를 지적하였다.[46] 따라서 모든 혼란스런 생각이 변증법적 개념 탓이라고 비난하는 것은 때로는 재능이 있을지

---

44 예컨대, Bertrand Russell, *Principles of Social Reconstruction*(London, 1916); P. W. Bridgman, *Intelligent Individual and Society*(New York, 1938).

45 Bertrand Russell, *Mysticism and Logic*(New York, 1929), p. 212[본문의 논평과 관련하여, 이 책이 출판에 들어갔을 때 러셀은 생존해 있었다].

46 Blaise Pascal, *Oeuvres complétes*(전작), ed. J. Chevalier(Paris, 1954) 중 Pensées(팡세, 사유), 1~2, pp. 1091 ff.

라도 엉성한 아마추어가 그려놓은 허접한 작품을 물감 탓이라고 뒤집어씌우는 것과 같다. 온갖 궤변론자들이 변증법적 개념을 교묘하게 사용한 것과 관련해서, 우리는 오랫동안 '단순한 논쟁의 기술과 참된 변증법'의 차이에 관한 소크라테스의 가르침을 받아왔다.[47]

추리와 직관 모두 적당한 훈련과 가능한 많은 개념의 실례를 통해 얻어진다(또는 개발된다). 사회과학자들은 일반적으로 "민주주의는 개인의 욕구가 공평하게 충족되도록 한다"는 명제를 올바르게 해석하고, 거의 모든 용어가 변증법적 개념인 비슷비슷한 명제들을 올바르게 추론할 만큼 충분한 직관을 가지고 있다는 것을 결코 부정할 수 없다. (일부 사회과학자들이 그 직업에 필요한 직관을 충분히 가지고 있지 않다면, 큰 문제이다!) 이 재주는 결코 특별하지 않다. 일찍이 브리지먼이 말한 것처럼, "나와 어린 존 어느 누구도 반대심문을 통해 우리가 의미한 바를 정확하게 설명하지 못하였지만, 내가 그에게 착한 사람이 되라고 할 때 나 자신과 존 모두 내가 원하는 바를 완벽하게 잘 알고 있다".[48]

따라서 변증법적 개념들이 과학을 혼란스런 생각으로 오염시키기 때문에 변증법적 개념들을 과학에서 추방해야 한다는 태도는 허황되며, 불행히도 무해한 것이 아니다. 이런 태도는 사회과학의 넓은 영역을 재앙에 빠뜨리는 숫자광신이라는 또 다른 혼란을 낳기 때문이다. 경제학에서만 몇 가지 경우를 살펴보자. 경제발전의 복잡한 개념이 하나의 숫자로, 즉 일인당 소득으로 환원되었다. 인간 욕망(아마도 경제과정의 가장 중요한 요소)의 변증법적 범주를 '효용'이라는 무색무취한 수량적 개념 아래 이제까지 숨겨왔을 뿐이며, 아직 아무도 효용의 실제 측정 방법을 규정하지 못하고 있다.

---

47 Plato, *Philebus*, 17; 이에 관하여 *Theaetus*, 167~168에 더 나온다.

48 Bridgman, *Intelligent Individual and Society*(New York, 1938), p. 72; pp. 56 ff.

7. 확률: 헤겔 변증법의 실례

이제는 모든 과학 분야에 공통으로 사용하는 확률 개념만큼 앞 절의 주장을 명쾌하게 예시해주는 것은 없다. 주지하다시피 자신의 접근 방식만이 확률의 의미(더 정확하게는, 의미해야만 하는 것)에 이르게 한다고 단언하며 서로 적대하는 갖가지 '이론들'이 있다. 이 주장은 별로 놀랍지 않다. 여기서 길게 논하지는 않겠지만 이 이론들은 상반되지만 실제로는 모두 동일한 목적을, 즉 각 이론이 '확률'이라고 부르는 어떤 수치를 이용하여 기대치들을 배열하려는 목적을 가지고 있다. 그렇지만 기대치는 두 개의 별개 요소를, 즉 그 시점에 개인이 알고 있는 지식의 부분 E와 반드시 그렇지는 않지만 대개는 불확실한 사실이나 사건에 대한 단정적인 진술 P를 포함하는 인간 의식의 복잡한 상태이다. 따라서 기호로 쓰면, 개인 I의 기대치는 $\mathscr{E}(I, E, P)$로 표시된다.[49]

한 무리의 이론, 소위 **개인주의**와 **주관주의** 이론에서는 I에 주안점을 두며, 확률은 P로 단언한 사실이나 사건에 대해 개인이 가지고 있는 '믿음의 정도'로 정의된다. 다른 무리에서는 I와 아울러 언어 이외의 E를 생략하고, 확률을 P로 표시되는 '진실'의 척도로, 요컨대 어떤 (상당히 임의적인) 통어적인 방법에 따라 계산한 계수로 정의한다. 이런 이론들이 모두 기본적인 사실들과 모순되는 가정들에 기초해 있음은 말할 나위도 없다. 어떤 이론들은 재미있지만 무의미한 논리학적 공리화의 시도에 지나지 않는다.

여기서 관심을 가져야 할 유일한 이론은 I(그리고 I가 사용하는 언어의 종류)와 무관하게 확률을 정의하기 때문에 '**객관주의**'라고 부르는 것이다. 나의 기대치 공식에서는, 객관적인 확률 계수를 주어진 규칙에 따라 결정할 수 있고 또한 I

49 『AE』에 재수록된 저자의 논문, "The Nature of Expectation and Uncertainty"(1958)를 보라. 이 논문에 확률에 관한 중요한 이론들에 대한 일반적인 비평을 소개하였다. 이 절에 더하여 이 책 6장과 부록 F에 추가적인 내용이 나와 있다.

가 확률 계수를 알고 있으면 객관적인 확률 계수는 E의 일부분이다. 각 개인의 기대치 순서는 확률의 산술적 순서의 결과이며 (주관주의와 개인주의 이론의 경우에서처럼) 그 역은 성립하지 않는다는 것은 중요한 요점이다.[50]

객관주의적 접근 안에서도 라플라스 이론과 빈도주의(頻度主義) 이론 사이에 논쟁이 있다. 라플라스 이론에서 확률은 모든 경우의 수와 해당 경우의 수의 비율로 정의되는데 이 정의에 대한 주된 비판을, 즉 "모든 경우의 확률은 같다"는 가정에 대해 논리적 근거에서 이의를 제기할 수는 없다. 이 정의는 순환적이다. 객관적인 확률은 헤겔적 의미에서 기본적으로 변증법적 개념이기 때문에 나는 이 비판이 무의미하다고 단언한다. 빈도주의의 정의 역시 적절하게 공식화하면 순환적이다.

빈도주의 이론에서 한 사건의 확률은 다음의 수학적 관계로 정의된다.

(D_1) $$n \to \infty \text{일 때, } p = \lim f_n$$

여기서 f_n은 정해진 조건에서 무한히 행한 일련의 관찰 중 처음 n번 관찰에서 그 사건이 일어날 상대적 빈도이다.[51] 따라서 확률 적용 영역은 크게 제한되지만, 이 이론에는 갑절의 장점이, 즉 개념을 관찰된 사실 그리고 숫자와 직접 연결하는 장점이 있다. 이 때문에 이 이론은 처음부터 압도적인 지지를 받았으며, 모든 통계학자들이 이를 진심으로 받아들였다. 현대물리학이 소립자 수준의 현상들은 감추어진 변수에 대한 우리의 무지가 아닌[52] 사실상 환원 불

---

50 이에 관하여 부록 F에 좀 더 나와 있다.

51 당연히 이 말은 모든 기대치가 그 빈도에 따라 배열되어 있다는 의미가 아니다. 일부 P에 대하여, 확률은 주어진 규칙에 따라 존재하지 않거나 E의 부분이 아닐 수 있다.

52 양자물리에서 불확실성은 "인간의 무지에 기인하지 않는다. [개별] 원자가 붕괴하는 시점은 객관적으로 불확실하다". F. Waismann, "The Decline and Fall of Causality," *Turning Points in Physics* ed. R. J. Blin-Stoyle *et al.*(Amsterdam, 1959), p.141. 1932년 폰 노이만이 증명한 정리[J. von Neumann, *Mathematical Foundations of Quantum Mechanics*(Princeton, 1955), pp.323~325]에 따르면 현재의 양자역학 법

가능한 무작위 요소를 반영하는 확률 법칙에 의해서만 결정된다는 태도를 취하게 됨에 따라 빈도주의 이론은 자신이 인식론적으로 완전하다고 주장하게 되었다.

마그노(H. Margenau)는 "확률은 질량만큼 실재"라고 하였다.[53] 하지만 진실은 그 반대로, 질량이 확률만큼 실재이다. 실제로 지금 우리가 질량에 관하여 말할 수 있는 모든 것은 확률에 관하여 말할 수 있는 것에 좌우된다. 예컨대 "뮤(μ) 중간자 질량이 전자 질량의 200배"라는 말은 뮤 중간자 질량이 전자 질량의, 예컨대 195배임을 보여주는 관찰 확률이 포함된 명제이다. 따라서 확률에 관한 명제의 증명이 유일한 기본 쟁점이다. 다른 모든 것은 이 증명에 좌우된다.

앞에 논의한 요점을 돌이켜, "동전의 앞면이 나올 확률은 1/2"이라는 익숙한 명제에 대하여, 실증주의에 따르면 어떤 증명 방법을 사용해야 하는지 실증주의자에게 묻고자 한다. 아마도 정의 (D_1)이 요구하는 것처럼 무한히 많은 관찰을 해야 한다고 답할 수는 없을 것이다. 이 경우 실증주의자는 증명할 수

칙들은 이 법칙들이 몇 가지 원인 변수를 숨기고 있다는 생각과 모순되며, 이 정리로 인해 양자역학이 기본 물질의 거동에 대한 인과적 설명에 명확한 한계가 된다는 믿음이 생겼다[Louis de Broglie, *Physics and Microphysics*(London, 1955), pp.195~205]. 하지만 폰 노이만의 이 '꽉 막힌 마지막' 정리는 양자보다 작은 알갱이 수준에서 타개책이 있을 수 없다는 의미이기 때문에 처음부터 의심을 받았다. 실제로 처음에 이 정리에 열광적으로 경의를 표하였던 드브로이는 이 정리의 전체 논의에서 허점을 발견하였다[de Broglie, *New Perspectives in Physics*(New York, 1962), pp.99~102]. 이에 관한 좀 더 광범위한 논의로 David Bohm, *Causality and Chance in Modern Physics* (London, 1957), pp.95~97을 보라.

우연은 단지 현상을 지배하는 어려운 방정식 체계를 풀지 못하거나 모든 관련 요소를 알 수 없는 무능력을 반영한다는 상반된 생각은 푸앵카레를 연상시킨다(Henri Poincaré, *The Foundations of Science*, pp.159 f, 395 f).

53 H. Margenau, *Open Vistas: Philosophical Perspectives of Modern Physics*(New Haven, Conn, 1961), p.183n.

없는 명제들, 따라서 의미 있음 또는 무의미함으로 분류할 수 없는 명제들이 있다는 것을 은연중에 인정해야 할 것이다. 특히 실증주의자는 변증법적 개념을 사용한 것이 바로 드러나기 때문에 "충분히 많은 관찰을 하라"고 말할 수도 없을 것이다! 그럼 전형적인 답을 보자. "만약 동전을 1000번 던져 앞면이 490번 나온다면, 앞면이 나올 확률이 1/2이라는 가정을 뒷받침하는 것으로 받아들인다 … 그러나 400번만 나온다면 보통 이 가정을 폐기한다 … 허용되는 편차를 아무리 불분명하게 말하더라도 어느 정도 편차를 받아들일지에 대한 암묵적인 동의가 있기 때문에… 이 방법으로 진행한다."[54] 이렇게 실증주의의 주머니에서 변증법의 고양이가 나온다.

물론 확률 계산을 통해 통계학자들이 가설에 대한 신뢰도라고 부르는 숫자가 얻어진다. 그러나 입증된 명제와 그릇된 명제 사이에 '절대적으로 정확하고 구별되는 선'을 어떤 신뢰도로 그을지는 실증주의자들이 '의미 있음과 무의미함' 사이의 절대적인 구분을 실증하기 전에 대답해야 하는 문제이다. 하지만 이것이 전부가 아니다. 빈도주의도 지지하는 확률 계산에 관한 기초 정리에 따르면, 신뢰성이 아주 높게 완전하다고 증명된 동전이라도 무한히 많이 던질 때 '앞면'만 나타나는 일이 일어날 수도 있다.[55] 따라서 빈도주의의 정의에는 논리적 모순이 숨어 있다. 그리고 물리적 요소로 이해할 수 있는 확률에 관한 모든 명제는 그 증명에 확률을 사용하기 때문에 확률의 정의는 순환적일 수밖에 없음을 인정하기를 거부하는 한 이 모순은 존재할 것이다.

빈도주의 이론의 기본 오류는 전체적으로 볼 때 일련의 관찰이 개별 관찰과 마찬가지로 무작위 사건임을 인식하지 못하는 데 있다. 그리고 개별 관찰이 불규칙한 것과 마찬가지로 일련의 관찰도 불규칙하다. 따라서 어떤 경우 f_n

54 Ernest Nagel, "The Meaning of Probability," *Journal of American Statistical Association*, *31*(1936) 22. '불분명하게'는 저자의 강조.

55 이 말과 그런 일이 일어날 확률이 '0'이라는 사실 사이의 명백한 모순에 관하여 부록 A의 단락 1과 13을 보라.

은 p와 다른 극한값을 가질 수 있고, f_n이 수렴하지 않을 수도 있다는 사실을 인정해야만 한다. 그러나 f_n이 p가 될 배열의 확률은 매우 크며, 배열이 길수록 이 확률은 더욱 커진다는 것도 덧붙여 말할 필요가 있다. 더 정확하게, 이 확률은 n이 무한대로 갈수록 1이 되는 경향이 있다. 따라서 다음을 가정할 수 있다.

E가 무작위 사건이면, 임의의 양수 ϵ와 δ에 대해서 다음 관계를 만족하는 수 p와 정수 N이 존재한다.

(D_2) $n > N$인 모든 n에 대하여 $1-\delta <$ $|f_n - p| < \epsilon$일 확률 < 1

이 명제와 관련하여 몇 가지를 명확히 해야 한다. 첫째, 식 (D_2)의 확률 부분이 1보다 작아야 한다는 조건은 불가피하다. 이렇게 해야만 불규칙한 배열이 간혹 나타날 수밖에 없다는 것을 표시할 수 있다. 둘째, 이 명제는 큰 수[大數]의 법칙[관찰 횟수가 커짐에 따라 경험적 확률은 수학적 확률과 같아진다는 법칙—옮긴이]이라는 이름을 붙인 자연 법칙으로 보아야만 하며, 이로써 이 법칙의 특성을 둘러싼 흔한 혼동에 종지부를 찍어야만 한다. 셋째, 이 명제를 물리적 확률에 대한 정의라고 생각할 수도 있다. 가장 순수한 헤겔적 의미만이 확률을 인식하는 방법이라는 것을 이해하기 위해서는 이 정의가 완전한 사고(思考)의 시작과 끝을 모두 포함한다는 것을 깨닫기만 하면 된다. 확률이 자연의 기본 요소라면, 그 정의는 반드시 확률에 기초해야 한다.

그리고 내 생각에는, 확률의 **해석학적**(수학적) 정의를 찾는 문제와 관련된 수 세기에 걸친 노력이 여러 이론들 사이의 끝없는 논쟁만 만들어온 까닭은 무작위라는 특이한 개념에 주의를 기울이지 않았기 때문이다. 실제로 변증법적 뿌리는 이 개념에 있으며, 확률은 단지 이 개념의 산술적 측면일 뿐이다.

무작위 개념이 환원할 수 없는 모순을 포함하고 있다는 데는 의심의 여지가 없다. 우선, 무작위 순서는 너무나 불규칙하여 해석학적 수식으로 표현할 어떤 가능성도 없어야 한다. 이는 인간의 사고력이 우연을 모방할 수 없다는 보렐(É. Borel)의 아주 재미있는 주장의 본질이다.[56] 그러나 오래전에 버트랑(J. Bertrand)은 "어떻게 감히 우연의 법칙에 관하여 말할 수 있는가? 우연은 어떤 법칙에 대해서나 반정립[변증법의 정반합 중 반정립—옮긴이]이 아닌가?" 라고 물었다.[57] 이 질문에 대한 답은 무작위가 마구잡이의 우연을, 즉 질서가 전혀 없는 상황을 의미하지 않는다는 것이다. 무작위 불규칙성이라는 정립과 무작위의 기묘한 질서라는 반정립 사이의 대립의 결과 나타나는 통합을 확률 개념에서 찾을 수 있다. 라플라스 형태든 빈도주의 형태든 이로부터 확률에 대한 정의의 순환성이 나타난다.

앞의 주장의 또 다른 결론은, 무작위는 우리 지식의 불완전성 또는 불충분성의 잔류물이라는 푸앵카레(H. Poincaré)의 관점과, 무작위는 일반적인 사물의 존재 방식의 고유한 측면이라는 현대물리학의 원리 사이의 대립은 허구라는 것이다. 종종 그랬듯이, 푸앵카레는 계(界, 예컨대 룰렛 바퀴)의 미세한 초기 조건 변화로 인해 결과들이 크게 달라지더라도 통계적인 불변성이 인과 관계로부터 나타날 수 있는 방식을 보여주는 놀라운 실례들을 제시하였다.[58] 그렇지만 이 모든 증명에서 초기조건은 반드시 이해하고 있지는 못한 어떤 확률론적 법칙의 지배를 받는다고 가정한다. 다시 말하면, 푸앵카레는 순수한 인과 관계 구조로부터 무작위를 만들어내지는 않았다. 그리고 푸앵카레는 무작위가 무지와 연결되어 있다는 자신의 입장을 한층 정당화하면서, 확률을

---

56 Émile Borel, "Sur l'imitation du hasard(우연의 한계에 관하여)," *Comptes Rendus, Académie des Sciences, 204*(1937) 203~205. 그렇지만 이 불가능성을 보였다는 보렐의 주장[Émile Borel, "Les probabilités(확률)" *Encyclopédie Française*, I, 1. 96-4]은 비논리적이다.

57 Joseph Bertrand, *Calcul des probabilités*(확률의 계산)(Paris, 1889), p.vi. 저자의 번역.

58 Henri Poincaré, *Calcul des probabilités*(확률의 계산)(Paris, 1912), pp.146~152, and *The Foundations of Science*, pp.403~406.

통해 얻은 정보는 "이 (우연한) 현상들을 훨씬 더 분명하게 이해하게 되는 날에는 참이 아닐 것"이라고 하였다.[59] 이 말은 핵심을 적나라하게 보여준다. 언젠가 우리가 어느 라듐 원자가 다음에 붕괴할지 예측할 수 있도록 해주는 원자 내부 현상들을 찾아낼 것이라고 생각해보자. 그렇지만 그때에도 남겨진 원자들의 붕괴가 무작위인 이유를 여전히 설명해야만 할 것이다.

따라서 통계역학이 탄생한 이래, 오로지 인과 관계의 지배만 받는 계를 통해 무작위를 만들 수 있다는 아이디어에 대해 물리학자들이 두드러진 편애를 보여온 이유를 이해할 수 있다. 이 아이디어를 정당화하기 위한 수많은 시도들 중에서 봄(D. Bohm)의 시도가 좋은 지침이 된다. 그는 자동차 사고를 예측할 수 없는 까닭은 사고 후에 사고를 설명해주는 많은 요소들을 사고 전에 확인할 수도, 고려할 수도 없기 때문이라고 설명한다.[60] 이는 푸앵카레식의 설명으로서, 세상은 수없이 많은 법칙의 지배를 받으며 따라서 과학이 닿는 곳 너머에도 많은 법칙과 요소가 항상 있다는 견해와 똑같다.[61] 그렇지만 봄(Bohm)이 이 기초 위에 세우려 했던 것이 항상 명료하지는 않다. 그는 다음과 같이 말한다. "자연의 법칙이 본질적으로 기계론적 극단에 접근하는 아주 작은 단계들의 무한한 연속으로 이루어져 있다는 가정은 자연 전체를 총망라하여 다룰 수 있는 법칙들이 유한한 집합이라는 가정만큼이나 자의적이고 증명 불가능하다."[62] 이 말은 봄(Bohm)이 환원 불가능한 무작위 잔류물을 은연중

---

59 Henri Poincaré, *The Foundations of Science*, p.396.

60 Bohm, *Causality and Chance*, pp.2 f, 21 ff. 또한 D. Bohm and W. Schützer, "The General Statistical Problem in Physics and the Theory of Probability," *Nuovo Cimento*, Suppl. Series X, *2*(1955) 1006~1008.

61 Bohm, *Causality and Chance*, 여기저기.

62 앞의 책, p.134. 여기서 회귀함수[주어진 데이터를 분석하여 그 데이터를 가장 잘 만족하는 것으로 찾아낸 함수 ― 옮긴이]에 모든 "명시되지 않은 요소들"이 포함되어 있다면, 완전한 상관관계(즉 완전히 결정된 관계)가 얻어진다고 명시적으로나 암묵적으로 생각하는 많은 응용 통계학자들이 공유하는 상반되는 믿음을 상기할 수도 있다.

에 인식하고 있음을 보여준다. 그러나 봄(Bohm)의 뒤이은 진술, 무작위는 "[유한한] 원리로 이루어진 계에서 무시된 '무한히 많은 요소들'은 일반적으로 어떤 종류의 무작위적 변동을 경험한다"[63]는 사실의 결과라는 진술은 혼란스럽다. 왜냐하면 무작위 잔류물을 가정하면 두 개의 결론이 바로 나오기 때문이다. 첫째, 동일한 현상을 지배하는 무한히 많은 법칙을 추가로 가정하는 것은 무작위를 설명하는 데 필요하지 않으며, 둘째, 무시된 요소들의 수와 무관하게 '이론' 값에서 벗어나는 관찰 값의 편차는 순수한 무작위 오차가 아니다. 봄(Bohm)이 무한히 많은 법칙을 도입한 것은 "서로 상쇄하기 쉬운 우연한 변동 효과를 설명하는 잘 알려진 정리"에 관한 마지막 명제를 정당화하고 싶었기 때문이다.[64] 그렇지만 이 유명한 정리는 이 정리와 무관하게 정의되어야 하는 무작위 원인으로 인해 각각의 효과가 만들어지는 경우에만 실재에 대하여 효력을 갖는다. 그리고 각각의 원인이 무작위를 조건으로 한다 해도, 무작위를 설명하는 데 무한히 많은 원인들이 필요하지 않다. 확률을 다루는 많은 학자들처럼, 봄(Bohm)은 여기서 추상적인 수학 정리와 자연의 실제 거동을 혼동한 듯하다. 이 혼동은 (많은 물리학자들에게 매우 중요한) 그의 주장에서, 즉 '확정적인 법칙'이 지배하는 메커니즘이 초기조건의 극히 미세한 변화가 뚜렷하게 다른 결과들을 만드는 종류의 것이라면, 이 법칙은 항상 무작위를 만들어낸다는 주장에서 분명하게 드러난다. 다른 이들의 비슷한 주장들처럼, 실제로 그가 증명한 것은 기하학적 에르고딕(ergodic) 정리로서,[65] 이는 말할

이는 아래 곱의 값 $1-R^2_{1.23\,\dots\,n}$ 이 1보다 작은 모든 연속적인 요소, $1-r^2_{1n23\,\dots\,n-1}$ 때에 감소하므로, $n \to \infty$일 때 0이 된다는 것이다.

$$1-R^2_{1.23\,\dots\,n} = (1-r^2_{12})(1-r^2_{13.2})\cdots(1-r^2_{1n23\,\dots\,n-1})$$

여기서 R과 r은 상관 계수의 표준 표기법이다. 그렇지만 순수하게 수학적인 근거에서 이 곱의 극한값이 0일 필요는 없다.

63 앞의 책, p. 141; D. Bohm and W. Schützer, p. 1008.

64 Bohm, 앞의 책, p. 23.

필요도 없이 무작위 개념과 반정립의 대립 관계에 있는 것이다.

흥미롭게도, 무작위를 인과 관계로 환원할 수 있다는 증명을 하려는 사람들은 대개 자신의 형식적인 주장의 오류를 가리고 있는 가리개에 빈틈을 보인다. 이렇게 봄(Bohm)은 주사위의 대칭성과 손 운동의 복잡성 때문에 "궁극적으로 그리고 평균적으로, 이 [결과의] 변동에는 특정 면의 선호가 전혀 나타나지 않는다"는 명제를 역학만으로 정당화할 수 없다는 것을 간과한 듯하다.[66] 반면에 이 명제를 무작위와 확률의 독립적인 기초로 취하는 것은 라플라스의 주관적인 절충주의 원리[Principle of Insufficient Reason: 독립적으로 동시에 일어나는 n개 사건 각각이 일어날 확률은 $1/n$이라는 주장—옮긴이]를 따르는 것이다.

유일한 해결책은 실제 세계의 존재 방식에는 헤겔적 의미의 변증법적 성질 때문에 해석학(엄격한 인과 관계) 공식으로 나타낼 수 없는 질서가 있다는 사실을 직시하는 것이다. 바늘이 없거나 감각이 없으면 있을 수 없는 고통처럼 무작위는 관계성을 지닌 요소이다. 여기서 논의한 무작위에 관한 상반된 두 개 관점은 인간의 이해와 실제 세계를 연결하는 동일한 교량의 양쪽 끝이다.

65 D. Bohm and W. Schützer, p. 1024 ff. 이 쟁점에 관한 더 많은 논의가 이 책 6장 3절에 나와 있다[ergodic이라는 말에는 여러 가지 의미가 있는데, 그 다양한 의미에 관하여 이 책의 여러 부분에서 논의되어 있다—옮긴이].

66 D. Bohm and W. Schützer, p. 1011. 이 논제에 대한 가장 설득력 있는 반례는, 몬테카를로(Monte Carlo) '무작위' 수의 배열이 불안정성 조건과 통계적인 경향 조건 모두를 만족하는 과정으로 만들어지지만, 궁극적으로 이 배열은 규칙적인 추세가 된다는 사실이다. 이 상황은 로그표의 소수점 아래 세 번째 자리 수가 무작위 배열을 한다고 주장한 푸앵카레의 유명한 실수와 완전히 닮았다(Henri Poincaré, *The Foundations of Science*, pp. 161 f).

3장

변화, 질(質), 사고

1. 지식체계와 변화

1장에서 설명한 대로 그리스 철학은 사물을 변화시키는 원인에 관한 질문으로부터 시작하였다. 그러나 **변화**에 대한 인식은 곧바로 인식론의 가장 어려운 질문을 제기하였다. 사물이 끊임없이 변화한다면, 모호한 철학자인 헤라클레이토스(Herakleitos)의 주장대로 "같은 강물에 두 번 발을 담글 수 없다면",[1] 어떻게 지식이 가능한가? 그 후 줄곧 사람들은 끊임없이 변화하는 세상에서 동일한 것은 무엇인가라는 이슈와 씨름해왔다. 마흐(E. Mach)가 질문하였듯이, 온도가 높아지면 자주색에서 노란색으로 변하는 소듐(나트륨) 증기에서 '동일한' 것은 무엇인가? 혹은 브리지먼(P. W. Bridgman)이 질문하였듯이, 끊임없이 증발하는 한 잔의 물에서 '동일한' 것은 무엇인가?[2] 계량형태 방

1 J. Burnet, *Early Greek Philosophy*(4th edn., London, 1930), p.136, Fragment 41. 저자의 강조.

2 Ernst Mach, *Popular Scientific Lectures*(Chicago, 1895), p.202; P. W. Bridgman, *The Logic of Modern Physics*(New York, 1928), p.35. 브리지먼은 '서로 스며들며 팽창하는 기체의 영역'에서는 2+2=4조차 무너진다고 하였다.

식으로 이 질문에 답하려는 꾸준한 시도들이 무수히 많았다(여기서 우리는 가장 대담한 시도인 러셀(Russel)의 시도를 검토할 것이다). 각 순간의 사물에는 "방금 전 순간의 그 사물과 많은 (사실 무한히 많은) 공통점이 있다"[3]는 봄(Bohm)의 의견은 마흐가 제기한 질문이 무의미하지 않은 이유를 보여준다. 하지만 이것이 그에 대한 답은 아니다. 현재의 많은 사물들에는 서로, 또 방금 전 순간의 사물들과 무한히 많은 공통점이 있다. 따라서 과거의 한 사물과 현재의 한 사물의 가능한 모든 짝 중에서 어느 것이 '동일한 사물'을 나타내는지 여전히 알지 못한다. 그리고 관찰한 **사물들**의 특별한 질(質)이 시간상 연속적이라는 주장에 만족하면, 생사를 넘어 **동일한** 달라이라마를 결정하는 라마교 의식 또한 필연적으로 완전하게 과학적이라고 받아들여야 한다.

반면에, 만약 어떤 **변화**도 없다면, 즉 사물이 현재와 같았으며 앞으로도 같다면, 모든 지식체계는 기하학의 한 종류로 환원될 것이다. 케플러(Johannes Kepler)가 생각했던 대로, 물질이 있는 곳에 기하학이 있을 것이다.

아주 일찍이 도입된, 성질의 변화와 장소의 변화 사이의 구별을 통해 난제의 매듭이 풀린 것이 아니라 잘려버렸다.[4] 그리고 아리스토텔레스가 후에 직설적으로 표현하였듯이, '장소는 사물의 부분도, 속성도 아니기'[5] 때문에, 모든 **변화**는 운동이며, 따라서 자연의 변화는 외관뿐이라고 설명하는 것이 편리한 듯했다. 질(質)과 연관된 모든 것을 피하기 위해, 레우키포스(Leukippos)에 기원을 둔 고대 원자론에서는 **변화**는 균일하고 영구적인 물질인 원자 입자들의 기계적 운동만으로 이루어져 있다고 주장하였다. 아리스토텔레스는 물질과 형태 이론을 원자론에 대립시켜 일원론적 원자론에 대해 최초로 체계적인 비판을 하였다. 그 결과 아리스토텔레스는 **변화**를 ① 장소, ② (생성 혹은

3 David Bohm, *Causality and Chance in Modern Physics*(London, 1957), p. 157.

4 예컨대 Plato, *Parmenides*, 138를 보라.

5 Aristotle, *Physics*, 209^{b} 26~27, 221^{a} 1.

소멸에 의한 변화와 연관된) 수량, ③ 질(質)의 변화로 분석하였다.[6] 그 후 우리는 이 분석을 원칙적으로 지키고 있지만, **변화**에 대한 과학의 사고방식은 매우 굴곡진 역사를 거쳐왔다.

우선 원자론은 19세기 초 돌턴(J. Dalton)이 소생시키기 전까지 약 2000년 동안 완전히 쇠퇴하였다가, 점차 물리학의 거의 모든 영역을 지배하게 되었다. 하지만 최근 질적으로 완전히 다른 소립자들이 하나씩 발견됨에 따라, 일원론적 원자론의 인식론적 장점은 모두 없어져 버렸다. 이제 기본 물질의 제1 특성으로 인식하고 있는 질(質)은 기계적 운동으로 환원 가능하지 않다. 이리하여 당분간은 아리스토텔레스 이론의 한 부분이 옳은 것으로 판명되었다.

생성과 소멸에 의한 변화는 상당히 오랫동안 스콜라학파에 남아 있었다. 그러나 지난 100년 동안 물리학에서 여러 가지 보존 법칙이 발견된 이후 이런 변화 형태는 영원히 논의의 대상이 되지 않을 것으로 믿었다. 우주론을 연구하는 사람들만이 우주의 창조에 대하여 계속 논의하였다. 하지만 최근 들어 많은 물리학자들이 우주의 모든 부분에서 물질이 끊임없이 창조되고 소멸된다는 아이디어를 점점 더 지지하고 있다.[7] 이것이 유용한 가정으로 판명되면, 우주론을 혁명적으로 변화시킬 뿐 아니라 물리학의 최대 신비인 중력의 신비도 풀릴 것이다.[8] 또한 우주에 관한 법칙들이 진정으로 **시간**에 대해 불변일 것이기 때문에 우주를 더 잘 이해하게 될 것이다. 따라서 "보존 없는 에너지 개념은 무의미하다"는 현대적 공리[9]를 아리스토텔레스 관점으로 되돌아가

6 *Physics*, 190ª 33~37, 260ª 27~29.

7 이는 에너지 보존 법칙인 열역학 제1법칙에 비추어보면, 물질과 에너지 사이의 변환이 끊임없이 일어나고 있다는 의미이다 — 옮긴이.

8 이 가정은 나중에(8장) 자세히 논의할 것이다. 여기서 나는 물질이 끊임없이 생성되고 소멸된다는 아이디어가 이미 다른 영역에서 되살아났다는 점에만 주목한다. 예컨대 Henri Bergson, *Creative Evolution*(New York, 1913), pp. 246n, 368 f를 보라.

9 P. W. Bridgman, *The Logic of Modern Physics*(New York, 1928), p. 127.

다시 생각하는 것이 가능할 것이다. 사실 (다음 몇 장에서 집중할) 엔트로피 개념은 엔트로피가 그 속성상 끊임없이 증가하는 것임에도 무의미하지 않다는 것을 이미 알고 있다.

생명과학에서는 질적 변화가 늘 중심 주제였다. 그러나 물리학이 **변화**를 무시하기로 결정했으면서도 거의 모든 방향에서 실제적인 성공을 거둠으로 인해, 과학을 통해 **변화**를 연구할 수 없다고 오해하게 되었다. 특히 사회과학자들은 이 경쟁의 원칙에 대해 입에 발린 얘기를 계속하고 있다.[10] 이 공언들과 그것들을 지지하는 주장이 아무리 반복되더라도, 모든 지식체계의 최고 목표는 그 현상 영역에서 나타나는 모든 **변화**에 관한 법칙을 발견하는 것이다.

이것이 과학의 가장 매력적인 부분이다. 많은 과학자들의 주장[11]과 달리, 모든 지식체계의 성숙도는 그 현상 영역에 대해 기계적인 설명을 할 수 있는 정도에 의해 결정되는 것은 아니다. 대신 봄(Bohm, 물리학자!)이 주장하듯, 성숙도는 반드시 "사물이 과거 상태로부터 현재 상태가 된 과정과 계속 변화하여 미래에 다른 것이 되는 과정을 생각"할 수 있는 능력으로 판단해야 한다.[12] 이렇게 하기 위해서는 생물학자뿐만 아니라 천체물리학자도 **변화**에 관한, 즉 물질 **그리고** 형태에 관한 아리스토텔레스 이론으로 돌아가야 한다. 가모프(G. Gamow)가 설명한 '빅뱅' 가설에서 창조는 "무형의 것으로부터 유형의 무엇이 만들어짐"[13]을 의미한다. 따라서 **변화**는 천체물리학보다 경제 영역에서 훨씬 더 중요한 핵심임에도, 질적인 변화를 무시하고 그와 관련된 모든 것을 등한시하는 경제학의 일반화된 경향에 대해 강력하게 문제를 제기하는 것이 쓸모없는 일은 아니다.

---

10 예컨대 Frank H. Knight, *The Ethics of Competition*(New York, 1935), p. 21.

11 예컨대 Henri Poincaré, *Mathematics and Science: Last Essays*(New York, 1963), p. 8.

12 Bohm, *Causality and Chance in Modern Physics*, p. 15.

13 G. Gamow, *The Creation of the Universe*(New York, 1952), p. vii.

2. 변화와 변증법적 개념

질적인 변화에 대한 설명이라는 난제는 그것이 계량형태 도식화를 허용하지 않는다는 하나의 뿌리에서 유래한다. 기계론적 철학에 길들여진 사람에게 "운동이 있는 어디서나, 생명이 있는 어디서나, 현실 세계에서 무엇인가를 실행하는 어디서나, 변증법은 작동한다"[14]는 헤겔 철학의 중심 사상은 받아들이기 어려울 것이다. 하지만 **변화**는 모든 변증법적 개념의 원천이라는 사실은 여전히 유효하다. 정치 · 경제 조직들은 끊임없이 진화하기 때문에, 예컨대 '민주주의', '봉건제도', '독점적 경쟁' 등은 변증법적 개념이다. '살아 있는 유기체'도 마찬가지이다. 생물학적 일생은 무생물을 살아 있는 물질로 만드는 교묘하고 지속적인 변환으로 이루어져 있다. '욕구'를 변증법적 개념으로 만드는 것은 욕구 충족 수단이 시간과 장소에 따라 변화하기 때문이다. 만약 인간의 욕구가 숫자와 같이 경직되었더라면 인류는 오래전에 멸종하였을 것이다. 마지막으로, 모든 '종(種)'은 "창조 행위라는 미지의 요소를 포함하기" 때문에 변증법적이다.[15]

플라톤이 그의 계량형태 이데아의 세계에서 모든 **질적 변화**를 배제할 수밖에 없었던 이유는 명백하다. 플라톤은 이 세계에서 운동 또한 제거할지 말지를 논의하지 않았다. 그러나 그가 이 세계를 **정지한** 것으로 인식할 의도가 없었다는 것은—그럴 필요가 없었기 때문에—거의 분명하다. 그는 **변화**에는 질적인 변화와 기계적 운동이 있다고 인정하였지만, 계량형태 구조는 기계적 운동과는 양립할 수 있고 질적인 변화와는 양립할 수 없다는 것을 은연중에 인식하였다.[16] 결과적으로 플라톤은 앞선 세대처럼 제논의 역설(Zeno's

---

14 G. W. F. Hegel, *The Logic of Hegel*, tr. W. Wallace(2nd edn., London, 1904), p. 148. p.147에서 헤겔은 "변증법 원리는 과학적 발전의 생명과 영혼을 이룬다"고 하였다.

15 Charles Darwin, *The Origin of Species*(6th edn., London, 1898), p.30.

paradoxes)로 혼란스러웠지만 이들을 해결할 수는 없었다.

제논은 일련의 역설을 통해 파르메니데스(Parmenides)의 **하나**에 관한 이론[17]에 대립하는 것으로서 피타고라스(Pythagoras)의 **다수**에 관한 이론[18]의 결함들을 드러내고자 하였다. 특히 화살의 역설[19]에는 기계적 운동조차 **공간**과 **시간**의 매우 작은 알갱이(즉 계량형태) 구조와 양립할 수 없음을 보이려는 의도가 있다. 제논을 재해석해보면, 화살이 임의의 시점에 **불연속인 특정** 장소에 있다면, 어떻게 화살은 그런 또 다른 장소로 이동할 수 있는가? 어떤 이들은 기계적 운동을 시간 변수와 공간 좌표 사이의 관계로 정의하면 이 역설이 해결된다고 주장한다.[20] 이 '수학적' 해법이 물리학에서 타당하다는 데 의심의 여지가 없다. 하지만 이 역설은 한 측면에서는 이 해법이 제시하는 것보다 더 간단하지만, 또 다른 측면에서는 더 복잡하다.

더 간단하다는 것은 제논이 한 일이 고작 '한 장소에 존재하는 것'과 '한 장소를 통해 이동하는 것'의, 즉 '정지'와 '운동'의 질적인 차이를 무시한 것이기 때문이다. 제논이 의식적으로 범한 실수는, 즉 간단한 수학 공식으로 역설을 해결하였다고 착각하는 사람들이 무의식적으로 범하는 실수는 우리가 한 시점에만 국한하면 '정지'와 '운동'을 구별하지 못한다는 사실을 무시한 것이었

16 Plato, *Parmenides*, 139.

17 여러 가지 사물, 그 형태 변화와 운동은 단 하나의 영원한 실재의 현상이라는, 모든 것은 하나라는 이론—옮긴이.

18 피타고라스학파는 존재의 본성이 하나가 아니라 수학적 제한을 받는 다수로 이루어져 있다고 생각하였다— 옮긴이.

19 운동이 일어나려면 물체는 그 위치를 바꾸어야 한다. 어떤 순간에 화살이 움직이려면, 현재 위치로 움직이거나 현재 있지 않은 위치로 움직여야 한다. 그렇지만 주어진 시점(時點)이기 때문에 화살은 현재 있지 않은 위치로 움직일 수 없으며, 이미 현재 위치에 있기 때문에 현재 위치에서 움직일 수 없다. 다시 말하면 순간은, 즉 시점은 시간이 멈춘 상태이기 때문에 어떤 시점에서도 운동은 일어나지 않는다—옮긴이.

20 예컨대 Bertrand Russell, *The Principles of Mathematics*(Cambridge, Eng., 1903), chap. 54.

다. 완전한 순간의 자동차 사진은 자동차가 서 있는지 움직이는지 전혀 보여줄 수 없다. 어떤 상태였는지 알기 위해서는 아무리 짧더라도 일정 시간 동안 자동차를 관찰해야 한다. 지속시간이 없다면 '정지'조차 의미가 없다. 아리스토텔레스가 제논의 역설에 대해 논박하였듯이, 운동과 정지 모두 "시간을 차지해야 한다".[21] 미시물리학에서의 입자와 파동 사이의 대립에 관한 드브로이의 집요한 집착은 물리학자들 중에서도 독특한데, 그에 따르면 그 역설에는 현대물리학을 통해서만 드러나는 미묘함이 있다. "한 점에 존재하는 것은 운동하거나 진화할 수 없다. 움직이거나 진화하는 것은 어떤 점에도 존재할 수 없다."[22][이는 초끈 이론의 태동을 보여주는 듯하다—옮긴이]

이 역설을 통해 **공간**과 **시간**이 **연속인 전체**가 아니라 단지 **다수의 나눠지지 않는 점들**이라는 아이디어를 둘러싼 당혹스러움이 드러난다는 점에서 이 역설은 수학적인 해법이 우리에게 제시하는 생각보다 훨씬 미묘하다. 많은 수학자들이 반복적으로 지적해온 것처럼, 이 쟁점들은 데데킨트(R. Dedekind), 바이어슈트라스(K. Weierstrass), 칸토어(G. Cantor)가 산술적 연속체와 연관하여 뛰어난 업적을 이룩했음에도 아직 완전히 해결되지 않았다.[23] 물론 이 유명 수학자들이 주로 추구했던 것은 직관적 연속체의 수학적 공식화였다. 특히 데데킨트는 직선 연속체의 직관적 측면에 대하여 끊임없이 의견을 제시했다.[24] 그러나 아직도 간혹 들을 수 있는 "[산술적 연속체의 연속성을 제외한] 다른 어떤 연속성도 공간과 시간에 수반되지 않는다"[25]는 러셀의 주장에는

---

21 Aristotle, *Physics*, 234^b 8~9.

22 Louis de Broglie, *Physics and Microphysics*(London, 1955), p. 126.

23 예컨대 Hermann Weyl, *Das Kontinuum*(연속)(Leipzig, 1918), p. 16; Henri Poincaré, *The Foundations of Science*(Lancaster, Pa., 1946), p. 51 f.

24 R. Dedekind, *Essays on the Theory of Numbers*(Chicago, 1924), pp. 6~12. 실제로 바이어슈트라스 이전까지 무리수에는 피타고라스학파에서 유래한 기하학적 표현밖에 없었다. G. Cantor, *Contributions to the Founding of the Theory of Transfinite Numbers*(New York, n.d.), p. 17.

아무런 근거가 없다. 사실, 실수(實數)와 직선 위의 점 사이에 1:1 대응 관계가 존재한다는 명제는 공리이거나 직선의 수학적 정의일 뿐이다.[26]

앞에 인용한 러셀의 주장 이후 이루어진 수학의 발전 결과, 점은 선의 극한이지 선의 부분이 아니라는 아리스토텔레스의 견해[27]에 근거가 없지 않다고 증명되었다.

우선, 현대 측도[measure: 길이, 넓이, 부피 등의 개념을 집합으로 확장한 개념으로, 집합의 크기에 상응한다—옮긴이] 이론은 최소한 이 견해가 사이비가 아니라는 것을 뒤늦게 인정하였다. 모든 실수에는 인접한 다음 수가 있다는, 즉 산술적 연속체에는 정렬 관계가 있다는 체르멜로(E. Zermelo)의 유명한 정리[정렬정리(Well-ordering theorem)—옮긴이]를 통해 더 많은 것을 알 수 있다. 이 인접한 수를 명명할 수는 없지만, 그 존재의 증명은 앞에 언급한 내용과, 즉 수는 완전히 독립적인 개체성을 갖는다는 내용과 관계가 있다.[28] 산술적 연속체의 성질이 무엇이든, 그 구조는 실제 줄은 없지만 줄에 꿰어진 구슬의

---

25 Russell, *Principles of Mathematics*, p. 260.

26 G. D. Birkhoff, "A Set of Postulates for Plane Geometry, Based on Scale and Protractor," *Annals of Mathematics*, *33*(1932) 329와 Cantor, *Contributions*, p. 30.

27 Aristotle, *Physics*, 231^a 25~29.

28 현대논리학자들은 약간 특별한 습관을 갖게 되었다. 그들은 모순이 나타날 때마다 모순에 도달하는 단계 중 하나를 무력화하는 새로운 규칙들을 만든다. 분명히 그 절차는 이성의 할복자살이다(H. Weyl, *Philosophy of Mathematics and Natural Science*, Princeton, 1949, p. 50; Henri Poincaré, *Foundations*, pp. 472 ff, 특히 p. 485의 날카로운 비평을 보라). 어떤 경우에나 이는 모순을 해결하지 않으며, 그저 보류할 뿐이다. 체르멜로 정리와 관련된 제안은 집합의 원소를 실제로 명명하지 않고 선택하는 것을 금지하는 것이다. Bertrand Russell, *Introduction to Mathematical Philosophy*(New York, 1930), p. 126에 나오는 상당히 교훈적인 비유를 사용하면, 한 켤레 신발에서 왼쪽 신발을 고르는 것은 적법하지만 똑같은 양말 한 쌍에서 하나를 고르는 것은 위법한 일일 수 있다. 훨씬 더 기묘한 일이 일어나는 수학과 같은 영역에서 후자의 선택이 부적절한 이유를 나는 알 수 없다. 공집합을 그 자체에 대응시킬 때처럼, 존재하지 않는 사람들끼리 결혼하는 것은 아주 기묘한 착상이 아닌가?

구조이다.

산술적 연속체의 각 원소가 정확하게 구슬과 같다고, 즉 "다른 것과 완전히 구별되는 개별적이며, 절대 분할할 수 없는 것"[29]과 같다고 고집할 필요는 전혀 없다. 이 점은 이제 수학적으로 진부하다. 이를 기초로, 베르그송은 "물질의 불가입성(不可入性)[서로 다른 두 물체가 같은 시점(時點)에 같은 공간을 차지하지 못한다는 성질—옮긴이]을 가정하는 것은 단순히 수 개념과 공간 개념의 결속을 인정하며, 물질보다 수의 성질을 명확히 한다는 의미"라는 통찰력 있는 평을 하였으며, 최소한 물리학자 한 사람은 진심으로 베르그송의 생각에 찬성하였다.[30] '줄(string)'과 연관된 은유는 보통 목걸이의 구슬처럼 산술적 연속체의 구슬이 서로 인접하여 묶여졌다는 아이디어를 전달하려는 것인데, 이는 좀 더 상세한 설명을 필요로 할 것 같다. 이 설명에는 전문 학술 용어가 불가피하기 때문에 부록 A에 기술하였다.

3. 직관적 연속체와 산술적 연속체

과학의 신개념을 명명하는 데 생활용어를 차용해서는 안 된다는 충고에는 진정한 지혜가 담겨 있다. 단어를 오랫동안 사용하면, 단어와 그 단어에 오랫동안 함축된 의미 사이에 착 달라붙는 성질이 생긴다. 이 함축된 의미 중 일부는 새로운 개념과 전혀 맞지 않는데도 그 개념의 정신적 이미지 안으로 미끄러져 들어와 새로운 개념과 기존 개념 사이의 차이를 가릴 수 있다. 근대 공리주의의 설계자인 벤담(J. Bentham)은 말년에, 자신이 새로운 정치과학을 위해

29 Henri Poincaré, *Mathematics and Science: Last Essays*(New York, 1963), p.30.

30 Henri Bergson, *Essais sur les données immédiates de la conscience*(의식의 직접적 여건에 관한 시론)(Geneva, 1945), p.77; Louis de Broglie, *Physique et microphysique*(물리학과 미시물리학)(Paris, 1947), p.208(영어판에서 베르그송에 관한 장은 알아볼 수 없게 달라졌기 때문에 드브로이의 프랑스어판 원전을 인용한다).

생각하였던 특별한 개념에 대해 "**공리**(公利, utility)는 적절치 않게 선택한 단어"라고 후회하였다.[31] 이 잘못된 선택 때문에 경제 이론에서는 아직도 큰 대가를 치르고 있다. 이와 유사하게, 분리된 불연속인 개별 요소들의 집합체를 가리키는 데 '연속체'라는 단어를 사용한 것이 다른 종류의 연속성은 없다는 흔한 주장의 원인이 되었다는 데 의심의 여지가 없다. 산술적 연속체가 수학의 공인 용어가 되기 전에는, 연속체 개념은 **시간·공간·자연** 자체의 직관적 성질을, 즉 **이음매 없는** 전체의 직관적 성질을 표현하는 것이었다.

"하나의 세계에 있는 사물은 도끼로 나뉘거나 잘라지지 않는다"는 격언은 고대 아낙사고라스(Anaxagoras)로 거슬러 올라간다.[32] 산술적 연속체와 반대로, 우주의 연속체에는 구멍은 물론, 플라톤이 생각했던 것 같은, 훌륭한 조각가가 여러 조각으로 분리할 수 있는 이음매조차도 없다.[33] 무엇보다도 수(數)는 이 전체에 인간이 재단하여 넣은 인위적 틈새이다. 물론 어떤 전체에나 원하는 만큼 많은 틈새를 넣을 수 있다. 그러나 산술적 실증주의에 내재하는 반대 주장에는, 즉 전체는 틈새만으로 재구성될 수 있다는 주장에는 설득력이 전혀 없다.

아무도 직관적 연속체에 대한 공식적인 정의를 내리지 못했다는 논리적 절대주의의 낯익은 반론은 사실에 기초하고 있지만, 그렇다고 이 사실이 이 개념의 타당성에 대한 반증이 되는 것은 아니다. 직관적 연속체는 정의할 수는 없어도 논할 수는 있는 특별한 범주의 개념에 속한다. 프레게(G. Frege)는 논리학에 전력하였지만(그는 산수를 논리로 환원하기 위한 가장 빛나는 시도를 하였다) "논리적으로 간단한 [기본적인] 것에 대해서도 정의가 가능하지 않다. 이를 위해서는 암시를 주어, 읽는 사람이나 듣는 사람이 의도하는 대로 단어를 이

31 Jeremy Bentham, *The Works of Jeremy Bentham*, ed. J. Bowring(11 vols., Edinburg, 1838~1843), 10, 582.

32 Burnet, *Early Greek Philosophy*, p. 259 Fragment 8 Anaxagoras.

33 Plato, *Phaedrus*, 265.

해하도록 하는 것 이외에 다른 방법이 없다"고 논리적 절대주의자들에게 주의를 주었다.[34] 이 범주는 모든 변증법적 개념의 원산지로, 사실 모든 변증법적 개념들이 직관적 연속체에서 생겨났다. **변화** 자체가 이 연속체 없이는 상상도 할 수 없는 일이다.

과학에 변증법을 가장한 엉터리 이론이 유입될 수 있다고 걱정할 수도 있다. 실제로 많은 엉터리 이론이 이런 방식으로 유입되었다. 그러나 또 다른 많은 엉터리들은 휘황찬란한 논리의 옷을 입고 과학에 도입되었다. 좋든 싫든, 엉터리 이론을 빠르게 알아볼 수 있는 현자의 돌은 우리에게 없다. 직관적 연속체와 관련하여, 기존의 어떤 개념적인 형태의 도움도 받지 않고 순전히 상상의 나래를 펼쳐 산술적 연속체를 만들었다고 주장하는 것은 어리석음(아니면 지적 오만)의 극치일 것이다. 만일 이것이 사실이라 한다면, 창세기 이래 가장 위대한 기적이라고 해야 할 것이다. 근원도 없이 무에서 창조되었음에도 기하학적 공간과 물질과학의 시간에 그렇게도 잘 들어맞는 개념이 나왔다는 것은 기적이 아닌가? 그런 기적이 없다는 것이 역사적으로 입증되었기 때문에 우리는 이 수수께끼에 대한 관심을 두지 않게 되었다. 산술적 연속체는 직관적 연속체의 내용 중 가능한 한 많은 부분이 수학적으로 해석 가능하도록 하기 위해 직관적 연속체를 설명하는 방법을 찾아 힘들게 씨름하여 얻은 산물이다. "산술적 연속체 이론들이 발전하던 시기에 존재하였던 유일한 연속체 개념은 직관으로 주어진 것과 같은 연속체 개념이었다"고 저명한 수학자는 단언한다.[35] 산술적 연속체가 현재 우리에게 알려진 것과 같은 형태로 만들어진 후에도 직관적 연속체를 묘사하는 문제는 수학자의 마음을 떠나지 않았다. 산술적 연속체 외부에 남아 있던 직관적 연속체의 몇몇 특성을 확

---

34 *Translations from the Philosophical Writings of Gottlob Frege*, eds. P. Geach and M. Black(Oxford, 1960), p.43.

35 E. W. Hobson, *The Theory of Functions of a Real Variable and the Theory of Fourier's Series*(2 vols., New York, 1957), I, 53.

장된 산술적 연속체 안으로 끌어들이려는 흥미로운 시도들이 뒤따랐다.[36] 따라서 산술적 연속체라는 개념을 유도해내는 목적을 달성한 이후에는 직관적 연속체 개념이 엉터리가 되었다는 주장은 타당하지 않다. 직관적 연속체와, 예컨대 모든 연속 함수는 미분 값을 갖는다는 오랜 믿음 사이에는 어떤 유사성도 없다. 이 믿음에는 서로 다른 두 개 수학적 구조의 부당한 동일시라는 논리학의 오류가 수반되었다. 다른 한편으로, 직관적 연속체 쟁점은 인식론적인 문제이기 때문에 이를 해결하기 위한 어떤 검사법도 생각해낼 수 없다.

그렇지만 직관적 연속체를 공식적으로 정의하지 못하는 것은 별개로 구분되는 수의 본질적 성질과 어떤 틈새도 남기지 않는 변증법적으로 중복된 요소들로 이루어진 직관적 연속체의 고유한 성질 사이의 대립이 만들어낸 논리적 결과라고 말할 수 있다. 아마도 이 특별한 구조를 표현하는 가장 적절한 방법은 푸앵카레의 제안, 즉 직관적 연속체에서 $A = B$, $B = C$는 $C > A$와 완벽하게 양립한다는 것이다.[37] 그는 이 제안으로 A는 B와, B는 C와 구별할 수 없더라도 C는 A와 구별할 수도 있다는 특성을, 즉 A와 그 대립물을 구분하는 나의 변증법적 반(半)그림자 개념에 상응하는 특성을 제시하였다. 그렇지만 수의 산술적 의미를 이러한 관계를 표시하는 부호에 귀착시키고, 그 의미를 논리학의 규칙에 따른 분석에 맡겨버리는 치명적인 실수를 범하지 않도록 해야 한다. 보렐은 바로 이런 실수를 통해 푸앵카레의 생각이 터무니없다는 결론에 도달하였다.[38] 미래에 산술적 연속체에 대한 현재의 개념을 확장하기

36 이 책의 부록 A를 보라.

37 Poincaré, *Foundations of Science*, p. 46.

38 Émile Borel, *Probability and Certainty*(New York, 1963), pp. 106~109. 보렐의 주장은 $A = B$, $B = C$, $A < C$로부터 필연적으로 $A < B < C$가 나온다는 것이다. 만약 $C < B$ 혹은 $B < A$이면, 각각 $A < B$ 혹은 $B < C$이기 때문이다. 따라서 이 전제들 중 하나는 모순된다. 이상하게도 보렐은 그의 잘못이 이중인 것을 깨닫지 못하였다. 쉽게 알 수 있는 대로 그의 주장은 논리학의 규칙을 따라도 옳지 않다. 형식 면에서 대비가 되는 예는 『AE』에 재수록된 저자의 논문, "Pure Theory of Consumer's Behavior"

위한 어떤 새로운 아이디어가 나오더라도, 수로 만들어진 실재와 우리의 직관 사이에 현존하는 충돌을 해결하지 못할 것 같다. 계량형태 입장에서 푸앵카레의 아이디어를 이해할 방법은 전혀 없다. 비슷하게, 우리는 직관적으로 몇 가지 산술적 분석 결과에 반발한다. 칸토어의 삼진집합(ternary set)[39]은 아주 좋은 예이다. 이 집합은 0과 1 사이의 부분집합으로, 그 측도[여기서는 삼진집합에서 길이—옮긴이]는 0이지만 그 크기는 [0, 1] 간격과 같다(같은 수의 점들이 있다).[40] 따라서 이상하게도, 자(ruler)의 재질과 구조에 전혀 영향을 주지 않으면서 자에서 수많은 실질적인 점들을 제거하는 것이 가능한 듯하다.[41]

그렇지만 우리의 직관과 수로 만들어진 구조물 사이의 이 충돌에서 우리의 직관만이 오류를 일으킨다는 결론은 최고로 불합리한 추론이다. 예컨대 미시물리학이 겪고 있는 어려움 중 하나는 현재의 이론들이 기본입자들을 3차원 산술적 연속체에 존재하는 단순한 점들로 가정한다는 사실에서 유래한다.[42] 현재 우리는 자연이 쪼갤 수 없는 알갱이로 이루어져 있다는 개념을 가지고 있지만, 바로 이 개념 때문에 사물들을 "서로 분리할 수 있다"는 아이디어가 거부된다. 닐스 보어가 주장하듯이, 대상과 물리학자의 도구는 분리할 수 없는 전체를 이룬다. 최소한 하나의 알갱이가 대상과 도구를 겹치게 한다. 도구와 관찰자에는 최소한 하나의 양자(알갱이)가 있어야 하기 때문에, 실제로 대상과 도구와 관찰자는 분리할 수 없는 전체를 이룬다.

(1936, pp. 158 f)에 나오는 선택에서의 기준점 분석에서 볼 수 있다.

39 폐구간 [0, 1]을 3등분하여 중앙 1/3을 제거하고, 남은 두 부분을 각기 3등분하고 중앙 1/3을 제거하는 시행을 무한히 반복하였을 때 남은 전체의 집합—옮긴이.

40 집합의 크기(size)를 나타내는 단어는 cardinality인데, 이 책에서는 power라는 표현을 쓰고 있다—옮긴이.

41 Émile Borel, *Les paradoxes de l'infini*(무한의 역설)(2nd edn., Paris, 1946), pp. 189~191.

42 David Bohm, *Causality and Chance in Modern Physics*, pp. 121~123. 당연히 어려움은 이론적 작업에서 무한한 에너지가 나타난다는 것이다.

4. 시점(時點)과 지속시간

바로 앞에 논의한 이슈와 관련하여, 다름 아닌 『수학 원리(Principia Mathematica)』의 공동 저자인 화이트헤드[이 책의 또 다른 저자는 러셀이다—옮긴이]가 우주의 연속체와 산술적 분석의 연속체 사이의 본질적인 차이 위에 자신의 철학적 체계를 세웠다는 사실을 누구도 가볍게 무시해서는 안 된다. 그가 논점을 **시간**에 맞춘 것은 당연하다. **시간**은 바로 직관적 연속체의 기원이다. 그러나 화이트헤드의 철학적 입장의 핵심이 완전히 새로운 것은 아니다. 그에 앞서, 아마도 더 집요하게, 베르그송은 많은 철학적 문제에 관한, 특히 의식과 진화의 문제에 관한 답이 **시간**의 특이한 성질에 있음을 주장하였다.

또 다시, 아리스토텔레스가 시간이 직선 위의 점들처럼 연이은 찰나의 점들로 구성되어 있지 않다고 주장한 최초의 사람이었다.[43] 이 메시지는 그 후 여러 세기 동안 다양한 반향을 일으켰다. 현대에 들어 베르그송이나 화이트헤드 같은 철학자뿐만 아니라 뛰어난 물리학자들도 우리의 경험 속 '현재'는 수학의 분리된 점이 아니라며,[44] 이를 되살렸다. 그렇지만 베르그송과 화이트헤드는 더 나아가, 물리학이 직관적 연속체에 대해 관심을 전혀 드러내지 않고도 눈부시게 성공을 거두어왔지만 연속과 분리의 차이가 과학에서 왜 중요한지를 설명하였다. 화이트헤드가 인정하듯이,[45] 두 사람 모두 자연의 궁극적인 실제는 **변화**라고 주장한다. '우연한 일', '사건', '과정' 같은 단어들을 대신 사용하든 말든, 어쨌거나 **변화**를 가져오거나 이해하는 데는 시간이 요구된다. 한 시점의 자연 혹은 한 시점의 변화 상태는 접근하기 매우 어려운 추상 개념이다. 우선 "한 시점에서의 속도란 무엇인가?"라는 질문에 대한 답은

---

43 Aristotle, *Physics*, 231^b 6~10, 234^a 23.

44 P. W. Bridgman, *The Intelligent Individual and Society*(New York, 1938), p.107.

45 Alfred North Whitehead, *The Concept of Nature*(Cambridge, Eng., 1930), p.54.

없다. '한 시점의 쇠붙이'조차 사건의 시간 특성 없이는 이해할 수 없다. "시점을 원초적인 단순한 사실로 개념화하는 것은 말도 안 된다."[46] 자연의 궁극적인 실제는 시간의 점이라는 추상적인 개념에 다다르면 완전히 사라져버린다. 시점은 계량형태 구조를 가지며, 따라서 '또 다른 시점이 있는지 여부'와는 무관하다.[47]

자연의 궁극적인 실제, 베르그송의 생성 혹은 화이트헤드의 사건에는 시간의 범위를 가진 지속시간을 포함한다.[48] 그러나 "순간적인 지속시간은 우리가 인식할 만큼 뚜렷하지 않다". 이는 오히려 기억해낸 과거와 예견되는 미래 사이의 '너울거리는 너비'이다. 이렇게 자연을 이해하는 매질(媒質)인 시간은 "일련의 [산술적] 연속성이라는 수학적인 성질을 가진 지속시간이 없는 시점들의 단순한 1차원 배열"[49]이 아니라, 지속시간의 독특한 배열 방식이다. 지

---

46 Alfred North Whitehead, *Modes of Thought*(New York, 1938), pp.199, 207(저자의 강조); *An Enquiry Concerning the Principles of Natural Knowledge*(2nd edn., Cambridge, Eng., 1925), p. 23. 똑같은 아이디어들이 화이트헤드의 초기 저작에서 더 분명하게 서술되어 있지만, 이들은 화이트헤드의 모든 철학 저술에서 중심으로 나타난다. Whitehead, Enquiry, pp.1~8과 "Time, Space, and Material," *Problems of Science and Philosophy*, Aristotelian Society, Supp. vol.II, 1919를 보라. 또한 Erwin Schrödinger, *Science, Theory and Man*(New York, Dover Publications, 1957), p.62를 보라.
베르그송의 접근에 관해서는 Henri Bergson, *Time and Free Will*(3rd edn., London, 1913)와 *Creative Evolution*을 보라.

47 Whitehead, *Modes of Thought*(New York, 1938), pp.199 f; Whitehead, "Time, Space, and Material," p.45.

48 Bergson, *Time and Free Will*(3rd edn., London, 1913), p.98 ff; Bergson, *Creative Evolution*, pp.1~7; Whitehead, *Concept of Nature*, pp.45 f; Whitehead, *Enquiry*, chap. ix.

49 Whitehead, *The Concept of Nature*(Cambridge, Eng., 1930), p.69 등; Whitehead, "Time, Space, and Material," p.44; Bergson, *Creative Evolution*, pp.21 f; 또한 P. W. Bridgman, *The Nature of Physical Theory*(Princeton, 1936), p.31도 참조.

속시간에는 최소 범위도, 최대 범위도 없다. 게다가 지속시간은 외관상 서로 뒤따르지 않지만, 사건들 자체가 '서로 스며들기' 때문에 각각의 지속시간은 서로의 일부가 된다. 한 사건이 다른 사건들로부터 완전히 분리될 수 없는 것처럼 어떤 지속시간도 앞뒤의 것과 불연속으로 구별되지 않는다. "분리된 사건은 사건이 아니다."[50] 지속시간들은 서로 중복되며, 사건들은 아주 복잡하게 다른 사건들과 중복되는데, 화이트헤드는 이 복잡함을 확장적 추상이라는 개념과 추상적 집합이라는 개념으로 비교적 성공적으로 분석하였다.[51] 그렇지만 그가 '애매한' 단어들로 말한 모든 내용에 비추어볼 때, 그가 인식한 '지속시간'과 '사건' 모두 우리가 말하는 변증법적인 반그림자에 둘러싸인 개념임에 틀림없다.[52] 덜 예리하지만 베르그송의 저술에서도 똑같은 결론이 나온다. "주어진 것은, 즉 실재하는 것은 분할된 범위 [시간 구간]과 순수한 비-범위[시점] 사이 중간의 어떤 것이다."[53]

---

50 Whitehead, *Concept of Nature*, p. 142.

51 Whitehead, *Enquiry*, Part III. 내 의견으로는, 화이트헤드의 앞의 책, pp. 103, 105의 도표 분석에 명확히 나와 있듯이 확장, 교차 등 그의 작업이 종국에는 불연속인 개별 작업을 의미하기 때문에 그의 분석은 오히려 직유에 해당한다. 화이트헤드의 입장을 따라 C. D. Broad, *Examination of McTaggart's Philosophy*(2 vols., Cambridge, Eng., 1933~1938), vol. 2, part I, 284에서는 그럴듯한 현재들(즉, 지속시간들)은 인접해 있지 않다고 올바르게 지적하고 있다. 이들은 중복되어야 한다. 그렇지 않으면 현재성은 '반복되는 갑작스런 도약'을 할 것이다. 그러나 바로 화이트헤드처럼, 맥타가트는 계량형태 '도약'이 없는 그래프로 중복을 설명할 수 없었다(앞의 책, pp. 285~288).

52 화이트헤드의 다음 저술들을 보라. "Time, Space, and Material," p. 51; Enquiry, p. 4 등; *The Concept of Nature*, pp. 55, 59, 72 f, 75; *Process and Reality: An Essay in Cosmology*(New York, 1929), p. 491; *Science and the Modern World*(New York, 1939), pp. 151, 183 ff.

53 Henri Bergson, *Matter and Memory*(London, 1913), p. 326 등. 이 시간의 변증법적 특징은 F. H. Bradley, *Appearance and Reality*(2nd edn., Oxford, 1930), p. 52에도 잘 나와 있다. "시간은… [불연속인 개별] 조각들로 만들어져야만 하는데, 아직은 만

아주 간단히 말하면, 화이트헤드와 베르그송의 입장은 **시간**이 변증법적 연속으로 지속하며 겹쳐지는 사건들로 채워져 있다는 것이다. 무엇보다도 **시간**은 아무리 조밀하더라도 숫자로 표시될 수 있는 지속시간이 없는 시점들의 배열이 아니다. 그럼에도 이 간결한 체계가 심지어 일부 철학자들에게까지 커다란 매력인 이유는, **시간**과 연관하여 지속시간보다는 시점을 생각하는 경향 때문이다. 실험실의 물리학자든 일상생활로 바쁜 보통사람이든 우리는 주로 일치에, 즉 시계 바늘과 시계 판 위 한 점의 일치에 신경을 쓴다. "3시 30분인데 그 사람은 아직 안 왔다" 혹은 "전화벨이 울릴 때 떠나려던 참이었다"는 표현은 **시간**을 인식하는 우리의 전형적인 방식이다. 우리는 **시간**의 흐름에 의식적인 관심을 거의 두지 않으며, 관심을 두는 경우에도 대개 시점의 일치를 언급한다.

운동을 관찰할 때에도 일치에, 즉 물체가 어떤 장소를 통해 움직이는 추이에 관심을 둔다. 베르그송이 평한 것처럼, 움직이는 물체가 "한 장소에 정지해 있는 듯" 상상한다. "정지해 있지 않은 경우에도 [우리에게] 최소한 그것을 생각할 시간이 있어야 하기 때문에, [우리는] 이동을 무한히 짧은 순간의 정지로 생각하는 경향이 있다."[54] 이런 식으로 우리는 제논이 그의 역설을 통해 경고한 환상을, 즉 운동은 정지의 (물론 촘촘한) 배열로 이루어져 있다는 환상을 갖게 된다. **시간**은 단지 지속시간이 없는 시점들의 촘촘한 배열이라는, 이와 동일한 명제 역시 전혀 옳지 않다는 것을 드러내기 위해 말을 덧붙일 필요는 없다.

철학자라면 운동론이 산술적 시간으로 작동할 수 있다는 명백한 사실에 의해 베르그송-화이트헤드의 입장이 반박되었다고 생각해선 안 된다.[55] 사실,

---

들 수 없다."

54 Henri Bergson, *Matter and Memory*(London, 1913), p. 247.

55 A. Grünbaum, "Are 'Infinity Machines' Paradoxical?" *Science*, January 26, 1968, p. 398에서 또 다른 경솔함을 볼 수 있다. 그뤈바움은 단 하나의 뒷받침하는 문헌도 인

대개의 경우 물질과학이 필요로 하는 것은 일치, 즉 시계 읽기뿐이다. 또한 물리학자는 $s = vt$는 $\Delta s = v\Delta t$를 간단히 쓴 것이라고 주장할 수도 있다. 그러나 고전물리학에서도 이 설명이 항상 성립하지는 않는다. 표면 장력 현상이 그 예이다[표면장력은 표면 넓이의 변화량에 따라 달라진다—옮긴이].[56] 미시물리학의 권위자로서 드브로이는 지속시간이 없는 시간과 운동 없는 이동에 대한 베르그송의 비판에 문제가 있다면, "그것은 극도로 신중했다는 것"뿐이라고 주장한다.[57] 드브로이는 하이젠베르크(Heisenberg)의 불확정성 원리를 예로 든다. 이에 따르면 관찰 오차는, 즉 입자의 위치 오차 Δx와 운동량 오차 Δp는 부등식 $\Delta x \times \Delta p \geq h$($h$는 플랑크 상수)를 만족한다. "측정이나 관찰을 통해 입자가 공간의 어떤 지점에 위치하는지를 확정하려 하면, 위치만을 알 뿐이지 그 운동에 관해서는 아무것도 알 수 없다."[58] 실제로 현대물리학을 고전물리학으로부터 구분하는 것은 한 시점에 차원이 없는 한 점의 공간에서 일어나는 사건 개념에 거스르는 이론 전개이다. 앞에서 나는 소립자를 점으로 환원함으로써 야기되는 문제점에 관하여 언급하였다. 크기의 극한(길이 10^{-15}m, 시간 10^{-15}초)[59]을 넘어서는 양자 현상들은 너무도 갈피를 잡을 수 없

용하지 않고, 지속시간들이 변증법적 연속이 아닌 '불연속인 배열 방식으로' 서로 이어진다는 아이디어가 화이트헤드의 의견이라고 추정한다.

56 Whitehead, *Enquiry*, pp. 2 f.

57 Louis de Broglie, *Physique et microphysique*(물리학과 미시물리학), pp. 201 f.

58 앞의 책, p. 201. 저자의 번역. 또한 Louis de Broglie, *New Perspectives in Physics* (New York, 1962), p. 9. (이 책의 초판에서 나는 예로부터 사용된 "불확실성의 원리(Principle of Uncertainty)" 대신 "불확정성의 원리(Principle of Indeterminacy)"라고 표현하였는데, 이는 오래된 병에 새로운 라벨을 붙이고 싶은, 내가 가진 학자의 개념과는 거리가 먼 관습 때문이 아니라, 이 표현이 하이젠베르크 법칙의 의미를 일반인들에게 더 잘 전달할 것이라고 믿었기 때문이다. 나중에, 몇몇 물리학자들도 이 용어가 더 적절하다고 생각하는 것을 알게 되었다. David Bohm, *Causality and Chance in Modern Physics*, p. 85n 참조.)

59 현대물리학에서 이론적으로 인식 가능한 가장 짧은 길이는 10^{-35}m, 이 길이를 빛이

어서, 사물과 사건을 차원이 없는 극한으로 확장하려 할 때 공간과 시간 개념 자체가 사라진다는 사실[60]도 마찬가지로 교훈적이다.

변화와 계량형태 구조 사이의 대립에 관한 화이트헤드의 입장은 본질적으로 헤겔의 입장과 똑같다. 아마도 다음은 물질에 대한 헤겔의 생각을 가장 명확하게 밝힌 내용일 것이다. "수(數)는 모든 운동 및 연관된 과정이 사라져버린, 전적으로 피동적이고, 활성이 없으며, 무미건조한 특성이다."[61] 이 의견은 일반적으로 헤겔학파의 반계몽주의이며 반과학주의라고 비판받아왔다. 하지만 내가 이미 암시한 것처럼, 헤겔은 과학에서 자연의 궁극적인 사실들이 "지속시간이 없는 시점에 발견되어야 한다"고 주장한다면, 어떤 과학도 "관찰에 기반을 두고 있다고 할 수 없다"고 주장한 화이트헤드와 같은 이야기를 한 것이다.[62] 단지 화이트헤드는 헤겔 시대보다 훨씬 많은 수학과 과학 분야 지식의 덕을 보았을 뿐이었다.

5. 기호논리학적 해법

아이디어의 작동 가능성을 주장하는 사람에게 증명의 책임이 있지만, **변화**를 계량형태 개념으로 완벽하게 설명할 수 있다고 주장하는 사람들 중 어느 누구도 모든 경우에 이것이 어떻게 가능한지 보이지 못한 것 같다(설사 물리학이 이 점에서 완벽한 모형이라 하더라도, 단순히 물리학을 가리키는 것은 분명 불충분할 것이다). 내가 아는 유일한 예외가 하나 있는데, 이는 그래서 더욱 교훈적이다. 러셀은 젊은 시절 저작에서 '동일한 존재에 관한' 명제들의 집합의 진리치

지나가는 데 걸리는 10^{-44}초가 극한인데, 각각 플랑크 길이, 플랑크 시간이라고 부른다 — 옮긴이.

60 Bohm, 앞의 책 pp. 105, 155 참조.

61 G. W. F. Hegel, *The Phenomenology of Mind* (2nd edn., New York, 1931), p. 317.

62 Whitehead, *Enquiry*, p. 2, *Concept of Nature*, p. 57.

와 시간 변수 사이의 관계로 모든 질적인 변화를 표현할 수 있다고 주장하였다.[63] 이 주장은 몇 가지 의문을 제기한다.[64]

우선 이런 복잡한 변화 구조에서 '동일한 것'이 무엇인지 물어야 하지만, 이 질문은 잠시 미루는 것이 편할 듯하다. E를 '동일한 존재'라고 해보자. 연속 변화 중 가장 단순한 경우를 생각해보면, 러셀이 의미하는 바는 다음과 같다. ① 시간 변수 t의 모든 값에 대하여, 참인 명제 "$E = A(t)$"가 하나 있으며, ② 이 명제는 다른 시간 변수 값에서 거짓이다. 명백히 모든 "$E = A(t)$" 명제의 집합, 따라서 $\{A(t)\}$는 연속체의 크기를 갖는다. 이제 두 가지 대안이 있다.

첫째, $\{A(t)\}$는 **계량화된** 질(質)의 범위를 나타낸다. 이 경우 $A(t)$는 하나의 숫자이며, 러셀의 답은 기계적 운동의 수학적 표현, 그 이상도 그 이하도 아니다. 그렇지만 그 작동 가능성은 측정 가능한 질(質)의 영역에 제한된다.

두 번째 대안이 정말 중요한데, $t_1 \neq t_2$일 때 $A(t_1)$과 $A(t_2)$가 서로 다른 순수한 질(質)을, 예컨대 '봉건주의'와 '자본주의'를 나타내는 경우이다. 이 경우 러셀의 해법은 완전히 형식적이다 못해 공허하다. 종이 위에 시간 t에서 $E = A(t)$라고 쉽게 쓸 수 있지만, $A(t)$가 완전히 순수한 질이라면, 이는 그것이 t에서 E의 특성이라는 사실과 무관하게 정의되어야 한다. 명백히, 1963년 1월 1일 미국 경제 시스템을 '1963년 1월 1일의 미국 경제'라고 하는 것은 전형적인 공허한 이야기이다. 우리에게 필요한 것은 $A(t)$를 대신할 수 있는 명제, 예컨대 '정부 감시하의 자유 기업' 같은 것이다. $A(t)$가 순수한 질이라면, 즉 이를 숫자로 표시할 수 없으면, 러셀의 제안에 따라 연속 변화를 표현하는 것은 매우 기본적인 어려움에 부딪친다. 모든 어휘는 기호의 유한 집합이다. 혹여

63 Russell, *Principles of Mathematics*, p.469. 저자의 강조.

64 러셀의 아이디어에 대한 유명한 비판은 J. M. E. McTaggart, *Nature of Existence*(2 vol., Cambridge, Eng., 1927), II, ch.33에 나와 있는데, 시간은 그 자체로 실재가 아니라는 데 근거한다(이 책 5장 5절 참조). 여기에 나오는 나의 반론은 다른 방향을 취한다.

어휘의 구조가 셀 수 있는 무한 구조라고 봐줄 수 있다고 하더라도 연속체에는 분명히 못 미친다. 따라서 러셀의 주장은 기호논리학자가 '형이상학적'이라고 제쳐놓을 종류의 어떤 질문도 하기 전에 무너진다.

6. 동일성이란 무엇인가?

앞에서 내가 사용한 간단한 실례로 지적할 수 없는 다른 쟁점들이 있다. 가장 중요한 질적 변화의 경우는 임의의 t 값에 대하여 E와 관련된 두 개 이상의 참 명제가 있는 경우이다. 가장 간단한 예를 들자면, 러셀의 해법은 $t \neq t'$일 때, t에서는 참이고 t'에서는 거짓인 한 쌍의 명제 '$E = A$', '$E = B$'와, t'에서 참이고 t에서는 거짓인 또 다른 한 쌍의 명제 '$E = C$', '$E = D$'가 존재한다는 것만을 말해준다. 아무것도 이 쌍들이 정렬되어 있는지[어떤 의미에 따라 순서를 정할 수 있는지—옮긴이] 여부를 말해주지 않는다. 그러나 이들이 정렬되어 있다는 조건이 없으면, 이 표현은 질적 변화는커녕 양적 변화를 설명하는 데도 적절하지 않다. 관찰자가 각 쌍 (A, B), (C, D)의 변수들이 나타내는 것, 예컨대 어느 것이 기체 압력이고 어느 것이 온도인지를 확인할 수 없다면, 물리 법칙은 어떻게 될까? 선택의 공리[Axiom of Choice: 이 장 2절에 언급한 체르멜로의 정렬 정리와 동등한 공리—옮긴이]가 논리적으로 완벽하다고 치더라도, 이 공리를 사용하여 각 쌍에 순서를 정해서 될 일은 아니다. 따라서 러셀의 해법이 작동하려면 모든 쌍, 예컨대 (A, B)의 변수 중 하나는 집합 $\{P_1(t)\}$에 속하고, 다른 변수는 다른 집합 $\{P_2(t)\}$에 속한다는 조건이 처음부터 있어야 한다. 이 추가 정보는 관찰자가 서로 다른 때 관찰한 두 성질이 동일한 질(質)의 범위에 속하는지 여부를 미리 알아야 한다는 것을 분명히 의미한다. 따라서 러셀의 해법이 작동하려면 E와의 관계뿐만 아니라 각 성질에 대해서도 **동일성**(sameness) 개념이 필요하다. 특성의 **동일성**을 설정하려면 '**동일한** 질'이 무엇인지 알 필요가 있다. 따라서 러셀의 형식 논리 전개는 직관이 정립하는 바를 제거하지 못한다. 반대로, 좀 더 자세히 살펴보면 그 전개를 통해 없애려 한 것 없이는 그 전개가 이루어질 수 없다는 것을 알 수 있다.[65]

'동일성'으로 야기된 혼란스러운 이슈들을 브리지먼의 다음 논평보다 적절하게 설명한 것은 없다. 물리학에서 상대성의 발견으로 인해, 서로 다른 방향으로 이동하는 두 관찰자가 제3의 곳에서 발생하는 신호를 서로 다른 사실로 기록할 수 있을 것이다. 예컨대 한 관찰자는 '노란색 섬광'을 보았지만 다른 관찰자는 단지 '손가락에 온기'를 느낄 수 있다[한 사람은 가시광선으로, 다른 사람은 적외선으로 관찰한다는 의미 — 옮긴이]. 절대 시간의 기준이 없어 동시성을 확정할 수 없는데, 어떻게 동일한 사건을 기록했다고 확신할 수 있겠는가?[66] 브리지먼의 요점은 상대성 물리학에서조차 어떤 절대적 의미에서의 동일성을 확립하는 방법을 보여주지 못한 채 그냥 가정하고 있다는 것이다. 결론은 개별적이든 여러 사람의 사고방식을 포용하고 있는 것이든, 동일성은 정신의 내부 문제임을 단연코 인식해야만 한다는 것이다. 자연 현상을 단지 신호 기록으로 환원할 수 있으며, 따라서 정신이 관찰 과정에서 아무런 직접적인 역할을 하지 않는다고 믿는 것은 너무 지나친 듯하다. 오히려 정신은 모든 물리적 장치와 마찬가지로 필수적인 관찰 도구이다. 이 점은 사회과학에서 특히

---

65 순수한 논리만을 무기 삼아 직관의 모든 창조물을 없애기 충분하다고 믿는 오류는 드물지 않다. 이런 오류의 예는 저자의 논문, "The End of the Probability Syllogism?", *Philosophical Studies*, February, 1954, pp. 31 f에 논의되어 있다. 또 다른 예는 '엄격하게 논리적인 이유들'에 대한 역사 법칙들의 반박이다(Karl R. Popper, *The Poverty of Historicism*, Boston, 1957, pp. ix~xi). 포퍼의 주장의 맨 처음 전제는, 즉 "인간 지식의 성장은 인간 역사의 진로에 큰 영향을 준다"는 평범한 역사 법칙이다. 즉, 명제들의 집합이 공집합이라는 결론은 바로 똑같은 집합에 속하는 명제로부터 유도된다! 하지만 새로운 각주(*The Logic of Scientific Discovery*, New York, 1959, p. 279n2)에서 포퍼는 더 부드러운, 다소 관용적인 입장을 취하고 있음을 볼 수 있다.

66 Bridgman, *Nature of Physical Theory*, p. 77과 특히 *Reflections of a Physicist*(2nd edn., New York, 1955), p. 318 ff.

중요한데, 뒤에 다시 논의할 것이다.

'동일성'이라는 철학적 문제는 그것이 오래된 만큼이나 논쟁적이라고밖에 말할 수 없다. 얼마나 논쟁적인지는 이에 관한 화이트헤드의 사고에서 알 수 있다. 그에 따르면 인간은 같은 사물들과 각기 다른 사건들로 자연을 인식하며, 사물은 사건의 요소이다. "자연에서 사물은 사라지지 않는 요소이다." 사물은 '시간을 벗어나' 존재하기 때문에 "'다시 존재'할 수 있다." 따라서 "여보, 클레오파트라의 바늘[67]이 저기 또 있군요"라고 말할 수 있다. 반면에 한번 지나간 사건은 "지나간 것이고, 다시 오지 않는다". 기껏해야 한 사건이 다른 사건과 유사하다고 인식한다.[68] 이 이원론적 관점은 논쟁 해결과는 거리가 멀다는 느낌과, '유사한 사건들은' 두 사물이 동일하다고 인식되는 것과 똑같은 관계에 있다는 느낌을 떨쳐버릴 수 없다. 게다가 클레오파트라의 바늘 같은 사물이 실제 시간을 벗어나 있어서 수천 년 후에도 "저기 또 있군요"라고 말할 수 있을 것인지는 꽤나 당황스러운 질문이다. 그리고 수백만 년 후를 생각한다면 우주 자체가 '시간을 벗어나' 존재하는지도 의심스러울 것이다. 게다가 우리가 자연을 설명할 때에는 유사한 사건만큼이나 같은 사물에 관심을 갖는다. 즉, 화이트헤드의 체계를 따라 말하자면, 과학에서는 "또 다른 '영국의 왕'이 또 저기 있다"고 말할 수 있는지와 "또 다른 '대관식'이 또 열린다"고 말할 수 있는지를 똑같이 중요하게 여긴다. 실제로 과학에서는 사물을 배제할 수는 있어도 사건을 배제할 수는 없다. 예컨대 전자(電子)를 "구별할 수 없다. 즉, 전자에는 '동일성'이 없다".[69] 따라서 "똑같은 전자가 또 있다"고 말할 수

67 고대 이집트에 있었던 세 개 오벨리스크의 별칭으로, 지금은 런던, 뉴욕, 파리에 있는 것들을 가리킨다 —옮긴이.

68 Whitehead, *Concept of Nature*, pp. 35, 77 f, 143 ff, 169 ff; Whitehead, *Enquiry*, pp. 61 ff, 167 f.

69 Schrödinger, *Science, Theory and Man*(New York, Dover Publications, 1957), p. 194; P. W. Bridgman, *The Intelligent Individual and Society*(New York, 1938),

없으며, 단지 "또 다른 전자 사건이 또 일어난다"고만 말할 수 있다.

그러면 사물(즉 **존재**)과 사건(즉 **생성**)을 구별해야 하는 이유는 무엇인가? 결국 우리는 옛날부터 알고 있던 것을, 즉 이원론에는 뜻하지 않은 장애들이 가득 차 있음을 확인한다. 유일한 해결책은 사물과 사건의 구별이 불연속이 아니라 변증법적임을 인식하는 것이며, 이것이 화이트헤드의 메시지이기도 하다.[70] 그렇지만 이 점을 더 논의하면, 헤겔의 순수 변증법에 지나치게 빠져드는 게 될 것이다.

7. 얼마나 많은 질(質)이 있는가?

질(質)의 수가 유한하다면, 세상에서 인간이 보는 질은 과학에 아무런 문제를 일으키지 않을 것이다. 근래까지 물리학은 질적으로 서로 다른 입자들의 수가 유한하게, 실제로 매우 적어 보였기 때문에 이 문제를 무시할 수 있었다. 그러나 최근 결과들은 새로운 입자의 수에 제한이 없는 듯 보여, 이제 일부 물리학자들은 "그런 뚜렷한 질의 수에 제한이 없다는 가정의 결과[물리학이 어디로 가게 될지]를 생각할 수밖에 없다"고 인정한다.[71] 하지만 자연의 질적인 무한성은 꽤나 어려운 문제를 제기한다(혹은 되살아나게 한다). 변화에 대한 러셀의 형식화를 처음 논의할 때(5절), 나는 단어가 순수한 질만큼 많지 않기 때문에 어려움이 닥친다는 것을 보였다. 그러나 이 어려움은 질을 표시하는 데

---

pp. 32 f; Louis de Broglie, *Continu et discontinu en physique moderne*(현대물리학에서 연속과 불연속)(Paris, 1941), p. 75.

70 Whitehead, *Concept of Nature*, pp. 166 f.

71 David Bohm, *Causality and Chance in Modern Physics*, pp. 134, pp. 123, 133~136 [기본 입자라고 부르는 것들은 질량과 에너지의 동등성으로 인해 서로 다른 상태에 있는 것들을 의미하기도 한다. 따라서 입자 가속기의 에너지가 커질수록 새로운 입자들을, 즉 상태들을 계속 발견하게 될 것이다 — 옮긴이].

단어 대신 숫자를 사용하여 해결할 수 있는 것처럼 보였다. 이런 연속인 목록의 예는 이미 있다. 가시광선 스펙트럼의 색들은 해당 색의 파장으로 구별할 수 있다. 덧붙일 필요도 없지만, 이런 목록 작성이 관련 질의 범위를 측정할 수 있다는 의미는 물론 아니다. 하지만 최근까지, 최소한 경제학에서는 여러 가지 이유로 인식하지 못하였지만, 목록 작성 가능성은 측정 가능성의 전제 조건이다. 명백하게, 간단한 구성에서도 생각할 수 있는 모든 질의 집합의 크기가 산술적 연속체의 크기를 넘어서서는 안 될 이유는 없다. 반대로, 내가 개인의 기대와 선호에 관하여 논의한 것처럼,[72] 실수(實數)가 질의 집합을 목록으로 만드는 데 항상 충분하지 않다는 견해에는 타당한 이유들이 있다. 달리 말하면, 우리 생각의 다양성은 분리할 수 없는 연속성에서뿐만 아니라 그 차원에서 산술적 연속체와는 다르다.[73] 수학자들이 말하는 것처럼 실수 체계의 연속성은 단지 단순한 무한을 만들어낼 뿐이다.

질을 나타내는 데 두 개 이상의 실수를, 즉 벡터를 사용하자는 자연스런 제안 역시 질을 숫자로 환원하지 못할 것이다. 집합 이론에서 알 수 있듯이 아무리 많은 좌표를 더하더라도 벡터의 집합은 그 효과 면에서 단순한 무한대를 넘어설 수 없다. 이 수학적 명제와 잘 알려진 생물학적 분류의 어려움 사이에는 밀접한 연관이 있다.

각 종(種)에 대한 두 단어로 구성된 이름을, 즉 첫 번째 단어는 속(屬)을, 두 번째 단어는 그 속에 속하는 종으로 된 이름을 처음 생각한 사람은 린네였다. 현재 모든 박물학자들은 분류학적 용어가 2차원이지만 불변의 계량형태가 아닌 변증법적 반그림자 형태들을 다룬다는 데 동의한다. 린네의 이원 체계를 아직도 사용한다는 사실은 생물학적 종의 다양성이 본질적으로 단순한 선

72 『AE』에 재수록된 저자의 논문, "Choice, Expectations and Measurability"(1954)를 보라.

73 이 두 측면이 결국 하나가 되지 않으리라고는 전혀 생각하지 않는다.

형 무한대보다 훨씬 복잡하다는 것을 분명하게 보여준다. 따라서 생물학적 분류 문제는 분리된 개별 항목이 아닌 연속인 항목으로 색깔을 설명하는 것과 동등하지 않으며, 수로 표시된 벡터로 종을 명명하더라도 박물학자의 어려움은 해결되지 않을 것이다.

들라주(L. Delage)의 주장처럼, 모든 박물학자들은 차례차례로 "무엇을 하더라도 강, 목, 과 등으로 생물을 분류함으로써 생물의 모든 유사성을 설명할 수는 없을 것"[74]임을 직관적으로 인식해왔다. 많은 사람들이, 그 이유는 살아있는 유기체 영역에서는 단지 형태(모양)만 중요한데, 모양은 분류하기 어려운 유동적인 개념이기 때문이라고 주장해왔다.[75] 몇몇 사람들은 형태를 숫자로 구별할 수 없다고 단순하게 주장한다.[76] 수학 교육을 받기도 했던 후설(E. Husserl) 역시 이를 당연하게 생각하여 다음과 같이 평하였다. "톱니 모양, 들쭉날쭉한 모양, 렌즈 모양, 방사형 모양 등등 언어로는 가장 평이하고도 적절하게 표현할 수 있는 것들을 기하학으로 정확하게 표현할 수는 없다. 이런 언어들은 **결코 우연적으로가 아니라 본질적으로 부정확하며**, 따라서 비수학적인 단순한 개념들이다."[77] 또한 기수(基數) 이론의 간단한 명제가 이 모든 직관적인 주장의 요점을 지지한다. 이는 산술적 연속체의 명제를 실수 변수로 된 모든 함수들의 집합으로, 즉 형태들의 집합으로 나타낸 다음 더 높은 단계의 기수 수학을 통해 만들어낼 수 있는 명제이다. 따라서 분명히 **형태들에 번호를 매길 수는 없다**.

74 들라주의 말을 영어로 옮긴 것을 제외하고, G. G. Simpson, "The Principles of Classification and a Classification of Mammals," *Bulletin of the American Museum of Natural History, 85*(1945) 19에서 인용.

75 예컨대 Theodosius Dobzhansky, *Evolution, Genetics, and Man*(New York, 1955), chap. 10, 특히 p. 183의 생생한 그림을 보라.

76 예컨대 P. B. Medawar, *The Uniqueness of the Individual*(New York, 1958), p. 117 ff.

77 Edmund Husserl, *Ideas: General Introduction to Pure Phenomenology*(New York, 1931), p. 208. 후설(Husserl)의 강조.

8. 질(質)의 연속성

대다수 질적인 구조들의 특이한 성질은 그들의 순서와 연관된 유사한 어려움으로 이어진다. 내가 직접 경험한 예로 이 어려움을 잘 설명할 수 있다. 30년 전 효용에 관한 여러 저작들의 밑바탕에 깔린 다양한 생각을 밝히고 그들을 명확한 '가정'으로 표시하는 일을 할 때, 한 가지 이슈를 우선 해결할 논리적인 필요를 절실히 느꼈다. 나의 초기 논문들에 나오는 **가정** A가 이에 관한 것이다.[78] 이는 선호도 집합 $\{C_\alpha\}$와, $\{C_\alpha\}$에 속하지 않는 C가 있을 때 C와 무차별 관계인 C_i가 존재한다는 가정이다. 여기서 α는 실수이며, $\{C_\alpha\}$는 선호에 따라 정렬되어, $\alpha > \beta$일 때 C_α를 C_β보다 선호한다. 당시 이 가정은 곤혹스러웠다. 직관적으로 인간이 하는 선택의 정확도를 완벽한 기계와 비교할 수 없다고 느꼈지만, 이 가정을 부정할 수 있는지 논의하던 동료들은 물론 나 스스로 확신할 수 있는 **형식적인** 예를 만들 수 없었다. 기껏 할 수 있는 일은 선택에 확률 요소를 도입하는 것이었는데, 이는 상당히 새로운 착상이었다고 생각했다. 그러나 이것 역시 **가정** A에 대한 나와 동료들의 의구심을 해소하지는 못했다.

돌이켜보면 동료들의 반론과 반론에 응하지 못한 나의 수학적 지식의 부족에 기인한 무능력은 상당히 교훈적이며 또한 적절하였다. 일반적으로 나에 대한 비판자들은 **가정** A가 완전히 불필요하다고 느꼈다. 몇몇은 실질적으로 무차별 단계를 지나치지 않고 비선호에서 선호로 옮겨갈 수 없다고 주장하였다.[79] 또 몇몇은 $\{C_\alpha\}$가 연속이기 때문에, 거기에는 다른 항목들에 대한, 아니 단 하나의 항목에 대한 여지도 없다고 주장하였다. 내가 논의의 토대로 내놓

78 『AE』에 재수록된 저자의 논문, "The Pure Theory of Consumer's Behavior"(1936)과 "Choice, Expectations and Measurability"(1954)를 보라.

79 수학자들도 이런 반론을 제기하는 경향이 있다는 것을 최근 알게 되었다.

은 예는 논쟁에 참여한 사람들에게 너무도 궁색한 것이었다. 항상 더 많은 포도주를 선호하지만 적포도주를 약간 더 선호하여, 같은 양의 포도주가 있을 때 적포도주를 선택하는 가상의 와인 애호가를 예로 들었던 것이다. 적포도주와 백포도주의 양을 각각 y_r와 z_w로 표시하였지만, $x_r > x_w$라고 썼을 때, "x는 x다"라는 반론이 제기되었다[x는 같지만 적포도주를 선호하기 때문에 $x_r > x_w$로 표시하였다—옮긴이]. 오늘날 이 예와 욕구의 위계질서에 관한 오래된 관념 사이의 연관은 분명해 보이지만, 훨씬 후 제프리스(Harold Jeffreys)의 명제 중 하나에 대해 제기된 반론을 우연히 알게 될 때까지 이를 명확히 이해하지 못했다. 당시 나는 사전식 배열을 처음 배워서 문제를 해결할 수 있었다.[80] 하지만 와인 애호가의 예와 연관되어 느꼈던 최초의 어려움은 지금 말하려는 논점과 관계가 있다.

집합 $\{y_r\}$ 혹은 $\{z_w\}$을 각각 따로 고려하면, 이들은 자동적으로 수학적 의미에서 연속이다. 예컨대 $\{x_r\}$를 적포도주만 있는 경우의 선호도 연속체의 계량형태 표현으로 여겨도 된다. 하지만 적포도주와 백포도주가 모두 있으면, 와인 애호가의 선호도의 계량형태 표현은 갑자기 불연속이 된다. (**아래 첨자**에 대해) 해당 사전적 순서에서 x_r와 x_w 사이에는 아무런 요소가 없다. 즉, x_r는 x_w 바로 다음에 배열된다[선호도가 높아지는 순서로 배열할 때 x_r는 x_w 바로 다음에 놓인다—옮긴이]. 반면에, 선호 대상의 질적인 변화 때문에 선호도 자체가 불연속이 되어야 하는 이유는 전혀 없다. 계량형태 비유가 불연속이기 때문에 선호도가 그렇다는 주장은 대상의 사진에 2차원밖에 없다면서 대상의 3차원을 부정하는 것과 같다. 요점은 질적인 연속체의 계량형태 비유가 그 연속체를 표현하는 데 선택된 수단의 특성으로 인한 가짜 이음매를 보여준다는

80 『AE』에 재수록된 저자의 논문, "Choice, Expectations and Measurability"(1954). 아마도 이 개인적인 이력은 모든 수학 분야에 상당히 익숙해지는 것이 경제학자에게 얼마나 중요한지 보여준다.

것이다. 이렇게 질의 범위가 복잡하게 형식화될수록 이런 인위적인 이음매는 점점 많아진다. 왜냐하면 수학적 다중성을 통해 충분히 나타낼 수 없다는 의미에서 질의 다양성은 연속이기 때문이다.

9. 계량형태에 대한 비판

모든 발명과 마찬가지로 계량형태 개념에도 좋은 점과 나쁜 점이 있다. 이는 물질 영역에서 지식의 진보를 가속하였다. 또한 인간의 사고에서, 특히 수학적 사고에서 수많은 오류를 찾아내는 데 도움을 주었다. 궁극적으로는 논리학과 수학 덕분에 자연의 경이로움을 해석할 때 애니미즘의 미신으로부터 대체로 자유로워질 수 있었다. 다른 한편으로, 계량형태 개념은 생명, 영혼과 전혀 관계가 없기 때문에 이를 지식의 유일하고 완전한 표현으로 여기게 되었다. 결과적으로 지난 200년 동안 전지전능한 계량형태 개념의 숭배라는, 옛날 애니미즘만큼이나 위험한 미신을 숭상하는 데 전력을 기울여왔다. 오늘날이 현대적 미신을 너무 강하게 비난하는 사람은 현대 학계에서 조용하게 추방될 위험에 처할 수도 있다. "어떤 것에서든 숫자를 전혀 찾지 않는 사람은 유명인 자리에 끼지 못할 것"이라는[81] 플라톤이 남긴 금언에 적응하는 것이 20세기의 경향이 되었다. 잠깐 동안이라도 계량형태라는 미신을 버리려는 사람들은 이로 인한 몇 가지 좋지 않은 결과를 경험하게 되었다. 따라서 오늘날 측정 가능한 특성에 관한 **변화**가 아니면 거의 연구하려 하지 않는다. 만약 다윈이 100년 뒤에 태어났더라면, 진화는 아직도 오리무중이었을 것이 거의 확실하다. 똑같은 이야기가 마르크스에, 최소한 그의 사회 분석에 적용된다. 20세기의 마르크스는 그의 창조적 능력을 사용하여 아마도 역사상 가장 위대한 계량경제학자가 되었을지도 모른다.

---

81 Plato, *Philebus*, 17.

계량형태라는 미신에 대한 비난이 드물기는 하지만, 고전적 헤겔학파와 현대 헤겔학파뿐만 아니라 최근에는 최고 수준의 과학자들과 심지어는 간혹 논리실증주의 해석학자에게서도 나타난다. 노벨상 수상자 중에는 최소한 브리지먼, 슈뢰딩거, 하이젠베르크가 불완전한 것은 자연현상에 대한 우리의 지식이 아니라 계량형태 개념(간접적으로 논리학과 수학)이라고 주의를 준다.[82] 이 점에서 두드러지게 눈에 띄는 비트겐슈타인(Ludwig Wittgenstein)은 "[엄격하게 해석한] 언어를 통한 이해력의 마법"을 인정한다.[83] 논리적인 용어와 기호의 계량형태적 경직성은 정신적인 경련을 주는 것으로 끝맺는다. "논리의 죽은 뼈대" 그리고 "**이해**에 의해 모든 것이 환원되어버린 경직성을 해체하기 위한… 이성의 투쟁"에 관하여 논하는 헤겔의 말을 듣는 듯하다.[84] 그러나 헤겔에게도 선배들이 있었다. 오래전에 파스칼은 "추론은 **삼단논법**으로 구성되지 않는다"고 지적하였다.[85] 그렇지만 시대의 분위기란 좋아하는 것만 선전하고 소수의 자기비판에 구애받지 않고 퍼져나가는 아주 견고한 현상이다. 어찌 보면 이는 그저 자연스럽다. 강에 사금이 풍부하게 있는데 누가 금광의 갱도에 넣을 나무를 자르는 시간 낭비를 하겠는가?

계량형태 개념의 자만에 대한 모든 반론은 "칸트학파가 '직관'이라 부른 뭉뚱그려진 편견 덩어리"[86]에 뿌리를 두고 있으며, 따라서 이 편견 없이는 존재

82 Bridgman, *Logic of Modern Physics*, p. 62, *Nature of Physical Theory*, p. 113; Erwin Schrödinger, *What is Life?*(Cambridge, Eng., 1944), p. 1; Werner Heisenberg, *Physics and Philosophy: The Revolution in Modern Physics*(New York, 1958), pp. 85 ff.

83 L. Wittgenstein, *Philosophical Investigations*(New York, 1953), I, 109. 저자의 번역.

84 *The Logic of Hegel*, p. 67.

85 Blaise Pascal, "De L'esprit géométrique et de l'art de persuader(기하학적 정신과 설득의 기술에 관하여)," in *Oeuvres complétes*(전작), ed. J. Chevalier(Paris, 1954), p. 602.

86 Russell, *Principles of Mathematics*, p. 260.

하지 않았을 것이 틀림없다. 하지만 이런 뭉뚱그려진 직관 없이는, 러셀같이 직관을 무시하고 허황된 철학적 비약을 정당화하는 사람들조차 무엇을 이해하거나 생각할 수가 없으며, 심지어 칸트학파의 편견에 대해 반론조차 할 수 없을 것이다. 모든 실증주의의 비극은, 철저한 논의를 하기 위해서는 자체 교리에 따르면 단지 이름뿐인 무엇인가에 크게 의존해야 한다는 것이다. 적절한 좋은 예로, '어떤 가능한 감각-경험'으로 간결한 명제의 진위를 결정할 수 없다면 "그 명제는 형이상학적이며 … 옳고 그름을 떠나 말 그대로 무의미함"을 증명하려는 널리 알려진 책을 들 수 있다.[87] 그 책의 서문 첫 쪽에 있는 이 내용을 읽은 후에 갖게 될 수밖에 없는 의문이 이것이다. 저자의 주장대로 이 내용이 옳다면, 책의 나머지 부분이 도대체 어떻게 이를 뒷받침하는지 말이다. 분명히 나머지 부분의 주장은 당연히 검은 글자, 아니 흰 바탕 위의 점들이라는 시각적 인식 외에는 감각-경험과 아무런 관계가 없다.

흔히 이런저런 특정한 변증법적 개념에 대한 통렬한 비난이 제기되지만, 이런 비판도 똑같은 잘못을 범하고 있다. 예컨대 뮬러(Cornelius Muller)는 공동체 개념의 폐기를 주장한다. 그 이유는 "한 부류 공동체들의 여러 사례들이 똑같지 않기 때문에, 또한 인접한 두 부류 공동체는 서로 구별되지 않기 때문에… 이 단어에는 아무 의미가 없다"[88]는 것이다. 그러나 이 주장은 전제의 의미를 그 자체의 결론으로 부정하기 때문에 분명히 자멸적이다. 우리는 아직도 고대 소피스트의 전설적인 크레타 거짓말쟁이[89]로부터 모든 것을 배우지는 못한 듯하다.

만약 이 쟁점들이 과학의 미래에 아무런 영향이 없다고 생각한다면, 앞에

---

87 A. J. Ayer, *Language, Truth and Logic*(2nd edn., New York, 1946), p.31.

88 Cornelius H. Muller, "Science and Philosophy of the Community Concept," *American Scientist*, *46*(1958) 307 f.

89 에피메니데스(Epimenides)의 이율배반. 모든 크레타 사람들은 거짓말쟁이라고 말한 에피메니데스는 크레타 사람이다—옮긴이.

언급한 것과 같은 관점을 가진 사람들 혹은 나 역시 변증법적 개념의 쟁점들을 논의하는 수고를 하지 않을 것이다. 따라서 탄소 동위원소들을 구별하는 것과 똑같은 방법으로 '실재'를 구별할 수 없다면, 그 의미가 무엇이든 어떤 '실재'도 없다고 주장하는 뮬러가 "공동체의 참된 성격과 일치하는… 기계론적 이론이 있는가?"[90]라는 질문으로 '공동체' 개념에 대한 공격을 시작하는 것은 놀랍지 않다. 그가 의도하는 바는 분명하다. 사회과학과 생물학은 역학의 보편성을, 즉 물리학에서조차 오래전에 폐기한 퇴행적인 입장을 고수해야 한다는 것이다.

우리 모두에게 불행히도, 생명 현상의 모든 측면이 계량형태 개념처럼 투명하지 않기 때문에, 생명현상은 그렇게 간단하지 않다. 변증법적 개념이 없다면 생명과학은 작동할 수 없을 것이다. 앞에서 논의한 것처럼, 실재에 관한 뮬러의 기준에 맞추려면, 예컨대 '민주주의'나 '경쟁'을 정의할 방법이 전혀 없다. 더 정확하게 표현하기 위해 기껏 생물학에서처럼, '미국식 민주주의', '영국식 민주주의', '독점적 경쟁', '실행가능한 경쟁' 등으로 각 속(屬) 내에서 종(種)을 구별할 수밖에 없다. 이를테면, 생존을 위한 투쟁이라는 외관상 간단하고 익숙한 개념에도 '서로 넘나드는' 의미의 많은 그림자가 있으며,[91] 따라서 이 역시 변증법적이다. 마지막으로 예를 들면, 진화의 유일한 증거는 계통발생학적 분류에서 나타나는 종의 변증법적 관계이다. 만약 어느 날 종(혹은 이에 상응하는 어떤 것)의 계량형태 개념을 만드는 데 성공한다면, 바로 그날 생물학은 종은 불변이며 절대명령에 의해서 창조되었다는 라마르크 이전의 관점으로 돌아가야 할 것이다. 자기동일성 종, 자기동일성 공동체, 자기동일성을 지닌 어떤 것도 생물학적 혹은 사회적 진화를 설명할 수 없다. "자기동일성에는 생명이 없다."[92] 더 명시적으로 말하자면, 어떤 변화 과정도 계량형

90 앞의 인용 298.

91 Darwin, *Origin of Species*, p. 46.

태로, 즉 자체에 변화가 없는 부분들로 완전히 분해될 수 없다.[93] 그리고 진짜 정의(正義)가 성문법의 엄격한 해석일 수 없는 것은 사회와 그 조직이 끊임없이 변하기 때문이다. 브리지먼이 올바르게 지적하였듯이, '의무'의 변증법적 특성을 무시하고, 마치 '의무'에 '수학적 개념의 명료성과 고유성'이 있는 것처럼 사용하면, 괴롭고 불필요한 갈등만 나타난다.[94]

"하나의 숫자에는 거대한 가설 모음집보다 더 참되고 영원한 가치가 있다"는 마이어(Robert Mayer)의 외침은 너무나도 적절하였다. 그는 물리학자로서 물리학자에게 강연했으며, 따라서 "숫자가 실재를 적절하게 표현하는 데 도움이 된다면"이라고 덧붙일 필요가 없었다. 이런 생략 결과 위대한 과학자들의 비슷한 말들이 모든 숫자에 적용되는 것으로 해석되고 말았다. 우리의 사고력이 숫자에 매혹되는 것을 극복하기는 쉽지 않다. 이는 갈릴레오가 천문학자들과 물리학자들에게 준 "과학은 측정"이라는 조언이 본질적인 정의로 변형된 탓이기도 하다. 그런데 이 기분 좋은 일반화의 결과가 항상 좋지는 않았다.

예컨대 막스 플랑크(Max Planck)는 측정값을 지나치게 강조하면, 실재 사물과의 연결을 완전히 잃을 수 있다고 주장하였다. 이를 설명할 수 있는 많은 예 중에서 하나는 특별하다. 유사 이래, 인간의 노화 정도는 그 나이로 측정되었다. 이 때문에 생물학자들은 노화에 대하여 별로 생각하지 않았는데, 최근 생물학자들은 갑자기 '생물학의 미해결 문제 하나'를 발견하였다. 나이는 노화의 평균 척도이지만 노화는 나이를 먹는 것과는 완전히 다른 무엇이다.[95] 더 특이한 예는 '지능'을 저 익숙한 IQ로 측정하는 것인데 우리는 무엇을 측정하는지 정확히 알지 못한다.[96]

---

92 G. W. Hegel, *Hegel's Science of Logic*(2 vols., London, 1951), II, 68.

93 Whitehead, *Modes of Thought*, pp.131 f. *Hegel's Science of Logic*, II, 251 f.

94 Bridgman, *Intelligent Individual and Society*, p.116.

95 Medawar, *The Uniqueness of the Individual*, chap.2.

형태와 질(質)이 거의 없는 현상에 관한 과학에서는 측정이 대개 확장된 지식을 의미한다는 것은 명백하다. 물리학을 자연에 대한 정량적 지식이라고 꽤나 적절하게 정의해왔는데, 여기서는 측정 자체를 목적으로 생각하더라도 큰 해악이 없다. 그러나 다른 분야에서 똑같은 자세는 최소한 그야말로 공허한 이론화가 된다. "숫자를 찾으라"는 조언은 "모든 것에서 숫자를 찾아야 한다"는 의미로 해석하지 않을 때에만 타당하다. 동전 던지기 결과나 10년 후 프랑스 정치 상황을 예측해야 할 때 사람들이 비슷하게 당황한다는 것을 근거로 숫자로 믿음을 나타내서는 안 된다. 이 두 사건은 동일한 현상의 예가 아니다. 모든 불확실한 상황에 대한 하나의 척도는 비록 그것이 숫자라 하더라도, 실재를 의도적으로 형해화한 결과뿐이기 때문에 과학적 가치가 전혀 없다. 우리는 거의 매일 사람들이 '계산된 위험'에 관하여 말하는 것을 듣지만 아무도 우리가 그 계산을 검토할 수 있도록 어떻게 계산되었는지 알려주지 않는다. 문자 그대로 받아들이면, '계산된 위험'은 수학적 항들의 단순한 나열에 지나지 않다.[97]

"모든 것에 숫자가 있다"는 생각 때문에 우리는 "'더 많이'와 '더 적게'가 있는 곳에는 수량도 있다"는 결론을 내리게 되었다. 이에 따라 내가 '순서론자의 오류'라고 부르는 것에, 즉 순서가 있는 곳 어디에나 척도가, 최소한 순서의 척도가 있다는 주장에 우리의 사고가 얽매이게 되었다.

---

96 이에 관한 간단명료한 예로, J. P. Guilford, "Intelligence Has Three Facets," *Science*, May 10, 1968, pp.615~618과 다음 절에 나오는 간추린 논평을 보라[IQ는 원래 학습장애가 있는 아이들을 선별하기 위해 개발된 것인데, 지금은 지능을 측정하는 도구로 부적절하게 사용되고 있다 ㅡ옮긴이].

97 입증된 믿음의 측정 가능성에 반하는 나의 주장으로, 『AE』에 재수록된 저자의 논문, "Choice, Expectations and Measurability"(1954)과 특히 "The Nature of Expectation and Uncertainty"(1958)를 보라.

10. 사고(思考)와 '연산(演算)'

애초에, 그리고 오랫동안 애니미즘은 인간의 과학적 믿음이었다. 구름, 강부터 생명체에 이르는 움직이는 모든 것은 인간이 직접 의식하고 있는 것 같은 영혼을 가지고 있기 때문에 움직인다고 생각했다. 점차적으로 물질은 영혼의 범주에서 제외되었다. 우리가 아는 한에서, 수많은 미출판 기록 중 하나에서 애니미즘에 최초로 이의를 제기한 사람은 레오나르도 다빈치였다. 놀랍게도 그는 현재의 기계론적 믿음과 일치하는 수법으로, "새는 수학 법칙에 따라 움직이는 기구이며, 그 모든 움직임으로 이 기구를 재현하는 것은 인간의 능력 범위 내의 일"(『날기 위한 기계』, 연도미상)이라고 주장하였다. 반대를 위한 시간이 무르익었던 듯하다. 그 후 얼마 안 되어 다빈치와는 독립적으로, 스페인의 의사이자 철학자인 고메스 페레이라(『안토니오와 마가리타』, 1554)[98]는 의학 지식을 통해 모든 생명을 품은 구조는 운동만으로 이루어져 있다는 일반적인 가설을 폈다. 인간을 제외하면 모두 영혼이 없는 자동기계라는 것이다.[99] 이 뒤바뀐 이론을 통해 사람들은 많은 자연의 신비를 인정할 필요가 없게 되었기 때문에, 분명히 정신 자체를 궁극적으로 부정하게 될 위험이 있는데도[100] 이 이론은 지금까지 사람들을 사로잡고 있다. 이 이론은 주기적으로

98 안토니오와 마가리타는 페레이라의 부모 이름이다. 이 책의 부제는 '의학, 자연 신학에 유용하고 필요한 연구'이다—옮긴이.

99 J. M. Guardia, "Philosophes Espagnols: Gómez Pereira(스페인 철학자 고메스 페레이라)," *Revue philosophique de la France et de l'Estranger*, *28*(1889) 270~291, 382~407, 607~634.

100 이 부정을 강조하기 위해 G. Ryle, *The Concept of Mind*(London, 1949), p.15 ff에서 **정신**을 '기계의 유령' 혹은 '기차 엔진의 말[馬]'로 표현하였다(실제로 이 은유는 독일 소설가의 것으로 Max Planck, *New Science*, New York, 1959, p.82에 이미 언급되었다). "The Physical Basis of Mind: A Philosophers' Symposium," *The Physical Basis of Mind*, ed. P. Laslett(Oxford, 1952), pp.75~79에 나오는 "'**정신**'과 '**물질**'은

열광적인 유행을 일으키고 있다.

페레이라 이후 100년쯤 지났을 때 데카르트는 "살아 있는 물체는 기계이며… 시계나 다른 자동기계의 운동과 전혀 다르지 않다"고 주장하여 이 이론에 큰 권위를 실었다(『인간으로부터』, 1664). 또 다시 100년쯤 후 라메트리(Julian de la Mettrie)(『인간 기계』, 1748)는 이 이론을 더 발전시켜 많은 복잡한 세부 사항으로 보완하였다. 그다음 세기에 영국적 실용주의에 입각한 배비지(C. Babbage)는 분석엔진이라는 것을 만들어 이 이론을 현실에 적용하려 하였다.[101] 또 다시 100년이 지나, 영국의 논리학자 튜링(A. M. Turing)이 확신에 차 주장하듯이,[102] "모든 순수한 지적 영역에서 인간과 경쟁"할 수 있는 기계를 만드는 데 장애는 앞으로 극복할 수 있는 현재 기술의 일부 불완전성뿐이라는 열렬한 믿음이 유행하게 되었다.

보통 전자공학에서 일어난 현대적인 발명과 기술적인 진보 때문에 이 주장이 타당해졌다고 이야기한다.[103] 사실 이 주장의 타당성에 대한 믿음을 유발

철학과 편견에서 퍼지는 메아리이며, 이들로 일어난 모든 문제의 해결책"이라는 라일의 결론도 흥미롭다. 자극적이지만 예리한 반박으로, A. Koestler, *The Ghost in the Machine*(New York, 1967)을 보라.

101 B. V. Bowden, "A Brief History of Computation," *Faster than Thought: A Symposium on Digital Computing Machines*, ed. B. V. Bowden(London, 1953), pp. 3~31을 보라.

102 A. M. Turing, "Computing Machinery and Intelligence," *Mind, 59*(1950) 460.

103 예컨대 애시비는 W. R. Ashby, "Design for a Brain," *Electronic Engineering, 20*(1948) 379에서 전자공학 이전에 기계는 역학적이었지만, Norbert Wiener, *Cybernetics or Control and Communication in the Animal and the Machine*(2nd edn., New York, 1961)에서도 제안된 아이디어인 되먹임 때문에 오늘날 훨씬 더 많은 의미를 갖는다고 주장한다. 하지만 되먹임이 전자공학에만 있는 것은 아니다. 평형의 안정성을 분석하는 데 고전역학에서 사용하는(후에 경제학에 도입된) 가상적 이동 원리는 분명 되먹임을 의미한다. 형식적으로, 애시비의 항상성(그의 논문, pp. 380 f)과 사발 속에 놓인 많은 공들로 이루어진 계는 똑같다. 둘 다 적당한 한계 내에서 흐트러지면 '평형'으로 되돌아간다[경제학을 비롯한 사회과학에서는 equilibrium을 균형이

하고 키우는 것은 전지전능한 계량형태 개념에 대한 숭배의 확산이다. 실제로 현대 자동기계의 일반적인 청사진인 튜링의 개척자적인 논문은 최초의 전자컴퓨터보다 최소 5년은 앞선다.[104] 튜링 자신도 컴퓨터 성능의 실제 기반은 그 기계론적 청사진이며, 전자공학은 단지 작동속도를 높일 뿐이라고 주장하였다.[105]

이 주장을 검증할 기준 역시 튜링이 처음 만들었다. 전문적인 논리학자에게서 당연히 예상할 수 있듯이, 튜링은 '생각'과 '기계'를 정확하게 정의하지 않는다면 "기계가 생각할 수 있는가?"라는 질문에는 아무 의미가 없다며 시작한다. 따라서 그는 질문을 "상대적으로 명확한 단어들"로 바꾸어, 기계가 인간의 지적 능력을 모방할 수 있는가라고 물었다. 특히 인간일 수도, 기계일 수도 있는 보이지 않는 상대와 활자로 된 메시지를 통해서만 소통하는 사람이 상대가 인간일 때와 기계일 때 언제 더 잘 맞힐까?[106] 이 '테스트'는 아주 합리적이다. 이 테스트에는 "프랑스산 생테밀리옹 포도주 대신 이 캘리포니아 포도주로 드실래요?"처럼 숫자가 없는 질문이 사용되었다. 문제는 이 테스트에서 고려해야 할 모든 차이(물론 '상표'의 차이를 제외하고)를 감안하느냐이다. 두 포도주에 대한 테스트에서 예컨대 색깔 차이를 제외해서는 안 된다.

라고 옮기는데, 자연과학에서는 평형이라고 옮긴다. 이 책에서는 상황에 따라 평형 혹은 균형으로 옮겼다—옮긴이].

104 A. M. Turing, "On Computable Numbers, with an Application to the Entscheidungsproblem(임의의 문제)," *Proceedings of the London Mathematical Society*, Ser. 2, *42*(1936) 230~265와 "A Correction," 같은 책, *43*(1937) 544~546.

105 Turing, "Computing Machinery," p. 439.

106 앞의 글, pp. 433~435. 논리실증주의자는 간혹 자신의 어려움을 인식하지 못하는 듯하다. 튜링은 '사람인 상대' 역시 모호한 용어라는 데 이의를 달지 않는다. 여기에 뉴턴이나 아인슈타인 같은 사람이 포함되는가? 아니라면, 어디에 선을 그어야 하는가? 또한 튜링은 기계에 대해서도 "[목록에 있는] 조건들을 만족하기 위해 정의를 만드는 것이 어렵다"고 인정하게 될 때 생길 분명한 자업자득에 무심해 보인다! 앞 문장의 인용한 말은 변증법적 용어로 형식화한 것임을 유념해야 한다.

무색의 명암으로 환원할 수 없는 무엇을 보았다고 우기는 사람은 명암을 느끼지 못하거나 형이상학적 환각을 겪고 있다고 주장하기 위해 색맹인 척한다고 될 일은 아니니다. 그러나 기계가 생각한다고 주장하는 사람이 하는 일이 바로 이것이다.

사람과 컴퓨터 사이의 모의 대화를 보여주는 튜링의 인위적인 실례는 분명히 믿음을 갖도록 설계되었다. 자연히 이는 아주 인기가 높은 논문이 되었다.

> 질문자: 픽윅 씨가 크리스마스를 떠올리게 했다고 할 수 있겠습니까?
> 답변자: 어떤 의미로는 그렇습니다.
> 질문자: 하지만 크리스마스는 겨울날입니다. 그리고 나는 픽윅 씨가 그 비교를 싫어할 것이라고 생각하지 않습니다.
> 답변자: 그건 좀 말이 안 됩니다. 겨울날이라는 말은 대개 크리스마스처럼 특별한 날보다 보통 겨울날을 가리킵니다.[107]

튜링은 이 실례가 복잡하지 않은 순수한 디지털 컴퓨터의 아직 실현되지 않은 잠재력을 보여준다고 주장하기까지 한다. 그러나 그는 테스트 대화에 대한 명확한 정의는 물론 그 성격에 대한 약간의 소크라테스식 설명도 피하고 있다. 그의 논문은 대화의 내용에 어떤 제한이 있을 수 있다고 믿게 하지는 않는다. 사실, 튜링은 "피카소를 어떻게 생각하십니까?" 같은 질문에 기계가 답하리라 기대해서는 안 된다고 지나가는 말로 언급하는데, 이는 픽윅 씨에 관한 질문과 본질적으로 다르지 않아 보인다. 하지만 "아니요"라는 답을 들을 때까지 '상대가' 3목 놀이, NIM, 체커 등등을 할 수 있는지 상대에게 물을 수 있다는 데는 의심의 여지가 없다. "그 놀이 방법을 지금 배울 의향이 있습니까?"라는 질문은 틀림없이 엄정한 검증이 될 것이다. 인간은 아무 때나 아무것이나 배울 수 있도록 프로그램되어 있다. 이와 대조적으로, 예컨대 체커를 배

107 앞의 글, p. 446.

우도록 프로그램되어 있는 기계는 이미 그 놀이 방법을 알고 있다. 기계가 그 방법을 모른다면, 바로 그 때문에 기계는 그것을 배우도록 프로그램되어 있지 않다. 따라서 기계의 대답은 필연적으로 바로 그 시점에서 멈출 것이다. 또한 나는 상황을 변화시켜 기계에게 질문하라고 하면 (아마도) 똑같은 결과가 나타날 것이라고 생각한다. 왜냐하면 (사람의 경우에도) 간단하지만 아주 흥미로운 질문들을 생각해내는 것은 기억된 데이터를 훑어보고 복잡한 기술적 질문을 만드는 것보다 보통 훨씬 더 어렵기 때문이다.

튜링의 만능기계는, 즉 다른 **모든** 기계가 수행한 **모든** 작업을 할 수 있는 기계는 위의 엄밀한 검증을 통과할 것이라고 생각할 수도 있다. 그런 기계의 청사진에는 무한히 많은 명령을 수행할 능력이 필요하기 때문에, 그런 기계는 이론적으로만 존재한다는 것이 골칫거리이다.[108]

결국, '컴퓨터 수행 = 인간의 사고'에 대한 모든 증명에는 끝없는 언어의 속임수가 포함되어 있음을 알 수 있다. '연산하기'는 컴퓨터들이 하는 (혹은 이론상 하는) 유일한 일로, 원초적인 컴퓨터인 인간의 뇌가 실제로 하는 일이 아니다.[109] 튜링의 경우에서 보았듯이 일반적인 정당화는, '지능' 또는 '생각하기'가 보통 받아들이기 모호한 개념이라는 것이다. 따라서 위 관계는 그 의도에서 동어반복이 되어버린다. 흥미롭게도 이는 마지막에 그 오래되고 모호한 의미와 함께 다시 나타나는데, 이번에는 가장 대담하게도 Q.E.D.[수학에서

108 무한용량 컴퓨터에 대한 이론적 관심은 사라지지 않을 것이다. 앞의 글, pp. 438 f.

109 이 주제에 관하여 훨씬 더 꼼꼼한 필자라도 이 전도된 잘못에서 항상 자유로운 것은 아니다. 예컨대 John von Neumann, "The General and Logical Theory of Automata," *Cerebral Mechanisms in Behavior: The Hixon Symposium*, ed. L. A. Jeffress (New York, 1951), p. 10. "나는 살아 있는 유기체들을 완전히 디지털 자동기계인 것처럼 생각할 것이다." W. S. McCulloch and W. Pitts, "A Logical Calculus of the Ideas Immanent in Nervous Activity," *Bulletin of Mathematical Biophysics*, *5*(1943) 117 처럼 "자동기계들은 형식적 동등성이 사실적인 설명이라고 인식하지 않는다. 상대편에 서서!"라고 독자들에게 경고하는 이 분야 전문가들은 드물다.

증명을 마칠 때 쓰는 기호—옮긴이]를 덧붙인다. 애시비(W. R. Ashby)의 '지능 확대기'는 이를 잘 보여주는데, 그는 여기서 '지능'이 단지 대안들의 집합에서 특별한 원소를 선택하는 능력이라고 주장한다.[110] 이 관점 때문에 인간의 정신에 다른 많은 지적 능력이 있다는 분명한 사실이 달라지지는 않는다. 또한 이 때문에 모든 선택 작업이 지적 능력이 되지도 않는다. 강은 자갈에서 모래를 걸러내지만, (초기의 애니미즘으로 돌아가지 않는다면) 강이 지능을 타고났다고 하는 것은 터무니없다.

비네(Alfred Binet)가 처음 문제를 제기한 20세기 초반 이래 심리학자들은 좀 더 간단하게 지능의 계량형태 정의를 찾으려는 노력을 해왔으나 허사였다. "이 용어에는 일반적으로 받아들이는 의미가 없다."[111] 생명의 출현과 마찬가지로 지능은 변증법적 개념이기 때문에 그런 의미는 없다. 이를 둘러싸고 있는 반그림자를 아무 예에서나 쉽게 볼 수 있다. 단어의 의미가 불분명하다고 느낄 때 사전을 찾아 그 설명을 읽는다. 또한 계단에서 균형을 잃는다고 느끼면 손을 뻗어 난간을 잡는다. 어떤 행동이 지능의 표시인가?

그렇지만 전반적으로, 심리학자들이 연구한 것처럼 지능의 일반적인 모습은 '통속적인' 의미와 다르지 않다. 여기에는 기억, 회상, 계산, 추론에서부터 새로운 개념을 생각해내고, 다양한 요소들을 통합된 추상으로 합치고, 개별 사물들의 세부 특징을 걷어낸 후에 형태와 내용의 유사성을 찾아내고, 변증법적 개념으로 추론하고, 예술 작품을 창작하는 일에 이르는 모든 활동이 포함된다. 컴퓨터가 지능을, 심지어 확대된 지능을 '보유하고 있을' 뿐만 아니라, 인간의 뇌가 문제를 해결하는 방법을 연구하기 위한 유일하게 효율적인 수단을 제공한다는 주장[112]에 대해 우리는 바로 이 불완전한(나는 그렇게 확신

110 W. R. Ashby, "Design for an Intelligence-Amplifier," *Automata Studies*, eds. C. E. Shannon and J. McCarthy (Princeton, 1956), pp. 220, 233.

111 W. C. Halstead, "Brain and Intelligence," *Cerebral Mechanisms in Behavior*, pp. 246, 251; J. P. Guilford, "Intelligence Has Three Facets," pp. 615~620.

한다) 활동 목록과 대조해가며 판단해야 한다.

흥미롭게도, 처음 나왔을 때는 매한가지로 놀라웠던 많은 다른 발명품들에 대해서는 이런 터무니없는 주장들이 나오지 않았다. 적당한 카메라가 부착된 망원경은 인간의 눈보다 천배 더 멀리 더 잘 '볼' 수 있다. 하지만 거기에 인간의 눈이 가진 모든 속성이 있다거나 눈이 기능하는 모든 방식을 연구하기 위해 안과 의사들이 이런 새로운 기계를 연구해야 한다고 주장하는 사람은 없었다. 제트 비행기의 굉장한 유용성은 비행기가 새처럼 날개를 퍼덕거리지 않고, 알을 낳아 부화하지 않는다고 달라지지 않는다. 마찬가지로, 컴퓨터의 똑같이 굉장한 유용성을 설득하려고 노력할 필요는 없다. 컴퓨터는 9시간이 채 안 되는 시간에 π를 10만 자리까지 계산하였는데, 이 일은 사람이 계산기로 할 때 3만 년이 걸리는 것으로 어림된다.[113] 그러나 이 때문에 컴퓨터를 "그 설계자를 능가하는" IQ 100만의 지능을 가진 총명한 거인이라고 할 수는 없다.[114] 보통 지능 검사에서 컴퓨터의 IQ가 100만, 아니 1000이 나오더라도, 이는 내가 앞에서 주장한 것처럼 측정에 몰두하여 무엇을 측정하고 있는지를

112 항상 초보자들이 이런 주장을 하는 것도 아니라는 점을 염두에 두어야 한다. (앞에 이미 인용한) 튜링, 위너, 폰 노이만의 저작; H. A. Simon, "The Control of the Mind by Reality: Human Cognition and Problem Solving"; *Man and Civilization: Control of Mind*, eds. S. M. Farber and R. H. L. Wilson(New York, 1961), pp. 219~232, 281~285에 나오는 "Restriction of the Mind"에 관한 위원회에서 같은 필자의 토론; H. A. Simon and A. Newell, "Heuristic Problem Solving by Computer," *Symposium on Computer Augmentation of Human Reasoning*, eds. Margo A. Sass and W. D. Wilkinson(Washington, 1965), pp. 25~35를 보라.

113 D. G. Fink, *Computers and the Human Mind*(New York, 1966), p. 12. 컴퓨터는 사람보다 (거의) 100만 배 빠르게 그 기억 장치를 읽고, 분류하고, 계산하는 것으로 어림되기 때문에, 위 숫자는 사람이 중간 계산을 모두 써 내려가는 데 필요한 엄청난 시간을 고려한 것이다[1970년대에 비해 2000년대에는 컴퓨터의 속도는 1000배 이상 빨라졌으며, 현재 이런 계산은 초 단위 시간으로 가능하다 — 옮긴이].

114 애시비가 "Design for an Intelligence-Amplifier," pp. 216, 220에서 한 것처럼.

망각하고 있음을 보여줄 뿐이다. 컴퓨터는 그 설계자의 지적 한계의 일부를 초월하지만 적실한 의미에서 설계자의 지능을 능가한 것은 아니다.[115]

이원적인 관계식 '컴퓨터 = 인간의 뇌'를 지지하는 주장들에서 언어적인 속임수를 써서 '뇌'를 임시변통으로 정의할 수가 없다는 것은 분명하다. 대신 이들 주장에서는 신경조직학자, 신경생리학자, 신경심리학자, 정신의학자들이 뇌에 관한 미해결 문제들에 대하여 말하는 것을 완전히 무시하고, '편리한' 가정이나 유사체에 기초한 이론적인 모형에 의존한다. 뇌가 아날로그 컴퓨터와 디지털 컴퓨터의 복합 시스템이라는 폰 노이만(J. von Neumann)의 초기 생각도 많이 빗나간 이야기이다. 그는 자동기계의 잠재성에 대한 맹렬한 신봉자였지만, 결국 "사실 '디지털 방식'은… [모든 동물의] 신경계와는 완전히 이질적"이라고 인정해야 했다.[116] 현재 가장 그럴듯한 그림은 뇌의 기능에 아직도 알 수 없는 형태의 전기적 신호뿐만 아니라 어떤 화학적 계산도 관련되어 있다는 것이다.[117] 언젠가 뇌의 기능에 아직 탐구되지 않은 더 작은 알갱이 수준의 계산이 관계된다는 것을 알게 되면 놀라야 하는가?

유명 신경심리학자인 래실리(K. S. Lashley)는 전 생애에 걸쳐 뇌의 '기억 핵심부'를 찾았지만 실패하였다. 지금은 기억이 뇌의 특정 부분에 존재한다고 생각하지 않는다고 인정한다. 기억은 단백질 합성도 포함된 정지하지 않는 과정이다.[118] 뇌의 학습 과정에 대해서는 알려진 내용이 더욱 없다. 뇌 전문

---

115 당연히, 인간의 모든 발명이나 발견에서처럼 설계자는 특정한 일 때문에 고안한 컴퓨터를 다른 일에 사용할 수도 있다. 오작동이나 사람이 맹목적으로 컴퓨터로 실험하여, 컴퓨터가, 예컨대 국가적인 정전 상태를 일으킬 수 있다는 것에도 의문의 여지가 없다. 아래 각주 137을 참조하라.

116 Neumann, "The General and Logical Theory of Automata"(앞의 각주 109에 인용), Discussion, p. 38; Neumann, *The Computers and the Brain*(New Haven, 1958), p. 44.

117 Halstead, "Brain and Intelligence," pp. 269 f.

118 이 주제에 관한 최근의 연구, E. Roy John, *Mechanisms of Memory*(New York, 1967)를 보라. 그리고 사소한 일들은 기억하지 않으려 하고, 기억하더라도 빠르게 잊

가들은 어떤 지능기계도 할 수 없는 일들을 뇌가 하는 이유(혹은 방법)를 아직도 묻고 있다. 예컨대 뇌는 전혀 예기치 않은 오류와 상황을 다룰 수 있으며, 상당 정도 스스로 치유할 수 있다.[119] 뇌에 관한 권위자인 매컬로크(W. S. McCulloch)는 뇌 연구자들은 완전한 해부학적 생리학적 설계도가 있는 기계에 대한 연구를 하는 과학자들을 부러워한다고 뼈 있는 농담을 한다. "뇌는 계산 기계와 비슷하지만, 뇌와 같은 계산 기계는 없다."[120] 이것이 현실이다.

뇌의 지적 능력과 비교하여 컴퓨터가 할 수 있는 일의 한계를 고려할 때, 디지털 컴퓨터에는 **제한적이고 분리된** 구조가 있음을 명심해야 한다. 어떤 순간에나 어떤 릴레이를 통과하는 전기 신호는 있거나 없거나 둘 중 하나이다. 즉, 컴퓨터는 '양자택일' 형태에 기초하여 작동한다.[121] 매컬로크(McCulloch)-피츠(Pitts)의 유명한 정리는, "**완전하고 분명하게 말로 옮길 수 있는** 것은 모두 적당하고 유한한 신경 [릴레이] 네트워크로 사실상 구현할 수 있다"는 정리[122]는 기술적으로 흥미로운 내용이지만 예상하지 못한 결과는 아니다. 폰 노이만은 디지털 컴퓨터의 양자택일 작동 방식 때문에 디지털 컴퓨터에는 논리학과 똑같은 "매력 없는" 한계가 있다고 지적한다. 하지만 그는 디지털 컴퓨터의 유일한 단점은 무한대가 개입하는 수학적 분석 문제를 다룰 수 없는 점이

어버리는 뇌의 놀라운 속성을 잊어서는 안 된다. 앞의 1장 각주 16을 보라.

119 *Cerebral Mechanisms in Behavior*, ed. Jeffress, pp. 32 ff, 193 f에 다양한 논의가 나와 있다. "Why the Mind Is in the Head," 같은 책, pp. 54 f 매컬로크의 반론은, 뇌만큼 많은 '신경세포'(약 10^{10} 개)를 가진 컴퓨터에 필요한 전류를 공급하는 데 나이아가라 폭포가, 그 장치를 냉각하는 데 나이아가라 강으로 충분치 않을 것이라는 반론은 나에게 본질적이지 않아 보인다. 실제로 이는 일시적인 기술적 어려움일 뿐일 수 있다.

120 Fink, *Computers and the Human Mind*, p. 178에 인용된 W. S. McCulloch.

121 Turing, "Computing Machinery," pp. 439 ff; Neumann, "The General and Logical Theory," pp. 15 f.

122 Neumann, 앞의 책, p. 23(저자의 강조). 이 정리는 앞의 각주 109에 인용된 McCulloch and Pitts의 논문에 나와 있다.

라고 주장한다.[123] 아날로그 컴퓨터에는 이런 단점이 없어야 하지만 그 구조는 여전히 계량형태이다. 내가 이 장과 2장에서 논의한 내용으로부터, 컴퓨터의 유형과 무관하게, 변증법적 추론과 직접 혹은 간접적으로 연관된 어떤 작동이라도 할 수 있는 컴퓨터는 전혀 없다는 것을 알 수 있다. 그런 작동은 인간 두뇌의 배타적인 특권이다.

뇌의 유연성과 컴퓨터의 기계적 구조 사이에는 삼단논법과 논리적 추론 사이보다 훨씬 더 큰, 좁혀질 수 없는 간격이 있다. 어떤 각도에서 보든, 모든 사고(思考)는, 심지어 수학적 사고도 자기동일성 개념에만 한정해서는 한 걸음도 나가지 못할 것이라는 똑같은 결론에 도달할 수밖에 없다. 화이트헤드는 "보통의 애매한 명확성에서 벗어나 정확성에 의존하는 순간 어려움에 직면할 것"이라고 경고한다.[124] 무한히 연속인 속성들, 관계와 개념을 뒤덮은 변증법적 반그림자, 다양한 명암과 윤곽의 후광, 이것이 사고이다. 비트겐슈타인이 이성을 계량형태 토대로 환원하려는 (가장 뛰어난 편에 속하는) 노력 후 실패한 것을 묘사한 것처럼, 사고는 휘발성 매체(gaseous medium)이다.[125] 내가 이 장에서 보이려고 하였듯이, 사고는 본질적으로 변증법적인 **변화**의 끝없는 과정이기 때문에 어떤 컴퓨터도 뇌의 작동을 모방할 수 없다. 반면에 모든 컴퓨터의 계량형태 구조는 새로움과 **변화**에 대하여 숫자 자체만큼이나 무력하다. 사고의 변증법적 특성이 없다면, 새로운 개념의 창발(創發)은 물론 연상(聯想)도 가능하지 않을 것이다.

기계에게 체커나 체스를 '가르칠' 때 사용한 방식과 아주 똑같은 방식으로 컴퓨터가 예컨대 NIM[126]을 잘하도록 프로그램을 짤 수 있다.[127] 실제로 게임

123 Neumann, "The General and Logical Theory," p. 16.

124 Alfred North Whitehead, *Science and Philosophy* (New York, 1948), p. 136.

125 Wittgenstein, *Philosophical Investigations*, I. 109.

126 게임과 승리 공식에 관한 설명으로 W. W. Rouse Ball, *Mathematical Recreations and Essays* (New York, 1962), pp. 36~38을 보라.

의 차원이 아주 크지 않은 경우, 컴퓨터는 게임의 모든 가능한 수(手)를 정밀 조사하고, 특정 게임의 완벽한 해법인 승리의 수만 찾아낼 수 있다. 아주 작은 차원의 경우를 제외하면 어떤 사람도 그렇게 할 수 없을 것이다. 간단한 NIM 패턴 (1, 2, 3)의 경우만 하더라도 분기점이 182개 있다. 이것을 종이에 그려보라! 그러나 인간은 기계가 할 수 없는 것을, 즉 어떤 패턴에 대해서도 이길 수 있는 수를 찾아내는 공식을 발견했다. 이는 경이로움에 감탄할 줄 아는 모든 이들을 놀라게 할 것이다. 그리고 인간만이 지식의 새로운 길을 혼자 힘으로 열 수 있기 때문에, 체커나 체스에 승리의 공식이 있다면 오직 인간만이 그것을 찾을 것이다. 컴퓨터가 우연히 어떤 수(數)까지 이어지는 규칙성을 보이더라도, 그 규칙성이 모든 수에 대해 타당한지를 증명하는 데는 여전히 인간의 두뇌가 필요할 것이다. 컴퓨터는 라이프니츠(G. W. Leibniz)가 할 수 있었던 것보다 3000만 배 빠르게 π의 10만 자리까지 계산하였다. 그러나 그 컴퓨터에 짜 넣은 프로그램인 $\pi/4$의 무한급수를 생각해낸 것은 컴퓨터가 아니라 라이프니츠였다!

또한 기하학 정리를 증명하는 기계가 또 다른 놀라움을, 슈바르츠(H. A. Schwartz)가 생각해낸 기초적인 삼각부등식 정리의 간단한 증명을 '생각'해낼 가능성이 있을지 보자. 이 증명에서 삼각형은 분명한 이유 없이 여섯 번이나 회전되었다.[128] 또한 sin x를 마치 다항식인 것처럼 간단한 요소들로 분해하는, 부적절해 보이지만 뛰어난 오일러(L. Euler)의 아이디어를 어떤 '자기발견

127 기본적으로 '자기발견적 학습'이라고 부르는 처리 방식은 [브리지 게임에서 고렌(Charles H. Goren)이 사용한 함수와 비슷한] 점을 세는 함수를 지침으로 하고, '훈련'하는 동안 나타난 모든 패한 판을 기계가 기억하도록 정리하는 것으로 구성된다. 실제 게임에서 기계는 게임 계통도에서 미리 몇 번의 움직임을 조사한다. 교육용 논문, A. L. Samuel, "Some Studies in Machine Learning, Using the Game of Checkers," *IBM Journal of Research and Development*, *3*(1959) 210~229을 보라.

128 이 증명에 관하여 H. Rademacher and O. Toeplitz, *The Enjoyment of Mathematics* (Princeton, 1957), pp. 29 f를 보라.

적 학습을 하는' 기계가 생각해낼 것인가?[129] 슈바르츠와 오일러가 보인 것과 같은 직관은 '연산'과 사고를 구별하게 만든다. 몇몇 사람들은 직관을 모호한 특성이라거나 칸트학파의 편견이라고 경멸하지만, 직관만이 지식을 창조적으로 발전시킨다. 아주 최근 애벌슨(P. H. Abelson)은 학술지 《사이언스(Science)》의 편집자 논평에서 일련의 생화학적 발견을 높이 평가하면서, 새로운 진전은 개선된 연구 방법들에만 달린 것이 아니라, "연구 대상을 선택하는 과학자의 직관적인 판단의 수준에 달려 있다"[130]고 썼다.

또한 앞에 언급한 수학 문제들은 분명한 말로 완전하게 공식화되었다는 점에 주목하자. 따라서 "컴퓨터들이 생각한다"는 주장의 전제 조건이 성립하지 않았다는 핑계로 이 예들에서 유도된 결론에 반대할 수는 없다. 이것이 전부가 아니다. 이미 앞에서 증명했다고 믿는바, 중요한 사고의 대부분에는 변증법적 개념과 관계가 포함된다. 컴퓨터는 그 작동 방식으로 인해 변증법적 추론을 할 수 없다. 아마도 이 점이 폰 노이만이 사후에 출판된 책에서 언급한 "뇌의 언어는 수학의 언어가 아니다", 따라서 뇌의 언어는 컴퓨터의 언어도 아니라는 말을 통해 인정하려던 내용이었을 것이다.[131] 위너는 상대적 위치와 무관하게 정사각형을 인식할 수 있는 컴퓨터를 설계하는 어려움을 예상했었다고 이야기한다.[132] 아주 최근 셀프리지(O. Selfridge)는 진지한 보고서에서, 사람은 혼자서도 일을 시작하였지만 기계는 '말해주지 않으면' 대칭의 불변성과 3목 놀이의 동일선상 상황도 알아채지 못한다고 재차 강조하였다.[133] 더

---

129 G. Polya, *Mathematics and Plausible Reasoning*(2 vols., Princeton, 1954), I, 19~21에 나오는 놀라운 이야기를 보라.

130 P. H. Abelson, *Science*, May 31, 1968, p.951.

131 Neumann, *The Computer and the Brain*, p.80.

132 Wiener, *Cybernetics*, p.18.

133 Oliver Selfridge, "Reasoning in Game Playing by Machine," *Symposium on Computer Augmentation of Human Reasoning*(앞의 각주 112), p.5.

나아가 **형태**가 기하학적 모양을 인식하는 것만 의미하는 것도 아니라는 점을 염두에 두자. 이는 후설(Husserl)이 말한 "톱니 모양, 들쭉날쭉한 모양, 렌즈 모양, 방사형 모양 등등"의 인식도 의미한다. 무엇보다도 이는 개별적 불규칙성과 무관하게, '민주주의', '종(種)', '욕구' 등을 인식한다는 의미이다. 심지어 이는 그 자체로 변증법적 개념인 **형상**을 인식한다는 점도 잊어서는 안 된다.

이 쟁점들을 해결하는 데 사고에 대한 **임시방편적** 정의가 도움이 된다면, 나는 17년의 경험 끝에 "생각하기는 컴퓨터가 하지 못하는 일이라는 정의를 받아들일 수밖에 없다"고[134] 단언한 에커트(J. P. Eckert, 최초의 디지털 전자 컴퓨터인 ENIAC의 공동 설계자)를 추천하고자 한다. 앞에서 전개한 이유들에 비추어 볼 때, **사고**에 관한 이 정의는 공허하지만은 않다. 위너는 "초고속 계산기계는 분명히 [고급] 수학자에 대한 수요를 감소시키지 않을 것"이라고 예언하였다.[135] 한 걸음 더 나아가, 자기발견적 학습을 하고 정리를 증명하고 게임 등을 하는 컴퓨터들이 **사고**에 대한 수요를 감소시키지 않을 것이라고 말할 수 있다. 튜링, 폰 노이만, 사이먼 등이 새로운 아이디어들을 변증법적 추론과 섞어 쓴, 어떤 컴퓨터도 재현할 수 없는 인상적인 논문들이 가장 효과적인 증거이다. 내가 자신 있게 말하는데, 튜링은 신념을 지키기 위해, "기계가 생각할 수 있는가?"라는 질문에 대한 답으로 컴퓨터가 자신의 환상적인 논문을 쓸 수 있을 것이라고 주장하지는 않을 것이다.

배비지의 분석엔진에 대해 러브레이스 부인(Lady Lovelace)[세계 최초의 프로그래머로 인정되는 영국의 수학자로, 시인 바이런의 딸이기도 하다—옮긴이]이 기계는 계획에 따라 지시받은 것만 할 수 있다고 지적한 것은 아직도 유효하다. 이는 '학습' 기계를 프로그래밍하는 데 베테랑인 사무엘(A. L. Samuel)이 뒷받침하는데, 그는 "컴퓨터는… 거대한 멍청이이지, 거대한 수재가 아니

134 Fink, *Computers and the Human Mind*, p.208에 인용.

135 Wiener, *Cybernetics*, p.131.

다"[136]라고 하였다. 컴퓨터는 **생각**을 할 수 없기 때문에 멍청이이다. 이 때문에, 버틀러(Samuel Butler)와 위너(Norbert Wiener)가 말한 것과는 달리, 컴퓨터 자체로 인해 인류의 종말이 초래될 수도 있을 것이라고 걱정할 필요는 없다.[137] 원자력의 경우처럼 위험은 **생각**을 통해 멍청이 두뇌를 이용하는 데서만 생길 수 있을 것이다(그러나 곰팡이, 박테리아, 바이러스 등 뇌가 없는 창조물에서 위험이 나타날 확률이 훨씬 더 높다).

사실에 관한 쟁점들에 대한 모든 주장과 마찬가지로 "기계가 생각할 수 있다"는 의견에 찬성하는 주장과 (나의 주장을 포함하여) 그에 반대하는 주장 모두 필연적으로 불완전한 귀납법을 사용하고 있다. 어떤 이들은 "기계가 계산할 수 없다"는 주장이 오류로 증명되었기 때문에 "기계가 생각할 수 있다"는 말을 믿지 않을 귀납적 근거가 없다고 주장한다.[138] 어떤 이들은 직접적이고 명백한 방식으로 귀납적 주장을 한다. "지금은 인공두뇌를 만드는 데 시간과 노동밖에 필요치 않다."[139] 혹은 "한 걸음씩, 남아 있는 제약들이 공략되고 있다".[140] 이런 주장들은 한 세기 이전에 있었던 역학에 대한 찬사를 생각나게

136 A. L. Samuel, "Artificial Intelligence: A Frontier of Automation," *Annals of The American Academy of Political and Social Science, 340*(March, 1962) 13.

137 "Some Moral and Technical Consequences of Automation," *Science*, May 6, 1960, pp. 1355~1358에 요약되어 있는 위너의 기본 입장은, 기계가 인간보다 엄청나게 빠르게 작동하기 때문에 인간이 기계가 괴테의 '마법사의 제자'의 곤경에 비유되는 어려움을 일으킬 것을 깨달았을 때 기계를 제때 멈추지 못할 수 있다는 것이다. 그는 인간이 기계를 잘못 사용할 가능성 때문이 아니라, 기계가 '그 설계자의 한계'를 넘어선다는 익숙한 주장에 근거하여 이를 지지한다. A. L. Samuel, "A Refutation," *Science*, September 16, 1960, pp. 741 f를 보라.

138 Turing, "Computing Machinery," p. 448 참조. 레잉(Richard Laing)은 M. Taube, *Computers and Common Sense*(New York, 1961)에 대한 논평에서 다음과 같이 결론지었다. "인간 지능의 전형적인 일을 하는 컴퓨터의 출현 가능성에 반하는 어떤 엄밀한 주장도 없는 듯하다." *Behavioral Science, 7*(1962) 240.

139 Ashby, "Design for a Brain"(앞의 각주 103), p. 382.

한다. 실제로 이 주장들은 똑같은 뿌리에서, 정확하고 한정적이며 재현 가능한 법칙들로 환원할 수 없는 요소는 없다는 독단에서 싹튼 것이다.

자동기계에 대한 일반 '이론'의 기계론적 기반은 폰 노이만이 증명한 유명한 명제를 통해,[141] 즉 많은 기본 부품들을 유동성 액체에 함께 넣으면 스스로 복제하도록 튜링의 만능 기계를 설계할 수 있다는 명제를 통해 깨끗하게 드러났다. 생명의, 따라서 사고 자체의 기계론적 복제에 무엇이 더 필요한가? 그러나 기계의 보편성과 그 증명에 내재한 가정들을 고려하면 폰 노이만의 명제가 훨씬 더 강력해질 수 있다는 점을 염두에 두자. 이 명제를 채굴, 제조, 운송 작업까지도 전부 다 하는, 지구의 황량한 환경에 홀로 남겨지더라도 스스로 복제할 수 있는 기계로 확장할 수 있을 것이다. 게다가 인간을 기계의 중간 생산물에서 배제할 필요도 없다. '보통 방법으로 태어난 인간들'은 기계의 기본 부품이 될 수 없다는 튜링의 확고한 설명이 그저 헛소리가 아니었다면,[142] 튜링 자신도 이러한 확장이 가능함을 인지한 것이다. 이 주장은 기계가 최초의 세포가 만들어지기 이전에 존재하였던 뜨거운 진흙으로부터 일어난 인간의 진화 전체를 재현할 수도 있다는 정말로 원대한 전망을 분명하게 보여준다.

그렇지만 라플라스가 역학을 신성시한 이래 우리가 자연에 관해 더 많이 알게 될수록, 자연의 질적인 무궁함은 더욱더 뚜렷해지고 있다. 그리고 내가 앞에서 논의한 것처럼(2장 7절), 물질계를 계량형태 개념으로 환원하지 못하

140 Simon and Newell, "Heuristic Problem Solving by Computer"(앞의 각주 112), p. 32. 또한 H. Gelernter, "Realization of a Geometry-Theorem Proving Machine," *Computers and Thought*, eds. E. A. Feigenbaum and J. Feldman(New York, 1963), p. 135에 나오는 가능한 추론에 관한 폴리아(Polya)의 아이디어에 대한 논평을 보라.

141 Neumann, "The General and Logical Theory of Automata," pp. 28~30.

142 Turing, "Computing Machinery," p. 435.

게 하는 것은 '무작위'로 표현되는 변증법적 요소이다. 이제 두 극단이 만나고 있다. **사고**의 특성은 변증법적이기 때문에, 계량형태의 청사진 위에 만들어진 기계로 재현될 수 없다.

컴퓨터의 신성화에 대한 앞의 비판이 그 범위에 관한 것으로 오해될 수 있는 위험을 최소화하기 위해 나는 다음 결론을 강조하고자 한다. 독특한 발명품인 컴퓨터의 유용성을 과소평가하거나, 인공두뇌를 향한 행진곡으로서는 아니지만 새롭고 흥미롭게 컴퓨터를 사용하기 위한 영감의 원천으로서 여러 가지 '자기발견적 학습을 하는' 실험의 가치를 부정하고자 하는 것은 전혀 아니다. 내가 비판하는 유일한 이유는, 컴퓨터가 계량형태 사고를 변증법적 추론과 분리하는, 이를테면 연구실에서 행하는 실험이라는 것이다. 컴퓨터는 이러한 분리의 한계를 통해 내가 직업적 경험을 통해 계량형태의 선잠에서 깨어난 이래 동료 경제학자들을 설득하려 노력해온 내용의, 즉 "우리가 숫자 없이 할 수 있는 일에 한계가 있듯이, 숫자를 가지고 할 수 있는 일에도 한계가 있다"[143]는 주장의 실험적 증거를 제공한다는 것이다. 우리가 지금 하고 있는 것처럼, 즉 이 진실을 무시하거나 부정한다면, 기계적 운동이, 즉 기계가 기계를 만드는 것이 경제생활에 있는 전부라고 생각하기 쉽다. 이렇게 인간의 변증법적 성향이 주로 작동하는 경제과정의 바로 그 중심에서 방향을 틀어 비켜 가버린다면, 우리는 인간의 행복을 증진할 수 있다는 희망에서 인간을 연구한다는 경제학자로서 공언한 목적의 달성에 실패한다.

---

143 『AE』에 재수록된 저자의 논문, "The Nature of Expectation and Uncertainty"(1958) p. 275를 보라.

4장

척도, 크기, 동일성

물리학의 몇 가지 구체적인 실례들

1. 물리학과 과학철학

현대 과학철학에서 자신의 연구를 위한 조언과 영감을 얻으려는 사회과학자는 크게 실망하고, 또한 혼란을 느끼기 쉽다. 이런저런 이유 때문에 대부분 과학철학은 기본적으로 이론적 지식체계에 대한 칭찬 일색이 되고 말았다. 그리고 오늘날 교육되는 과학 중에서 물리학의 일부만이 이론적 지식체계 개념에 부합하기 때문에, 거의 모든 비판철학의 현대 논문에서 이론물리학 이외의 분야에 대한 논의를 피하는 것은 당연하다. (드물지만) 다른 분야들이 언급되는데, 오로지 이들 분야가 비과학적이라는 것을 보이기 위한 목적 때문이다.

현대 과학철학에는 논쟁거리가 전혀 없다. 물리학 일부 분야의 괄목할 만한 발전은 전적으로 해당 현상 영역의 설명을 이론으로 체계화할 수 있었기 때문이라는 것을 누구도 부정하지 않을 것이다. 그러나 사람들은 틀림없이 비판철학에서 좀 더 많은 것을, 즉 모든 지식 영역에 적용되는 과학적 방법론의 편견 없고 건설적인 분석을 기대할 것이다. 그리고 현대의 과학철학 저작들이 물리학 영역조차 완전히 다루지 않는다는 것은 통렬한 사실이다.

이 무비판적 태도의 결과는 물리학 체계 내에서 연구해온 사람들과 외부에서만 물리학을 숭배해온 사람들의 생각이 항상 같지는 않다는 것이다. 물리학자들은 유감스럽게도 라플라스(P. S. Laplace) 시대에 가졌던 물리학의 왕관에서 보석을 일부 잃었다고 생각한다. 그렇게 잃어버린 보석 하나에 관하여 나는 이미 언급하였다. 물질의 모든 성질에 관한 모순 없는 논리적 기반의 불가능성이 바로 그것인데, 이는 새로운 발견이 이루어질 때마다 더 확실해지고 있다. 이는 생물학자나 사회과학자에게 매우 가치 있는 구체적인 실례이며, 이에 못지않게 중요한 다른 실례들도 있다. 아래에서 이를 논의할 것이다.

먼저 명백한 사실을 상기하면서 시작하고자 한다. 물리학은 물리적 현상의 특성들을 특히 도구를 사용하여 측정을 할 수 있게 된 정도에 따라 진보하였다. 물리학 여러 부분의 발전과 측정으로 알아낸 특성의 **본질** 사이의 상관관계가 우리의 논의에 훨씬 더 중요하다.

사후(事後)에는 자연스럽게 받아들이듯이, 태고 적부터 측정되어 왔지만 그 측정에 아무런 문제가 없었던 변수들에서 상황은 시작되었다. 형체를 가진 물체의 **영구적인** 성질에 관한 지식체계로 양해된 기하학에는 단 하나의 기본 특성, 즉 질(質)이 없는 특성의 원형인 길이만 있다. 역학이 물리학에서 완전한 이론적 체계가 그다음으로 되었다. 여기서도 관련 변수들의 척도는 수천 년 동안 실용적으로 사용되어 왔다. 역학에서 '공간'과 '시간'으로 이해한 것은 **위치**와 **연대기의 시간**이 아닌 **중립적인** 거리와 **중립적인** 시간 **구간**이다. 이 아이디어는 종종 역학 현상은 **장소**와 **시간**에 무관하다는 말로 표현된다. 이론역학을 통해 성취한 눈부신 발전도 가장 투명한 형태의 측정이 가능한 현상 영역에 한정된다는 것은 분명한 사실이다. 역학의 공간, 시간, 질량 모두에는 현대적인 용어로, **기수**(基數) 척도가 있다.

역학 다음에 이론 구조를 이룩한 물리학의 분야인 열역학이 생기면서 상황은 근본적으로 달라졌다. 처음으로 **비기수**(非基數) 변수가—가장 익숙한 것만 언급하면 온도와 연대기의 시간인데—이론 구성에 포함되었다. 온도, 즉 열의 수준 측정에 제안된 여러 가지 척도와, 특히 그런 척도로 제기된 모든 문제들이 모두를 만족시킬 정도로 해결되지 않았다는 사실만 보아도 알 수 있듯이,[1] 이 새로움은 애매모호하고 미미한 사건이 아니었다.

이론 구조를 다른 분야로 확장할 때 훨씬 더 큰 어려움이 있었다. 이는 모든 기본 변수를 **도구를 사용하여** 측정하고, 물리학 다른 분야의 많은 변수와 달리 감각 기관과 직접 연관되지 않은 전기 분야의 경우 아주 분명하다. 전기 관련 변수들을 측정하는 특별한 도구를 발명하는 데 더 오랜 시간이 소요된 것은 너무나 당연하다. 다른 어떤 분야보다 전기 분야에서는 각각의 측정 기구를 통해 추가적인 기반을 닦을 수 있었던 정도만큼만 그때그때 발전하였다. 역학의 경우는 그 반대로 측정 문제 때문에 그 발전이 많이 지연되지는 않았다. 갈릴레오가 피사 성당의 촛대가 흔들리는 것을 자신의 맥박에 비교하여, 진자의 등시성을 발견하였다는 재미있는 이야기는 널리 알려져 있다.

대개 이쯤에서 물리학 둘러보기를 멈추는데, 그 결과 구조역학이나 금속학 같은 분야의 매우 중요한 구체적인 실례를 배울 기회를 놓친다. 물리학을 전부 둘러보면, 원자 이론만큼이나 필수적인 물질과학의 부분인 이들 분야에서는 아직도 하나의 이론 구조로 통합되지 않은 누더기식 지식으로 안달복달하고 있음을 알 수 있다. 이런 후진성에 대한 유일하게 가능한 설명은 굳기, 변형, 휨 등 물질 구조에 관한 변수들이 대부분 본질적으로 **정량화된 질**(質)이라는 것이다. 곧 설명하겠지만, 이 경우 정량화를 통해 질의 고유한 특성을 완전히 제거할 수 없다. 정량화는 계량 구조 내부에 어떻게든 감춰진 질적인 잔류물을 항상 남긴다. 따라서 요즘 비판철학에서 주장하는 것처럼, 물리학이 형이상학에서 자유로운 것은 아니다. 즉 숫자와 질 사이의 대립으로 제기된

---

1 예컨대 브리지먼은 *The Logic of Modern Physics*(New York, 1928), p.130에서 "열의 흐름에는 직접적인 물리적 특이성이 있을 수 없으며, 그것을 측정할 방법도 없다"고 주장한다.

이슈들은 일반적으로 그렇듯이 형이상학적이다.

2. 척도, 수량, 질(質)

예상할 수 있듯이, 인간은 먼저 가장 직접적이고 분명한 형태의 척도를 사용하였다, 즉 **수량**을 처음 측정하였다. 그러나 이 단계를 단순한 일로 치부해서는 안 된다. 수량은 모든 질적인 차이의 추상화를 전제로 한다. 결과적으로, 많은 경우 추상화가 이루어진 후에만 수량의 측정은 단순한 일이 된다. 의심의 여지없이, 두 가지의 '밀', 혹은 '물', 혹은 '옷' 사이에는 종종 아무런 질적인 차이가 없다는 것을 깨닫는 데 그리 오래 걸리지 않았다. 그러나 예컨대 무게가 손에 잡을 수 있는 모든 물질의 일반적인 측정 가능한 특성으로 나타나는 데는 아주 오랜 시간이 걸렸다. 일반적으로 **기수**라고 부르는 것이 바로 이런 형태의 척도이다.

기수 척도를 다른 형태의 척도와 구분할 필요가 없다는 최근의 일반적인 경향을 고려할 때 유념할 점이 있다. 기수로 측정 가능하다는 것은 일련의 특정한 **물리적** 작업 결과로, 이런 작업 없이 측정 수치를 다루는 이론적 작업에는 아무런 타당성이 없을 것이다.[2] 따라서 기수로 측정 가능함은 다른 측정 가능성과 같은 척도가 아니라, 한 범주에 속하는 사물들의 특정한 물리적 성질을 반영한다. 이 범주의 모든 변수는 항상 엄격한 의미에서 **정량**(定量)으로 존재한다('양자역학'의 양자와 혼동해서는 안 된다).[3] 정량에는 단순하지만 특별

2 이런 물리적 작업을 통해 기수 척도를 유도하는 방법에 관한 공리적(公理的) 분석으로, 저자의 논문, "Measure, Quality, and Optimum Scale", in *Essays on Econometrics and Planning Presented to Professor P. C. Mahalanobis on the Occasion of His 70th Birthday*, ed. C. R. Rao(Oxford, 1964), pp. 232~246을 보라.

3 quantum에는 정량(定量)과 양자(量子)라는 두 가지 의미가 있는데, 일정한 분량인 정량이 더 오래된 의미이다. 양자는 불연속적인 더 나눌 수 없는 최소량을 뜻한다—

한 성질들이 있다.

알약을 손바닥에서 약병으로 하나씩 옮기면서 셈하든, 양동이로 수조의 물을 비우면서 물의 양을 재든, 대저울로 밀가루를 달든, 기수 척도는 항상 엄격한 물리적 의미에서의 **공평한 덧셈**과 **뺄셈**을 의미한다. 매우 기본적인 예를 들면, 어떤 척도와도 무관한 **물리적** 작업을 통해 한 잔의 물과 한 사발의 물을 합하거나 주전자에서 한 잔의 물을 따를 수 있다. 두 경우 모두, 결과는 동일한 실재인 '물'이다.

이 두 가지 (기수 성질에 필요조건이지만 충분조건은 아닌) 조건 중에서 뺄셈이 더 까다롭다. 예컨대 사과와 배 바구니를 합할 수 있으며, 잘 궁리하면 색깔도 합할 수 있다. 그러나 덧셈 조건만으로도, 경제학자들이 항상은 아니더라도 빈번하게 기수로 취급하는 많은 변수들의 기수 성질을 반증하기에 충분하다. 벤담조차 자기분석의 기회에, 전체 공동체에 대한 기수 성질의 효용이라는 자신의 개념에 반하여 덧셈의 불가능성을 언급하였다. "더한 후에도 그 전과 같은 고유함을 유지하는 양(量)들의 덧셈에 관한 논의는 헛된 일이다 … 배 20개에 사과 20개를 더하는 척하는 것이 낫다."[4] 실제로 똑같은 주장에 의해 개인의 경우에도 기수 성질의 효용 개념이 간단하게 깨어진다. 도대체 개인의 효용과 비효용이 축적되는 저장고가 어디에 있단 말인가? 사물의 내재적 성질이 아닌, 외부 사물과 개인의 정신 상태 사이의 관계로 보는 효용과 비효용은 심리적 유량(流量)이다. 하루 일이 끝나 피곤함을 느낄 때에는, 아무도 일하던 과정에서 느꼈던 즐거움이 어디에 저장되어 있는지 알 수 없다. 과

옮긴이.

4 미출판 원고, Elie Halévy, *The Growth of Philosophic Radicalism* (Boston, 1955), p. 495에서 인용. 그러나 많은 다른 이들과 마찬가지로, 벤담은 개인들의 행복을 더하는 일은 허구이지만 그리 하지 않으면 "모든 정치적인 추론은 멈춰버린다"고 설명하면서, 이 말이 "무분별 혹은 부적격하다"고 주장하였다. 또한 *The Works of Jeremy Bentham*, ed. J. Bowring (11 vols., Edinburgh, 1838~1843), I, 304를 보라.

거 자체와 마찬가지로 즐거움도 영원히 사라진다. 연대기의 시간 혹은 '역사의 일자'는 너무나 분명하고 누구에게나 익숙하기 때문에, 기수 성질을 순수한 서수 성질과 구별해야 한다는 논점을 뒷받침하기에 충분한 예이다. 분명히 두 날짜를 의미 있게 합하는 것은 불가능하다. 각각을 어떤 숫자로 표시한 뒤에 이론적인 작업을 하더라도 전혀 이치에 맞지 않는다. '역사의 일자'는 기수 변수가 아니다. 아무리 이성적으로 합의를 해도 그리 할 수는 없다.[5]

상대주의에 반대하는 나의 주장을 완결하기 위해 다음 내용을 생각해보자. 자연과학자가 강의 중에 그가 칠판에 쓴 어떤 식에 해당하는 것이 실제 무엇인지 물으면, 그는 명확하고 완전하게 이해할 수 있는 답을 할 것이다. 그는 당신을 실험실로 불러 그 식의 작동 의미를 보여줄지도 모른다. 이와 대조적으로, 사회과학자는 일반적으로 숫자에 열광하는 야단법석을 떨며, 수학적 작업들에 어떤 의미가 있는지 생각할 여유도 주지 않으면서, 생각나는 아무 숫자에나 산술적 이론 작업을 한다. 우리는 경제학자가 미래의 줄어든 효용을, 즉 감소된 미래 유량을 마치 현금(기수 변수)으로 지급하는 연금이라도 되는 것처럼 더하는 것을 자주 보지 않는가? 또한 덧셈을 의미하는 산술 평균 공식을 더하기가 아무 의미 없는 변수들에 적용하는 것을 얼마나 자주 보는가? 예컨대 모든 시험관들이 똑같은 순서로 학생을 평가했다고 하더라도, 각 시험관의 평가 점수가 똑같은 산술 평균으로 나오지 않을 것이다. 시험관 X에게는 학생 A가, 시험관 Y에게는 학생 B가 중간이었다 등등의 결과만 의미 있는 것이다.[6] 심리학자들과 교육전문가들은 점차 오류를 깨달아, 이제는 순수하게 서수 변수인 특성을 표현하기 위해 순서 통계 값인 중앙값만 사용한다. 이 점에서 경제학자들은 아직 성숙함과는 거리가 멀어 보인다.

---

5 이 문제에 관하여 이 장 6절에 부연되어 있는 내용을 보라.

6 이 특별한 각도에서 본 '평균'의 개념에 관한 일반적인 논의로 저자의 논문, "An Epistemological Analysis of Statistics as the Science of Rational Guessing," *Acta Logica*, *10*(1967) 61~91을 보라.

넌지시 말한 것처럼, 논리 순서나 진화 순서에서 수량을 질(質)에 앞서는 개념으로 생각할 수는 없다. 예컨대 밀의 양을 측정할 생각을 하기 전에, **무게를 달지 않고도** 한 무더기의 밀이 다른 무더기보다 크다고 먼저 인식하게 되었을 것이라는 데 의심의 여지가 없다. 오랫동안 '차가운 것'과 '뜨거운 것'에는 척도가 없었다. '더 우호적'과 '덜 우호적' 같은 것과, 특히 질적인 차이를 나타내는 '전'과 '후' 사이의 구별은 분명 양의 척도를 한참 앞서 이루어졌을 것이다. 이와 같은 용어가 적용되는 사물들은 명확한 관념적인 순서로 배열되었다. 각각에 순위 번호를 배정하는 일은 이후에 일어났다. 먼저 시간상 사건에 따라, 그리고 아마도 유사성에 따라 이루어졌을 것이다. 이 '순위 매기기' 단계는 현대적 개념의 **서수** 척도의 기초를 나타낸다. 순서 개념이 양(量) 개념에 앞선다는 사실은 이 영역에서 우리의 생각을 발전시키는 데 지속적인 영향을 주었다. 철학자들이 양(量)이 수학에 필수적이라고 생각하는 것은 완전한 잘못이라는 러셀의 지적은 옳다. 어디에서 나타나든 양(量)은 "**현 시점**에서 수학적으로 다룰 수 없다".[7] 그뿐만 아니라 오늘날에도 양(量)이 아닌 순서가 순수 수학의 중심을 차지한다.

척도의 기본 원리는 오래된 것이고 최근 자주 논의되고 있지만, 우리가 기수 척도와 순수한 서수 척도의 본질적인 차이를 인식하는 데는 꽤 많은 시간이 걸렸다. 특히 기수 척도가 서수 성질을 전제로 한다는 사실로부터, 기수 척도와 순수한 서수 척도를 구분하는 일은 무의미한 억지스런 일이라고 결론짓곤 했다. 이 결과 순수한 서수 척도에 드리워진 질(質)의 그림자를 완전히 무시하게 된다. 순수한 서수 척도로 망라된 사물들은 필연적으로 질적으로 변화해야만 한다. 그렇지 않다면 아무것도 이들을 물리적으로 더하고 빼는

7 Bertrand Russell, *The Principles of Mathematics* (Cambridge, Eng., 1903), p.419. 이 인용에서 나의 강조는 러셀 시대에 척도에 관한 수학이론이 아직 난해했다는 것을 보이기 위함이다.

일을, 따라서 이들에 대한 기수 척도를 세우는 일을 막을 수 없을 것이다.

반면에, 기수와 순수한 서수의 측정 가능성은 두 극단을 나타내며, 이들 사이에는 질과 양이 끝없는 변형으로 엮여진 여러 가지 형태의 척도가 가능하다는 것을 인식해야만 한다. 서수로는 측정 가능하지만 기수로는 가능하지 않은 변수들은 그 '차이'가 간접적인 기수 척도를 갖는 듯한 변수들이다. 연대기의 시간과 온도가 이런 예들이다. 특별한 성질을 보여주는 이런 변수들에 대한 측정 척도를 만드는 데는 한 가지 규칙만 있다. 물리적 변수들 중에 이런 변수가 많기 때문에 나는 이 성질을 **약한 기수성**이라는 용어로 구별하자고 제안하였다.[8] 자명한 이유들 때문에 약한 기수 척도는 기수 척도와 마찬가지로 도구의 척도로 쉽게 변환된다.

이 지점에서 필연적으로 어려운 질문이 하나 제기된다. 계기 바늘이 있는 도구로는 전혀 측정할 수 없지만 서수로는 측정 가능한 특성이 있는가? 이 질문에 대한 모든 최종적인 답변에는 형이상학적이지는 않더라도 최소한 분명한 인식론적 입장이 포함된다. 지배적인 관점은 모든 특성을 도구를 사용하여 측정할 수 있다는 의견으로, 시간이 지남에 따라 우리는 모든 특성에 대해 계기 바늘이 있는 도구를 만들어낼 수 있을 것이라는 입장이다. 예컨대 효용을 측정하는 심리전류계가 궁극적으로 발명될 것이라는 램지(F. P. Ramsey)의 믿음에는 이런 입장이 분명하게 반영되어 있다.[9] 램지의 편에서, 오늘날 컴퓨터는 사람이 일련의 문제에 대한 정답표와 연결된 단추 시스템을 누른 후 일 초 이내에 그 사람의 IQ를 표시해줄 수 있다고 말할 수도 있다. 그리고

8 저자의 논문, "Measure, Quality, and Optimum Scale" p. 241 참조.

9 F. P. Ramsey, *The Foundations of Mathematics and Other Logical Essays*(New York, 1950), p. 161. 예상할 수 있듯이, 램지에게는 유명한 쾌락주의자 선배들이 있었다. 벤담은 "도덕 온도계"를 꿈꾼 최초의 사람으로 보인다(*Works*, I. 304). 그 뒤 에지워스는 '쾌락계(hedonimeter)'라는 단어까지 만들어 그가 원하는 측정 기구를 묘사하였다. F. Y. Edgeworth, *Mathematical Psychics*(Reprint, London, 1932), p. 101.

만일 IQ가 지능을 측정한다고 믿는다면, 지능은 계기 바늘이 있는 도구로 측정되는 것이다. 반면에 노련한 물리학자들도 물질의 경도(硬度)를 설명하지 못하며, 그 척도는 아직도 오로지 질적이라는 사실이 있다. 그러나 이 측면에서 아마도 가장 두드러진 예는 엔트로피로, 이 변수는 이론물리학에서 기본적인 변수이지만, 엔트로피 계량기는 없으며, 물리학자들은 그런 기구가 어떻게 설계되어야 하는지 감조차 잡지 못한다.[10] 따라서 물리학에서 많은 측정 가능한 특성에 대한 측정 도구들을 고안할 수 있다는 것을 보여주는 증거가 우리 앞에 있지만, 이것이 모든 척도들을 잠재적으로 계기 바늘 눈금으로 환원할 수 있다는 의견을 뒷받침하지는 않는다.

3. 질적 잔류물

역학이든 물질의 구조든 물리학에 나오는 모든 식의 변수들은 숫자를 나타낸다. 이 식들에서 질(質)이 명확하게 나타나는 유일한 방법은 $E=mc^2$에서처럼 기호의 구별을 통해서이다. 여기서 E, m, c는 별개 범주나 상수를 의미한다. 대개 물리학자는 어떤 변수가 양(量)의 척도인지, 질의 정량화된 척도인지 신경 쓰지 않는다. 그렇지만 내가 앞 절에서 주장한 것처럼 질적 특성의 정량화가 특성 자체의 본질을 변화시키지는 않는다. 따라서 정량화는 그런 특성과 연관된 현상의 질적 요소 역시 훼손하지 않는다. 정량화를 통해 질이 소멸하지 않기 때문에 그 현상의 설명에 사용한 수식 속으로 필연적으로 이어진 질적 잔류물이 정량화 이후에도 남아 있는 것은 아주 당연하다. 그렇지 않으면 그 식은 적절한 설명이 되지 못할 것이다. 문제는 질적 잔류물이 순수한 수

10 현대물리학에서 도구로 측정 가능하지 않은 또 다른 중요한 변수는 파동함수 Ψ[양자역학에서 관련 정보를 모두 제공해줄 수 있는 기본 요소—옮긴이]이다. Louis de Broglie, *Physics and Microphysics*(London, 1955), p.80.

(數) 형식에 숨겨져 있는 형태를 알아내는 일이다.

고전역학의 기본 법칙들을 보면 그 답이 놓여 있는 방향을 알 수 있다. 이미 지적한 것처럼, 이 가장 오래된 물리학 분야에서는 기수 변수들만 다룬다. 뉴턴 제2운동 법칙에 따르면, 첫째, 특정 물체에 대한 힘의 효과에, 즉 그 물체의 가속도는 힘의 양에 비례하며, 둘째, 모든 물체에 대한 특정 힘의 효과는 그 물체의 질량에 비례한다. 또한 뉴턴의 중력 법칙의 핵심 역시 비슷한 방식으로 공식화될 수 있다. 즉, 어떤 물체가 단위 질량에 작용하는 인력은 그 물체의 질량에 비례하며, 모든 방향으로 균일하게 퍼져 있다.

누구나 관련 변수들의 비례 관계를 보여주는 물리학의 다른 기본 법칙들을, 예컨대 여러 가지 에너지 변환 법칙이나 막스 플랑크의 식 ($E = h\nu$)과 아인슈타인의 식 ($E = mc^2$)같이 유명한 식을 인용할 수 있다. 여기서 내가 지적하고 싶은 점은 이들의 간단한 형태가 단순한 우연이 아니라는 것이다. 그와는 반대로, 이 모든 경우에 변수들의 비례 관계는 각각의 변수는 어떤 질적 변화도 겪지 않는다는 사실의 필연적인 결과이다. 달리 말하면 이들은 모두 기수 변수이다. 그 이유는 간단하다. 기수 변수 두 개를 하나의 법칙으로 연결하면, 그 법칙이 다른 법칙들의 기나긴 사슬을 연결하여 얻어진 관계가 아니라는 의미에서 그 연결은 직접적이며, 따라서 한 쌍의 값에 대하여 옳은 것은 이어지는 다른 모든 쌍에 대해서도 옳아야만 한다. 그렇지 않으면, 처음 쌍과 예컨대 100번째 쌍 사이에 어떤 차이가 있을 것이며, 이는 질적 차이일 수밖에 없다. (이런 법칙을 부르는 적절한 표현인) 기수 법칙의 이 독특한 성질은 칸토어가 정립한 기수와 서수 사이의 유명한 구분의 기초가 된다. 칸토어에 따르면, 우리는 관련 요소들의 갖가지 질과 그들을 '세었던' 순서를 분리하고 추상화하여 기수 개념에 이르렀다.[11] 사실, 갖가지 질에서 분리되었다는 조건

---

11 G. Cantor, *Contributions to the Foundations of the Theory of Transfinite Numbers* (New York, n.d.), p.86.

은 지극히 중요한 조건이다. 왜냐하면 어떤 종류의 질적 차이가 없다면 우리가 요소들을 세는 순서는 여전히 제멋대로인 상태이며, 따라서 실체가 없게 된다.

따라서 기수 성질과 비례 법칙을 표현하는 공식의 1차 비례 관계 사이에는 밀접한 연관이 있다. 이 원리에 기초해보면, 일반적으로 복잡한 비례 관계는 몇몇 변수에 약한 기수 성질만 있다는 것을 가리킨다. 실제로 복잡한 비례 관계는 모든 변수의 한정된 범위에서의 1차 비례 관계와 같다.

바로 위 내용은 반증을 통해서 더 잘 이해할 수 있다. 이를 위해 물리학에서 가장 덜 알려진 분야인 물질의 구조 분야를 살펴보아야만 한다. 이 분야에는 인장(印張) 강도, 탄성 한계, 휨 등 정량화된 질(質)들이 넘쳐난다. 물질의 구조와 관련된 아무 논문이나 보면, 이런 변수들을 포함하는 어떤 법칙도 선형 공식으로 표현되어 있지 않다는 것을 알 수 있다(사실, 어떤 경우에는 아무 공식 없이 단지 실험적으로 결정된 그래프만 있다). 역시 그 이유는 단순하다. 일정 하중이 계속 더해지는 것을 동등한 원인이 누적되는 것으로 볼 수도 있지만, 구조물의 기둥에 가해지는 단계별 효과는 같지 않다. 변형은 측정 가능한 질(質)이지만, *n*단계의 변형은 질적으로 그 이전 어떤 단계의 변형과도 같지 않다. 또한 '*n*단계 변형'은 '1단계 변형'을 *n*번 합한 것과 같지 않다. 따라서 앞 문단에서 논의한 원리와 연관되어 있는 다음의 원리에 도달하게 된다. 비선형은 질과 관련된 현상의 수식에 질적 잔류물이 나타나는 양상이다[선형은 1차 비례 항만으로 이루어진 경우를, 비선형은 그 이외의, 두 항의 곱 혹은 제곱 등 복잡한 경우를 의미한다—옮긴이].

내재적 척도를, 즉 비선형 관계를 선형으로 변환하기 위해 정량화된 질에 대해 서수 척도를 택하여 이 결론을 반박하는 것을 생각할 수도 있다. 한때 로빈슨(Joan Robinson)은 노동 효율성에 대하여 이 아이디어를 적용하려 하였다.[12] 로빈슨은 일반적인 이유로 인해 실패하였다. 즉, 그 관계가 적용되는 모든 상황에 대하여 내재적 척도를 설정해야만 하는데, 그렇게 하면 이는 아무런 척도가 아니다. 게다가 질과 연관된 대부분의 현상에는 빠르게 선형 관계에서 벗어나는 일종의 정점(頂點)이 있다. 다시 말하면, 이런 단순하지 않은 변화를 선형 함수로는 도저히 나타낼 수 없다.

1차 비례 관계의 경우 상황은 그리 명쾌하지 않다. 그럼에도 정량화된 질을 다루는 몇 가지 법칙은 비례 관계로 표현된다. 한 예는 탄성 압력이 하중 변형에 비례한다는 후크(R. Hooke)의 법칙이다. 그러나 이런 경우 선형 공식은 제한된 범위에서만 타당하며, 이 제한된 범위에서도 경험에 기초한 편의적인 근사에, 즉 대략적인 계산 방법에 지나지 않는다.[13] 따라서 표면상의 모순은 사라진다. 이런 예로 미루어볼 때 현재 선형 공식으로 표현된 다른 법칙들도 대략적인 계산 방법에 지나지 않을지도 모른다. 언젠가는 선형 관계가 과거 실험에서 다룬 범위 밖에서 어긋나는 것이 발견될 수 있다. 현대 물리학사에서 이런 발견의 예들을 볼 수 있다. 아마도 속도의 합에 관한 로렌츠(H. A. Lorentz)의 유명한 공식이 가장 교훈적이다. 속도에 대해 동일한 원인이 동일한 효과를 낳는다는 원리에서 나온 고전 공식에서, $V=v+v+\cdots+v=nv$, 즉 속도의 합 V는 척도 n의 1차 비례 함수로 나타난다. 그러나 똑같은 상황에 대하여 확실히 증명된 것처럼, 로렌츠 법칙은 $V=c[(c+v)^n-(c-v)^n]/[(c+v)^n+(c-v)^n]$이 된다[상대론적 속도의 합 공식으로, 여기서 c는 빛의 속도이다—옮긴이]. 이 경우 추가되는 속도 v의 효과는 척도 n에 따라 감소한다. 따라서 물리학자들이 기회 있을 때마다 알려진 법칙을 실제 실험 범위 밖으로 확장하는 것을 비판하는 이유를 우리는 이해할 수 있다.[14] 이러한 이의제

12 Joan Robinson, *The Economics of Imperfect Competition* (London, 1938), p. 109 등.

13 비슷한 예는 유기적인 영역에서 훨씬 더 빈번하게 볼 수 있다. 심리학에서 웨버(Weber) 법칙에 따르면 인식의 한계는 가해진 자극의 세기에 비례한다. 경제학에는 가속 원리 [소비 수요의 변화가 투자에 주는 효과에 관한 원리—옮긴이]가 있다.

14 Bridgman, *The Logic of Modern Physics*, p. 203. P. W. Bridgman, *The Intelligent Individual and Society* (New York, 1938), p. 13. Werner Heisenberg, *Physics and*

기를 문자 그대로 받아들이지 않더라도, 그 근거는 분명하다. 따라서 기수 성질을 물리적 성질로 받아들이면, 이 성질 역시 정량(定量)의 주어진 범위에 한정될 수도 있다는 점도 받아들여야 될 듯하다. 이 결과, 양적 변화는 궁극적으로 질적 변화를 일으킨다는 헤겔의 경구[15]는 물리학 전 영역에서, 그리고 아마도 헤겔조차 의도하지 않았던 정도까지 정당화되어야 할 것이다. 실제로 이 경구를 양(量) 자체에 적용하면 양의 모든 의미는 없어진다.[16]

한편으로, 내가 아는 범위에서, 어떤 물리학자도 기수 성질의 확장은 물론 기수 변수의 존재를 비판하지 않는다. 물리학자에게 도구를 이용한 측정은 동일한 변수의 두 가지 예를 비교한다는 의미이다. 그렇지만 단지 몇몇 경우에만 두 예를 합하거나 직접 비교할 수 있다. 길이와 질량은 물리학 도구가 작동하는 기본 단위 체계에 포함되기 때문에 아주 좋은 예이다. 이 체계에 시간도 포함되지만, 시간은 길이와 질량이 기본적인 변수라는 의미에서와 똑같은 의미에서 기본적인 변수는 아니다. 두 개 시간 구간을 합하거나 비교하기 위해서는 먼저 각각을 어떤 시계로 측정해야 한다(시계는 시간을 길이로 간접 측정한다). 시간의 측정은 물리학의 다른 많은 측정들처럼 대체적으로 임의적인 방식에 기초한다.[17] 바로 이 때문에 길이의 기수 성질이 로렌츠 수축 공식[18]으로 위협받는 것으로 보였을 때, 대신 제물이 된 것은 뉴턴식 시간의 기수 성질이었다. 다시 말하면, 시간의 '수축'에 대한 아인슈타인 공식이 길이

Philosophy: The Revolution in Modern Science(New York, 1958), pp. 85 f.

15 *The Logic of Hegel*, tr. W. Wallace(2nd edn., London, 1904), p. 203 등.

16 "수량에는 바꿀 수 있는 것이, 변화에도 불구하고 계속 똑같이 남아 있는 것이 있다." 앞의 책, p. 200.

17 시간이 기본적인 변수가 아니기 때문에 E. A. Milne, *Kinematic Relativity*(Oxford, 1948), p. 37에서처럼 시간을 보통 시계의 시간의 t 척도가 아닌 지수함수 e^t 척도에서 측정해야 한다고 자유롭게 제안할 수 있었다.

18 관찰자에 대하여 운동하는 물체는 운동방향의 비율로 길이가 줄어들어 보인다는 이론—옮긴이.

의 기수 성질을 지켜낸 것이다. 어떤 변수의 현재 기수 척도가 닫힌계에서 성립한다면, 즉 어떤 측정 도구(들)을 통해 다른 변수들과 관계하지 않는다면, 미래에 그 기수 성질을 폐기할 이유를 생각하기 어렵다는 것이 결론이다. 헤겔의 개념에 나온 '양(量)'은 아마도 이런 기본적인 변수들에만 적용되어야 할 것이다.

시간과 속도처럼 현재 기수라고 생각하는 변수들이 실제로 그렇지 않은 것으로 밝혀질 수도 있지만, 모든 과학에서 질을 완전히 무시하지 못하는 것처럼 양을 모두 제거하는 것도 가능하지 않아 보인다. 그런 경우 물리학의 모든 법칙이 비계량적인 위상기하학[topology: 토폴로지, 불변인 공간적 대응관계를 연구하는 기하학의 한 분야 — 옮긴이] 명제로 환원되고, 물리학의 실용적인 성공은 대부분 끝날 것이다. 이 점은 중요하며, 이제 경제학에 나오는 예들로 이를 설명하고자 한다.

4. 크기 문제

앞의 분석에서 언급한 단서를 잊지 않는다는 전제하에, 현상과 직접 연관된 변수들을 기수로 측정할 수 있다면, 일반적으로 이들을 모두 동일한 비율로 증가시키고도 동일한 현상을 표현할 수 있다고 예상할 수 있다. 그러면 그 현상을 설명하는 공식은 1차 비례 관계이어야, 보다 일반적으로 1차 동차함수이어야 한다. 한편 어떤 변수가 정량화된 질(質)이면, 그 공식이 비선형일 것이라는 예상에 의심의 여지가 없다.

첫 번째 상황은 크기와 무관한 현상(혹은 과정)을 규정하기 때문에, 크기 문제는 명백히 정량화된 질과 연관된 과정에 대해서만 일어나며, 그 반대도 역시 마찬가지라는 것이 분명하다. 또한 똑같은 내용이 정량화가 불가능한 질과 연관된 과정들에 더 강하게 적용된다는 것은 말할 필요도 없다. 결론은 크기 문제가 질과 관련된 과정들에 엄격하게 한정된다는 것이다.

내가 강조하고자 하는 내용은, 나는 이 결론을 뒷받침하기 위해 단 하나의 증거도 물질 영역 밖에서 찾지 않았다는 것이다. 따라서 생명현상 관련 연구자들은 크기가 질과 확고하게 연관되어 있다고 가르치는 것이 물리학이라는 사실에 주목해야 한다. 실제로 크기에 관한 지배적인 의견은 생물학과 사회과학에서 가장 중요한 부분을 이루는데, 이들 과학만이 유기체를 연구해야 하기 때문에 크기 문제가 이들 과학에서만 일어난다는 것이다.

코끼리나 모기의 적정 크기가 그 생물의 변덕이나 우연이 아닌 정량화된 질과 관련된 물리 법칙에 따라 결정된다는 아이디어는 흥미롭게도 비교적 오래된 것으로, 생물분류학보다도 오래되었다. 이 문제를 처음 설명한 사람은 갈릴레오인데, 그의 설명은 너무도 정곡을 찌르는 것이어서 요약 문단을 그대로 인용하고자 한다.

"이미 보인 것으로부터, 예술이나 자연에서 구조의 크기를 거대한 규모로 늘리는 것이 불가능하다는 것을 쉽게 알 수 있다. 배를 젓는 노, 정원, 기둥, 금속볼트 등 간단히 말해 부품들을 결합하는 방식으로 **배, 궁궐, 사원을 거대한 규모로 만들기가 불가능한** 것과 마찬가지이다. 나뭇가지들이 자체 무게로 인해 부러질 것이기 때문에 자연에는 거대한 나무가 있을 수 없는 것도 마찬가지이다. 또한 사람, 말 혹은 동물들의 키를 엄청나게 키우고도 이들의 골격 구조를 결합하여 정상적인 기능을 하도록 만드는 것 역시 불가능할 것이다. 보통보다 단단하고 튼튼한 물질을 사용하거나 뼈의 크기를 키워 동물의 형상이 괴물이 될 때까지 형태를 변형해야만 키가 커진 것을 감당할 수 있기 때문이다."[19]

스펜서(Herbert Spencer)가 갈릴레오의 설명을 재발견한 이래 생물학자들이 생물의 크기와 물질의 구조 법칙들 사이의 밀접한 관계를 생각하고 그 의

19 Galileo Galilei, *Dialogue Concerning Two New Sciences*, tr. H. Crew and A. de Salvio(Chicago, 1939), p.130. 저자의 강조.

미를 주의 깊게 탐구할 수 있었던[20] 것은 생물학자들만이 개별 유기체 내부에서 일어나는 일에 흥미를 가졌기 때문이다. 경제학자들은 흔히 유량(流量)만을 중시하는 고정 관념에 사로잡혀 생산 단위 내에서 일어나는 일은 전적으로 기술자의 몫이라는 입장을 취한다. 경제학은 단지 공장 입구에서 관찰되는 유량에만, 즉 **단위 사이의 유량**에만 관심을 보인다[투입물과 산출물을 가리킴—옮긴이]. 이 유량 고정 관념은 경제과정에 관한 많은 근시안적 관점의 원인이다.

실제로 몇몇 예외를 제외하면, (다른 사회과학자들도 포함하여) 경제학자들은 유기체의 일반 개념이 자신의 영역에서 유용한 도구가 될 수도 있다는 어떤 의견에도 반대한다. 과학적 설명에 대한 타고난 기계론적 시각으로 인해 많은 경제학자들이 그런 개념은 비과학적이라고 비난하기까지 하며, 자연히 어떤 과학에서도 사용하면 안 된다고 주장한다. 결과적으로 생산 단위에 적정 크기가 존재하느냐는 문제는 아직도 경제학에서 미결이다. 끝없는 논쟁에 지쳐, 많은 경제학자들은 이제 이 문제에 더는 관심을 두지 않는다. 그러나 이 쟁점에 관한 옛 문헌들에는 얼토당토않기는 하지만 상당히 기발한, 적정 크기의 존재에 반하는 주장들이 있다. 이상하게도 논쟁의 양측 주장 대부분에 생물학적 유사체들이 포함되어 있다. 몇몇에는 '개미-인간'과 '개미-기계'라는 용어가 나온다.[21]

이 문제를 독립적인 입장에서 접근한, 또 많은 경제학자들이 꽤나 좋아하는 주장의 하나는 얼핏 보면 이 절의 처음에 옹호하였던 원리와 밀접해 보인

---

20 Herbert Spencer, *The Principles of Biology* (2 vols., New York, 1886), I, 121 ff. 실질적으로 모든 저명 생물학자들이 이 문제에 관하여 저술하였다. 예컨대, J. B. S. Haldane, *Possible Worlds and Other Papers* (New York, 1928), pp. 20~28. 그러나 누구도 톰프슨보다 솜씨 있고 완벽하게 다루지 못하였다. D'Arcy W. Thompson, *On Growth and Form* (2 vols., 2nd edn., Cambridge, Eng., 1952), I, 22~77.

21 이 주장 중 가장 대중적인 비평을 보려면 저자의 논문, "Chamberlin's New Economics and the Unit of Production," in *Monopolistic Competition Theory: Studies in Impact*, ed. R. E. Kuenne (New York, 1967), pp. 31~62를 보라.

다. 이 주장은 현상과 관련된 모든 요소들을 완전히 다 고려하면, 자연의 이치는 항상 1차 동차함수로 표현된다는 것이다. 흔히 그렇듯이 관찰 결과 다른 형태의 공식에 다다르면, 이는 기존 주장에 대한 반증이 아니라 우리가 몇 가지 요소들을 간과하였다는 분명한 징후로 간주된다. 그런데 이 논제에 관한 흥미로운 사실은 설사 이 논제가 타당하더라도 생산 단위의 적정 크기에 관한 경제 이슈와는 아무 관계가 없다는 것이다. 몇몇 요소는 자유재[희소성이 없어 대가 없이 획득할 수 있는 재화—옮긴이]이기 때문에, 경제 이슈는 모든 관련 요소에 좌우되지 않는다는 것이 확실하다. 반대로, 새뮤얼슨(Paul A. Samuelson)이 지적한 것처럼[22] 자연의 일반 원리로 본다면, 이 논제는 실제적으로 의미가 없을 뿐만 아니라 완전히 모순된다. 실제로, 함수 $y=f(x_1, x_2, \cdots, x_n)$를 어떤 완성된 법칙, 즉 모든 관련 요소 $X_1, X_2, \cdots, X_n$이 고려된 1차 동차 표현이라고 해보자[함수 f의 x는 각 요소의 크기를 나타낸다—옮긴이] 여기서 X_n이 무시된 요소[예컨대 자유재—옮긴이]이고, 관찰에는 아무런 오류가 없다고 가정해보자.[23] 일반적으로 관찰 결과는 n차원 공간$(y, x_1, \cdots, x_{n-1})$에 흩어질 것이며, 결과적으로 우리는 그 법칙의 존재를 상상할 수도 없을 것이다. 하지만 모든 관찰 결과가 우연히 다중곡면 $y=g(x_1, x_2, \cdots, x_{n-1})$ 위에 놓이면 X_n은 불필요한 요소이며, 이 식은 완성된 법칙이다. 즉, 모든 관찰된 법칙들은 분명히 완성된 법칙임에 틀림없다. 그리고 모든 관찰 법칙들이 1차 동차함수로 표현되지는 않기 때문에, 위 논제가 엉터리임이 증명되었다.

---

22 Paul A. Samuelson, *Foundations of Economic Analysis*(Cambridge, Mass., 1948), p.84.

23 이 마지막 가정은 이 논제를 살펴보는 데 절대적으로 필요한데, 이 논제는 관찰 오차 또는 연이은 근사 문제와 사실상 아무런 관계가 없다는 것을 강조해야 한다.

5. 동일성과 과정

앞의 논의 선상에서 한 가지 점이 지극히 중요하다. 크기 문제는 동일성 개념과, 특히 '동일 현상' 혹은 '동일 과정'과 매우 밀접하게 연관되어 있다. 경제학에서는 동일성이 설정되는 추상적인 기준을 강조하기 위해 '동일 과정'보다는 '생산 단위'라는 용어를 더 선호한다. 어떤 용어를 사용하든, 기본적으로 동일성은 완전한 형식화가 가능하지 않은 기초 개념이다. '동일 과정'은 유사한 사건들의 집합이며, '동일 사물'보다 훨씬 더 큰 어려움을 야기한다. 그러나 이런 어려움 때문에 분석을 포기해서는 안 된다. '동일성'은 분석 가능하지는 않지만 대부분의 경우 작동하는 개념이라고 받아들이면, 많은 점들을 명확하게 하여 큰 도움이 될 수 있다.

그러면 P_1과 P_2를 한 과정의 어떤 두 별개의 예라고 해보자. 크기 문제는 유기체 내에서 P_1과 P_2를 동일 과정인 또 다른 예 P_3로 합하는 것이 가능한 경우에서만 일어난다. 이것이 가능하면, P_1과 P_2를 내부적으로 합쳐 다음과 같이 쓸 수 있다.

$$P_1 \oplus P_2 = P_3 \qquad (1)$$

이 경우 P_3는 P_1과 P_2로 나누어진다 혹은 해당 과정 (P)은 분리 가능하다고 한다. 예컨대 질량 m_1과 m_2가 별개의 두 과정 P_1과 P_2에 의해 각각 에너지 E_1과 E_2로 변환된다면, $m_1 + m_2$를 $E_1 + E_2$로 변환하는 동일 과정의 예가 존재하기 때문에 이들 개별 과정은 내부적으로 합쳐질 수 있다. P에 분리가 불가능한 자연적인 단위가 없다면 P_3를 P_1과 P_2, 또는 두 개의 절반으로 나눌 수 있다. 말할 필요도 없이 (똑같은 의미에서) '코끼리' 혹은 심지어 '하버드대학'과 같은 과정들은 나눌 수 없다.

유기체 내에서의 내부 합산 때문에 해당 이론 작업의 선형성이 나타난다는 것은 분명하다. P_1과 P_2를 합칠 수 있지만 합친 결과가 다른 과정의 예를 나

타낸다면, 이론 작업의 결과 비선형인 항이 드러날 것이다.[24]

또 다른 강조할 점은 과정을 외부적으로 합칠 수도 있다는 것이다. 이 경우 P'와 P''는 동일 과정의 예일 필요도 없다. 외부 합산은 다음과 같이 쓸 수 있다.

(2) $$P' + P'' = P'''$$

P'과 P''는 각각의 개별성(분리성)을 유기체 내에서 유지하며, 관념적 혹은 이론적으로만 한 덩어리가 된다. 따라서 외부 합산과 내부 합산은 완전히 다른 개념이다.

회계사가 여러 대차대조표를 하나로 통합할 때 혹은 우리가 한 국가의 국민 순생산을 계산할 때 모든 생산과정을 단순히 외부적으로 합한다. 이 이론 작업이 관련 과정들의 어떤 실제 합병을 반드시 의미하는 것은 아니다. 부기(附記)에서 모든 과정은 덧셈이다. 이 때문에 생산 단위(공장이나 회사)의 과정을 산업의 과정과 분명하게 구분해야 한다. 산업은 연결되지 않은 생산과정들의 증가를 통해 확장할 수도 있지만, 생산 단위의 성장은 내부 형태의 변화 결과라는 것이 요점이다.

따라서 산업의 부기 과정에서 외부적으로 합치는 단위들이 똑같다면, 비례 특성이 관련 변수를, 즉 투입량과 생산량의 변화를 결정할 것이다. 그러므로 규모에 대한 수확 불변은 과립(顆粒)형 산업과 동의어이다.[25] 실제 산업이 실

---

24 이 항은 별개의 두 현상의 통합으로 만들어지는 상호작용이라고 부르는 것이다. 도움이 되는 예로 파동역학 방정식의 비선형 항에 대한 슈뢰딩거의 해석을 참조할 수 있다. E. Schrödinger, "Are There Quantum Jumps?" *British Journal for the Philosophy of Science*, *3*(1952) 234.

25 내가 '원자형 산업(atomistic industry)' 대신 '과립형 산업(granular industry)'이라는 용어를 사용한 것은, 전자가 오늘날 혼동을 일으킬 수 있기 때문뿐만 아니라, 규모에 대한 수확 불변 성질에 반드시 기업의 수가 아주 많을 필요가 없기 때문이다. 기업의 수는 기업의 전략이 시장에 미치는 결정적인 효과를 예측할 수 없는 정도, 즉 충분히 커서 한 기업의 경쟁 전략이 동종 산업에 특별할 효과를 초래하지 않을 정도면 된다.

질적으로 똑같은 기업들의 누적으로 표현되는 범위까지는, 레온티에프(W. Leontief) 체계에서 일정한 생산 계수의 가정에 대해 어떤 타당한 반론도 제기할 수 없다.

앞의 주장과 연관된 한 가지는 오해를 일으키기 쉽다. 내가 기수로 측정 가능한 변수들만 포함하는 현상들은 필연적으로 척도와 무관하다고 주장하였기 때문에 비판자들은 내가 최소한, 공장의 적정 규모의 존재를 비판하는 최상의 주장을 하였다고 우길 수도 있다. 실제로, 대체적으로 공장의 투입량과 생산량은 기수로 측정할 수 있지 않은가라고 물을 수도 있다.

이런 해석은 내 주장의 진짜 핵심을, (가장 엄격한 의미에서의 원인과 결과처럼) 기수로 측정 가능한 변수들이 즉각적으로 연결되어 있을 때에만 법칙이 선형 동차공식으로 표현되는 것으로 기대할 수 있다는 핵심을 무시하려는 것이다. 앞의 예들 중 하나로 돌아가서, 힘은 가속도에 직접 영향을 주기 때문에 가속도는 힘에 비례한다고 예상할 수 있다. 우리가 아는 한, 힘과 가속도 사이에는 아무런 중간 고리가 없다. 나는 기수 성질 자체가 동차이면서 선형인 법칙 공식들을 정당화하기 충분하다는 주장을 암시조차 하지 않았다. 나는 기수 성질을 측정과 연관된 어떤 명확한 작업들을 허용하는 물리적 성질로, 따라서 기수 변수들을 포함하는 현상의 표현에 앞서 정립된 성질로 이해한다. 바로 이 때문에, 나는 에너지가 어떤 경우에는 '양(量) 개념', 또 다른 경우에는 "질(質) 개념' 혹은 '세기 개념"이라는 슈뢰딩거의 관점[26]에 동의하지 않는다. 이제 분명해졌듯이, 변수의 기수 성질이 그 성질을 포함하는 과정에 따라 변화한다기보다 내부적으로 더 할 수 있는 과정과 그렇지 않은 과정으

기본적으로 이 조건을 만족하는 수에는 반(半)그림자가 있으며, 그 크기는 전략 분석 상태에, 그 분석 결과에 대한 사업가의 인식과 각 회사가 입수할 수 있는 정보에 좌우된다.

26 Schrödinger, "Are There Quantum Jumps?" 115[세기 개념은 온도와 같이 계를 구성하는 물질의 양에 비례하지 않는 성질들을 가리킨다 ―옮긴이].

로 구별해야 한다는 것이 내 의견이다.

생산 단위의 경우, 유량 고정 관념에서 기꺼이 벗어나려는 어떤 경제학자에게나 투입량과 생산량이 직접 연관되어 있지 않다는 것은 명백할 것이며, 따라서 생산 함수가 1차 동차함수일 것이라고 기대할 선험적인 이유는 전혀 없다. '익숙한 공장 – 생산함수'는 투입물을 생산물들로 변환하는 데 필요한 부분 작업들과 관계된 일련의 물리적인 과정들의 외부 합산을 표현한 것이다. 어떤 공장 과정도 규모와 무관할 수 없는 이유는 이 중간 과정들의 대부분이 질(質)과 연관되어 있기 때문이다. 우리는 기수로 분명히 측정 가능한 많은 투입물의 생산 가치는 그 물질의 정량(定量)에 있지 않다는 것을 안다. 물질을 무게나 부피 단위로 구입하지만 실제로 구입하는 것은 흔히 압력이나 열 같은 것에 대한 저항성, 즉 양이 아니라 질이다. 이는 이런 물질들이 완벽하게 나누어지든 아니든 사실이다. 결과적으로, 요소의 완벽한 분리 가능성은 규모에 대한 수확 불변을 수반한다는 소위 동어반복의 논제에는 아무런 의미가 없다. 그럼에도 반론이 있다면, 이는 단지 논의 과정에서 '요소의 분리 가능성'을 '과정의 분리 가능성'과 혼동하기 때문이다. 이런 경우에는 논의를 생산 단위에 더는 적용할 수 없다. 이는 쓸데없이 복잡하게 미립형 산업(molecular industry)의 동어 반복적 특성을 증명할 뿐이다.

6. 기수 성질과 질적 잔류물

아마도 현대 수학에서 가장 큰 변혁은 갈루아(Évariste Galois)의 군(群, group) 개념으로 인해 일어났다. 갈루아 덕분에 수학자들은 그 때까지 완전히 다른 별개의 것이라고 생각하였던 일련의 성질들이 동일한 추상적인 패턴과 일치한다는 것을 깨닫게 되었다. 많은 상황을 반영할 수 있는 서로 다른 추상적인 패턴들을 찾아내고 연구하여 얻어진 사고의 절약이 너무도 분명하여, 수학자들은 이 방향으로, 즉 형식주의[27]로 점점 관심을 돌리게 되었다. 형식주의의 위력을 알 수 있는 교훈적인 예는 유클리드 기하학에서의 점-선 관계에 적합한 동시에, 4인을 2인의 팀으로 조직하는 데도 맞는 추상적인 패턴이다.[28] 되풀이하면, 수학에서의 형식주의의 성공으로, 지식의 기반은 형식상의 패턴만으로 이루어져 있다는 인식론적 태도를 갖게 되었다. 바로 앞에 언급한 경우, 패턴이 한 예에서는 점과 선에, 다른 예에서는 사람과 팀에 적용된다는 사실은 완전히 부차적인 문제이다. 마찬가지로 모든 측정의 척도는 완전 단조 변환에 의해서 다른 척도로 바뀔 수 있으며, 따라서 완전단조함수는 척도의 형식적인 패턴이라는 것이다. 이렇게 하여 기수 성질에 인식론적 의미가 전혀 없다고 하기에 이르렀다. 이 관점에 따르면, 목수가 길이를 재려고 자를 한 번, 두 번, … n번 내려놓을 때, 1, 2, …, 2^n으로 세거나, 아니면 드브로이가 제안한 것처럼 로그 눈금 자를 사용하지 않을 아무런 이유가 없다.

이는 다양한 측정 가능성들을 구별하는 데 반대하는 전형적인 의견으로, 예컨대 물고기와 곤충을 구별할 객관적인 이유가 전혀 없다고 주장하는 것과 같다. 둘 다 동물이 아닌가? 드브로이는 더 나아가 기수 성질은 무의식적인 습관과 얄팍한 직관을 반영하는 자의적인 착상(기껏해야, 순전한 관행)이라고 주장하는데,[29] 이렇게 다양성을 빼앗긴 물리학자가 실험실에서 일상적인 작업이라도 할 수 있었는지 모르겠다. 그리고 드브로이는 기수 성질이 관행의 문제임을 보이기 위해, 동일한 수의 분자를 포함한 두 기체를 예로 든다. 이 기체들의 열에너지가 각각 E_1, E_2라 하면, 잘 알려진 대로 $E_1 = kE_2$의 관계는 절대온도 T_1과 T_2가 유사한 관계 $T_1 = kT_2$를 만족한다는 사실을 수반한다. 그러므로 여기서 우리는 열에너지의 기수 성질을 절대온도로 이전하는 관행을

27 독일의 수학자 힐베르트가 제창한 입장으로, 수학 이론을 공리화(公理化)하고, 논리 기호로 형식화하여, 그 체계를 기호 배열의 변형 과정으로 보는 방법—옮긴이.

28 R. L. Wilder, *Introduction to the Foundations of Mathematics*(New York, 1956), pp. 10~13.

29 Louis de Broglie, *Physics and Microphysics*, pp. 81 f.

본다. 그렇지만 이 주장은 절대온도가 기수 변수가 아닌 이유를 보다 완전히 이해하게 해주는 것에만 의미가 있다. 다음 대비는 더욱 분명하다. 길이가 기수 변수인 것은 폭이 동일한 직사각형의 길이가 면적에 비례한다는 사실을 이용하여 드브로이의 관행과 완전히 닮은 관행을 만들 수 있기 때문이 아니라, 길이로 직접 어떤 (예컨대 길이를 합하는) 작업을 할 수 있기 때문이다.

또한 척도의 상대성을 제안한 경제학자들도 있다. 이들은 이러한 관점이 경제과학의 전체 기반을 무너뜨린다는 것을 알아채지 못한 것 같다. 실제로 이 기반은 어떤 특별한 현상이 증가 혹은 감소하는 변화를 한다고 말하는 몇몇 원리로 이루어져 있다. 한계 효용 체감, 한계 대체율 체감, 내부 경제 증가 등등, 소비 현상에 관한 원리이든 생산 현상에 관한 원리이든 전혀 예외가 없다.

기수 성질이 허위라면, 이 원리들에 아무런 의미가 없다는 것을 깨닫는 것은 비교적 단순한 문제이다. 분명히, 이런저런 방법으로 옥수수를 측정할 인식론적 근거가 없다면 한계 효용은 임의의 범위에서 자유롭게 증가하거나 감소할 수 있을 것이다. 의외일지 모르지만, 척도의 상대성은 소비보다 생산 분야에서 더 큰 문제를 일으킨다. 동일 생산량 곡선, 비용 곡선, 규모 곡선 등을 우리가 원하는 거의 아무 모양이나 갖도록 만들 수 있다.[30] 이론물리학이 기수 기반을 필요로 하는지는 이 책의 범위를 넘어서지만, 경제활동은 그 평범한 특성으로 인해 기수 기반 없이 존재할 수 없다는 데 의심의 여지가 없다.

토지는 흔히 넓은 면적에 걸쳐 균일하기 때문에 우리는 토지를 넓은 단위로 거래한다. 그렇지만 이 균일성은 보편적이지 않기 때문에 우리는 각기 다른 토지에 대해 다른 지대를 지불한다. 서로 다른 지대를 없애기 위해 대상 토지의 서수 척도를 채택한다면, 경제생활은 상상할 수 없이 복잡해질 것이다.

30 자세한 내용은 앞에 인용한 저자의 논문, "Measure, Quality, and Optimum Scale," pp. 234, 246을 보라.

질적 편차를 수반하는 모든 경제 변수들에 대하여 동일한 아이디어를 적용한다면 얼마나 더 복잡해질 것인가!

기수 성질은 질적 편차가 전혀 없는 상황과 연관되기 때문에, 이는 질(質)의 자연스런 출발점이 된다. 설명 도구 상자에서 이를 제거하는 것은 질에 대한 모든 준거를 없애는 것과 같다. 모든 것은 '이것' 아니면 '저것'이 될 것이다. 경제학에서 이런 아이디어를 따르는 것은 특히 치명적일 것이다. 많은 경제 이론의 기초가 되는 모든 기본 원리들은 근본적으로, 질과 연관된 현상을 기수 격자 위에 투영하여 나타난 질적 잔류물의 표현이다. 한 예를 들면, 대체탄력성 체감의 원리[생산 요소를 대체할 때 그 탄력성이 점차 감소한다는 원리—옮긴이]는 단지 이런 잔류물일 뿐이다. 그 정당화를 면밀히 검토해보면, 대체 가능한 요소들이 앞에서 언급한 특별한 범주에 속한다는 것을 쉽게 알 수 있을 것이다. 이들은 그 질적 성질을 통해 생산과정에 관계한다. 또 다른 범주의 요소들은 생산과정을 지나가기만 하는 어떤 종류의 단순한 물질인데, 엄격히 말하면 이들은 질적 잔류물의 원인이 될 수 없으며 따라서 대체되지 못한다. 한 예로, 특별한 황동을 만드는 데 사용되는 투입물 구리와 아연을 생각할 수 있다. 여기서 두 투입물 혹은 생산물과 투입물 사이의 모든 관계는 생산과정에서 해당 요소가 하는 역할에 따라 질적 잔류물을 보일 수도, 아닐 수도 있다는 결론에 도달한다. 이 차이는 생산 함수가 보여주는, 그리고 한계성에 대한 일반적인 개념으로 가려지는 매우 다양한 패턴들의 원인이다.[31]

많은 경제학자들은 경제학이 연역적 지식체계라고 주장한다. 기수로 측정 가능한 경제재의 양적인 변화에 작동하는 기본 원리의 특성에 대한 앞의 분석은 이들의 입장을 부분적으로만 정당화한다. 분명, 질적 잔류물의 존재를

---

31 위 논의는 『AE』에 재수록된 저자의 논문, "Fixed Coefficient of Production and the Marginal Productivity Theory"(1935)에 대한 재고라 할 수 있는데, 아마도 가격 평가 메커니즘과 연관된 한계성에 관한 최초의 일반 이론에 해당한다.

단언하는 것은 경험적인 명제라기보다 **선험적인** 종합판단이다. 그러나 증거가 될 사실을 통해서만 질적 잔류물이 증가 혹은 감소하는 변화로 나타나는지 알 수 있다. 이는 충분히 분명하게 보이지만, 특별히 교훈적인 예로 이를 설명하고자 한다.

기수로 측정 가능한 생활필수품 영역에서 선호도 지도의 기본적인 특징은 질적 잔류물을 반영한다는 아이디어를 향해 더듬어가던 중, 나는 1954년 논문에서 한계 대체율 체감의 원리[32]를 질(質)이 전면에 부각되는 새로운 명제로 바꾸었다. 기본적으로, 나의 출발점은 감자 5kg과 옥수수 가루 5kg이 우연히 소비자에게 같은 효용이 되더라도 감자와 옥수수 가루의 어떤 **혼합물** 5kg의 효용이 처음에 선택한 어느 것과도 같을 수 없으리라는 것이었다. 이 부정적인 서술은 단순히 선호도 지도에서 질적인 잔류물의 존재를 인정하는 것이며, 따라서 아무런 경험적인 뒷받침이 필요 없다. 선택은 질과 연관된다는 '공리'로 충분하다. 그러나 무차별 곡선은 **분명히** 볼록하다는[33] 전통에 기반을 둔 개념의 영향을 받아, 나는 한 걸음 더 나아가 (일반적으로) 혼합물 5kg을 다른 둘보다 선호한다고 주장하였다. 뻔한 이유들 때문에 나는 이렇게 서술된 가정을 **상보성 원리**라고 불렀다.[34] 케이센(Carl Kaysen)은 어떤 요소들은 당연히 몹시 싫은 혼합물이 된다는 데 근거하여 이 가정에 의문을 표하였다. 나는 이 가정에서 개인이 그 요소들을 실제 혼합하거나 어떤 순서로 그들을 소비하도록 강제되지 않는다는 점에 만족하였기 때문에 당시 반대 의견에 별로

32 효용 수준을 유지하면서 다른 상품으로 대체하기 위해 한 상품을 포기할 때 좀 더 많은 양의 상품을 대체하면, 상대 상품에 대비하여 대체되는 상품의 양이 감소한다는 원리 — 옮긴이.

33 동일한 효용에 해당하는 다양한 상품 조합을 표시하는 무차별 곡선은 두 재화의 양을 축으로 하는 그래프에서 원점을 향해 볼록한 우하향곡선이다 — 옮긴이.

34 『AE』에 재수록된 저자의 논문, "Choice, Expectation, and Measurability"(1954) 2절을 보라.

개의하지 않았다. 하지만 얼마 후, 나는 그 가정의 간단한 반증 사례를 우연히 알게 되어 케이센의 질문이 중요하다는 것을 깨닫게 되었다. 반려동물을 기르는 사람은 개 두 마리를 기르는 것과 고양이 두 마리를 기르는 것을 똑같이 선호할 수 있지만, 개 한 마리와 고양이 한 마리를 기르면 즐겁지 않다는 것을 알게 될지도 모른다. 이 예는 몇 가지 생활필수품에는 대립 효과가 있을 수 있기 때문에 상보성 원리가 일반적으로 타당하지 않다는 것을 보여준다. 앞에서 말했듯이, 오직 사실에 입각한 증거만이 질적 잔류물이 비례 성질을 교란하는 방향을 결정할 수 있다. 그리고 이 방향을 결정하지 않으면 경제학의 기본 법칙들은 실질적으로 가치가 없기 때문에 이들이 선험적인 종합 진리라는 태도는 단지 절반만 유효하다. 모든 반쪽짜리 진리들처럼, 이런 태도는 우리의 사고에 몇 가지 불행한 영향을 미쳐왔다.

5장

새로움, 진화, 엔트로피

물리학의 또 다른 구체적인 실례들

1. 이론과 새로움

현대 과학철학에서도 물질에 관한 연구가 물리학과 화학으로 나뉘어 있다는 사실에 충분히 주의를 기울이지 않는다. 아마도 화학이 물리학에서 분리된 것이 전통이나 분업의 문제라고 생각하기 때문일 것이다. 그러나 만일 이것이 유일한 이유라면, 오래전에 화학은 예컨대 광학이나 역학과 같이 물리학의 평범한 세부 분야가 되었을 것이다. 통합과학에 대한 신념이 지식인 세계를 휩쓰는데도, 왜 이 첨단 분야들은 아직도 그대로인가? 최근에 물리학과 화학의 중간 고리로 물리화학이 성립된 것은 뿌리 깊은 이유로 인해 완전한 합병이 방해받고 있다는 것을 명백하게 보여준다. 그 이유는 화학에 질서정연한 이론적 규범이 없기 때문이다. 따라서 물리학의 성채에 트로이 목마를 들여보내면 폐해만 생길 것이다.[1]

---

1 W. Heisenberg, *Physics and Philosophy: The Revolution in Modern Physics*(New York, 1958), p.101에 나오는 물리학과 화학은 "완전한 결합에 이르렀다"는 표현을 우연히 찾아낸 독자는 하이젠베르크의 말은 단지 화학에서도 지금은 물질을 닐스 보어의 원자로 이루어진 것으로 다루고 있다는 것이었음에 주목해야 한다.

사람들은 화학 이론이 없다는 주장에 크게 당황할지도 모른다. 물리학과 마찬가지로 화학도 결국은 양(陽)과 정량화된 질(質)을 다룬다. 수소 원자 두 개와 산소 원자 한 개가 물 분자 한 개로 결합한다는 것은 정량적인 화학 명제의 예이다. 화학에서 색, 단단함, 산성도, 소수성(疏水性)[물을 싫어하는 특성—옮긴이] 등 물질의 정량화된 질을 연구한다는 것은 사실이다. 그러나 결국 이들 질적 성질들도 계량형태 명제로 표현된다. 따라서 언뜻 보기에는 모든 화학 명제를 (1장 5절에서 설명한 것처럼) 집합 {α}와 집합 {β}로 나누기 위해 논리 여과기로 거르는 것을 막을 수 없을 듯하다. 그러면 화학 이론이 없는 이유는 무엇인가?

이 질문에 답하기 위해 물리학 법칙의 확률적 형태와 도구를 이용한 관찰의 불확정성에도 불구하고 물리학은 아직도 기계론적 과학이라는 점을 생각해보자. 여기서 기계론적 과학이라는 용어는 고전적인 믿음의 중요한 신조를 포함하는 더 넓은 의미가 있다. 이 의미에서 과학은 다음 가정들을 만족할 때 기계론적이다. 첫째, 질적으로 서로 다른 요소들의 수는 한정되어 있으며, 둘째, 이 요소들과 동일한 현상 영역에 있는 다른 모든 것들을 연결하는 기본 법칙의 수는 한정되어 있다. 닐스 보어의 의미에서 기본 법칙들이 상보적이라는 사실은 이 관계에서 장애가 아니다. 그렇지만 현재의 연이은 소립자 발견 추세로 말미암아 기본 입자의 수에 제한이 없다는 결론에 도달한다면, 물리학이 더는 기계론적이지 않을 수 있다. 기본적인 수준에서 질적 무한(無限)이 있으면 기본 법칙의 체계 역시 무한이어야만 할 것이다. 이 경우 모든 명제들을 논리적으로 분류하여 사고(思考)의 절약을 얻기가 더는 가능하지 않을 것이다. 기껏 우리가 할 수 있는 일은 어떤 유사성에 따라 명제들을 한정된 수의 집합으로 분류하거나, 좀 더 실용적으로 일상생활에서 각 명제가 필요한 빈도에 따라 그룹으로 분류하는 일일 것이다.

현재 화학에는 이와 유사하지만, 또 다른 방향에서 나온 요소들이 만들어낸 상황이 벌어지고 있다. 한정된 수의 화학 원소들이 수많은 다른 화학 물질들로 결합하는 방식에만 화학자들의 관심이 있는 것은 아니다. 앞에 언급하였듯이, 화학자들은 덩어리로 존재하는 물질들의 다양한 질에 (훨씬 더) 관심을 갖는다. 그리고 이들 질의 대부분이 화학식에 포함된 원소들의 단순한 성질들로부터 유추될 수 없다는 것은 분명한 사실이다. 오늘날 화학식으로부터 물질의 질들을 예측하는 데 사용하는 규칙들은 완벽하지 않다. 게다가 대부분 규칙들은 순전히 경험을 통한 과정에 의해서 정립되었으며, 따라서 실제 관찰한 경우를 넘어서는 영향력이 있을 가능성은 더 적다. 따라서 현재 존재하는 지식의 관점에서 보면, 거의 모든 새로운 화합물은 이런저런 측면에서 새로움이다. 이것이 화합물을 새롭게 합성할수록 화학 구조와 질적 특성 사이의 불규칙성이 더욱 걷잡을 수 없게 되는 이유이다. 이 역사적 경향에서 무언가를 배운다면, 그것은 이 점증하는 불규칙성이 훗날 몇 개의 간단한 원리들로 바뀔 것이라고 기대할 수 없다는 것이다.

모든 알려진 화학 명제들을 집합 {α}, {β}로 분류하는 수고를 한다고 생각해보자. 그런데 거의 매일 새로운 화합물들이 수백 종씩 발견된다.[2] 앞 문단에서 보았듯이 작은 발견이라도 이런 발견들이 이루어지면 집합 {α}는 새로운 명제들로 커져야 하며, 가끔은 집합 {β}에 더해지는 명제보다 많아야 한다. 알려진 화합물이 워낙 많기 때문에 집합 {α}를 실제로 결정하지 않아도 그것이 엄청나게 많은 수의 명제들을, 어쩌면 집합 {β}의 명제보다도 더 많은 명제들을 포함하리라는 것을 알 수 있다. 이것이 아무도 화학에 논리적인 기초를 만들려 하지 않은 명백한 이유이다. 내가 1장에서 주장하였듯이, 이론적 구조물의 존재 이유는 그것이 가져다주는 사고의 절약이다. 화학의 경우처럼 새로움이 대상 영역의 내재적 특성이라면, 이론적 구조물은 설사 가능하

2 Linus Pauling, in "The Significance of Chemistry," *Frontiers in Science: A Survey*, ed. E. Hutchings, Jr. (New York, 1958), p. 280. 그는 "현재 매년 약 10만 개의 새로운 화학적 사실이 발견되고 있다"고 평가하였다. 그리고 이는 10년 전보다 많다! [1장 각주 20에 이와 관련된 내용이 나와 있다—옮긴이]

더라도 비경제적이다. 따라서 이론적 구조물 만들기는 멍청한 일일 것이다.

새로움에서 지식의 상대적인 측면 이상을 보는 것은 필요하지 않다는 의미에서, 이 개념에는 아무런 형이상학적 함축이 없다. 그렇지만 이 개념의 인식론적 중요성은 화합물에서 콜로이드, 결정, 세포, 궁극적으로 생물학적 사회적 조직체로, 즉 모든 형태의 **물질**로 확장된다. 이렇게 규모가 커질수록 새로움은 더욱 강렬해진다. 예컨대 코끼리라 부르는 실재를 구성하는 모든 질적 특성들은 코끼리의 몸을 구성하는 화학 원소들의 성질에 비춰보면 확실히 새롭다. 또한 특정 공동체의 행태를 각 구성원의 생물학적 특성으로부터 완전히 추론할 수 없다. 예컨대 우리는 원시 주거지가 모두 강가에 만들어진 이유를 설명할 수 있다. 생물학적 인간은 물을 필요로 한다. 그러나 우리는 신에 대한 믿음, 의식, 정의 등이 공동체에 필요한 이유를 똑같은 방식으로 설명할 수 없다. 점점 더 많은 자연과학자들이 인정하듯이, 결합은 **본질적으로** 각 부분의 성질로부터 추론할 수 없는 무언가의 원인이다.[3] 분명한 결론은 원자든 원자 내부든 간단한 원소의 성질로 **물질**을 속속들이 설명하지 못한다는 것이다. **물질**에 대한 완전한 설명에는 원자, 예컨대 탄소의 성질뿐만 아니라 탄소가 구성 요소인 모든 조직체의 성질들도 포함된다.

이제까지 내가 새로움에 관하여 말한 것으로부터, 역학의 경우처럼 대수나 논리적 계산으로 모든 현상을 다 밝힐 수 없다는 것을 알 수 있다. 추론할 수 있는 것들은 집합 {β}을 이루며, 이를 **1차 합리적 현상**이라고 부를 수 있다. 다른 것들은 실제로 먼저 관찰되지 않으면 알 수 없다. 어떤 사각형이 노란색이라는 사실이 기하학 법칙을 위배하지 않는 것처럼 이들은 기존의 어떤 법칙에도 위배되지 않는다. 그렇지만 이들의 합리성은 추론 가능한 현상들의 합리성과는 다르며, 이를 **2차 합리성**이라 하자. 분명히 이들은 집합 {α}에 속한

3 P. W. Bridgman, *The Nature of Physical Theory*(Princeton, 1936), p.96. L. von Bertalanffy, *Problems of Life*(New York, 1952), chap.2.

다. 그러나 우리가 물리-화학 영역에서 유기체 영역으로, 특히 초유기체 영역으로 옮겨감에 따라, 모든 명제를 집합 {α}, {β}로 나누는 일에 관한 뜻밖의 쟁점을 야기하는 또 다른 차원의 새로움이 생긴다.

새로 얻어진 화합물의 거동[behavior, 서장의 각주 29 참조]은 화학자에게 많은 새로움을 보여줄 수 있다. 하지만 이 화합물이 한번 합성되면, 화학자가 다음에 그것을 합성할 때에는 결합에 의한 또 다른 새로움이 더는 없을 것이다. 물리나 화학의 수준에서 물질은 같다. 유기체와 초유기체 영역에서는 대개 이 불변성이 사라진다. 놀랍고도 단순한 예를 보자. 어떤 사회에서는 아내를 사고, 어떤 사회에서는 신부가 지참금을 시집으로 가져오고, 또 다른 사회에서는 결혼과 관련된 어떤 거래도 없다. 하지만 바로 이전 단계의 요소들은, 즉 결합을 통해 이들 사회를 형성하는 생물학적 인간들은 같다. 그러니까 똑같은 성분들로부터 무수히 많은 새로운 형태가 나타날 수 있다. 생물학에도 이러한 현상이 무수히 많은데, 아주 두드러진 예로 영양들이 가진 다양한 모양의 뿔을 보기만 하면 된다.[4] 프랑스의 유명 고생물학자 퀴비에(G. Cuvier)는, 예컨대 동물의 발 모양으로부터 이빨 모양을 예측할 수 있다고 생각하고 그렇게 가르쳤다. 오늘날 우리는 퀴비에의 상관 법칙에 중요한 예외들이 넘친다는 것을 알고 있다. 새로움의 이 두 번째 측면은 첫 번째 측면보다 훨씬 더 중요하다. 이 때문에 똑같은 결합을 실제로 한 번, 두 번, 아니 여러 번 관찰한 후에도 결과를 예측할 수 없다. 이 범주의 현상들을 **3차 합리적 현상**이라 부르자고 제안하고자 한다. 실제로 이들이 실재라는 바로 그 사실로 인해, 이들은 기본 물질의 어떤 법칙(이들이 초유기체라면 유기체의 법칙)도 위배할 수 없으며, 이들이 불합리하다고 할 어떤 이유도 없다.[5] 그러나 이 특이성으

4 G. G. Simpson, *The Meaning of Evolution*(New Haven, 1949), p. 166에 나오는 설명을 보라.

5 이 점에 관하여 7장과 11장에 좀 더 논의되어 있다.

로 인해 물질과학과 생명을 품은 구조에 관한 과학이 분명하게 나누어진다는 점을 잊어서는 안 된다.

위 내용의 요점은 **물질**에 무한히 많은 성질들이 있다는 말은 총체적 진실이 아니며 따라서 오해를 낳을 소지가 있다는 것이다. 총체적 진실은 **물질**에는 무한히 많은 **잠재성**이 있으며, 이 잠재성들은 모두 기본 물질의 성질들만큼이나 실재이다. 그렇지 않으면, 무생물 화합물과 정확하게 똑같은 구성 원소들을 가진 혼합물이 살아 있는 세포가 되어 다른 어떤 화합물에도 없는 성질을, 즉 생명을 갖게 되는 것을 어떻게 설명할 수 있는가? 내 생각에, 세포가 생체 내에서 행동하는 방식과 세포 구성 물질이 시험관 내에서 행동하는 방식이 상보성 원리를 매우 잘 설명한다는 닐스 보어의 의견[6]은 정곡을 벗어난다. 광자(光子)는 간혹 파동인 것처럼, 또 다른 경우에는 입자인 것처럼 행동한다. 하지만 내가 아는 한, 어떤 물리학자도 전자(電子)가 파동(혹은 입자)으로 드러날 때 그 입자(혹은 파동)가 더는 존재하지 않는다고 주장하지 않는다. 우리가 세포를 궁극적으로 죽이지 않고 살아 있는 세포의 화학 분석을 할 수 없다면, 즉 기본 물질처럼 그 완전한 거동을 밝힐 수 없다면, 꼭 답해야 할 문제가 있다. 생명은 어디로 갔는가? 나 자신은, 생명이 **물질**의 영속하는 **잠재성**이며, **잠재성**으로서 시험관 속 침전물에 존재한다는 것 외에 이에 관한 어떤 과학적인 답변도 생각할 수 없다. 당연히 정신, 의식, 살아 있다는 느낌은 모두 그런 **잠재성**이다.

물리학자와 화학자는 **잠재성**이라는 말을 좋아하지 않을 수 있다. 하지만 이들 대부분은 정신이 "우리 경험에서 최초의, 가장 직접적인 것이다. 다른 모든 것은 간접적인 추론"[7]이라고 인식한 에딩턴에 동의할 것이다. 그렇지만

---

6 Niels Bohr, *Atomic Physics and Human Knowledge*(New York, 1958), pp. 7~9. 또한 Louis de Broglie, *Physics and Microphysics*(London, 1955), p. 139.

7 A. S. Eddington, *New Pathways in Science*(Ann Arbor, 1959), pp. 5, 322.

일부 철학자들은 이를 '오래된 오류'라고 비판한다. 이미 본 것처럼, 옥스퍼드의 철학자 라일(G. Ryle)[8]은 정신이 없는 물질은 있지만, 물질과 연관되지 않은 정신은 없기 때문에 **정신**과 그와 유사한 용어들을 폐기해야 한다고 주장한다. 라일 이외에도 모든 것은 단지 물질이라고 논리실증주의를 과장하는 사람들이 있다. 만약 그렇다면, 우리는 맨 먼저 그 자체로는 홀로 관찰된 적이 없는 복사 에너지라는 용어를 그만 써야 한다. 철학자들이 이런 지키지 못할 입장을 통해 얻으려는 것이 무엇인지 상상하기 어렵다. 우리가 확신할 수 있는 것은 이로 인해 유기체와 초유기체 연구자들의 관심이 이 영역들에서 가장 중요한 문제와 가장 적절한 방법에서 분명히 멀어지고 있다는 것이다. 그렇지만 라일의 태도에 공감하는 사람들도 아주 다급할 때에는 피렌(M. H. Pirenne)의 재치 있는 반박에,[9] 즉 그들 역시 정신과 의식을 가지고 있으며, 살아 있다고 느낀다는 말에 동의할 수밖에 없을 것이다.

결합에 의한 새로움의 두 번째 측면이 전무한 영역에서 활동하는 지식인들은 자신의 활동 범위 너머로 이 매력적인 조건을 확장하고, 몇몇 사람들이 그러듯이 이에 근거하여 경계 너머에 있는 동료들에게 상당히 권위적인 조언을 하는 경향이 있다. 푸앵카레는 사회과학에는 "가장 많은 방법과 가장 적은 결과"가 있다고 냉소하였다.[10] 하지만 사회과학에 다른 과학보다 더 많은 방법이 있어야 한다는 것은 논리적 필연성이다. 사회과학에는 3차 합리적 현상 연구에 적합한 방법도 있어야 하기 때문이다. 이 관점에서 보면, 이런 **독자적인** 방법에 덜 의존하고 물리-화학에서, 더 고약하게는 역학에서 수입된 방법에 더 의존하는 작금의 사회과학 경향은 칭찬하기보다 개탄해야 한다. 물리-화학 연구자뿐만 아니라 푸앵카레에게 논리적이거나 사실에 입각한 필연성

8 3장 각주 100에 인용.

9 M. H. Pirenne, "Descartes and the Body-Mind Problem in Physiology," *British Journal for the Philosophy of Science*, *1*(1950) 45.

10 Henri Poincaré, *The Foundations of Science*(Lancaster, Pa., 1946), p.365.

을 표현하는 명제들만 '결과'로 간주하는 것은 아주 자연스러울 수 있다. 하지만 3차 합리적 현상의 압도적인 빈도 때문에, 사회과학에서 이런 명제들은 오히려 예외이며, 모두 알다시피 아무도 이 상황을 어쩌지 못한다. 지금까지 오랫동안 사회과학에서 일어나고 있는 일을 볼 때, 사회과학에는 물질과학 연구자들이 인식해온 종류의 결과들이 너무 적은 것이 아니라, 오히려 너무 많다고 말하는 것이 더 적절할 것이다. 실제로 스위프트(J. Swift)가 "**이론적으로는** 충분히 재주가 있다"고 묘사할 만한 점점 더 많은 사회과학자들이 '이론적 결과들'을 매일 잇따라서 만들고 있다. 그러나 이 결과들 중 극히 일부만이 실제 현상들과 연관이 있다.

결합에 의한 새로움의 단순한 형태만 보아도 덩어리로 존재하는 물질의 질적 특성에 관한 화학이나 공학 원리들조차 물리학의 이론적인 확장이 될 수 없는 이유를 충분히 알 수 있다. 보다 설득력 있는 표현은 어떤 화학-물리 대응 관계도 없다는 것이다. 따라서 생물, 심리, 사회적 대응 관계는 더더욱 적을 수밖에 없는데, 이 모든 영역에서 결합에 의한 새로움은 또 다른, 더 당혹스러운 차원으로 나타나기 때문이다. 물리학자들은, 특히 물리화학자들은 반응성이 없는 물질의 성질에서 유도할 수 있는 내용의 한계를 잘 이해하고 있으며, 이 결론에 불쾌해할 가능성이 없다. 실제로 물리학과 화학의 몇몇 위대한 과학자들은 생물학-물리학, 심리학-물리학의 대응 관계를 매우 단호하게 비판해왔다.[11] 이와 대조적으로, 오늘날 많은, 아마도 대부분의 생명 현상 연구자들은 이 결론에 강한 이의를 제기할 것이다. 분자생물학의 태동에 기여하였다고 평가받는 델브뤼크(Max Delbrück)는 원자의 몇몇 특성들을 "역학으로 환원할 수 없는 것과 똑같이, 살아 있는 세포의 특성들을… 원자물리학

---

11 예컨대 C. N. Hinshelwood, *The Structure of Physical Chemistry*(Oxford, 1951), pp. 456, 471; Max Born, *Physics in My Generation*(London, 1956), p. 52; Niels Bohr, *Atomic Physics*, p. 78 등.

으로 환원할 수 없다는 것을 발견할 것"[12]이라는 입장을 지속적으로 옹호했는데, 이와 같은 생물학자는 매우 드물다. 그리고 더 최근에 델브뤼크는 분자생물학의 한 가지 문제 해결에 대하여, 이 문제 해결은 "그것이 작동하는 것을 먼저 보지 못했더라면, 아무도 양자역학에서 끌어내지 못했을" 것이라고 언급하였다.[13] 요즈음의 분자생물학 '학풍'에 따르면, 델브뤼크의 태도(지금은 그런 태도를 가졌었다는 것을 부인하는 사람들도 한때 가졌던 태도)는 '낭만적인' 관점을 상징한다. 하지만 이 분자생물학자들은 양자역학뿐만 아니라, 분자생물학의 β-명제로 분류할 수 없는 일련의 새로운 가정들을 지침으로 삼고 있다. 그리고 종국에는 이들 역시 "물리학의 법칙을 명백하게 따르지만(위배하지 않지만), (물리학으로) 절대 설명할 수 없는 과정들이 존재한다"[14]고 인정해야 한다. 그러나 이 말을 내가 하였듯이 원칙대로 끝까지 완결하면, 이 태도는 이 절에서 내가 주장한 내용과 조금도 다르지 않다.

역사에서 보듯이, 거의 모든 인식론적 태도는 우리의 지식에 그 나름의 기여를 했다. 소위 유전자 암호에 관한 중요한 발견들에서 충분히 볼 수 있듯이, 생물학과 양자역학 사이에 이론적인 통로가 존재한다는 믿음도 예외가 아니다. 하지만 그 대가는 (항상 대가는 있다) 셰링턴(C. Sherrington) 같은 생리학자(노벨상 수상자)를 놀라게 하고, 뛰어난 통찰력으로 저술하게 만든[15] 생명

---

12 Max Delbrück, "A Physicist Looks at Biology," *Transactions of the Connecticut Academy of Arts and Sciences, 38*(1949) 188[내가 델브뤼크의 관점에 관해 이렇게 존경을 표하였을 때는 그가 노벨상(1969년)을 받기 전이었다].

13 G. S. Stent, "That Was the Molecular Biology That was," *Science*, April 26, 1968, p. 395, 각주 11에 인용.

14 Stent, p. 395. 다른 예들을 쉽게 찾을 수 있다. 심프슨(Simpson, *Meaning of Evolution*, pp. 125 ff)은 "생물과 무생물에 본질적인 차이가 없다는 주장은 어이가 없을 뿐"이라고 분명하게 말한 다음, 모든 차이는 생물의 '조직에만' 있다는 근거로 생기론을 공격하였다. 그가 이 말로 생물을 무생물의 성질만으로 설명할 수 없다는 것을 나타낸다면, 그는 단순히 신생기론자의 주장을 달리 표현한 것이다.

의 특별한 성질들이 보여주는 많은 현상들을 등한시하게 되었다는 것이다.

발생 초기의 배아를 의도적으로 대담하게 절단하였음에도 배아가 정상적인 개체로 성장하는 것을 드리슈(H. Driesch)가 실험적으로 증명하였을 때, 이 생명 현상 영역의 작지만 중요한 가장자리가 드러났다. 하지만 깨진 컵 조각들은 스스로 원래대로 재조합하지 않으며, 한 조각이 저절로 새 컵으로 자라지도 않을 것이다. 드리슈가 그의 실험 결과를 과장하였고, 그 결과 그의 발견에서 생기론[서장 각주 31 참조]의 생명력, 즉 사실상의 엔텔레케이아(entelechy) 존재의 증명을 보였다는 비판을 거듭 받게 된 것은 사실이다. 그러나 이 때문에 그의 발견의 의미가 감소하는 것은 아니다. 실제로 드리슈는 그의 결과를 동일 최종 상태 원리로 해석하였다.[16] 이 원리는 살아 있는 유기체의 복원과 조절 원리[17]로 다시 명명되었으며, 나중에는 초미세 수준에서 관찰된 현상들과 더 직접적으로 연결된 여러 다른 개념들로 완성되었다. 최근 바이스(Paul A. Weiss)는 똑같은 실험을 통해 드리슈보다 더 놀라운 결과들을 얻었는데, 세포 합성이 "논리적인 구성일 뿐만 아니라 실증할 수 있는 물리적인 실재로 드러날 것"이라는 희망을 경계하는 경고를 되풀이하였다.[18] 그러나 우리 시대 과학의 성향은 과거에도 마찬가지였다. 이는 공정한 절차

---

15 Charles Sherrington, *Man on His Nature* (New York, 1941).

16 H. Driesch, *The Science and Philosophy of the Organism* (2 vols., London, 1908), I, 59~65, 159~163[동일 최종 상태 원리, equifinality—등결과성 원리라고도 함—는 열린계의 최종 상태는 많은 잠재적 수단을 통해 도달할 수 있다는 원리—옮긴이].

17 Bertalanffy, *Problems of Life*, pp. 59, 142 f, 188 f.

18 Paul A. Weiss, "The Compounding of Complex Macromolecular and Cellular Units into Tissue Fabrics," *Proceedings of the National Academy of Sciences USA*, *42* (1956) 819. 동일 최종 상태 원리를 확인하는 실험 중에는 바이스가 닭 배아의 피부 세포들을 "무작위로 함께 던졌을 때, 이 세포들은 체외에서도 마치 협력 관계에 있는 것처럼 조화로운 집단 활동을 통해 더 높은 차원의 단위인 깃털을 합성하였다"고 보고가 있다(p. 827). 또한 이 책의 부록 G를 보라.

를 고려하지 않은 지적인 테러이다. 이로 인해 대부분 생물학자들은 앞에서 본 것과 같은 말 속임수로 '생기론자'라는 고약한 낙인이 찍히는 것을 피하려 할 뿐이다.

이 절 앞의 논의 내용에서 볼 때 '학문적' 입장의 효과가 생물학보다 사회과학에서 훨씬 더 분명하리라고 예상할 수 있다. 실제로 그렇다. 마르크스, 역사학파, 제도학파 등 낭만적인 경제학자들의 연구 방법뿐만 아니라 관심 대상들은 실질적으로 잊혔으며, 간혹 경멸의 대상으로 다루어지고 있다. 결합에 의한 새로움의 두 가지 측면은 이제 주류 경제학자들의 관심 대상이 아니다. 이들에게는 이론으로 만들 수 있는 것만 경제생활에서 중요하다. 이들이 경제생활을 볼 때, 모든 것은 기계 운동 시스템으로 환원되며, 인간은 경제과정의 행위자로서, 어떤 다른 자기주장의 원리들을 따르지 않는다.

2. 새로움과 불확실성

생명 현상 연구자들이 결합에 의한 새로움의 창발로부터 얻을 수 있는 몇 가지 구체적인 교훈이 있다. 사회과학자에게 가장 중요한 교훈은 그들이 공공연하게 화학을 영감과 모형의 원천으로 인정하기 때문에 '화학적'이라고 부르는 인간 사회에 관한 이론들과 관계가 있다. 이 이론들을 통해 제기된 문제는 모든 사회과학, 특히 경제학의 방향에 매우 중요하기 때문에 자세히 논의할 가치가 있다. 나중에 따로 한 절에서 이 문제를 논의할 것이다. 하지만 여기서 위험과 불확실성의 차이에 관한 구체적인 교훈 하나를 지적하고자 한다.

물질에 관한 완벽한 설명은 물질의 조합(혹은 조직)의 본질적으로 무한한 집합에 대한 실험과 연구를 의미하기 때문에, 인간 지식은 운명적으로 항상 미완성일 수밖에 없다. 앞 절의 분석으로부터 '미완성'의 의미는 명백할 것이다. 하지만 위험과 불확실성의 차이에 대한 논쟁에서 간혹 **미완성** 지식과 **불완전한** 지식이라고 부르는 것을 혼동한다. 여기서 **미완성**은 총괄적 지식에,

불완전은 현존하는 지식의 특정 부분에 적용된다는 것이 요점이다. 몇몇 예가 이 차이를 분명하게 보여주는 데 도움이 된다. 예컨대 현생 인류가 진화하여 어떤 종이 될지, 혹은 어떤 종이 진화할 것인지 아닌지도 전혀 알지 못하기 때문에 우리의 지식은 미완성이다. 반면에 우리는 태어날 아기가 (정상이라면) 남자아이거나 여자아이라는 것을 안다. 태아의 성별에 관한 지식은 불완전하며, 그 주된 원인이 성별 결정에 포함된 내재적 무작위성이기 때문에 우리는 태아의 성별을 미리 알 수 없을 뿐이다. 적절한 지식을, 예컨대 산모의 나이, 손위 형제자매의 성별과 태아 성별의 상관관계 등을 통해 좀 더 정확하게 짐작할 수 있지만, 완전한 지식에 도달하지는 못할 것이다.[19]

위험(risk)은 정확한 결과를 모르지만 그 결과가 새로움을 보여주지는 않는 상황을 표현한다. 불확실성은 똑같은 일이 과거에 전혀 없었기 때문에 결과를 예측할 수 없는 경우에 적용되며, 따라서 여기에는 새로움이 수반될 수 있다.

내가 이 구별의 필요성에 관하여 다른 곳에서, 아마 이를 처음 끄집어낸 사람들보다 훨씬 강하게 주장하였기 때문에[20] 더 언급할 필요는 없을 듯하다. 그렇지만 시사적인 문제를 통해, 없었던 결합으로 생긴 새로움과 불확실성의 본질 사이의 관계를 설명하는 것은 도움이 될 것이다.

2장 7절에서와 똑같은 표시법을 사용하여, 어떤 일에 관하여 모임을 갖기 전에 n명의 위원이 가진 자료를 $E_1, E_2, \cdots, E_n$이라고 하자. 또한 위원회가 가상의 위원회가 아니라고 가정한다. 이는 특히, 위원들의 완전한 일체성뿐만 아니라 위원 중에 (모든 중요 측면에서) '최고 두뇌'가 존재하는 것을 배제한다. 이런 상황에서는 결정에 앞서 토론하는 동안 처음에는 한 위원만 가지고 있던 자료와 다른 위원이 혼자서 가지고 있던 자료가 결합할 것

19 앞의 2장 7절 참조.

20 『AE』에 재수록한 저자의 논문, "The Nature of Expectation and Uncertainty"(1958).

이다. 결국 모든 위원의 자료는 증가하고, 따라서 모든 위원은 새로운 기대치, $\mathcal{E}_k(E'_k)$를 가질 것이다. 새로운 결합은 보통 꽤 많은 새로움을 만들게 될 것이다. 채택된 결정은 위원이든 여론조사원이든 모임 전에는 아무도 생각할 수 없었던 것일 수 있다.[21]

이는 기대치들을 그 결과에 대한 확신 정도 대신 그 실현으로 인한 놀라움의 정도로 분석한 섀클(Shackle)의 최초 아이디어와 관계가 있다.[22] 한 가지 측면에서 이 아이디어에는 분명한 장점이 있다. 사전(事前)에 확신했던 사건이 일어나면 어느 정도 놀라겠지만(확신이 작을수록 더 큰 놀라움), 정말로 새로운 사건에 대해서는 **사후**에 놀라움이 있기는 해도, **사전**의 확신은 전혀 없다. 따라서 1968년 대통령 후보 지명을 추구하지도, 수용하지도 않겠다는 존슨 대통령의 성명에 모든 사람들이 놀랐다는 말은 그의 움직임에 대하여 **사전**에 거의 확신하지 못했다는 의미가 아니다. 아무도 그것을 아예 생각하지도 못했다는 의미이다.

앞 절에서 내가 논의한 결합에 의한 새로움은 반드시 이러한 의미에서 새로운 사건은 아니다. 예컨대, 화학자는 새로운 화합물이 어떤 굳기, 용해도, 탄성도 등을 가질 것이라고 예상한다. 대부분의 경우 이 많은 질(質) 모두를 정확하게 예측하지 못할 뿐이다. 하지만 뛰어난 발견들은 대개 새로운 사건이기도 하다. 나일론 합성에 뒤이어 일련의 놀라움이 있었으리라는 것을 상

---

21 대부분의, 아마도 모든 행동주의 모델에서 이 특별한 집단 효과를 완전히 무시하고 있다는 사실에는 설명이 필요 없다. 예측 모델에서는 새로움이 개입되지 않도록 해야 한다. 그러나 다른 분석에서 이 점을 무시하는 것을 보면 매우 놀랍다. 눈에 띄는 예로, 칼도(N. Kaldor)는 "The Equilibrium of the Firm," *Economic Journal*, *44* (1934) 69n1에서 "조정 능력의 보완은 이사회를 해산하고 가장 능력 있는 단 한 사람에게 전권을 주는 것으로 확대될 수도 있다"고 하였다.

22 G. L. S. Shackle, *Expectation in Economics* (Cambridge, Eng., 1949). *Uncertainty in Economics and Other Reflections* (Cambridge, Eng., 1955). 섀클의 생각에 관한 논의로, 앞의 각주 20에 인용된 나의 논문을 보라.

당히 확신할 수 있으며, '최초의' 화약 발견자들은 모두 꽤나 놀랐을 것이라고 분명히 확신할 수 있다. 비슷하게, 누군가 서기 5000년의 정부 형태를 지금 보여줄 수 있다면 모두 놀랄 것이다.

3. 이력곡선과 역사

일반적으로 물리학의 유래가 없는 성공은 물리학에서 오로지 물질만 연구하며 물질은 똑같다는 사실 덕분이다. 물리학에서는 **물질**의 일정한 성질들만, 즉 결합에 의한 새로움이나 **시간**과 무관한 성질들만 연구한다고 하는 편이 더 적절하다. 이 조건들은 밀접하게 연관되어 있다. 만약 물리학에서 기본 물질의 결합에 의해 가능한 모든 새로움을 연구하였다면, 물리학에는 화학뿐만 아니라 생물학, 심리학, 사회학, 한마디로 모든 것이 포함되었을 것이다. 그러면 물리학에서 **시간**에 무관하지 않은 성질들을 연구하였을 것이다. 사실 물리학에서 **시간**을 완전히 추방하지는 못했다. 열역학과 천체물리학에서는 **시간**에서 일어나는 물질의 변화를 중요하게 생각한다. 천체물리학자들은 물질의 현재 형태는 일렘[ylem, 우주 기원 물질 — 옮긴이]의 결합에 의해 생긴 것으로 추정하는데, 이 과정에서 물질 형태가 너무나 달라졌기 때문에 아무도 일렘이 어떤 모습이었는지 알지 못한다.

물질의 불변성에 대한 흔한 정의는 물질의 거동이 **현재 조건**에 의해서만 결정된다는 것이다. 그렇지만 이 정의는 충분하지 않다. 첫째, 물질의 거동은 **시간**상 '현재'가 존재하는 시점에 좌우되지 않으며, 둘째, '현재 조건'을 엄격하게, 과거 역사와 상관없이 '지금' 설정할 수 있는 것으로 해석해야 한다고 덧붙여야만 한다.[23] 이렇게 명시적인 조건만이 기본적인 수준에서 수소 원자가

23 전문 용어로 하면, 이 아이디어는 물질의 거동을 시간이 분명하게 포함되지 않은 미분 방정식 체계로 설명한다는 말에 포함되어 있다. 따라서 $x = f(t)$가 이 식의 해이면,

직전에 다른 원소와 반응하고 있었는지 여부와 무관하게 똑같은 방식으로 거동한다는 사실과 조응한다. 달리 말하면, 시간적으로 다른 상태들이 결합할 때 아무런 새로움이 만들어지지 않는다. 분명히 물질은 대개 이런 방식으로 거동한다. 만약 물방울이나 소금 알갱이들이 각각의 이력에 따라 다르게 행동한다면 세상은 어떻게 되겠는가? 그리고 이에 더하여, 물질이 현재 생각하는 것처럼 불멸이라면, 물질과학은 분명 불가능할 것이다.

하지만 몇몇 경우에는 물리적인 거동조차 과거 역사에 의존한다. 가장 익숙한 예는 자석의 거동, 즉 전문 용어로 자석의 이력(履歷, hysteresis) 곡선이다. 그러나 이력곡선은 자성에만 국한되지 않는다. 구조 변화와 많은 콜로이드[가시광선을 산란시킬 만한 거대분자의 결합체—옮긴이]의 거동 역시 과거 이력에 좌우된다. 드브로이도 공감하는 봄(Bohm)의 최근 아이디어에 따르면, 하이젠베르크의 불확정성은 기본 입자의 거동을 예측하는 데 그 과거 이력을 고려하지 않은 결과일 수 있다.[24] 따라서 모든 과거 원인들이 현재에 축적되어 작동하는 사례는 생명 현상에만 국한되지 않는다.

그렇지만 물리적인 이력곡선과 생물학이나 사회과학의 역사적 요소 사이에는 한 가지 중요한 차이가 있다. 물리학자는 똑같은 이력을 가진 자석들이 똑같이 행동한다는 것을 실험적으로 증명하는 데 필요한 만큼 충분히 많은 자성을 띠지 않은 쇳조각을, 즉 이력이 없는 자석을 항상 찾을 수 있다. 만약 이력이 없는 경우에 대하여 실험할 수 없다면, 자석의 이력곡선에 대한 완전한 법칙을 찾을 수 없을 것이라는 점이 결정적으로 중요하다. 그러나 거시생물학과 인간 사회에서 그 역사의 출발점에 도달하는 것은 절대 불가능해 보인다. 이는 이 두 영역에서 역사적 요소가 끝없는 논쟁을 일으키는 이유이다.

모든 t_0에 대하여 $x = f(t - t_0)$ 역시 해이다. R. B. Lindsay and H. Margenau, *Foundations of Physics*(New York, 1936), p. 522 참조.

24 Heisenberg, *Physics and Philosophy*, pp. 130~131 참조.

이와 관련하여 우주는 땅콩처럼 흔하지 않다는 퍼스(C. S. Peirce)의 기본적인 언급이 떠오른다. 단 하나의 서양 문명만 있기 때문에, 그 역사적 발전이 완전히 초기 조건에 따라 결정된 궤적을 단순히 따르는지 아니면 이력 과정을 나타내는지는 효과적인 실험이나 관찰 데이터 분석을 통해 알아낼 수 없다. 불행히도 이런 종류의 질문에 대한 답은 정책 제안에, 특히 경제 발전 정책같이 장기 목표를 가진 정책에 막대한 영향을 준다.

물리학자는 자석의 현재 거동과 그 이력을 연결하는 법칙을 결정할 수 있을 뿐만 아니라 비자력화(非磁力化)를 통해 이력을 지울 수도 있다. 달리 말하면, 어떤 이력 H에 대해서도 $H+H'=0$인 H'가 존재한다. 게다가 H'는 매우 짧은 이력이다. 물리학에서는 이력이 앞에서 뒤로, 뒤에서 앞으로 옮겨가는 것이 매우 쉬우며, 종종 화학에서도 그렇다. 하지만 경계를 넘어서면 이력곡선은 그 답을 엿볼 수조차 없는, 이해할 수 없는 차원의 문제를 일으킨다. 델브뤼크의 말처럼 모든 살아 있는 세포는 "물리적인 사건이라기보다 역사적인 사건인데, (왜냐하면) 거기에는 그 조상들이 10억 년 동안 실험한 경험이 있기 때문이다. 아무도 그렇게 적응 잘한 오래된 새를 간단한 몇 개 단어로 잘 설명하리라 기대할 수는 없다".[25] 세포의 현재 거동에 이르도록 한 이력 과정을 재현하지 못하게 막는 것이 이 천문학적으로 긴 시간뿐인가? 아니, 첫발을 어떻게 떼어야 할지 모른다는 점이 훨씬 더 중요하다.

현재 받아들이는 관점에 따르면, 최초의 세포는 오늘날 물질과 똑같은 성질을 가진 물질의 따뜻한 바다에서 우연히 나타났다.[26] 자연에는 무작위로 시

25 Delbrück, "A Physicist Looks at Biology," p. 177.

26 오파린이 이 아이디어를 처음 체계적으로 제안하였다[A. I. Oparin, *The Origin of Life*(New York, 1938)]. 그 후 노력을 간단히 보려면, J. D. Bernal, *The Physical Basis of Life*(London, 1951)를 보라. 생명이 우연히 나타났다는 생각에 대한 반론에, 특히 구예(Charles E. Guye)의 반론에 관하여, P. Lecomte du Noüy, *The Road to Reason*(New York, 1948), pp. 123~128을 보라. 또한 이 책의 부록 F를 보라.

도하고, 또 시도하고, 또 시도하는 것 이외에 다이얼 금고를 열 다른 방법이 없다. 그렇다면 이제는 금고의 비밀번호를 알고 있는데, 왜 우리는 금고를 열지 못하고 있는가? 베이컨을 인용하면, "만일 자연의 변화를 언젠가 이해하고, 그 원인이 뚜렷하다면, 최초에 우연히 일어났던 변화를 인위적으로 일으키기는 쉬울 것"[27]인데 말이다. 그것은 우리가 모르는 물질의 어떤 잠재성이 태곳적 바다의 따뜻한 진흙 속에만 생명 이전의 형태로 실재하였기 때문인가? 만약 그렇다면, 현재 받아들이는 설명은 전혀 설명이 아니다. 아니면, 우리가 '우연히'라고 말할 때, 정해진 양으로 된 조각들을 살아 있는 집합체로 조립하려는 사람이 따라야 하는 일련의 계량형태 지시로 환원할 수 없는 요소가 작동하였다는 의미이기 때문인가?

우리는 더 복잡한 유기체, 인간 자신, 혹은 다양한 인간사회의 거동을 규정하였던 이력곡선의 재현 가능성으로 제기된 쟁점들을 완전히 파악할 수 없으며, 다만 느낄 수 있을 뿐이다. 예컨대 물리학자가 자석을 다루듯이, 우리가 선택한 방향으로 행동하도록 인간을 훈련하기 위해 인간의 최근 이력곡선 중 매우 작은 부분이라도 지울 수 있는가? 중산계급이나 농민의 과거 이력 흔적을 전혀 보이지 않도록 사회주의자를 실제로 창조할 수 있는가? 이 쟁점과 인간의 이력곡선으로 제기된 다른 비슷한 쟁점들은 당혹스럽게 보이지만, 어떤 사회 현상 탐구에서도 이 문제들을 피할 수 없다. 실제로 시사적인 예로, 경제 발전 관련 문제들처럼 구체적이고 실질적인 문제에 지식을 적용하려 할수록, 이 쟁점들과 더욱 얽히게 된다.[28]

개별 소비자의 아마도 가장 단순한 이력의 예를 통해, 제기되는 온갖 어려움을 부분적이지만 설명할 수 있다. 개인이 변화하는 가격과 소득 조건에 끊임없이 적응한 결과 그의 취향이 달라진다는 사실은 너무도 분명해 보여 과

27 Francis Bacon, *Novum Organum*(새로운 학문의 도구), II책, 29절.
28 이 문제에 관하여 9장 4절에 더 논의되어 있다.

거에 경제학자들은 이를 단지 지나가는 정도로 언급하였다. 실제로 이 현상에 의문을 달 수 있다는 견해는 전혀 없었다. 나는 1950년에 이력 효과에 관하여 생각하면 떠오르는, 소비자 행동에 대한 파레토-피셔(Pareto-Fisher) 접근 방식을 둘러싼 고약한 의문들을 규명하기 위해 이 문제의 간단한 형식화를 시도하였다.[29] 간단한 분석의 예를 사용하여, 나는 (정해진 예산과 정해진 가격에 대한) 소비자 균형을 결정하기 위해서는 해당 소비자의 특정한 이력 법칙보다 훨씬 많은 것을 알 필요가 있다는 것을 보였다. 이 법칙은 매우 복잡한 **집합 함수**[영역이나 부분 집합 전체의 모임과 같이 어떤 성질을 가진 집합의 모임이 취하는 변동 범위를 변수로 하는 함수—옮긴이]로 표현되는데, 고약하게도 우리는 이를 이론적으로만 쓸 수 있을 뿐 실제로 결정할 수는 없다. 어떤 방법을 통해서도 집합 함수를 유용하게 외삽할 수는 없다. 결과적으로 관찰 횟수가 아무리 많더라도 마지막 실험의 결과는 예측하고자 하는 것을 관찰한 후에만 알 수 있다. 분명한 난관이다. 이 난관이 얼마나 곤혹스러운지는 관찰 순서까지도 문제가 되는 경우에서 알 수 있다. 이 경우 모든 상황에 대한 소비자 실험이 가능하더라도 이력 효과의 일반 법칙을 알아낼 수는 없을 것이다. 따라서 저축 성향에 미치는 이력 효과에 대한 듀젠베리(James Duesenberry)와 모딜리아니(Franco Modigliani)의 연구는 더더욱 눈에 띈다.

그러나 이 문제의 가장 불쾌한 측면은, 이를테면 개인이 **새로운 상품**과 마주할 때마다 그 행동이 질적 동요를 겪는다는 평범한 사실에서 드러난다.[30] 이는 기술 진보가 공급만 변형한다고 믿는 것이 완전한 잘못인 이유이다. 경제과정에 미치는 기술 진보의 충격은 산업의 재편과 소비자의 취향 변화를, 그리고 종종 사회의 구조적인 변화까지 일으킨다.

---

29 『AE』에 재수록된 저자의 논문, "The Theory of Choice and the Constancy of Economic Laws"(1950) 참조.

30 앞의 인용.

4. 물리학과 진화

앞 두 절의 분석 결과 몇 가지 생각이 더 떠오른다. 첫째, 개인 혹은 사회의 역사는 이력 과정과 새로움의 창발이라는 두 가지 요소의 결과로 보인다. 새로움이 완전히 독립적인 요소인지 아니면 단지 이력 과정의 결과인지는 개인 수준에서는 부분적으로 추적 가능하지만, 미해결 의제 중에서 가장 큰 문제이다. 분명히 탄소 전화 송화기의 발명은 에디슨의 동시대인들에게 새로움이었다. 그러나 에디슨 자신에게는 어떤가? 그의 아이디어는 그에게도 새로움이었는가, 아니면 부분적으로든 총체적으로든, 자신의 이력 과정의 결과였는가?

어떤 경우든 새로운 사건들은 화학적 변환의 새로움에서 시작하여 세계사에까지 끼어든다는 것을 인정하지 않을 수 없다. 따라서 '만물의 창조적 진보'[31]에 관한 여러 가지 철학적 관점들은 많은 사람들이 우리에게 믿길 바라는 것만큼 전적으로 형이상학적이거나, 심지어 신비로운 것이 아니다. 그렇지만 자연이 하나의 창조적인 행위에서 또 다른 행위로 진보한다는 생각을 뒷받침하려면 새로움만이 아닌 그 이상이 필요하다. 내가 계속 강조해온 것처럼, 새로움은 우리 지식의 상대적인 측면 이상일 필요가 없다. 지금까지 보지 못한 이정표로 표시된 길을 따라 나아가지 않더라도 새로움은 우리에게 나타날 수 있다. 미술관의 걸작들은 우리가 한 작품에서 다음 작품으로 옮겨갈 때에 맞추어 그려지고 있는 것은 아니다. 반면에 지질학, 생물학, 인류학 모두 최소한 이 행성에 진화가 항상 있어왔다는 것을 나타내는 풍부한 증거

31 이 철학의 가장 뛰어난 대표자들은 베르그송과 화이트헤드이다. Henry Bergson, *Creative Evolution*(New York, 1913), p.104 등과 Alfred North Whitehead, *An Enquiry Concerning the Principles of Natural Knowledge*(2nd edn., Cambridge, Eng., 1925), pp.63, 98; *The Concept of Nature*(Cambridge, Eng., 1930), p.178; *Process and Reality: An Essay in Cosmology*(New York, 1929), p.31.

를 보여준다. 한때 지구는 점점 식어가는 불덩어리였다. 공룡이 나타났다가 없어졌으며, 분명히 다시 나타나지 않을 것이다. 인간은 동굴 주거지에서 고급주택으로 옮겨왔다. 이 모든 증거들은 인상적이지만 자신의 연구 영역에 관한 진화 법칙을 발견하려는 생물학자와 사회과학자의 모든 노력은 여전히 헛수고에 그치고 있다. 그러나 아마도 우리는 진화 법칙을 정의함으로써 이 말의 의미를 명백히 해야 할 것이다.

진화 법칙은 주어진 계(혹은 존재)의 서수 특성 E를 서술하는 명제이며, 또한 $E_1 < E_2$라면 E_2의 관찰기록은 **시간**상 E_1보다 나중이며, 그 역도 성립한다고 말한다.[32] 즉, 특성 E는 해당 계의 **진화 지표**이다. 이런 모든 E에 대한 서수 척도는 '실재의' 존재에게도, 즉 **시간**을 감지하는 인간과 유사한 능력이 없는 존재에게도 **시간**이 흐르는 방향을 말해준다. 아니면 에딩턴이 내놓은 화려한 용어로, E는 '시간의 화살'[33]을 구성한다고 할 수 있다. 분명히, E는 우리가 보통 진화의 원인 중 한 원인 혹은 유일한 원인이라고 부르곤 하는 것이 아니다. 따라서 일부 생물학자들의 견해와 달리, 우리는 진화 법칙을 찾기 위해 진화의 유일한 원인을 찾을 필요가 없다.[34] 사실, 생물이나 사회 영역에서 제안된 거의 모든 진화 법칙은 시간의 화살에 관한 것이었지, 유일한 원인에 관한 것이 아니었다.

이제까지 생물계에 대해 제안된 모든 시간의 화살 중에서 '유기체의 복잡성'과 '환경에 대한 통제 수준'이 가장 인기 있는 듯하다.[35] 그렇지만 굳이 생

32 여기서 $E_1 < E_2$는 서수 형태 E에서 E_1 다음에 E_2가 나타난다는 의미라는 것을 확실히 해야만 한다.

33 A. S. Eddington, *The Nature of the Physical World*(New York, 1943), pp. 68 f.

34 Julian Huxley, *Evolution: The Modern Synthesis*(New York, 1942), p. 45.

35 이 기준에 관한 (전체적으로 공정하지 않지만) 광범위한 논의로, 앞의 책(Huxley) 10장과 Theodosius Dobzhansky, *Evolution, Genetics, and Man*(New York, 1955), pp. 370 ff를 보라. 도브잔스키는 진화에 대한 모든 의미 있는 기준은 인간의 우월성을 실증해야 한다고 주장하였다. 그렇지만 인간은 이렇게 "스스로 격려하기"를 원한

물학자가 아니더라도 이 두 제안 모두 부적절하다는 것을 알아차릴 수 있다. 이 특성들은 서수로 측정 가능하지 않다. 우리는 또한 흥미롭지만 동시에 상당히 의심스러운 매럿(R. R. Marett)의 아이디어를, 즉 넓은 의미에서 자비심의 증대가 인간 사회에 대한 시간의 화살이라는 아이디어를 거론할 수도 있다.[36]

유일하게 명료한 진화 법칙의 예를 제공하는 것은 이번에도 물리학이다. 엔트로피 법칙이라고도 부르는 열역학 제2법칙이 그것이다. 그러나 이 법칙은 과거부터, 또 현재에도 수많은 논쟁에 싸여 있으며, 이는 전혀 놀랍지 않다. 엔트로피의 간단한 분석과 가장 중요한 논쟁들만 다시 보려 해도 전문 용어들을 피할 수 없다. 그렇지만 이는 가치 있는 일인데, 엔트로피 법칙이 가장 우호적인 상황을, 즉 질(質)이 존재하지 않는 기본 물질의 세계 속에서도 진화 법칙과 마주하는 특이한 인식론적인 어려움을 드러내기 때문이다. 최근에야 이 어려움들을 단계적으로만 감지하게 되었지만, 이들 때문에 열역학의 역사는 순조롭지 못했다.

열역학은 증기기관의 효율에 관한 1824년 카르노(Sadi Carnot)의 소책자에서 생겨났다.[37] 이 소책자의 한 가지 결과는 물리학이 오랫동안 알려져 온 기

다는 홀데인[J. B. S. Haldane, *The Causes of Evolution*(New York, 1932), p.153]의 반대 의견도 있다는 것을 인식해야 한다.

36 R. R. Marette, *Head, Heart, and Hands in Human Evolution*(New York, 1935), p. 40 등. 같은 저자 "Charity and the Struggle for Existence," *Journal of the Royal Anthropological Institute, 69*(1939) 137~149. 또한 홀데인은 *The Causes of Evolution*, p.131에서 이타적 행동은 다윈의 진화론적 이점을 지닐 수도 있다고 주장하였다.

37 이에 대한 완역은 *The Second Law of Thermodynamics*, ed. and tr. W. F. Magie (New York, 1899)에 나와 있다[프랑스어로 쓰인 118쪽 책의 영문 제목은 *Reflections on the Motive Power of Fire and on Machines Fitted to Develop that Power*이다—옮긴이].

본적인 사실은, 즉 열은 항상 뜨거운 물체에서 차가운 물체로 저절로 이동한다는 사실을 과학적인 사실로 인정하게 되었다는 것이다. 역학의 법칙으로는 한쪽 방향으로만 작용하는 움직임을 설명할 수 없기 때문에, 비역학적 설명을 사용하는 새로운 물리학 분야가 만들어져야 했다. 뒤이은 발견들을 통해 모든 알려진 형태의 에너지 역시 한 가지 방향으로, 높은 수준에서 낮은 수준으로 이동한다는 것이 알려졌다. 1865년에 이르러 클라우지우스(R. Clausius)는 최초로 두 개의 열역학 법칙을 고전적인 표현으로 공식화할 수 있었다.

> 우주의 에너지는 일정하다.
> 우주의 엔트로피는 항상 최댓값을 향하여 움직인다.

감춰져 있는 조건을 무시하면 이야기는 아주 단순하다. 고전열역학에 따르면, 에너지에는 두 가지 속성이 있다. ① 자유 혹은 가용, ② 불가용 혹은 잠복. 자유 에너지는 역학적인 일로 변환될 수 있는 에너지이다.[38] (처음에는 차가운 물체보다 뜨거운 물체에 더 많이 있는 열량을, 그리고 예컨대 증기기관을 홀로 움직일 수 있는 열량을 자유열이라고 대강 정의하였다.) 열과 마찬가지로, 자유 에너지는 항상 저절로 (아무런 손실 없이) 불가용 에너지로 분산된다. 따라서 물질우주는 끊임없이 질적 변화를, 실제로 에너지의 질적 열성화[劣性化, degradation: 산일(散逸)로 옮기기도 한다—옮긴이]를 한다. 최종 상태는 모든 에너지가 불가용인 상태로서, 열역학 초창기에는 이를 열적 종말(熱的 終末, heat death)이라 불렀다.

우리가 신경 쓸 필요가 없는 전문적인 이유 때문에 엔트로피는 다음 식으로 정의되었다.[39]

---

38 열역학에서는 자유 에너지를 정식 용어로 정의하고 있다. 자유 에너지와 대별되는 에너지를 불가용 에너지로 옮긴다—옮긴이.

39 이에 관하여 J. Clerk Maxwell, *Theory of Heat*(10th edn., London, 1921), pp. 189 ff 와 Max Planck, *Theory of Heat*(London, 1932), pp. 81 f를 보라[식 (1a)에서 알 수

(1) 엔트로피 = (불가용 에너지)/(절대온도)

그렇지만 이론적으로 만들어진 식은 다음과 같다.

(1a) $\Delta S = \Delta Q/T$

여기서 ΔS는 엔트로피 증가분이며, ΔQ는 뜨거운 물체에서 차가운 물체로 전달된 열량이며, T는 열전달이 일어난 절대온도이다. 이 공식에 실제 나타나 있지 않은 중요한 점은, **시간**의 방향에서, 즉 **시간**상 **앞선** 때에서 **나중**으로 옮겨갈 때 엔트로피 증가가 일어난다는 것이다. 이렇게 덧붙이면, 엔트로피 법칙에는 더는 설명이 필요 없다. 그렇지만 우리는 이것이 명확하게 정의된 시간의 화살을, 즉 엔트로피를 가진 엄밀한 진화 법칙이라는 것을 알아야 한다. 클라우지우스가 '엔트로피'라는 용어를 의미상 '진화'와 같은 그리스 단어 [εντροπία = 향하여 나아감—옮긴이]에서 새로 만들어낸 것으로 보아, 그도 이와 같은 방식으로 생각했던 것으로 보인다.

5. 시간: 거대한 신비

시간은 짧은 단어이지만, 극단적으로 복잡한 개념을 나타낸다. **시간**의 본질에 관한 앞의 논의에서 이를 이미 분명히 보았다. 3장 4절에서 본 것처럼, **시간**을 각 시점의 산술적 연속으로 재구성할 수 없다. 그러나 이 특징만이 **시간**과 **공간**을 구분하는 것은 아니다. **시간**의 본질은 지속시간의 인접이 아닌 중첩(아니면 간혹 부르듯이, 겉보기의 현재들)으로 이루어져 있다. 게다가 이들은

있는 것처럼 불가용 에너지는 열에너지, 즉 증기기관 같은 열기관에서 열을 일로 바꾸는 과정에 관련된 에너지이다. 절대온도는 K(켈빈)으로 표시되는 온도로 섭씨에 273도를 더한 온도로 항상 양의 값을 갖는 온도이다—옮긴이].

계량형태가 아닌 변증법적 구조로 중첩된다. **시간**의 아주 유별한 특징은 '늘 존재함'과 결합된 덧없이 흐르는 성질이다. **시간**은 흐르지만 항상 존재한다. 이것이 **시간**에 관한 문제가 그 짝인 **공간**보다 철학자들을 훨씬 더 괴롭혀온 이유이다. 대부분 사람들에게 **시간**은 "공간보다 훨씬 더 신비로우며",[40] 아직 아무도 이것이 우리의 착각이라는 것을 증명하지 못했다. 물론 아인슈타인의 상대성 원리가 시간과 공간이 실제로 하나임을 증명하였다고 주장하는 사람들이 있다.[41] 그렇지만 그런 주장은 아인슈타인의 4차원 다면성이 '순전히 형식상 문제'임을 무시하고 있다. 이론적인 작업을 통해 이에 포함된 요소들의 질적 차이를 절대 없앨 수 없다.[42] 시간 좌표와 공간 좌표를 구별하지 않으면, 누구도 적절하게 기록할 수 없다는 것은 기본적인 사실이다. 드브로이에 따르면, 4차원 다면성은 "사물의 실제 흐름의 한 부분을 우리에게 은폐하는" **시간**의 기하학화를 극단화한, 편리하지만 불합리한 도식이다.[43]

시간의 덧없이 흐르는 성질 때문에 많은 철학자들은 **시간**이 완전히 환상이라고 생각하게 되었다. **시간**이 실재한다는 데에 대한 가장 유명한 반론은 맥타가트(John M. E. McTaggart)의 주장인데, 분명히 이는 계량형태 구조 때문이다.[44] 그는 부정하기 힘든 명제인 "아무것도 변하지 않는다면 **시간**은 있을 수

---

40 Eddington, *Nature of Physical World*, p. 51.

41 예컨대, H. Margenau, *The Nature of Physical Reality*(New York, 1950), pp. 149 ff.

42 P. W. Bridgman, *The Logic of Modern Physics*(New York, 1928), p. 74. *Reflections of a Physicist*(2nd edn., New York, 1955), p. 254 참조. 브리지먼은 또 다른 곳에서, *The Intelligent Individual and Society*(New York, 1938), p. 28에서 융합 명제를 "말도 안 되는 소리"라고 비난하기까지 한다.

43 Louis de Broglie, *Physique et microphysique*(물리학과 미시물리학)(Paris, 1947), p. 196(저자의 번역). 또한 E. A. Milne, *Relativity, Gravitation and World-Structure*(Oxford, 1935), pp. 18 f.

44 John M. E. McTaggart, *The Nature of Existence*(2 vols., Cambridge, Eng., 1927), II, 33장과 51장. 맥타가트의 철학 체계는 아마도 헤겔보다 훨씬 더 복잡하고 뒤얽혀 있다. **시간**에 관한 맥타가트의 주장에 관심이 있는 독자는 C. D. Broad, *Examination*

없을 것이다"로 시작하여, **변화**에 논리적인 모순이 있다는 것을 증명하려 하였다. 맥타가트는 "**시간**상 위치들은" 비대칭 추이적 쌍 관계인 '앞선 것들'을 통해 순서가 매겨지는 *B*-계열에 속한다고 지적하였다.[45] 분명히 이 계열은 변화를 반영할 수 없다. *X*가 *Y*보다 앞선다면, 이는 영원히 그런 상태로 남는다.[46] 아니, 논리학 용어로 표현하면, "*X*는 *Y*보다 앞선다"는 명제에는 시간과 무관한 **진리값**이 있다. 즉, 이는 '3은 소수(素數)'와 '5는 짝수'가 옳고 그른 것과 똑같은 의미에서 옳거나 그르다.

사실 *B*-계열은 무한에 대한 기하학적 이미지로, 움직이는 물체가 공간에 그린 궤적과 완전히 닮았다. 베르그송이 지적하였듯이, 한번 그려진 궤적에는 단지 "정지 상태들"만 존재한다.[47] 베르그송의 지적과 마찬가지로, *B*-계열에 위치로 표시된 사건들은 정지 상태이며, 따라서 **변화**의 기준을 제공하지 못한다는 맥타가트의 지적은 의심할 여지가 없다. 우리는 사건의 내용은, 예컨대 나폴레옹의 죽음은 절대 바꿀 수 없다. 미래의 사건 역시 드러난 후에는 마찬가지라는 것도 인식해야 한다. 따라서 지금 이 시점에 아무도 "유럽이 단일 국가로 통합되는" 사건이 일어날지 모른다는 반론은 무의미하다.

---

of McTaggart's Philosophy(2 vols., Cambridge, Eng., 1933~1938), II, part I이 더 이해하기 쉬울 것이다.

45 추이적(推移的, transitive)라는 말은 (a, b)와 (b, c)의 관계가 성립하면, (a, c)의 관계도 성립한다는 의미인데, 이행적이라고도 한다. 과거, 현재, 미래와 같은 시제를 넣어 사건을 표현하는 것을 *A*-계열, 시제 없이 두 사건의 순서로 사건을 표현하는 것을 *B*-계열이라고 한다 — 옮긴이.

46 모든 서수 변수에는 (앞의 4장 2절의 의미에서) 약한 기수 척도가 있다는 의미의, *Nature of Existence*, II, 241~246에 나오는 맥타가트의 특별하고 분명히 잘못된 주장은 Broad, *Examination*, II, 290, 298에서 나오는 다음의 더 뚜렷한 형태를 정당화한다. "*X*가 일정한 [대수적인] 양만큼 *Y*를 **언젠**가 앞선다면, 이는 정확하게 그 양만큼 *Y*를 **항상** 앞선다." 그렇지만 *X*와 *Y* 사이의 정량(定量)을 가정할 필요는 전혀 없다. 대신 서수 집합이 더 뚜렷한 형태에 대해 충분하다.

47 Henri Bergson, *Matter and Memory*(London, 1913), pp. 246 ff.

또한, **그런 사건**에서 우리가 볼 수 있는 **변화**의 유일한 근거는 지금은 **현재**인 모든 사건이 **미래**였으며, **과거**가 될 것이라는 사실이라는 맥타가트의 지적에 누구나 동의할 것이다. 이 특성들과 관련하여, 사건들은 또 다른 계열인 *A*-계열을 이루는데, 이는 '우리가 관찰한 대로의' 사건들로 이루어져 있다. *A*-계열이 기본이며, *B*-계열은 그 2차 전개라는 맥타가트의 그다음 주장을 받아들이지 않을 이유 역시 찾을 수 없다. 우리는 *A*-계열에 기초하여 무한의 선상에 사건들을 배열한다. 우리에게는 두 사건 중에서 앞선 것이 어느 것인지 알 수 있는 다른 **직접적인** 방법이 전혀 없다. 예컨대 지질학자들도 어떤 바위 층이 다른 것보다 앞선다고 설명할 때, 처음 것이 **현재**였을 때 두 번째 것은 **미래**였다고 (혹은 반대로 두 번째 것이 현재였을 때, 처음 것이 과거였다고) 사실상 말한다.

맥타가트는 이를 근거로 *A*-계열이 허위라고 주장한다. 한편으로, 사건에 관한 어떤 것도 변화할 수 없기 때문에 **과거**, **현재**, **미래**는 '각 사건에 속해야' 한다. 다른 한편으로, 이들은 '양립할 수 없는 확정들'이다.[48] 물론 '3은 소수'라는 명제와 달리, '*X*는 현재'라는 명제는 특정 **순간**에는 옳지만 다른 모든 때에는 그르다고 논박할 수도 있다.[49] 또다시, 나는 이 대답에는 모순이 감추어져 있을 뿐이라는 맥타가트의 논리에서 어떤 오류도 찾을 수가 없다. 이제 우리에게는 사건들의 계열만큼이나 모순된 두 번째 *A*-계열이, 즉 **순간**들의 계열이 있다. 그리고 이 새로운 모순을 똑같은 과정을 통해 우회하려 한다면, 무한반복에 빠진다. *A*-계열은 기만적이며, 그리고 이것 없이는 **변화**를 설명할 수 없다는 것을 근거로, 맥타가트는 **시간** 자체는 실재가 아니라고 결론 내린다. 그에 따르면, **시간**에 대한 우리의 환상의 원인은 '앞선 것'에 대해 우리

48 McTaggart, *The Nature of Existence*, II, 20.

49 앞(3장 5절)에서 이미 본 것처럼, 러셀은 **변화**를 계량형태 구조로 환원하기 위하여 이 시간에 관한 진실을 사용한다.

가 잘못 해석한 어떤 관계로, 즉 우리의 파악과 연관된, '포함' 관계로 순서가 정해진, 시간을 초월한 *C*-계열이다.[50] [*C*-계열은 변화하지 않는 순서만 있는 계열이다—옮긴이]

맥타가트의 논제는 다양하게 비판받아왔다. **시간**의 성질에 관한 모든 논쟁들과 마찬가지로 이 논제에 관한 논쟁은 도움이 될 뿐 결정적이지는 않다. 이를 통해 보통 연결사 'is'와 시간 연결사 'is now'의 본질적인 차이를, 또는 "이 사건이 현재가 되었다"에서와 같은 **절대적 생성**과 "이 물이 뜨거워졌다"에서와 같은 **질적 생성**의 차이를 조명하게 되었다.[51] 또한 이는 **시간**을 준거로 하지 않고 **시간**을 논할 수 없다는 아우구스티누스의 논제를 뒷받침하는 또 다른 증거를 추가하였다.

물론 이는 뛰어난 물리학자들도 궁극적으로 이르렀던 관점을, 즉 '의식 흐름의 원시적인 형태' 외에 **시간**에 관한 다른 기준은 없다는 관점을 강화하였다.[52] 사실 모든 과학의 시간에 관한 법칙들은 전후 구별을 요구하는데, 단지 의식만이 이를 할 수 있다.[53] 엔트로피 법칙이 적절하고 뛰어난 예인데, 형식을 갖추어 쓰면 다음과 같다. $E(T_1)$와 $E(T_2)$를 **시간**상 서로 다른 두 시점 T_1과 T_2에서의 우주의 엔트로피라고 할 때, $E(T_1) < E(T_2)$이면, T_2는 **시간**상 T_1보다

50 McTaggart, II, 271.

51 Broad, *Examination*, II, 272, 280 f. **질적 생성**이 **절대적 생성**을 의미한다는 브로드의 말은 옳다. 그러나 (*A*-계열로 나타나는) **절대적 생성**이 **시간**을 설명하기 충분하다는 말은 옳지 않아 보인다. 자기동일성을 지닌 우주에서 무엇이 절대적으로 생성될 수 있을 것인가? 나 자신의 판단에는, 맥타가트 주장의 기본적인 오류는 **사물들**만이 **변화**할 수 있지만, 사건과의 관계를 통해서만 **변화**를 생각한다는 점이다. 생성하는 **존재**는 사리에 맞지만, 생성하는 **생성**은 사리에 맞지 않는다.

52 H. Weyl, *Space, Time, Matter*(New York, 1950), p. 5; Milne(앞의 각주 43에 인용), p. 14; Arthur, H. Compton, "Time and the Growth of Physics," in *Time and Its Mysteries*, ed. H. Shapley(New York, 1962), p. 166.

53 이 점에 관하여 우리 역시 아리스토텔레스의 가르침을 넘어설 수 없다. *Physics*, 219^a 22 ff, 223^a 25 ff.

뒤이며, 그 역도 성립한다. 그러나 '뒤'의 의미를 미리 알고 있지 않으면, 분명히 이 말은 "수거위는 거위의 수컷이고, 암거위는 거위의 암컷이다"처럼 공허하다. 이 법칙의 완전한 의미는 우주의 엔트로피는 **시간이 관찰자의 의식을 통해 흐름에 따라** 증가한다는 것이다. **시간**은 시계의 움직임이나 엔트로피 변화가 아니라 의식의 흐름에서 유래한다. 달리 표현하면, **시간**과 모든 '모래시계'의 관계는 일반적으로 우리가 생각하는 경향과 정확하게 반대이다. 우리가 나폴레옹의 죽음이 시저의 암살 다음에 일어났다고 알고 있다면, 그것은 대대로 이어져 온 세대의 의식이 겹쳐져 만들어진 역사의식에 두 사건이 포함되어 있기 때문이다.[54] 한 단계 더 나아가 공동체 의식 같은 사고로 확장하면, 처음도, 끝도 없는 **영원**의 개념에 도달한다. 이것이 **시간**의 원리이다.

이것으로 **시간**의 모든 신비가 완전히 풀렸다는 의미는 아니다. 오늘 아침의 식사가 오늘 점심의 식사보다 '앞선'다면, 이는 아침 때 기억이 점심 때 기억에 포함되어 있기 때문이라는 맥타가트의 주장에 우리가 공감할 수도 있다. 만약 그렇다면, 한 자아가 매 순간 자신의 모든 기억을 각각의 카드에 적고 카드를 전부 섞었을 때, 또 다른 자아는 이들을 쉽게 '올바른' 순서로 배열할 수 있을 것이다. 또한, 서로 소통하는 두 자아의 **시간** 척도를 쉽게 쌍방향으로 일치하게 겹치는 데 아무런 큰 어려움이 없을 것이다. 그러나 맥타가트의 주장은 각 자아의 기억에서 개별적으로, 번개를 보는 것이 천둥소리를 듣는 것보다 '앞선' 이유나 낮은 엔트로피가 높은 엔트로피보다 '앞선' 이유를 설명하지 않는다. 여기서 열역학 권위자가 제안한 엔트로피 비가역성 해석을 거론하는 것은 매우 흥미롭다. 테르하르(D. ter Haar)에 따르면, 비가역성은 "우리에게 과거의 기억이 있으며, 따라서 나중에 일어날 일이 아닌, 앞서 일어난 일에 관한 지식을 가질 수 있다"는 사실에서 유래하기 때문에, 그 근거는 '심리학적'이다.[55]

---

54 Bridgman, *Reflections*, pp. 320 f에 나오는 물리 현상을 관찰하는 데 필요한 연속에 관한 브리지먼의 논의 참조.

따라서 엔트로피 법칙 역시 기억의 포섭[어떤 개념이 일반적인 개념에 포괄되는 종속 관계—옮긴이] 성질의 한 측면일 것이며, 따라서 **시간**에 대해 우리가 의미하는 것에 대한 객관적인 근거를 조금도 제공할 수 없을 것이다.

그렇지만 관찰자의 존재 여부와 무관하게 외부 세계가 실재한다고 믿는 많은 사람들은 이런 생각에 반발한다. 이들은 지식과 존재의 가장 중요한 좌표가 인간의 의식에, 아니, 모든 인간에게 동일한 의식에 좌우되도록 하는 것은 너무 지나치다고 느낀다. 이들은 **시간**의 방향을 감지할 때 모든 이들의 의식을 지배하지는 않더라도 이에 대응하는 최소한 하나의 자연의 특징이 분명히 있다고 주장한다. 이미 앞에서 본 것처럼 에딩턴은 피할 수 없는 엔트로피 증가가 **시간**의 객관적인 방향인 시간의 화살을 가리킨다고 주장하는데, 이는 맥타가트, 테르하르, 현대 열역학 이론의 주장과 상반된다. 현실주의를 대변하는 다른 이들은 **시간**과 세상 모두 주관적이지 않다고 주장한다. 모든 개개인의 의식이 느끼는 시간의 방향은, "[객관적인] 세계의 한 측면에는 인과 관계의 연결고리가, 다른 측면에는 단일 방향 시간의 이어짐이 [존재한다]"는 사실에 부합한다.[56] 그러나 이 아이디어가 인과 관계 자체를 현실에 뿌리를 두지 않은 정신의 구조물로 생각하는 많은 철학자들의 인정을 받을 가능성은 더더욱 낮다. 이 논제를 뒷받침하는 주요 주장은 (다음에 논의할) **동적** 시간의 가역성이 시간적인 인과 관계 개념을 즉각 배제해버린다는 것이다.

6. 시간과 '시간'

'시간'이라는 단어는 다양한 의미로 쓰이는데, 그중 일부는 의외이다[이 절에

55 D. ter Haar, "Foundations of Statistical Mechanics," *Reviews of Modern Physics*, *27* (1955) 292.

56 L. Susan Stebbing, "Some Ambiguities in Discussions Concerning Time," in *Philosophy and History*, ed. R. Klibansky and H. J. Paton(New York, 1963), p. 122.

서 '시간'은 지속시간의 의미이다—옮긴이]. 예컨대 "[인간의] 목적을 달성하기 위한 시간과 수단에는 제한이 있다"는 말은 시간이 끝없는 유량이 아니라 희소한 저량을 나타내는 데 쓰인다는 것을 보여준다.[57] 경제학에는 이처럼 '시간'이라는 용어를 대충 사용하는 예가 많다. 더 놀라운 예는 인구 집단의 평균 연령을 계산하는 방법을 설명하는 '시간의 경과에 따른 합'이다. 놀랍게 보이지만, 이 지나치게 자유스러운 용어의 사용은 물리학에 기원을 두고 있는데, 물리학에서는 **시간**상 한 시점과, 두 시점 사이의 간격을 구분하는 일이 필수적이 된 후에도 둘은 똑같은 용어로 부정확하게 표현되고 있다. 이 필요성이 드러난 경위에 관한 일화는 매우 교훈적이다.

"열은 항상 뜨거운 물체에서 차가운 물체로 저절로 흐른다"는 것을 물리학 법칙으로 인정한 결과, 물리학에는 가장 큰 위기 중 하나가 나타났으며, 이는 아직도 완전히 해결되지 않고 있다. 이 위기는 역학으로는 열이 한쪽 방향으로만 이동하는 것을 설명하지 못한다는 사실에서 나왔는데, 역학에 따르면 모든 움직임은 가역적이어야만 한다. 예컨대 지구는 어떤 역학의 법칙을 위배하지 않아도 그 궤도에서 반대 방향으로 아주 잘 움직일 수 있을 것이다.[58] 이 역학 현상들의 특이함이 역학의 방정식은 '시간'을 나타내는 변수 t의 부호에 대하여 불변이라는 사실과 일치한다는 것은 분명하다. 즉, 똑같은 방정식으로 지금부터 100년 후 지구가 있을 위치와 또는 100년 전 지구가 있었던 위치를 똑같이 '예측한다'. 시간적 인과 관계는 허위라는 실증주의 철학의 주장

---

57 Lionel Robbins, *An Essay on the nature and Significance of Economic Science*(2nd edn., London, 1948), p. 12. "하루에 24시간만 있다"(앞의 책, p. 15)는 주장은 로빈스를 이해하려는 독자에게 방해가 된다. 1m에 100만 μm가 있다는 사실이 공간(토지)을 풍부하게 만들겠는가?

58 물리학에 위기가 나타나기 오래전에, 헤겔은 *The Phenomenology of Mind*(2nd edn., New York, 1931), p. 204 f에서 똑같은 과학적인 설명이 반대 방향으로 움직이는 세상에도 성립할 수 있다고 주장하였다.

은 여기에 기초한다. 어떤 이들은 더욱 극단적으로 논의를 몰고 가, 로마 몰락이 아메리카 발견의 원인이었다고 말하는 것은 후자가 전자의 원인이었다고 말하는 것만큼 옳다는 (그러나 마찬가지로 의미가 없다는) 주장에 이르기도 한다.[59] 이런 주장은 당연히 핵심 포인트는, 즉 역사적인 사건들이 시간의 부호에 대해 불변인 방정식으로 서로 연결되는지 아닌지는 완전히 간과한다. 이 입장은 세상에는 두 가지 **시간**이, 즉 역학 현상이 일어나는 가역적인 **시간**과 열역학 현상과 연관된 비가역적인 **시간**이 있다는 생각을 낳았다. 분명히 **시간**의 이중성은 터무니없다. **시간**은 앞으로만 움직이며, 모든 현상은 동일하고 유일한 **시간**에서 일어난다.[60]

시간의 이중성이라는 아이디어 뒤에는 내가 T와 t로 표시한 개념들 사이의 혼동이, 즉 두 경우에 대하여 똑같은 용어 '시간'을 사용하여 생기는 혼동이 있다. 사실 T는 의식의 흐름 또는 '시점들'의 연속적인 이어짐으로 인식되는 **시간**을 나타내지만, t는 **역학적 시계**에 따른 (T', T'') 구간의 크기를 나타낸다. 혹은 이 설명을 측정 가능성에 관한 우리의 논의(4장 2절)와 연결하면, T는 서수 변수이지만 t는 기수 변수이다. **시간**의 이중성은 거부해야 하지만, $t =$ 크기(T', T'')에 기초하여 T에 대해 약한 기수 척도를 세울 수 있다는 사실이 t와 T를 구별하는 일이 불필요하다는 것을 의미하지는 않는다.

두 개념의 구별이 필요한 것은 T의 함수인 시간 법칙과 t의 함수인 시간 법칙의 본질적인 차이 때문이다. 공룡으로 가득 찬 습지 정글을 보여주는 영화를 우연히 보게 되었다면, 우리는 그 영화가 표현하려는 사건이 예컨대 로마가 세워지기 전에 일어났다는 것을 안다. 왜냐하면 그런 사건을 지배하는 법

59 예컨대 W. F. G. Swann, "What Is Time?" in *Time and Its Mysteries*, pp. 135 f를 보라.

60 Bridgman, *Logic of Modern Physics*, p. 79를 참조하라. 여기서 나는 두 관찰자가 각자의 시계를 일치시키지 못하는 것이 **시간**의 다중성을 증명하지 않는다는 것도 설명해야만 한다. 누구나 증명할 수 있듯이, 두 계에서 일어나는 사건을 공통의 **시간**-기준에 맞추지 않으면, 이 불가능성을 설명할 수 없다.

칙은, (그런 법칙이 있다고 가정할 때) 엔트로피 법칙과 마찬가지로 T의 함수이기 때문이다. 반면에 순수한 역학 현상에 관한 영화는 사건을 **시간**에 배치하는 데 도움이 전혀 되지 않는다. **시간**상 사건이 일어난 때와 무관한 똑같은 방식으로 진자가 움직이고 돌이 떨어진다. 역학의 법칙은 t만의 함수이며, 따라서 **시간**에 대하여 불변이다. 달리 말하면, 역학 현상에는 **시간**은 없지만, 시간 크기가 없지는 않다.

물리학의 분야 중 열역학에만 T의 함수인 법칙들이 있기 때문에 물리학에는 '시간'의 모호함을 제거하려는 두드러진 강박관념이 없었다. 그러나 물리학과 사정이 다른 여타 과학 분야에서 이 문제를 대체로 무시해온 이유는 이해하기 어렵다. 슘페터는 후기 저작에서 **역사적** 시간과 **동적** 시간의 차이를 강조했고, 그는 이를 통해 T와 t를 각각 이해하였는데,[61] 이는 독보적이고 위대한 업적이라 하겠다. 그렇지만 이 구별의 뿌리는 (진화론적인) 역사 과학이 아니라, 앞에서 본 것처럼 물리학의 한가운데, 즉 역학과 열역학 사이에 있다.

7. 시간적 예측과 시계의 시간

고대 천문학자들이 일식을 예측하는 데 성공한 이래 물리학이, 열역학을 제외한 좁은 의미의 물리학이 가진 미래 사건을 예측할 수 있는 정확도에 대한 찬사는 꾸준히 커져 왔다. 하지만 물리학에만 이 능력이 있는 이유는 아직도 불분명하다. 미래는 단지 초기(현재) 조건들에 의해서만 결정되며 모든 과학 중에서 물리학만이 측정을 통해 이 조건들을 확인하는 데 성공해왔다는 일반적인 설명은 답한 것보다 더 많은 의문을 제기한다. 어떤 경우에나, 우리는

61 Joseph A. Schumpeter, *Essays*, ed. R. V. Clemence(Cambridge, Mass., 1951), p. 308과 특히 Schumpeter, *History of Economic Analysis*(New York, 1954), p.965 n5 참조.

엄격한 결정론에 대한 혼란스런 논쟁에 휩싸이며, 아직 우리는 이에 대한 준비가 되어 있지 않다.[62]

물리학의 시간 법칙들이 예측을 잘하는 직접적인 이유는 이 법칙들이 모두 t의 함수라는, 즉 역학적 시계를 통한 **시간** 구간의 크기의 함수이라는 사실 때문이다. 다음 예는 이 법칙들의 본질을 말해준다. 동전을 피사의 사탑 꼭대기에서 떨어뜨리는 바로 그 순간에 역학적 시계를 '0'으로 맞추면, 동전이 땅에 닿는 순간 시계 바늘 끝이 정확하게 t_0에 도달할 것이다. 이 예에서 보듯이, 순수물리학의 모든 시간 법칙은 단지 두 역학 현상의 시간적인 일치를 이야기할 뿐이며, 그중 하나는 역학적 시계이다. 이로부터 시계의 역학적인 현상을 포함한 모든 역학 현상은 전체적으로 일치한다는 결과가 나타난다. 따라서 원칙적으로 우리는 일치 현상을 분명히 하기 위한 공통의 기준으로 알맞은 현상을 임의로 선택할 수도 있다. 부분적으로는 그렇게 해왔다.

내가 강조하고 싶은 점은 물리적 예측은 대칭적인 관계라는 것이다. 우리는 일반적인 방식과는 반대로 '낙하하는 물체'가 '시계'를, 또는 다른 어떤 역학 현상을 예측한다고 말할 수도 있다. 그러면 우리가 다른 역학 현상보다 시계 메커니즘을 표준적인 기준으로 선호하는 이유는 무엇인가?

'시계' 문제를 분석하는 데 관심을 가졌던 소수의 물리학자들로부터 알 수 있는 것은 순수하게 물리적이지 않은 요소들이 실제 메커니즘에 가능한 한 영향을 미치지 않아야 한다는 조건에 의해 선택이 이루어진다는 것이다. 이는 시계가 거의 **시간**에 영향 받지 않는다는, 달리 말하면 엔트로피 진행에 거의 영향 받지 않는다는 의미이다. 에딩턴이 날카롭게 지적하였듯이, '시계'가 좋을수록 시계는 **시간**의 경과를 덜 보여준다.[63] 이 때문에 아인슈타인은 진동하는 원자를 물리학에 가장 적합한 시계 메커니즘으로 생각하였다.[64]

---

62 7장을 보라.

63 Eddington, *Nature of Physical World*, p. 99.

순수물리학이 자기완결적인 체계가 되려면, 순수하게 역학적 시계가 필요하다는 것을 완벽하게 이해할 수 있다. 그러나 이 내부적 필요성이 별, 모래시계의 모래, 진자 등의 운동과, 즉 모든 역학적 시계들과 **시간**의 흐름을 연관시키는 이유까지 설명하는 것은 아니다. 이 연관은 시계에 관한 현대적인 생각들을 수천 년 앞선다. 반면에 물리학에는 방금 지나간 시계의 한 시간이 방금 시작한 한 시간과 같다는 어떤 증명도 없다.[65] 이 시간 구간들이 같은지 **직접** 확인할 수 있도록 이들을 겹칠 수도 없다. 그럼에도 우리는 뉴턴의 가르침대로, 이 구간들이 같다는, 즉 **시간**은 매 시간 일정한 속도로 흐른다는 강한 느낌을 갖는다. 우리가 시계가 **시간**이 얼마나 빠르게 흐르는지 보여준다고 느끼는 이유는 아마도 피어슨(Karl Pearson)이 제안한 대로, 시계의 모든 한 시간에는 '똑같은 양의 의식(意識)'이 채워져 있기 때문일 것이다.[66] 그렇지만 이 설명은 기껏해야 두 개의 연이은 무한소 간격에 대해서만 받아들일 수 있을 것이다. 우리가 늙어감에 따라 우리 의식의 양이 느리게 증가하기 때문에 매 시간이 더 짧게 느껴진다는 증거가 있다. 현재 유효한 증거에 기초할 때, 아마도 이것이 시계의 시간으로 미래 사건을 예측하는 데 대하여 과학자와 보통 사람 모두 감탄하는 것에 대해 우리가 말할 수 있는 전부일 것이다.

그러나 정당한 감탄은 자주 편향된 평가로 바뀌곤 한다. 열역학에는 아무런 예측 능력이 없다는 말에서 비하하는 의도를 간혹 엿볼 수 있다. 있는 그대로의 사실은 엔트로피 법칙이 예컨대 지금부터 시계의 시간으로 한 시간 후

---

64 '시계' 문제에 관한 여러 가지 언급으로, Bridgman, *Nature of Physical Theory*, p.73; Erwin Schrödinger, *What is Life?*(Cambridge, Eng., 1944), pp.84 ff; Weyl, *Space, Time, Matter*, pp.7 f를 보라.

65 Karl Pearson, *The Grammar of Science*(Everyman's Library edn., London, 1937), pp.162 f; Henry Poincaré, *The Foundations of Science*, pp.224 f.

66 Karl Pearson, *The Grammar of Science*, p.159. 이 점은 기억의 차이를 기수로 측정 가능하다는 맥타가트의 주장을 생각나게 한다(각주 46).

에 우주의 엔트로피가 커질 것이라고만 알려주지, 얼마나 증가할지 알려주지는 않는다는 것이다.[67] 하지만 이 결점은 우리가 시계의 시간의 적용을 고집한 결과일 수도 있다. (열역학에서처럼) 모든 시간 법칙이 T만의 함수인 현상 영역에서 해당 현상들을 시계의 시간과 연관시킬 때, 엄밀한 예측을 위한 어떤 법칙에도 필수적인 단순한 규칙성은 존재하지 않을 것이다. 그러나 나는 이런 영역에서 물리학의 시계의 시간을 통한 예측과 정확하게 똑같은 성격의 예측을 할 수 없다고 믿어야 할 이유도 없다고 본다.

실제로, 언젠가 발견될 수도 있는 열역학 제4법칙을 찾았다고 생각해보자. 이 법칙에 따르면 새로운 상태 변수, 예컨대 I는 T의 함수라고 해보자. 이 경우 이 새로운 법칙이나 엔트로피 법칙 중 하나를 '열역학적 시계'라 하고, 또 다른 법칙을 앞에서 낙하 물체 법칙을 만들었던 것과 정확하게 똑같은 예측 형태로 공식화할 수도 있을 것이다. 예컨대, 열역학적 시계가 I_0일 때 동시에 계의 엔트로피는 E_0에 이른다. 이 예는, **시간**의 일정한 흐름에 대해 피어슨이 제안한 설명이 입증되지 않는 한, 시계의 시간에 따른 예측과 다른 어떤 시간의 화살에 따른 예측 사이에 아무런 차이도 있을 수 없다는 것을 보여준다(그

67 W. J. Moore, *Physical Chemistry*(2nd edn., Englewood Cliffs, N. J., 1955), p.23; Margenau, *Nature of Physical Reality*, pp.210 f; Philipp Frank, "Foundations of Physics," *International Encyclopedia of Unified Science*(Chicago, 1955), I, part 2, 449 참조. 그럼에도 열역학 제1법칙이 시계의 시간에서 예측에 쓰일 수 있다고 주장할 수 있다. 그렇지만 일정한 총에너지는 오히려 시계의 시간 법칙이 무의미한 경우를 나타낸다. 또한 보통 네른스트 법칙이라고 부르는 열역학 제3법칙은 본질적으로 절대온도 0도에 절대 도달할 수 없다고 말한다는 것도 설명해야 할 필요가 있다. 그러나 '절대 없다'는 것 역시 시계를 필요로 하지 않는 시간 개념이다. 덧붙여 말하자면, 네른스트 법칙의 분명한 의미는 **시간**과 마찬가지로 에너지는 약한 기수 변수이며, 따라서 우리가 우주에 있는 에너지라고 부르는 것은 실제 그 표면의 파동만 관찰할 수 있는 바닥없는 바다일 수 있다. 나는 똑같은 상황에 다시 도달할 수 있을 때만 에너지와 엔트로피를 측정할 수 있다는 브리지먼의 주장(*Reflections of a Physicist*, p.331)이 이를 함축하고 있다고 생각한다. 그렇지만 6장의 각주 8을 보라.

리고 피어슨의 아이디어에 실재적인 근거가 있다고 증명할 수 있더라도, 시계의 시간에 따른 예측의 우수성에는 순전히 인간 중심적인 정당성만 있을 것이다). 그럼에도 일부에서 열역학에는 아무런 예측력이 없다는 상반된 의견을 갖는 까닭은 의심의 여지 없이 또 다른 요인으로 인해, 즉 열역학에는 엔트로피 법칙이라는 단 하나의 진정한 시간 법칙만 존재한다는 사실로 인해 이 쟁점이 흐려졌기 때문이다. 그러나 유일한 법칙은 분명히 예측에 쓸모가 없다. 다시 말하면, 어떤 법칙도 그 자체의 '시계'가 될 수는 없다. 이 곤란함은 모든 내재적 정의에 수반되는 곤란함과 똑같은 성질의 것이다.

게다가, 모든 연구 영역에서 현상이 역학적 시계의 현상과 일치해야 할 이유는 전혀 없다. 모든 현상이 근본적으로 역학적이라는 도그마만이 그 이유를 제공할 수 있을 것이다. 그러나 내가 반복해서 강조한 것처럼, 기계론적 도그마는 물질과학에서도 폐기되었다. 따라서 모든 시간 법칙이 시계의 시간의 함수이어야 한다는 믿음에서 멀어지는, 과학의 새로운 방향 설정을 성숙의 표시로 받아들여야 한다. 새로운 방향 설정이 일어난 모든 곳에서 기대하지 않은 결실을 맺었다. 예컨대 시계의 시간 척도에 투사되었을 때 아주 불규칙적으로 보였던 많은 생물학적 현상들이 '시계' 역할을 하는 어떤 생물학적 현상과 비교되었을 때 아주 단순한 규칙을 따르는 것으로 관찰되었다.[68]

이 책의 주요 목적 중 하나를, 즉 전반적으로 경제과정이 역학의 현상이 아니라는 것을 입증해내기를 바라면서,[69] 이 시점에서 경기 순환에 관한 주글러(Juglar) 공식[대략 10년을 주기로 생산 활동이 변동한다는 경기순환론의 하나—옮긴이]의 폐기가 올바른 방향의 한 단계였음을 지적하고자 한다. 실제로 이 공식은 경기활동과 역학적 시간인 태양 흑점의 이동 사이에 엄격한 대응이

---

68 P. Lecomte du Noüy, *Biological Time*(New York, 1937), pp. 156 ff 참조.

69 이 점에 관하여 내가 아무것도 아닌 문제와 다투고 있다면, 이 점의 타당성에 좌우되는 나의 다른 주장들은 더욱 강화된다.

존재함을 의미한다. 반면에 그 최종결말은 안 좋았지만, 하버드 경제지표는 똑같은 문제에 대하여 더 건전한 접근 방법을 반영하였다.[70] 왜냐하면 그 기본적인 분석에서 모든 비슷한 형태의 지표들은 경제 현상들 사이에서 대응 관계를 보여주며, 이들 중 하나는 '시계'에, 즉 경제적 시계에 알맞기 때문이다. 경기 변동에 관한 대부분의 후속 연구들은 사실상 똑같은 관점을 택하고 있다. 구체적인 결과들은 충분히 인상적이지 않을 수 있다. 따라서 경제활동의 여러 측면 사이에 변하지 않는 대응 관계가 있는지에 대한 의구심은 부적절하지 않다. 그렇지만 많은 거시동학적 모형의 기초가 되는 아이디어인, 시계의 시간을 독립변수로 가진 미분방정식으로 전체 경제과정의 진행을 설명할 수 있다는 대안은 십중팔구 애초부터 잘못되었다.

시계의 시간을 통해서만 예측을 생각하는 경향은 충분히 이해할 만하다. 모든 시계는 역학 체계이며 서로를 예측하기 때문에 우리는 시계에 따라 일상생활 업무를 조절한다. 그렇지만 역학적 시계에 종속되지 않는 현상들에 대한 증거가 너무나 많기 때문에 우리는 역학 법칙들이 자연의 모든 존재 방식을 결정하지는 않는다고 결론지어야 한다. 자연에 미결정인 채 남아 있는 것 속에는 본질이 다른 법칙들이 서로 모순되지 않으면서, 따라서 어느 하나가 독자적으로 전체의 불확정성을 제거할 수 없는 상태로 작동한다. 엔트로피 법칙은 이 생각이 허황되지 않음을 분명하게 보여주며, 이 법칙은 이제까지 역학적 시간과 연결되지 않는다고 명확하게 알고 있는 유일한 법칙이다. 따라서 엔트로피 법칙과 생명 현상 과학(기계론적 설명이 늘 실패로 끝났던 분야)의 연결이 매일 점점 강해진다는 것을 깨닫더라도 놀라서는 안 된다. 그리고 이 연결에는 또 다른 더 중요한 이유들이 있다.

---

70 하버드 경제지표는 1929년 세계 대공황 1주일 전에 장밋빛 예측을 하였기 때문에 그 뒤 바로 폐기되었다 — 옮긴이.

6장

엔트로피, 질서, 확률

1. 엔트로피: 질서와 무질서

체계적인 진행을 위해 이제까지 나는 사회과학자들이 고전열역학에서 배울 수 있는 교훈들만 검토하였다. 그러나 이 이야기에는 매우 중요한 맺음말이 있다.

열역학이 역학의 권위에 가한 타격에 적응하기는 물리학자뿐만 아니라 다른 분야 과학자들에게도 꽤나 어려웠다. 인간이 물질에 직접 행할 수 있는 일은 밀기와 당기기뿐이기 때문에 우리는 물질세계에서 다른 힘을 가진 동인을 쉽게 인식할 수 없다. 켈빈 경(Lord Kelvin)이 특별히 강조하였듯이, 인간은 현상을 역학 모형으로 나타낼 수 있을 때에만 현상을 명확하게 이해할 수 있다. 따라서 열역학이 나타난 이래 물리학자들이 열 현상을 기계적 운동으로 환원하려 노력하였던 것은 전혀 놀랍지 않다. 그 결과는 통계역학이라는 이름으로 더 잘 알려져 있는 새로운 열역학이다.

무엇보다도, 이 새로운 분야에서 열역학 법칙들이 클라우지우스가 만들었던 것과 똑같은 형태로 유지되고 있다는 것을 이해해야 한다. 기본 개념들의 의미와 열역학적 평형에 대한 설명만이 근본적으로 달라졌다. 전문적인 정교함을 무시하면, 새로운 이론은 비교적 단순하다. 열은 입자들의 불규칙적 운동으로 이루어져 있으며, 열역학적 평형은 저절로 일어나는 (입자들과 그 속도의) 뒤섞임 과정의 결과이다. 그러나 나는 지금도 통계역학의 장애물인 시작 당시의 어려움 하나를 강조해야 한다. 자연발생적인 뒤섞임은 적절하게 정의된 적이 한 번도 없다. 이 용어의 의미를 설명하려 할 때 트럼프 카드를 섞거나 달걀을 휘젓는 것 같은 비유들이 사용되었다. 더 놀라운 비유로, 이 과정을 날뛰는 무뢰한이 도서관을 완전히 초토화시키는 것과 연관시키기도 하였다.[1] 어떤 것도 없어지지 않았지만(열역학 제1법칙), 모든 것이 사방으로 흩어졌다.

따라서 새로운 해석에 따르면 우주의 열성화(劣性化)는 고전열역학에서 묘사된 것보다 훨씬 더 광범위하다. 여기에는 에너지뿐만 아니라 물질의 구조도 포함된다. 물리학자가 생활용어로 적었듯이,

자연에는 질서가 무질서로 끊임없이 바뀌는 경향이 있다.

따라서 무질서는 끊임없이 증가한다. 이렇게 우주는 열적 종말(Heat Death)보다 훨씬 더 험악한 상태인 **대혼란**(Chaos)을 향하고 있다.

이 이론적 틀 내에서 엔트로피가 무질서도의 척도로 다시 정의되었던 것은 자연스럽다.[2] 그러나 몇몇 철학자와 물리학자가 함께 지적한 것처럼, 무질서는 완전히 부적절하지는 않더라도 매우 상대적인 개념이다. 사물은 어떤 목적과, 아니 의도와 관련해서만 무질서하다.[3] 예컨대 수북이 쌓여 있는 책은

---

1 Erwin Schrödinger, *Science, Theory, and Man*(New York, 1957), pp. 43 f.

2 이 점에 관한 권위 있는 논의로, P. W. Bridgman, *The Nature of Thermodynamics* (Cambridge, Mass., 1941), pp. 166 f를 보라.

3 Henri Bergson, *Creative Evolution*(New York, 1913), p. 220 등; Bridgman, *The Nature of Thermodynamics*, p. 173; Jacques Hadamard, review of J. William Gibbs, *Elementary Principles in Statistical Mechanics*, in the *Bulletin of the*

경리 직원에게는 완벽한 질서일 수 있지만 도서관 정리부서에서는 아닐 수 있다. 특정 순간에 가지고 있는 특별한 의도에 맞지 않는 질서를 볼 때마다 우리 마음속에는 무질서 개념이 생겨난다. 이 책에서 옹호하는 관점에서 보면, 무작위 질서는 우리가 자연에서 관찰하리라 기대하는 해석학적 질서에 해당하지 않기 때문에 우리는 무작위 질서를 무질서와 연관시킨다. 자연에는 우리의 이해를 통해 그 존재 방식이 해석학적으로 파악될 수 있는 정도까지만 질서가 있다. 무질서가 서수로 측정 가능한지는 더군다나 알 수 없다. 통계역학은 두 가지 기본 규칙을 통해 이 어려움을 회피한다.

A. 미시상태의 무질서는 해당 거시상태의 무질서에 의해 서수로 측정된다.
B. 거시상태의 무질서는 미시상태의 수에 비례한다.[4]

미시상태는 모든 관련된 개체들의 이름을 특정하여 서술되는 상태이다. "X 씨는 응접실에, Y 씨 부부는 거실에 있다"는 미시상태의 예이다. 거시상태는 이름이 없는 서술에 해당한다. 따라서 앞의 예는 거시상태 "한 남자는 응접실에, 한 남자와 한 여자는 거실에 있다"에 해당한다. 그러나 이 미시상태는 거시상태 "한 사람은 응접실에, 두 사람은 거실에 있다"에도 마찬가지로 속한다. 이 결과는 단지 오래된 라플라스 규칙인 규칙 B에 따라 계산된 무질서도가 미시상태를 거시상태로 무리 짓는 방식에 의존한다는 것을 보여준다. 이 척도에 영향을 주는 두 번째 요소는 주어진 미시상태가 거시상태에 포함되는지를 결정하는 기준이다. 예컨대 앞의 예와 연관해보면, 포스트(Emily Post)[예절에 관한 책을 쓴 미국인—옮긴이]에게 "Y 씨 부인은 응접실에, X 씨와 Y 씨는 거실에 있는" 상황은 상류사회에서는 가능하지 않은 미시상태로 문제가 된다.

American Mathematical Society, *12* (1906) 207 f.

4 H. Margenau, *The Nature of Physical Reality* (New York, 1950), pp. 279 f 참조.

통계열역학에서는 입자의 역학적 좌표(위치와 운동량)에만 관심을 두기 때문에, 모든 입자를 질(質)이 없는, 그 명칭만으로 구별할 수 있는 개체로 다룬다. 입자의 명칭을 전혀 사용하지 않는 거시상태 개념은, 입자 집합의 물리적 성질이 특정 입자가 차지한 상태에, 즉 그 입자의 위치와 운동량에 좌우되지 않는다는 사실과 상응한다. 주어진 거시상태에 있는 각 입자들의 '개별' 배열이 미시상태에 해당한다. 그렇지만 어떤 두 배열이 서로 다른 미시상태에 해당하는지를 결정하는 기준은 접근 방식마다 다른 추가적인 규정이다. 그리고 앞에서 암시한 것처럼, 어떤 상태가 가능한 거시상태에 해당하는지에 관한 기준 역시 마찬가지이다.

최초의 그러나 아직도 기본적인 접근 방식인 볼츠만 방식에서는 어떤 상태(들)에 있는 입자들의 명칭이 똑같지 않을 때에만 두 배열은 서로 다른 미시상태에 해당한다. 또한 똑같은 상태를 갖는 입자의 수에는 아무런 제약이 없다. 예컨대 U, X, Y, Z를 네 개의 입자, A, B, C, D, E를 가능한 상태라고 해보자. 볼츠만 통계에서는 표 1에 나와 있는 여섯 개 미시상태가 "두 개 입자는 A 상태, 두 개 입자는 B 상태"인 거시상태에 해당한다. 앞의 규칙에 따르면, 이 미시상태들과 거시상태($N_A = N_B = 2$, $N_C = N_D = N_E = 0$)의 무질서도 서수 척도는 모두 6이다. 일반적으로, m개 상태와 N개 입자가 있을 때, 즉 (N_1, N_2, $\cdots$, N_m), $\Sigma N_i = N$인 거시상태의 무질서도 척도는 다음의 익숙한 조합 공식으로 주어진다.

$$W = \frac{N!}{N_1!\, N_2! \cdots N_m!} \qquad (1)$$

네 개 입자가 다섯 개 상태에 있는 경우, 최대 무질서도 $W = 4! = 24$는 거시상태($N_1 = N_2 = N_3 = N_4 = 1$, $N_5 = 0$) 혹은 그 상관상태[각 상태에 한 개 입자만 있는 상황—옮긴이]에 해당한다. 최소 무질서도, $W = 1$은 ($N_1 = 4$, $N_2 = N_3 = N_4 = N_5 = 0$) 형태[4개 입자가 모두 같은 상태에 있는 상황—옮긴이]에 해당한다.

무질서의 척도로 본 엔트로피에 대한 볼츠만의 획기적인 공식은 다음과

표 1 $N_A = N_B = 2$인 미시상태

미시상태	입자			
	U	X	Y	Z
1	A	A	B	B
2	A	B	A	B
3	A	B	B	A
4	B	A	A	B
5	B	A	B	A
6	B	B	A	A

같다.

$$\text{엔트로피} = S = k \ln W \tag{2}$$

여기서 $\ln W$는 W의 자연로그이며, $k = 1.38 \times 10^{-23}$J/K로, 볼츠만 상수라고 알려진 물리적 상수이다.[5]

보다 일반적인 공식에는 입자들이 서로 다른 '확률'을 가진 여러 가지 상태를 차지하는 경우가 포함된다. 이 단계에서 확률 개념을 도입하는 것을 피하기 위해, 각 상태를 여러 개의 똑같은, 말하자면 '방'으로 표시하여 형식적으로 동등하지만 겉보기에는 다른 접근 방식을 택하고자 한다. 앞의 예에서, 예컨대 상태 A는 두 개의 '방' A_1, A_2로 표시된다고 가정할 수 있다. 이 경우, 표 1의 각 미시상태는 표 2의 네 개 미시상태로 바뀐다.[6] 일반적으로 i 번째 상태가 s_i개

5 기본 계산에서, W에는 입자들이 가지고 있는 총에너지가, 즉 계의 총에너지가 정확하게 같은 미시상태들만 있다(예컨대, Max Planck, *Theory of Heat*(London, 1932), pp.239~242을 보라). 그러나 이 세부 사항 때문에 이 절에서 논의한 쟁점에 별다른 문제가 생기지 않는다. 그렇지만 몇 쪽 아래에 나와 있는 에르고딕 원리의 논의를 위해 이 부분을 계속 유지해야 한다.

6 앞에 언급한 볼츠만 통계의 이론적인 근거에 따라 표 2의 배열들을 서로 다른 미시상

표 2 표 1의 미시상태 1에 해당하는 미시상태들

미시상태	입자			
	U	X	Y	Z
1 (1)	A_1	A_1	B	B
1 (2)	A_1	A_2	B	B
1 (3)	A_2	A_1	B	B
1 (4)	A_2	A_2	B	B

'방'으로 되어 있다면, 식 (1)이 다음과 같이 된다는 것을 쉽게 알 수 있다.

(3) $$W = \frac{N!}{N_1!\,N_2!\cdots N_m!}\,s_1^{N_1}\,s_2^{N_2}\cdots s_m^{N_m}$$

매우 큰 수 N_i에 대해 스털링(Stirling) 점근식[$\ln N! \approx N\ \ln N - N$ ―옮긴이]을 적용하면, 식 (1)은 다음과 같이 된다.

(4) $$\ln W = N \ln N - N - \Sigma N_i \ln N_i + \Sigma N_i = -\Sigma N_i \ln (N_i / N)$$

$f_i = N_i / N$라고 하면, 식 (2)를 다음과 같이 쓸 수 있다. [$\ln W = -\Sigma N_i \ln f_i = -N\Sigma f_i \ln f_i = -NH$ ―옮긴이]

(5) $$S = -kNH$$

여기서 H는 볼츠만이 열역학에 대한 통계적 접근에서 사용한 유명한 H-함수로, 다음과 같다.

(6) $$H = \Sigma\, f_i \ln f_i$$

태로 다룬다는 점을 알아야 한다. 다른 통계에 관해서는 아래 각주 11을 보라[이렇게 에너지는 같지만 내부적으로 다른 상태들의 수를 degeneracy라 하는데, 축퇴도, 퇴화도, 축중도, 겹침수 등으로 옮긴다. 상태 B에 대해서도 같은 상황이 가능하다 ―옮긴이]

분명하게, $-kH$는 입자당 평균 엔트로피를 나타낸다. 나중에 참고하기 위해, H와 S가 서로 반대 방향으로 변화한다는 것을 염두에 두자.

앞의 수학 공식과 관련하여 몇 가지 특별히 중요한 내용이 있다. 우선 무질서는 서수로 측정 가능하며, 규칙 A, B가 그 척도를 제공한다면, 모든 단순 증가함수 W는 무질서의 정의로 충분할 것이다. 그렇지만 앞 장에서 언급한 다음의 고전적인 공식에 따르면, 관찰 가능한 엔트로피는 다른 물리적 좌표들과 연관된, 상태 변수인 물리적 좌표이다.

$$(7) \qquad \Delta S = \Delta Q / T$$

따라서 질서에 기초한 엔트로피에 대한 모든 정의는 식 (7)과 같은 값을 주어야만 받아들일 수 있다. 여기서 다음 질문이 생긴다. 볼츠만 공식 (2)는 이 특정 조건을 만족하는가? 이 질문은 새로운 접근의 작동 쓸모라는 측면에서 중요하지만, 흥미롭게도 거의 주목을 받지 못하였다. 볼츠만 공식의 정당화를 제시할 때마다, 이는 순전히 형식적인 근거에, 예컨대 두 독립된 계의 총엔트로피는 각각의 합이어야 한다는 조건에, 다시 말하면 엔트로피는 가감(加減) 변수이어야 한다는 조건에 기초하였다.[7] 이 주장에 숨겨진 쟁점은 4장 2절에서 설명한 약한 기수 성질과 기수 성질을 구별하는 것과 관련된다. 실제로, 직접 관찰할 수 있는 상태 변수들과 연관하여 엔트로피를 정의하는 유일한 공식이 이 차이 관계식 (7)이다. 이 기본적인 (또한 활용 가능한) 공식에 따라 우리가 말할 수 있는 전부는 엔트로피는 약한 기수 변수라는 것이다. 물론 우리는 약한 기수 척도에 대한 임의의 기준점으로 아무 지점이나 선택할 수 있으며, 또는 아무 지점에나 특정 값을 지정할 수 있다. 이 점에서 혼돈 상태(열

7 예컨대 Max Planck, *Theory of Heat*, p. 227[가감 변수는 논리학에서는 종속 포함 관계를 의미하지만 여기서는 더하거나 뺄 수 있는 변수로, 엔트로피는 물질의 양에 비례하는 크기 성질이다 — 옮긴이].

역학적 평형 상태)에 대한 엔트로피 값을 식 (2)로 한다는 볼츠만의 제안은 더할 나위 없이 정당하였다. 그러나 더 나아가, 다른 모든 상태에 대하여 식 (7)로 정의된 것과 같은 엔트로피가 식 (2)에 의해 측정된다는 것은 우리 모두 아는 것처럼, 근거는 없다.

내가 5장(각주 67)에서 지적한 것처럼, 네른스트 법칙은 측정 가능한 물리적 좌표로 여겨지는 엔트로피가 약한 기수 변수라는 관점을 더욱 강화한다. 왜냐하면, 이 법칙은 **시간**에 출발점이 있다고 생각할 수 없듯이, 엔트로피 '0' 수준에 실제 도달할 수 없다고 주장하기 때문이다. 유사성은 여기서 그치지 않는다. 서로 다른 두 시점의 우주의 두 엔트로피의 합은 두 날짜의 합과 같이 의미가 없다. 막스 플랑크가 비판하듯이, 이는 순수주의의 관점일 수 있다. 하지만 이것이 없으면 막스 플랑크가 식 (2)의 일반적인 타당성을 정당화하고, 똑같은 수법으로 엔트로피를 기수인 존재로 변환하는 데 사용한 교묘한 속임수를 알아차릴 수 없을 것이다.[8] 실제로 별다른 수고 없이 엔트로피에 가감 조건을 적용하는 아이디어는 막스 플랑크 덕분이었다. 따라서 이 이론적인 작업이 근본적인 사실과 상관관계가 있는지 반드시 살펴보아야 한다. 아직 아무도 이를 보인 적이 없다. 사실, 그 반대일 것이라고 확신할 수 있다. 힌친(A. I. Khinchin)이 지적하였듯이, 모든 경우에 대해 식 (2)와 (7)의 동등성을 설정하려는 모든 시도는 "기본적인 양들을 정의할 때 생기는 논리적 수학적 오류 덩어리, 그리고 일반적인 혼동"에 기초한다.[9]

그러나 모든 경우에 대해 동등성을 허용하더라도 훨씬 더 만만치 않은 문제가 남아 있다. 볼츠만의 출발점을 따라, 입자의 운동을 지배하는 역학의 법

---

8 순수주의 관점에 대한 비판과 엔트로피의 '절대'(기수) 척도에 관한 막스 플랑크의 주장에 대하여 Max Planck, *The New Science*(New York, 1959), pp. 132~136, 142 f를 보라.

9 A. I. Khinchin, *Mathematical Foundations of Statistical Mechanics*(New York, 1949), pp. 137~142.

칙들로부터 엔트로피 법칙의 새로운 공식화를 어떻게 유추할 수 있는가? 새로운 주장들이 많은 권위 있는 출처로부터 산더미처럼 쌓였다. 하지만 이제 보겠지만, 논리적 쟁점은 처음 시작할 때만큼이나 미해결로 남아 있다.[10]

*W*에 대한 볼츠만의 공식이 모든 조건에 맞지는 않는다는 것이 시간이 지남에 따라 발견되었다는 사실은 물리학의 다른 미해결 문제들보다 볼츠만의 접근에 대한 논리적인 정당화가 더 시급하다는 것을 보여준다. 새로운 사실들이 식 (5)에 맞도록 하기 위해 두 개의 새로운 통계를, 즉 보슈-아인슈타인(Bose-Einstein) 통계와 페르미-디랙(Fermi-Dirac) 통계를 받아들여야 했다.[11] 이는 규칙 *B*에 포함된 이중의 임의성으로 인해, 순수하게 형식적인 고려를 통해 미시상태와 거시상태를 설정하려는 모든 노력이 결국에는 수포로 돌아갈 수밖에 없음을 설득력 있게 보여준다.[12]

---

10 1880년대 중반 학술지 *Philosophical Magazine*에서 이 쟁점에 관한 논쟁의 역사가 시작되었다. 1894년과 1895년 학술지 *Nature* 역시 이 논쟁에 관한 긴 일련의 논문들로 채워져 있다. 1912년 독일어로 발표된 이 논쟁에 대한 매우 뛰어난 개괄서가 아직도 유용하여 최근 영어로 번역되었다는 사실은 어떤 진전도 없었다는 것을 분명히 보여준다. Paul and Tatiana Ehrenfest, *The Conceptual Foundations of the Statistical Approach in Mechanics*(Ithaca, N. Y., 1959).

11 Schrödinger, *Science, Theory, and Man*, pp. 212 f. 또한 R. W. Gurney, *Introduction to Statistical Mechanics*(New York, 1949), pp. 1~6, 47~49. 기초적인 예를 들면, 보슈-아인슈타인 통계에서 우리의 표 2의 1(2)와 1(3) 배열은 서로 다른 미시상태가 아니다. 페르미-디랙 통계에서는 어떤 '방'에도 두 개 이상의 입자가 들어갈 수 없다. 따라서 상태 *B*를 무시하면, 1(2)과 1(3)만 타당한 배열이다. 똑같은 거시상태에 대한 *W*는 볼츠만 통계에서 가장 크고 페르미-디랙 통계에서 가장 작다. 또한 J. Willard Gibbs, *Elementary Principles in Statistical Mechanics*(New York, 1960), p. 183에 엔트로피에 대한 세 가지 다른 통계적 유비들이 제안되어 있다는 것도 염두에 두자. 이 정의들이 근사적으로 동등하다는 사실은 질서-엔트로피를 정의할 수 있는 규칙의 부분적인 임의성을 반증하지는 않는다[볼츠만 통계는 일종의 근사로, 보슈-아인슈타인 통계와 페르미-디랙 통계는 온도가 높아지면 볼츠만 통계와 같아진다 — 옮긴이].

이제까지 논의한 문제들은 무질서의 척도가 놓여 있는 기반에 어떤 결점이 있다는 것을 보여주지만, 모든 것은 기본적으로 단순하다. 따라서 이들은 통계적 엔트로피 개념을 "물리학자들도 쉽게 이해하지 못한다"[13]는 이따금씩 나오는 놀라운 고백을 정당화하지 못한다. 사실상, 통계적 엔트로피는 그 개념화 이래 심각한 비판의 대상이었다는 것을 우리는 알고 있으며, 아직도 그렇다. 이런 상황에서 비전문가의 의견 피력은 매우 위험하지만, 나는 어려움의 근원은 통계적 엔트로피에 무질서 지수 이외의 추가적인 의미를 부여하는 단계에 있다는 것을 제시하고자 한다.

2. 엔트로피와 확률

관련 쟁점들을 구분하기 위해 먼저 무질서가 서수로 측정 가능한지 생각해보자. 무질서 지수가 새로운 공식의 엔트로피 법칙으로 설명한 사실과 일치하면, 즉 모든 고립계의 무질서 지수가 *T*[여기서 *T*는 5장 6절에서 논의된 시간이다 — 옮긴이]에 따라 증가하면, 규칙 A, B에 따라 계산한 무질서 지수의 선택에는 아무런 오류가 없다는 것은 분명하다(이 쟁점을 논의하기 위해 식 (2)와 식 (7)의 값이 항상 반드시 일치하는지 하는 문제는 제쳐놓을 수도 있다). 내가 지금 강조하고 싶은 점은 기초적인 내용이다. 규칙 A, B가 라플라스 확률 계산 규칙으로도 작용한다는 사실로부터 무질서 지수가 확률이라는 결론을 끌어낼 수는 없

12 『AE』에 재수록된 저자의 논문, "The Nature of Expectation and Uncertainty"(1958) 4절에 나오는, 카나프(Carnap)의 확률 이론에 대한 나의 비판을 참조하라. 형식적인 고려는 간혹 풍부한 영감의 원천이라는 데 의심의 여지가 없다. 그 위험은 그 후 그 비현실성을 쉽게 잊는 데서 나타난다. 이 위험의 시사적인 예는 물리적 엔트로피와 컴퓨터 과학에서 정의된 '정보의 양'이 동일한 것이라는 주장이다. 이 책의 부록 B를 보라.

13 D. ter Haar, "The Quantum Nature of Matter and Radiation," in *Turning Points in Physics*, R. J. Blin-Style *et al.*(Amsterdam, 1959), p.37. 또한 K. Mendelssohn, "Probability enters Physics," 같은 책, p.49 f.

다.[14] 지금까지 분명히 하였듯이, 무질서 정도를 규칙 A, B 이외의 다른 적절한 규칙으로 정의할 수도 있다. 예컨대 다음 공식으로 정의할 수도 있다.[15]

$$S^* = -k\,\Sigma\,\frac{N_i^2}{N^2} \qquad (8)$$

하지만 모든 통계역학 책에서는 규칙 A, B에 따라 계산한 무질서 지수가 해당 거시상태를 발견할 물리적 확률도 동시에 나타낸다는 입장을 취한다. 새로운 열역학의 논리 구조에서 가장 중요한 연결고리에 해당하는 이 단계를 통해 엔트로피는 이중의 의미를 갖게 된다.

어떤 계가 역학의 법칙들과 같은 엄격한 법칙들의 지배를 받으면, 이 법칙들로 완벽하게 결정되는 연속선을 따라 한 미시상태에서 다른 미시상태로 옮아간다는 것은 아주 기본적인 사실이다. 따라서 자연 법칙으로서 역학의 우월성에 대해 끝없는 열정을 보였던 사람들 중에 확률론적 해석을 가장 강력하게 옹호하는 사람들이 있다는 것은 모순처럼 보인다. 실제로 이 해석은 "가장 피상적인 관찰도 역학의 법칙이 물질의 세계에만 한정되지 않는다는 것을 보여준다"[16]는 주장을 거듭한 것으로 알려져 있는 볼츠만에게서 유래하였다. 그러나 자연에 대한 기계론적 해석을 지키기 위해 열역학에 확률을 도입하였음을 깨달을 때 이 모순은 사라진다.

역학의 법칙에 따라 움직이는 수많은 입자로 이루어진 계의 범접하기 어려운 복잡함으로 인해 결정론의 사고체계인 역학과 통제할 수 없는 요소의 표현인 확률 사이의 야릇한 결합이 촉진되었다. 이런 복잡한 구조에서는 새로운

---

14 앞의 언급(4장 6절)은 바로 이 점을 설명한다. 똑같은 명제들로 사회적 구조뿐만 아니라 기하학적 구조도 설명한다는 사실로부터 개인과 그 집합이 점과 선에 해당한다는 결론이 나오지 않는다.

15 공식 (5)의 S처럼, S^*는 $N_i = N/m$, $i = 1, 2, \cdots, m$일 때 최댓값, $N_1 = N$일 때 최솟값을 갖는다. 이 책의 부록 B를 참조하라.

16 L. Boltzmann, *Populäre Schriften*(대중적인 논문)(Leipzig, 1905), p. 312. 저자의 번역.

이론 체계를 지지하려는 희망에서 잡으려는 지푸라기 같은 것들이 매번 또 나오는 것을 쉽게 볼 수 있다. 통계역학의 역사는 단순하다. 하나의 해석이 도전받거나 허위로 밝혀지자마자 더 복잡한 수준의 또 다른 해석이 대신 제시되었다. 볼츠만의 잇단 논문들은 이 점을 충분히, 또 교훈적으로 보여준다.

볼츠만은 통계역학 혹은 그가 좋아했던 이름인 기체운동론에 대한 첫 번째 논문에서 맥스웰(Maxwell)의 이전의 결과를 다듬었다. 그러나 맥스웰과 달리, 그 결과가 논의할 여지 없이 타당하다고도 주장하였다. 문제의 명제는 다음과 같다.

거시상태가 혼돈 구조를 가지면, 거시상태는 그 구조를 영원히 유지할 것이다. 거시상태가 혼돈 구조를 가지지 않으면, 필연적으로 그를 향해 갈 것이다.

엔트로피는 혼돈 상태에서 최대이기 때문에 이 명제는 가능성에 입각한 진술이 아니라 단호한 형태의 엔트로피 법칙과 동등하다. 볼츠만은 식 (6)으로 정의된 H- 함수를 거시상태가 혼돈 구조에서 벗어난 척도로 취하여, 그 결과를 부등식 $dH/dt \leq 0$으로 공식화했다. 이를 'H-정리'라고 명명하였는데, 이 용어는 후일 유명해졌다.[17] 볼츠만의 주장은 이 정리가 계의 입자들 사이의 충돌 회수에 관한 **통계적** 가정을 추가한다면 해밀턴(Hamilton)의 운동 방정식만으로 유도된다는 것이었는데, 이는 분명 인상적이다[해밀턴의 운동 방정식은 뉴턴의 운동 방정식의 변형 형태이다—옮긴이]. 이 가정은 다음과 같다.

임의의 짧은 시간 구간 Δt 동안 임의의 상태에서 다른 모든 임의의 상태로 이동하는 입자의 비율은 모든 초기 상태와 최종 상태에서 같다.[18]

---

17 L. Boltzmann, "Weitere Studien über Wärmegleichgewicht unter Gasmolekülen(H-Theorem)(기체 분자들 사이의 열적 평형에 관한 추가 연구(H-정리))," *Sitzungberichte der K. Wiener Akademie*, *66*(1872) 275~370 and *Lectures on Gas Theory* (Berkeley, 1964), pp.50~55.

분명히 이 가정은 역학의 법칙들을 위배하지 않으면서 모든 초기 상태에 적용할 수 있다. 역학의 법칙들은 우리가 원하는 임의의 초기 조건을 선택할 수 있도록 한다. 그러나 H-정리의 증명에 사용된 수학에 물리적 타당성이 있으려면, Δt 끝에 도달하는 상태 역시 이 가정을 만족해야만 한다. 하지만 입자들의 운동은 역학의 법칙으로 엄격하게 결정되기 때문에, 우리는 이 조건을 당연한 것으로 받아들일 수 없다. 그리고 문제는 계를 특별하게 선택하지 않으면 통계적 가정의 타당성은 한 상태에서 다른 상태로 계속 넘어가지 않는다는 것이다.[19] 실제 존재하는 모든 계가 이 가정을 만족한다는 관점을 받아들이더라도, $t = -\infty$로 되돌아간 모든 초기 상태들이 이 의미에서 특별해야 하는 이유를 찾아내야 할 것이다.

H-정리에 반하는 의견을 낸 첫 번째 전문가는 로슈미트(J. Loschmidt)였다. 그는 볼츠만이 주장한 대로 어떤 계가 진화하여 H-함수가 계속 감소한다면, 그 뒤에 나타나는 임의의 상태에서 모든 입자의 속도가 반대가 될 때, 역학의 법칙에 따라 H-함수가 증가하는 계가 얻어진다는 간단한 지적을 하였다. "모든 요소의 속도가 갑자기 역전된다면, 전적으로 일반적인 방법에 따라, 어떤 계에서나 모든 사건 전개는 역순을 따라야 한다는 것은 분명하다."[20] 이리하여 가역적인 역학의 법칙들로부터 한쪽 방향으로만 작용하는 법칙을 유도한다는 것의 기본적인 불가능성은 다시 논쟁에 휩싸였다. 그리고 지킬 수 없는 입장을 어떻게든 지키려 할 때에는 논리의 손상을 예상해야만 한다.

---

18 이를 미시적 가역성(microscopic reversibility)이라고 하는데, 시간의 대칭성에서 나타난다 — 옮긴이.

19 H-정리에 관한 이 모든 내용은 비교적 간단하지만 전문적인 모형으로 설명할 수 있는데, 이는 부록 C에 수록하였다.

20 J. Loschmidt, "Über den Zustand des Wärmegleichgewichtes eins Systems von Körpern mit Rücksicht auf die Schwerkraft(중력에 대한 결정계의 열적 평형 조건에 관하여)," *Sitzungberichte der K. Wiener Akademie*, *76*(1876) 139(저자의 번역); 또한 Ehrenfest, *Conceptual Foundations*, pp. 14 f.

따라서 볼츠만 자신을 포함하여 이 정리의 지지자들이 로슈미트의 반론에 대해 H-정리의 증명에서 무시하였던 기본 문제를 즉각 제기한 것에 놀랄 필요는 없다.[21] 그들은 역전된 계가 충돌 가정을 만족할 것이라는 아무런 보장도 없기 때문에 로슈미트의 비판은 헛것이라고 되받아쳤다.

하지만 결국 이 비판 때문에 볼츠만은 H-정리의 새로운 해석을 찾아야만 했다. 볼츠만이 세 개의 원리를 내놓은 것은 그때였는데, 이후 이 원리들은 통계역학에서 신앙과 같은 기본 규약으로 전해지고 있다.[22] 첫 번째 원리는 "관습적으로 엔트로피라고 부르는 크기와 해당 [거시]상태의 확률"을 동일시한다. 두 번째 원리는 모든 미시상태의 확률은 똑같다고 주장한다. 세 번째 원리는 더 나아가, 엔트로피 증가는 "입자로 이루어진 계의 상태의 확률이 끊임없이 증가해야 한다는 것을 의미할 뿐이다. 계는 한 상태에서 확률이 더 높은 상태로 이동할 수 있을 뿐이다"라고 주장한다. 이 전환은 중요하다. 이제 H-함수의 거동은 엄격한 법칙 $dH/dt \leq 0$이 아닌, 이 세 번째 원리를 통해 특별한 방식으로 해석된, 확률에 관한 일반 법칙의 지배를 받는다. H-함수 그리고 엔트로피 법칙은 "동역학 방정식만 사용해서는 수학적으로 절대 증명할 수 없는 확률 정리일 뿐"[23]이라는 분명한 고백에는 역학에 대한 볼츠만의 강렬한 열정이 거의 보이지 않는다. 그리고 그는 이에 근거하여 H-정리에 대한 그의 초기 증명에 사용한 통계적 가정은 "충돌 횟수를 찾는 데 확률의 법칙

21 예컨대 S.H. Buyrbury, "Boltzmann's Minimum Function," *Nature*, *51*(1894) 78 and (1895) 320과 Boltzmann, *Lectures on Gas Theory*, pp.58 f를 보라.

22 L. Boltzmann, "Über die Beziehung zwischen dem zweiten Hauptzatze der mechanischen Wärmetheorie und der Wahrschenlichkeitsrechnung respektive den Sätzen über das Wärmegleichgewicht(역학적 열 이론의 중심 단계와 열적 평형과 일치하는 확률 계산의 관계에 관하여)," *Sitzungberichte der K. Wiener Akademie*, *76*(1877) 373~435. 뒤에 나오는 인용은 저자의 번역.

23 L. Boltzmann, "On Certain Questions of the Theory of Gases," *Nature*, *51*(1895), 414.

들을 적용할 수 있다"[24]는 것만을 의미한다고 주장함으로써 이 통계적 가정 역시 정당화할 수 있을 것이라고 생각하였다. 그러나 이 새로운 견해도 격렬한 논란을 일으키자, 볼츠만은 몇 가지 비유를 사용하여, 혼돈 상태가 확률이 가장 높은 상태이며, 암묵적으로 H-곡선이 주로 '최곳값들(peaks)'[25]로 이루어져 있다는 사실로부터 엔트로피 법칙이 매우 간단히 도출된다는 것을 증명하려 하였다. 그렇지만 이 비유들은 정곡을 찌르지도, 충분히 정확하게 다루어지지도 않았다.[26]

볼츠만은 이와 같은 근거로 로슈미트의 반론을 해결하였다고 주장하였다.[27] 그는 어떤 계에서 H-함수가 시간 구간 (t_0, t_1) 동안 감소하고, t_1에서 모든 속도가 역전된다면, H는 정확하게 역순으로 증가할 것이라고 인정하였다. 그러나 "t_0에서 모든 속도를 역전시킨다면, H가 증가해야만 하는 운동에 이를 수 없을 것이다. 오히려 H는 계속 감소할 것"[28]이라는 주장으로 로슈미트의 반론에 답하였다. 그렇지만 이 주장이 올바르려면 H-곡선은 t_0에서 '최곳값'을 가져야만 한다는 것은 분명하다. 그러나 이 경우에도 그의 주장은 로슈미트의 반론과는 아무런 연관이 없다. H-곡선의 '최곳값'들의 빈도와 무관하게, 볼츠만이 고려한 바로 그 경우를 생각해보면, $t_0 < t' < t_1$인 t'에서 모든

24 L. Boltzmann, "On the Minimum Theorem in the Theory of Gases," *Nature*, *52* (1895) 221. 로슈미트의 반론에 대한 보렐의 대답은, 즉 모든 속도를 역전하는 것은 "물리적으로 불가능하다"는 대답은 똑같은 종류의 것이며, 마찬가지로 이해할 수 없다. Émile Borel, *Mécanique statistique classique*(고전통계역학)(Paris, 1925), pp. 59 f.

25 Boltzmann, "On Certain Questions," p. 414; "Über die sogenannte *H*-curve(소위 H-곡선에 관하여)," *Mathematische Annalen*, *50*(1898) 325~332.

26 자세한 내용은 이 책의 부록 D를 보라.

27 많은 이들이 이 주장을 지지하였다. 예컨대 Ehrenfest, *Conceptual Foundations*, pp. 32~38.

28 Boltzmann, *Lectures on Gas Theory*, pp. 58 f. 이 점에 관해서는 이 책 부록 C를 보라.

속도를 역전시키고 H가 증가하는 운동을 얻을 수도 있다. 바로 이 경우가 로슈미트의 반론에 해당한다.

순전히 확률론적 접근에 근거하여, t가 주어진 시간 간격일 때, 시간 구간 (t_1, t_1+t)에서 H가 증가하는 경우들만큼이나 같은 길이의 구간 (t_0, t_0+t)에서 H가 감소하는 경우들이 많다는 것을 알 수 있다. 역학적 고려에만 기초한 물리적 확률 개념은 시간의 방향과 완전히 무관하다는 단순한 이유 때문에 H-곡선은 이 특별한 의미에서 반드시 대칭적이다.[29] 달리 표현하면, '최곳값'들과 '최젓값'들을 예외로 한다면, 계의 엔트로피는 감소하는 순간만큼이나 많은 순간에 증가한다. 분명히 이로 인해 볼츠만의 엔트로피 법칙은 거의 모든 타당성을 잃는다. 이 점이 주목받지 못한 이유는 H-곡선에 대한 검토 결과 이 곡선이 필연적으로 한없이 긴 파동으로 이루어져 있다는 인상을 가졌기 때문이다. 바로 이러한 아이디어가 나중에 체르멜로가 제기한 또 다른 반론에 대한 볼츠만의 답변에 다시 나타난다.[30]

체르멜로는 푸앵카레의 유명한 정리를 인용하였다. 이 정리에 따르면 입자의 위치와 속도가 경계 내에 존재하는 모든 고립된 역학계는 정확하게 (따라서 **주기적으로**) 혹은 근사적으로 (따라서 **겉보기에 주기적으로**) 어떤 이전의 상태로 돌아올 것이다.[31] 결과적으로 체르멜로는 동역학의 표준 방정식으로 설명되는 모든 계의 H-함수는 언젠가, 정확하지는 않더라도 최소한 근사적으

29 『AE』에 재수록된 저자의 논문, "The Nature of Expectation and Uncertainty"(1958), p.251을 보라.

30 E. Zermelo, "Über einen Satz der Dynamik und die mechanische Wärmetheorie (동역학 명제와 기계적 열 이론에 관하여)," *Annalen der Physik und Chemie*, *57* (1896) 485~494. 또한 Ehrenfest, *Conceptual Foundations*, pp.15 f. 분명히 체르멜로는 로슈미트의 반론에 대한 재반론을 받아들였다.

31 (특히) Henri Poincaré, "Sur le problème des trois corps et les èquations de la dynamique(3체 문제와 동역학 방정식에 관하여)," *Acta Mathematica*, *13*(1890) 67~73.

로, 이전의 모든 값으로 되돌아가야만 한다고 주장하였다.

볼츠만은 답변에서 체르멜로의 논점은 H-정리를 반박하는 것과는 거리가 멀고, 오히려 이를 확인해주는 것이라고 주장하였다. 볼츠만이 주장하였듯이, 그의 이론에 따르면, "한정된 수의 분자로 이루어진 닫힌계가 처음에 질서정연한 상태에 있다가 무질서한 상태로 옮겨가고 나면, 인식할 수 없이 긴 시간 후에는 결국 질서정연한 상태로 되돌아가야 한다".[32] 그렇지만 이 주장이 허울뿐이라는 것은 분명하다. H-정리 증명의 기초인 확률론적 관점에 따르면, 무질서한 상태가 놀랄 만큼 짧은 시간 후에 질서정연한 상태로 돌아가는 것을 막는 것은 전혀 없다. 볼츠만은 반복적으로 그 국면의 필요에 따라 하나의 공리적(公理的) 토대에서 또 다른 토대로 옮아갔다. 실제로 볼츠만은 질서정연한 상태에서 출발하여 다시 그 상태로 되돌아오는 데 얼마나 오랜 시간이 걸리는지 보이기 위해, 역학계는 똑같은 상태로 돌아오기 전에 반드시 전체 에너지가 같은 모든 가능한 상태를 거쳐야만 한다고 가정하였다.[33]

맥스웰이 이미 이 가정을 사용하였으며, 용기 벽과 입자의 충돌 횟수가 매우 큰 수라는 통계적 근거에 입각해서 그 적절함을 정당화하였다.[34] 일반적인 의견은 볼츠만도 이와 비슷하게, 이를 통계적 믿음의 주요 규약의 한 면으로, 즉 모든 미시상태의 확률은 같다고 생각하였다는 것이다. 거의 분명하게, 그는 이 성질이 역학 법칙의 결과라고 믿었다. 볼츠만은 바로 앞에 인용한 논문에서 이를 순수한 역학 명제인 푸앵카레 정리와 결부시켰다. 이렇게 들쭉날쭉한 생각들은 분명히 처음부터 지금까지 엔트로피의 확률론적 해석에 관한 이 핵심적인 가정을 둘러싸고 있는 복잡한 상황을 반영한다.

---

32 Boltzmann, *Lectures on Gas Theory*, p. 443. 저자의 강조.

33 L. Boltzmann, "Entgegnung auf die wärmetheoretischen Betrachtungen(열 이론에 관한 고찰에 대한 답신)," *Annalen der Physik und Chemie*, *57*(1896) pp. 783 f.

34 J. Clerk Maxwell, *Scientific Papers*(2 vols., Cambridge, England, 1890), II, 714 f.

3. 에르고딕 가정과 에르고딕 정리

맥스웰과 볼츠만은 모든 역학계에 앞에 언급한 성질이 있다고 추정하고, 이에 따라 그런 모든 계는 총에너지가 같은 모든 상태를 거쳐 체계적으로 이동하는데, 이 성질은 볼츠만 자신이 만든 용어인 에르고딕(ergodic) 원리라고 알려지게 되었다.[35] 그렇지만 '에르고딕 가정'이 훨씬 무난해 보인다. 오랫동안 이 가정에 대한 온갖 공방이 이어졌다. 결국 1차원 공간의 몇몇 지루한 예를 제외하면, 어떤 역학계도 이를 만족할 수 없다는 것이 밝혀졌다. 현대 측도 이론 덕분에 이 불가능성은 이제 진부한 이야기이다. 다른 관점에서도 교훈적인 것을 보여줄 간단한 예를 통해 기본 아이디어를 직관적으로 설명할 수 있다.

수평인 원형 당구대에서 마찰 없이 완전 탄성 공처럼 움직이는 한 개 입자를 생각해보자. 공의 초기 위치가 L_0이고, 초기 속도 벡터가 L_0A_1 방향이라고 하자(그림 1, 2). 탄성 충돌 반사 법칙 때문에 공은 일정한 속도로 경로 $A_1A_2A_3$ … 를 따라 움직일 것이며, 임의의 호 A_nA_{n+1}는 호 AA_1와 같고, 그 길이는 π보다 크지 않다[반지름이 1인 원의 둘레는 2π—옮긴이]. 이 호를 $r\pi$, $0 < r \leq 1$로 표시할 때, 두 가지 서로 다른 경우가 있다. r이 유리수이면, 공은 닫힌 정다각형을 그린다(그림 1)[$r = 1$이면 공은 지름을 왕복하는 직선 운동을 하고, $r = 0.5$이면 공은 정사각형을 그리며 동일한 경로를 무한히 지나간다—옮긴이]. 따라서 계는 (속도 벡터의 위치 그리고 방향을 포함하는) 이전의 모든 상태로 되돌아갈 것이다. 이 계의 운동은 주기적이다. r이 무리수이면, 경로는 열린 다각형을 이룬다. 즉, 어떤 A_n도 A와 일치하지 않는다(그림 2). 공은 원주 위의 똑같은

35 통계역학에서 더 자주 쓰이는 에르고딕의 의미는 시간 평균과 앙상블(ensemble) 평균이 같다는 것인데, 이는 위 의미와 동일하다. 앙상블은 관심의 대상인 계와 동등한 계를 아주 많이 모아놓은 가상의 거대한 집합이다—옮긴이.

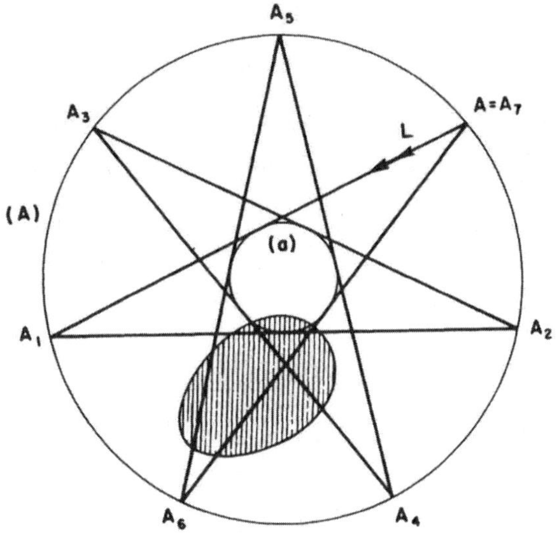

A5
A=A7
A3
L
(A)
(a)
A1
A2
A6
A4

그림 1

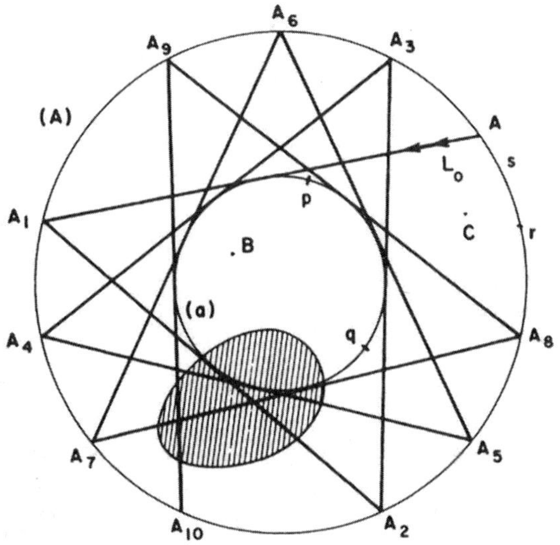

A6
A9
A3
(A)
A
s
L0
p
A1
.B
C
r
(a)
q
A4
A8
A7
A5
A10
A2

그림 2

위치(A)로 절대 돌아오지 않을 것이다. 원의 내부의 한 점을 지나는 길이가 같은 현은 단 두 개밖에 없다는 단순한 이유 때문에 공은 원의 내부에서 한 방향을 단 한 번만 지나간다. 공이 이전의 위치로 돌아오더라도, 그 속도 벡터는 처음과 방향이 똑같지 않다. 그렇지만 충분히 오랜 시간이 지나면, 계는 이전의 어떤 상태와도 우리가 원하는 만큼 가깝게 될 것이다.[36] 이 계는 겉보기에 주기적이라고 한다. 이 두 경우는 앞 절에서 언급한 푸앵카레 정리의 핵심을 보여준다.

여기서 공의 초기 속도의 크기만 알아서는 계의 움직임에, 즉 경로 $A_1A_2A_3$ …에 관하여 아무것도 알 수 없다는 것에 주목하자. 따라서 이런 모든 경로는 공의 속도 크기와, 또한 계의 전체 에너지와 무관하게 존재한다. 결론은 에르고딕 가정이 참이려면, 모든 개별 운동에서 영역 (A)의, 즉 원 내부의 모든 점을 단 한 번이 아니라 무한히, 그리고 각기 다른 방향으로 통과해야 한다는 것이다.

그림 1의 경우는 이 가정이 얼마나 어처구니없는지 간단히 보여준다. 그러나 요즘 경향으로는, 유리수 r은 (0, 1) 구간에서 측도 0인 집합[37]이기 때문에 이 경우를 신경 쓸 필요가 없다고 답할지도 모르겠다. 그렇지만 그림 2는 r이 무리수인 경우에도, 작은 원 (a) 내부에 있는 임의의 점 B의 위치가 계의 총에너지에 부합되더라도 계는 이 점을 통과하지 않을 것임을 보여준다. 반론을 타개하기 위한 임시방편 주장으로, 에르고딕 가정은 두 원 (a)와 (A) 사이의 고리 부분에서 결국 만족된다고 대꾸할지 모른다. 이 역시 헛일이다. 사실,

36 그림 2의 경우에 관한 명제는 너무나 직관적이어서 나는 여기에 그 증명을 넣을 필요를 느끼지 않았다. 흥미를 가진 독자들이 스스로 간단한 예를 보이는 데 아무 어려움이 없을 것이라고 확신한다.

37 여기에 측도 0인 집합(a set of measure zero)의 수학적 정의를 소개하지 않겠지만, 이 집합은 (0, 1) 구간의 점들의 부분 집합이다. 이 부분 집합의 확률은 거의 0이라 할 수 있으며, 이는 선이 점들의 집합이 아니라는 것과도 통한다 — 옮긴이.

그림 2의 경로와 같은 임의의 경로는 고리 내 임의의 점 C를 원하는 만큼 가까이 통과한다. 그러나 이 상황의 기하학에서 쉽게 알 수 있듯이, 점 C에서의 속도 방향은 각 pCq 혹은 rCs 내부에 있을 수 없다.[38]

에르고딕 가정이 무너져 흔들린 희망은 새로운 아이디어를 통해 소생하였다. 의사(疑似) 에르고딕 가정이라고 부를 만한 이 아이디어는, 홀로 남겨진 역학계는 총에너지가 같은 임의의 상태에 우리가 원하는 만큼 가까이 접근할 것이라는 것이다. 좀 더 구체적으로 말하면, 모든 상태가 표현되는 상공간(phase space)[39]은 총체적인 상태라고 부르는 작고 일정한 부피들로 나뉜다. 의사 에르고딕 가정은 계는 주어진 총에너지를 가진 상태를 포함하는 모든 부피를 통과할 것이라는 것이다. 그렇지만 앞 문단의 논평에서 보았듯이, 이런 더 느슨한 가정마저도 항상 만족되지 않는다. 페르미(E. Fermi)가 일반적인 동역학 계가 비교적 단순한 해석학적 조건을 만족할 때, 계는 의사 에르고딕 가정을 만족한다는 것을 증명한 것은 사실이다. 하지만 이번에도, 정리의 조건들을 만족하지 않는 계들은 작은 부류이기 때문에 무시되어야 한다는 상투어를 통해 타협 수준이 새롭게 높아졌으며, 그 이후로는 계속 그렇게 남아 있다. 페르미 증명의 중요한 기본 요소가 간과된 것은 놀랍지 않다. 이 증명에서 입자들끼리 혹은 용기 벽과의 충돌이 일어나는(속도 벡터가 불연속으로 변화하는) 특별한 계들을 무조건 제외했다는 것은 사실이다. 그리고 나는 이

38 에르고딕 가정으로 볼츠만이 도달한 복귀 시간, $10^{10^{10}}$ 년이라는 '마술적' 숫자의 환상적인 과장을 보는 데 더할 말이 없다[우주의 나이는 약 137억 년, 10^{10}년 정도이다—옮긴이]. 이 책의 부록 F의 3절을 보라[이 각주의 내용은 각주 31에 위치해야 할 것으로 보인다—옮긴이].

39 이는 특정 계가 가질 수 있는 모든 상태를 표시할 수 있는 가상의 공간으로, 그 축은 입자들의 위치와 운동량으로 이루어져 있다. 입자는 3차원 공간에 있으므로 각 입자의 위치와 운동량을 나타내는 데 여섯 개 좌표가 필요하다. 따라서 계를 구성하는 입자의 수가 N이면 축의 수는 $6N$이다—옮긴이.

와 같이 숨겨진 가정 때문에 역학계의 통계적 측면에 관한 다른 많은 정리들이 과연 일컬어지는 대로 중요한지에 대해 커다란 의구심을 품게 되었다.[40]

의사 에르고딕 가정 자체는 개별 계의 이력에 나타나는 여러 상태의 상대적 횟수에 관하여 아무것도 말해주지 않기 때문에 이 가정은 확률론적 해석에 대한 적절한 근거를 제공하지 않았다. 이 문제에 대한 답은 1931년에야 지금은 의사 에르고딕 정리 혹은 간단히 에르고딕 정리라고 부르는 버코프(G. D. Birkhoff)가 증명한 명제에서 나타났다.[41]

이 정리에 대한 기초적이지만 효과적인 설명으로, 0, 1, 2, ⋯, 9로 표시한, 10개의 가능한 '상태'를 가정하고 다음과 같은 변환을 정의해보자.

$$T = \begin{pmatrix} 0, 1, 2, 3, 4, 5, 6, 7, 8, 9 \\ 5, 8, 6, 1, 9, 3, 4, 0, 2, 7 \end{pmatrix} \tag{9}$$

여기서 두 번째 줄에 있는 숫자는 바로 위에 적힌 상태를 계승한 상태를 나타낸다. 그리고 단지 10개의 '계'만 있으며, 각 계는 10개 '상태' 중 하나로 시작한다. 예컨대, 상태 '8'로 시작한 계의 이력은 아래 무한 배열로 나타낼 수 있다.[42]

$$\Sigma_1 \ (8, 2, 6, 4, 9, 7, 0, 5, 3, 1, 8, 2, 6, 4, \cdots) \tag{10}$$

여기서는 처음 10개 상태의 유한 배열이 무한히 반복되고 있다. N_1은 이 유한 배열을 표현한 정수로, $N_1 = 8264970531$이다. 또 다른 방법으로, Σ_1을 다음

---

40 페르미 정리에서 가정한 조건들은 D. ter Haar, "The Foundations of Statistical Mechanics," *Reviews of Modern Physics*, *27*(1955) 328 f에 나와 있는 증명 요약에 상세히 설명되어 있다. 이 쟁점에 관한 또 다른 정리를 보려면 아래 각주 52를 참조하라.

41 G. D. Birkhoff, "Proof of a Recurrence Theorem for Strongly Transitive Systems," *Proceedings of the National Academy of Science*, *17*(1931) 650~655.

42 변환 T를 보면, 상태 8은 상태 2로, 상태 2는 상태 6으로, 상태 6은 상태 4로 ⋯ 변환된다 — 옮긴이.

분수의 소수 배열로 정의할 수도 있다.[43]

$$(11) \qquad n_1 = \frac{N_1}{(10^{10}-1)}$$

비슷하게, 상태 '1'로 시작한 계의 이력은 다음 분수의 소수 배열로 주어진다.

$$(12) \qquad n_2 = \frac{N_2}{(10^{10}-1)}$$

여기서 $N_1 = 10N_2 - 10^{10} + 1$[$N_2 = 1826497053$, $(N_2 - 10^9) \times 10 + 1 = N_1$ — 옮긴이]이다. 똑같은 방법으로, 숫자 n_k를 사용하여 다른 계의 이력을 기술할 수 있다.

변환 (9)의 기본 성질들을 아는 것이 중요하다. 첫째, 모든 상태는 단 하나의 상태로 변환되며, 각 상태는 단 하나의 상태의 변환이다. 우리는 변환 (9)가 모든 상태의 집합을 그 자체로 변환하는 1:1 대응이라고 한다. 둘째, 똑같은 변환을 통해 서로 다른 i개 상태로 이루어진 부분집합은 정확하게 서로 다른 i개 상태의 부분집합으로 변환된다.[44] 예컨대, 네 개 상태로 이루어진 부분집합 (1, 3, 4, 7)은 네 개 상태로 된 부분집합 (8, 1, 9, 0)으로 변환된다. 셋째, 쉽게 증명되듯이, 모든 상태로 이루어진 집합의 부분집합 중에 그 자체로 변환되는 부분집합은 없다. 이 조건들을 모두 만족하는 변환은 **계량적 추이성**(推移性)[5장 5절 옮긴이 주 참조], **분해 불가능성**, 혹은 **에르고딕 성질**이라고 다양하게 부르는 성질을 갖는다고 알려져 있다.[45] 버코프(Birkhoff) 정리는 계는 초기 상태와 무관하게 모든 가능한 상태를 거칠 것이며, 각 상태는 (극한에서) 똑같은 상대 빈도로 나타날 것이라고 말한다. 따라서 식 (9)의 T로 정의된 계

---

43 분모가 9, 99, 999 등, 즉 $10^n - 1$ 형태인 분수의 소수 형태에서, 예컨대 $3/9 = 0.3333\cdots$, $14/99 = 0.141414\cdots$ 에서 알 수 있듯이, 10의 지수 n은 반복되는 숫자의 개수에 해당한다 — 옮긴이.

44 T의 경우 이 성질은 앞의 성질로부터 나타난다. 모든 가능한 상태의 집합이 연속이면, 이는 더는 참이 아니다. 이 책의 부록 E를 보라.

45 P. R. Halmos, *Lectures on Ergodic Theory* (Tokyo, 1956), p. 25을 보라.

의 극한값은 1/10이다.

간혹 세 번째 조건을 간과하기 때문에, 버코프 자신도 앞 문단의 처음 두 조건만 만족하는 변환에 대해 '에르고딕'이라는 용어를 사용하였다는 것을 염두에 두자.[46] 아래 1:1 변환에서 중요한 차이를 쉽게 알 수 있다.

$$(13) \qquad T^* = \begin{pmatrix} 0, 1, 2, 3, 4, 5, 6, 7, 8, 9 \\ 9, 4, 8, 0, 2, 7, 3, 1, 5, 6 \end{pmatrix}$$

이 변환은 버코프의 의미에서는 에르고딕이지만, 엄격한 의미에서는 아니다. 실제로 T^*를 아래 두 개 변환으로 분해할 수 있다.

$$(14) \qquad T' = \begin{pmatrix} 1, 2, 4, 5, 7, 8 \\ 4, 8, 2, 7, 1, 5 \end{pmatrix} \qquad T'' = \begin{pmatrix} 0, 3, 6, 9 \\ 9, 0, 3, 6 \end{pmatrix}$$

이는 T^*가 고유한 부분집합 (1, 2, 4, 5, 7, 8)과 (0, 3, 6, 9) 각각을 자체로 변환시킨다는 의미이다. 이 분해 때문에 이 부분집합 중 하나의 상태로 시작하는 계는 다른 부분집합의 상태를 가지지 못할 것이다. 즉, 상태 '1'로 시작하는 상태의 이력은 다음 소수로 표현된다.

$$(15) \qquad n'_1 = \frac{1}{7}$$

'0'으로 시작하는 상태의 이력은 다음 소수로 표현된다.

$$(16) \qquad n''_1 = \frac{963}{9999} = \frac{107}{1111}$$

따라서 (T의 경우처럼) 모든 상태가 모든 계의 이력에 나타날 것이라고 말할 수 없다. 그렇지만 어떤 계의 이력에 실제로 나타나는 모든 상태는 똑같은 상대 빈도로 나타날 것이다. 다만 모든 가능한 상태의 상대 빈도는 같지 않다.

---

46 G. D. Birkhoff, "Proof of the Ergodic Theorem," *Proceedings of the National Academy of Science*, *17*(1931) 656~660. 그리고 특히 같은 저자의 "What Is the Ergodic Theorem?" *American Mathematical Monthly*, *49*(1942) 222~226.

여섯 개 상태(1, 2, 4, 5, 7, 8)는 이 상태 중 하나로 시작하는 모든 계의 이력에서 같은 상대 빈도 1/6로 나타난다. 다른 네 개 상태는 그 다른 계들의 어디에서나 같은 상대 빈도 1/4로 나타날 것이다. 또한 어떤 계든, 어떤 변환(T 혹은 T^*)이든 푸앵카레 정리가, 즉 계는 주기적으로 임의의 이전의 상태로 돌아가지만, 모든 가능한 상태로 돌아가지는 않는다는 정리가 적용된다는 것을 염두에 두어야 한다.

따라서 분명히 구별해야만 하는 정리가 두 개 있다. 우리의 논의 주제에 대한 정리들의 연관성을 고려하여 아주 넓은 범주의 역학계의 중요한 성질을 다시 생각해보자. 그런 일반적인 계의 한 상태가 일정 시간 후에 갖게 되는 상태로 변환하는 것은 버코프의 의미에서 에르고딕이다.[47] 결과적으로 일반적인 계의 전체 이력에는 그 계의 총에너지와 같은 에너지를 갖는 모든 총체적 미시상태가 정해진 상대 빈도로 나타난다. 그러나 위와 같은 변환이 우연히 엄격하게 에르고딕인 그런 경우에만, 즉 분해 불가능한 경우에만 모든 미시상태에 대해 이 빈도가 같다고 말할 수 있다.[48] 두 상황의 차이를 보여주는 매우 적절한 예는 앞의 당구공이다. 그림 1, 2에서 직관적으로 알 수 있듯이 공은 (그림의 빗금 부분과 같은) 임의의 구역에 정해진 비율의 시간 동안 머무를 것이다. 그러나 이 비율은 계가 가진 총에너지가 같은 모든 운동에 대하여 똑같지 않다. 물론 이 계는 엄격한 의미에서 에르고딕하지 않다.[49]

버코프(Birkhoff)와 쿠프먼(Koopman)이 후에 논의했듯이, 요점은 "의사 에르고딕 가정이 그 현대적 형태인 계량적 추이성 가정으로 바뀌었다"는 것이

47 이 성질은 리우빌(Liouville) 정리라고 알려져 있는데, 이에 관해서는 Khinchin, *Mathematical Foundations*(앞의 각주 9), pp. 15 f를 보라.

48 물론 분해 가능한 경우에도 부분집합들을 구성하는 미시상태의 수가 모두 같은 경우에는 상대 빈도는 같다 — 옮긴이.

49 여기에는 이 책의 부록 E에서 살펴본 더 간단한 예로 설명되는 몇 가지 전문적인 문제가 있다.

다.[50] 여기서 어려움은 계가 계량적 추이성을 가지기 위한(즉, 에르고딕일) 적절한 조건에 대한 어떤 일반 정리도 없다는 것이다.[51] 사실, 옥스토비(Oxtoby)와 울람(Ulam)은 이 문제를, 상공간이 위상 기하학적 수준에서 "3차원 혹은 그 이상의 다면체이고, 측도-보존의 자기동형 [변환] 연속 군(群)에 대하여 반드시 미분 가능하지 않거나 미분 방정식으로부터 유도할 수 없는" 경우까지 확장하였다.[52] "그들의 결과는 어떤 의미에서 거의 모든 연속 변환이 계량적 추이성을 갖는다는 것을 암시한다"[53]는 가모프(George Gamow)의 주장은 익숙한 낙천적인 희망을 반영하며, 저자 자신들의 냉정한 평가와 대조를 이룬다. 그러나 이와 별개로, 내가 이미 말하였듯이, 우리의 단순한 당구공 모형은 (많은 입자로 이루어진 모든 계의 기본 특성인) 충돌의 존재가 연속 변환과 일반적으로 양립할 수 없다는 것을 우리에게 환기시킨다.

4. 통계역학의 이율배반

볼츠만이 통계역학을 방어하는 데 지속적인 모범을 보인 이래, 통계역학을 방어하는 주장들은 엔트로피에 대한 서로 다른 세 개의 정의뿐만 아니라 서로 다른 두 개의 원리 사이를 은밀하게 옮겨 다녔다. 몇몇 정리의 증명에는 역학의 결정론적 법칙을, 또 다른 정리의 증명에는 무작위 현상에 적용할 수 있는 법칙을 발동한다. 보른(Max Born)의 비유를 빌리면, 통계역학의 전체 이론 구조는 소위 예수회 규칙에 따라 만들어졌다. "한 손이 하는 일을 다른 손이

---

50 G. D. Birkhoff and B. O. Koopman, "Recent Contributions to the Ergodic Theory", *Proceedings of the National Academy of Science*, *18*(1932) 282.

51 P. R. Halmos, *Lectures on Ergodic Theory* (Tokyo, 1956), p.96.

52 J. C. Oxtoby and S. M. Ulam, "Measure-Preserving Homeomorphism and Metrical Transitivity," *Annals of Mathematics*, *17*(1941) 875 f.

53 Khinchin, *Mathematical Foundations*, p.54에 나오는 번역자의 주.

알아서는 안 된다." 되돌아보면, 처음에 엔트로피는 상태에 대한 물리적 변수로 이해되었으며, 엔트로피 법칙에는 5장 4절에 주어진 대로 클라우지우스 공식만 있었다. 볼츠만 덕분에,[54] 엔트로피는 (어떻게 정의되든) 무질서도와 연결되게 되었다. 이 두 번째 정의 때문에 이 장의 1절에서 언급한 대로 엔트로피 법칙의 새로운 공식화에 이르렀다. 이 단계는 매우 중요하다. 여기서 도구로 측정 가능한 변수들로부터 얻을 수 있는 정확한 척도를 가진 개념이 도구를 통한 직간접 척도가 전혀 없는 다른 개념으로 바뀌었다.

각 시점에서 물체의 열이 구성 입자들의 불규칙한 운동에 의해 만들어진다는 아이디어를 그럴듯하다고 받아들이면, 엔트로피에 대한 첫 번째 정의는 쉽게 두 번째 정의의 특별한 경우로 변환된다. 또한 (질서와 관련하여 해석된) 엔트로피 법칙을 자연의 모호한 법칙으로 받아들이면, 고전적인 공식은 특별한 경우가 된다. (그러나 그 역은 아니다!) 그렇지만 운동 개념을 어떤 분야든 특정 과학 분야에 도입하면, 역학 전체도 도입하려는 유혹을 뿌리치기 어렵다. 이 유혹에 굴복한 후에야 비로소, 역학의 법칙으로 표현된 자연의 모호한 사실들로부터 자연의 모호한 사실인 엔트로피 법칙을 어떻게 유도할 것인가라는 결정적인 문제가 자연히 나타난다.

볼츠만이 전 생애에 걸쳐 열정적으로 씨름한 아이디어는, 상응하는 정도의 열역학적 무질서가 나타날 '열역학적 확률'이 엔트로피라는 세 번째 정의를 따르기만 하면 이 문제가 해결된다는 것이다. 그러나 내가 이미 지적한 것처럼, 이 세 번째 정의와 다른 두 정의의 동등성은 모든 사람이 만족할 정도로 확립되지 않았다. 이 동등성에 반하는 장애물은 하나가 아닌, 서로 다른 두 개이다.

앞 절들에서 충분히 분명해졌듯이, 첫 번째 장애물은 일단 역학이 한 분야에 도입되면, 무작위는 해당 분야에서 영원히 배제된다는 것이다. 자연에 대

54 Boltzmann, *Lectures on Gas Theory*, pp. 442 f.

한 해석학적 설명에서, 어떤 것도 엄격한 법칙으로 완전히 결정될 수 있는 동시에 어떤 해석학적 설명도 거부하는 방식으로 거동할 수는 없다. 이는 통계역학의 이율배반으로, 그 해결을 위해 엄청난 지적 에너지가 상상력을 구사하며 소모되었다.

이 모순을 해결했다고 주장하는 이들이 따르는 절차에는 확률론적 주장의 미로에 빠져 대개 놓치는 두 번째 장애물이 있다. '신체의 길이'를 '생물학적 확률'로 아주 잘 정의할 수도 있다. 또 '생물학적 확률'을 어떤 신장(身長)을 가질 확률로 정의할 수도 있다. 그러나 볼츠만이 하였듯이 두 정의를 함께 채택하면, 사실상 새로운 자연 법칙을 선언하는 것이다.[55] 열역학의 경우 이 법칙은 세 번째 엔트로피 법칙으로, 엄격한 형태로 쓰면 다음과 같다.

거시상태는 무질서도가 커질수록 그에 상응하는 빈도가 커지는 것과 같은 식으로 자연에 나타난다.

이 명제와 연관하여, 깁스(Gibbs)의 날카로운 지적을, 즉 이 명제의 일반성은 열역학 본래의 경계를 크게 넘어선다는 지적을 기억해야 한다.[56] 내 의견으로는, 이 명제는 균일한 것이 불가피하게 불균일한 것을 낳는다는 대칭적인 아이디어와 본질적으로 똑같은 형이상학적 원리와 거의 같다. 새로운 엔트로피 법칙을 실험적으로나 다른 기본 법칙들로부터 유도하여 해석학적으로 정당화할 때 부딪치는 극복할 수 없는 어려움은 바로 이 형이상학적 본질

55 막스 플랑크는 볼츠만의 '열역학적 확률'이 우리에게 발휘할 수 있는 위험한 마력을 인식하여, 최면이 덜 걸린 용어 '열역학적 가중치'를 제안하였다. 또한 이 용어들과 "수학적' 확률이나 역학의 가중치'를 혼동하지 말라고 경고하였다. 그러나 최종적으로 그 역시 마력에 빠져 '열역학적 확률'과 실제 확률을 동일시하였다. Max Plank, *Theory of Heat*(London, 1932), pp. 54 f, 222~225을 보라.

56 J. Willard Gibbs, *Elementary Principles in Statistical Mechanics*(New York, 1960), p. viii.

에서 유래한다. 실제로, 새로운 법칙은 고전 공식과 달리 실험 범위를 크게 넘어선 듯 보인다. 통계역학의 방어자들이 이제까지 할 수 있었던 전부는, 우선 이 법칙이 지금까지 우리에게 익숙한 모순된 기초에서, 즉 하나의 입자에 대하여, 한편으로 모든 위치가, 또 다른 한편으로 모든 속도가 동등한 빈도로 나타난다고 말하는 통계 법칙과 그리고 또한 역학의 법칙에서 생겨난다고 주장하는 것이다. 그리고 이 새로운 통계 법칙의 증명이 똑같이 실험적으로 불가능해지자, 이 방어자들은 마지막 보루로, 통계역학의 논리적 기반이 그 명제들과 관찰 사실의 일치로 입증된다고 주장하였다.[57]

표면적으로 논점은 확실해 보인다. 앞의 1장 4절에서 논의하였듯이, 모든 특정 분야 지식체계의 논리적 기반에는 대개 실험으로 직접 증명할 수 없는 몇몇 ω-명제들이 존재한다. 이런 논리적 기반의 타당성은 ω-명제로부터 논리적으로 유도한 β-명제들이 관찰된 사실들과 일치할 때 간접적으로 증명된다. 이와 달리, 관찰된 사실들의 일부가 ω-명제와 양립할 수 없는 명제들로만 설명될 수 있다면, 분명히 논리적 기반의 타당성을 의심해야 한다. 그렇지만 통계역학의 방어에서는 이런 간접적인 증명에 대한 분명한 검토가 이루어지지 않았다. 왜냐하면 통계역학의 기본 원리들과 사실로 실증된 것으로 주장되는 명제들 사이의 실제 연결에는 의심스럽거나 심지어 오류로 알려진 많은 고리가 포함되어 있기 때문이다.[58] 이는 통계학-역학의 해석들이 주장하는 성공이 실제는 날조인 이유 중 하나이다. 체르멜로가 오래전 주장하였듯이, "겉으로 보이는 성공은 불완전한 추론에 기인하는 것이 틀림없다".

또 다른 이유는 사실 자체에 관한 것이다. 통계역학의 많은 입문서를 정독한 사람은 누구나 그 책들이 아무런 실험도 없이 쓰였다는 것을 분명히 알 수

57 예컨대 Haar, "Foundations,"(앞의 각주 40), p.298과 특히 Khinchin, *Mathematical Foundations*, pp.52 f.

58 앞 절들에서 지적된 차이들과는 또 다른, 이런 차이들은 Ehrenfest, *Conceptual Foundations* 등, 그리고 Haar, "Foundations," 292~304에 분명하게 나타나 있다.

있을 것이다.[59] 많은 물리학자들조차 통계역학을 아무런 물리적 관계가 없는 수학적 구조로 본다. 이는 권위 있는 수학자의 판단이기도 하다. "본질적으로 통계역학은 순수한 수학이다."[60] 따라서 자신의 저작에서 "**그 점에서 아무것도 가정하지 않았기 때문에** 가정과 자연에 관한 사실들 사이의 일치에 관한 어떤 착오도 있을 수 없다"[61]고 솔직히 고백하는 깁스를 읽을 때, 그의 위대한 학자적 위상이 우리에게 다가온다.

이런 상황에서 통계적인 접근을 정당화하기 위하여 열역학의 구체적인 사실들과 무관한 다른 일반적인 고려에 입각한 온갖 노력이 이루어진 것은 지극히 당연한 일이다. 오래전에 (1856년) 크뢰니히(A. Krönig)가 남긴 주장은, 즉 복잡계의 모든 좌표를 결정하고 그 이력을 추적할 수 없는 우리의 내재된 무능력 때문에 우리는 확률에 의존해야만 한다는 주장은 이제 익숙한 상투어가 되었다.[62] 이 아이디어의 의미에 관하여 두 가지 다른 해석이 있다.

첫째, 지금은 우리가 **확률론적** 접근이라 부르는 볼츠만학파의 해석이 있다. 이 접근에서는 **개별** 계의 다음 거동을 표현하는 데 확률이 사용된다. 이를 위해, 계의 이력에서 상태의 상대적인 빈도의 극한은 단순히 계가 다음에 그 상태에 있을 확률과 동일시된다. 모든 총체적인 미시상태는 상공간에서 똑같은 부피를 차지하기 때문에, 그 척도는 똑같다. 따라서 에르고딕 가정에 따르면, 모든 총체적인 미시상태는 그 가능성이 모두 같다.[63] 결론은 앞 절의 이력 배열 (10)을 참고하면 모든 '상태'의 출현 확률은 똑같다, 즉 1/10이라

---

59 아주 가끔 실험적으로 볼츠만-맥스웰 분포를 증명하려는 시도들에 관한 언급을 볼 수 있지만, 이들은 오히려 설득력이 떨어진다. James H. Jeans, *An Introduction to the Kinetic Theory of Gases* (Cambridge, Eng., 1940), pp. 124~130 참조.

60 Hadamard, (앞의 각주 3에 인용), pp. 194 f. 저자의 번역.

61 Gibbs, *Elementary Principles*, p. 10. 저자의 강조.

62 여기서는 인용이 불필요해 보이지만, 당대의 성과 중 믿을 만한 예로 Haar, "Foundations," 292, and Khinchin, *Mathematical Foundations*, p. 1을 참조하라.

63 부록 E에 나오는 공식 (3)을 보라.

는 것이다. 따라서 어떤 순간에나 예컨대, 다음 상태가 '0'이 아닐 확률은 9/10이다.

'확률'을 주관적인 의미로, 즉 초기 조건을 정확히 측정하지 못하거나 운동 방정식을 완전히 풀 수 없는 무능력에서 나타나는 정신적인 불확실성 지표로 해석한다면, 이 추론 방식에 아무런 이의를 제기할 수 없을 것이다. 이런저런 이유로 시간이 지나는 것을 놓친 사람은 '오늘'이 일요일일 확률이 1/7이라고 말하는 것이 훨씬 낫다. 이 주관적 확률의 척도는 모두 일곱 개 요일이 있다는 사실 때문에 정당화된다. 그러나 이와 같은 사실에 기초하여 마치 오늘의 요일이 무작위 메커니즘으로 결정되는 것처럼 요일이 임의의 순서로 이어진다고 말할 수는 없다. 비슷하게, 상태 배열 (10)에 대하여 다음 상태가 '7'일 확률이 (물리적인 의미에서) 1/10이라고 말하는 것은 이치에 맞지 않다. 왜냐하면 이 상태는 항상 '9' 다음에만 나타나기 때문이다. 더욱이, 변환이 T^*라면, 주관적인 확률과 에르고딕 극한도 같지 않다. '7'에 대한 에르고딕 극한은 한 집합에서는 1/6, 다른 집합에서는 0이며, '9'에 대한 극한은 각각 0과 1/4이다. 주관적인 확률이 1/10로 원하는 균등화가 되려면, T'와 T''가 적용되는 계의 상대적 빈도가 각각 6/10과 4/10라고 임의로 가정하는 것이 필요하다. 이 모두는 단순해 보인다. 하지만 완벽하게 결정된 배열의 에르고딕 극한과 같은 물리적인 상수가 어떤 경우에는 정신 상태로 이해되는 주관적인 확률에 대한 서수 척도로 작용한다는 사실은 최근 뜻밖의 비정통 이론을 낳았다. 이 이론은 엔트로피를 우리의 무지 '정도'와 동일시하거나 결국은 같은 내용인 소위 네겐트로피(음의 엔트로피, 즉 볼츠만의 H-함수)를 정보의 '양'과 동일시한다. 주관적인 요소인 무지가 어떻게 엔트로피 법칙으로 표현되는 변수 같은 물리적 현상의 변수가 될 수 있는지는 최소한 나의 이해를 넘어서는 가장 어처구니없는 환상이다. 정말이지 에르고딕 정리의 곡해에 한계가 없는 것이 아닌가 싶다.

온갖 종류의 에르고딕 성질이 소수(素數)를 포함하여, 몇 가지 특별한 정수

집합들에 대해 정립되어왔다.[64] 하지만 이런 결과와, 우리가 정수 배열에서 소수가 나타나는 경우에 대한 법칙을 아직 알지 못한다는 사실로부터 소수가 무작위로 나타난다는 결론을 끌어내는 것은 너무나 터무니없을 것이다.[65] 내가 2장 7절에서 주장한 것처럼 무작위는 규칙성을 전제로 한다. 그러나 이 규칙성은 앞의 배열 (10)에서 '2'가 나타나는 분명한 규칙성이나 정수 배열에 소수가 나타나는 '알지 못하는' 규칙성과는 본질적으로 다르다. 무작위의 규칙성은 해석학적 공식이나 규칙으로 설명할 수 없다는 의미에서 불규칙해야만 한다. 이 종류의 규칙성이 없다면 무작위 개념은 완전히 불필요할 것이다. 소위 확률공리학파에 속하고 확률 이론과 측도 이론을 동일시하는 사람들은 바로 이 점을 이해하기 거부하거나, 이해하지 못한다. 확률이 어떤 종류의 척도라는 것을 부정할 사람은 거의 없을 것이다. 그러나 미제스(Richard von Mises)의 말처럼 척도 그 자체는 확률이 아니다.[66] 그리고 나는 척도와 무지가 합쳐진다고 그것이 물리적인 확률이 될 수 없다고 덧붙여야겠다. 순수 열역학의 방어자들은 이 점을 완전히 무시하기로 마음먹은 듯하다.

더 최근에 등장한 두 번째 학파는 **엄격한 통계적인** 관점을 옹호한다. 개별계는 너무 복잡하여 파악하기 쉽지 않기 때문에, 우리는 **평균적으로** 일어나는 일을 연구해야 한다는 것이다. 볼츠만이 시작하여 깁스가 완성한 이 연구의 매력은 우리가 평균을 계산하는 데 필요한 모든 것은 해당 앙상블[ensemble,

64 예컨대 C. Benedetti, "Ricerche statistiche sui numeri primi(소수(素數)에 관한 통계적 연구)," *Metron*, *26*(1967) 237~313 또는 A. G. Postnikov, *Ergodic Problems in the Theory of Congruences and of Diophantine Approximation*(Providence, R.I., 1967).

65 위에 논의된 쟁점은 2장 7절에서 논의된, 확률에 관한 푸앵카레 관점 중 하나를 떠올리게 한다. 에르고딕 극한과 물리적 확률의 혼동은 Khinchin, *Mathematical Foundations*, p.52에 나오는 통계역학에 대한 옹호에서 아주 분명하게 볼 수 있다.

66 Richard von Mises, *Probability, Statistics and Truth*(2nd edn., London, 1957), pp. 98~100.

관심의 대상인 계와 동등한 계를 매우 많이 모아 놓은 가상의 거대한 집합—옮긴이] 에서의 상대적인 빈도를 아는 것이라는 사실에서 유래한다. 따라서 (실제로 '확률'이라는 용어는 '상대적인 빈도'에 대하여 사용되지만) 엄밀한 의미의 확률 개념은 회피되고 있다. 그래도 궁극적인 목표가 여전히 같다면, 즉 개별 계의 거동에 관하여 무엇인가 알고자 한다면, 자연스럽게 할 일은 단일 계의 이력에 나타나는 모든 미시상태로 이루어진 앙상블을 연구하는 일이다. 이렇게 모든 서로 다른 계에 대하여 하나의 앙상블을 고려하는, 꽤나 어려운 일을 해야만 할 것처럼 보인다. 하지만 모든 역학계가 계량적 추이성을 갖는다면, 굳이 그럴 필요가 없다는 것은 분명해진다. 왜냐하면 이 경우 총에너지가 같은 모든 총체적인 미시상태들은 같은 총에너지를 가진 모든 계의 이력에서 똑같은 빈도로 나타나기 때문이다. 따라서 총에너지가 똑같은 앙상블들은 동일하다. 이런 까닭에 각 총체적인 거시상태가 단 한 번만 나타나는 "정적(靜的, static)" 앙상블로부터 모든 "이력의" 앙상블의 평균이 직접 (그리고 공교롭게도 더욱 쉽게) 계산될 수 있다.[67]

계량적 추이성이라는 쟁점을 제쳐놓으면 모두 순조로워 보인다. 이론적인 활용 가능성 문제도 마찬가지이다. 말썽은 다른 방향에서, 정적 앙상블로부터 계산된 평균의 실제적 가치에서 나타난다. 정적 앙상블의 평균은 움직일 수 없는 변수이다. 평균에서 사건의 시간적 순서는 없어진다. 평균은 단일 계

---

67 볼츠만은 *Lectures on Gas Theory*, p. 297에서 이런 앙상블을 에르고든(Ergoden)이라고 불렀다. 깁스는 *Elementary Principles*, p. 115에서 미시표준 앙상블(microcanonical ensemble)이라고 하였다. 이 앙상블과 모든 이력의 앙상블들의 관계는 우리의 예의 하나로 간단하게 설명된다. 식 (10)의 Σ_1과 같은 이력의 앙상블들 모두와 관련된 모든 평균은 모든 상태(1, 2, 3, …, 9, 0)의 정적 앙상블로부터 계산될 수 있다. 계량적 추이성이 성립하지 않으면, 정적 앙상블은 이제 유일하지 않다. 역학계가 복잡한 경우, 무한히 많은 정적 앙상블과 직면하는 것을 예상해야만 한다. 정적 앙상블에 특별한 선험적인 분포가 있다는 가정, 즉 통계역학의 많은 주장 뒤에 숨겨진 매우 자의적인 가정 없이는 이 앙상블들을 하나의 앙상블로 결합할 수 없을 것이다.

의 거동에 관하여 어떤 것도 말해주지 못하는데, 이 거동만이 열역학(혹은 그 대상에 관한 모든 개별 과학)의 주된 목적이다. 따라서 볼츠만이 로슈미트의 반론에 대하여 확률법칙을 이용하여 충돌 횟수를 계산할 수 있다고 답하였을 때, 볼츠만은 제대로 답한 것이 아니다.[68] 이 법칙을 통해 단지 '평균' 계에 대한 충돌 횟수만 계산할 수 있는데, 로슈미트는 개별 계에 관하여 논하였다.

분명한 결론은 개별 계의 거동 방식을 알아내는 기본적인 문제에 관한 한 순수하게 통계적인 접근은 무의미하다는 것이다. 이는 의심의 여지 없이, 통계적인 접근을 출발점으로 삼은 모든 이들이 종국에는 확률론적 해석을 취하고, 정적 앙상블의 상대적인 빈도와 계가 언제 어느 때나 적절한 총체적 미시 상태일 확률을 동일시하는 이유이다.[69] 출발점은 다르다고 주장하지만, 두 접근은 같은 지점에서 끝난다. 이제 엔트로피 법칙은 고전열역학에서와 달리 실제 일어날 일에 대하여 서술하지 않으며, 단지 일어날 가능성이 있는 일에 대해서만 서술한다. 따라서 무질서가 질서로 변화할 가능성은 부정되지 않는다. 그런 일의 확률은 아주 낮을 뿐이다.

그러나 어떤 사건의 확률이 아무리 작더라도, 그 사건은 **시간**을 가로질러서는 무한히 자주 일어나게 마련이다. 그렇지 않으면, 확률 계수에는 아무런 물리적 의미가 없을 것이다. 결과적으로 우주는 무한의 영원에 걸쳐 필연적으로 **대혼돈**에 도달하고, 다시 잿더미로부터 무한히 생겨난다. 볼츠만은 이것이 확률론적 해석의 피할 수 없는 결론이라고 공개적으로 인정하였다. "무

---

68 앞의 각주 24를 보라.

69 Gibbs, *Elementary Principles*에 나오는 다양한 주장을, 예컨대 pp. vii, 16, 142의 주장을 비교해보면 알 수 있듯이, 깁스는 이 점에서 예외가 아니다. 사실 "엔트로피가 보충 없이 감소하는 것이 불가능하다는 것은 결국 거의 불가능한 것으로 정리된 듯하다"는 자주 인용되는 말을 일찍이 1875년에 한 사람은 바로 깁스였다(Boltzmann, *Lectures on Gas Theory*, p. 215에 인용). 더 최근의 분명한 경우는 통계학과 확률에 호환성이 있다고 생각한 폰 노이만이다. Neumann, *Mathematical Foundations of Quantum Mechanics*(Princeton, 1955), p. 207n을 보라.

한히 먼 과거로 돌아가든지, 가장 먼 미래의 우주 상태로 나아가든지, 우리가 모든 온도 차이가 사라지는 상태에 도달할 확률이 매우 높다고 인정하는 것은 똑같이 옳다."[70] 에딩턴이 '완전한 역행'[71]이라고 부른, 어느 날 죽은 사람이 산산이 흩어져 가루가 된 주검에서 다시 일어나 역으로 생명을 얻고, 이전의 탄생이었던 것에서 새로운 죽음을 볼 수 있다는 생각은 아주 이상하게 보이기 쉽다. 그렇지만 과학자들은 모든 발견이 아주 놀랍다는 데 익숙하다. 많은 물리학자들이 통계역학의 설명력에 의문을 품어왔다면, 그것은 주기적으로 노화하고 회춘하는 우주라는 아이디어가 매우 불안정한 토대 위에 있기 때문일 뿐이다.

가장 흔하면서 아마도 가장 효율적인 반론은 우주의 회춘 확률이 0이 아니라는 아이디어를 지지하는 어떤 사실적인 증거도 없다는 것으로, 그와 유사한 현상은 자연에서 더 작은 규모로도 전혀 발견되지 않았다. 단지 사실적인 증거만이 이론적으로 계산한 확률에 물리적인 의미를 부여할 수 있다.[72] 우리가 자연을 충분히 오랫동안 관찰하지 않았기 때문에 회춘하는 계를 아직 보지 못했다는 표준 답안은 결정적이지는 않더라도 최소한 받아들일 만하게

---

70 L. Boltzmann, *Wissenschaftliche Abhandlungen*(과학적 비평)(3 vols., Leipzig, 1909), II, 121(저자의 번역). 이 관점을 전적으로 지지하는 학자들은 드물지 않다. 예컨대 P. Frank "Foundations of Physics," *International Encyclopedia of Unified Science*(Chicago, 1955), I, pp.452 f와 G. N. Lewis, "The Symmetry of Time in Physics," *Science*, June 6, 1930, p.571.

71 A.S. Eddington, *New Pathways in Science*(Ann Arbor, 1959), p.59.

72 사실 이 서술의 타당성은 볼츠만 통계에서 타당한 몇몇 미시상태들이 불가능함을 보여준 보슈-아인슈타인, 페르미-디랙의 새로운 통계를 도입해야 했던 필요성에서 입증된다. 형식적으로 이는 앞에서 논의한 나의 산술적 예로 설명될 수 있다. 모든 숫자가 동등한 확률을 갖는다는 선험적인 추론에 근거하여 0이 아닌 에르고딕 극한이 1/7의 소수 표시에 있는 미시상태 '9' 탓이라고 하는 것은 어처구니없을 것이다. 이 점이 확률에 대한 극단적인 주관주의 이론에 대한 나의 비판 근거이다. 『AE』에 재수록된 저자의 논문, "The Nature of Expectation and Uncertainty"(1958), 5절을 보라.

보인다. 그럼에도 이 답안은 불합리하다는 것이 내 의견이다. 십중팔구, 표준 답안은 충분히 오래 기다린다면 희귀한 사건도 거의 틀림없이 일어나게 마련이라는 명제로 정당화된다고 여겨지고 있다. 사실 이 정당화에는 역 명제가, 즉 희귀한 사건은 오래 기다리지 않으면 일어날 수 없다는 명제가 요구된다. 그러나 우리가 아는 것처럼, 이 역 명제는 거짓이다.[73]

확률론적 이론 전개의 또 다른 결점이 아마도 더 중요하다. 이 결점은 보통 언급하지 않고 슬쩍 넘어가는 연결 고리 하나가 거짓이라는 것이다. 1절의 식 (2)와 (7)의 동등성을 인정하면 두 관계는 모두 엔트로피를 정의한다. 그렇지만 정의된 대상의 거동에 관하여 그 정의로부터 추론할 수 있는 것은 없다. 속도의 정의가, 예컨대 지구의 속도가 어떻게 달라질지 말해주지 않는다는 것은 확실하다. 조합의 수 W에서 확률로 넘어가는 것을 인정하더라도, 여전히 우리는 식 (7)로부터 한 상태가 다른 상태로 넘어가는 **경향**에 관하여 아무것도 추론할 수 없다. 예컨대 밝은 색 눈을 가진 사람보다 어두운 색 눈을 가진 사람이 더 많다는 사실로부터 자신의 눈 색과 상관없이 어두운 색 눈을 가진 사람이 옆에 앉거나 만날 확률이 더 크다고 결론내릴 수 있다. 그러나 더 나아가, 밝은 색 눈이 어둡게 변하는 경향이 있다고 말하는 것은 결코 정당하지 않다.

그리고 엔트로피 법칙이 단지 "엔트로피가 높을수록, 일어날 확률이 더 높다"는 것만 의미한다는, 즉 '엔트로피'는 '열역학적 확률'을 의미한다는 널리 퍼진 또 다른 관점을 받아들인다면, 자연의 법칙 대신 확률 정의만 동어 반복하는 셈이다. 요점은 T_1보다 T_0가 앞선 경우 $\Delta S = S(T_1) - S(T_0) \geq 0$는 기본 명제의 자리에 무언가를 놓지 않으면, 확률론적 접근은 (유일하게 직접 시험할

73 1963년 내가 이 주장에 관하여 처음 썼을 때(1966년 『AE』에 출판), 이 주장은 나에게 논리적으로 아주 단순하게 보였기 때문에 더 긴 설명이 필요 없다고 생각하였다. 나중에 몇몇 과학철학자들이 의견을 달리한다는 것을 안 이래, 독자들이 내가 혹시 잘못되었는지 알 수 있도록 이 주장을 더 자세히 다루었다(이 책의 부록 F).

수 있는) 고전열역학 분석 틀과 동등한 분석 틀을 만들었다고 주장할 수 없다는 것이다. 나는 이것이 정확하게 볼츠만이 H-정리의 첫 번째 형태, $dH/dt \leq 0$을 통해 추구했던 내용이라고 믿는다.

그러나 지금은 우리가 알고 있는 볼츠만의 오류는 내가 앞에서 충분히 지적하였던바, **시간**과 역학의 시간 사이의 차이를 무시하였다는 것이다. 고전적인 명제와 동등한 대체물을 만들기 위해서 볼츠만은 $dH/dt \leq 0$이 아닌 $dH/dT \leq 0$을 증명했어야 했다. 이렇게 그가 창조해낸 유명한 어려움의 근원은 단지 t만 포함하는 전제들의 집합(동역학 계의 방정식들)으로부터 dH/dT에 관한 명제를 유도하는 것의 논리적인 불가능성이다.

분명히 볼츠만은 자신의 H-정리를 지키기 위하여 모든 대가를 치를 준비가 되어 있었다. 그리하여 그 두 번째 형태에서 시간 관련 내용을 확률 차이로 바꾸었다. H-곡선을 기억하는가? 볼츠만이 분명히 인정하였듯이, 그가 치른 대가는 **시간**의 부정이었다. "경험으로 알고 있는 시간의 고유한 방향성은 특별하게 제한된 관점에서 나타나는 단순한 환상이라고 생각하는 편이 나을 것이다 … 공간에 위, 아래가 없는 것과 똑같이 시간의 두 방향을 구별할 수 없다."[74] 충분히 이해할 수 있듯이, 볼츠만은 역학의 시간도 함께 거부하기를 원하지 않았다. 그는 지구상의 어디에서나 지구 중심을 향하는 방향을 '아래'라고 부르듯이, 우주 어디에서나 모든 생물은 확률이 낮은 상태에서 높은 상태로 향하는 시간의 방향을 식별할 것이라고 덧붙였다. 그러나 루이스(G. N. Lewis)는 "시간은 순수 열역학의 변수가 아니다"[75]라는 말로 진실을 털어놓았다. 그 결과 그는 확률론적 구조를 칭송하려 한 의도와 달리 오히려 그 기본 약점을 드러내었다.

사실 고전열역학에서도 모든 식에 상태 변수들만 존재한다. 그러나 고전

---

74 Boltzmann, *Lectures on Gas Theory*, pp. 446 f.

75 G. N. Lewis, "Symmetry of Time," p. 573.

열역학을 기하학의 한 형태와 구별하도록 해주는 것은 ΔS의 부호가 **시간**의 방향에서 양이라는 첨언이다. 루이스의 말은 고전열역학과 달리 순수 열역학은 기하학의 한 형태라는 인정이다. 그렇다면 순수 열역학은 자연 현상에 관한 과학으로서 쓸모가 없다는 것이 분명하며, 우리는 이 평가를 받아들이는 편이 낫다. 그렇지만 몇몇 사람들은 이 평가를 인정하려 하지 않는다. 대신 그들은 모든 형태의 시간을 제거하기를 선호한다. 이런 입장이 **모든** 좁은 범위의 과학에 미치는 광범위한 효과를 인식하지 못하면서 말이다. 볼츠만은 이러한 입장의 설계도를 예시하였다. 사실 그는 "우주에는 과정들이 **반대 방향으로 일어나는** 곳들이 있다. 그러나 그런 과정들을 관찰하는 존재들은 [여전히] 시간은 확률이 낮은 상태에서 높은 상태로 흐른다고 단순히 생각할 것"이라고 주장하였다.[76] 위의 강조 표현이 흔한 언어적 속임수를 금방 알 수 있도록 해준다. 모든 사건을 절대 시간 위에 있는 것으로 보는 사람이 있다고 인정하지 않으면 특정 장소의 시계의 시간이 갖는 상대성을 증명할 수 없는 것처럼,[77] 과정들이 실제로 일어나는 보편적인 방향이 있다는 것을 무조건적으로 인정하지 않고는 **시간**이 인간중심적인 환상임을 보이는 것도 불가능하다.

최근 몇몇 작업을 통해 볼츠만의 아이디어를 더 분명하다고 주장되는 기초 위에 올려놓으려는 노력이 이루어지고 있다. 이 주장들은 (이 장 1절에서 생각했던 것과 같은) 모든 미시상태들의 확률이 같다는 원리를 설명한 후에는, 더 나아가 우리의 타고난 한계 때문에 서술 범주와 비서술 범주를 서로 구분하게 된다고 말한다. 서술 범주 미시상태는 예컨대, 브리지 게임에서 모두 스페이드인 패와 같이 간략하게 설명할 수 있는 상태이다. 더 긴 설명이 필요한 패(극단적으로 각 카드를 모두 지명할 필요가 있는 패)는 비서술 범주이다. "**알려진** [서술 범주] 분포가 **알려지지 않은** [비서술 범주] 분포로 옮겨갈 때" 엔트로피는

76 Boltzmann, *Lectures on Gas Theory*, pp. 447 f. 저자의 강조.

77 5장의 각주 60을 참조하라.

증가한다고 말한다.[78] 그러나 그런 범주의 분포는 다른 범주의 분포 전후에 똑같이 나타날 수 있다. 따라서 우리는 전과 마찬가지로 이 주장이 분포들이 어떤 순서에 따라 나타난다는 의미라는 것을 알 수 있다. 이를테면 분포들은 평평하고 완전히 균일한 탁자 위에 불규칙적으로 한꺼번에 펼쳐지지 않는다. 한마디로, 분포들은 추상적인 대상들처럼 **시간** 범위 밖에 존재하지 않는다. 한꺼번에 주어진, 그리고 분포들의 정적인 양적·질적 특성들이 내포하는 것이 아닌 다른 어떤 선형 순서도 없는 분포들로부터 시작하지 않는다면, **시간**이 환상이라는 것에 대한 어떤 증명도 타당하다고 받아들여질 수 없다. 따라서 "시간의 특정 부분들에만 방향이 있으며 그 방향들이 똑같지 않다는 볼츠만의 개념은 시간 문제에 대한 가장 날카로운 통찰 중 하나를 보여준다"[79]고 주장하는 일부 논리실증주의자의 의견은 더욱더 황당하게 보인다. 루이스가 주장하듯이, 우리는 **시간**에 대한 인간중심적인 개념을 제거하였는지 모른다. 하지만 이는 명목상으로 제거한 것이며, 물리학은 물론 우리가 살고 있는 세상에서는 더더욱 아니다.

어떤 각도에서 통계열역학을 보더라도 방향과 무관한 법칙을 따라 한쪽 방향으로만 일어나는 변화를 설명하는 것은 불가능하다는 것을 알 수 있다. 이는 처음부터 분명했다. 새로운 열역학에서 이 불가능은 두 가지 기본 가정 사이의 논리적인 모순으로 변화된다. ① 입자는 엄격한 법칙에 따라 움직인다. ② 상태들은 무작위 방식으로 나타난다. 내가 아는 범위에서 어떤 통계역학

---

78 G. N. Lewis, "Symmetry of Time," pp. 572 f. Jeans, *An Introduction to the Kinetic Theory of Gases*, p. 270에 "더 쉽게 구별할 수 있는" 상태와 "덜 쉽게 구별할 수 있는" 상태에 관하여 나와 있다. 그 의미는 똑같다.

79 H. Reichenbach, *The Direction of Time*(Berkeley, 1956), pp. 127 f. 그러나 "그렇게 많은 다른 문제에서처럼, [물질]과학의 결과에 기초한 철학의 우월성은 이제 분명해졌다"는 라이헨바흐의 추가 언급은 이 경우에 적용할 수 없지만, 현재 과학철학으로 통용되는 내용과 비슷하다.

방어자도 이 모순을 부정하지 않았다. 여러 가지 수정 제안들 중 하나는 매우 교훈적이다. 이 제안은 가정 ①과 ② 사이의 모순을 부정할 추가적인 '특별한 가정'을 선택하는 것이다.[80] 그렇지만 특별한 가정을 받아들이기로 한다면, 고대 원자론자들이 하였듯이 입자들은 정상 진행으로부터 자유롭게 "불특정한 시점에 불특정한 장소로"[81] 벗어날 수 있다든지, 현대 물리학자들이 요즘 말하듯이 "원자는 원하는 아무 때나 붕괴한다"[82]고 하는 것이 훨씬 덜 엉뚱할 것이다.

아마도 많은 물리학자들은 통계역학이 완전히 헛되지는 않다는 어느 정도 인정할 수 있는 말로 통계열역학의 논리적 일관성 문제를 제쳐놓으려 할 것이다. 지금 우리는 통계적인 접근을 시도하기 전보다 열역학적 평형에 관하여 더 많이 알고 있다. 또한 얻어진 결과는 (확률과 비가역성이 정립된) 양자역학에 대한 영감의 원천이 되어왔다. 하지만 이 쟁점은 인간의 지식이 가장 풍부하며 동시에 가장 확실한 자연현상의 영역이 진화 법칙을 지지하는지 아니면 부정하는지에 관한 것이기 때문에, 더 폭넓은 지적 관점에서 지극히 중요하다. 많은 사회과학자들에게 통계열역학의 합리성을 분석하는 일은 언뜻 전문 영역을 벗어난 것처럼 보일 수 있지만, 바로 이 때문에 나는 이런 분석을 자세히 하는 것이 필요하다고 느꼈다.

그리고 나는 이 분석의 결과 엔트로피 과정의 비가역성이 우연의 산물이 아닌 이유가 분명해졌다고 믿는다. 공기나 액체에 떠 있는 입자들의 불규칙한 브라운 운동이 엔트로피가 감소할 수도 있음을 확인해준다는 기계적인 입장은 면밀한 검증을 통과하지 못한다. 이는 고전역학의 몰락을 가져 온 것과 똑같은 형태의 오류를 은연중에 범하는 것이다. 고전역학에서는 만질 수 있

80 P. Frank, "Foundations of Physics"(앞의 각주 70에 인용), p. 452.

81 Lucretius, *De rerum natura*(사물의 본질에 관하여), II, 218~220.

82 F. Waismann, "The Decline and the Fall of Causality," in R. J. Blin-Stoyle *et al.* *Turning Points in Physics*(Amsterdam, 1959), p. 142. 저자의 강조.

는 당구공을 원자로 외삽하였으며, 통계열역학에서는 눈에 보이는 브라운 운동을 에너지의 엔트로피 변환으로 외삽한다. 따라서 많은 물리학자들이 그렇게 많은 명백한 결점을 가진 논리적 구조물의 승인을 거부한 것은 놀랍지 않다. 아인슈타인은 통계역학에 볼츠만과는 다른 첫 번째 공헌을 하였지만, 끝까지 확률론적 접근에 반대하였으며, 이를 '여성 의류'와 비슷한 유행으로 생각하였다.[83] 그러나 아인슈타인이 반대한 이유는 논리적인 일관성보다는 완벽한 인과 관계에 대한 집착이었다. 그렇다 하더라도 우리는 다른 이들이 논리적 일관성만으로도 통계열역학을 명백하게 거부하였던 것을 볼 수 있다. 푸앵카레조차 우리는 라그랑주 역학과 해밀턴 역학을 폐기하고 비가역적 과정에 대한 설명을 다른 곳에서 찾아야만 한다고 분명하게 말하였다.[84] 그가 어떤 방향으로 우리의 연구를 옮겨야 할지 말하지 않은 것은 전조를 보여준다. 현재 상황에서 우리는 단지 두 가지 반대되는 요소를, 즉 가역적 기계적 운동과 비가역적 엔트로피를 인지할 뿐이다. 현재로서는 엔트로피 법칙이, 예컨대 뉴턴의 관성 법칙과 함께 환원할 수 없는 또 하나의 자연 법칙에 해당한다는 것을 부정할 이유가 없다. 나는 엔트로피 법칙이 자연에서 실제 일어나는 현상을 인식하는 가장 간단한 형태라고 주장한다. 그러나 우리의 인식론적 방향에 관한 이 법칙의 예외적인 중요성은 그 인식이 물질은 **변화**에 의해 좌우되지 않는다는 것이 출발점인 과학[물리학—옮긴이]에서 나타났다는 사실에서 유래한다.

83 Louis de Broglie, *New Perspectives in Physics*(New York, 1962), p. 154 f.

84 Henry Poincaré, *Oeuvres*(저술)(11 vols., Paris, 1934~1956), X, 233.

7장

우연, 원인, 목적

1. 결정론과 큰 수의 법칙

이해에 관한 다른 모든 원칙들처럼, "아무것도 아무런 이유 없이 일어나지 않을 뿐만 아니라 모든 것은 하나의 근원에서 필연적으로 일어난다"는 아이디어는 고대 그리스 철학의 창시자들로부터 우리에게 전해졌다.[1] 그리고 조금 앞에서 보았듯이 이에 대한 문제 제기 역시 그 당시로 거슬러 올라간다. 매우 오랫동안 결정론과 비결정론 중 어느 것을 실재에 적용할지에 관한 논쟁은 거의 사변철학자들 사이에서만 이루어졌다. 약 200년 전까지 과학의 성과는 이 논쟁에서 고려할 만큼 인상적이지 않았다. 그러나 역학의 성공적인 예측 결과 과학자와 철학자 모두 자연이 완전한 인과율의 지배를 받으며, 특히 모든 사건은 **시간**상 그보다 앞선 어떤 명확한 원인의 결과라고 확신하게 되었다. 이 도그마가 천지창조 순간에 모든 것이 한꺼번에 운명 지워졌다고 주장하는 데까지 나아가지 않았다면, 이는 단지 **시간**에는 처음도 끝도 없다는 주장도 있었기 때문이었다. 이것이 라플라스(Laplace)가 나폴레옹 1세에게 신

1 1장 각주 24를 보라.

을 가정할 필요가 없었기 때문에 그의 연구에서 신이 언급되지 않았다고 대답할 수 있었던 이유이다. 라플라스학파에게 중요했던 것은 어떤 순간에나 단지 그 순간의 자연 상태에 의해 미래가 완전히 결정되며, 과거도 완전히 유추할 수 있다는 아이디어였다.[2]

열역학의 확률론적 접근은 철학자와 많은 과학자들에게 결정론에 관한 논쟁을 재개하라는 첫 번째 신호를 울렸다. 그러나 이 쟁점은 모든 사건에 명확한 원인이 있지는 않음을 확실히 밝힌 양자 현상을 발견하고 나서야 보편적인 관심의 대상이 되었다. 그 이후 실질적으로 모든 저명한 물리학자들이 잇따른 논쟁에 활발하게 참여하였다. 말할 필요도 없이, 양측의 주장들은 뛰어난 참여자들의 풍부한 상상력을 보여주었다.

물리학에서의 비결정론에 대한 고민은 헤아릴 수 없이 많은 상황에서 '원인'과 '결과'의 관계가 너무나 두드러져 우리가 이를 거듭해서 신뢰할 수 있다는 사실을 설명하는 일이다. 만일 우리가 텅스텐 필라멘트에 전류가 미치는 효과에 관하여 이견이 있다면 전등 스위치를 찾으려 하지 않을 것이다. 또한 누군가 화약통에 성냥불을 붙일 때 우리는 화약통에서 달아나지 않을 것이다. 만약 필라멘트의 전자들이 자기들이 이동하고 싶을 때 갑자기 움직이는 것이라면, 어떻게 전구에서 빛이 나오리라 기대하겠는가? 비결정론의 답은 전류 스위치를 켜는 것과 전구에서 빛이 나오는 것 사이의 관계가 인과 관계로 보이는 것은 큰 수[大數]의 법칙의 결과라는 것이다. 폰 노이만은 심지어 이 원인-결과 관계에는 "'큰 수의 법칙' 이외에 어떤 다른 원인은 분명히 없으며, 거시 세계의 (즉, 맨눈에 보이는 물체에 대한) 명백한 인과 관계 질서는 … 기

2 여기서 이 엄격한 결정론에 대한 고전적인 정의에 추가하여 다수의 또 다른 결정론들이 있다는 것을 덧붙여야만 한다. 그러나 내 주장의 범위에서는 고전적인 정의만으로도 충분하다. 일부는 근거가 있고, 일부는 아닌, 잘 알려진 변형된 결정론들과 관련된 복잡한 문제들을 보려면, 예컨대 Ernest Nagel, *The Structure of Science*(New York, 1961), pp. 278~293, 316~335를 보라.

본 과정들을 지배하는 자연 법칙들이 인과 관계인지, 아닌지와 완전히 무관하다"고 주장하였다.[3] 이 주장은 분명히 결정론과 비결정론의 쟁점은 완전히 무의미하다는 것을 내포한다. 좀 더 자세히 살펴보면, 이 주장은 에르고딕 배열과 무작위 배열 사이의 혼동이라는 우리의 익숙한 친구를 큰 수의 법칙이 추상적인 수학 명제로서 두 배열 모두에 적용된다는 사실 뒤에 숨기고 있음을 알게 된다.

그렇지만 진정한 비결정론자는 이 쟁점이 중요할 뿐만 아니라 자연에는 의심의 여지없이 정립되어 있는 환원할 수 없는 무작위 이외에는 사실상 아무것도 없다는 입장을 취한다.[4] 논리적으로, 비결정론자는 개별 사건에 대한 예측과 여러 사건에 대한 동시 예측 사이에 본질적 차이가 있다고 주장해야만 한다. 아주 익숙한 주장은 X 씨가 금년에 사망할지 예측할 수 없지만 (사망률표를 사용하면) X 씨와 동갑인 남자 1만 명 중 약 723명이 같은 해에 사망할 것으로 예측할 수 있다는 것이다.[5] 그렇지만 '약'을 정확하게 정의하지 않으면, 이 예측은 무의미하다. 만일 이를, 예컨대 "700명보다 많고 750명보다 적다"는 의미로 정의하면, 두 예측이 구별된다는 주장은 공허하다. 연말에 각 예측의 진위가 밝혀질 것이며, 제3의 결과는 없다. 내가 미제스의 주장에 반하여 주장하였듯이, 모든 예언은 유일한 사건에 관한 것이라는 것이 핵심이다. 사건 자체만이 단순하거나 복합적일 수 있다.[6] 따라서 서로 다른 형태의 예측을 구

3 J. von Neumann, *Mathematical Foundations of Quantum Mechanics* (Princeton, 1955), pp. 326 f. 저자의 강조.

4 Richard von Mises, *Probability, Statistics and Truth* (2nd edn., London, 1957), p. 223.

5 Louis de Broglie, *Physics and Microphysics* (London, 1955), pp. 133 f. 또한 바로 앞에 인용한 미제스의 11, 16~18, 45와 G. L. S. Shackle, *Expectations in Economics* (Cambridge, Eng., 1949), pp. 110~115을 보라. 흥미롭게도, 많은 결정론자들이 이에 공감한다. 예컨대 Max Planck, *The New Science* (New York, 1959), pp. 266 ff.

6 저자의 논문, "The Nature of Expectation and Uncertainty," (1958, 『AE』 p. 272에 재

별하는 일은 논리학의 관점에서 보면 결점이 없지 않다. 상기해보면, 논리학은 구분선이 예리하게 그려지던지 아니면 아예 안 그려지기를 요구한다.[7]

순수 비결정론이 논리학에 부적합한 데는 또 다른 훨씬 중요한 이유가 있다. 이 이유는 큰 수의 법칙을 무작위 사건에 적용할 때, 이 법칙은 (측도 이론에서처럼) 수학의 항진(恒眞) 명제가 아니라는 것이다. 생각건대, 만화가들이 활용하기도 하는 것처럼 이 법칙에 어긋나는 사실들이 있을 수도 있다. 예컨대 사회학자들은 방사능 물질의 붕괴 빈도와 같이, 자살이 어떤 사회에서나 일정한 빈도로 일어난다는 것을 안다. 하지만 어쩌면 내년에 미국의 자살자 수가 0일 수도 있다. 그리고 다음 해에 자살자 수가 평년의 자살률을, 즉 가장 높은 확률을 따른다면, 사람들이 큰 수의 법칙을 입증하기 위해 담합한 것이라 말할 것인가? 이 법칙으로 표현된 규칙성에는 또 다른 설명이 필요하다. 또한 폰 노이만의 예를 따라 규칙성의 원인이 법칙 그 자체라고 말하는 것은 의미가 없을 것이다. 내가 2장 7절에서 주장하였듯이, 유일한 해결책은 자연에서는 변증법적 방식에 따라 규칙성과 불규칙성을 결합하는 요소가 큰 수의 법칙으로 표현된 방법으로 작동한다고 인정하는 것이다. 당연히, 우리가 자연현상에 대한 법칙을 끌어낼 때에는 수학의 항진 명제가 아닌 자연 법칙을 끌어낸다. 무작위는 원인이며, 큰 수의 법칙은 그 결과이다. 이렇게 비결정론에서 슬그머니 뒷문으로 던져버린 원인 개념이 힘차게 정문으로 돌아온다.

2. 결정론과 불확정성 원리

무작위와 인과율 사이에 가교를 만드는 것은 결정론의 문제이기도 하다. 다

수록)과 "An Epistemological Analysis of Statistics as the Science of Rational Guessing," *Acta Logica*, *10*(1967) 61~91.

7 집단 현상의 경우 예측이 실현되는 확률을 '실제는' 1로 취할 수 있다는 익숙한 상투어에 관하여 부록 F를 보라.

만 결정론은 다리를 반대쪽에서부터 지어야 한다. 따라서 결정론자들이 볼츠만의 업적이 "이론 연구의 가장 훌륭한 업적 중의 하나"라고 환호한 것은 자연스럽다.[8] 앞 장에서 내가 논의한 내용을 고려하면, 여기서 볼츠만이 인과율로부터 무작위성에 도달하였다고 주장한 상상 속 가교에 관하여 더는 논할 필요가 없다. 그러나 완벽한 결정론을 변호할 때 간혹 나오는 다른 주장에 관하여 몇 가지 언급해야만 한다. 이 주장은 우리가 완벽한 인과율이 미시적인 수준에서도 지배적이라는 것을 알 수 없다면, 이는 단지 "인간의 관찰이 충분히 섬세하지도 정확하지도 않기" 때문이라는 것이다.[9] 이 주장은 분명히 하이젠베르크의 불확정성 원리에 관해 말하고 있다.[10] 결정론에 대한 이 원리의 지지가 얼마나 보잘 것 없는지는 이 원리가 정반대 내용을, 즉 입자의 거동은 인과율에 지배받지 않는다는 것을 지지하는 데도 사용된다는 사실에서 알 수 있다.[11] 그러면 기본 물질 수준에서 불확정성의 의미는 무엇인가?

간혹 하이젠베르크 원리의 인식론적인 교훈은 모든 관찰 행위가 관찰하고자 하는 대상을 교란한다는 것이라고 한다. 사실, 자연에 대한 기계론적 해석의 전성기에는 관찰이 관찰 대상인 현상에 영향을 미치지 않는다고 대개 생각하였으며, 과학자들은 사용 도구의 정확도가 향상되면 실제 있는 그대로 현상에 우리가 원하는 만큼 가까이 다가갈 수 있을 것이라고 기대하였다. 그러나 이제 관찰의 방해 효과는 누구나 아는 이야기가 되었다. 하이젠베르크 원리의 핵심은 원자 현상에 대하여 관찰자는 관찰 행위가 현상을 교란하는 방식 혹은 정도를 결정할 수 없다는 것이다. 비유를 들어보자. 어떤 시점에 강당에 있는 관중의 수를 알고자 하는 사람이 들어와 자리를 잡고 앉아 주변의

---

8 Planck, *The New Science*(New York, 1959), p. 270.

9 앞의 책, p. 100. 또한 Louis de Broglie, *Matter and Light*(New York, 1939), p. 189.

10 이를 위해 3장 4절과 특히 그 절의 각주 58을 보라.

11 예컨대 John C. Slater, *Introduction to Chemical Physics*(New York, 1939), pp. 11, 39~46.

빈 좌석을 세었다. 관찰자가 자리를 잡음으로써 상황이 변하였다는 사실에도 불구하고, 또 다른 수정 이유가 없다면, 관찰자는 관찰한 빈자리의 수에 1을 더하여 실제 빈자리 수를 계산할 수 있다. 그렇지만 관찰자가 도착한 것이 다른 많은 관중들이 서둘러 강당을 떠나게 할 수도 있으며, 그렇게 되면 관찰자가 관중을 세는 것은 불가능해진다. 이 경우 관찰자는 빈 좌석의 실제 개수를 세는 데 필요한 보정 값을 더는 결정할 수 없으며, 그가 강당에 들어오기 전에 있었던 관중의 수를 알 수 없다. 그리고 이런 일이 항상 일어나면, 관찰자는, 예컨대 강연자의 나이, 무작위 요소 혹은 둘 다에 의해서 관중의 수가 결정되는지 전혀 알 수 없을 것이다. 이는 감각을 통해 직간접적으로 알 수 있는 복잡계에 대한 물리학자들의 표현으로서, 물리학의 세계 혹은 물질세계 이미지를 둘러싸고 있는 (인간의 관점에서) 더는 뚫고 들어갈 수 없는 덮개이다. 하이젠베르크 부등식에서 극한을 정하는 상수이며, 자신의 이름을 딴 유명한 상수의 발견자인 막스 플랑크는 하이젠베르크의 발견으로 인해 "피할 수 없는 관찰 오류를 임의의 극한 값 아래로 줄일 수도 있다"는 모든 희망이 없어져 버렸다고 인정하였다. 플랑크 상수로 주어진 극한 너머에는 "단지 의심과 우연만" 있다.[12] 그 극한 너머에 다른 세계가 있든 없든, 실제 세계는 우리의 관찰 아니 그것을 관찰하는 존재의 유무와 무관하며, 존슨 박사[13]처럼 돌을 걷어차는 방법으로 결정될 수 없는, 위대한 사상가들을 갈라서게 했던 순수하게 형이상학적 문제이다.

결론은 하이젠베르크 원리가 결정론과 비결정론 모두에 아무런 논리적인 기초를 제시하지 않는다는 것이다. 오히려 그 철학적인 의미는 둘 다 실험적으로 검증할 수 없다는 것이다. 다시 막스 플랑크를 인용하면, 이 쟁점은 "어

---

12 Planck, *The New Science* (New York, 1959), p. 247.

13 18세기 영국의 문인 존슨(Samuel Johnson)이 버클리(Berkeley) 주교의 유심론을 논박하면서 한 행동을 비유 — 옮긴이.

떤 인식론적 논리 이론을 참고하거나, 측정 검증을 통하거나, [더더욱] 추상적인 추론에 근거하여 결정될 수 없다".[14]

3. 인과율에 대한 물리학자의 호소

그렇지만 결정론의 실제 난관이 하이젠베르크의 불확정성보다 양자 현상들의 순수한 무작위에서 더 많이 나온다는 것을 인정해야만 한다. 결과적으로, 결정론에 강하게 집착하는 물리학자들도 결정론에 유리한 마음에 드는 주장을 발견하지 못하여 대개 당황하였다. 예컨대, 아인슈타인은 보른에게 보낸 편지에서 그랬듯이, 자신의 신념을 친구들에게 확인시키는 데 만족하였다. "실재 사물로 존재하는 만물의 세상에 대해, 자네는 주사위 놀이를 하는 신이 있다고, 나는 완전한 법칙이 있다고 믿는데, 나는 이를 아주 명상적인 방법으로 파악하려 노력하고 있네."[15] 막스 플랑크는 눈에 띄는 예외인데, "우리의 감각과 지적 능력과 [아울러 인간의 존재와도] 궁극적으로 무관하며, 직접적인 과학적 정밀 검증이 불가능해지는 그러한 실재 세계에 깊은 뿌리를 두고 있는" 기본적인 인과율에 대한 믿음을 정열적으로 방어하는 주요 논문 세 편을 썼다.[16]

---

14 앞의 책, pp. 57, 71 등.

15 *Albert Einstein: Philosopher-Scientist*, ed. P. A. Schilpp(Evanston, Ill., 1949), p. 176. 이번에는 보른(Max Born)이 마찬가지로 신랄한 반박으로 통계적인 가정을 방어하는 동시에 내가 알고 있는 한 이를 가장 명확하게 표현한다. "신이 세상을 완전한 체제로 만들었다면, 최소한 우리의 불완전한 지적 능력이 세상의 작은 부분들을 예측하기 위해 수많은 미분방정식을 풀 필요 없이 꽤 높은 성공률을 가진 주사위를 던질 수 있도록 허용하였을 것이다." 모든 것은 당신, 신에게서 나온다 — 몬테카를로(Monte Carlo) 방법[난수(random number)를 이용하여 문제를 풀이하는 방법 — 옮긴이]까지도.

16 Planck, *The New Science*(New York, 1959), p. 261.

그렇지만 막스 플랑크가 이 형이상학적 논제를 방어하는 동시에 바로 몇 줄 앞에 인용한 고백을 하는 것은 아주 이상하다. 하지만 그의 호소와 수많은 다른 물리학자들이 비결정론을 싫어한다는 사실에는 타당한 이유가 하나 있다. 그 이유는 그들은 위대한 발견들이 내가 이 책의 1장에서 논의한 분석 습관의 산물임을 누구보다도 잘 알고 있다는 것이다. 이 점은 막스 플랑크의 다음과 같은 말에 잘 나타나 있다. 인과율 원리는 "옳지도, 그르지도 않다. 이는 자기발견적 학습 원리이다 … 이는 사건들의 혼란을 뚫고 길을 찾기 위하여, 또 유용한 결과를 얻기 위하여 과학적 탐구가 진행되어야 하는 방향을 알아내기 위하여 우리가 가지고 있는 가장 가치 있는 지침이다".[17] 어린아이가 호기심에 불타오를 때처럼 과학자에게 지식은 '왜?', 고대 그리스 철학의 바로 그 '왜'에 대한 대답으로 다가온다. 우리는 "나는 완전한 인과율을 폐기하는 것을 아주, 아주 싫어할 것"[18]이라고 아인슈타인이 고백하였던 이유와 인과율 개념은 선험적인 범주이며 지식을 쌓아올리는 데 매우 중요하다고 칸트가 주장하였던 이유를 이해할 수 있다. 그리고 또한 물리학은 올바른 종류의 형이상학을 사용할 수 있으며, 아마도 필요로 한다. 이 경우 칸트의 형이상학은 올바른 종류이다. 이 책의 앞부분에서 지적한 점을 돌이켜볼 때, 과학이 이런저런 실증주의적 철학을 받아들였다면, 오늘날 과학은 크게 달랐을 것이다. 앞의 1절에서 본 것처럼, 비결정론조차 원인을 끌어내는 일을 완전히 회피할 수 없다.

그러나 살아 있는 지식체계에 대한 결정론과 비결정론의 차이는 막대하다! 결정론의 신봉자가 자신의 개별 예측 중 하나가 일어나지 않았다는 것을 알게 되면, 그는 가능한 원인을 생각하고, 자신의 상상력의 산물을 시험하기를

17 앞의 책, p. 290. 저자의 강조. 막스 플랑크는 사적 대화에서 과학의 전당 문 위에 "당신은 인과율 원리를 믿어야만 한다"고 써 있다고 하였다. Max Planck, *Where is Science Going?*(New York, 1932), p. 214 속기록.

18 Max Born, *Physics in My Generation*(London, 1956), p. 203.

멈추지 않는다. 결정론자에게는 출애굽에서 홍해의 갈라짐, 성모 마리아의 잉태 교리, 생명의 창세기 모두 그 인과 관계를 설명할 수 있을 때까지는 신화의 기적일 뿐이다. 비결정론자에게 이것들은 우연이 작동한 그저 가능한 결과이다. 그리고 확률이 0이 아닌 사건이 전혀 관찰되지 않았더라도, 역시 문제가 없다. 우리는 그 일이 일어날 만큼 충분히 오래 기다리지 않은 것이다. 어떤 경우든 잃을 것이 없다. 그러나 과학자로서 얻을 수 있는 것도 없다. 엄격한 형태의 비결정론에는 그로 인해 물리학이 "순수하게 통계적인 해석에 빠져 꼼짝 못하는 위험에 부딪치고, 그 결과 완전히 메마르게 되리라"[19]는 드브로이의 판단에 대한 반론수단이 없다. 우리는 단지 자신의 위대한 발견에 대한 막스 플랑크의 생각에, "나는 대부분의 물리학자들과 마찬가지로, 양자 가설이 보다 정확한 인과율의 공식이 될 어떤 방정식 형태의 정확한 표현을 궁극적으로 찾아내리라 굳게 믿는다"[20]는 생각에 내재한 연구 프로그램을, 한편으로 양자보다 작은 알갱이 수준에서 일어나는 현상에 대해 봄(Bohm)이 끄집어낸 아이디어들과, 또 다른 한편으로 폰 노이만의 "꽉 막힌 마지막" 정리[21]와 비교할 필요가 있다. 따라서 우리는 막스 플랑크가 인과율이 단지 자기발견적 학습 원리라고 인식한 후에도, 내적 신념에 자신을 내맡기고 인과율이 "세상을 지배하는 전지전능의 법칙"[22]이라고 아무런 거리낌 없이 주장하였던 이유를 이해할 수 있다.

4. 인과율과 자유 의지

그렇지만 결정론과 비결정론의 대립 문제가 여기서 종결되었다고 믿는다면

19 Louis de Broglie, *New Perspectives in Physics*(New York, 1962), p.106.

20 Planck, *The New Science*(New York, 1959), p.98.

21 2장 각주 52를 보라.

22 Planck, *The New Science*(New York, 1959), pp.110 등.

실수일 것이다. 자연과학자들과 철학자들은 함께 이 논쟁의 장을 물질세계에 한정하려고 꽤나 노력하였지만 결국 그리 할 수 없었다. 다른 분야들에서 온갖 종류의 만만치 않은 문제들이 끊임없이 제기되었다. 가장 유명한 문제는 인간의 자유 의지로, 이 문제는 라플라스의 기계론적 세계관의 대성공과 동시에 죽어 묻혀버렸다고 선언된 바 있다. (아직도 종종 들을 수 있는) 그 정당화는 다음과 같았다. 한 사람은 자유 의지를 믿고 주제넘게 나서는 사람이고, 또 다른 사람은 있는 그대로를 차분히 받아들이는 운명론자라면, 모든 것은 두 사람을 현재 상태로 운명 지었던 초기 조건에 따라 결정된 것뿐이다. 자유 의지를 믿는 사람도 상황의 결정론적인 진행을 변경할 수 없으며, 운명론자도 정해진 경로를 따르는 상황을 어쩔 수 없다.

그러나 이 쟁점은 양자물리에서의 발견들로 인해 부활하였다. 이 발견들로 인해 많은 물리학자들과 일부 철학자들은 개인의 행동에서 개인이 자유롭다고는 느끼는 느낌은 의문의 대상이 되지 않는다고 인정하게 되었다. 그들은 의식이 세상을 이해하기 위한 최고의 권위라는 것을 본질적으로 부정하지 않고는 이 느낌을 부정할 수 없다고 주장한다.[23] 나는 이 확신에 충분히 공감하지만, 사회과학자로서 인간의 행동에 의미 있게 접근할 수 있는 다른 원리를 알지 못하기 때문이 아니다. 나의 이유는 (그리고 다른 많은 사람들의 이유는) 예컨대 별이 하나인지 아니면 이중성인지 결정하는 데 우리의 의식이 말해주는 것 외에 다른 원리를 전혀 상상할 수 없기 때문이다. 컴퓨터가 $e^{i\pi} = -1$ 혹은 심지어 $2+2=5$가 참인지 규정할 수 없는 것처럼 망원경이나 사진 건판 자체가 이 쟁점을 결정할 수 없다. 이 때문에 인간 의식의 권위를, 아니 그 존재를 부정하기 위해 인간 의식에 호소하는 모든 주장은 형태상 아무리 뛰어나더라도, 자신이 매달려 있는 가지를 제거하려고 하였던 사람의 이야기와

23 참고로 Planck, *The New Science*(New York, 1959), pp. 59, 65 등; A. S. Eddington, *New Pathways in Science*(Ann Arbor, 1959), pp. 3 ff.

논리적으로 같다.

그래도 모든 물리학자들은 전자(電子)의 '자유로운' 거동으로부터 자유 의지의 존재를 결론내릴 수 없다고 올바르게 지적해왔다. 마그노가 아름답게 설명한 것처럼, 양자 현상은 "행동의 자유가 아닌 무작위성"[24]을 보여준다. 물질세계가 결정론의 지배를 받기 때문에 인간이 자유롭게 결정할 수 없다는 주장의 예리함은 양자 수준의 무작위 현상의 존재로 인해 없어진다. 분명히 완전한 결정론의 세계와 완전한 자유 의지를 가진 인간은 양립할 수 없다. 그런 세계에서 플루토늄 원자의 붕괴 시기에 대한 답은 인간이 플루토늄 원자를 만들고, 원자폭탄에 넣고, 폭발시키는 결정에 달려 있다. 따라서 오로지 결정론이 물질세계의 패스워드라고 주장할 때에만 자유의지가 쟁점이 된다. 요점은 인간의 의지가 자유롭다고 확인할 때 더는 "홉스(Hobbes)와 라플라스(Laplace)의 낡은 고전적인 결정론"[25]으로 억압받지 않는다는 것이다. 에딩턴 같은 비결정론의 열렬한 옹호자는 더 나아가 양자물리가 이 쟁점을 완전히 정리하였다고 주장한다. "물리학이 결정하지 않은, 그리고 결정할 수 없는 것으로 남겨놓은 그 자연 덕분에"[26] 인간은 자유롭게 결정할 수 있다.

이 주장의 본질을, 즉 물리학에서 개인이 다음에 무엇을 할지 예측할 수 없기 때문에 인간은 자유 의지를 갖는다는 것을 놓쳐서는 안 된다. 이 방식으로 문제를 바라보면, 결정론을 방어하기는 참으로 힘들다. 결정론자는 모든 개인이 다음에 무엇을 할지 물리학을 통해 예측할 수 있다고 증명할 의무가 있다. 알다시피 이는 불가능하다. 신(新)결정론자가 기껏 할 수 있는 일은 인간의 행동이 물질세계보다 인과율에 결코 덜 지배받지 않는다는 논제를 지지하

24 H. Margenau, *Open Vistas* (New Haven, 1961), p. 199. 또한 Niels Bohr, *Atomic Physics and Human Knowledge* (New York, 1958), p. 22; Broglie, *New Perspectives in Physics*, p. viii; Eddington, *New Pathways*, pp. 74, 86.

25 H. Weyl, *The Open World* (New Haven, 1932), p. 55.

26 A. S. Eddington, *The Nature of the Physical World* (New York, 1943), p. 260.

는 다른 주장들을 찾는 것이다. 가장 뛰어난 주장의 하나인 막스 플랑크의 주장은 물질 연구자의 즉각적인 관심사에서는 벗어나 있더라도, 내 생각에, 생명 현상 연구자에게는 매우 뛰어난 교훈적인 가치가 있다.

자유 의지란 "개인 스스로 자유롭다고 느끼는" 것을 의미할 뿐이며, "실제 그렇게 느끼는지는 자신만 알 수 있다"는 막스 플랑크의 출발점[27]을 논박하기는 매우 어렵다. 하지만 막스 플랑크는 주관적인 느낌인 내부로부터의 이야기는 자신이 달리 행동할 수도 있었다고 사후(事後)에 생각한다는 사실을 주로 반영한다고 주장한다. 심리학자들이 몇몇 사례에서 확인할 수 있는 사실은, 즉 모든 행동은 특정한 동기에서 비롯된다는 것은 분명히 일반적으로 옳다. 여기서 완전한 인과율은, 무한히 많은 경로를 따라 관찰자에 다다를 수도 있지만 실제로는 단 하나의 경로를, 즉 가장 빠른 경로를 따르는 빛의 경우와 똑같이 작동한다.[28] 우리가 두 경우 사이에 아무런 차이가 없다는 것을 보일 수 없다면, 이는 단지 "보통 사람들은 근원적으로 깊이 있는 사고를 하지 못하기" 때문이다.[29] 그렇지만 "우리가 원생동물보다 우월한 것처럼" 우리에 대해 그런 우월한 관계를 갖는 지적 존재의 가능성에 대하여 아무도 반론할 수 없다. 그런 능력을 가진 초인은 "인간 두뇌의 신경절에서 일어나는 가장 미묘한 진동뿐만 아니라 스쳐 지나가는 우리 생각의 가장 짧은 순간조차도" 추적할 수 있으며, 따라서 모든 단순한 의지가 "부분적으로 의식 영역에서 또한 부분적으로 무의식 영역에서 [작동하는] 서로 보강하거나 반대되는 자극들의 상호 작용으로" 완전히 결정된다는 것을 알 수도 있을 것이다.[30] 자유 의지의 환상은 누구도 이 인과율의 연결을 알지 못한다는 사실에서 나타난다. 어떤 개인이 이 연결을 알고 있다면, 그는 바로 그 순간 자유롭다고 느끼지 않을 것

---

27 Planck, *The New Science*(New York, 1959), p. 287.

28 앞의 책, p. 73.

29 앞의 책, pp. 60 f.

30 앞의 책, pp. 60, 107, 111.

이다.[31] 그러나 이런 일은 절대 일어날 수 없다. 어떤 눈도 자체를 볼 수 없으며, 어떤 경주마도 자신을 추월할 수 없다.[32] 아니면 우리가 일반적으로 말하듯이, 어떤 행동도 재귀적이지 않다. 그럼에도 자기 자신의 심리를 분석하려는 사람은 "모든 동기나 의지의 활동에 관한 지식은 내부 경험이며, 그로부터 새로운 동기가 나타날 수도 있기" 때문에 무한반복에 빠질 것이며, 그 결과 그는 "모든 미래 행동에 대한 명확하게 결정적인 동기"를 절대 찾지 못할 것이다.[33]

막스 플랑크의 주장을 평가할 때 우선 그의 주장이 라플라스의 주장과 기본적으로 다르다는 것을 인식해야 한다. 라플라스는 그의 도깨비에게 그를 위해 우주에서 사물이 연결된 방식을 알아보라고 하지 않았다. 반대로, 라플라스는 도깨비에게 허드렛일을 하는 데 필요한 모든 이론적인 지식을 제공하였다. 이것이 라플라스의 도깨비의 본질로, 도깨비는 어떤 인간보다 허드렛일을 환상적으로 잘하지만 여전히 허드레 일꾼일 뿐, 찬란한 여행을 계획한 우두머리는 아니다. 라플라스의 도깨비와 달리, 막스 플랑크의 도깨비는 과학 탐구의 모든 일을, 즉 원자 수준과 그 너머에서 측정 가능한 모든 것을 측정할 뿐만 아니라 '동기'에 관한 올바른 질문을 준비하고, 그리고 무엇보다도,

---

31 앞의 책, pp. 215 f. 이 입장을 한편으로 (여기 요약된) 칸트의 입장과, 다른 한편으로 헤겔의 입장과 비교해야 한다. 헤겔은 그의 유명한 선언, "이 진리는 필연적으로… 자유이다"(*The Logic of Hegel*, tr. W. Wallace, 2nd edn., London, 1904, p. 282)를 통해 인간은 우연의 노예가 더는 아닐 때에만, 즉 **자연**의 지배를 받지 않고 스스로 결정한 때에만 자유롭다고 하였다. 그렇지만 헤겔을 마르크스의 물질주의로 전환하면, 이 선언은 반대로 해석된다. 즉, 소크라테스는 우연한 필연성을 받아들였기 때문에 '자유롭게' 죽었다.

32 Planck, *The New Science*(New York, 1959), pp. 62, 116, 216. 이 주장을 문자 그대로 받아들이면, 신조차도 세상을 창조한 자신의 동기를 알지 못하였다. 그것을 알아내는 일은 우리의 일로 남아 있다.

33 앞의 책, pp. 216, 288.

한편으로 (순간적이든 영원하든) 인간의 사고, 동기, (미세하거나 격렬한) 신경절 진동 사이의 엄격한 인과율을, 다른 한편으로 개인 의지의 분명하거나 억압된 표현을 찾아내는 일도 해야 한다. 막스 플랑크는 그의 도깨비에게 측정할 대상도 알려주지 않고 동기를 알아내는 방법을 알려주지도 않으며 특히 탐구 영역을 지배하는 법칙들이 어떻게 생겼는지 알려주지 않는다. 그는 말하자면 한 발 비켜나, 도깨비가 돌아와 자신 혹은 우리에게 그 법칙들이 무엇인지 말해주기를 기다린다. 그러나 돌아온 도깨비가 그런 법칙은 존재하지 않는다고 말한다면 어찌할 것인가? 이것이 자유 의지에 대한 막스 플랑크의 반박에 존재하는 주된 논리적 오류이다.

막스 플랑크에 따르면 무한반복은 모든 자기성찰을 방해한다고 하는데, 사실은 이와 반대로 무한반복은 의식 활동을 동기와 행동이 번갈아 나타나는 연결로 뛰어나게 묘사하고 있다는 데 주목할 필요가 있다. 그렇지만 현실적으로, 하나의 행동이 이루어진 후에 나타나는 새로운 동기의 창발뿐만 아니라 행동들 자체에도 지속시간이 필요하다. 이 조건이 없다면, 인간은 그 삶을 동결시키는 무한반복에 실제로 갇혀버릴 것이다. 사실, 죽음에 의해 의식 과정이 임의로 끝나지 않는다면, 인간의 의식은 무한반복이 될 수도 있는 것을 따라 전개될 뿐이다. 그리고 사실, 동기-행동 연결에 대한 최고의 주장은, 매번 완전한 동기 목록을 만드는 것이 일반적으로 당혹스러울지라도, 우리가 동기 때문에 행동한다는 것을 우리 모두가 보증할 수 있다는 것이다. 내 의견으로는 이 당혹감의 주된 원인은 인간 정신의 이력이다. 우리는 행동을 결정한 시간과 최초의 동기를 되돌아보는 시간 사이에 새로운 지식을 얻는다. 거의 모든 완료된 행동은 약간의 지식을 낳는다. 새로운 동기 역시 의식에 나타난다. 이 모든 것은 과거에 실제 행동하였던 것과 다르게 행동했을 수 있다는 환상의 원인이 된다. 모든 자아에 대한 실제 수수께끼에 해당하는 유일한 것은 동기에서 행동이 나온 것이 아니라 새로운 동기의 창발이다. 인간이 자신의 동기를 자유롭게 결정할 수 있다면, 인간은 모든 행동이 동기에서 나온 필요에 따라 나타난다는 사실에도 불구하고 자유롭다. 나는 이것이 자유 의지에 관한 유일한 쟁점라고 믿는다.

5. 정언 명령

막스 플랑크의 주장의 놀라운 결말에서 그가 이 쟁점에 관하여 어렴풋이 알았더라도 대비하지는 못하였다는 것을 알 수 있다. 그 결말은 인간의 지적 능력이 조물주처럼 되더라도 인간이 의도하는 것을 의도하도록 하는 원인을 영원히 이해할 수 없기 때문에 인간은 인생에서 또 다른 길잡이가 필요하다는 것이다. "인과율은 과학의 길잡이이다. 그러나 정언 명령은, 즉 의무가 명하는 바는 인생의 길잡이이다."[34] 막스 플랑크는 되풀이해서 이 아이디어로 고심하지만, 그의 생각은 명확해지지 않는다. 우리가 행동은 동기에서 나오고, 동기는 객관적인 필요에, 즉 행동하는 사람과는 다른 사람이 확인할 수 있는 필요에 따른 행동에서 나온다는 막스 플랑크의 주장을 받아들인다면, 또 다른 길잡이가 필요한 이유는 무엇인가? 자동차 뒷좌석의 어린아이가 장난감 운전대로 자동차를 운전하고 있다고 상상하는 것과 똑같은 방식으로 스스로를 속이기 위해서만 필요할 것이다. 이는 상투적인 결정론자의 태도이다. 아니면, 막스 플랑크는 칸트의 가르침을 끌어들이고 싶었는지도 모른다.

돌이켜보면, 칸트는 의무 자체를 위한 의무에 따른 행동과 도덕률에 따른 행동을 구별하였는데, 막스 플랑크는 이 별 어려움 없는 구별을 간과한 듯하다. 도덕률, 즉 정언 명령에 관하여 칸트는 좌우명(행동의 규칙)은 "[자신의] 좌우명이 보편적인 법칙이 되어야 한다는 의지를 가질 수 있을" 때에만 도덕적이라는 원리로 정의하였다.[35] 도덕적이지 않은 좌우명은 "보편적 법칙이 되고

---

34 Planck, *The New Science* (New York, 1959), p. 120; 또한 pp. 216, 254, 288.

35 Immanuel Kant, *The Fundamental of Principles of the Metaphysics of Ethics*, tr. O.

자 할 때 바로 스스로 파괴될 것이다".[36] 이 조건은 논리적인 원리들이 만족시키기를 바라는 조건과, 즉 어떤 경우에도 모순되지 않을 조건과 비슷하다. 그러나 우리가 모순이 없는 논리가 존재하는지 잘 모르는 것처럼 자명적이지 않은 좌우명이 존재하는지도 알지 못한다. 칸트는 많은 자명적인 좌우명의 예를 보여주지만 그렇지 않은 좌우명의 예를 보일 능력이 없다고 고백한다.[37] "다른 사람들이 당신에게 해주기 바라는 것처럼 다른 사람들에게 하지 마라. 그들의 취향이 다를 수 있다"[38]는 버나드 쇼(Bernard Show)의 신랄한 말은 정언 명령을 만족하는 좌우명을 찾는 일이 어렵다는 것을 보여준다. 경제사학자들은 어떤 경제 시스템이 자명적이지 않을 조건을 만족할 것인지에 관한 논쟁을 너무나도 잘 알고 있다.

자유 의지에 관한 논의에서 간혹 서로 다른 두 쟁점을 혼동한다. 예컨대 막스 플랑크는 그의 논제가 인간의 의지는 "순전한 우연의 지배를 받을" 수 없다는 것이라며 논의를 시작하였다.[39] 하지만 그의 주장 전체는 인간의 행동이 동기에 의해 인과적으로 결정되는지 여부에 관한 것이다. 그가 인간의 행동이 우연의 지배에 의해 결정되지 않는다고 말했더라면, 그의 주장은 적절하였을 것이다. 왜냐하면 누구도 이 수정 논제에 이의를 제기하지 않았을 것이기 때문이다. 예컨대 칸트는 인간이 동기에 따라 행동한다는 아이디어를 명확히 하고, 또 동기의 넓은 범주들을 분명히 구분하기 위한 수많은 예를 들어 의지에 관한 논의를 시작한다. 그러나 칸트는 또한 정언 명령의 문제는 '인간 본성

Manthey-Zorn(New York, 1938), p. 17. 다른 곳(p. 38)에서 칸트는 "자연의 보편적 법칙"이라는 말을 쓰고 있다고 지적하는 것이 중요하다.

36 앞의 책, p. 19.

37 앞의 책, pp. 37 ff와 무엇보다도, p. 84의 마지막 서술.

38 칸트 역시 황금률(Golden Rule)[마태복음 7장 12절. 남이 너희에게 해주기를 바라는 그대로 너희도 남에게 해주어라 — 옮긴이]이 정언 명령을 만족한다고 생각하지 않는다. 물론 그 이유는 다르다. 앞의 책, p. 48n.

39 Planck, *The New Science*(New York, 1959), p. 59.

의 특별한 구성이나 [인간이] 처한 우연한 환경'과,[40] 즉 인간의 욕망, 본능, 자극과 아무런 관계가 없다고 주장한다. 칸트나 헤겔처럼 자유 의지 문제를 논의해온 모든 철학자는 인간의 의지가 행동을 결정한다는 것을 부정하지 않는다. 반대로, 이 사실은 논의의 출발점이다. 자유 의지가 없다면, 윤리 문제에 신경을 쓰는 일은 아무런 의미가 없을 것이기 때문이다.

정언 명령으로 제기된 유일한 쟁점은 인간이 물리적인 인과율과 무관하게 자신의 의지에 관한 법칙을 정할 수 있는지, 다시 말하면 인간이 자신의 의지를 스스로 정할 수 있는지이다. 자결(自決) 의지는 의지의 자유 혹은 자율성과 같은 의미이다.[41] 경제학자에게 첫째, 의지와 행동의 관계에 관한 쟁점과 둘째, 의지의 재귀적인 능력이라는 두 쟁점의 차이는 경제학에서의 똑같은 대립을 생각나게 한다. 개인의 취향이 정해져 있을 때, 시장에 대한 개인의 행동은 효용 이론이 가르치는 대로 완전하게 결정된다. 그러나 (나 자신을 포함한) 일부 경제학자들이 주장하듯이, 이 결과로 우리가 소비자 문제를 완전히 규명한 것은 아니다. 아마도 개인의 취향을, 아니 더 나은 표현으로, 욕구를 결정하는 것이 무엇인가라는 질문이 더 중요하다. 달리 말하면, 인간은 자기 자신의 욕망을 스스로 정할 수 있는가?

반복하자면, 칸트처럼 인과 관계에 완전히 따르는 현상 세계를 믿는 사람이면 누구나 맞닥뜨리는 가장 큰 의문은 인간의 의지가 바로 앞에 설명한 의미에서 자유로우냐이다. 칸트는 그 해답으로 인간의 특성을 자연의 인과 관계 질서의 일부분인 현상적 인간과 (현상적으로 알 수 없는) 자유로운 예지적 인간, 두 가지로 나눌 것을 제안하였다. 전자는 물리적 현상을 규정하는 필연성의 지배를 받고, 후자는 이성적인 존재의 의지에 적용할 수 있는 "다른 종류

40 Kant, *The Fundamental of Principles of the Metaphysics of Ethics*, tr. O. Manthey-Zorn(New York, 1938), pp.61 등.

41 앞의 책, p.65, 또한 앞의 각주 31을 보라.

의 인과율" 덕분에 자유롭다.[42] 예지적 인간이 현상적 인간과 하나가 될 수 있는지에 대한 답은 아직도 없다. 이는 오래된 **정신-육체** 문제의 다른 형태이다. 물론 비결정론자들은 자신들에게 해답이 있다고 믿는다. 그들은 의지가 "원자의 거동 확률에 간섭하는" 정신의 능력을 의미한다고 주장한다. 이는 주사위를 던져 6이 두 개만 나올 때마다 세 개가 되도록 재빠르게 손가락을 움직여 주사위를 돌려놓는 야바위꾼처럼 정신이 작동한다는 의미이다. 6의 개수는 엄격한 인과율에 의해 결정되지 않기 때문에 이렇게 할 때 정신은 어떤 물리적 법칙도 어기지 않을 것이다. 그러나 이런 터무니없는 아이디어는 어떤 비결정론자의 입맛에도 맞지 않는다.[43]

6. 물리학의 편협함과 원인 개념

물리학, 물리-상학 또는 물리-하학(칸트의 표현)을 전혀 건드리지 않고 선험적인 형이상학적 수준에서만 인간의 자유 의지 문제를 논의하였던 칸트 같은 철학자의 시도가 가진 가치를 충분히 인식하는 사람은 오늘날 거의 없다. 하지만 우리 시대의 몇몇 위대한 물리학자들은 칸트의 입장을 지지한다. 예컨대 닐스 보어는 자유 의지가 "역학의 인과 관계 표현을 교묘히 피할 뿐만 아니라 원자역학의 통계법칙을 분명히 적용할 필요가 있는 범위에서 수행하는 물리적 분석까지도 거스르는 생명체의 기능에 해당하는 의식 생활의 특성"이라고 주장한다.[44] 이 문제를 비롯하여 비슷한 문제들과 씨름해온 다른 물리학자들과 철학자들이 선호하는 정반대의 구상은 모든 것을 물리적 현상으로만

---

42 칸트가 증명한 내용에 관한 그 자신의 경고와 좀 더 자세한 내용을 보려면 Immanuel Kant, *Critique of Pure Reason* (Everyman's Library edn., New York, 1934), pp. 316~334을 참조하라.

43 Eddington, *The Nature of the Physical World* (New York, 1943), pp. 311~314 참고.

44 Niels Bohr, *Atomic Physics and Human Knowledge*, p. 11. 저자의 강조.

설명하는 것이다. 그러나 오해해서는 안 된다. 이 구상 역시 형이상학적 믿음에 기초한다. 유일한 차이는 이 믿음이 생명 현상 연구자의 상상력에 족쇄를 채우기, 아니 오도하기 쉽다는 점이다. 그 결과는 오늘날 (내가 4, 5장 앞부분에 언급한) 과학철학으로 통용되는 것의 편협함이다. 그리고 이 편협함은 실험실에서 일하는 연구자와 이론적인 구조에 탐닉하는 연구자 모두에게 해롭다. "연구의 목적은 통계 법칙의 각 예들이 하나 혹은 그 이상의 **동역학적** 법칙들로 분석될 때까지 달성되지 않는다"[45]는 막스 플랑크의 주장은 아주 편협하다. 그리고 에딩턴 같은 비결정론 옹호자조차 비결정론은 물리학에서는 "처음부터 확률을 다룬다"는 사실에서 나왔다고 하면서[46] 오로지 물리학에만 의존한다. 그러나 이 기계론적 기질의 가장 분명한 표현은 프랑스 수학자 팽르베가 내놓은 다음 포고이다. "미래를 예측하기 위해서 물리계의 과거 전체를 알아야 한다는 아이디어는 과학 자체의 부정이다."[47] 이는 정리가 아니라 과학의 함축적인 정의라는 점에 주목해야 한다. 내 생각에, 어떤 일의 미래가 그 과거 전체에 좌우되고, 과거가 아주 멀리, 예컨대 $t = -\infty$에서 시작한다면, 우리가 그 미래를 예측할 수 없을 것이라는 점은 누구도 부정하지 못할 것이다. 그러나 분명한 증거를 거슬러 이력 현상의 존재를 부정하려는 이유는 무엇이며, 그 존재를 인정하더라도 과학의 대상으로 인정하지 않으려는 이유는 무엇인가?

분명히, 과학은 상미분 방정식으로 설명할 수 있는 현상들을 연구해야 한

---

45 Planck, *The New Science*(New York, 1959), p. 214. 저자의 강조.

46 Eddington, *New Pathways*, p. 105.

47 Paul Painlevé, *Les axiomes de la mécanique*(기계의 원리)(Paris, 1922), p. 40(저자의 번역과 강조). 에딩턴이 *Nature of Physical World*, pp. 228 f에서 전한 것처럼, 하이젠베르크 역시 "과거에 대한 완전한 지식으로부터 미래를 예측할 수 있는지 하는 문제는 과거에 대한 완전한 지식이 자기모순이기 때문에 생겨나지 않는다"고 하였다. 내 생각에는 자기모순보다는 실질적인 불가능성이다.

다. 분명히, 과학은 쌍봉낙타를 연구해야 한다. 그러나 단봉낙타는 어떤가? 아니면, 이야기 속에서 단봉낙타 때문에 어리둥절해진 동물원 구경꾼처럼, "이 동물은 그저 존재하지 않는구먼" 하고 완전히 만족하고 가버릴 것인가? 이런 대가를 치르고 얻은 마음의 평화는 동물원의 소년에게는 적합할지 몰라도 과학자에게는 아니다. 과학의 범위를 좁혀, 알아야 할 전부를 동역학의 행렬로 제한한다면, 결정론을 틀림없이 믿어야 한다. 이런 결정론에 관하여, 그리고 단지 이에 관해서만, "이는 호기심을 빼앗겨 버린 인간에게 본질적으로 평온한 이론"[48]이라고 한 뒤노위(du Noüy)에 동의한다. 그리고 그 반대 극단, 모든 것은 갑자기 움직이는 전자(電子)로 이루어져 있다고 주장하는 완벽한 비결정론에 대해서도 마찬가지이다.

세상의 사물은 있는 그대로이다. 어떤 것은 동역학의 행렬에 들어맞고 어떤 것은 맞지 않는다. 우리가 세상의 내외부와 가능한 한 넓은 면에서 정신적 분석적 접촉을 하기 원한다면, 물리학의 편협함을 버려야 한다. 왜냐하면 물리학의 편협함은 우리에게 "과학 ['물리학'으로 읽음]이 도달할 수 없는 지점이 있다 … 그 지점은 개인의 자아"라는 막스 플랑크의 결론을 강요하기 때문이다. 이는 우리가 닐스 보어의 충고대로, "우리 자신의 의식적인 행동"[49]을 설명하는 어떤 사고도 단념해야만 한다는 의미이다. 물론 물리학의 편협함이 생화학, 미생물학, 의학의 발전을 방해하지 않는다(반대로, 돕는다고 주장할 수도 있다). 그러나 의문은 남는다. 단봉낙타도, 또한 그것과 쌍봉낙타와의 관계도 연구해서는 안 되는 이유는 무엇인가? 따라서 막스 플랑크가 물리학이 제공한 증거만 가지고 자유 의지를 탐구하면서 위의 고백을 한 것은 이해하기 어렵다. 하지만 막스 플랑크는 인과율에 관한 논의에서 역사학자나 사회학자

---

48 P. Lecomte du Noüy, *The Road to Reason* (New York, 1948), p. 179.

49 Planck, *The New Science*, pp. 114 f. Bohr, *Atomic Physics and Human Knowledge*, p. 11.

가 현재 조건들에 대한 과거의 원인들을 찾는 것 말고 무엇을 하는지 물으면서, 물리학 바깥에서 증거를 불러올 필요를 느꼈다.[50] 내 의견에는, 사회과학자나 생물학자가 (간혹 화학자도) 찾는 원인들은 역학의 밀고 당김을 세련화한 물리학자의 원인과 개념적으로 같지 않다.

'단순하다'는 말은 별로 적절하지 않지만, 상황은 물리학에서만큼 단순하지 않다. 나는 원인의 물리적 개념을 화학 전체에 이식하는 것은 적절하지 않다고 믿는다. 수소와 산소가 일정한 비율로 결합할 때마다 물이 얻어지지만, 몇 가지 분명한 사실을, 예컨대 온도가 60도일 때 물이 액체라는 사실은 그 구성 성분의 어떤 성질로부터도 유추될 수 없다는 사실을 설명하는 데에는 다른 의미의 '원인'이 필요하다. 실제로 화학자들은 물이 너무도 익숙한 물질이지만 그 알려진 성질들은 다른 어떤 물질들보다 더 큰 신비에 싸여 있다고 말하곤 한다. 내 의견에는, 덩어리 물질의 구조적인 성질들은 기본 물질의 성질들로 환원될 수 없기 때문에 이들이 원인의 영역 밖에 있다고 말하는 것은 적절하지 않을 것이다. 3차 합리적 현상들은 유기적·초유기적 영역에 가득 차 있는데, '원인'의 의미에 관한 쟁점을 더욱 복잡하게 만든다. 이 현상들은 똑같은 '원인'에 다양한 '결과들'이 있을 수 있다는 것을 시사한다. 물론 이 다양성을 무작위 요소 탓으로 돌리는 것은 적절하지 않을 것이다.

앞의 논의에 대한 반박은 익숙한 상투어이다. 앞에 언급한 현상들은 현재 우리가 역학에서 사용하는 의미에서의 몇 가지 인과 관계 요소들이나 법칙들에 대해 무지하다는 사실을 나타내는 것일 뿐, 이들이 알려지게 될 때 난점은 사라지리라는 것이다. 이러한 반박은 역사적 경향에서, 즉 매일매일 새로운 요소들과 법칙들이 발견되고 있다는 사실에서 근거를 찾는다. 개인적으로 나는 이와 같이 명확한 역사적 경향들은 자연에서 관찰되는 해석학적 규칙성 못지않게 훌륭한 지식의 근거들이라고 믿는다. 사실 이 규칙성들은 단지 역사적

50 Planck, *The New Science*, pp. 105.

경향의 특별한 극단적인 예일 뿐이다. '앞으로 볼 것이라는' 주장의 곤혹스러움은 다른 방향에서 나타난다. 또한 역사는 발견이 이루어질 때마다 많은 새로운 질문들이 눈덩이처럼 생겨나는 것을 우리에게 가르쳐 주기도 하는 것이다. 예컨대 라플라스 시대의 물리학과 오늘날의 물리학을 비교해보라. 최근에 새로운 기본 입자가 하나씩 발견될 때마다 '인과 관계' 설명을 기다리는 사실들이 늘어나지 않았는가? 에딩턴이 지적하였듯이, "지식의 증가는 무지의 증가를 대가로 이루어지고 있다".[51] 내가 이미 제시한 것처럼, 자연의 존재방식이 무한히 많다면, 그리고 이미 해결된 문제의 수에 비하여 남아 있는 질문의 수가 시간에 따라 줄어든다고 가정하더라도, 인간의 자연과의 씨름은 실제로 끝나지 않을 것이다. 나는 인간이 절대 신이 될 수 없을 것이고 확신한다.[52]

우리가 과학에서 봉우리를 하나씩 정복할 때마다, 우리는 우선 우리의 아이디어들을 모으고 그에 기초하여 각 단계에서 현상 세계의 그림을 그려야 한다. 이런 연구에서 실제 모르는 것을 안다고 가정하고, 그 결과 특정 방향으로만 움직여야 한다고 주장하는 것은 이미 어려운 문제를 더욱 어렵게 만든다. 어떤 사람들은 닐스 보어, 드브로이, 델브뤼크 같은 과학자들의 관점을,[53] 즉 생명체의 고유한 특징들은 우리가 물질에 대해 알고 있는 모든 경험을 훨씬 넘어서기 때문에 생명체는 물리-화학적 분석으로 더는 환원될 수 없다는 관점을 좋아하지 않을 수 있다. 에너지의 존재를 물리학의 기본 가정으로 받아들이듯이 생명체의 존재를 생물학의 기본 가정으로 받아들여야 한다. 이와 상반된 관점을 취하는 것은 생각이나 감각이 뇌 속 원자의 배열로 환원

---

51 Eddington, *Nature of Physical World*, p. 229.

52 극한 과정의 오류에 관한 논의(이 책의 부록 A)는 이 말에 동의하지 않는 사람들에게 분명 편리해 보일 것이다.

53 Bohr, *Atomic Physics and Human Knowledge*, pp. 15, 21, 76; Louis de Broglie, *Physics and Microphysics*(London, 1955), p. 139. 델브뤼크에 관해서는 5장 1절을 보라.

된다는 것을 의미한다. 아무도 이 관점을 증명할 수 없지만 이에 반하는 주장들은 많다. 예컨대, 에딩턴은 7×8＝56이라는 생각이 뇌를 지나가면 뇌가 설탕을 만들고, 그 생각이 7×8＝65이면 어떤 유독한 물질을 만든다고 말하는 것에 어떤 의미가 있는지 묻는다.[54] 효용은 즐거움에 기초한 것이고, 비효용은 고통에 기초한 것이라고 말하는 경제학자 역시 어떤 한계를 넘는 노동에는 불쾌함, 소비에는 즐거움이 수반되는 이유를 어떤 생물학자(혹은 물리-화학자)가 설명해냈는지 물어야 할 것이다. 예술 감상이 사람들에게 즐거움을 주는 이유를 어떤 이가 조금이라도 설명하였는가?

'파이브(five)'와 '생크[cinque, 이탈리아어로 5—옮긴이]'라는 단어의 소리에서 만들어지는 물리적인 자극은 그것을 받아들이는 뇌에 분명히 서로 다른 원자 구조를 만든다는 것도 염두에 두자. 하지만 파이브를 들은 영국인과 생크를 들은 이탈리아인은 정확하게 똑같은 것을 생각할 것이다. 이런 분명한 사실들을 순수한 생리학의 법칙으로 환원할 수 없으며, 순수한 물리-화학의 법칙으로는 더더욱 그렇다. 생리학자들은 인체에 관한 광범위한 연구에서 정신, 의식, 의지 같은 것들을 발견할 수 없다는 것을 근거로 그들의 존재를 부정하는 경향이 있다. 하지만 뛰어난 뇌신경 외과의사인 펜필드(W. Penfield)는 놀라운 생리학 실험을 보고하였다. 그는 뇌수술을 받는 환자의 대뇌 피질 적당한 부분에 전극을 꼽고, 팔을 움직이지 말라고 하였다. 환자들은 늘 전극의 자극을 받은 팔이 움직이지 않게 누르기 위해 다른 팔을 사용하였다. 그리고 펜필드는 이로부터, 한 팔은 전기 자극 때문에, 다른 팔은 환자의 의지 때문에 움직였다는 결론을 내리게 되었다.[55] 이는 매우 신비로운 인간의 정신 현상 중 하나이다. 의지를 포함하여 우리의 정신 상태들을 물리적인 배열로

---

54 Eddington, *Nature of Physical World*, p.345.

55 Arthur Koeslter, *The Ghost in the Machine*(New York, 1967), p.203에서 인용. 또한 Wilder Penfield, "The Physiological Basis of the Mind," *Control of the Mind*, eds. S. M. Farber and R. H. L. Wilson(New York, 1961), pp.3~7을 보라.

환원할 수 없다면, 정신적으로만 존재하는 동기로 인해 개인이 외부적인 행동을 하게 되는 것을 어떻게 설명할 수 있는가? 나는 모든 일은 근본적으로 순수한 물리 – 화학적 사건이라는 관점은 약물의 영향으로 날뛰는 사람을 예로 든다는 것을 알고 있다. 문제는 이 단서가 정상적인 사람에게, 즉 '합리성'이라는 인간의 속성을 사고로 잃어버리지 않은 사람에게 어떤 가치가 있는가이다. 내 의견에는, (확신하건대 모든 물리학자들의 의견에도) 아무도 라듐 원자가 붕괴한 형태인 납 원자의 거동을 기초로 추정하여 라듐 원자의 거동에 관한 문제에 대해 대답할 수 없다.

내가 이 절의 결론에서 주장하고 싶은 점은 우리가 우리의 동기와 우리의 행동 사이의 관계를 즉각적으로 알고 있더라도, 대부분 사람들이 그런 것처럼 '원인'이라는 단어를 물리적 영역에서와 똑같은 의미로 이 관계에 대하여 사용하면 혼동을 초래할 수밖에 없을 것이라는 것이다. 물리학의 편협함은 물리학이 모든 철학의 튼튼한 기반이어야 한다는 복음을 전파함으로써[56] 우리의 사고방식에 상당한 해악을 끼치게 되었다. 이 해악이 철학을 통해 생겼는지는 중요하지 않다. 나는 최소한 최고 수준의 과학적 노력에 관한 한, 비철학적 과학 같은 것은 없다고 믿는다. 우리는 원인 개념의 불완전함을 폭로하며 공격하는 것을 즐기다가, 결국 이런 진부하고 불가해한 개념은 폐기하는 것이 낫다고 스스로 확신하게 되었다. 물론 몇몇 측면의 불완전함은 결코 부정할 수 없다. 그러나 우리가 물리학의 편협함을 포기하고, **전체**의 분석을 통해 분리된 각 현상 영역과 지적으로 접촉할 가장 적절한 방법을 찾으려 노력한다면, 오히려 아리스토텔레스의 가르침처럼 네 가지 형태의 원인이 필요하다는 것을 알게 될 것이다. 막스 플랑크 자신도 세상에 대한 우리의 설명이 사실들과 좀 더 일치하기 위해서는 인과율 개념 역시 세련되고 확대되어야만 한다고 생각하였다.[57]

---

56 Planck, *The New Science*, p. 235 참조.

분명히, 모든 이들은 우리가 오직 한 가지 형태의 원인만으로 설명할 수 있기를 바란다. 거듭된 실패에도 불구하고 일원론은 계속 우리를 매료시킬 것이다. 그러나 바일(Weyl)의 말처럼, 우리에게는 "**물질**, **생명**, **영혼**을 엮어서 짠 천"[58]으로 된 통일된 그림이 없다는 것이 진실이며, 지금부터 수천 년 후에라도 그가 바라는 것처럼 그런 그림을 가질 가능성은 없어 보인다.

지금 우리가 가지고 있는 설명은 물리적 영역은 동력인과 형상인에 의해 지배된다는 것이다. 화학적 영역에서는 질료인도 나타난다. 우리가 앞에서 보았듯이 산소와 수소는 물의 동력인이 아닌, 질료인이다. 물리-화학적 양태로 존재하는 자연에 목적이 있다고 말하는 것은 분명히 어처구니없다. 그렇지만 우리가 생물학적 유기체를, 특히 목적을 쫓는 인간과 사회의 동일 최종 상태 원리[5장 각주 16 참조—옮긴이]를 생각한다면, 다른 영역들에서 우리는 목적인과 정면으로 마주친다. 그러므로 한 가지를 명백하게 해야 한다. 동기는 인간의 마음에 있다. 따라서 우리 모두가 "나의 동기는 이런저런 것이다" 혹은 "나의 동기는 이런저런 것이었다"고 말하는 것은 타당하다. 그러나 의도가 이런저런 것이라고 말할 때의 의도는, 즉 목적이 행동을 통해 성취된 사실이 되기 이전의 목적은 어디에 있는가? 이것이 뜨거운 난로에서 손을 반사적으로 움츠리게 하는 고통뿐만 아니라, 미래에 대한 비전도, 실제가 아닌 것도 인간을 움직이게 한다는 것을 분명하게 보여주기 위해 차라리 "나의 목적은 이런저런 것일 것이다"라고 말해야 하는 이유이다.

7. 엔트로피와 목적 행위

자유와 물리적 인과율 사이의 대립을 둘러싼 다양한 생각들 중에는 물리적

---

57 M. Planck, *Where is Science going?*(New York, 1932), p.221.

58 Weyl, *The Open World*, p.55.

법칙들의 불가피성 개념이 있다. 이 개념에 대한 적절한 이해는 인간이 물리 법칙들이 작동하는 것을 막지 못한다는 의미에서 이들을 깨뜨릴 수 없다는 것이다. 예컨대 중력의 법칙은 하늘을 나는 비행기의 경우에도 작용한다. 고전열역학의 엔트로피 법칙 역시 이 규칙의 예외가 아니다. 우리가 창고를 냉동시킬 때에도 열은 흩어지는데, 창고에서 '개선된' 것보다 더 많은 열에너지가 우주의 나머지 부분에서 '열성화하기' 때문이다. 그 결과는 엔트로피 법칙대로 우주의 불가용 열에너지가 증가하였다는 것이다. 냉동은 열이 차가운 물체에서 뜨거운 물체로 흐를 수 없다는 대략적인 법칙에 대해서만 예외이지, 열 스스로 그렇게 될 수 없다고 말하는 엄격한 의미의 법칙에 대한 예외는 아니다. 그렇지만 열이 입자들의 불규칙한 운동의 단순한 표현일 뿐이라는 아이디어에 근거하여 엔트로피 법칙을 확률론적으로 공식화한 결과, 일부 물리학자들은 이 법칙의 불가피성에 대하여 의문을 품게 되었다.

이 관점은 맥스웰의 매혹적인 우화와 관계가 있다. 그는 같은 온도의 두 기체, A, B를 나누고 있는 칸막이에 위치한 아주 작은 미닫이문 근처에 붙어 있는 극히 작은 도깨비를 상상하였다. 이 도깨비는 "빠른 분자는 A에서 B로, 느린 분자는 B에서 A로 가도록" 문을 여닫으라고 지시를 받는다. 분명히 도깨비는 이 방법으로 A보다 B의 기체를 더 뜨겁게 할 수 있다. 이는 도깨비가 불가용 에너지를 풀어내어, 통계열역학의 엔트로피 법칙을 깨뜨릴 수 있다는 의미이다.[59]

맥스웰이 이 우화를 발표한 이래(1871) 이 우화는, 내 생각에 공허한 논쟁의 대상이 되었다. 액면 그대로 받아들이면, 이 우화는 물리 법칙들이 불가피하다는 믿음과 열역학 현상에 대한 통계적인 설명의 충돌을 보여준다. 이 관

59 J. Clerk Maxwell, *Theory of Heat*(10th, edn., London, 1921), pp. 338 f. 우리는 볼츠만(*Populäre Schriften*(대중적인 논문), p. 231)에게서 로슈미트가 맥스웰보다 훨씬 전에 똑같은 우화를 생각했다는 것을 본 적이 있다. 이 우연의 일치는 이 쟁점이 얼마나 중요한지 보여준다.

점에서 보면, 맥스웰 자신의 목적은 믿음을 지지하고 설명을 공격하여 갈등을 제거하는 것이다. 그러나 통계적인 설명을 받아들이고 믿음을 거부할 수 있다. 이 두 번째 선택은 맥스웰의 도깨비가 보인 것처럼, 살아 있는 존재에게 물질의 법칙을 깨뜨릴 수 있는 능력이 있다는, 모든 생기론자들이 열렬하게 지지하는 주장이다. 바로 이 주장 때문에 이 우화는 광범위한 의미를 갖게 되었다. 그렇지만 많은 다른 역설들처럼, 맥스웰의 역설은 아직도 지적 수수께끼이다. 모든 역설들처럼, 맥스웰의 역설도 우리에게 가르침을 주지만, 역설로 제기된 쟁점 자체를 해결하는 토대가 될 수는 없다.

이 역설을 해결하려는 주장의 본줄기는 볼츠만에게서 유래하는데, 그는 "모든 온도 차이가 없어진다면, 지적인 존재도 나타날 수 없을 것"이라고 주장하였다.[60] 이 점은 그 뒤 아인슈타인, 에딩턴 등 많은 사람들에 의해 다양한 형태로 반복되었다. 질라드(L. Szilard)는 이 쟁점에 보다 분명한 전환점을 만들었다.[61] 그는 도깨비가 입자의 운동에 관한 정보를 얻을 수 없다면, 활동할 수 없다고 주장하였다. 이 아이디어를 통해 엔트로피와 정보 부족을 동일시하는 길이 열렸으며, 도깨비의 물리적 한계에 관한 일련의 논의를 하게 되었다. 이 논의들의 주안점은 열역학적 평형에서 환경은 흑체이기 때문에[환경과 계 사이의 순 에너지 교환이 없으므로 환경에서 오는 빛 에너지는 없다—옮긴이] 도깨비가 입자들을 볼 수 없다는 것이다. 필요한 정보를 얻기 위해서 물리적 도구가, 예컨대 횃불이 있어야 한다면, 도깨비는 여전히 도구로 사용된 에너지보다 더 많은 에너지를 분류할 수 없을 것이다.[62] 하지만 모든 이런 논의가 역

---

60 Boltzmann, *Populäre Schriften*(대중적인 논문), p. 231. 저자의 번역.

61 L. Szilard, "Über die Entropieverminderung in einem thermodynamischen System bei Eingriffen intelligenter Wesen(지적 존재의 간섭이 있는 열역학 계에서의 엔트로피 감소에 관하여)," *Zeitschrift für Physik*, *53*(1929) 840~856.

62 이런 주장과 기본적인 참고문헌에 관하여, L. Brillouin, *Science and Information Theory*(2nd edn. New York, 1962), 13장을 보라.

설을 해결하지는 않는다. 단지 역설을 가정에 의해 배제할 뿐이다.[63] 이 논의들의 배경은 엔트로피 법칙으로 인해 물리적 도구는 그것이 받은 자유 에너지로 보장된 것보다 더 많은 일을 하지 못한다는 것이다. 이것을 전제로 한다면, 당연히 결론은 우화가 엉터리라는 것일 수밖에 없다.

더 익숙한 주장에서는 도깨비에게 물리적 도구를 주는 대신 "도깨비 성질을 빼앗아 버린다". 즉, 도깨비를 피와 살을 가진 지적인 존재로 만들어버린다. 이 주장에서는 먼저 이런 존재가 살아남기 위해 자유 에너지를 소모해야 하며, 또한 이 존재가 더 많은 양을 분리할 수 있다면 이는 엔트로피 법칙과 모순될 것이라고 한다.[64] 따라서 이 추론은 앞 문단의 추론과 똑같은 순환성으로 인해 의미를 잃는다. 그럼에도 여기에는 우화의 가장 중요한 의미를 부각하는 장점이 있다. 헬름홀츠(Helmholtz)의 표현을 빌리면, 이는 무질서한 열운동을 자유 에너지로 바꾸는 일이 "유기물로 된 살아 있는 조직의 섬세한 구조에 대해서도 불가능한지" 여부에 관한 쟁점이다.[65] 좀 더 정확하게, (통계열역학에서 주장하듯이) 모든 것이 목적 없는 운동이라면, 우리는 모든 유기체의 구성 입자들이, 아마도 루이스의 비유에 나오는 목적 없이 뛰어다니는 생쥐들처럼 혼돈 상태로 빠르게 분해될 것으로 예상해야 한다.[66] 실제로 살아

---

63 하이젠베르크의 불확정성 때문에 도깨비는 어떤 경우에도 입자의 위치와 속도를 모두 결정할 수 없다고 가끔 지적되기도 한다. 그러나 에딩턴(*New Pathways*, p.70)은 그럼에도 도깨비는 **평균적으로** 성공할 것이라고 믿는다.

64 이 주장에 대한 흥미로운 논의는 P.W. Bridgman, *The Nature of Thermodynamics* (Cambridge, Mass., 1941), pp.155 ff, 208 ff와 Norbert Wiener, *Cybernetics*(2nd edn., New York, 1961), pp.57~59에서 볼 수 있다.

65 Herman Helmholtz, "Die Thermodynamik chemischer Vorgänge(화학 과정의 열역학)," *Wissenshaftliche Abhandlungen*(2 vols., Leipzig, 1882~1883), II, p.972n. 저자의 번역.

66 돌이켜보면, G. N. Lewis, "The Symmetry of Time in Physics," *Science*, June 6, 1930, p.571에서는 우리들로 하여금 그 중심 아래 경첩이 달린 상자의 구석에서 목적 없이 뛰어다니는 생쥐들을 상상하게 하여 통계열역학의 입장을 묘사하고 있다. 루이스는

있는 유기체가 빠르게 분해되지 않을 확률은 놀랄 만큼 낮다. 볼츠만과 확률론적인 접근을 지지하는 모든 사람들의 주장에 따르면, 그런 일은 절대 일어나지 않을 것이다. 하지만 '기적'은 놀라운 규모로 끊임없이 일어나고 있다. 따라서 이 기적에는 설명이 필요하다. 푸앵카레가 논하였듯이, 물리 법칙들에 따르면 모든 것은 죽음을 향하기 때문에 "생명은 설명이 필요한 예외"[67]이다.

에딩턴이 자연에는 무작위 외에 반대로 작동하는 요소가, 즉 반우연(反偶然)이 틀림없이 존재한다고 주장한 것은 이 생각을 따른 것이다. 그는 "우리는 현재의 물리적 문제에서 반우연을 털어내 왔지만, 완전히 제거하지는 못했다"[68]고 말했다. 이 말로 그는 우리가 엄격한 인과율은 포기했지만, 우연의 규칙에 반하는 영속적인 질서를 가진 수많은 구조들의 경우에서 단순한 우연에 반대되는 반우연이 무수히 많은 경우에서 단순한 우연에 반하는 필연이 필요하다는 것을 의미하였는지도 모른다. 물론 다른 사람들도, 예컨대 히르트(G. Hirth)도 오래전에 이 모순을 설명하기 위해 비슷한 생각을 제안하였다.[69] 지금은 실질적으로 모든 사람들이 "무언가 [새로운 원리가] 물리학과 화

생쥐들이 상자가 수평 균형을 이룰 수 있는 방식으로 금방 스스로 분산할 것이라고 주장하였다. 하지만 나는 루이스가 이 비유에 생명 요소를 도입한 이유가 궁금하다. 그보다는 목적 없이 던져진 공들이 적당하지 않을까?

67 Henri Poincaré, *Mathematics and Science: Last Essays*(New York, 1963), p.8.

68 Eddington, *New Pathways*, p.60.

69 히르트는, Georg Hirth, *Entropie der Keimsysteme und erbliche Entlastung*(계의 엔트로피와 유전적 배출)(Munich, 1900)에서 생명을 품은 구조에서 일어나는, 엔트로피 법칙의 열성화에 반하는 원리를 표현하기 위해 "엑트로피(ektropy)"라는 말을 만들었다. 아우에르바흐는 히르트의 아이디어와 용어를 받아들였다. Flex Auerbach, *Ektropismum oder die physikalische Theorie des Lebens*(엑트로피 혹은 생명의 물리적 이론)(Leipzig, 1910). 히르트의 주장에는 혼란스런 신비주의가 가득 차 있다. 그러나 참작할 만한 여지도 있다. 그는 미술 전문가였다. 아우에르바흐는 약간 두드러진 물리학자였지만, 불행히도 더 나은 표현을 하지 못하였으며, 엑트로피 개념은 아무런 이야기를 만들지 못하였다.

학의 법칙에 더해져야만 생물학적 현상들이 완전히 이해될 수 있다"[70]고 느낀다. 히르트와 에딩턴 같은 이들의 제안에는 많은 사람들의 양보가 필요한 부차적인 가치만 있다. 그러나 자연에는 시험관이나 사진 건판에 나타난 것 이외에 다른 원리들이 전혀 없다고 주장하는 또 다른 태도는 앞에서 언급한 당황한 동물원 구경꾼의 오류를 찬양하는 것과 마찬가지이다. 확실히, 위너(N. Wiener)가 말한 대로 "맥스웰의 도깨비가 제기한 문제에 답하는 것보다 문제를 버리는 것이 더 간단하다".[71]

하지만 맥스웰의 도깨비는 평범하게 묻혀버릴 운명은 아니었다. 이 우화는 생명과학의 방향에 결정적인 영향을 주었다. 우선, 이 우화로 인해 우리 모두는 **혼합**과 **분류**의 절대적인 차이를 인식하게 되었다. 우리는 달걀을 깨거나 카드를 섞는 데 일이 필요하다는 것을 너무도 잘 알고 있지만, 열역학에서 우주의 혼합에 필요한 에너지가 어디서 오는지는 스스로에게 묻지 않는다. 우주에서 일어나는 혼합은 도깨비를 둘러싸고 있는 기체 분자들처럼 저절로 일어난다. 이는 자동적이다. 그러나 분류는 그렇지 않다. 맥스웰은 이 일을 위해 기계적인 도구가 아닌 도깨비를 만들었다. 에딩턴은 "분류는 정신 혹은 본능의 특권"이라고 주장하였는데, 오늘날 여기에 이의를 제기할 사람은 거의 없을 것이다.[72]

실제로 생물학자들이 생물학적 변환을 깊게 연구하면 할수록, 그들은 "생물학적 기본 단위들이 사용 가능한 재료들 중에서 '맞는 것들'을 정확하게 골라 맞는 자리에 정확하게 결합하는 기막힌 정확성"에 더더욱 놀란다.[73] 그들은 모두, 자신의 철학적인 경향과 무관하게, "현대의 기술이 만들어낸 어떤 자동 기계보다 훨씬 더 복잡하고 완벽한", 그런 질서정연한 과정들이 오직 생

70 Werner Heisenberg, *Physics and Philosophy* (New York, 1958), pp. 102 f.

71 Wiener, *Cybernetics* (2nd edn., New York, 1961), p. 57.

72 Eddington, *Nature of Physical World*, p. 93.

73 L. von Bertalanffy, *Problems of Life* (New York, 1952), p. 29.

명을 품은 구조에서만 일어난다는 것을 인식하고 있다.[74] 맥스웰의 도깨비는 살아 있는 유기체의 이 특별한 활동을 아주 분명하게 나타내며, 극도로 혼돈스러운 환경에서 명확한 **목적**을 가지고 기체 입자들을 선택하고 조작한다.

물론, 목적은 물리학에 낯선 개념이다. 그러나 앞 절의 논의에서 볼 때 이 점은 우리에게 문제가 되지 않는다. 물리학자들은 실증주의 사회학자들과 반대로, 하나 둘씩, 생명활동에서 목적은 정당한 요소라고 인정하게 되었다.[75] 생명활동에서 목적인은 정당한 요소이며, 일원론 대신 상보성을 받아들이면 목적은 논리적인 모순이 아니다. 우리가 이미 본 것처럼, 에딩턴은 더 나아간다. 그는 "세상의 작위적인 특성은 목적이나 설계, [애매하게는] 필연과 동일시될 수도 있다"고 주장하지만, 반우연(反偶然)이 물질계에는 없다고 제시하지 않는다. "[맥스웰의 도깨비는] **분류하는** 행위자이기 때문에 반우연의 체현(體現)이다."[76] 위너 역시, 맥스웰의 도깨비가 복잡한 구조 뒤에 실제로 숨어 있지 않다고 생각할 이유가 없다고 여긴다. 효소의 준안정(準安定) 성질이 암시하듯이, 도깨비는 빠르고 느린 분자들을 분리하는 것이 아닌 "이에 상응하는 다른 과정을 통해" 작동할 수도 있다.[77] 따라서 열역학과 생물학이 끊임없이 가까워지고, 엔트로피가 생물학적 과정들을 설명하는 데 두드러진 위치를 차지하게 된다.[78]

불행히도 오늘날 많은 생명현상 연구자들은 목적 개념을 사용하기 꺼린다. 이 경향은 무엇보다도 생기론자라는 비웃음을 살 것을 두려워하기 때문

---

74 Ilya M. Frank, "Polymers, Automation and Phenomena of Life," *Izvestia*, September 11, 1959. 영문판 번역 *Soviet Highlights*, I(1959) no 3.

75 예컨대 Bohr, *Atomic Physics and Human Knowledge*, pp. 10, 92, 100.

76 Eddington, *Nature of Physical World*, pp. 60, 69.

77 Wiener, *Cybernetics*(2nd edn., New York, 1961), p. 58[효소는 생체 촉매로, 효소를 사용하면 반응은 다른 효율적인 경로로 진행된다 — 옮긴이].

78 이 밀접한 연관은 이미 앞에서 인용한 짧지만 위대한 책에 독특한 식견으로 훌륭하게 설명되어 있다. Erwin Schrödinger, *What is Life?*(Cambridge, Eng., 1944).

일 것이다. 결과적으로 단지 소수의 연구자들만 생명을 품은 구조들은 일반적으로 온갖 예견하지 못한 장애를 넘어 각자 가진 목적을 달성한다는, 그 자체로 물리-화학적 불가사의에 주목한다. 베르그송은 이를 "원인에 변동이 있을 때에도 결과의 일관성"[79]을 유지하는 능력이라고 멋지게 표현했다. 여기서 나는 생명현상에서 목적이 차지하는 정당한 위치를 강조함으로써 살아 있는 구조가 기본 물질에 관한 법칙들을 깨뜨릴 수 있다는 극단적인 생기론을 옹호할 의도가 전혀 없다는 것을 덧붙어야만 한다. 이 법칙들은 절대 깨지지 않는다. 그렇지만 바로 이 주장을 통해 생기론 논쟁의 실제 쟁점이 드러난다. 단순한 세포에도 고도로 질서정연한 구조가 있는데, 어떻게 그런 구조가 냉혹한 엔트로피 법칙에 따라 즉각적으로 무질서해지는 것을 피할 수 있을까? 현대 과학의 대답에는 분명히 경제학의 풍미가 있다. 살아 있는 유기체는 부단히 작용하는 엔트로피 열성화를 상쇄하기 위해 환경으로부터 낮은 엔트로피를 흡수하여 고도로 질서정연한 구조를 유지하는 영업 중인 회사이다. 상식에 비춰 보면 놀랍게 보이지만, 생명체는 단순한 물질과 단순한 에너지를 먹고 사는 것이 아니라, 슈뢰딩거가 적절히 설명한 것처럼 낮은 엔트로피를 먹고 산다.[80]

그렇지만 분류는 자연적인 과정이 아니다. 즉, 기본 물질에 관한 어떤 법칙도 자연에서 분류가 저절로 일어난다고 말하지 않는다. 반대로, 혼합이 기본 물질의 보편적인 법칙이라는 것을 알고 있다.[81] 다른 한편으로, 어떤 법칙도

---

79 Henri Bergson, *Creative Evolution*(New York, 1913), pp. 225 f. 저자의 강조.

80 Erwin Schrödinger, *What is Life?* chap. 6. 이 사고의 근원은 자유 에너지가 생명을 위한 투쟁의 목적이라고 처음 지적해야 했던 볼츠만으로 거슬러 올라간다. 1886년 볼츠만의 논문, "Der zweite Hauptsatz der mechanischen Wärmetheorie(열역학 제2법칙과 기계론적 열이론)" in *Populäre Schriften*(대중적인 논문), pp. 25~50을 보라.

81 물과 기름은 저절로 분리되지만 이런 분리가 엔트로피 법칙에 어긋나는 것은 아니다. 물과 기름이 서로 분리되는 것이 혼합되는 것보다 엔트로피가 더 높기 때문이다. 물과 기름 분자는 그 특성이 서로 달라, 혼합되면 미시적으로 정렬하여 질서가 생기는

높은 수준의 조직에서 일어나는 분류를 막지 않는다. 따라서 물리 법칙과 생명을 품은 구조의 독특한 능력 사이에는 분명한 모순이 있어 보인다.[82]

살아 있는 유기체의 내부 생화학을 연구하든, 외부 행동을 연구하든, 우리는 생명체가 끊임없이 분류하는 것을 볼 수 있다. 개별 생명체는 궁극적으로 엔트로피 법칙을 따르지만, 살아 있는 물체가 자신의 엔트로피 수준을 유지하는 것은 이런 분류 활동을 통해서이다. 따라서 생명을 순전한 물질의 엔트로피 열성화에 대항하는 투쟁으로 규정하여도 아무런 오류가 없다.[83] 그러나 이 말을 생명체가 환경을 포함한 전체 계의 열성화를 막을 수 있다는 의미로 해석하는 것은 커다란 실수이다. 생물이 있든 없든, 전체 계의 엔트로피는 분명히 증가한다.

전체 세부 내용은 꽤나 복잡하지만, 몇 가지를 염두에 두면 골자는 비교적 간단하다. 첫째, 엔트로피 법칙은 고립계 전체에만 적용된다. 둘째, 엔트로피 평형(혼돈 상태)에 있는 고립계는 그 자체로 균일하며, 또한 자체적인 어떤 자유 에너지도 가지고 있지 않다[평형 상태의 고립계에는 어떤 변화가 자발적으로 일어날 수 있는 자유 에너지가 없다—옮긴이]. 엔트로피 평형에 있지 않는 고립계 U와 그 부분계 U_1를 생각해보자. U_2로 표시한 U_1의 여집합은 U_1의 환경이라고 할 수 있다. 어떤 시점 T_n에서의 U_1과 U_2의 엔트로피를 각각 S_1^n과 S_2^n이라고 하자. 엔트로피 법칙이 말하는 전부는 다음과 같다. T_1이 T_0보다

데, 분리된 물과 기름 속 분자들은 혼합되었을 때보다 더 무질서하게 존재한다. 또한 물 분자와 기름 분자의 상호 작용도 자유 에너지를 높이는 방향으로 일어난다—옮긴이.

82 Joseph Needham, "Contributions of Chemical Physiology to the Problem of Reversibility in Evolution," *Biological Reviews*, *13*(1938) 248 f.

83 베르그송은 Bergson, *Creative Evolution*, pp. 245 f에서 이 관점을 다른 어떤 철학자보다 명료하고 집요하게 표현한 것으로 알려져 있다. 베르그송을 신비주의라고 공격한 다양한 비난은 이제 적절하지 않다.

나중이면, U의 엔트로피는 T_1에서 T_0에서보다 더 크다. 즉, $S_1^1 + S_2^1 > S_1^0 + S_2^0$. 결과적으로 $S_1^1 \leq S_1^0$이더라도, 이 U_1의 엔트로피 감소가 환경 U_2의 엔트로피 증가에 의해 상쇄되고 남으면 즉, $S_2^1 - S_2^0 > S_1^0 - S_1^1 \geq 0$이면, 엔트로피 법칙에 위배되지 않는다. 사실, T_0에서 U의 자유 에너지 일부가 환경에 포함되어 있지 않으면 환경의 엔트로피는 증가할 수 없다. 그러나 이 조건은 자유 에너지의 초기 분포에 관한 것이며, 따라서 여기에는 어떤 제약도 없다. 부분계 U_1은, 이를테면 그 환경으로부터 자유 에너지(달리 말하면, 낮은 엔트로피)를 흡수하여 엔트로피를 유지하거나 심지어 낮출 수 있다.[84] 이것이 정확하게 살아 있는 유기체가 하는 일이다. 물론 T_0에서 U가 엔트로피 평형에 있으면, 우리는 그 부분계를 더는 질적으로 구별할 수 없다. 혼돈 상태의 경우 특질이 없는 부분에 대해서만 논할 수 있다. 말하자면, 혼돈 상태의 우주에서는 살아 있는 유기체라는 개념이 존재할 수 없다. 어떤 고립계에서나 생명이 있는 것은 계가 혼돈 상태에 도달하기 전에, 즉 엔트로피가 최대에 이르기 전에 사라져야 한다. 맥스웰의 도깨비가 그런 세상에 도입되었을 때 도깨비가 일을 할 수 있을지는 여전히 미해결의 문제이다. 그러나 분류하는 도깨비가 앞으로도 엔트로피가 증가할 세상에서 부분계의 엔트로피를 감소시킬 수 있다는 데는 의심의 여지가 거의 없다. 이미 여러 사람들이 도깨비 성질을 벗은 도깨비는, 즉 살아 있는 유기체는 엔트로피가 증가하는 세계에서만 살 수 있다는 사실을 지적하였다.[85] 그렇지만 나는 최소한 이 행성에 존재하는

---

84 최근 문헌에서 −S(음의 부호를 가진 엔트로피)를 '네겐트로피(negentropy)'라고 부르고, 생명체가 네겐트로피를 먹고 산다고 말하는 것은 보편화되었다(이 책의 부록 B 참조). 하지만 나는 '낮은 엔트로피'라는 용어가 관련 내용의 질적인 면을 더 직접적으로 정확하게 전달한다고 믿는다[6장에서 negative entropy를 네겐트로피로 옮겼다 — 옮긴이].

85 예컨대 L. Boltzmann, "On Certain Questions of the Theory of Gases," *Nature*, *51* (1895), p. 415; Paul and Tatiana Ehrenfest, *The Conceptual Foundations of the Statistical Approach in Mechanics*(Ithaca, N. Y., 1959), p. xi.

형태의 생물은 오직 적절한 엔트로피와만 양립할 수 있다고 덧붙이지 않을 수 없다.[86] 아주 낮은 엔트로피 환경에서 사는 유기체는 모든 면에서 부딪쳐 오는 자유 에너지의 공격을 견딜 수 없을 것이다. 반대로, 너무 높은 엔트로피 환경에서는 짧은 시간 내에 분류가 성공하기에 충분한 자유 에너지가 퍼져 있지 않을 것이다.

그렇지만 위 논의로 상황이 완전히 끝나지 않았음을 언급하고자 한다. 아마도 더욱 어려운 질문이 우리 앞에 있다. 생물이 존재하지 않을 때보다 존재할 때 엔트로피 증가가 더 큰가?[87] **생물의 존재가 문제라면, 생물이 물리 법칙들에 영향을 주기 때문이다.** 생물권으로 인해 물질 환경에 야기되는 변화에 대한 우리의 일반 지식에 비추어 볼 때 생물이 전체 계의 엔트로피 열성화를 가속한다는 아이디어가 증명된 듯하다. 그리고 사실, 간단한 실험실에서의 실험을 통해 어떤 순간에 생물이 고립계에 도입되면 그 계의 엔트로피 진화가 달라지는 것을 확인할 수 있다. 모든 생명을 품은 구조들은 엔트로피를 원래대로 유지하려는 하나의 목적을 위해 움직인다. 그것들은 환경의 낮은 엔트로피를 사용하여 목적을 이루며, 이 사실만으로도 생물이 물질에 관한 순수한 물리-화학적 법칙들로부터 유도할 수 없는 물리적 표현들을 할 수 있다는 믿음을 정당화하기에 충분할 것이다. 우리는 현실에 고전열역학의 엔트로피 법칙이 남긴 약간의 자유가 있다는 것을 기억한다. 그리고 노벨화학상 수상

---

86 자연히, 통계열역학의 신봉자들은 (6장 각주 76에 인용된) 볼츠만을 따라 엔트로피가 우주의 모든 곳에서 증가하지는 않기 때문에, 우리는 예외적인 상태에 있다고 주장한다. 예컨대 Philipp Frank, "Foundations of Physics," *International Encyclopedia of Unified Science*(Chicago, 1955), II, 452.

87 베르그송은 *Creative Evolution*, pp. 245 f에서 살아 있는 것이 엔트로피 증가를 지연시킨다고 주장하지만, 이를 지지하는 어떤 증거도 내놓지 않는다. 후에 지연 문제는 몇몇 자연과학자들에 의해 진척되었다. A. J. Lotka, "Contribution to the Energetics of Evolution," *Proceedings of the National Academy of Sciences*, *8*(1922) 147~151 참조.

자인 오스트발트(W. Ostwald)가 오래전에 지적한 것처럼,[88] 살아 있는 유기체가 그 삶의 목적을 실현할 수 있는 것은, 그리고 내가 덧붙이자면, 인간의 경제적 활동이 가능한 것은 이 자유 덕분이다.[89] 내가 앞 장에서 열역학을 역학의 법칙으로 환원하는 데 교묘하게 숨겨진 중요한 결점들에 관하여 자세히 설명한 또 다른 이유가 이제 명백할 것이다. 통계열역학에서는 모든 것이 역학의 법칙들로 완전히 결정된다고 주장하기 때문에 목적을 가진 어떤 행위의 가능성도 완전히 부정된다. 따라서 목적을 가진 행위를 논하고, 그것을 역학의 법칙들로부터 유추할 수 없는 어떤 '생기론적' 원리와 연관 짓는 일은 터무니없을 것이다. 그러나 나는 이런 원리가 없다면, 우리는 너무도 중요한 많은 사실들을 외면하고 마는 것이라고 단언한다. 실제로 물리학자들이 생명 과정에 대하여 간간이 하는 말들을 자세히 검토해보면, 그들 역시 스스로는 인식하지 못하지만 이 '생기론적' 믿음을 공유하고 있다는 것을 보여주는 경향이 있다.

이 사실은 자연스럽게 설명된다. 지식인들은 고전적인 원인 개념이 기계론적 인식론과 운명을 함께한 후 남겨진 공백을 견딜 수 없다. 그들에게는 상상력을 끊임없이 자극하거나, 막스 플랑크가 말했듯이, 가장 유익한 연구 방향을 알려줄 무언가가 필요하다. 생명 현상 영역은 이 점에서 매우 특별한 경우에 해당한다. 이 절에 보았듯이, 생명은 어떤 자연 법칙도 위배하지 않으면서, 열역학 법칙들을 포함해서 자연 법칙들로부터 완전히 유도할 수 없는 엔트로피 과정을 통해 드러난다! 따라서 물리-화학 영역과 생물 영역 사이에는 역학과 열역학 사이보다 더 깊은 간극이 있다. 다른 현상들에는 적합할 수도

88 W. Ostwald, *Vorlesungen über Naturphilosophie*(자연철학 강좌)(Leipzig, 1902), p.328. A. J. Lotka, "Natural Selection as a Physical Principle," *Proceedings of the National Academy of Sciences*, *8*(1922) 151에 인용.

89 이 자유는 생기론과는 관계가 전혀 없다. 부분계의 엔트로피가 감소할 수 있는 상황이 만들어지는 것을 가리킨다 ―옮긴이.

있는 원인의 형태 중에 생명 과학에 작용할 수도 있는 것은 없다. 목적인은, 즉 목적은 생명과학에서 올바른 자리에 있을 뿐만 아니라 필수불가결하고 지극히 유용한 분석 도구에 해당한다. 생물학자 혹은 사회과학자는 '생기론자'가 되어야 하며, 그 결과, 목적을 찾는 습관을 가져야 한다. 경제학자가 우연한 사건으로 시작된 몇 가지 동력인으로 최악의 수확을 설명하는 데 만족하는 것은 문제가 없다. 그렇지만 경제학은 대개 인간의 행동과 관련된 문제에 관심을 둔다. 그리고 경제학자가 땅을 경작하고 씨를 뿌렸던 사람들 혹은 흉작으로 인한 식량 부족에 직면한 사람들의 행동을 분석하고자 한다면, 그들이 움직이는 목적을 찾지 않고는 깊은 이해를 얻을 수 없을 것이다. 지금은 모두가 행동주의[90]로 쏠리고 있지만 제거할 수 없는 진실은 행동주의 지지자를 포함하여 우리 모두가 목적을 가지고 행동한다는 것이다.

그리고 우리의 모든 중요한 목적이, 즉 살아남기와 사회적 위치를 지키는 것이 우리가 우리를 둘러싼 우주를 엔트로피 변환으로 이끄는 것임을 상기함으로써 하나의 완전한 순환은 완성된다. 이는 우리 목적의 실현은 우리가 다시 돌아오지 못할 여행을 떠나는 것임을 의미한다.

90 생명체를 주어진 자극에 대하여 반응하는 존재로 파악하는 사회과학 방법론으로, 객관적인 관찰과 엄격한 결정론을 특징으로 한다 — 옮긴이.

8장

진화와 기계적 운동

1. 비가역적 과정과 불가역적 과정

생명 과정을 되돌릴 수 있다는 아이디어는 거의 모든 사람에게 너무 어처구니없게 보이기 때문에 종교나 민속 신화에도 나타나지 않는다. 생명 과정이 항상 한 방향으로만 진행한다는 유구한 세월의 증거는 보통 사람들에게는 생명 과정의 비가역성에 대한 증명으로 충분하지만 과학에서는 다르다. 만일 과학에서 그 이론적 기반으로부터 논리적으로 가능한 명제를 단지 실제 현실화된 것이 관찰된 적이 없었다는 이유로 폐기해야 했다면, 대부분의 현대 과학기술은 존재하지 않을 것이다. 당연하게도, 불가능이란 말은 과학에서 쉽게 받아들여지지 않는다. 결과적으로, 모든 현상이 역학 법칙들의 지배를 받는다는 도그마가 과학의 한 토대라면, 과학은 생명 과정의 역전이 가능하다고 인정해야 한다. 분명히 고전학파의 어느 누구도 이를 공개적으로 천명하지 않았다는 사실은 이를 인정하는 것이 지적인 면에서 매우 거북하다는 증거이다. 고전열역학에서는 물리 영역에도 비가역적 과정이 있다는 공식적인 증거를, 다시 말하면 과학의 판단 과정에 관한 규칙에 따라 타당한 증거를 통해 과학의 입장과 일반적인 상식을 조화시켰다. 그렇지만 고전역학에서보다 훨씬 태연자약하게 통계역학이 모든 현상은 실질적으로 가역적이라고 가르치기 시작한 이후 보편적인 가역성은 중요한 논쟁의 대상이 되었다. 논쟁은 물리학에서 시작하여, 이 쟁점이 훨씬 더 중요하게 부각되는 생물학으로 확산되었다.

통계열역학에 관한 논의(6장)로부터 논쟁이 매우 복잡하고 심오함을 알 수 있다. 불행히도, '가역성'은 학자마다 다른 의미로, 따라서 역학에서와는 또 다른 의미로 종종 사용되기 때문에 논쟁은 더욱 뒤엉켜져 버렸다. 어떤 과정이 오로지 매 단계마다 똑같은 경로를 따라 역순으로 일어날 수 있을 때에만 가역적이라고 한다. 그렇지만 이는, 예컨대 단백질 미셀(micelle)[1]들이 "끊임없이 부서지고 다시 만들어지기"[2] 때문에 생물학적 현상들이 가역적이라는 니담(J. Needham)의 주장에 나오는 의미는 아니라는 것은 분명하다. 실제로 이 예의 과정은 고전역학의 용어에 따르면 비가역적이다.

이 혼동의 한 가지 원인은 실제로 세 가지인 상황을 다루는 데 단지 두 용어, 가역과 비가역을 사용한다는 것이다. 엄격한 논리적 부정의 형태를 사용하자면, 가역적이지 않은 현상들을 과정의 특성에 따라 두 개 범주로 나눌 필요가 있다.

'가역적이지 않은 과정'의 첫 번째 범주는 가역적이지 않지만 앞서 지나간 모든 단계로 되돌아갈 수 있는 과정을 가리킨다. 원형 교차로의 차량 흐름이 바로 떠오르지만, 매년 일어나는 나무의 잎이 피고 지는 과정이 더 좋은 예로 보인다. 이런 과정들은 가역적이지 않지만 되돌릴 수 없지는 않다. 이 과정들을 간단히 **비가역적**(irreversible)이라고 부를 수 있다. "역사는 스스로 반복한다"고 말할 때, 역사를 이러한 좁은 의미에서 비가역적 과정으로 보는 것임은

---

1 비눗물이 뿌예지는 원인인, 분자의 농도가 높아질 때 만들어지는 분자들의 커다란 집합 형태 —옮긴이.

2 Joseph Needham, "Contributions of Chemical Physiology to the Problem of Reversibility in Evolution," *Biological Reviews*, *13* (1938) 225.

분명하다.

'가역적이지 않은 과정'의 두 번째 범주는 주어진 상태를 두 번 다시 경험할 수 없는 과정이다. 물론 이런 과정들은 가역적이지 않지만, 그 독특한 성질을 설명하는 데 **불가역적**(irrevocable)이라는 표현이 더 낫다. 고전열역학에서 이해하는 우주의 엔트로피 열성화(劣性化)는 불가역적 과정이다. 한번 불가용 에너지로 변환된 자유 에너지는 다시는 회복될 수 없다.

가역성에 관한 또 다른 혼동의 원인은 과정 개념 자체에 있다. 이상하게 보이지만, 전체 우주의 과정은 미생물 하나의 과정보다 훨씬 명백한 개념이다. 부분 과정에 대해 생각하기만 해도 필연적으로 **전체**를 갈라놓는 미세한 간극들을 떠올리게 된다. 이미 본 것처럼, 이는 풀리지 않는 문제들을 제기한다. 그러나 최소한 우리는 잘라내려는 이음매가 어디에 있는지 잊어버려서는 안 된다. 니담의 설명에 나오는 과정이 한 개 단백질 미셀의 생애인지 아니면 무한히 많은 미셀들의 생애인지는 매우 중요하다. 앞의 경우에는 그 과정이 불가역적이라고 생각할 충분한 이유가 있지만, 뒤의 과정은 의심할 바 없이 비가역적이다.[3]

2. 진화, 불가역성, 시간의 화살

우리가 일반적으로 진화를 "비가역적 변화를 하는 계의 역사"[4]로 이해하는 것은 (실제로 세상은 "불가역적이다") 과학에서 처음 진화를 말하기 시작한 것이 생물학적 현상들과 관련해서였기 때문이다. 자연에 진화의 법칙이 존재하는지는 불가역적 현상의 존재 여부에 좌우된다. 단지 좁은 의미의 비가역적 현

3 니담의 논문에 예시된 주장은 분명히 후자에 해당한다. 그 오류는 명백하다. 이 과정이 불가역적이지 않다는 사실로부터 가역적이라고 결론짓고 있다.

4 Alfred J. Lotka, *Elements of Physical Biology* (Baltimore, 1925), p. 24.

상의 존재만으로는 충분하지 않다. 따라서 통계역학에서 주장되는 보편적인 가역성으로 진화 법칙을 부정하는 것은 더더욱 설득력이 있다. 그렇기 때문에 많은 과학자들은 진화가 외관뿐이라고, 즉 우리가 현상을 보는 관점이나 우리의 지식 정도에 따라 현상은 진화로 보일 수도 아닐 수도 있다고 주장하게 되었다.

빛의 속도보다 빠르게 지구로부터 멀어지는 관찰자에게 지구에서 일어나는 사건들은 실제 여기서 일어나는 순서의 역순으로 보일 것이라는 피어슨(Karl Pearson)의 주장[5]에서 이 상대주의 견해의 전형을 볼 수 있다. 피어슨의 저술 이후 빛의 속도를 넘어설 수 없음을 알게 되었다는 사실 때문에 그 주장의 요지가 무너지지는 않았다. 그 요지는, 모든 영화는 두 방향으로는 "앞으로"와 "뒤로" 영사할 수 있기 때문에 진화는 외관뿐이라는 것이다. 이것이 전부라면, 피어슨은 **시간**에서 어떤 순서도 없앨 의도를 가지지 않았다. 그는 단지 객관적인 시간의 화살이 있는지에 이의를 제기했을 뿐이었다. 차이를 명확히 하자면, 피어슨의 주장은 사건들이 무한한 직선 위의 점들과 똑같은 구조를 갖는다는 것을 부정하는 것이 아니라 오히려 그런 뜻으로 말했다고 할 수 있다. 따라서 사건들은 세 개 한 벌의 중간 관계를, 즉 세 개 사건이 있으면 그중 하나는 필연적으로 다른 둘 사이에 존재한다는 관계를 따를 뿐이다. 이 경우, 자연에 관한 영화 필름을 각각의 토막으로 잘라 뒤섞더라도, 모든 **객관적인** 자연 법칙들을 알고 있지만 **시간**이 한쪽 방향으로만 작용한다는 환상을 가지고 있지 않는 가상의 사람은 전체 필름을 정확하게 재구성할 수 있을 것이다. 피어슨의 입장은 이 사람이 자연의 어떤 것도 올바른 영사의 방향을 결정할 수 없다고 주장하리라는 것과 마찬가지이다. 따라서 우리가 그럼에도 한 방향만이 자연의 올바른 표현이라고 생각한다면, 우리는 우리의 환상을

5 Karl Pearson, *The Grammar of Science* (Everyman's Library edn., London, 1937), pp. 343 f.

객관적인 자연 위에 강요하고 있는 것이다.

유연한 이미지를 사용하여 설명하자면, 피어슨은 실재를, 인간이 느끼는 시간에서 나타나는 사건들의 끝없는 오솔길로 보았다고 말할 수 있다. 이는 시간에 대한 우리의 느낌이, 알려지지 않은 이유 때문에 우리 모두 똑같은 방향으로 오솔길을 따라 걷고 있다는 사실에서 유래한다는 것을 의미한다. 이 입장에서도 진화 문제는 여전히 그러나 다른 의미로 존재한다. 이런 의미의 진화 법칙에서는 서로 다른 두 개의 사건 사이에 한 사건을 위치시켜야만 한다. 이 법칙은 포유류의 출현을, 예컨대 최초 어류의 출현과 인간의 등장 사이에 위치시키는 기준을 제공해야 한다. 다만 사건이 과거 원인의 결과라는 인식은 의미가 없어질 것이다. 대신, 사건의 위치를 공간화된 시간 위에 정하는 데 두 개 사건이 필요할 것이기 때문에 모든 사건은 원인이 되는 두 사건의 결과라고 하는 편이 나을 것이다[세 개 사건이 한 벌이기 때문에 한 사건은 앞선 두 사건의 결과이다 — 옮긴이]. 자연은 시간에서 벗어날 것이며, 가역 혹은 비가역이라는 단어는 시간과 연관하여 모든 객관적인 의미를 잃을 것이다. 시간의 이중성[5장 6절 참조 — 옮긴이]조차 의미가 없어질 것이다.

시간의 이중성에 대한 다른 관점은 시간의 화살이 항상 자연에 존재하며, 다만 그 방향은 주기적으로 역전된다는 것이다. 자연은 A에서 Z로 갔다가, Z에서 A로 돌아오는 순환을 한다. 영화를 상영하는 두 가지 방식 모두 사물들이 존재하는 객관적인 방식을 나타낼 것이다. 시간에 대한 이 관점이 기계론적 태도의 본질적인 부분이며, 이미 본 것처럼 이는 열역학적 현상에 대한 해석과 관련하여 볼츠만이 옹호하였던 관점이다.[6] 그러나 에딩턴이 신랄하게 지적하였듯이, 순환하는 시간이라는 이 '완전히 퇴행적인' 개념에 집착하는 사람들은 진화뿐만 아니라 '반(反)진화'[7] 혹은 생명이 죽음에서 시작하여 탄

---

6 L. Boltzmann, *Lectures on Gas Theory* (Berkeley, 1964), p. 446.

7 A. S. Eddington, *New Pathways in Science* (Ann Arbor, 1959), pp. 53~59.

생으로 끝나는 세상에 대한 법칙들을 주장할 것이다. 물론 루이스(G. N. Lewis)가 제안하였듯이[8] (열역학에 확률을 도입하여 나타난 피할 수 없는 결과인) **시간**을 완전히 부인하는 것은 이 점에서 완벽한 구실이 된다. 이 관점에 따르면 조물주라 할지라도 별개의 장면들로부터 영화를 재구성할 수는 없을 것이다. 심지어 실재는 인간이 느끼는 **시간**에 나타난 사건들의 오솔길도 아니다. 사건들은 복잡하게 흩어진 형태를 이루어 다양한 빈도로 나타난다. 인간이 느끼는 **시간**은 숲을 돌아다니는 사람이 그 숲에 더 흔한 나무를 당연히 더 자주 보게 되는 산책과 같다. 그러나 터무니없이 낮은 빈도의 사건들과 끊임없이 맞닥뜨리지 못하게 막는 것은 아무것도 없다.

고전열역학의 실로 독특한 장점은 **시간** 문제를 자연과 연관하여 완벽하게 명확히 한다는 것이다. 자연에서 **시간**의 기초에 필요한 것은 다음과 같다. ① 우주의 두 상태 S_1, S_2에 대하여 어느 상태가 다른 상태보다 나중인지 지적해줄 일반적인 특성이 있어야 하며, ② 그렇게 확립된 시간 순서는 S_1, S_2와 동시대의 개별 혹은 집단적인 인간 의식으로 확인되는 순서와 반드시 일치해야만 한다. 의식의 흐름은 '앞으로'만 진행하기 때문에 이 특성은 반드시 불가역적 과정을 반영해야 한다. 자연에는 **시간**에서의 의식의 진전에 상응하는 것이 아무것도 없다는, 즉 자연의 존재 방식이 조직화되지 않은 사건들의 집합체라는 또 다른 입장을 엄격히 따른다면, 지금 우리가 과학이라고 부르는 것 대부분이 부정될 것이다. 과학은 사고를 통해 자연을 파악하려는 인간 노력의 매우 불완전한 산물일 수 있지만, **시간**을 부정하면 과학은 실험실이나 다른 곳에서나 실질적 가치가 전혀 없는 몽상이 되어버릴 것이다. 과학자는 고립된 빙하의 땅에서 쉰 살의 에스키모를 만나고서도 지난 50년 동안 그 땅에 어떤 격변도 없었다고 결론지을 수 없을 것이다.

실제로 시간의 화살이 없다면 역학적 가역성 개념까지도 무의미해진다.

---

8 6장 4절.

따라서 주객이 전도될 것이다. 진화가 상대적인 양상이라고 주장하는 측은 자연에 어떤 불가역적 과정도 없다면 일반적인 시간 법칙을 어떻게 이해해야 할지 보여줄 의무가 있다. 영화의 비유로 돌아가면, 순수한 역학 현상에 관한, 예컨대 완전 탄성 공 튀기기에 관한 영화는 아무도 그 차이를 눈치 채지 못하게 하면서 어느 방향으로나 상영할 수 있다. 그렇지만 단백질 미셀 덩어리에 관한 영화가 거꾸로 상영되면 생물학자는 실수를 금방 알아차릴 것이다. 그리고 씨앗에서 발아하여 자라고 결국 죽는 식물에 관한 영화가 거꾸로 상영되면 누구나 실수를 눈치 챌 것이다. 그렇지만 이것이 차이의 전부가 아니다. 각 영화의 장면을 분리하여 섞으면, 식물에 관한 영화에서만 정확하게 원래 순서로 장면들을 재배열할 수 있다. 이 재배열은 오로지 단일 생명체의 생애가 불가역적 과정이기 때문에 가능하다. 앞에 언급한 다른 두 과정 중 처음 것은 가역적, 두 번째 것은 비가역적이다.

여기서 두 가지 중요한 내용을 언급해야만 한다. 첫째, 단백질 미셀에 관한 영화가 비가역적이라면, 그것은 영화로 찍은 과정이 일련의 중첩된 불가역적 과정들로 되어 있기 때문이다. 둘째, 앞의 두 영화의 배경에 불가역적 과정이, 예컨대 단일 식물의 불가역적 과정이 있으면 이 영화들의 각 장면 역시 정확한 원래 순서로 즉시 재배열될 수 있다. 요점은 가역성과 비가역성은 불가역적 과정과 연관해서만 명확한 의미를 갖게 된다는 것이다.

3. 부분에서 전체로

문외한들은 고전열역학과 통계열역학의 쟁점에 관한 논쟁이 각 이론이 제시하는 우주의 운명에 관한 예측을 둘러싸고 이루어진다는 것을 알게 되면 놀랄 것이다. 전문가들은 그 이유가 두 이론의 최종 공식에는 아무런 차이가 없기 때문임을 알고 있다. 물리학자들은 각자의 취향에 따라 둘 중 어느 하나로도 똑같이 연구를 잘 수행할 수 있으며, 문헌에서는 두 가지를 모두 다룬다.

그러나 전체 우주의 운명에 관한 예측을 엄격히 시험하는 것은 우리의 능력을 크게 넘어서기 때문에 둘 중 어느 이론이 더 그럴듯한지는 각 예측이 가진 주관적인 지적 호소력에 주로 영향을 받는다. 그렇지만 열적 종말을 향해 불가역적으로 내달리는 우주에 대한 묘사나 시간 순서가 없는 우주에 대한 묘사 모두 특별히 매력적으로 보이지는 않는다. 의심의 여지없이, 신들이 단지 유한한 **존재**를 창조할 수밖에 없었다거나, 아인슈타인이 말한 적이 있듯이 신들이 끊임없이 주사위 던지기만 하고 있다거나 인정하기 어려운 것은 마찬가지이다.[9]

법칙에 기초한 추정이 우주론의 핵심이다. 그렇지만 고전열역학이든 통계열역학이든 엔트로피 법칙을 우주 규모로 확장할 때 생기는 오류는 질적인 것일 가능성이 크기 때문에 이 추정은 특별히 취약하다. 브리지먼은 고전열역학의 접근을 선호하였는데, 우주에 대한 엔트로피 법칙의 적용을 문제 삼는 몇 가지 이유를 설명하였다. 게다가 그는 통계역학의 창시자인 볼츠만이 그랬던 것처럼, 우주의 일부분에서 일정한 시간 동안 엔트로피가 충분히 감소할 수도 있다고 인정하였다.[10] 마그노(H. Margenau)의 생각은 더욱 흥미로울 듯하다. 그는 에너지 보존 법칙조차 전체 우주에 적용될 수 있는지 의문을 제기하였다. "물질-에너지의 창조가 일어난다면⋯ [우주의 운명에 관한] 우리의 모든 생각은 빗나간 것이다."[11]

이 생각들은 3장 1절에 언급된 최근에 표명된 가정과, 즉 물질이 끊임없이 만들어지고 소멸된다는 가정과 일치하기 때문에 이미 예언적으로 보인다. 이 가정으로부터 불가역적으로 소멸하지도, 시간적 순서를 잃지도 않는 우주가

9 앞 장의 각주 15를 보라.

10 P. W. Bridgman, *The Nature of Thermodynamics* (Cambridge, Mass., 1941), pp. 148 ff; Bridgman, *Reflections of a Physicist* (2nd edn., New York, 1955), pp. 263 ff. 볼츠만에 관하여 앞의 6장 각주 76을 보라.

11 H. Margenau, *The Nature of Physical Reality* (New York, 1950), p. 283.

나타난다. 이 우주는 천문학적으로 길지만 유한한 일생을 가진, 일정한 평균 속도로 태어나고 소멸하는 **개별 세계들**의 집합체로 이루어져 있는 우주이다. 따라서 이 우주는 모든 정체된 집단처럼 진화하지 않는 영원한 정상(定常) 상태이다.[12] 그 총에너지뿐만 아니라 총엔트로피도 일정하거나 거의 일정한 상태로 있어야만 한다. 이 새로운 우주론과 우주가 영원한 열적 평형에 있다는, 즉 우주의 엔트로피가 일정하다는 볼츠만의 추측[13]을 혼동해서는 안 된다. 볼츠만에 따르면, 우주의 엔트로피가 일정한 것은 우주의 한 부분의, 예컨대 우연히 우리가 살고 있는 부분의 엔트로피 증가가 나머지 부분의 엔트로피 감소로 정확하게 보상된다는 사실에 기인한다. 이 엔트로피가 감소하는 부분에서 열은 차가운 물체에서 뜨거운 물체로 흐른다. 그렇지만 강강술래 돌듯이, 어느 순간에나 우리가 살고 있는 부분에서 엔트로피가 감소하기 시작할 수도 있다. 실제로 미래 어느 시점에 이런 일이 일어나야만 한다.[14] 물질의 생

---

12 이 우주론의 가정을 처음에 영국의 본디(H. Bondi)와 골드(T. Gold), 소련의 보론초프-벨리아미노프(Vorontzov-Velyaminov)가 제안하였으며, 후에 호일이 지지하였다. F. Hoyle, *The Nature of the Universe*(New York, 1950), *Astronomy*(New York, 1962); H. Bondi, *The Universe at Large*(Garden City, N. Y., 1960)를 보라. 이 가정에 관한 매우 놀랄만한 (물질의 소멸로 완성되는) 논의가 Reginald O. Kapp, *Toward a Unified Cosmology*(New York, 1960)에 나와 있다. 레메터 신부(Abbot G. E. Lemaître)가 제안한 더 오래된 가정에 대한 변호로, G. Gamow, *The Creation of the Universe*(New York, 1952)를 보라. 레메터에 따르면, 현재의 우주는 약 150억 년 전 전체 물질-에너지가 상상을 초월하는 밀도로 응축되어 있던 매우 작은 핵에서 '빅뱅'을 통해 창조되었다[현재는 빅뱅 이론에 근거한, 관찰로 확인된 137억 년 전에 시작된 가속 팽창하는 우주론이 주도적이다 — 옮긴이].

13 L. Boltzmann, "On Certain Questions of the Theory of Gases," *Nature*, *51*(1895) 415.

14 이와 연관하여 스웨덴 화학자 아레니우스(S. Arrhenius)가 주창한 더 세부적인 관점을 언급하는 것이 도움을 준다. "엔트로피는 항성에서 증가하지만 성운에서 감소하기" 때문에 우주는 겉보기 불변 상태이다. 이것과 이전의 다른 우주론적 고찰들에 대한 비판적인 평가로 H. Poincaré, *Leçons sur les hypothéses cosmogoniques*(우주

성과 소멸 가설에 기초한 관점에 따르면, 바로 이 때문에 낮은 엔트로피가 끊임없이 생성되고, 높은 엔트로피는 소멸한다.[15] 우주의 엔트로피가 일정하게 유지되는 것은 바로 이 과정을 통해서이다. 그러나 존재하고 있는 엔트로피는 우주의 어떤 부분에서도 절대 감소하지 않는다. 예컨대 우리의 태양계는 분명히 열적 종말을 향해, 궁극적으로 소멸을 향해 나아간다. 또 다른 태양계가 그 자리를 대신할 수도 있지만, 엔트로피의 진자 운동에 의해서는 아니다.

이 설명에서 시간의 화살이 무언가로부터 나와야 한다면, 분명히 어떤 개별 구성요소로부터 나와야 한다. 이렇게 우리는 가장 오래된 믿음 중 하나로 되돌아간다. 영원한 것은 진화(변화)할 수 없다. 진화는 태어나 죽는 것의 고유한 특성이다. 달리 말하면, 진화는 생성과 소멸을 연결하는 과정이며, 가장 넓은 의미에서 생명이다. 고전 엔트로피 법칙으로 묘사된 것처럼 전체 우주가 진화하는 존재라면, 전체 우주도 창조와 열적 종말 사이의 덧없는 수명을 가져야 한다는 사실에 주목하라.

탄생과 죽음이 양태 면에서 한 시점의 사건으로 인식될 수 있느냐 같은 복잡한 문제를 제쳐놓더라도, 예컨대, 은하, 생물종, 세포, 그 어떤 것이든 동일 개체의 탄생보다 죽음이 시간상 나중이라는 명확한 원칙도 완전한 연대기를 설정하는 데는 충분하지 않다. 완전한 연대기를 만들려면, 각 개체의 생존 시간들이 중단 없이 중첩되는 최소한 한 종류의 개체들로 구성된 연속적인 시간의 화살이 필요하다.[16] 그런 시간의 화살을 찾을 수 있다면, 우주의 파노라

론 가설에 관한 교훈)(Paris, 1911), p. 252을 보라.

15 혼란스런 생각을 방지하기 위하여, W. H. McCrea, "The Steady-State Theory of the Expanding Universe," *Endeavour*, *9*(1950) 8의 계산에 따르면, 겉보기 불변 상태를 유지하기 위해 매 5억 년마다 한 번씩 4리터 공간 당 단지 수소 원자 한 개가 만들어지면 된다는 것을 서둘러 덧붙어야겠다! 분명히, 이런 현상은 맨눈은 물론 어떤 있음직한 기구로도 관찰할 수 없다.

16 5장 5절에서 설명하였듯이, 이 조건은 역사의식이 만들어지는 방식과 연관시켜야만 한다.

마는 단백질 미셀 영화만큼이나 단순하다. 우주의 개별 구성요소의 과정이 불가역적이기 때문에 전체 우주의 과정은 한쪽 방향으로 진행된다, 즉 비가역적이다.

4. 진화: 변증법과의 엉킴

역설적으로 보이겠지만, 가장 단순한 미생물의 진화는 전체 우주의 진화보다 훨씬 어려운 문제들을 제기한다. **전체**에는 또 다른 **전체**가 없기 때문에, **전체**와 그 **타자**를 분리하는 경계가 필요 없다. 그리고 **타자**가 없기 때문에, **전체**에 대한 동일성의 의미를 따질 필요가 없다. 반면에, 부분 과정은 **전체**를 개념적으로 조각내는 것을 필요로 한다. 내가 앞에서 말하였듯이, **전체**를 조각내는 것은 끝없는 어려움을 만들어낸다.

우선, 우리가 공간, 시간, 사회에 그을 수도 있는 모든 경계에 걸쳐, 분리된 두 영역 사이에는 왕래가 있다. 따라서 두 개가 아닌 세 개 부분 과정이 있는데, 이는 거의 주목받지 못하는 불일치이다. 널리 퍼져 있는 관행은 처음에 분리하려던 과정들을 완전히 무시하고, 전체 그림을 경계를 넘나드는 관계로 환원하는 것이다. 내가 앞에서(4장 4절) 이름붙인 것처럼, 이 유량 고정 관념의 결과, 핵심을 허섭스레기와 함께 팽개쳐버린다.[17]

앞의 내용은 **고립계**가 궁극적으로 이론물리학의 모든 명제에 대해 유일한 기준이 되었다는 사실로 입증된다. 물론 부분 과정의 어려움을 우회하는 이 방법은 오로지 물리적 우주를 실험실에서 소규모로, 만족할 만큼 근사적으로 재현할 수 있기 때문에 가능하였다. 다른 분야들이 마찬가지로 운이 좋은 것은 아니다. 생물학자들도 일부 환경과 함께 몇몇 생명체를 포함하는 분리된 과정에 대해 실험한다. 그렇지만 커다란 차이는 이런 분리된 과정이 실제 과

17 이에 관하여 9장에 더 나와 있다.

정의 소규모 시뮬레이션이 되기에는 어림없다는 것이다.

생물학에서는 고립계에 대한 실험을 통해 생물권의 진화는 필연적으로 환경의 진화라는 것을 재확인하였다. 굳이 재확인이 필요하다면 말이다. 진화하지 않는 환경에서 생물이나 사회의 진화를 논하는 것은 용어상 모순이다. 모든 물리 법칙의 필수 요소인 **다른 사정이 같다면**이라는 조건은 진화 현상과 관련된 모든 과학에 독이 된다. 고립계를, 최소한 유사 고립계를 제외하면 진화론적 변화를 볼 수 없다. 전체를 대상으로 실험을 하면, 포퍼(Karl R. Popper)의 주장대로 결과들을 개별 원인들 탓으로 돌릴 수 없기 때문에[18] 어떤 영역에서는 그런 실험이 비과학적일 수도 있다. 그렇지만 이는 **전체**로부터 분리할 수 없는 진화에는 적용되지 않는다. 진화 법칙을 공식화할 수 있었던 유일한 경우는 전체 우주의 경우라는 것을 보라[우주는 계와 환경이 합쳐져 있는 고립계이다—옮긴이].

단일 생명체나 종의 생애(진화)에서 시간의 화살을 찾는 일은 아직도 성과가 없다. 생물학자들은 이런 생명체의 복잡한 질적 측면 너머에서 성장과 소멸, 혹은 동화작용과 이화작용이라는 이원론적 원리만 관찰하였다. 물론 동화작용과 이화작용 모두 물리-화학적 과정으로 이루어져 있지만, 두 단계가 똑같은 범주의 법칙들의 지배를 받지 않는다는 사실에서 이원론이 나타난다.[19] 그리고 우리는 성장하는 동안 동화작용이 이화작용을 넘어서며 소멸하는 동안 그 반대가 일어난다는 것을 알고 있지만, 이 역전에 대한 순수하게 물

18 Karl R. Popper, *The Poverty of Historicism*(Boston, 1957), p.89. 이 아이디어는 실험에 집사와 고양이가 모두 있다면, 둘 중 누가 위스키를 마셨는지 알 수 없다는 것이다.

19 생물학적 구조에서 설탕의 연소는 분명히 물리-화학적 과정이다. 하지만 이런 구조에서만 연소는 전체 구조를 태워버리지 않으면서 일어날 수 있다. H. F. Blum, *Time's Arrow and Evolution*(Princeton, 1951), pp.33 등; L. von Bertalanffy, *Problems of Life*(New York, 1952), pp.13 f. 이 책의 부록 G에 이에 관하여 더 나와 있다.

리-화학적인 설명은 존재하지 않는다.[20] 최근 메더워가 지적한 것처럼, 죽음조차도 물리-화학적 수수께끼이다.[21] 따라서 죽음이 삶보다 훨씬 더 불가사의하다고 느끼는 인간의 직관은 언제 어디서나 옳은 것 같다. 아마도 이는 인간이 죽음을 인식하고 있지만, 지식의 궁극적 원천인 살아 있는 의식이 죽음을 목도할 수는 없기 때문일 것이다.

앞 장의 마지막 절에 요약된 (지금은 일반적으로 받아들이는 것으로 보이는) 설명에 따르면, 생명체는 어떤 물리-화학 법칙도 위배하지 않고 환경으로부터 낮은 엔트로피를 분류, 흡수하여 정상(定常) 상태로 스스로를 유지할 수 있다. 그러면 생명체가 노화하여 궁극적으로 죽어야 하는 이유는 무엇인가? 우리는 종이 소멸하는 이유를 이해할 수 있는데, 환경이 더는 그에 적합하지 않기 때문이다. 그러나 이 설명은 적절한 종류의 낮은 엔트로피를 충분히 제공할 수 있는 환경에 사는 단일 생명체에는 적용되지 않는다. 아우어바흐(Auerbach)처럼[22] 엔트로피가 엑트로피와의 전쟁에서 항상 승리할 것이라는 단순한 주장으로 죽음을 설명하는 것은 단지 말로만 질문을 설명으로 바꾼 것이다. 게다가 이 주장을 액면 그대로 받아들이더라도, 엔트로피의 승리를 저지할 수 있어 보이는 원생동물의 경우는 이 원리에 어긋난다. 원생동물은 둘로 쪼개지는 단순한 무성 생식을 통해 (적절한 환경으로부터 고립되지 않는 한) 그 자체로 영원히 존재한다. 또한 유전자는 돌연변이 인자와 만나지 않는 한 원래 형태 그대로 영원하다. 그리고 아메바가 분할하면 하나의 개체로서는 죽고 새로운 두 개체가 태어나는 것이라는 주장으로 죽음의 문제를 회피한다고 될 일은 아니다.[23]

---

20 Bertalanffy, *Problems of Life*(New York, 1952), pp. 136 f.

21 P. B. Medawar, *The Uniqueness of the Individual*(New York, 1958), chaps. 1, 2.

22 Felix Auerbach, *Die Grundbegriffe der modernen Naturlehre*(현대 자연에 관한 기초 개념)(3rd edn., Leipzig, 1910), p. 149.

23 심프슨의 주장에, G. G. Simpson, *The Meaning of Evolution*(New Haven, 1949),

우리가 일단 생명체가 엔트로피 면에서 정상 상태라는 것을 인식하면, 노화와 죽음을 당연하게 받아들일 수 없다. 여기에는 물리, 화학, 생물학적 공격으로 인한 우연한 죽음이 포함되지 않는다. 메더워(Medawar)의 비유대로, 유리 제품은 물리적 사고로 "죽는다". 쟁점은 생명체뿐만 아니라 유리 제품 역시 자연적인 죽음에, 즉 아무런 사고가 없는 상황에서도 불가피하게 일어나는 죽음에 이르는지 여부이다. 메더워는 이 문제를 다루어온 많은 생물학자들과 마찬가지로 모든 죽음은 근본적으로 우연이라는 의견이다. 잠재적으로 모든 생명체는 영원하다. 그러나 그는 실제 노화가 무엇인지 설명하는 흥미로운 내용을 덧붙인다. 똑같은 사고가 일어났을 때 젊은 생명체보다 늙은 생명체가 죽기 쉽다.[24] 이는 생명체에 죽음을 가져오지 않는 모든 사고는 다음 사고에 대한 취약함을 증가시키는 상처를 남긴다는 말이다. 한번 혹은 가끔 두, 세 번 심장 발작을 겪고도 살아남을 수 있지만 스무 번을 넘기기는 어렵다. 얼굴을 찡그릴 때마다 눈에 보이지 않는 새로운 주름이 생기고 오래된 주름은 깊어진다. 이렇게 피부 기능의 효율성은 낮아진다. 노화는 생명체가 지속적으로 사고에 노출됨에 따라 '주름'이 많아지고 깊어지는 것이다. 우연이 필연을 완전히 압도하여 생명체가 죽는 때까지 우연은 점진적으로 필연을 잠식한다고 말할 수도 있을 것이다.[25] 노화는 **시간**상 작동하는 원인들이 누적된 결과일 뿐이다. 달리 표현하면 이는 이력 과정이다. 그리하여 우리는

p. 192n에 나와 있듯이. 게다가 유성 생식에서도 출산 후 어미는 그전과 똑같은 개체가 아니라고 말할 수도 있을 것이다.

24 이 입장과, 생명체가 x살 때까지 살 수 있는 출생 당시의 확률은 노화가 없더라도 x에 따라 감소한다는 분명한 사실을 혼동해서는 안 된다.

25 자주 하나의 설명이 추가적인 의문을 만든다. 메더워(P. B. Medawar)에 공감하는 사람들은, 위 법칙이 아메바에 적용되지 않는다면, 이는 상처를 입은 아메바는 상처가 너무 심해지기 전에 유성 재생을 통해 상처를 제거하기 때문이라고 아주 비슷하게 말하곤 한다. 그러나 이제 문제는, 예외가 있다면 그 이유를 찾는 것이다. 공공연한 사실을 인정하는 것으로는 충분하지 않을 것이다.

"인간은 태어나면서 죽기 시작한다"는 자이나교[인도에 현존하는 불교만큼 오래된 종교—옮긴이]의 변증법적 철학자의 말에 동의할 수도 있다. 어쨌든 노화에 대한 설명은 본질적으로 한쪽 방향인 객관적인 **시간**의 존재를 전제로 한다. 그렇지 않으면 죽음은 이도저도 아니게 탄생을 앞서거나 뒤설 것이다.

예상대로 엔트로피가 설명에 포함되지만, 시간의 화살로서는 아니다. 엔트로피는 성장하는 동안 감소하고 소멸하는 동안 증가한다. 따라서 우리가 생명체의 엔트로피 수준을 결정할 수 있더라도, 두 상태 중 어느 상태가 먼저인지 말할 수 없을 것이다. 또한 각 상황에서 엔트로피가 증가하는지 아니면 감소하는지 알아야만 할 것이다. 그러나 이 지식은 이미 시간의 화살을 전제로 한다.

수식으로 표현된 생화학적 현상의 수는 끊임없이 늘어나지만, 이 식들 중 어느 것도 생물학적 시간의 화살에 대한 토대를 제공하지 못한다.[26] 이 양적 결과들이 먼저 의식의 흐름과 관계되고, 그다음 엄청난 양의 질적 설명을 덧붙여서 하나의 그림으로 딱 맞게 결합되지 않는다면, 개별 혹은 집단적인 생명체에 대한 어떤 설명도 불완전하고 무의미한 것은 이 때문이다. 따라서 생물학, 더더욱 사회과학에서 변증법적 개념을 추방하는 것은 스스로를 마비시키는 것과 마찬가지일 것이다.

5. 진화는 불가사의한 개념이 아니다

앞의 분석은 단지 진화 개념의 인식론적 어려움과 그로 인한 진화 과정 연구의 어려움을 지적하고자 한 것이었다. 이로써 진화가 불가사의한 개념이라고 할 의도는 전혀 없다. 이 점을 분명히 하기 위해, 진화하는 개별 세계의 수가

26 불가피하게 다소 전문적이지만, 이 문제에 관한 매우 유익한 분석으로 Blum, *Time's Arrow and Evolution*을 보라.

일정하게 존재하는 우주라는 그림으로, 내가 다른 대안들보다 지적으로 훨씬 더 흡족하다고 확신하는 그림으로 돌아가 보자.

확실히, 이 그림에 따르면 절대적인 새로움을 믿어야 할 이유는 없다. 정상(定常) 상태에서는 근본적으로 새로운 어떤 일도 일어날 수 없기 때문이다. 일시적으로만 존재하는 각각의 세상들은 본질적으로 똑같은 이야기를 되풀이한다. 그럼에도 이런 우주에는 생물학적 의미와는 다른 의미이지만 진화가 존재한다. 생물학의 견해는 비슷하지만 똑같지 않은 개체들의 집단, 즉 종만이 진화할 수 있다. 개체는 절대 진화하지 않으며, 단지 태어나 살다가 죽는다. 여기 제안된 의미에서 진화는 은하, 생물종, 작은 벌레 등 우주의 모든 개별 부분의 일생에 나타난다. 이는 자연에서 끊임없이 일어나는 수많은 생성과 소멸의 사건들에서 탄생과 죽음을 연결하는 과정이다. 좀 더 분명하게 설명하기 위해 비유를 들어 말하자면, 변치 않는 우주는 전체적으로는 똑같으면서 인간의 사고력을 자극하는 온갖 야단법석을 품고 있는, 거대하지만 고립된 환상(環狀) 교차로와 같다. 진화하지 않는 우주에 대해 우리는 이제 자연 법칙들이 시간에 따라 변화한다고, 즉 어떤 자연 법칙들은 일렘[ylem: 우주 기원 물질—옮긴이]이 물질로 바뀌기 전에만, 또 다른 법칙들은 그 후에만 적용된다고 가정할 필요가 없다. 완전한 지식은 이제 원시 은하의 일렘에서 먼 훗날의 인간, 아니 초인의 출현을 알아볼 수 있는 조물주의 배타적인 특권이 아니다. 생물학자가 많은 박테리아가 생겨나 죽음에 이르는 것을 관찰한 후에야 새로운 박테리아의 전형적인 생애를 설명할 수 있는 것과 똑같이, 어떤 신비한 통찰력도 없이 평범한 지능만 가졌지만 억겁의 시간동안 존재하면서 여러 은하 사이를 옮겨 다닐 수 있는 도깨비는 모든 순간적인 과정들을 완벽하게 알 수도 있을 것이다. "평균적으로 하나에 대해 성립하는 것은 모두에 대해 성립한다"는 원리는 두 경우 모두에 적용될 것이다. 그렇지만 내가 주장하는 것처럼 자연 법칙들이 무한히 많다면, 우리의 가상의 도깨비도 매우 길지만 유한한 시간동안 모든 것을 알아내는 최고의 과제를 수행할 수 없을 것이다. 우리는 또다시 조물주에게 의존해야 할 것이다.

그러나 아마도, 우리가 도깨비에게 부여한 예외적인 성질들은 다른 (알려지지 않은) 자연 법칙들에 위배되며, 따라서 그 존재는 이론적인 논의에만 한정될지 모른다. 이 문제는 접어두고라도, 아무리 낙관적으로 예상하더라도 인류가 우리가 도깨비에게 부여한 예외적인 조건들을 궁극적으로 충족시킬 것이라는 희망은 정당화되지 않는다. 은하의 깜박임보다도 짧은 수명을 가지고 한 점의 공간에 제한된 인류는 애벌레가 기거나 나비가 나는 것을 절대 목격하지 못하는 운명을 지닌 번데기와 똑같은 상황에 있다. 그렇지만 차이는, 인간은 인류의 번데기 시기 전후를 궁금해한다는 것이다. 과거에 무슨 일이 일어났었는지, 특히 미래에 무슨 일이 일어날지 궁금해한다는 것이다. 인간 지성의 위대함은 의문을 갖는다는 것이다. 아인슈타인이 아름답게 표현하였듯이, "이제는 놀라움에 멈칫하지 않고 경이로움에 넋을 잃지 않는 사람은 이미 죽은 것과 같다".[27] 인간 지성의 약점은, 자신이 조물주에 버금가는 통찰력을 갖게 되어 자신의 조건들이 반복적으로 관찰하도록 허용하는 것 너머로 자신의 지식을 확장할 수 있다는 내적 희망을 품고 조물주의 능력을 숭배하는 것이다.

따라서 한 번만 일어나는 사건이라는 생각이 지적 불쾌감을 유발하고 흔히 전적으로 터무니없다고 공격받는 반면, 되풀이하여 관찰할 수 있는 현상들은 억누를 수 없는 매력으로 작용하는 이유를 이해할 만하다. 또한 과학자들이 오랫동안 (브리지먼이 표현한 대로) "끈질긴 원죄"처럼, 모든 종류의 기계론적 도그마에 대하여 특별한 매력을 느껴온 것 역시 이해할 만하다.[28] 자연에는 우리가 가장 잘 아는 범주의 현상밖에 없다는 믿음은 위안을 준다. 그리고 물론, 만일 변화가 기계적인 운동만으로 이루어져 있다면, 진화는 과학 지식에

---

27 *The Great Design*, ed. F. Mason(New York, 1936), p. 237에 인용.

28 P. W. Bridgman, *The Logic of Modern Physics* (New York, 1928), p. 47.

서 차지할 자리가 없는 불가사의한 개념일 것이다. 그렇지만 앞에서 보았듯이, 우리 주변이나 내부에서 일어나는 모든 일들을 아래 옛 동요가 말해준다고 믿는 것은 훨씬 더 불가사의하다.

아, 용감한 옛 요크 공작이여
공작은 만 명의 병사를 거느렸네.
언덕 위로 함께 행진해 올라갔다가,
다시 언덕 아래로 내려왔네.
그들이 올라갔을 때, 위에 있었고,
그들이 내려왔을 때, 아래 있었고,
그들이 반쯤 올라갔을 때,
그들은 위에도 아래에도 없었네.[29]

거대한 조직체들의, 특히 인류의 종의 진화가 약간 불가사의하게 보인다면, 거기에는 단지 두 가지 이유가 있다. 첫째, 모든 자연 현상들이 위 동요의 형태를 따르지는 않으며, 둘째, 인류의 조건은 자연을 단지 한번, 좀 더 정확하게 말하면, 일부분만 관찰할 수 있는 그런 상태에 있다. 오직 이것이, 심프슨(G. G. Simpson)이 이름붙인 대로, 진화가 '문제 중의 문제'이며, 인간이 매우 불완전한 방법으로 파악할 수밖에 없는 근본적인 이유이다. 이렇게 (마땅히) 수수하게 표현하더라도, 이는 엄청나게 거대한 문제이다. 따라서 인간이 되풀이해서 계속 관찰할 수 있는 현상들에 관한 연구에 사용된 도구들과는 다른 다양한 도구들을 가지고 이 문제에 접근해온 것은 조금도 놀랍지 않다. 생물학적 진화든 사회학적 진화든, 진화 연구자들은 일반적으로 역사적 경향

29 *The Oxford Dictionary of Nursery Rhymes*(Oxford, 1951), p.442. 처음 원전은 A. S. Eddington, *The Nature of the Physical World*(New York, 1943), p.70이었다.

을 찾으려 했다. 널리 인정되고 있는 것처럼, 역사적 경향의 존재는 몇 가지 복잡한 문제들을 야기하며, 이는 역사적 경향을 거부하는 것이 논리실증주의자들뿐만이 아닌 이유이다. 그러나 앞에서 설명한 내용을 다시 생각해보면, 비(非)진화 현상들 탓이라고 생각한 (객관적인 과학의 명백한 주춧돌로 여겨지는) 규칙성도 모든 역사적 경향과 똑같은 인식론적 기반 위에 있다. 다른 역사적 경향들을 전혀 인정하려 하지 않으면서 수평적인[변화가 없는—옮긴이] 역사적 경향만을 그렇게 존귀하게 취급하는 어떤 특별한 이유가 있는가? 나로서는 어떤 이유도 알지 못하며, 또한 상상할 수도 없다. 게다가 수평적인 경향만 중시하는 차별은 논리적인 자멸이다. 일단 우리가 수평적인 경향의 타당성을 받아들이면, 이를 모든 선형의 경향으로 확대해야 한다. 선형인 경향의 기울기는 수평적이다[기울어진 직선의 기울기가 상수이다—옮긴이]. 그다음, 이차 포물선의 기울기는 선형 경향을 갖기 때문에 우리는 이차 포물선으로 나타나는 모든 경향을 타당한 것으로 받아들여야만 한다. 이 알고리즘의 논리로 인해 우리는 해석학적 함수로 표시되는 모든 경향을 받아들일 수밖에 없다.

추측건대, 역사적 경향을 거부하는 많은 사람들은 해석학적 경향이 존재한다는 데는 궁극적으로 동의하지만 비(非)해석학적 경향에 대해서는 아니라고 할 것이다. 이 입장을 옹호하기 위하여, 그들은 해석학적 함수의 특징을, 아무리 좁은 유한한 구간이라도 그 값들을 알면 전체 함수를 완전히 결정할 수 있다는 특징을 인용하기까지 할지도 모른다. 그들은 우리가 (극단적인 예로) 단 1초 동안 해당 현상들을 관찰하여 그 해석학적 경향을 완벽하게 결정할 수 있기 때문에 결과적으로 해석학적 경향에는 객관적인 실재가 있다고 말할 수도 있다. 물론 이는 객관적인 태도이다. 그러나 이런 완벽한 규정들이 대개 그러하듯, 여기에는 장애물이 있다. 모든 조심스런 통계학자들은 반드시 이에 유념해야 한다. 진화하는 현상의 경향이 전체적으로 해석학적이라고 어떻게 확신할 수 있는가? 혹은 부수적인 문제를 언급하자면, 해석학적 경향을 따르는 진화 현상들의 범주가 있다고 사전(事前)에 가정할 어떤 이유들이 있는가? 개별 동물은 우리가 척추 뼈 한 개에 관한 지식으로부터 몸 전체를 재구성할 수 있는 방식으로 만들어졌다는 퀴비에의 유명한 견해와 해석학적 함수의 성질 사이에는 분명한 유사성이 있다. 그러나 퀴비에는 그 견해를 만들어내고 사용하기 전에 수천의 완전한 동물들을 연구하였다. 퀴비에와 달리, 우리에게는 생물학과 사회과학 모두에서 진화하는 존재들에 대한 빈약한 토막 기록들만 있을 뿐이다. 게다가 오늘날 생물학자들은 퀴비에의 견해가 그가 생각했던 것만큼 완벽하지 않다는 것을 알고 있다. 천문학자들은 아직도 성운 한 개의 물리적 진화와 씨름하고 있다. (각 국가들의 인구나 통화 가치의 진화같이 간단한 몇몇) 진화 현상들을 해석학적 공식으로 예측하는 데 수많은 대실패를 겪은 후에 도달한 합리적인 결론은 진화 법칙들이 해석학적 표현을 따르지 않는다는 가정을 받아들이는 것이다.

아마도 자연의 모든 진화 법칙은 **변화**의 법칙이며, 각 유형의 현상에 대해 하나씩 존재하는 이 법칙들은 생물학자가 예컨대 곤충의 생활 형태를 설명하는 방법에서 볼 수 있는 것과 같이 (일부는 측정할 수 있고, 일부는 아닌) 질(質)들의 단순한 연속으로 표현된다. 이 생활 형태를 물리학자가 사용하는 종류의 일반적인 인과율 법칙들의 사슬로 환원할 수 없는 생물학자의 어려움은 자연에서 예외라기보다 정상적이라고 나는 믿는다. 모든 것에 대하여 작용인(作用因)을 찾지 못하는 우리의 무능력이 자연에 법칙이 없다는 의미가 아니라는 (앞 장에서 언급한) 논점에는 상당히 신빙성이 있다. 그러나 이는 자연이 모든 면에서 해석학적 법칙들의 지배를 받지는 않는다는 것을 시사한다. 그 결과는 "진화는 완전히 질서정연하지도 완전히 무질서하지도 않다"는 심프슨의 세련된 결론에 명확하게 담겨 있다.[30] 또한 심프슨의 뛰어난 주장에서 다음 논점이 확연하게 드러난다. "A는 B 다음이다"는 말이 한 범주의 개체들

30 Simpson, *Meaning of Evolution*, p. 185.

에 대해서만 성립하는 흔한 예들로 보아 진화는 무질서하다. 이런 상황에서 우리가 할 수 있는 최선은 어려움과 불확실성에도 불구하고, 역사적 경향을 발견하려 노력하는 일이다. **존재의 법칙**[사물이나 사실들 사이의 관계를 표현하는 명제—옮긴이]에 대한 열쇠는 무한히 많은 자리수와 복잡한 성질을 가진 수(數)에 비견될 수 있다. 그 놀랄만한 수의 최소한 몇몇 자리수의 값이라도 찾는 데 도움이 될 수도 있다는 어떤 합당한 희망을 주는 한 모든 수단은 유용하다. 그러나 기계적 운동 법칙들만으로 모든 자리수를 알아낼 수 있게 되리라는 믿음은 어리석고 무모하다.

마지막으로, 진화 문제에서 무한반복의 환원할 수 없는 역설을 깨달은 사람들이 있다. 인간 사회의 진화에 관한 연구는 그 연구 자체에 대한 연구를 포함한다는 주장이다.[31] 그리고 모든 자기 자신의 진화 연구에는 모순이 있다는 데는 의심의 여지가 없다. 그러나 똑같은 생활 패턴의 서로 다른 다양한 국면에 있는 여러 사람들을 관찰함으로써 자신의 삶에 관하여 많은 것을 배울 수 있다는 사실에서 쉽게 알 수 있듯이, 절대적인 새로움이 없을 때 진화 개념에는 아무런 역설이 없다. 모든 진화 과학의 어려움은 인류가 다른 '인류들'을 관찰하지 못한다는 사실에서 비롯된다.[32] 우주가 **시간**을 초월한 법칙

---

31 예컨대 Popper, *Poverty of Historicism*, pp.80 등.

32 내가 처음 이 장을 『AE』의 부분으로 썼을 때(1963년), 호일(Fred Hoyle)은 겉보기 불변 상태 우주에 대한 우주론적 가정을 버리지 않았었다. F. Hoyle, "Recent Developments in Cosmology," *Nature*, *208*(1965) 113에서 그는 이 가정을 버렸지만, 나는 이 절의 주장을 달리할 필요를 느끼지 않는다. 그 이유는 여러 가지이다. 첫째, 우주에는 나 자신의 의미에서 진화가 있으며, 이 진화를 기계적 운동으로 환원할 수 없다는 나의 주안점은 우주가 겉보기 불변 상태에 있든, '빅뱅'으로 태어난 팽창하는 **전체**이든, 하나의 '빅뱅'과 하나의 "갑작스런 수축" 사이를 오가는 닫힌계든 아무 상관이 없다. 둘째, 단일 '빅뱅' 가설에서만 나의 상상 속 도깨비는 아직도 펼쳐지지 않은 진화 법칙들을 발견하지 못할 것이며, 진화는 인간에게 '불가사의'인 것처럼, 도깨비에게도 그렇게 남아 있을 것이다. 그러나 이 가정은 유한한 우주라는 아인슈타인류(類)의 생각과는 잘 어울리지 않는다. 따라서 겉보기 불변 상태 가정과 대별되는

들의 지배를 받는 변치 않는 실체라면, 자연에는 항상 다수의 인류가 있어야만 한다.

유일한 가정은 우주가 진동하는 계라는 것이다. 한편, 물리학자들의 이해 범주에서 보면 모든 진동은 감쇠해야 한다. 따라서 우주는 궁극적으로, 호일이 현재 주장하듯이("Recent Developments in Cosmology"), "중간의 정지 상태에서" 멈추어야만 한다. 셋째, H. Poincaré, *Leçons sur les hypothèses cosmogoniques*(우주론 가설에 관한 교훈)를 정독해보면, 누구나 우주론 가설들이 매우 짧은 주기의 유행임을 알 수 있을 것이다(또한 Fred Hoyle, *Galaxies, Nuclei, and Quasar*, New York, 1965, p. 24에 나오는 비관적인 언급을 보라). 진화하지 않는 우주라는 가정이 다른 주장들의 (예컨대 앞에서 언급된 아레니우스의 가설을 떠올릴 수도 있다) 지지를 받으며 유행했던 과거에 유행한 시기가 있었다. 나는 감히, 분명히 진동하는 것은 우리의 우주론 가설들이며, 우리는 또다시 겉보기 불변 상태 우주 가설로 돌아갈 것이라는 생각을 해본다. 이 생각에는 중요한 이유가 있다. 내가 앞에서 주장한 것처럼, 겉보기 불변 상태 가설은 지적으로 가장 만족스럽다[이 지면들이 조판된 직후 나의 눈길을 끈 최근 개론 논문은 이 상황이 내가 상상한 것처럼 일반적이라는 것을 보여준다. G. de Vaucouleurs, "The Case of Hierarchical Cosmology," *Science*, February 27, 1970, pp. 1203~1213].

9장

과정의 해석학적 표현과 생산경제학

1. 부분 과정과 그 경계

간혹 전문용어가 제대로 된 출처 없이, 즉 정확하게 정의되지 않고 놀라운 속도로 과학 문헌들을 통해 퍼져나간다. 사람들은 실제로 전파가 빠를수록 용어의 의미가 아주 명확하며 모두 잘 이해하고 있다고 생각한다. 가장 눈에 띄는 예 중 하나가 '과정'이다. 과정은 **변화**일 수도, 아닐 수도 있기 때문에 특히 당혹스런 개념이다. 3장에서 보았듯이, **변화** 개념을 둘러싼 난해한 쟁점들로 인해 철학자들은 대립적인 두 학파로, **존재**만 있다고 주장하는 학파와 **생성**만 있다고 주장하는 학파로 나뉘어졌다. 그렇지만 과학은 두 학파 어느 쪽도 따를 수 없다. 그렇다고 둘의 변증법적 통합을 통해 '**존재는 생성**'이라는 헤겔을 따를 수도 없다. 과학의 특성 상 사물과 사건을 구분해야 하기 때문에 **존재**와 **생성** 둘 다 실재한다는 소위 통속철학만 받아들일 수 있다. 앞에서 논의한 것처럼, 영원히 성공할 수는 없지만, 과학은 처음부터 끝까지 해석학적 자세를 견지해야 한다. 과학에는 과정을 해석학적으로 표현하는 방법에 대한 명확한 개념이 있어야 한다. 그러지 않고 시작하는 것은 중요한 오류의 원천이 되기 쉽다. 양자 현상에서의 입자와 파동의 대립으로 인해 물리학자들은 관찰한 과정을 해석하는 데 더 주의를 기울여야만 했다. 사회과학에서는, 특히 실제 데이터와 동떨어진 탁상공론이 흔한 경제학에서는 '과정'을 남용하여, 원하는 거의 전부를 지칭하는 데 이 용어를 사용한다. 생산과정 같은 경제이론의 기본 요소를 표현하는 다양한 수학적 공식들을 보라. 이 공식들의 기호가 실제 의미하는 것에 대한 관심은 실질적으로 전무하다.[1]

과정을 해석학적으로 설명하는 방법에 접근할 때, 최소한 한 부분에서 **변화**의 변증법을 따라야 한다. **변화**를 사물과 (헤겔의 편리한 용어를 사용하면) '그 타자(他者)' 사이의 관계와 동떨어져서는 상상할 수 없다. 나무를 과정으로 볼 때, 머릿속에서 그 나무와 그 나무가 아닌 다른 모든 것을 대립시킨다. 이 대립을 항상 완전히 인식하지는 않더라도 마찬가지이다. 영원한 존재로 있는 우주 전체에는, 즉 완전한 전체성에는 '그 타자'에 해당하는 것이 없기 때문에, 이에 대해서만 **변화**가 무의미하다. 이런 전체성 내에도 분명 **변화**가 있지만, 이를 발견하기 위해서는, 그 속으로 들어가야 한다. 좀 더 정확하게 말하자면, 전체를 부분, 즉 부분 과정으로 나누어야 한다. 필연적으로 부분 과정은 아낙사고라스가 현실과 동일시한 이음매 없는 **전체**에 끼어들어간 틈들을 의미한다.[2] 변증법에 너무 깊이 들어가지 않더라도, 여기서 부분 과정 개념의 변증법적 어려움을 인식하게 된다. 누구도 생명체가 부분 과정임을 부인하기 힘들며, 대부분 그렇게 생각한다. 하지만 닐스 보어가 일깨우듯이, 모든 경우에 특정 원자가 해당 생명체에 속하는지 아니면 '그 타자'에 속하는지 말하기는 거의 불가능하다.[3] 경제학자들 역시 A 회사가 B 회사에서 빌린 트럭에 C 회사 물건을 싣고 고속도로를 달릴 때, 그것이 어느 회사의 활동인

1 저자의 논문, "Chamberlin's New Economics and the Unit of Production," chap. 2 in *Monopolistic Competition Theory: Studies in Impact*, ed. R. E. Kuene(New York, 1967), pp. 38~44에 이 상황과 관련 오류들이 나와 있다.

2 3장 각주 32를 보라.

3 Niels Bohr, *Atomic Physics and Human Knowledge*(New York, 1958), p. 10.

지 결정하기 어렵다. 마르크스의 질문은 훨씬 더 복잡한 예이다. 자본주의 제도에서 자본가는 고용한 노동자를 본질적으로 소유하는가? 여기서 (이 책에서 사용하는 의미의) 변증법 개념[2장 4절 참조—옮긴이]과 계량형태 개념을 대립시키는 똑같은 쟁점에 부딪힌다. 해석학에서는 개별 과정과 '그 타자' 사이에 반(半)그림자가 없다. 반그림자가 있으면, 이를 또 다른 부분 과정으로 만들어야 하며, 그다음에 두 개가 아닌 세 개 부분 과정으로 끝맺어야 한다. 결국 무한반복에 빠져든다.

다른 경우들처럼 이 경우에도, 몇 가지 과도한 단순화를 통해 분석하고, 단순화의 결과들을 완전히 무시해야 한다. 먼저 실재를 두 조각으로, 주제에 대한 관심으로 결정되는 부분 과정 조각과 그 환경으로 나눌 수 있다고 가정한다. 이 두 조각은 계량형태 간극으로 이루어진 해석학적 경계로 분리된다. 이 방식으로 어떤 순간에나 실제로 진행하는 모든 것은 해당 과정 혹은 그 환경의 일부이다. 따라서 과정에 대한 해석학적 설명에 필연적으로 포함시켜야 하는 첫 번째 요소는 해석학적 경계이다. **해석학적 경계가 없으면, 해석학적 과정도 없다.** 어디에 경계를 그을지 전혀 생각하지 않고 과정에 대하여 논하는 것을 간혹 볼 수 있는데, 이런 경우 '과정'이라는 용어를 단순히 남용하고 있는 것이다.

전체에는 이음매가 없기 때문에, 부분 과정의, 혹은 그냥 과정의 해석학적 경계를 어디에 그을지는 간단하지 않다. 플라톤의 주장과는 반대로, 실재에는 분할에 도움을 줄 마디도 없다.[4] 원하는 대로 아무렇게나 실재를 나눌 수도 있지만, 단순한 변덕으로 만들어진 임의의 경계로 과학적 의미를 가지는 과정을 결정할 수 있다는 의미는 아니다. 이미 분석을 통해 실재에 대한 연구를 전문 분야들로, 고유한 **목적**을 가진 여러 분야로 각기 나누어놓았다. 모든 과학 분야에는 그 특별한 목적에 적합한 곳에 과정의 경계가 그려져 있다. 예

4 3장 각주 33을 보라.

컨대 화학의 현상 영역에 관한 깊은 지식이 없다면, 적절한 경계를 그을 수 없다. 달리 말하자면, 해석학적 과정은 해당 목적에서 분리할 수 없으며, 결과적으로 그 자체로 근본 개념이다. 즉, 해석학적 과정은 논의와 예로 명백하게 할 수는 있지만 의례적인 정의를 통해 다른 개념으로 환원할 수 없다.

과정의 경계를 좀 더 생각해보면, 그런 경계에는 필연적으로 두 개의 독특한 해석학적 요소가 있다는 것을 알 수 있다. 한 요소는 어떤 순간에나 과정을 그 '환경'과 비교한다. 더 좋은 용어가 없기 때문에, 이 요소를 과정의 **전면**이라고 하자. 그렇지만 이 용어 때문에 과정의 전면이 지리적이라고, 즉 공간적이라고 오해해서는 안 된다. 생각 자체는 부분 과정이지만, 한정된 공간 내에 생각이 밀폐되어 있다고 말할 수는 없다. 많은 사회학적·정치적 과정에 대해서도 마찬가지이다. 과정이 자체의 전면을 바꾸는 것이라는 점은 또 다른 난제이다. 그러나 참나무와 거기서 자라난 도토리가 **동일한** 과정에 속한다는 것을 인식할 수 있으면, 이를 극복하기는 어렵지 않다. 일반적으로 지식에 대한 모든 연관을 부정하지 않는다면, 이 인식기능을 부정할 수 없다.

또한 경계에는 시간 요소인 과정의 **지속시간**도 있어야 한다. 분석 과정이 시작하고 끝나는 시점을 명확히 해야 한다. 과학을 위해 자연을 부분 과정들로 나눌 때, 모든 과정의 시간 요소는 필연적으로 유한한 시간 구간이어야 한다. 과정은 $t_0 > -\infty$인 어떤 시점에 시작하여, $t_1 < +\infty$인 어떤 시점에 끝나야 한다. 만일 $t_0 = -\infty$이면 그 과정에 포함되었던 모든 것을 알 수 없으며, 만일 $t_1 = +\infty$이면 그 과정에서 진행된 모든 것을 알 수 없다. 몇몇 특별한 경우에는 추정할 수도 있지만, 확실하게 하려면 지속시간은 유한해야 한다. 똑같은 이유 때문에 분석 과정 범주에서 $t_0 = t_1$인 경우도 제외해야 한다. 화이트헤드의 의견을 돌이켜보면, 지속시간이 없는 과정은, 즉 한 시점의 사건은 자연의 근본적인 사실로서 무의미하다. 영구적인 과정처럼, 한 시점의 과정은 2차 해석학적 개념이며 근사를 통해서만 도달할 수 있다.

무엇보다도 과정에는 사건이 관계한다. 사건을 해석학적으로 표현하는 방법이 다음 문제이다. 그러나 이 새로운 문제를 논의하기 전에 두 가지 주목할 내용이 있다.

첫째, 과정을 경계로 식별하기로 함으로써 경계 내부에서, 즉 과정 안에서 일어나는 것에 대한 서술을 사실상 포기한 셈이다. 만일 내부에서 일어나는 일에 관하여 무언가 알려고 한다면, 그 과정을 나누는 또 다른 경계를 그리고, 과정을 따로따로 연구할 두 개 과정으로 나누어야 한다. "경계가 없으면 과정도 없다"는 단순한 원칙 때문에, 이 과정들은 새로운 경계가 그어지기 전에는 해석학적 설명의 일부분이 될 수 없다. 역으로, 이런저런 이유 때문에 두 과정을 합쳐 생긴 과정에만 집중할 필요가 있으면, 그 과정들을 분리하는 경계와 그 경계로 연결된 모든 것을 해석학적 설명에서 제외해야 한다. 만일 한 과정의 내부에서 일어나는 모든 일을 완전하게 설명하고자 하면 무한반복에 빠질 것이며, 이를 해결하려고 하면 해석학적 구조물로 실재를 표현하는 어떤 계획에나 내재하는 결점이 드러난다. 실제로, 일련의 해석학적 경계로 자연을 나누는 데는 끝이 없다. 이 알고리즘의 극한은 모든 과정이 시공간에서 한 시점의 점으로 환원되는 추상적인 행렬이다. 따라서 모든 부분 과정들이 실재에 대한 설명에서 사라질 것이다. 달리 표현하면, **존재**와 **생성** 모두 실재한다는 자세에서 출발한 분석은 결국 **존재**와 **생성** 모두 실재하지 않는 행렬이 되어버린다. 물질 내부로 계속 들어가는 것이 목적인 물리학에서 물질이 원자와 같은 입자들로, 즉 크기는 있지만 더는 쪼갤 수 없는 입자들로 만들어져 있다는 생각에 항상 집착하리라고 확신하는 이유는 바로 이 해석의 모순 때문이다.

둘째, 과정의 지속시간이 t_0에서 시작하여 t_1에서 끝날 때, 이 단어들을 가장 엄격한 의미에서 생각해야 한다. $t < t_0$ 혹은 $t > t_1$일 때 해석학적 과정은 사라진다. 이는 선택한 지속시간 외에는 실재의 해당 부분이 존재하지 않는다는 의미가 아니다. t_0 전에 실제 일어난 일과 t_1 이후에 일어날 일로부터 추론해야 한다는 의미이다. 이에 해당하는 정신 작용은 분명하다. 본질적으로 해석학적 과정을 서로 다른 백지 상태들의 연결로 보아야 한다.

2. 부분 과정의 해석학적 좌표

과정을 해석할 때 과정의 안팎에서 일어나는 일을 과정 설명에 포함하지 못하기 때문에, 과정을 설명하는 일은 단지 경계를 넘나드는 것을 기록하는 일로 환원된다. 편의상, 환경에서 과정으로 경계를 넘는 모든 요소를 **투입**이라 하고, 그 반대 방향으로 경계를 넘는 모든 요소를 **산출**이라 한다.[5]

과정을 해석하려면, 여기서 변증법적 질(質)을 떨쳐버리기 위한 몇 가지 대담한 추가적인 단계들을 만들어야 한다. 불연속인 별개의 질들은 그 수가 한정적이고 각각 기수(基數)로 측정 가능한 한, 여전히 설명에 포함된다. 주어진 과정의 경계를 넘나드는 요소들을 $C_1, C_2, \cdots, C_m$으로 표시할 때, 모든 C_i에 대하여 감소하지 않는 두 함수 $F_i(t)$과 $G_i(t)$ — 첫 번째 함수는 시점 t까지의 누적 투입, 두 번째 함수는 t까지의 누적 산출 — 를 결정하면, 해석학적 설명이 완결된다. 당연히 이 함수들은 $[0, T]$와 같이 닫힌 시간 구간으로 항상 표현되는 과정의 전체 지속시간에 대해 정의되어야 한다.

이 해석학적 모형이 이론적 작동 범위 밖에서도 작동하는지는 실재 과정에서 볼 수 있는 요소들의 특성을 조사하지 않으면 알 수 없다. 이를 살펴보면, $F_i(t)$나 $G_i(t)$가 과정의 전체 지속시간 동안 똑같이 0인 요소들이 항상 많이 있다는 것을 알 수 있다. 태양 에너지는 지구상 모든 과정에 대하여 오로지 투입인 전형적인 요소이다. 보통 '폐기물'이라고 표현하는 다양한 물질들은 단지 산출인 요소들이다. 이 모든 경우에 각 요소를 하나의 좌표만으로 표현하여 해석학적 설명을 간단히 할 수 있다. 즉,

$$E_i(t) = G_i(t) - F_i(t) \quad (1)$$

5 여기서 이 용어들의 의미는 정확하다. 최근 경제학에서는 이 용어들을 자본과 노동의 서비스에도 적용하는 등 되는대로 적당히 사용하는 것과는 대조적이다.

산출 요소에 대해서는 $E_i(t) = G_i(t) \geq 0$ 이고, 투입 요소에 대해서는 $E_i(t) = -F_i(t) \leq 0$이다. 실제 어떤 요소인지 아는 데는 $E_i(t)$의 부호로 충분하다.

두 번째 범주의 요소는 리카도가 상정한 토지로, 즉 "원초적이고 파괴할 수 없는 힘"으로만 본 토지로 상징된다. 땅 100평에 씨앗을 뿌려 옥수수를 재배하는 간단한 과정을 보면, 리카도의 토지는 다음과 같다.

(2) $$0 \leq t \leq T \text{일 때 } F_\alpha(t) = 1;$$
$$0 \leq t < T \text{일 때 } G_\alpha(t) = 0, \quad G_\alpha(T) = 1$$

여기서 옥수수 역시 양쪽 모두에 속한다는 것을 알 수 있다. 씨앗으로서 옥수수는 투입이고, 수확물로서 옥수수는 산출이다. 따라서 옥수수 한 부대가 씨앗이고, 열 부대가 수확이면 다음 관계가 얻어진다.

(3) $$0 \leq t < t' \text{일 때 } F_\beta(t) = 0, \quad t' \leq t \leq T \text{일 때 } F_\beta(t) = 1$$
$$0 \leq t < T \text{일 때 } G_\beta(t) = 0, \quad G_\beta(T) = 10$$

여기서 t'은 파종을 한 시점이다.[6] 똑같은 특성을 지닌 수많은 예를 볼 수 있다. 가끔 나오는 특별한 예는 망치를 만드는 데 사용하는 또 다른 망치이다. 약간의 해석학적 세련화를 거쳐 이런 범주의 요소들 역시 단일 좌표로 표현할 수 있다. 그렇지만 아래 4절에 논의한 이유들 때문에, 식 (2), (3) 같은 좀 더 직접적인 표현이 낫다.

세 번째 (마지막) 범주의 요소는 노동자와 도구로 설명하는데, 여기에는 특별한 문제가 있다. 노동자는 과정을 시작할 때에는 **휴식을 취한** 사람이지만, 끝날 때에는 **피로**에 **지친** 사람이다. 도구는 과정을 시작할 때에는 **신품**이지만 끝날 때에는 **중고**이다. 요소 C_i들을 따로 구별하는 해석학적 관점에서 보면,

6 파종과 수확은 과정으로 지속시간이 있다. 그러나 식 (3)의 단순화로 인해 여기서 논의한 내용이 달라지지 않는다.

'동일한' 노동자를 두 가지 다른 존재로, 휴식을 취한 노동자와 피로에 지친 노동자로 나누어야 한다. 표면적으로 이는 단지 실용적인 방법처럼 보인다. 사실상, 이는 정확한 과정의 개념을 질적 변화 개념과 분리하는 난제의, 즉 3장에서 논의한 어려움의 명백한 전조이다. 알다시피, 질적 변화를 제거하면 과정의 해석학적 설명에서 동일함과 같은 기본 개념을 쓸 수 없다. 형식적인 관점에서, 휴식을 취한 노동자 (혹은 새 도구)를 C_k로, 동일한 피곤한 노동자 (혹은 동일한 중고 도구)를 다른 C_j로 나타낸다. 즉, '동일한' 노동자를 투입과 산출로 표시할 수 있다.

(4) $0 \leq t < t'$일 때 $E_k(t) = 0$, $t' \leq t \leq T$일 때 $E_k(t) = -1$
$0 \leq t < t''$일 때 $E_j(t) = 0$, $t'' \leq t \leq T$일 때 $E_j(t) = 1$

여기서 t'과 t''는 ($t' < t''$) 각각 노동자가 과정을 시작하고 끝내는 시점이다. 이렇게 해서 휴식을 취한 노동자와 피곤한 노동자와, 새 도구와 중고 도구를 태양 에너지, 폐기물, 원료 같은 일반적인 투입과 산출로서 똑같은 범주에 포함시킬 수 있다.

이렇게 과정의 해석학적 서술이 완결되었다. 과정을 함수의 추상 공간에 있는 점과 연결하여 다음과 같이 기호로 쓸 수 있다.

(5) $$[\overset{T}{\underset{0}{E_i}}(t);\ \overset{T}{\underset{0}{F_\alpha}}(t),\ \overset{T}{\underset{0}{G_\alpha}}(t)]$$

이 표현에서 아래 첨자 i는 단지 투입 혹은 산출인 요소를, 아래 첨자 α는 투입인 동시에 산출인 요소를 나타낸다. 표현 (5)에서 모든 과정의 지속시간은 T이며,[7] 각각의 함수를 나타내는 일련의 그래프로 이루어진 덜 추상적 형태로 똑같이 표현할 수 있다.[8]

7 생산과정의 경우, Karl Marx, *Capital* (3 vols., Chicago, 1932~1933), II, 272 f에 나오는 마르크스의 편리한 용어, '생산시간'을 대신 사용할 수도 있다.

똑같은 노동자(혹은 도구)를 두 개 요소로 나누는 해석학적 설명 때문에 상황은 복잡해진다. 자연과학이나 사회과학에서 현재 사용하는 다양한 해석학적 모형들이 이 복잡성으로 인해 망가지지 않는 것은 여러 가지 교묘한 장치로 질적 변화 문제를 **처음부터** 제거하였기 때문이다.[9] 예컨대 화학자들은 시험관 같이 반응이 그 안에서 일어나는 물질 구조를 과정의 요소에 넣지 않는 방법으로 화학 과정의 경계를 긋는다. 화학 반응이 열린 공간에서 일어날 수도 있기 때문에 화학자가 시험관을 제외하는 것은 올바르다. 촉매는 리카도의 토지처럼 과정에 의해 달라지지 않지만, 화학자도 (필요할 때) 촉매의 사용을 언급한다. 다른 한편으로, 화학공학자는 염색 용기가 사용되면서 못 쓰게 된다는 것을 잊어버리면 큰 낭패를 본다. 더욱이 경제학자는 생산과정의 해석학적 표현에 이 중요한 경제 요소를, 즉 사용으로 인한 마모를 당연히, 가끔은 명시적으로 고려한다. 이때 경제학자는 회계사가 만들어놓은 관행적인 규칙에 따라 화폐 단위로 가치 하락을 평가한다. 이 해결책은 사실상 생산의 영향을 받는 가격과 이자율이 생산과 무관하다고 가정하는 것이어서, 임의적일 뿐만 아니라 논리적으로 에두른다.

그렇지만 (실질적인 의미에서) 기본적인 생산 모형들을 조사해보면, 어떤 모형에서도 피로에 지친 노동자나 중고 도구는 좌표에 포함되지 않는다. 경제학자들이 과정의 해석학적 표현에 이 요소들을 포함시키지 않는 데는 이미 언급한 형식상 복잡함 외에 다른 이유들이 있다. 경제학자는 철두철미하게

8 이에 해당하는 그래프로, 저자의 논문, "Process in Farming vs Process in Manufacturing: A Problem of Balanced Development," in *Economic Problems of Agriculture in Industrial Societies*, Proceedings of a Conference held by the International Economic Association at Rome(1965) eds. Ugo Papi and Charles Nunn(New York, 1969), pp.497~528의 그림 1을 보라.

9 자주 언급할 중요한 예외는 생산과정에 참여하는 노동자에 관한 마르크스의 해석으로, 이는 *Capital* 1권에서 두드러진 위치를 차지하며, 그 결점에도 불구하고 문헌에서 접할 수 있는 다른 어떤 모형보다 분명 뛰어나다.

상품에 관심을 둔다. 오늘날 어떤 경제학자도, 예컨대 녹아 있는 유리가 투입 혹은 산출 요소가 되도록 과정의 경계를 긋지 않는다. 분명, 녹아 있는 유리는 유리 제품 생산의 필수 요소로, 내다버릴 것이 아니다. 어떤 의미로는 경제적 가치가 있으나 현재 기술에서 상품은 아니다. 상품 개념에는 인간 필요의 변증법적 개별성뿐만 아니라 (특히) 모든 기술 상태에서 상당히 개별화된 과정을 통해 생산이 이루어진다는 사실도 반영되어 있다. 따라서 상품의 범위는 언제나 지배적인 기술에 따라 결정된다. 최근까지 반만 구워진 빵이나 이미 혼합된 시멘트는 오늘날 녹아 있는 유리가 그렇듯이 상품이 아니었다. 경제학자가 관심을 갖는 과정의 경계는 언제나 상품의 유통을 관찰할 수 있는 곳에, 즉 상품이 한 생산 단위에서 다른 생산 단위나 소비 단위로 옮겨지는 곳에 그어진다.

상품인지 아닌지 결정할 수 있는 확실하고 일반적인 규칙은 없지만, 아무리 상상력을 동원해도 피로에 지친 노동자와 중고 도구는 상품이 아니다. 이들은 분명히 각 과정에서 생긴 **산출**이지만, 지친 노동자와 낡아빠진 기계를 만드는 것이 경제생산 목표는 아니다. 중고 자동차와 기존 주택이 가장 눈에 띄는 예외인데, 이를 제외하면 중고 기계에는 적절한 의미에서 시장이, 따라서 '시장가격'이 없다. 게다가, 지친 노동자와 중고 도구를 산업 생산물에 포함시키면, 이런 특별한 상품에 생산비용을 책정해야 한다. 물론 이는 터무니없다. 물리학에서 기본입자 물신주의를, 화학에서 분자 물신주의를 단념하지 못하듯이 경제학에서는 상품 물신주의를 포기하지 못한다.

최소한 미시분석을 위해 이 절의 논의대로 경제과정을 표현하는 것은 아무리 좋게 보아도 매우 성가시다. 우리 앞에 놓인 문제는 과정을 해석학적으로 설명하는 다른 방식이, 즉 어떤 본질적인 요소도 생략하지 않는다는 의미에서 적절하면서도 다루기 쉬운 방식이 있는지 여부이다. 그리고 마모 같은 엔트로피 법칙의 작용은 본질적 요소 중 하나임을 명심하자.

3. 저량과 유량

생산과정을 표현하는 데 경제학에서 현재 사용하는 해석학적 모형들은 두 가지 큰 범주로 나뉘는데, 각각의 관점은 완전히 다르다. 두 관점은 서로 상반되지만, 수학적 모형의 시대가 열리기 오래전부터 경제학에 나란히 있었다. 한 관점은 레온티에프의 정적(靜的) 투입-산출 시스템의 등장과 함께 큰 인기를 얻기 시작하였으며, 과정을 그 유량 좌표로, 즉 명시적으로 "*N*개의 관련 상품 각각의 단위 시간 당 유량 속도"로 모두 설명한다.[10] 겉으로 보기에, 유량 속도는 과정을 구별하는 경계에 따라 (관련 저작에 경계 개념을 전혀 언급하지 않지만) 결정된다. 이 접근 방식을 규정하는, 그리고 유량 모형의 주장과 적용에서 분명히 알 수 있는 고정 관념은 과정을 관찰자가 원하면 아무 때나 오직 외부로부터만 접근할 수 있는 연속으로 진행되는 일로 보는 것이다. 즉, 관찰자는 근무시간 동안 진행 중인 과정의 전면을 넘나드는 유량만 기록한다. 현장에 도착했을 때 이미 과정 내에 있던 것과 현장을 떠날 때 남아 있는 것에는 전혀 관심이 없다. 엄밀하게 말하면, 유량 모형은 백지 상태로 시작하지도 끝나지도 않는다.

과정에 관한 해석학적 표현의 또 다른 유형은 전혀 반대 관점을 보여준다. 과정의 완벽한 표현은 두 개 스냅 사진으로, 관찰자가 현장에 온 순간과 떠나는 순간의 사진으로 구성된다. 달리 말하면, 관찰자는 두 번, 관찰 시간 구간

10 T. C. Koopmans, "Analysis of Production and Allocation," in *Activity Analysis of Production and Allocation*, ed. T. C. Koopmans(New York, 1951), p.36. 저자의 강조. 앞에 암시한 것처럼 이미 비수학적 분야에서는 이 과정 개념을 지지해왔다. 예컨대 G. Stigler, *The Theory of Competitive Price*(New York, 1942), p.109. 똑같은 개념이 레온티에프 투입-산출 시스템의 해석학적 기초라는 것은 그의 주요 업적인 W. W. Leontief, *The Structure of the American Economy: 1919-1939*(2nd edn., New York, 1951), 특히 pp.12 f와 27을 보면 분명하다.

의 처음과 끝에 조사한다. 관찰자는 어떤 순간에도 전면을 넘나드는 것에는 관심이 없다. 이 관점에 따르면, 과정은 해석학적으로 두 개 열로 이루어진 행렬로 표현된다.

$$(6) \qquad \begin{bmatrix} A'_1, & A'_2, \cdots, & A'_n \\ A''_1, & A''_2, \cdots, & A''_n \end{bmatrix}$$

여기서 벡터 (A')과 (A'')은 각각 두 시점 t', t'' $(t' < t'')$에서 경계 내에 있는 상품의 저량을 나타낸다.[11]

앞의 언급에서 몇 년 전 지적한 내용이 아주 명백해진다. 이 두 유형의 모형은 각각 전체 이야기 중 서로 다른 일부만 말하고 있다.[12] 신랄한 예로 $(A') = (A'')$인 경우를 생각해보자. 과정의 전면에 전체 우주가 포함되지 않으면, 달리 말해 고립계를 다루고 있다는 것을 알지 못하면, (6)이 정상(定常) 상태(무언가 일어나는 상태)를 나타내는지 아니면 얼어붙은 집합체(아무것도 일어나지 않은 상태)를 나타내는지 알 수 없다. 유량 모형으로 돌아가, 정확하게 똑같은 유량 좌표를 갖는 두 과정을 생각해보자. 이 경우, 두 과정이 똑같은지 아니면, (특별한 의미에서) 하나가 더 효율적인지 알 방도가 없다. 관찰자는 과정이 진행될 때 외부로부터 접근하기 때문에, 농업 과정의 유량 표현에는 리카도의 토지가 포함되지 않는다.[13] 이 모형의 논리를 엄격히 따르면, 이미 사용하고 있는 도구들도 이런 모형에 포함시킬 수 없다. 우연히 관찰자가 아주 꼼

---

11 John von Neumann, "A Model of General Economic Equilibrium," *Review of Economic Studies, 13* (1945) 2. 저량-과정 개념을 지지하는 수많은 문헌의 예로 다음을 보라. A. L. Bowley, *The Mathematical Groundwork of Economics* (Oxford, 1924), pp. 28 f; J. R. Hicks, *The Theory of Wages* (London, 1932), p. 237; Paul A. Samuelson, *Foundations of Economic Analysis* (Cambridge, Mass., 1948), p. 57.

12 저자의 논문, "The Aggregate Linear Production Function and Its Applications to von Neumann's Economic Model," in *Activity Analysis of Production and Allocation*, ed. T. C. Koopmans (New York, 1951), pp. 100 f을 보라.

13 그러나 뒤에 나오는 각주 30을 보라.

꼼하더라도, 기껏해야 폐기물의 산출 속도를 기록할 것이다. 그러나 모형을 만드는 어느 누구도 이 정도로 꼼꼼하지는 않다.

두 유형의 대립은 유량과 저량 사이의 유명한 이율배반을 떠올리게 한다. 만일 유량 모형과 저량 모형 모두—각 모형이 주장하듯이—과정을 적절히 표현한다면, 유량과 저량 사이의 이율배반은 허구이어야 한다. 공교롭게도, 두 모형은 동등하지도 모순적이지도 않다. 결국 유량, 저량 개념이 엄격히 모순은 아니라는 결론에 도달하기 쉽다. 그럼에도 이 이율배반은 결코 해결되지 않는다.

오늘날 어떤 경제학자도 애덤 스미스가 그의 걸작 맨앞에 썼던, "모든 국가의 연간 노동은 원래 그 국가에 모든 생필품과 편의용품을 공급하는 자금이다"[14] 같은 종류의 서술을 하지 않는다. 이는 흐르는 것과 정지한 것을 혼동하지 않도록 반복적으로 교육받은 이후 분명해졌다.[15] 이와 관련하여 가끔 피셔를 인용한다. "저량은 시간의 한 점과, 유량은 시간의 길이와 관계한다."[16]

모든 간명하게 공식화된 원리들처럼, 이 규칙은 매우 빠르게 퍼져, 실질적으로 모든 사람들이 그 뒤에 있는 생각을 들여다보지도 않고 받아들였다. 형식주의의 현대적인 조류로 인해 이제 아주 쉽게 퍼진 진부한 공식 아래 유량

---

14 Adam Smith, *The Wealth of Nations*, ed. E. Cannan(2 vols., 5th edn., London, 1930) I, 1(저자의 강조). 그러나 놀라움의 절정은 젊은 시절 수학 지망생이었던 왈라스가 소득과 저량을 결합한 것이다. Léon Walras, *Elements of Pure Economics* (Homewood, Ill., 1954), pp. 212 f를 보라. 똑같은 생각이 J. A. Schumpeter, *The Theory of Economic Development*(Cambridge, Mass., 1934), p. 46에서 되풀이된다: "소득이라고 부르는 저장소."

15 돌이켜보면, S. Newcomb, *Principles of Political Economy*(New York, 1886), pp. 316 등에서 뉴콤은 애덤 스미스가 그랬던 것처럼 연간 유량과 자금을 혼동하는 저급한 임금-자금 이론의 오류에 경제학자들을 불러 모은 첫 번째 사람이었다.

16 Irving Fisher, "What Is Capital?" *Economic Journal*, 6(1896) 514. *The Nature of Capital and Income*(New York, 1919), chap. 4에 이르는 그의 후기 저작 대부분에 반복적으로 경고가 나타난다.

과 저량의 이율배반을 묻어버리기가 훨씬 쉬워졌다. 그 공식을 통해 저량과 같은 기본개념을 일신할 가망은 없다. 저량은 항상 속성이 없는 실재로, 즉 일정한 '장소'에 알갱이로 존재하며 해당 시간 구간 중 어떤 시점에서나 기수 측도를 갖는 실재로 인식되었다. 그렇지만 유량은 서로 다른 두 시점의 저량 차이로 간단히 정의되었다. 이 개념은 다음 동어반복의 공식에 명확하게 나와 있다.

$$\Delta S = S(t_1) - S(t_0) \tag{7}$$

여기서 $S(t_0)$와 $S(t_1)$은 각 시점 $t_0 < t_1$에서의 저량의 측정치이다. 이 접근에 이율배반이 숨겨져 있다. 예컨대 두 밀의 수량 차이는 둘이 서로 다른 두 시점에 같은 창고에 있든, 같은 시점에 서로 다른 창고에 있든 밀의 수량이다. 저량과 유량을 혼동하기 쉬운 것은 이 당연한 사실 때문이다. 공식 (7)에 따르면 은행 잔고와 일정 기간 동안의 소득은 모두 서로 구별할 수 없는 화폐로 이루어져 있다. 그러면 재산과 소득을 서로 다른 요소로 취급하는 이유는 무엇인가?

피셔가 의지했던 한 가지 답은, 결국 저량에 대립되는 것은 ΔS가 아닌 $\Delta S/(t_1 - t_0)$, 즉 유량 속도라는 것이다.[17] 유량 속도는 분명히 저량과 본질적으로 똑같지 않다. 그러나 이 차이와 오래된 이율배반의 관계는 단지 피상적이다. 즉, 순간 유량 속도 역시 한 시점을 기준으로 한다. 운전할 때 어느 순간에나 계기판으로부터 차의 속력과 집에서 이동한 거리를 모두 알 수 있다. 그러나 속력의 실제 의미를 모르면, 도심에서 시속 100km로 운전한다고 세우는 교통경찰에게 "여보시오, 그럴 리가 없소. 나는 집에서 나온 후 100km를 운전하지 않았단 말이요"라고 말하기 쉽다. ΔS와 $\Delta S/t$의 차원이 다르다는 데 주의를 기울이면, 이런 오류를 피할 수도 있다. 같은 선상에서, 월급과 월별 은

---

17 Fisher, "What Is Capital?" *Economic Journal*, *6*(1896), pp. 514 f.

행 잔고를 혼동하지 않을 유일한 근거는 차원이 다른 개념들을 분리하여 생각하고 사용해야 한다는 일반 원리이다. 이 특별한 경우 시간의 역할은 뜻밖이다. 피셔의 말은 "높이는 공간에서 한 점과, 기울기는 공간의 길이와 관계한다"는 규칙과 똑같은 형태의 수많은 규칙 중 하나에 지나지 않는다. 이 문단의 시작 부분에 언급한 답은 유량과 저량의 이율배반에 유량 속도와 저량의 차원 차이 외에 다른 중요한 점도 있다는 것을 간과하고 있다.

오늘날 많은 경제 모형에서 저량에서 유량으로, 또 그 반대로 변환하는 데 공식 (7)을 기계적으로 사용하지만, 이 모형들에서 피셔를 비롯한 많은 세심한 분석자들을 당혹케 한 이율배반을 느끼기 힘들다. 공식 (7)을 사용하여 저량에서 유량을 유도할 수 있지만, 임의의 상수 이상에 대해서만 (혹은 어떤 시점에 저량을 알고 있을 때만)[이는 각각 부정적분과 정적분을 의미한다 — 옮긴이]. 유량으로부터 저량을 결정할 수 있기 때문에 저량 모형이 더 포괄적이라는 주장에 의해, 이 이율배반은 함축적이지만 분명하게 부정된다. 이 주장은 저량 모형이 더 낫다고 결론짓는다.[18]

이 말에는 일련의 모형에 분명하게 나타난 오류가, 통계조사원은 국경을 통과하는 것만 기록하는 세관원과 정확하게 똑같은 요소 목록을 내놓아야 한다는 오류가 숨어 있다. 달리 말하면, C_i 요소 목록은 동일 과정에 대한 저량 표현과 유량 표현에서 똑같아야 한다는 것이다.[19] 이는 공식 (7)로 유량 문제

---

18 이 문단의 판단을 지지하는 데 인용할 만한 학자들 중에는 힉스 같은 권위자가 있다. 그는 최근 저서인 John Hicks, *Capital and Growth*(New York, 1965), p.85에서 "저량과 유량을 구분할 필요가 없다. 둘 다 균형을 결정하는 데 정확하게 똑같은 방식으로 관여한다"고 분명히 말하였다. 힉스는 이 책에서 이전의 책, *Value and Capital* (Oxford, 1939)에서처럼 과정을 표현하는 데 선호하는 저량으로부터 유량을 유도하는 데 공식 (7)의 개념을 적용하였다.

19 유동 투입-산출 목록과 자본 투입-산출 목록이 동등한 동적(動的) 레온티에프 시스템 경우를 여기서 인용할 수도 있다. W. Leontief *et al. Studies in the Structure of the American Economy*(New York, 1953), pp.55~58을 참조하라. 사실, 틀에 박힌 모형

를 해결한 자연스런 결과이다. 이 식을 유일한 유량의 정의로 받아들이면, 유량이 있을 때마다 저량이 있어야 하며, 그 역도 마찬가지이다. 당연히 정의에 관한 공식의 한 변에 의미가 있으면, 다른 변도 그래야 한다. 그런데 동일 과정의 유량 요소와 저량 요소 목록 사이에 포함 관계조차 없다는 것을 보여주는 간단한 반증 사례들이 있다. 목록은 보통 중첩된다. 국가통계에는 토지, 길, 댐, 공장 등 어떤 수출입 통계에도 없는 항목들이 있어야 한다. 한편, 대부분 일반 가정에서는 전기 유량을 사용하지만 통계조사원은 거기서 어떤 전기 저량도 보지 못한다. 그러나 부분 과정의 하나로서 미국의 저량이자, 유량인 '생고무' 같은 항목의 경우에도, 저량과 유량은 대개 공식 (7)을 만족하지 않음을 알게 될 것이다.

유량이 필연적으로 그 물질의 저량 감소나 증가를 나타내지는 않는다. 압연기로 들어가는 녹아 있는 유리가 도가니에 있는 녹아 있는 유리의 저량을 감소시키지 않는다. 이는 최종 분석에서 모래, 석탄 등 저량을, 즉 자연에 있는 다른 물질들의 저량을 감소시킨다. 인류의 기원 이래 인류가 소비한 음식의 유량은 창세기에 있었던 저량에서 나오지 않았다. 그리고 이 점을 너무도 분명하게 보여주는 비유를 들면, **시간**은 항상 흐르지만 결코 저량으로 존재하지 않는다.

모든 유량이 하나의 저량에서 나와 다른 저량으로 들어가기 때문에 공식 (7)이 유량 개념을 완벽하게 다룬다는 입장은 앞의 몇몇 장에서 논박한 인식론적 오류에서, 즉 **변화**가 단지 기계적 운동으로만 이루어져 있다는 오류에서 유래한다. 결과적으로, 복잡한 유량 개념은 질적 변화와 밀접하게 연결되어 있으며, 실재의 한 부분에서 다른 부분으로의 운동으로 환원된다. 물론 두

에서는 유량 및 저량 항목에 대하여 똑같은 목록을 사용하고, 모형을 구체적으로 적용할 때 몇몇 좌표를 0으로 놓을 수도 있다. 그러나 그렇게 진행하면 과정의 매우 중요한 특징이 감춰지기 쉽다. 9절을 보라.

개의 저량과 하나의 유량을 공식 (7)로 직접 연결하는 경우들도 있다. 하지만 엄청나게 많은 중요한 경우에서 실제 연결되는 것은 여전히 하나의 저량과 하나의 유량이다. 간단한 예로 도가니에서 압연기로 붓는 녹아 있는 유리의 유량을 생각해보자. 녹아 있는 유리가 순간적으로 유리판으로 굳지 않으면, 일정 시간 동안 축적되는 녹아 있는 유리의 저량을 그려볼 수 있다. 아니면 1900년 이래 생산된 모든 밀을 매 추수기마다 시간을 맞추어 소비하지 않았다면, 지금까지 축적되었을 밀의 저량을 그려볼 수도 있다.

이들 예의 교훈은 평범하다. 유량은 일정 시간 동안 전개된 저량이다. 이 정의의 저량은 바로 앞의 예에서처럼 단지 해석학적 존재일 수도 있고, 혹은 공식 (7)의 ΔS에 해당하는 실제 존재일 수도 있다. 이 정의가 피셔의 의견보다 훨씬 정확하다.

유량이 저량에서 나오든 저량으로 들어가든, 아니면 유량에 사건의 특성이 있든 없든, 유량을 2절의 관계 (1)의 $E(t)$ 같은, 적절한 시간 구간에 대해 정의된 해석학적 좌표로 표현할 수 있다.[20] 간혹, 다소 엉성한 표현에 만족하여 녹아 있는 유리 10톤의 유량이 5시간 동안 생겼다고 할 수도 있다. 이 경우 해석학적 표현은 (S, T) 쌍으로, 여기서 S는 저량이고, T는 시간 구간이다. 따라서 해당 저량과 함께 시간 구간을 명백하게 언급해야 한다. 예컨대 모든 생산 자료 통계표에서 이렇게 한다. 다만, 시간 성분을 S에서 분리하여, '철강 산업의 연간 생산'같이 표의 제목에 포함시킨다. 그러나 앞에서 말했듯이 표의 자료는 저량이다. 유량 속도가 평균 시간 당 2톤이었다고만 말하는 것은, 즉 (S, T) 쌍을 단일 좌표 S/T로 바꾸는 것은 형태를 단순화했을지라도 유량에 대한 완벽한 설명은 아니다.

---

20 분명히 $E(t)$의 본질은 모든 경우에 저량의 본질이다. 간혹 $E(t)$를 순간 유량 속도의 측정으로만, 즉 $e(t) = E'(t)$의 계기 측정으로만 결정할 수 있다. 이 경우 유량은 넓은 의미에서 항상 어떤 물질로 구성되어 있음을 유념해야 한다. 그렇지 않으면 잘못된 계기를 읽어 전압 저량이라고 말할 수도 있다.

4. 자금과 서비스

유량이 반드시 실제 저량에서 나오거나 들어가지 않는다는 말은 생산물이 창조된다는 평범한 사실과 연결된다. 예컨대 자동차 생산과정의 경계를 적절하게 그으면, 생산물의 저량이 없다는 것을 알 수 있다. 역으로, 많은 투입 유량이 생산과정에 들어가는 순간 소멸되는 방식으로 과정의 경계를 그을 수도 있다. 경제용어로 표현하면, 이들은 소비되었다. 이 범주의 투입물에는 재미있는 특성이 하나 있다. 최종 셈을 치를 때 이런 투입물의 일정량이 과정의 완결에 필요하다는 것을 알지만, 한꺼번에 필요한 것이 아니라 단지 어떤 특정 방식으로 오랜 시간 동안 유량으로 필요하다. 예컨대 옥수수 수확 과정의 완결에 필요한 태양 에너지나 강수량을 생각해보라. 도장공은 필요한 페인트를 한꺼번에 전부 살 필요가 없다. 물질의 불연속 단위에서 나타나는 제약이 없다면, 페인트를 연속 유량으로 구입할 수도 있다.

태양 에너지, 강수량, 페인트에 관한 논의가 모든 투입물에 적용되지는 않는다. 다른 종류의 투입물에는 두 가지 연관된 특징이 있다. 첫째, 이 투입물은 과정에서 소비되지 않고, 대신 약간의 흠이 생기지만 과정 끝에 남는다. 도장공의 사다리가 좋은 예이다. 그러나 이 범주의 가장 좋은 예는 정확하게 똑같은 양과 질로 남는 리카도의 토지이다. 이런 투입물 대부분은 나눌 수 없는 물리적 단위로만 존재한다. 그 예로는 노동자뿐만 아니라 사용 후에도 남는 도구가 있다. 이 경우, 토지·도구·노동자는 과정에서 소비되지 않고 과정 중에 사용된다. 이 구분은 올바르다.

이는 새로운 이야기가 아니다. 어떤 물건은 즉시 소비할 수 있지만 어떤 물건은 소비에 시간이 필요하기 때문에 내구성이 있다고 구분한다.[21] 실증주의자는 지속시간이 없는 사건은 없으며, 내구 생산 요소와 비(非)내구 생산 요

---

21 예컨대 Léon Walras, *Elements of Pure Economics*, p. 212.

소를 구분하는 어떤 확실한 선도 그을 수 없다며 이 구분을 공격한다.[22] 하지만 이 입장의 오류는, 문헌에도 나와 있듯이 어떤 물건이라도 그것이 투입되는 과정과 무관하게 내구재와 비내구재로 분류될 수 있다고 보는 데서 비롯된다. 이는 상품을 소비재와 생산재로 나누는 일반적인 이분법의 오류와 비슷하다. 변증법적 반그림자로 분석할 수도 있지만, 반그림자가 논의 전체에 걸쳐 있으면 분석하기 쉽지 않다.

상대적인 기준을 취하면, 분석 요건을 충족하는 방식으로 투입물을 내구재와 비내구재로 분류할 수 있다. 토끼풀 씨앗을 기르는 데 사용하는 토끼풀 씨앗 같은 물질의 동질성이나 도장공의 사다리 같은 물체의 동일성 때문에 투입 요소와 산출 요소를 연결할 수 있으면, 주어진 과정의 투입물은 (소비되지 않고) 단지 사용된 것이다. 다른 경우, 투입물은 소비된다. 물론 실증주의에는 동일성을 인식할 수 있는 어떤 도구도 없기 때문에 이 분류는 변증법적이다. 추가적인 설명을 위해 극단적인 사례들을 들어보고자 한다. 현재 우주선을 소모적인 투입물로 분류하지만 미래 우주선은 연속 사용 가능한 내구성 투입물이 될 수도 있다[우주왕복선은 1981년부터 2011년까지 사용되었다 — 옮긴이]. 단순히 공간과 원래 형태의 물질-에너지를 제외하고 아무런 내구성 투입물이 없는 변화를, 예컨대 빅뱅에서 현재에 이르는 우주 진화를 상상할 수도 있다. 모든 필수품을 가지고 떠나야 하는 사하라 사막 탐험은 또 다른 예이다. 마지막으로 인류의 시초부터 현재에 이르는 경제과정에는 인적 혹은 기술적 특성의 내구성 투입물이 전혀 없었으며 다른 특성의 몇 가지 투입물만 있었다. 이런 과정에 대해 앞에서처럼 투입물을 소모성, 내구성으로 나누는 것은 가능하지만 중요하지 않을 수도 있다. 이들은 다른 방식으로 다루어야 하는 문제들을 야기한다. 따라서 당분간 이 과정들을 제외하고, 그 구분이 아

---

22 가끔 실증주의 이론의 번지르르한 모순이 표면에 떠오른다. 이 이론에서는 간혹 한 시점의 사건이라는 개념에 아무런 오류가 없다고 하는 것을 볼 수 있다. 3장 4, 5절 참조.

주 명백한, 대다수의 과정에 집중하고자 한다.

경제학자들은 내구재를, 예컨대 기계를 생산과정에서 **사용할** 수 있을 뿐만 아니라, **소진할** 수 있다고 한다. 또한 새로운 공장을 지을 때 자본 **축적**이라고 한다. 그렇지만 여기서 '축적'과 '소진'의 의미는 유량이 저량에 축적되고, 저량이 유량으로 소진된다고 할 때와는 그 의미가 매우 다르다. 유량-저량 경우 '축적'과 '소진'은 기계적 운동과 밀접한 역학의 작용을 나타낸다. 이렇게 숨겨진 차이는 해석학적으로 매우 중요하기 때문에, 모호하게 사용하면 소모적인 논쟁과 심각한 오류의 원인이 되는데, 여기서 한 가지는 주목할 만하다.

예컨대 탐험가의 보급품 저량과 달리 기계의 소진은 사용하는 동안 역학적으로 흩어지지 않는다. 기계를 '소진'할 때, 부품으로 분리하고, 부품을 하나씩, 모든 부품이 소모될 때까지 투입물로 사용하지 않는다. 기계가 폐품이 되어 폐기해야 할 때까지 시간적 작업 순서에 따라 되풀이하여 사용한다. 물론 기계는 물질 저량이지만 '석탄 저량'과는 그 의미가 다르다. 저량이란 단어를 계속 쓰려면, 기계는 서비스(용도) 저량이라고 해야 할 것이다. 그러나 기계의 특징을 더 잘 설명하는 (따라서 더 안전한) 말은 **서비스 자금**이다.

경제생활의 엄연한 사실을 왜곡하여 많은 사람에게 해를 끼치지 않으려면, 저량과 자금의 개념 차이에 세심한 주의를 기울여야 한다. 사탕 20개가 있으면 오늘, 내일, 또는 오늘은 몇 명, 내일은 몇 명 등으로 어린이 20명을 즐겁게 할 수 있다. 그러나 건축가가 호텔 방 하나가 1000일 이상 지탱한다고 할 때, 손님 1000명을 **지금** 받을 수는 없다. 단지 방이 무너질 때까지, 오늘 한 명, 내일 두 번째 손님 식으로 여행객을 받을 수밖에 없다. 500시간 동안 사용할 수 있는 전구를 생각해보자. 이 전구로 500개 방을 1시간 동안 **지금** 밝힐 수는 없다. 자금의 사용(즉 '소진')에는 지속시간이 필요하다. 게다가 지속시간은 자금의 물리적 구조에 따라 매우 좁은 한계 내에서 결정된다. 지속시간을 바꾸기는 쉽지 않다. 신발 한 켤레를 '소진'하려고 한다면, 신발이 다 떨어질 때까지 신는 방법밖에 없다.[23] 이와 달리, 저량은 원한다면 한 순간에 소진할 수도 있다. 그리고 아주 조심스럽게 말하면, 자금의 '축적' 역시 저량의 축적과 다르다. 자금으로서의 기계가 만들어내는 서비스를 축적하여 기계가 생기지 않는다. 겨울 용품을 지하실에 저장하듯이, 기계의 서비스를 하나씩 저장하여 기계를 만들 수 없다. 은행 계좌에 저금하거나 수집함에 우표를 모으듯이 서비스를 축적할 수 없다. 서비스는 사용하든지 허비할 뿐이다.

'유량'을 시간에 대해 펼쳐진 저량으로 정의하면, 자금 서비스와 연관하여 용어 '유량'을 사용하는 것 역시 아주 부적절하다. 보통 사용하는 '서비스 유량'이라는 표현은 간혹 그래왔듯이, 두 메커니즘의 차이를, 서비스 가격과 물건 가격을 결정하는 메커니즘의 중요한 차이를 흐리기 쉽다. '유량'을 모호하게 사용하여 생기는 피할 수 없는 함정은 유량을 저장할 수 있기 때문에 서비스를 생산물에 '구현'할 수 있다고 아주 통상적으로 생각하는 것이다.[24] 생산과정에 투입되는 물질만 생산물에 구현할 수 있다. 예컨대 재단사 바늘의 서비스를 외투 속에 구현할 수 없다. 외투에서 바늘 자체가 나온다면 이는 피해야 할 사고이다. 어떤 상황에서 서비스 가치가 생산물 가치로 이동한다는 사실은, 기계를 생산물로 연이어 옮겨가는 서비스 저량으로 단순하게 취급하는 것과 다른 방식으로 설명해야 한다.

유량과 서비스는 근본적으로 다른 것이어서, 그 차원조차 별개이다. 이 이유만으로도, 물리학자는 잠시도 혼동을 용인하지 않을 것이다. 유량은 (넓은 의미에서) 물질에 사용하는 단위로, 예컨대 kg, 리터, 미터 등으로 표현한다.

---

23 물론 신발을 판매할 수도 있다. 그러나 이는 서비스 자금이 아니라 저량으로 소진하는 것이다. 게다가 신발을 파는 것은 아마도 신발을 직접 신으려는 구매자가 있다는 의미이다. 적절한 지속시간 동안 사용하지 않고 자금을 일시에 소진할 수 없다는 기본적인 사실을 통해 침체기의 경제적 해악뿐만 아니라 많은 라틴 아메리카 경제의 구조적 정체를 이해할 수 있다. 저자의 논문, "O Estrangulamento: Inflação Estrutural e o Crescimento Econômico(병목: 구조적 인플레이션과 경제성장)," *Revista Brasileira de Economia*, *22*(1968) 5~14 참조.

24 예컨대 A. C. Pigou, *The Economics of Stationary States*(London, 1935), pp. 20, 117.

반면에 유량 속도는 혼합 차원, (물질)/(시간)을 갖는다. 서비스의 경우 상황은 완전히 역전된다. 서비스 양은 시간이 들어간 혼합 차원, (물질)×(시간)의 차원을 갖는다. 한 공장에서 평일 하루(8시간) 동안 노동자 100명이 일하면, 서비스 총량은 800사람×시간이다. 유량 속도와 비슷하게 똑같은 상황에 대하여 서비스 속도를 결정하고 싶으면, 간단한 산수를 통해 그 속도는 단지 100사람이다. 서비스 속도는 단순히 서비스를 제공하는 자금의 크기이며, 따라서 시간이 없는 기본 단위로 표현한다. 속도가 시간과 무관한 것은 분명 신기하다. 이런 속도가 존재한다는 것과 그 존재 이유가 무엇인지 보여줄 필요가 있다.

5. 유량-자금 모형

논문 숫자로 나타나듯이, 현재 경제학은 성장, 개발 같은 단지 '거대한' 문제들과 씨름하는 경향이 있다. 그러나 특히 보통 경제학자들 중에서 개발에 관한 저술을 하거나 계획에 참여하는 경제학자들 모두가 역학의 기본적인 내용에, 즉 가속 운동은 한 **등속** 운동에서 또 다른 등속 운동으로 변화한 것뿐이라는 데 주목하지는 않는다. 가속 운동과 마찬가지로, 성장은 한 정상(定常) 상태에서 또 다른 정상 상태로 옮겨가는 것뿐이다. 성장에 대한 연구가 잘 계획된 과학적 작업이려면 정상 상태 연구에서 시작하여 그 기초로부터 발전해야 한다.[25] 따라서 일각에서 흔히 구시렁대듯이, 정상 상태 개념이 단지 교과서에만 나오는 쓸데없는 개념이라는 견해는 부적절하다. 실제는 그 반대로, 저자들은 보통 그 개념을 명확히 하는 데 충분한 주의를 기울이지 않는다.[26] 정

25 이 진행에 관한 최고의 예로 Leontief, *Structure of the American Economy,* Part III를 보기 권한다.

26 비길 데 없는 탁월한 예외는 지금은 거의 완전히 망각 속에 묻혀버린, Pigou, *Economics of Stationary States*에 나오는 대가다운 분석이다.

상 상태 개념이 사실상 중요하지 않다는 견해 역시 마찬가지로 부적절하다. 이는 사실에 대한 피상적 지식을, 과학에서 "사실상 중요하다"는 말을 오해한 결과일 뿐이다. 있는 그대로의 사실에만 관심을 두는 현역 기계공학자도 등속 운동이 자신에게 사실상 중요하지 않다고 말하지 않는다. 거의 등속이어서 등속으로 다룰 수 있는 운동들이 있는 것처럼, 인류 역사에도 거의 불변인 경제 상태들이 자주 있었다. 인간 사회는 수세기 혹은 심지어 수천 년의 조망에서만 그 변화가 보일 정도로 느리게 발전해왔으며, 요즘 시대는 일반적인 상황의 유일한 예외이다. 더 낮은 수준에서, 정상적으로 돌아가는 공장이라면 거의 정상 상태이거나 꾸준한 사업인 것이 당연하지 않겠는가?

정상(定常)이라는 질(質)을 여러 가지 방식으로 정의할 수 있는데, 여기서는 마르크스의 접근 방향이 가장 적합해 보인다.[27] 어떤 시스템이 무엇을 하든 끊임없이 똑같이 반복할 수 있다면 그 시스템은 정상이다. 따라서 '정상(定常) 상태'와 마르크스의 '단순재생산'은 완벽한 동의어이다. 그러나 부분 과정이 끝난 이후에 다시 반복하려면 그 과정에 투입된 자금 요소들이 줄어들지 않아야 한다. 앞에서 이미 본 것처럼, 이 조건으로 인해 우리는 막다른 곳에 이른다.

그렇지만 이 어려움은 해결할 수 있으며, 그 해결책은 고전 경제문헌에 나와 있다. 자본재가 투입되는 바로 그 과정에 의해 변함없는 자금으로 유지되는 경우이다.[28] 엄격하게 해석하면 이 아이디어는 허구다. 무언가가 엔트로피 법칙의 영향을 받지 않고 무한정 남아 있는 과정은 정말 어처구니없다. 그러나 이 허구의 이점들은 분명하다. 등속운동(즉 엔트로피 마찰이 없는 운동) 개

27 Marx, *Capital*, I, pp.619 f를 보라.

28 마르크스가 물질적 생산수단을 나타내는 데 '불변자본'이라는 용어를 선택한 이유(*Capital*, I, 221 f)는 이 수단의 가치가 생산물의 가치로 그대로 이동하기 때문이다. 이 방식으로 노동가치설의 중심 이론을 강조한 것은 그에게 자연스럽다. 그러나 단순재생산 도식의 분석(앞의 책, II, 459 f)을 보면, 그가 여기에 언급한 개념을 주로 염두에 두고 있었다는 것을 분명히 알 수 있다.

념과 마찬가지로 설비를 변함없이 유지하는 과정이라는 개념은 얼핏 생각하는 것처럼 실제와 그리 다른 것은 아니다. 아무 공장이나 가정을 둘러보기만 하면, 모든 설비를 늘 좋은 상태로 유지하려는 일상의 노력을 직접 확인할 수 있다. "자본재를 변함없이 유지한다"는 말은 자본재가 부서지지 않는 돌덩이라는 의미가 아니라, 모든 부품의 **특정** 효율을 일정하게 유지한다는 의미이다. 기계가 새것이었을 때만큼 효율적인 한, 낡아 보이고, 긁히고, 움푹 들어간 곳이 있고, 구식인 것은 문제가 안 된다. 20년 정도 되었지만 새로 만들어져 세계의 대도시 사이를 비행할 때와 마찬가지로 작동하는 많은 DC-3 비행기[1935년 처음 비행을 시작한, 더글러스사에서 제작한 쌍발 프로펠러 비행기—옮긴이]들을 제트 비행기가 갈 수 없는 곳에서 볼 수 있다. 자본재를 변함없이 유지한다는 개념에는 어려움이 있지만, 이는 해석학적 측면이지 실제 어려움은 아니다.

농업과정에서 삽을 좋은 상태로 유지하려면, 무엇보다도 줄칼이 필요하다. 이 과정에서 필수 요소인 줄칼 역시 좋은 상태이어야 하며, 따라서 또 다른 연장(예컨대 쇠솔)이 필요하다. 그리고 이 연장은 또 다른 연장을 필요로 하는 식이다. 따라서 우리는 이 한 과정에 경제 전체 생산 부문의 아주 큰 부분이 포함될 때까지 끝나지 않을 회귀에 빠진다. 그리고 이것이 전부가 아니다. 노동자들 역시 자금이기 때문에, 이들 역시 '작업하기 좋은 조건'에 있어야 한다. 따라서 처음 고려하는 과정은 거의 모든 노동자의 일상과정과 사실상 세상의 모든 생산 공정을 포함할 때까지 확장되어야 한다. 이는 이음매가 없는 실재를 계량형태 부분들로 나누기 어렵다는 것을 보여주는 두드러진 예이다. 과정을 어떤 지속적인 실재와, 즉 어떤 **존재** 형태와 연결하려면, 어쩔 수 없이 **전체**로 되돌아가야 한다. 곧 보겠지만, 이런 폭넓은 관점에는 다른 측면의 장점들이 있다. 하지만 이로 인해 미시 과정들도, 예컨대 한 공장이나 심지어 한 산업도 다루지 못하게 된다. 이 어려움을 해결하려면 약간의 타협이, 즉 노동자의 상태가 부분적으로 외부에서 서비스를 도입하여 유지된다고 인정하고 노동자의 일상적인 피로(사실 이는 항상 외부, 가정생활에서 회복된다)를 무시하는 타협이 필요하다. 이러한 타협으로 얻는 것은 생산과정의 실질적 함의에 관한 보다 분명한 설명이다.

이제 생산 요소는 두 범주로, 과정의 행위자를 나타내는 자금 요소와 행위자가 사용하거나 작용하는 유량 요소로 나눌 수 있다. 각 유량요소를 앞 2절에서 정의한 좌표 $E_i(t)$로 계속 표시해보자. 그런데 자금 요소는 과정을 출입할 때 효율 수준이 변하지 않는다는 점에서, 그 해석학적 표현은 아주 단순해질 수 있다. 특히 시점 $t(0 \leq t \leq T)$까지의 자금 C_α의 서비스 양에 해당하는 함수 $S_\alpha(t)$로 그 관계를 표현할 수 있다.[29] 과정에 대한 해석학적 표현에 추상 공간에서의 점을 사용해야 하는데, 이 표현은 2절의 (5)보다 더 간단하다.

(8) $$\left[\overset{T}{\underset{0}{E_i}}(t);\ \overset{T}{\underset{0}{S_\alpha}}(t)\right]$$

위와 같은 형식적 결과로 인해, 기호 전달자로 전락하지 않으려면 항상 명심해야 할 쟁점과 요점들을 놓치기 쉽다. 실제 과정의 해석학적 표현에서 어떤 요소를 자금 요소나 유량 요소로 분류하는 문제는 그 과정의 지속시간에 달려 있다. 예컨대 자동차를 사용하는 과정이 비교적 짧으면, 가끔 플러그나 타이어를 바꾸는 것으로 자동차를 유지할 수 있다. 그 과정이 길면, 엔진, 섀시, 차체 부품을 교체해야 할지 모른다. 두 경우 유량 요소는 같지 않다. 어쩌면 모든 부품을 교환하면서 영원히 유지할 수도 있다. 결국 자동차는 처음과 이름만 같은 차가 될 것이다. 그러나 이것이 문제가 될 이유는 없다. 과정에

29 대신, 자금이 과정에 들어가는 순간 내부, 나가는 순간 외부라는 방식으로, 시점 t에서 과정에 관계하는 자금의 양을 보여주는 함수 $U_\alpha(t)$로 C_α를 나타낼 수 있다. 부분 과정의 투입은 환경의 산출이며, 그 역도 성립한다는 점에서 이 방식은 대칭적이다. 그래프 $U_\alpha(t)$는 도시의 윤곽선처럼 보이고, C_α를 사용하지 않는, 즉 과정에서 필요하지 않는 기간에 집중할 수 있다는 장점이 있다. (앞의 각주 8에 인용한) 저자의 논문, "Process in Farming vs. Process in Manufacturing"의 그림 1을 보라.

는 일련번호로 확인되는 특정 자동차가 아닌, 특정 유형의 자동차 서비스가 필요하다. 실제 자동차와 설비를 영원히 유지하지 않고 가끔 폐기하는 것은 비용 때문이다. 그러나 비용 문제가 아니더라도, 낡은 자동차는 결국 폐기될 것이다. 따라서 장기적으로 보면 자동차, 기계, 교량, 고속도로 등을 폐기하고 교체하는 주된 원인은 신기술이다. 물론 궁극적으로 어떤 것도 영원히 유지하지 못하는 것은 엔트로피 법칙이 작동하기 때문이다. 따라서 실제 과정의 해석학적 모형으로서 유량-자금 모형의 한계를 잊어서는 안 된다. 그러나 많은 분석적 요점들을 명쾌하게 설명하는 모형의 장점 역시 과소평가해서는 안 된다.

요소를 유량 요소와 자금 요소로 나누는 것은 똑같은 항목이 유량과 자금 양쪽에 나타날 수 없다는 의미는 아니다. 예컨대 2절의 한 예를, 망치를 만드는 데 망치를 사용하는 과정을 다시 생각해보자. 이 경우 '망치'는 식 (8)에서 $E_i(t)$로 표시해야 하는 산출 유량인 동시에 $S_\alpha(t)$로 표시해야 하는 자금이다. 이 점을 간혹 놓치지만 사소한 문제가 아니다. 유명한 예는 마르크스가 단순재생산 도식에서 자금-망치와 유량-망치를 구별하지 못하여 부딪친 해석학적 어려움이다. 이 문제는 중요하며, 다음에(아래 14절) 다시 논의할 것이다.

6. 유량-자금 모형에 대한 추가 의견

과정에서의 특이한 성질이나 역할에 따라 분류한 자금 요소와 유량 요소 범주를 식 (8)에 도입하면 좀 더 많은 논의를 할 수 있다. 생산 요소에 대한 고전적인 구분을 참조하여, 자금을 리카도의 토지(L), 엄격한 의미의 자본(K), 노동력(H)으로 구분할 수 있다. 유량 요소 중에서 우선 태양 에너지, 강수량, 공기와 토양에 포함된 '천연' 화합물, 매장 석탄 등 소위 자연자원(R) 투입물을 구분한다. 둘째, 가구 공장의 나무, 주물 공장의 코크스처럼 대개 생산물로 전환되며 다른 생산과정에서 나오는 물질이, 즉 현재 투입 유량(I)이 있다.

셋째, 윤활유, 페인트, 부품 등 자본 설비를 온전하게 유지하는 데 필요한 투입 유량(M)이 있다. 넷째, 생산물(Q) 산출 유량이, 마지막으로, 폐기물(W) 유량이 있다. 이상의 개념을 이용하면 식 (8)은 다음과 같이 된다.

$$(9) \qquad \left[\underset{0}{\overset{T}{R(t)}},\ \underset{0}{\overset{T}{I(t)}},\ \underset{0}{\overset{T}{M(t)}},\ \underset{0}{\overset{T}{Q(t)}},\ \underset{0}{\overset{T}{W(t)}};\ \underset{0}{\overset{T}{L(t)}},\ \underset{0}{\overset{T}{K(t)}},\ \underset{0}{\overset{T}{H(t)}}\right]$$

자연의 생산 요소들은 경제학자들이 항상 견해를 달리하는 문제이다. 모든 자연 요소를 '토지'에 포함시키는 고전학파 분류와 위 분류가 다른 이유는 이제 분명하다. 하지만 자금 개념을 행위자 개념과 결합하였다는 사실에 비추어, 부동의 요소인 리카도의 토지를 자금 범주에 넣은 것은 일관성이 없다고 할 수도 있다. 그렇지만 진정한 의미에서 리카도의 토지는 **분명** 행위자이다. 바다에 그물을 그냥 쳐 두어도 고기가 잡히는 것처럼, 리카도의 토지에는 비가 오고, 무엇보다도 햇빛이 쏟아진다. 게다가 리카도의 토지는 이들을 얻을 수 있는 유일한 그물이다. 만일 지구 반지름이 두 배가 된다면, 인간 생존에 가장 필수적인 이 에너지는 네 배가 될 것이다. 어느 면으로 보든, 토지의 희귀성은 이 그물 역할에서 나온다. 단순히 공간을 제공하는 역할은 부차적이다. 일정 면적에 다층 건물을 지어 토지-공간을 더 많이 만들 수도 있지만 맨 위층만 녹색 면이다.

생산 요소에 리카도의 토지와 태양 에너지 모두를 넣는 것은 중복 계산이라고 이의를 달 수도 있다. 비와 햇빛은 저절로 흐르며, 따라서 "자연의 공짜 선물"이라는 대목은 경제 가치에 관한 모든 주류 학설에서 쉽게 볼 수 있다. 그렇지만 과정에 대한 과학적 평가에서 자연 요소들을 제외할 이유는 없다. 일반적으로 그러듯이, **실질적으로** 과정을 단순하게 표현하여 가치 문제를 손상해서는 안 된다.[30] 마르크스는 이러한 표현의 단순화가 안고 있는 위험의

30 주요 생산 모형을 연구한 학자들 중에서 유일하게 쿠프먼스가 자연 자원 유량과 토지

적나라한 예를 보여준다. 예컨대 교량을 사용하는 과정을 표현하는 데 교량의 유지 유량을 요소에 넣으면, 교량 자체를 넣는 것은 착취적 자본가의 이익에 부합되는 중복 계산이라는 이설(異說)은 마르크스에서 유래한다. 마르크스는 엄격한 의미의 자본의 서비스가 유지 유량 가치 이상으로 생산물 가치에 기여한다는 아이디어를 어떻게든 피하기 위해 심지어 노동자의 경우에도 서비스를 전혀 언급하지 않았다. 대신, 기계가 한 일이나 노동자의 생활 활동 같은 은폐하는 표현을 썼다.[31]

유량-자금 모형에 비추어보면, 마르크스의 역작은 자세하며, 또한 존경스럽다. 마르크스는 노동자를 자금으로 생각하였다.[32] 마르크스가 도입한 많은 유용한 용어 중 하나인 노동력은 "모든 사용가치를 만들 때마다 사용하는, 정신적 육체적 능력의 집합체"를 의미한다.[33] 엥겔스는 똑같은 개념을 평범하고 명료하게 표현하였다. "노동력은 자신과 가족을 부양하기 위한 일정량의 생활 수단을 필요로 하는 노동자의 형태로 존재한다."[34] 마르크스는 위 인용구에서 노동자가 생산할 때 자신의 능력을 소비한다고 하지 않았다. 엥겔스

서비스 유량을 생산과정에 넣었다(Koopmans, "Analysis of Production," pp.37~39). 일반적으로 모든 자연 요소를 무시하는 레온티에프의 정적·동적 투입-산출 시스템 형태를 따르는데, 이는 이 시스템들이 가치 분석에 대한 추상적인 기초보다 생산에 대한 필수적인 계획 도구로 쓰인다는 점에서 더욱 흥미롭다.

31 예컨대 Marx, *Capital*, I, 589와 "Wage, Labor and Capital," K. Marx and F. Engels, *Selected Works*(2 vols., Moscow, 1958), I, 82. *A Contribution to the Critique of Political Economy*(Chicago, 1904), p.34에서 마르크스는 교환 가치 문제는 "교환 가치가 만들어내는 서비스가 아니라 가치 생산에서 가치가 되는 서비스에 관한 것"이라고 주장하며, "서비스"라는 용어를 사용하였는데, 이는 단지 세이(J. B. Say)와 바스티아(F. Bastiat)에 대한 냉소로 덧붙인 말이었다. 이는 분명 자신을 드러낸 말이다.

32 Marx, *Capital*, I, 189 f와 특히 622를 참조하라.

33 앞의 책, 186. 저자의 강조.

34 Engels, "Marx's Capital," in *Selected Works*, I, 464. 저자의 강조. 또한 Marx, *Capital*, I, 189을 보라.

역시 노동력의 서비스가 노동자가 필요로 하는 유지 유량과 정확한 의미에서 동등하다고 하지 않았다. 하지만 마르크스는 논의의 정점에서 갑자기 노동자의 생산과정 참여를 작업 중 "소모된 근육, 신경, 뇌 등의 일정 양"으로 환원하여 동등성을 도입하였다.[35] 그는 노동자가 근육, 신경, 뇌 등 자신의 모든 저량을 지닌 채로 생산과정에 참여한다는 평범한 사실을 이 동등성으로 명백히 은폐하였다. 어떤 강사도 강의시간 동안 보통 사용하는 신경 혹은 근육 에너지의 일부만 학생들에게 보내어 의무를 이행할 수 없다. 이것이 불가능한 이유는 간단하다. 강의를 하려면 모든 노동력을, 즉 모든 "정신적 육체적 능력"의 집합체를 가지고 강의실에 있어야 한다. 경제과정의 물질적 요소만 고려한다고 하더라도 서비스와 에너지 저량의 부분적인 소진을 혼동해서는 안 된다. 교량의 유지 유량만으로 강을 건널 수 있고, 고속도로의 유지 유량만으로 자동차의 유지 유량을 움직일 수 있다면, 세상의 모든 다리 건너기와 자동차 이동 서비스를 제공하는 데 교량을 만들고 자동차를 살 필요가 없어지기 때문에 큰 재정적인 어려움이 없을 것이다. 거의 순간적으로 모든 곳에서 경제발전이 일어날 수도 있다. 마르크스가 단지 물질적인 생산수단에도 행위자의 속성이 있다는 것을 부정하기 위해 경제과정의 중심 행위자인 인간을 단순한 에너지 저량으로 격하한 결과 이런 엉뚱한 함의를 낳았다.

7. 생산함수

과정의 해석학적 표현에 관한 앞의 논의에서 한 가지 피할 수 없는 질문이 생긴다. 해석학적 표현의 각 좌표가 시간의 함수라면, 신고전파 경제학에서 생산과정을 (모든 좌표가 숫자인) 일반 벡터로 표현하는 이유는 무엇인가? 이 장의 첫머리에서 그 유일한 이유를 언급한 바 있다. 다른 분야의 과학자들에

35 Marx, *Capital*, I, 190.

비해 경제학자들은 과정 개념을 대충 다루어왔다. 일반적인 생산함수의 개념을 도입하여 왈라스가 생산을 다룬 방법을 개선하려고 한 윅스티드(P. H. Wicksteed)로부터 이런 경향이 비롯되었다. "생산물이 생산요소의 함수이기 때문에 함수 $P=f(a, b, c, \cdots)$가 있다."[36] 그 뒤 수많은 사람들이 가장 넓은 의미의 '함수'에서 수학의 '점함수'[그 값이 하나의 수인 함수—옮긴이]로 비약하였으며, 지금도 마찬가지이다. 또한 윅스티드의 제안에서는 과정이 의미하는 바가 무엇인지, 과정을 보통 벡터$(P, \ a, b, c, \cdots)$로 표현하는 이유가 무엇인지 전혀 알 수가 없다. 투입과 산출이라는 김빠진 용어들이 경제문헌을 통해 퍼진 후 상황은 더욱 나빠졌다. 현대 저작들에서 가장 나은 부분은 과정의 묘사를 요리책의 요리법에 비유하는 것인데, 이는 그 자체로서는 좋은 출발점이다. 그러나 그 결과는 오히려 퇴보였다. 철강 제조업자의 요리책에 따르면, 그는 "얼마만큼 원석, 석회석, 코크스를 섞어, 얼마 동안 가열하면, 철강이 나온다"는 것을 알고 있다.[37] 따라서 대개 요리책에서 진짜 요리법 앞에 나와 있는 재료 목록만을 읽고 나머지 설명 부분을 무시한다. 요리법이 '이것 얼마만큼', '저것 얼마만큼' 식으로 환원되듯이, 과정 역시 분량 목록으로 환원된다.

비록 눈속임이기는 하지만 일단 이 결과를 얻으면, 생산함수 개념에는 아무런 문제가 없다. 새뮤얼슨이 보기에,[38] 생산함수는 주어진 요소로부터 주어진 생산물을 얻기 위한 최신 요리책에서 나와 있는 온갖 요리법의 목록이다. 각 요리법에는 이 요소 x만큼, 저 요소 y만큼 등을 사용하여 생산물을 z만큼 얻을 수 있다고만 나와 있기 때문에, 목록 자체는 점함수로 환원된다.

$$z=f(x, y, \cdots) \tag{10}$$

36 Philip H. Wicksteed, *The Co-ordination of the Laws of Distribution* (London, 1894), p. 4. No. 12 of the Scarce Tracts in Economic and Political Science로 재출판.

37 Kenneth E. Boulding, *Economic Analysis* (3rd edn., New York, 1955), pp. 585 f.

38 Samuelson, *Foundations*, p. 57.

볼딩(K. E. Boulding)에 따르면, "기업의 기본적인 변환 기능은 그 **생산함수**로, 투입(요소) 얼마만큼이 산출(생산물) 얼마만큼으로 변환될 수 있는지 보여준다".[39] 이 짧은 문장에는 경제문헌에 있는 과정 개념을 둘러싼 거의 모든 오도된 개념들이 들어차 있다.

하지만 이미 말한 것처럼, 과정 설명을 요리법에 비유한 볼딩의 생각은 매우 잘된 일이다. 여기서 다시 시작해보자. 첫째, 한 가지를 명확히 해야 한다. 예컨대 탁자를 만드는 방법을 막연히 말할 수 있지만, 실은 수많은 방법이 있다. 장식장 제조업자의 작업장에서 탁자를 만드는가 하면 또 크고 작은 규모의 공장에서 탁자를 만들기도 한다. 다듬어진 목재와 나무판으로 만들기도 하고, 잡동사니 목재나 생나무로 만들기도 한다. 어떤 경우든, 각각의 특정한 생산 시스템에서 특정 탁자를 만드는 부분 과정을 설명하는 방법을 생각해보자.[40] 어떤 유형의 생산 시스템이든 모두 기본과정들로 이루어진 시스템이라는 점에서 이런 부분 과정을 **기본과정**이라고 하자. 장식장 제조업자의 작업장에서 가구를 만드는 기본과정은 우리가 눈으로 볼 수 있는 명확한 과정이다. 그러나 앞에 설명한 경계를 긋고 부분 과정의 해석학적 좌표를 기록하기 위한 규칙들을 따른다면, 더 복잡한 시스템에서도 기본과정들을 분리할 수 있다. 모든 생산 시스템에서 기본과정을 잘 정의할 수 있는 것이 요점이다. 사실, 생산관리인이 내린 모든 명령을 세심하게 점검하여 기본과정을 재구성하기는 어렵지 않다.

요리법으로 설명한 과정을 보통 벡터로 완전하게 표현할 수 없다는 것은 앞의 논의로 충분히 알 수 있을 것이다. 식 (9) 같은 표현만이 완전한 표현이다. 모든 **가능하고 낭비가 없는** 요리법 목록은 유클리드 공간과 대조적으로,

39 Boulding, *Economic Analysis*, p.585.

40 '휘발유', '강철' 같은 생산물의 경우 기본과정은 미량과, 또는 좀 더 나은 말로, 각 경우의 구체적인 조건에 맞도록 적절하게 선택된 '묶음'과 연관된다. 예컨대 빵의 경우에도, 기본과정은 덩어리 묶음과, 즉 오븐의 용량으로 결정되는 덩어리 수와 연관된다.

추상 공간에 있는 점의 집합으로 구성된다. 이 집합을 추상 공간 내 변형으로 생각할 수도 있으며, 따라서 다음 형태로 표현할 수 있다.

$$(11) \qquad \overset{T}{\underset{0}{Q}}(t) = \boldsymbol{F}\,[\overset{T}{\underset{0}{R}}(t),\ \overset{T}{\underset{0}{I}}(t),\ \overset{T}{\underset{0}{M}}(t),\ \overset{T}{\underset{0}{W}}(t);\ \overset{T}{\underset{0}{L}}(t),\ \overset{T}{\underset{0}{K}}(t),\ \overset{T}{\underset{0}{H}}(t)]$$

수학 용어를 사용하면, 이는 범함수로, 즉 함수들의 집합을 하나의 함수로 연결하는 관계이다.[41] 결과적으로, 식 (11)은 수의 집합을 하나의 수로 연결하는 관계와, 즉 점함수인 신고전파 생산함수 (10)과 전혀 다른 것이다. 하지만 (10)과 (11) 사이에는 연관이 있다. 이를 명확하게 하는 것이 다음 과제이다.

8. 생산경제학

모든 기본과정에는 중요한 공통점이 있다. 어떤 기본과정에서나 관련 자금 요소 대부분을 생산시간의 상당 부분 동안 사용하지 않는다. 이 게으름은 우리의 잘못도 아니고 의도도 아니다. 이는 과정 자체에 있는 본질적인 조건의 피할 수 없는 결과이다. 장식장 제조업자의 작업을 피상적으로 관찰하는 것만으로도 이를 충분히 알 수 있다. 탁자를 만들 때, 톱, 대패, 사포 등을 절대 동시에 사용하지 않는다. 모든 도구를 순서에 따라 사용하며, 보통은 사용하지 않고 그냥 둔다. 만일 숙련공들이, 예컨대 톱을 다루는 숙련공과 광택을 내는 숙련공이 있다면, 이들 역시 기본과정과 관련된 순서에 따라 아무 일도 안하곤 한다. 게다가 모든 도구와 노동자들은 니스를 칠한 탁자가 마르는 동안 (똑같은 의미에서) 할 일이 없다. 이 단계에서 자연은 (R)에 포함된 몇 가지 유량 요소를 통해 작용하는 조용한 동반자이다. 니스 칠 용매가 산출 유량으

41 범함수가 모든 점, $R, I, \cdots, H$에 대하여 존재하지 않는다는 사실은 여기서 무시해도 좋다. 그러나 기본과정을 범함수로 표현하기 때문에, $0 \leq t < T$일 때 $Q(t) = 0$이고, 기본과정과 연관된 생산물 단위 하나에 대하여 $Q(T) = 1$이다.

로 증발하는 동안 대기로부터 산소가 유량 투입이 되어 칠이 산화된다. 이는 농업과정에서 훨씬 뚜렷하지만, 제조업, 광업, 건설업, 운송업 등 모든 기본과정에서도 마찬가지이다.

또한 생산시간 혹은 그보다 긴 시간 동안 탁자 수요가 단 하나뿐이라면, **순차적으로**, 즉 시간 상 부분 과정들이 중복되지 않는 방식으로 탁자를 생산해야 한다. 과거의 수공업 공장이 이에 해당하며, 오늘날 운하, 교량, 거대 선박 등도 그렇다. 새로운 공장들도 보통 순차적으로 건설된다. 수요가 작으면 대부분 자금 요소의 유휴 기간이 길다. 수많은 농부들이 농한기 동안 도시에서 일자리를 찾는 것처럼 인적 요소는 주기적으로 다른 생산 라인으로 이동하여 일거리를 찾을 수 있다. 그러나 이 계절적 고용 역시 어떤 수요가 있을 때만 가능하다. 게다가 모든 부분 과정에 이동 가능할 만큼 충분히 긴 유휴 기간이 있는 것도 아니다. 제조업 제품에 대한 수요가 매우 작았을 때 도구의, 특히 노동력의 전문화가 비경제적이었던 이유를 이해할 수 있다. 예컨대 중세의 기술자는 자기 일의 기본과정에 필요한 모든 작업들을 해야 했다. 그렇지 않으면, 그는 일정 시간 동안 한가하게 놀고, 노동에서 생기는 수입을 다른 사람과 나누어야 했다. 이런 조건에서 전문화는 **비경제적**이다.

탁자 수요가 기본과정의 지속시간과 같은 시간 동안 둘 이상일 때에는 두 가지 대안이 있다.

첫째, 적절한 n개 기본과정을 **병렬로** 배열하여, 즉 똑같은 시간에 시작하여 완결한 후 반복하여 생산한다. 전형적인 경우는 외부에서 과정들을 추가한 시스템이다.[42] 식으로 나타내면, 해당 기본과정의 모든 좌표에 n을 곱하기만 하면 된다. 따라서 식 (11)로부터 해당 생산함수를 쉽게 유도할 수 있다.

$$(12)\qquad \overset{T}{\underset{0}{[nQ(t)]}} = \boldsymbol{F}\,\{\overset{T}{\underset{0}{[nR(t)]}},\ldots,\overset{T}{\underset{0}{[nW(t)]}};\overset{T}{\underset{0}{[nL(t)]}},\ldots\}$$

42 이에 관하여 4장 5절을 보라.

병렬 배열에는 경제적 이득이 거의 없다. 대부분 자금 요소는 기본과정의 n배만큼 필요하다. 이 때문에, 각 자금 요소의 유휴 상태는 n배만큼 늘어난다. 유일한 예외는 커다란 빵 굽는 화덕같이 여러 기본과정을 동시에 수용할 수 있는 자금 요소이다. 그러나 이런 자금 요소의 용량은 더 많이 활용할 수 있겠지만, 그 유휴 기간은 여전히 똑같다.

두 번째 대안은 적절한 수의 과정을 일렬로 배열하는 것이다. 이 시스템에서는 생산시간을 같은 간격으로 나누고, 각 분기점에서 기본과정 (혹은 기본과정의 묶음)을 시작한다. 더 익숙하게 표현하면, 기본과정들을 일정한 시차 간격으로 배열한다. 여기서 다음 내용을 수학적으로 증명할—사실 상당히 간단하지만—필요는 없다.

기본과정이 충분히 많고, 각 자금 요소의 서비스 제공 간격과 생산시간이 같은 수로 나누어지면, 모든 자금 요소를 연속적으로 사용할 수 있도록 일렬로 배열할 수 있는 기본과정의 최소수가 존재한다.[43]

쉽게 말하면, 생산물에 대한 수요가 충분히 크면 그 생산에 사용하는 자금 요소들을 놀리지 않도록 생산과정을 배열할 수 있다. 이 배열은 모든 도구와 노동자가 첫 번째 기본과정에서 서비스를 끝내자마자 다음 과정으로 이동하는 공장 시스템이다. 전체 공장 과정이 진행되는 동안 어떤 도구와 노동자도 놀지 않는다.

43 이 서술의 도식적 예로 앞의 각주 8에 인용한 저자의 논문, "Process in Farming vs Process in Manufacturing"의 그림 2를 보라. 그러나 핵심 내용이 크기의 여러 측면과 연관되기 때문에 좀 더 명확히 할 필요가 있다. 각 분기점에서 시작하는 기본과정의 수는 다양한 자금의 각 단위에 동시에 수용할 수 있는 과정의 수들의 최소 공배수이다. 두 연속 묶음 사이의 간격은 T/d로, 여기서 d는 T와 기본과정에서 여러 종류의 자금이 필요한 기간들의 최대공약수이다.

9. 공장 시스템과 그 생산함수

공장 시스템을 구성하는 과정을 해석학적으로 표현하려면, **백지상태**로 시작하여 또 다른 백지상태로 끝나는 기본 규칙을 지키고, 유량 요소와 자금 요소를 구분해야 한다. 과정의 지속시간은 임의로 선택할 수 있다. 순조롭게 가동하는 공장 시스템은 모든 자금이 항상 좋은 작동상태를 유지하는 균제(均齊) 상태이다. 이제부터 간단한 표기를 위해, 경제학자들이 항상 그래온 것처럼, 연속성을 가정한다. 즉, 기본과정 묶음을 매 순간 시작하며, 따라서 모든 유량 요소는 연속적인 실재라고 가정한다. 이 경우 유량은 t의 선형 동차 함수이다.

$$(13) \qquad R(t)=rt,\quad I(t)=it,\quad M(t)=mt,\quad Q(t)=qt,\quad W(t)=wt.$$

자금에 대해서도 똑같은 내용이 성립한다. 그러나 이 표현을 보다 분명히 하려면, 두 가지 범주의 자본 자금으로 분리할 필요가 있다. 첫 번째 범주는 상품 비축물, 좁은 의미의 재고 목록으로, 이는 I, M, Q, W에 포함된 몇몇(보통 모든) 유량요소들과 관계한다. 이 비축물은 생산과정이나 판매 주기에서 일어나는 우발적인 사고의 불규칙적인 변동을 완화하는 역할을 한다. 여러 개 퓨즈가 동시에 끊어지더라도 지체 없이 바꾸려면 얼마간의 퓨즈를 확보하고 있어야 한다. 또한 예기치 않게 집중된 주문을 처리하려면 각 생산물의 일정 양을 비축해야 한다.[44] 일반적으로 이 범주를 S로 표시한다.

두 번째 자본 자금 범주는 익숙한 용어인 '과정 속의 상품'에 해당한다. 그러나 여기서 '상품'은 명백한 오기이다. 예컨대 녹아 있는 유리, 반만 무두질한 가죽, 반만 조립된 라디오 등은 상품이 아니다. 그럼에도, 투입물에서 최종 생산물로의 변환 과정 전체를 반영하는 **과정-자금**, C가 공장 시스템 내부

44 가수요 재고 목록은 본질적으로 생산과정에 있어야 하기 때문에 이를 무시한다.

에 항상 존재한다. 예컨대 비행기 생산은 몇 달 혹은 심지어 2년이 걸릴 수 있다. 그러나 이런 비행기 공장의 과정-자금에는 최소 한 대의 '비행기'가 각 변환 단계에 항상 존재해야 한다. 이어지는 단계들을 필름 한 통에 연속으로 찍어 영화처럼 영사하면, 금속판, 모터 부분, 전선 등으로 하나의 비행기를 만드는 과정을 보여주는 영화가 된다. 말하자면 전체의 질적 변화는, 즉 **생성**은 시간과 무관한 **존재**로, 즉 과정-자금으로 동결된다. 이 사실이 나의 용어 선택을 설명해준다.

또한 **과정-자금** 없이는 어떤 공장도 완성되지 않는다. 과정-자금의 역할은 필수적이다. 이를 수동펌프의 파이프에 들어 있는 마중물에 비유할 수 있다. 마중물이 없을 때에는 물이 나오기 전에 얼마간 펌프를 작동해야 한다. 마중물이 있으면 손잡이를 움직이는 순간 물이 나오기 시작한다. 공장에서도 가동하는 날 아침 투입물 R, I, M이 들어가는 순간 Q, W에 있는 산출물들이 나오기 시작한다. 이것이 가능한 것은 가동을 정지한 공장에 완전한 과정-자금이 갖춰져 있기 때문, 즉 마중물이 채워진 상태에 있기 때문이다. 도구와 건물을 지속적으로 유지하려면 몇 가지 특별한 가정들이 필요하다. 이에 비해 과정-자금은 기본과정들이 공장 시스템에 배열된 그 방식 자체에 의해서 유지된다.[45]

외부에서 공장을 볼 때, 유량 고정 관념처럼, 분명히 유량 좌표 (13)만 본다. 게다가 생산은 즉각적으로 일어난다, 즉 투입물 묶음이 순간적으로 생산물 묶음으로 변환한다. 이는 완전 비탄성막대의 끝을 누를 때와 비슷하여, 막대의 다른 끝은 똑같은 순간에 움직인다. 공장에서 과정-자금은 이런 막대의 역할을 한다. 몇몇 경제학자들이 생산이 즉각적이기 때문에 임금을 자본

45 공장 시스템은 여는 순간 작동하기 시작하고 닫는 순간 멈추는 뮤직 박스와 같다. 물론 오랫동안 사용하지 않으면, 모든 공장은 엔트로피 법칙에 의한 손상을 없애느라 추가적인 일을 필요로 한다.

이 아닌 생산물에서 지불한다고 주장하는 것은 바로 공장 시스템의 이 특이한 성질 때문이다. 그렇게 보면 자본을 소비의 지연으로 파악하는 이론은 근거가 없는 듯이 보인다. 일단 공장을 짓고 준비가 끝나면, 그 이상 지연은 없다. 그러나 공장을 짓고 마중물을 붓는 데 모두 시간이 필요하다. 예컨대 비행기 공장에서는 마중물을 붓는 데만도 수개월이 걸린다.

공장 시스템의 자금 좌표를 다음과 같이 쓰면 해석학적 표현이 완성된다.

$$(14) \qquad L(t) = Lt,\ K(t) = Kt,\ S(t) = St,\ C(t) = Ct,\ H(t) = Ht$$

그리고 앞의 논의에 따르면, 공장과정의 생산함수는, 즉 똑같은 요소들로부터 똑같은 생산물을 얻을 수 있는 전체 공장과정의 목록은 (13), (14)에 나와 있는 모든 함수들을 포함하는 범함수이다.

$$(15) \qquad \overset{T}{\underset{0}{(qt)}} = \boldsymbol{G}\left[\overset{T}{\underset{0}{(rt)}}, \ldots, \overset{T}{\underset{0}{(wt)}}; \overset{T}{\underset{0}{(Lt)}}, \ldots, \overset{T}{\underset{0}{(Ht)}}\right]$$

T가 기본과정의 특성에 따라 결정되는 물리적 좌표인 범함수 (11), (12)와 달리, (15)에서 T는 자유롭게 변화하는 변수이다. 이 결과 (15)는 함수 (13), (14)에서 t의 계수들 사이에만 존재하는 관계가 된다. 달리 말하면, 이 경우의 범함수는 보통의 점함수로 퇴화한다. 즉,

$$(16) \qquad q = F(r, i, m, w; L, K, S, C, H)$$

대신에 똑같은 범함수를 임의의 시간 구간 t 동안 유량과 서비스 양 사이의 점함수로 치환할 수도 있다. 그러나 이 함수에서 t는 명시적인 변수여야 한다.

$$(17) \qquad qt = \Phi(rt, \cdots, wt;\ Lt, \cdots, Ht; t)$$

(16)의 함수 F와 달리, Φ는 t를 포함한 모든 변수에 대하여 1차 동차 함수이다.[46] 따라서 다음 항등식이 당연히 성립한다.

$$\Phi \equiv tF$$

이제, 예나 지금이나 모든 생산과정을 빈약한 공식 (10)으로 표현하는 신고전파 경제학자들의 생각을 이해할 수 있다. 경제학자들은 이 공식에서 종속변수는 '산출'이라고, 나머지 모든 변수들은 '투입'이라고 부르며 제멋대로 해석하였다. 어떤 이들은 생산함수를 생산물 양과 투입물 양 사이의 관계로, 또 어떤 이들은 단위 시간당 생산물 산출과 요소 투입 사이의 관계로 정의하였다. 심지어 일부 경제학자는 한 저작에서 두 정의를 모두 택하기도 한다. 앞 절의 분석에서 알 수 있듯이, 일단 생산함수를 요리법 목록으로 정의하면, 그 공식을 얼핏 그럴 듯하지만 변덕스러운 방식으로 정할 수는 없다.[47] 해당 시스템에 따르면, 생산함수는 항상 (11), (12) 혹은 (15)의 범함수이다.

공장의 경우 유사(類似) 범함수 (15)보다 (16)을 선호하는 것이 당연하다. 하지만 (16)에는 시간 요소가 없기 때문에 다른 범함수들과는 달라 보인다. 범함수로부터 점함수 (16)으로 변환하는 과정에서 시간 요소가 사라져버렸다. 결과적으로 생산함수 (16)은 시스템이 하는 일이 아니라 할지도 모를 일만 이야기한다. 여기 포함된 변수들은 유량 요소의 속도와 자금 요소의 크기만으로 이루어져 있다. 이들은 전구의 '110V 40W' 표시나 대학 졸업장의 '화학공학사'와 똑같은 방식으로 과정을 설명한다. 어제 전구를 얼마나 오래 켰는지, 기술자가 지난주에 몇 시간 일했는지 알려주지 않는다. 비슷하게, 식 (16)에서 시간당 10리터 휘발유를 사용하는 100마력 트랙터를 가진 사람이 1시간 동안 밭 500평을 갈 수 있다는 것을 알 수 있을 뿐, 실제로 몇 시간을 일했는지는 알 수 없다.

---

46 이 동차성은 모든 공장에서 예컨대 8시간 동안의 유량과 서비스는 한 시간 동안의 여덟 배라는 의미이다. 분명히 이는 생산 단위의 적정 크기와 무관하다. 아래의 각주 48을 보라.

47 일부 내용은 처음 발표한 자리에서 잘못된 것이라고 비난받았을 정도로 분명 놀라운 것이다. 더 자세한 내용은 앞의 각주 1과 8에 인용한 논문을 보라.

공장이 할 수 있는 일이 순전히 기술적(技術的) 구조만의 함수인 것은 당연하다. 유능한 사람이라면 공장 청사진으로부터 그 공장이 할 수 있는 일과 또 거기에 필요한 것을 알아낼 수 있다는 말이다. 따라서 생산함수 (16)을 몇 가지 요소로 분해하면 공장과정을 더 잘 표현할 수 있다. 처음 두 요소는 다음과 같다.

$$(18) \qquad q^* = G(L, K), \quad H^* = H(L, K)$$

q^*는 노동력 H^*로 적절하게 조작할 때 공장이 할 수 있는 최대 생산유량 속도를 나타낸다. 그렇지만 현실에서 인적 요소가 변수이기 때문에 q^*는 도달할 수 없는 최대치이다. 실제 생산유량 속도가 고용 인력의 크기뿐만 아니라 질에도 의존한다는 것을 고려하면 (18)을 다음과 같이 바꿔야 한다.

$$(19) \qquad q = f(L, K, H) \leq q^*$$

그렇지만 이 식을 이론 및 응용 경제학 분야에서 현재 사용하는 생산함수 형태와 혼동해서는 안 된다. (19)의 정의에 의하면 H는 일정하지만 L 혹은 K가 감소할 때, $q < q^*$라면 q가 (대개 그렇기는 하지만) 반드시 감소할 필요는 없다.

다른 자금 요소 S와 C 역시 기본 자금 L, K, H에 의해 결정된다. 따라서 다음 식이 나온다.

$$(20) \qquad S = S(L, K, H), \quad C = C(L, K, H)$$

이제 다른 유량 요소들을 조합하는 관계식을 점검해보자. 유지 유량의 경우 쉽게 해결된다. 그 속도는 유지해야 하는 자본과 노동 자금의 함수이다. 게다가 물질 및 에너지 보존법칙 때문에, 이는 마모폐기물 유량 속도 w_1과 같아야 한다. 따라서 다음 식이 얻어진다.

$$m = m(K, H), \quad w_1 = m \tag{21}$$

이 관계는 고용된 인력의 크기에 따라 엄격한 의미의 자본을 더 혹은 덜 집약적으로 사용한다는 사실도 설명한다.

물질 및 에너지 보존법칙에 따르면, 투입-산출 유량 사이에 어떤 관계가 존재해야 한다.

$$qt = g(rt, it, w_2 t) \tag{22}$$

여기서 w_2는 변환에 의해서만 나타나는 폐기물의 유량 속도이다. (22)가 모든 양의 값 t에 대하여 성립해야 하기 때문에, 함수 g는 1차 동차 함수이다. 목재, 주입물, 폐기물 양을 두 배로 늘리면, 철도 침목의 양 역시 두 배가 된다는 익숙한 주장[48]을 통해서도 똑같은 결과가 얻어진다. 그렇지만 q를 두 배로 늘리려면, 또 다른 공장이, 즉 또 하나의 자금 조합 (L, K, H)이 필요하다. 이 새로운 조합으로 폐기물 양이 (대개 그렇듯이) 두 배가 되지 않을 수도 있다. 이는 기술(技術) 방식에 따라 효율에 차이가 있다는 의미이다. 더 효율적인 방식의 w_2 값은 더 작다. 따라서 다음 식이 얻어진다.

$$w_2 = w_2(L, K, H) \tag{23}$$

관계식 (22)는 다음과 같이 달라진다.

$$q = g[r, i, w_2(L, K, H)] \tag{24}$$

종합하면, 똑같은 (유량 혹은 자금) 요소로 똑같은 생산물을 만드는 모든 공

48 이 주장은 공장의 적정 크기를 비판하는 이들에게 영향을 주었지만, 이는 적정 크기가 없다는 의미가 아니다. 적정 크기가 없으면 (18)의 함수들은 1차이어야 한다. 4장 4절 그리고 앞의 각주 1에 인용한 저자의 논문, "Chamberlin's New Economics and the Unit of Production"을 참조하라.

장 시스템의 목록에는 단 하나의 생산함수만 있는 것이 아니라 식 (19), (20), (21), (23), (24)에 나온 대로 일곱 개의 기본함수가 있다. 따라서 공장 시스템에 의한 생산구조에 내재되어 있는 명확한 한계들이 있다. 각 과정에 고유한 기술적인 특징들로 인해 요소들 사이에 추가적인 결합 관계가 도입되기도 한다. 결혼반지의 금과 일인용 트랙터의 예를 떠올릴 수도 있다. 이런 특별한 경우가 아닐지라도, 주어진 상품에 대한 생산 방식 목록을 나타내는 점함수에 포함된 요소들이 요즘 생산이론에서 가정하는 것처럼 대체 가능하다고 비약해서는 안 된다. 돌이켜보면, 이 점함수에서 K는 여러 속성을 가진 자본 장비를 총칭하는 것이며, K_i는 "속성 i"를 가진 자본의 양을 의미한다. 똑같은 내용이 L과 H에도 적용된다. 더구나 모든 가능한 조합 (L, K, H)에 정확하게 대응하는 과정이 반드시 존재하는 것도 아니다. 더 자본집약적 과정에는 대개 다른 유형의 자본 장비가 필요하다. 따라서 주어진 과정에 대하여 H_j의 감소를 더 많은 K_i로 대체하는 과정은 없을 수 있다. 오히려 대체는 K_a와 L_c 대신 K_c와 L_d를 사용한다는 의미이다. 사정이 이럴진대 익숙한 등량곡선에서처럼 두 개의 좌표, '자본'과 '노동'으로 대체를 표현할 수 없다. 신고전파 경제학자들은 모든 구체적인 노동은 일반적인 추상적인 노동의 응결 형태라는 마르크스의 생각을 비난하였지만 구체적인 자본 역시 추상적인 자본의 응결 형태라고 가정함으로써 마르크스보다도 더 추상적인 논리에 빠지고 말았다.

일반적 '자본'의 기수 측도 K와 일반적 '노동'의 기수 측도 H의 함수인 표준적인 신고전학파 생산함수는 아주 추상적인 직유로서는 완전히 쓸모없지도 않다. 그러나 (대체 가능성이 개인의 주관적 평가에 의해 주어지는) 경제적 만족감 함수와는 매우 대조적으로, 표준적인 생산함수가 가지는 실재의 청사진으로서 가치는 전혀 없다. 따라서 이 함수를 실제 적용하려고 하는 것은 어처구니없는 짓이다. 횡단면 통계자료[49]로부터 이 함수를 유도하려는 무수한 시

49 cross-section statistical data. 동일시점에 여러 변수에 대해 관찰된 통계자료로, 시간

도들도 마찬가지이다. 횡단면 통계자료에서 K_i는 질적으로 동일하지 않으며, 따라서 아무런 공통 측도가 없다. 똑같은 이유로, 일반적 자본과 일반적 노동 사이의 대체탄력성을 논의하는 것은 무의미하다. 한계생산성 역시 공허한 말이다. 자본과 노동을 추상화된 일반적 개념으로 생각할 수도 있지만, 화폐로 측정할 때뿐이다. 이상의 논의에서 알 수 있듯이 한계가격 이론을 치장하는 정리들은 본질적으로 오해를 낳을 소지가 있는 해석학적인 장식품일 따름이다. 사실, 공장이든 혹은 다른 방식의 기본과정의 배열이든 가격이 생산을 조절한다는 것을 설명하기 위해 신고전파의 대체 가능성이나 물질적 한계생산성은 필요하지 않다. 이런 조절은 생산함수에 포함된 제한성의 수와 특성과는 무관하게 보장된다.[50] 이 문제에서 생각할 유일한 요소는 비용이다. 그리고 비용을 생각하면, 요소들의 모든 질적 차이는 균질적 존재물인 화폐 속으로 사라져버린다. (앞에서 논의한 것처럼) 이 특별한 경우에 모든 가능한 공장과정에 대해 어떤 요소가 얼마만큼 비용으로 들어갔는지 보여주는 것이 생산함수의 유일한 역할이다. "생산함수와 그 등량곡선을 사용하는 것은 고상해 보이지만, 평균 비용곡선으로 최적 규모 문제를 분석하는" 체임벌린(E. H. Chamberlin)의 아이디어가 훨씬 낫다.[51]

10. 생산과 시간 요소

이미 강조한 것처럼, 기본관계 (19)는 공장에서 일어나는 일에 관하여 알려주지 않는다. 공장에서 어제 일어난 일 혹은 매일 일어나는 일을 설명하려면

에 따라 분석된 시계열 통계자료와 대별된다—옮긴이.

50 『AE』에 Essay 7으로 재수록된 저자의 논문을 보라.

51 *Essays on Econometics and Planning Presented to Professor P. C. Mahalanobis* (Oxford, 1964), pp. 255에 실린 저자의 논문, "Measure, Quality and Optimum Scale"를 보라.

(19)에 없는 추가적인 좌표가, 즉 매일 공장이 가동하는 시간이 필요하다. 이 시간을 공장 가동 시간, δ로 표시한다[아래에서 δ는 노동시간을 의미하기도 한다 —옮긴이]. 평일 하루를 단위 시간으로 하면 $\delta \leq 1$이다. (19)로부터 공장의 일일 산출 $Q = \delta q$는 다음과 같다.

$$Q = \delta f(L, K, H) \tag{25}$$

이 식은 시간 요소를 명백한 변수로 포함하지 않는 신고전파 생산함수 (10)과 크게 다르다. 신고전파 식의 변수들은 서비스와 유량의 양을 나타내는 것일 뿐 시간 요소를 무시하는 것은 아니라는 반론이 제기될 수도 있다. 실제로 많은 경제학자들은 직관에 입각하여 생산함수가 여러 양들 사이의 관계라고 주장한다.[52] 그러나 그들의 직관은 앞 절의 분석에서 명확하게 밝힌 점을 놓치고 있다. 생산물 양과, 서비스 및 유량의 양 사이의 관계에는 식 (17)처럼 시간이 명백한 변수로 포함되어야 한다. 식 (10)의 기호가 서비스 및 유량의 양을 나타내는 것으로 보든 그 속도를 나타내는 것으로 보든, 생산함수를 표현하는 신고전파의 방식에서 시간 요소는 누락되어 있다.

이는 마르크스의 생산과정 분석으로부터 아쉽게도 후퇴한 것이다. 마르크스는 노동자의 노동시간이든 기본과정의 생산시간이든 시간 요소를 꽤나 중요하게 다루었다.[53] 마르크스는 모든 분석 요소에서 역사의 진행을 살펴보았다. 반면에 신고전학파는 역사의 진행을 무시하기로 마음먹었다. 신고전파 경제학자들이 공장이 하는 일을 설명하는 공식에서 가동시간을 생략한 가장 큰 이유는 δ를 주어진 사회적 좌표로 간주하기 때문이다. δ가 다른 물리적 계수들처럼 주어진 계수이면, 일반 공식에 명시적으로 나타낼 필요가 없다.

52 앞의 각주 39를 보라.

53 Marx, *Capital*, I, ch. 10을 참조하라. 부수적으로 공식 (25)는 마르크스의 귀중한 이론 중 하나를, 즉 노동시간은 그 자체에 아무런 가치가 없지만 가치 측도라는 이론을 뒷받침한다. 앞의 책, pp. 45, 588.

표준 분석도구에서 공장 가동시간을 생략한 결과는 생각보다 훨씬 골치아프다. 몇몇 결과는 똑같은 도구의 또 다른 오류 때문에, 즉 (18)와 (19)의 혼동 때문에 더욱 나빠진다. 이 혼동은 또 다른 누락과, 즉 q/q^*나 H/H^*로 측정하는 가동률을 무시한 혼동과 같다. 이 누락 때문에 국가경제연구소(National Bureau of Economic Research, NBER) 같은 권위 있는 기관들과 경제학계 거장들이 즐겨 사용하는 자본-산출 혹은 자본-노동의 비율에 입각한 주장들은 심각한 결함을 피하지 못한다.

앞의 분석에 비추어보면, 공장과정의 자본집약도에 대한 객관적 정의는 분명 관계식 (18)에 기초해야 한다. 따라서 K/q^*와 K/H^*만이 자본집약도의 객관적인 측도이다(K/q^* 대신 $\delta=1$일 때의 q^*인 Q^*를 사용하여 K/Q^*로 측정해도 된다). 중요한 점은 자본집약도가 본질적으로 공장이 어쩌다 하는 일이 아니라 공장 청사진의 좌표라는 것이다. 자본집약도를 비율 $K/Q=K/(\delta q)$로 측정하는 것은 커다란 오류이다. 일일(혹은 연간) 생산 Q는 설비활용 강도와 δ에 따라 변화한다. 똑같은 내용이 K/N으로 측정하는 자본-노동 비율에도 적용된다. 여기서 N은 연간 **평균** 고용자(혹은 생산 노동자)의 수로, 설비활용 강도와 교대근무의 수에 따라 달라진다. **다른 사정이 같고**, 한 개 조 근무가 같은 크기의 두 개 조 교대 근무가 되면, 과정의 자본집약도는 변하지 않지만 K/N은 절반이 된다. 따라서 공장 가동 시간, 교대근무 수, 설비활용 강도 등이 비율 K/Q와 K/N에 영향을 미친다. 이 좌표들은 사업 전망에 따라 시시각각 달라진다. 한 산업의 다른 연도 혹은 같은 연도의 두 산업 간 K/Q 또는 K/N 비율을 비교해 이를 자본집약도의 차이 때문이라고 할 수는 없다는 것이다. 특히 산업 간 비교에서 그렇다.

하지만 자본집약도와 관련된 모든 연구에서 위와 같은 자본-산출, 자본-노동 비율의 측도를 사용한다. 이 측도들의 비교 불가능성을 간혹 언급하기도 하지만, 자본집약도 측정 문제의 심각한 함의를 제대로 따져본 학자는 없다. 누군가 K/q^*와 K/H^*이 올바른 측도라는 것을 알았더라도, 이 비율들을 통계적으로 추정하지는 못했을 것이다. 최고의 통계기관들도 생산, 자본, 고용에 관한 일반통계로부터 이 두 비율을 구하는 데 필요한 데이터를 제조업 조사 자료에 포함시키지 않기 때문이다. 사회과학자의 분석도구 일람표에 따라 통계자료 수집의 방향을 잡는 것이 통계 기관의 당연한 방식이다.[54]

신고전파 경제학자의 분석도구에서 앞에 언급한 요소들을 누락한 효과는 순전히 이론적인 분야에 국한되지 않는다. 노동시간 δ를 누락한 결과 어떤 신고전파 계획전문가도, 마르크스가 올바르게 평가했으며 식 (25)로 확인할 수 있는 바, 선진국 경제가 이룩한 경제 발전의 '비밀' 중 하나가 긴 노동시간이라는 사실을 깨닫지 못하는 이상한 일이 벌어졌다.[55] 노동시간은 즉각 사용할 수 있는 경제수단이지만, 일반문헌에서 볼 수 있는 신고전파 경제발전 모형에는 등장하지 않는다. 저개발국 경제가 단순한 발전을 넘어 빠른 발전을 하도록 돕는다는 목적에 비추어보면, 저개발국 경제에서 (과도한 인구 때문에 원치 않는 여가 시간이 많은 나라에서도) 하루 8시간 노동 제도는 명백하게 부적절하며, 좀 심하게 말하자면 계획된 시대착오이다.

만일 4교대, 6교대 심지어 12교대로 모든 공장을 가동할 수 있는 충분한 인력이 있는 상황이라면, 하루 6시간, 4시간, 혹은 2시간 노동을 반대할 어떤 경

54 산업 간 거래에 관한 통계자료 수집에 대해 획기적인 영향을 주었던 레온티에프 시스템에서 뛰어난 예를 볼 수 있다.

55 F. Engels, *The Condition of the Working Class in England in 1844*(London, 1892)에 나와 있는 관계에만 의존할 필요는 없다. W. S. Woytinsky and Associates, *Employment and Wages in the United States*(New York, 1953), p.98에 따르면, 1850년까지 미국의 평균 주당 노동시간은 70시간이었다. 12살 미만 아동의 노동시간을 하루 10시간으로 제한하는 첫 번째 시도가 매사추세츠 주에서 1842년에야 이루어졌다. 1860년까지 하루 10시간 노동은 다른 노동자들에게 보편적 규칙이 아니었다. Philip S. Foner, *History of the Labor Movement in the United States*(4 vols., New York, 1947), I, 218과 G. Gunton, *Wealth and Progress*(New York, 1887), pp.250 f를 보라.

제적 이유도 (교대 비용을 제외하면) 없을 것이다. 그러나 어떤 저개발국 경제가, 아니, 어떤 경제가 이 상황에 있는가? 저개발국 경제에서 기본적으로 부족한 것은 — 최근에야 깨닫게 되었듯이[56] — 기계와 숙련노동이라는 두 가지 형태의 자본이다. 숙련노동은 노동력과 기술의 묶음이고 기술은 자본처럼 얻는데 시간이 걸린다는 단순한 이유 때문에 이 둘은 공존한다.[57] 저개발국 경제에서는 숙련노동의 부족이 심각하여 많은 공장들을 주야로 가동할 수 없는 것이 보통이다. 이 경우 물적 요소의 유휴시간은 기본과정에서처럼 과정 자체의 눈에 보이는 특성이 아니라 짝을 이루는 인적 자원의 부족 때문이다. 풍부한 자본 덕분에 여가에 경제적 가치가 있는 선진국 경제와 똑같이 노동시간을 법적으로 제한하는 것은 불필요하게 많은 유휴시간과 잠재소득의 삭감을 법령화하는 것과 같다. 마찬가지 이유로, 8시간씩 1교대 혹은 2교대로만 가동하는 공장과 똑같은 물건을 생산하는 공장을 후진국에 추가로 짓는 일은 자원 낭비이다. 예컨대 1교대로만 가동하는 신발 공장이 이미 있다면, 마찬가지 1교대로 가동하는 또 다른 신발 공장을 건설하는 것은 아무런 경제적 의미가 없다. 기존 공장에 2교대를 도입하여 (실질적으로) 똑같은 물량을 만들 수 있으며, 여분의 자본을 다른 분야에 투자할 수 있다.

"경제 발전에는 시간이 걸린다"는 모든 경제계획 기관의 현관에 걸어놓기에 매우 적절한 글이다. 이를 보는 사람들은 실망스럽더라도 단순한 진실을 끊임없이 되새길 수 있을 것이다. 그러나 사무실 내부에서는 이를 "불필요한 유휴기간으로 이 시간을 연장하지 마라"로 새겨야 한다. 불필요한 유휴기간

56 예컨대, Theodore W. Schultz, *The Economic Value of Education* (New York, 1963).

57 이상하게도, 많은 국가에서 과잉인구는 신고전파 경제학의 처방과는 다른 처방이 필요한 실재라는 생각에 반대하였던 사람들이 오랫동안 이 점을 무시해왔다. 『AE』에 재수록된 저자의 논문, "Economic Theory and Agrarian Economics" (1960) 372~374을 참조하라.

은 시간 낭비를 초래한다. 분명히 모든 경제계획에 무의식적으로 계획된 크고 작은 유휴기간이 숨겨 있다. 이 때문에 간혹 대부분 경제발전 계획이 충분히 빠르지 않다고 느끼거나 심지어 인식한다. 경제발전 계획을 수립할 때 공장 시스템의 객관적인 경제적 교훈을 명심한다면 아마도 이런 오류를 피할 수 있을 것이다.

11. 공장: 이점과 한계

공장은 대부분의 경제학자들이 자라난 산업사회에서 너무나 익숙한 것이어서 우리는 두 가지 중요한 사실을 놓치고 있는 듯하다.

첫째, 공장 시스템은 인류 역사상 가장 위대한 경제적 발명품의 하나이다. 화폐 발명과 비견될 정도로 위대하지만 그와 마찬가지로 정확한 역사적 기원은 알려져 있지 않다. 공장 시스템의 이점들은 기술과 무관하며, 그 이상이기 때문에 정말로 '경제적'이다. 공장 시스템이 산업 혁명의, 즉 18세기 이후 많은 기술적 진보의 산물이었다고들 하지만, 인과 관계는 그 반대이다. 수요 증가로 인해 과거의 수공업 작업장에서 공장 시스템을 이미 시행하기 시작하였으며, 이는 기술 혁신에 박차를 가한 주요 요인의 하나였다.

앞에서 충분히 보았듯이, 공장 시스템은 기본과정의 어떤 배열보다 우월하다. 이는 공장 시스템이 도구의 힘이나 자연력에 대한 인간의 지배력을 증가시키기 때문이 아니라 어떤 방식에나 내재하는 유휴자금 요소를 제거하기 때문이다. 그 이득은 기술 수준에 상관없이 얻을 수 있다. 파라오 시대 이집트인의 기술을 사용하는 공장 시스템을 통해 옷감을 만들 수도 있다. 공장 시스템의 이득을 취할지 여부는 이용 가능한 기술이 아니라 생산물에 대한 수요 수준에 좌우된다. 대양 횡단 여객선을 공장 시스템을, 즉 일련의 생산 계통을 따라 만들지 않는 이유는 생산시간에 비해 충분한 수요가 없기 때문이다. 이상하게 들릴 수도 있지만, 조선 기술이 100년 전과 같고 여객선 수요가 요즘 같다면 일련의 생산계통을 통해 여객선을 만들 것이다. 기술의 진보에 따라 수요가 증가하지 않으면, 기술 진보가 공장 시스템에 불리하게 작용하는 경우도 있다.

논의의 핵심은 공장 시스템과 기술 진보의 긴밀한 관계에는 주로 수요 문제가 연관되어 있다는 것이다. 수요가 작을 때 전문화가 비경제적인 것처럼, 수요가 커지면 전문화가 촉진된다. 기본과정에서 한 행위자의 작업을 몇 개 작업으로 나눌 때, 유휴시간이 없는 일련의 작업계통 배열에 필요한 기본과정의 수는 보통 (상당히 급격하게) 증가한다. 따라서 산출 유량 역시 분명히 증가한다. 수요 유량이 똑같은 비율로 증가하지 않으면, 전문화는 높은 비용의 유휴시간을 초래할 뿐이다.[58]

이런저런 이유로 기본과정을 병렬로 배치해야 하는 경우에도 수요는 기술 혁신을 자극한다. 작은 동네에서 빵에 대한 수요가 증가하면, 똑같은 크기의 오븐을 추가하여 병렬로 매일 쓰는 것보다 더 큰 오븐으로 바꾸는 것이 제빵업계에 더 경제적이다. 실제로 기술 진보에는 항상 전문화와 더불어, 여러 도구를 더 크지만 더 효율적인 하나의 단위로 만드는 집중화가 뒤섞여 있다. 두 경우 모두, 생산 단위의 크기가 증가한다. 이 크기의 한계는 4장 4절에서 알아본 물질 법칙으로 주어지지만, 생산의 증가를 촉진하는 것은 수요의 성장뿐이다.[59]

흔히 놓치는 두 번째 사실은 우리가 필요하거나 원해서 생산하려는 모든 것

58 알다시피, "분업은 시장 크기에 따라 제한된다"고 처음 주장한 사람은 애덤 스미스였다. *The Wealth of Nations* (ed. Cannan), I, 19. 9절의 공장 시스템 분석과 특히 앞의 각주 43의 정리를 보면 그 근거가 분명하며, 이는 자본 장비의 전문화로 확장된다.

59 수요와 기술 방식의 이 연관성 때문에, 나는 경제이론가에게 생산함수는 "공학과 공업화학 같은 분야에서 취한" 자료라는, 많은 동료 경제학자들이 공유하는 관점과는 다른 관점을 갖고 있다. Stigler, *Theory of Competitive Price*, pp. 109 f; Pigou, *Economics of Stationary States*, p. 142; Samuelson, *Foundations*, p. 57; J. R. Hicks, *Theory of Wages*, p. 237.

에 공장 시스템을 적용할 수 없다는 점이다. 한 가지 장애는 이미 본 바와 같이, 상품에 대한 낮은 수요이다. 좀 더 미묘한 이유는 **우리가 상품뿐만 아니라 과정도 만들어낸다는** 사실과 관련이 있다. 정상(定常) 상태 경제에서만 생산은 상품에 한정된다. 이런 경제에 존재하는 모든 과정은 그대로 유지되기 때문에 다른 과정을 만들 필요가 없다. 그러나 변화하는 세계에서는 추가 과정이나 낡은 과정을 대신할 새로운 과정을 만들어야 한다. 당연히 이 모든 과정을 공장 시스템을 통해 만들 수는 없다. 새로운 형태의 공장을 만드는 공장은 현재 있는 공장을 통해서가 아니라 새롭게 만들어야 한다. 세 번째 이유는 현실에서 가장 중요한 것으로, 지구에서의 인류 생존 조건에 뿌리를 두고 있다.

12. 공장과 농장

기본과정들을 방해받지 않고 일렬로 작업계통에 배열하려면, 원하는 **시간** 아무 때나 기본과정을 시작할 수 있어야 한다. 많은 경우 그렇게 할 수 있다. 예컨대, 취미로 탁자를 만드는 사람은 8월이나 12월, 월요일이나 금요일 혹은 새벽 3시에 일을 시작할 수 있다. 이런 자유가 없으면, 공장 시스템에서 가구, 자동차, 코크스 등을 연중 중단 없이 생산할 수 없다. 반면에, 잘 갖추어진 온실이 없으면 아무 때나 옥수수 재배 기본과정을 시작할 수는 없다. 적도 주위 몇 군데를 제외하면, 지구 어디에서나 옥수수를 파종할 수 있는 때는 연중 비교적 짧은 기간뿐이다. 이 기간은 각 지역의 기후 조건에 따라 결정된다. 이 조건은 태양에 대한 지구의 위치와 회전, 지표 상 토양과 물의 지리적 분포에 따라 결정된다. 생명체는 태양 에너지에 너무도 크게 의존하기 때문에, 각 지역에 도달하는 태양 에너지의 순환 주기는 점진적인 자연 선택을 통해 거의 모든 동식물 종의 번식 형태로 자리 잡았다. 양(羊)은 봄에 태어나고, 병아리는 이른 봄에 부화하고, 송아지는 가을에 태어나며, 가자미 같은 물고기도 4·5월이 아니면 살이 없다. 이렇게 축산에서도 자연이 정해놓은 특별한 기간이 아니면 기본과정을 시작할 수 없다.

이런 사실은 상식이다. 하지만 일반적으로 경제학자들은 농업과 공업의 생산 활동 구조의 실질적인 차이를 부정한다. 사회주의 체제에서는 후진적인 농장들이 '노천 공장'으로 바뀔 것이라고 주장한 과거 사회주의 문헌에서 이런 경향을 확인할 수 있다. 신고전파 문헌에서는 당면 문제가 농업이든 공업이든 생산함수 (10)을 사용한다.[60] 그렇지만 농업생산의 기본과정을 끊임없이 일렬로 작업계통에 배열할 수는 없다. 옥수수 한 그루를 생산 단위로 보면, 쟁기질과 파종이 이루어짐에 따라 기본과정을 일련의 작업계통에 배열한다고 볼 수도 있다. 하지만 어떤 시점이 지나면 파종된 씨앗은 제대로 자랄 수 없기 때문에 이 작업계통이 영원히 계속될 수는 없다. 한 지역에서 모든 옥수수 밭을 제때 경작하려면 농부들은 밭을 **병렬식으로** 일구어야 한다. 밭을 갈고, 씨 뿌리고, 잡초를 뽑고, 수확을 하는 시기가 짧다는 것을 고려하면, 모든 기본과정을 동시에 시작한다는 가정에 입각해서 각 농장의 생산 시스템을 설명하는 것이 옳을 것이다. 이 편리한 단순화를 통해 보면, 농장 시스템의 생산함수는 앞의 8절에 나온 **비축퇴** 범함수 (12)이다.[61] [비축퇴는 하나의 좌표에 하나의 상태만 존재하는 상황을 가리킨다—옮긴이]

이 생산함수와 공장의 생산함수의 차이는, 즉 점함수 (16) 또는 (17)의 차

---

60 실제로, 농업경제학만큼 특정 지역 특정 생산물에 생산함수를, 대개 닳고 닳은 콥-더글러스(Cobb-Douglas) 형태의 생산함수를 단순히 추정하는 데 한정된 연구들이 많은 경제학 분야는 없다.

61 농업 이외에도 기후의 주기성에 종속되는 다른 활동이 있다. 관광 휴양지 호텔업이 바로 떠오르고, 건설업도 그렇다. 농업 생산 비용에 관한 대부분 논리가 개별적인 차이는 있지만 이런 분야에도 적용된다. 우연히 오슬로에 도착하여 마음에 드는 방을 찾지 못할 때, 더 큰 호텔을 충분히 짓지 않았다고 노르웨이 사람들을 비난해서는 안 된다. 노르웨이의 관광 시즌은 매우 짧아 그런 호텔들은 1년 중 열 달은 비어 있을 것이다. 1년에 며칠만 사용하는 프랑스 리비에라에 있는 별장의 낭비를 감당할 수 있는 사람은 기껏해야 백만장자들뿐이다.

이는 단순히 전문적인 정교함이 아니다. 이 차이로부터 중요한 경제 문제들을 배울 수 있다. 오래전 애덤 스미스는 "[농업의] 노동 생산력 향상이 항상 제조업 발전과 보조를 맞추지는 않는다"고 주장하였다.[62] 이는 농업과 공업의 수익 차이에 대한 논쟁을 일으켰지만 현대 경제사상에 남아 있지 않다. 그렇지만 위의 분석에 입각해서 보면, 이 주장이 더 엄격한 형태로도 옳은, 뿌리 깊은 이유가 드러난다. 농업의 기술 진보가 대체적으로 느린 이유는 농업의 기본과정들을 일렬로 작업계통에 배열할 수 없기 때문이다.[63] 애덤 스미스의 주장을 비판하는 사람들도 실업의 상당한 부분과 농업활동의 연관을 받아들인다. 그러나 우리의 분석 결과는 이 연관이 필연적인 이유를 보여줄 뿐만 아니라 몇 가지 흥미로운 측면들을 드러내 주기도 한다.

공업 분야의 실업과 농업 분야의 실업 사이에는 한 가지 중요한 차이가 있다. 공업 분야의 실업자는 자유롭게 일거리를 찾아 정착할 수 있다. 농부는 농한기에도 여전히 자기 일에 매여 있다. 농부가 다른 곳에서 정규직을 얻으면, 농장에는 공백이 생긴다. 인구가 과잉일 때에만 엄격한 의미에서 실업 상태인 농부가 존재한다. 그러나 인구가 과잉이든 아니든, 농업 생산이 병렬 과정인 한 항상 내재적 **유휴기간**이 존재한다.

엄격한 의미의 실업을 제거하기는 어렵지만 복잡하지는 않다. 그렇지만 깊이 생각해보면, 농업의 유휴기간을 없애는 데는 뾰족한 해결책이 없다. 다양한 농사일을 겹쳐 이어서, 농부와 농기구의 유휴기간을 **동시**에 완전히 없애려고 하면, 극복할 수 없는 장애가 나타난다. 자연은 무언의 동반자로서 농업과정의 시점을 지정할 뿐만 아니라 완결 때까지 멈추지 못하게 한다. 공업에서는 거의 모든 과정을 원할 때 정지할 수도 다시 시작할 수도 있지만, 농업에서는 그렇지 않다. 이 때문에 유휴기간 주기가 정확하게 맞는 농업과정들

62 *The Wealth of Nations*, I, 8.

63 이 차이에 대한 훨씬 더 중요한 이유가 10장 3절에 논의되어 있다.

을 찾는 일은 무망하다. '낭만적인' 농업 중시론자들이 저개발국 농업경제의 보완 활동으로 가내 공업의 유용한 역할을 주장한 것은 일리가 있다. 그러나 농업활동에 고용된 인적 자본의 유휴기간과 완벽하게 겹쳐 이어진 가내 공업이 있더라도, 엄격한 의미의 자본에는 여전히 매우 긴 유휴기간이 존재한다. 이 결론은 놀랍지만 피할 수 없다. 경제활동으로서 농업의 어려움은 과잉자본화이다. 이 어려움에 모든 저개발국 농업경제에 대한 합리적 경제정책의 열쇠가 있다.[64]

농장 시스템의 생산함수가 (12)와 같은 범함수라는 규칙의 두 예외는 농장 경제와 공장 경제의 다른 중요한 차이들을 드러낸다.

연중 기후가 일정하기 때문에, 모든 활동(쟁기질, 파종, 잡초 제거, 수확)을 여러 들판에서 동시에 수행할 수 있는 발리 섬을 생각해보자. 이런 경우, 일렬로 배열된 기본과정에, 즉 노천 공장을 통해 벼를 재배하는 데 아무런 장애가 없다. 적절한 수의 소, 쟁기, 낫, 도리깨를 갖춘 적절한 수의 농부들은 들판을 돌아다니면서 쟁기질, 파종, 잡초 뽑기 등등 중단 없이 일을 할 수 있다. 다시 말하면 토지, 자본, 노동력 등 어떤 요소의 유휴 기간도 없앨 수 있다. 이 경우 공장 시스템의 이점들을 정확히 지적할 수 있다. 우선, 공장 시스템에서 생산은 즉각적이기 때문에, 농부들은 파종한 벼를 바로 그날 먹는 셈이다. 여기서는 어디서나 농부의 큰 골칫거리인 농업 운전자본 임대로 인한 부담을 감내할 필요가 없다. 또한 앞서 말한 과잉자본화는 이제 다른 활동에 사용할 수 있는 명백한 초과 자본으로 드러난다. 이전의 생산 단위가 적정 규모였더라도 공장 시스템으로 운영하면 여분의 도구와 인력이 남기 때문이다.

두 번째 예외는 농장에서 공장으로 변환할 때 생산 비용에 미치는 효과가

64 이런 경제에서 과잉자본화는 흔히 대부분의 농장 크기가 최적 규모보다 작게 나누어진 토지 분배 때문에 더욱 심화된다. 『AE』 p.394에 재수록된 저자의 논문, "Economic Theory and Agrarian Economics"를 참조하라.

얼마나 큰지 아주 분명하게 보여준다. 그 예외는 바로 오늘날 미국의 대부분의 양계장에서 닭을 생산하는 방식이다. 요즘 양계장에서는 부화기를 사용하며, 이제 예전처럼 자연이 정한 대로 병렬로 닭을 생산하지 않는다. 닭은 8월이든 12월이든 연중 매일 시장에 나올 수 있다. '닭 농장'은 이제 잘못된 용어가 되었고, 오히려 '닭 공장'이라고 불러 마땅하다. 아직 예전 방식이 지배적인 나라에서는 지금도 닭고기가 '일요일 만찬'이지만, 새로운 방식으로 인해 미국에서 닭고기는 다른 어떤 육류보다 싸다. '닭고기 전쟁'[65]은 운송비와 미국과 유럽의 노동 비용 차이를 보상할 수 있을 정도로 닭고기를 생산하는 농장 시스템과 공장 시스템의 차이가 크지 않았다면 일어나지 않았을 것이다.

13. 내부 유량과 분석

부분 과정을 유량 좌표와 자금 좌표로 분해하는 것은 레온티에프 투입-산출표와 관련된 불일치 문제를 해결하는 데 도움이 된다. 사실 이 불일치는 이런 표를 처음 사용한 마르크스까지 거슬러 올라간다. 레온티에프 덕분에 투입-산출 표는 이제 소개할 필요가 없다. 이 표는 이제 경제학자의 가장 흔한 작업 도구가 되었다. 그렇지만 이 표와 이 장에서 전개한 개념들의 관계를 가능한 한 명확히 해야 불일치 문제를 제대로 이해할 수 있다.

이를 위해서는 레온티에프 투입-산출 시스템 연구에서 흔히 사용하는 일반적인 구조보다 아주 간단한 예를 사용하는 것이 훨씬 낫다. 자연환경 N에 둘러싸여 있고, 세 개의 생산 부문 P_1, P_2, P_3와 한 개의 소비 부문 P_4로 이루어진 정상(定常) 상태 경제를 E라 하자. 레온티에프 시스템의 원리에 따라,

65 1962년 유럽은 커져가는 가금류 시장에서 미국 생산자를 몰아내기 위해 미국산 닭고기에 관세를 부과하였고, 1년 후 미국은 감자 전분, 증류 과실주, 경트럭 등에 관세를 부과하는 상황이 벌어졌다 — 옮긴이.

표 3 과정 형태로 표현한 경제 E

	P_1	P_2	P_3	N	P_4
			유량 좌표		
C_1	x_1^*	$-x_{12}^*$	$-x_{13}^*$	*	$-x_{14}^*$
C_2	$-x_{21}^*$	x_2^*	$-x_{23}^*$	*	$-x_{24}^*$
C_3	$-x_{31}^*$	$-x_{32}^*$	x_3^*	*	$-x_{34}^*$
R	$-r_1^*$	$-r_2^*$	$-r_3^*$	r^*	$-r_4^*$
W	w_1^*	w_2^*	w_3^*	$-w^*$	w_4^*
			자금 좌표		
C_1	X_{11}^*	X_{12}^*	X_{13}^*	*	X_{14}^*
C_2	X_{21}^*	X_{22}^*	X_{23}^*	*	X_{24}^*
C_3	X_{31}^*	X_{32}^*	X_{33}^*	*	X_{34}^*
$\mathcal{C}$	$\mathcal{C}_1^*$	$\mathcal{C}_2^*$	$\mathcal{C}_3^*$	*	*
L	L_1^*	L_2^*	L_3^*	*	L_4^*
H	H_1^*	H_2^*	H_3^*	*	H^*

각 생산과정 P_i에서 단 하나의 상품 C_i를 생산하며, 천연자원 R, 폐기물 W, 인력 H 모두에는 한 가지 질(質)만 있다고 가정한다. 또한 각 과정을 연간 유량과 서비스로 표시한다. 앞 절과 똑같은 표기법을 사용하면, 좌표들은 함수가 아닌 양(量), 예컨대 $R(t)$, $H(t)$가 아닌 $R(T=1)$, $H(T=1)$이다.[66] 전체 상황을 분해한 다섯 개 과정에 대한 해석학적 표현이 표 3에 나와 있다.[67] 간단한

66 레온티에프가 투입-산출 시스템을 고안한 목적에 비추어 이 단순화된 표현에서 몇몇 과정들의 계절적 주기를 무시하는 것은 아무런 문제가 안 된다.

67 여기서 x_{ik}^*를 유동 투입과 유지 유량으로, 혹은 X_{ik}^*를 창고 서비스와 장비 자금 서비스로 분리할 필요는 없다. 엔트로피 법칙 때문에 천연 자원과 폐기물이 r^*와 w^*보다 많이 감소하고 증가하였다는 것을 제외하면, 자연에 존재하므로 R과 W의 저량에 관심을 둘 필요도 없다.

표 4 경제 E에서 유량의 투입-산출 표

	P_1	P_2	P_3	N	P_4	총계
C_1	*	x_{12}^*	x_{13}^*	*	x_{14}^*	x_1^*
C_2	x_{21}^*	*	x_{23}^*	*	x_{24}^*	x_2^*
C_3	x_{31}^*	x_{32}^*	*	*	x_{34}^*	x_3^*
R	r_1^*	r_2^*	r_3^*	*	r_4^*	r^*
W	$-w_1^*$	$-w_2^*$	$-w_3^*$	*	$-w_4^*$	$-w^*$

표기를 위해, 연간 유량이나 서비스를 나타내는 데 별표를 사용하였다.

이 표에는 수학적으로 중요한 내용이 포함되어 있다. 각 과정의 산출 유량은 다른 과정의 투입 유량이며, 또한 그 역이 성립하기 때문에 유량 행렬의 모든 열의 합은 0이어야 한다. 예컨대 $x_1^* = x_{12}^* + x_{13}^* + x_{14}^*$가 성립해야 한다. 따라서 요소 x_1^*, x_2^*, x_3^*, r^*, $-w^*$를 정보의 손실 없이 제거할 수 있다. 그렇지만 표를 읽는 데 편하도록 추가 행에 써놓을 수도 있다. 그리고 다른 유량 좌표의 부호를 바꾸면, 이 표의 유량 행렬은 표 4의 투입-산출 형태로 간단히 변환된다.[68]

여기서 다음 두 가지가 중요하다. 첫째, 투입-산출 표는 과정의 표현인 유량 행렬의 (정해진 규칙들에 따른) 재배치 형태일 뿐이다. 결과적으로 유량 행렬과 투입-산출 표는 동등하다. 하나를 알면 다른 하나를 바로 결정할 수 있다. 둘째, 특정한 재배치 규칙들 때문에 투입-산출 표의 일정 부분은 항상 비

68 레온티에프는 소비 부문의 '산출'이라고 생각한 노동 서비스 '유량'을 투입-산출 표에 포함시켰다. Leontief, *The Structure of the American Economy: 1919-1939*, pp. 41 f 등과 Leontief *et al. Studies in the Structure of the American Economy*, pp. 23, 55을 보라. 나는 유량(경계를 넘는 물질)과 서비스(경계 내에서 자금 요소로 이루어진 활동)의 기본적인 구분을 지키는 것을 선호한다. 또한 표 3에서 행 P_4의 H^*는 경제 E의 전체 인구의 소비 활동을 나타내는데, 이는 올바른 해석학적 표현이다.

어 있어야 한다. 표 4의 대각선 부분이 그런 부분이다.[69]

그럼에도 많은 사람들은 이 부분을 어떤 요소로 채우면, 더 큰 일반성이 얻어진다고 믿는다.[70] 하지만 대각선 요소로 실제 무엇이 들어가야 하는지 답하기 곤란하다. 이제까지 아무도 투입-산출 표가 과정을 해석학적으로 표현하는 완전히 새로운 개념이라고 주장하지 않았다. 그럴진대 투입-산출 표를 과정 형태의 유량 행렬로 다시 재배치할 때 표의 대각선 요소들을 어디에 배치해야 하는지는 정말 난감한 문제이다. 대각선 요소를 가장자리 총계에 더하고 그 합을 해당 과정의 생산물 유량으로 취급하면, 재배치 규칙을 엄밀하게 따르지 않았다는 것을 인정하는 셈이다. 결국 아무도 두 형태의 동등성과 연관하여 대각선 요소 문제를 따져보지 않은 것 같다. 대각선 부분이 반드시 비어 있을 필요가 없는 투입-산출 표를 정당화하는 몇 안 되는 주장들은 부차적인 고려들로부터 이 문제에 접근한다.

이 문제는 통합과 연관하여 생겨났다. 모든 생산과정을 해석학적 틀에서 명시적으로 항상 구분할 필요는 없기 때문에, 경제학자들은 간혹 여러 과정들을 하나로 통합한다. 이 작업 자체에는 아무런 어려움이 없다. P_1과 P_2를 P_0로 통합하려면 단지 해석학적 그림에서 이들을 분리하는 경계를 제거하기만 하면 된다. 표 3에서 이를 쉽게 볼 수 있다. 행 P_1과 P_2를 수평으로 합하여 두 행을 대신할 새로운 행 P_0를 만든다.[71] 하지만 여기서 골칫거리가 하나 생

69 이 대각선 부분이 생산물 좌표에 해당한다.

70 예컨대 O. Eckstein, "The Input-Output System: Its Nature and Its Use," *Economic Activity Analysis*, ed. O. Morgenstern(New York, 1954), pp. 45 f; M. A. Woodbury, "Properties of Leontief-Type Input-Output Matrices" 같은 책, pp. 341 ff.

71 이 규칙은 벡터의 합처럼 아주 익숙하게 들리지만 추가할 것이 있다. 앞에서 말한 것처럼 해당 열의 합이 0이 되어야 하기 때문에 예컨대 유량 좌표 x_1^*과 $-x_{12}^*$는 그 합 $x_1^0 = x_1^* - x_{12}^*$로 바꾸어야 한다. 그렇지만 자금 좌표 X_{11}^*과 X_{12}^* 역시 그 합 $X_{10}^* = X_{11}^* + X_{12}^*$로 바꿔야 하는 이유는 다르다. 두 과정을 나누는 경계를 제거하면 해당 자금 요소가 공동으로 작용한다.

표 5 표 3의 통합 형태

	P_0	P_3	N	P_4
		유량 좌표		
C_0	x_0^* $(x_1^*+x_2^*-x_{12}^*-x_{21}^*)$	$-x_3^*$ $(-x_{13}^*-x_{23}^*)$	*	$-x_4^*$ $(-x_{14}^*-x_{24}^*)$
C_3	$-x_{30}^*$ $(-x_{31}^*-x_{32}^*)$	x_3^*	*	$-x_{34}^*$
R	$-r_0^*$ $(-r_1^*-r_2^*)$	r_3^*	r^*	r_4^*
W	w_0^* $(w_1^*+w_2^*)$	w_3^*	$-w^*$	w_4^*
		자금 좌표		
C_0	X_{11}^* $(X_{11}^*+X_{12}^*+X_{21}^* X_{22}^*)$	X_{03}^* $(X_{13}^*+X_{23}^*)$	*	X_{14}^* $(X_{14}^*+X_{24}^*)$
C_3	X_{30}^*	X_{33}^*	*	X_{34}^*
$\mathcal{C}$	$\mathcal{C}_0^*$ $(\mathcal{C}_1^*+\mathcal{C}_2^*)$	$\mathcal{C}_3^*$	*	*
L	L_0^* $(L_1^*+L_2^*)$	L_3^*	*	L_4^*
H	H_0^* $(H_1^*+H_2^*)$	H_3^*	*	H^*

긴다. 통합 과정 P_0에는 두 개의 생산물 C_1과 C_2가 있는데,[72] 경제학자들은 보통 여기서 멈추지 않는다. 각 과정을 단 하나의 생산물과 짝짓고 싶어 하기 때문에 여러 과정을 하나의 '금속' 공업으로 통합하면 그 생산물 역시 하나의 '금속' 생산물로 뭉뚱그리는 것은 자연스럽다.[73] 경제학에서 '통합'은 과정의 통

72 그럼에도 새로운 유량 행렬을 투입-산출 표로 변환할 수 있다. 이 표는 표 4보다 한 행이 적을 뿐이다. 이 때문에 투입-산출 표와 과정 형태 표현의 관계가 더욱 분명해진다.

73 앞에서 말한 대로, P_1과 P_2의 통합은 간단하다. 여러 개 알갱이를 하나로 뭉치는 것은

표 6 표 4의 올바른 통합 형태

	P_0	P_3	N	P_4	총계
C_0	*	x^*_{03}	*	x^*_{04}	x^*_0
C_3	x^*_{30}	*	*	x^*_{34}	x^*_3
R	r^*_0	r^*_3	*	r^*_4	r^*
W	$-w^*_0$	$-w^*_3$	*	w^*_4	$-w^*$

합과 해당 생산물의 집합을 의미한다.

상품 C_1과 C_2의 집합 상품을 C_0로 표시할 때 나타나는 (앞의 의미에서) P_1과 P_2의 통합 효과가 표 5에 나와 있다. 규칙은 간단하다. 이미 설명한 것처럼, 표 3의 유량 행렬과 자금 행렬에서 행 P_1과 P_2를 합하고 열 C_1과 C_2도 합한다. 통합 때문에 유량 행렬의 수학적 특성을, 즉 각 열의 합은 여전히 0이라는 것을 망가뜨릴 수 없음은 분명하면서도 결정적인 사실이다. 결과적으로 표 5의 유량 행렬을 앞에서와 똑같은 재배치 규칙에 따라 투입-산출 표로 변환할 수 있다. 표 6은 통합 후에도 투입-산출 표의 대각선 부분들이 계속 비어 있어야 하는 이유를 아주 확실하게 보여준다. 따라서 투입-산출 표를 통합할 때 해당 행과 열을 더한 후 나타나는 대각선 부분을 (0이 아니라면) 0으로 하고, 열의 합을 적절하게 수정해야 한다는 레온티에프가 제시한 규칙은 정당하다.[74]

그렇지만 일부 경제학자들은 이 규칙에 이의를 제기하여, 대각선 부분을 0으로 하지 않고 단순히 해당 행과 열을 더하기만 한다. 이 결과 표 6 대신 표 7이 얻어진다. 앞에서 보았듯이 과정 형태 표현에서는 완벽하게 작동하는 벡

정반대로 어렵다. 이 문제는 경제 분석과 특히 투입-산출 시스템의 적용에서 가장 해결하기 곤란한 문제인데, 여기서는 이 문제를 굳이 다룰 필요가 없다.

74 Leontief, *The Structure*, pp. 15 f. 흥미롭게도 레온티에프는 이 규칙을 스스로 깨뜨렸다. 아래의 각주 78을 보라.

표 7 표 4의 부정확한 통합 형태

	P_0	P_3	N	P_4	총계
C_0	$x^*_{12}+x^*_{21}$	x^*_{03}	*	x^*_{04}	$x^*_1+x^*_2$
C_3	x^*_{30}	*	*	x^*_{34}	x^*_3
R	r^*_0	r^*_3	*	r^*_4	r^*
W	$-w^*_0$	$-w^*_3$	*	$-w^*_4$	$-w^*$

터 덧셈 규칙을 어렴풋하게 반복하는 것인지도 모른다. 그러나 이는 투입-산출 표가 과정형태의 재배치라는 가장 중요한 사실을 무시하는 것이다. 통합한 다음에 대각선 요소들을 유지하는 것을 지지하기 위함이, 즉 그렇게 유지해야 수학적 처리가 쉽다는 것이 유일한 이유이다.[75] 수학에서 각 항들이 서로 상쇄되는 일은 있지만, 절대 일부러 0을 만드는 법은 없다는 것이다. 게다가 (실제 대개 그리하듯이) 유량을 화폐 단위로 측정하면, 투입-산출 표의 총계를 달리할 필요가 없다. 그러나 재배치된 행렬에 대해서는 잘 작동하는 수학적 처리가 재배치 이전의 기본 행렬에 대해서는 뒤죽박죽이 되기 십상이다.

"$[x^*_1+x^*_2]$에 대한 정의와 관련된 어떤 난관도, $[x^*_{12}+x^*_{21}]$과 같은 형태의 항목들을 없앨 필요도 없다"[76]는 말만으로 표 7을 충분히 정당화할 수는 없다. 전체 경제가 통합 투입-산출 표에 나타난 두 가지 과정들로만 나뉜다고 할 때 $x^*_{12}+x^*_{21}$ 항이 실제 무엇을 나타내는지 알아야 한다. 해석학적 틀을 혼란스런 그물망에 겹쳐서는 안 된다. $x^*_1+x^*_2$는 P_1과 P_2 과정들을 분명하게 구분하는 틀에서만 결합 생산물의 산출을 나타낸다. 이들을 과정 P_0로 통합할 때 생기는 그림에는 그 통합 과정의 생산물 산출이, 즉 표 5, 6 모두에 나와 있는

75 R. Dorfman, P. A. Samuelson, and R. M. Solow, *Linear Programming and Economic Analysis* (New York, 1958), chaps 9 and 10.

76 앞의 책, p. 240. 대괄호 속 표현은 적절히 바꾸었다.

$x_0^* = x_1^* + x_2^* - x_{12}^* - x_{21}^*$가 나와야만 하며 다른 여지는 없다.

너무나도 단순한 이 내용을 어떻게 무시할 수 있었는지 알 수가 없다. 지금은 없어진 국제연맹에서 나중에 레온티에프 덕분에 유명해진 표와 모든 점에서 똑같은 투입-산출 표 형태로 세계 각국의 무역 통계를 발간하곤 하였다.[77] 물론 대각선 부분은 비어 있었다. 이탈리아에서 이탈리아로 수출한 것에 해당하는 부분에 숫자가 있다면, 누구나 인쇄 오류라고 생각했을 것이다! 또한 대륙 간 수출을 표시하기 위한 통합 통계표를 생각해보자. 유럽에서 유럽으로 수출한 대각선 부분에 숫자가 있다면 인쇄 오류로 생각하지 않겠는가? 국가 통계를 대륙 통계로 통합할 때 유럽국가들 사이의 수출을 빼야 한다. 미국의 주 사이의 거래를 미국 수출에 포함할 수 없는 것처럼 이런 통합표에 유럽 '내부' 수출을 포함할 수는 없다.

그럼에도 유럽-유럽 대각선 부분에 유럽 내부 수출을 넣고, 또 비슷하게, 표 7의 대각선 요소 $x_{12}^* + x_{21}^*$가 통합과정 P_0의 내부 유량을 나타낸다고 보면 어떨까? 이 유혹은 너무도 강해서 레온티에프조차 대각선 요소를 0으로 해야 한다고 주장한 지 얼마 안 되어 내부 유량을, 즉 '기업에서 기업으로의 지불'을 나타내기 위해 그런 요소를 그의 표 중 하나에 넣었다.[78] 그렇지만 과정에 대한 해석학적 관점에 따르면, 유량은 경계를 넘는 것을 특성으로 하는 요소이다. 일단 해석학적 그림에서 유럽 국가들 사이나 P_1과 P_2 사이의 경계를 제거하면, 이들과 연관된 유량들 역시 없어져야 한다. '내부 유량'이라는 용어는 해석학적으로 모순이다. 하지만 이 개념을 이런저런 이름으로 너무 널리 사용하고 있어서, 이에 포함된 해석학적 불일치를 직접 증명할 필요가 있다.

물이 일정한 속도로 흐르는 운하 P를 상상하고, 거기에 해석학적 경계를

77 예컨대, *Memorandum on Balance of Payments and Foreign Trade Balances, 1910-1923*, League of Nations(국제연맹)(2 vols., Geneva, 1924) I, 70 ff를 보라.

78 Leontief, *The Structure*, p. 18.

표 8 세분된 운하의 투입-산출 표

시작\끝	N	P_1	P_2	$\cdots$	P_{n-1}	P_n	총계
N	w_0	w	*	$\cdots$	*	*	w_0+w
P_1	*	w_1	w	$\cdots$	*	*	w_1+w
P_2	*	*	w_2	$\cdots$	*	*	w_2+w
.	.	.	.	$\cdots$	.	.	$\cdots$
P_{n-1}	*	*	*	$\cdots$	w_{n-1}	w	$w_{n-1}+w$
P_n	w	*	*	$\cdots$	*	w_n	w_n+w

그려 n개 지류로 나누어보자. $P_1, P_2, \cdots, P_n$은 지류이고, N은 환경이다. 이 시스템의 투입-산출 표가 표 8이다. 좌표 w_i 값에 대하여 일부러 아무런 가정도 하지 않는다. P_i들을 P로 도로 통합하고 대각선 요소들을 0으로 하지 않으면 표 9가 만들어진다. n을 원하는 만큼 크게 할 수 있고, 또 w 값은 지류의 수와 무관하기 때문에, P의 내부 유량을, 즉 $\Sigma_1^n w_i + (n-1)w$를 무한정 크게 할 수 있다. 따라서 내부 유량이 무한대이다. 이런 어처구니없는 결론은 아무 과정에 대해서나 성립한다.

통상적으로 산출 유량의 **총량**과 **순량**을 구별하는 것으로부터 대각선 요소들을 정당화하기도 한다. 이 결과에 따르면, 표 7의 대각선 요소 $x_{12}^* + x_{21}^*$는 P_0의 산출 유량의 총량 $y_0^* = x_1^* + x_2^*$와 산출 유량의 순량, $x_0^* + x_2^* = x_{03}^* + x_{04}^*$의 차이를 나타낸다. 이 대각선 요소는 P_0 자체에서 사용한 C_0의 유량 부분이다.[79] 따라서 이 해석은 대각선 요소가 내부 유량이라는 입장으로 되돌아간다.

물론 과정 내부에는 항상 진행되는 무엇이, 즉 넓은 의미에서 흐르는 것이 있다. 예컨대 모래로 유리를 만드는 공장 내부에는 모래, 녹아 있는 유리, 판

79 이 관점은 Leontief, *The Structure*, 표 5, 6, 24에 나와 있는데, 몇몇 대각선 부분이 데이터로 채워져 있다. 또한 그의 논문, "The Structure of Development," *Scientific American*, September 1963, pp. 148~166의 표들을 보라.

표 9 표 8의 통합 형태

시작\끝	N	P_n	총계
N	w_0	w	w_0+w
P	w	$\Sigma_1^n w_i+(n-1)w$	$\Sigma_1^n w_i+nw$

유리 등의 지속적인 '흐름'이 있다. 그러나 이 내부 유량은 앞에서 본 것처럼 자금의 범주이며, 따라서 공장의 해석학적 서술에서 유량 좌표가 아닌 과정—자금 C로 표현된다. 토끼풀 씨앗을 생산하는 과정에는 토끼풀 씨앗의 '흐름'이, 망치를 생산하는 과정에는 망치의 '흐름'이 있다. 이들 역시 표 3의 x_{11}^*와 같은 자금 좌표로 표현해야 하는 자금이다.[80] 아마도 유량 고정 관념 때문에, 투입-산출 표에 내부 유량이 포함되어야 한다고 주장함으로써 보통 순수한 유량만 포함하는 틀에 이런 자금 요소를 무의식적으로 도입하려는 것 같다. 즉 자금을 유량 구조에 몰래 넣으려고 하는 것이다. 결국 4절에서 본 것처럼, 이질적인 요소인 유량과 자금을 더하고 빼는 오류를 범한다. 그럼에도 불구하고 수학적으로는 거의 항상 제대로 작동하는데, 이는 불행한 일이며, 액면 그대로 받아들일 수 없는 교묘한 우연의 일치일 따름이다. 수학만으로는 문제를 간파할 수 없다. 바로 이 때문에 자금을 유량 범주에 무의식중에 섞어 생기는 폐해가 뚜렷하게 드러나지 않는다. 그러나 수학적 포장 아래 상황은 크게 왜곡되어 있다.

가장 확실한 예는 노동가치 이론으로 자본주의 시스템의 가격 체계를 설명하려는 마르크스의 노력이다. 마르크스의 주장에서 핵심적인 요소는 그가 경

80 더 나아가, 토끼풀 사료를 생산하는 데 사용하는 토끼풀 씨앗은 그 반대로, 자금 요소가 아닌 유량 요소이다. 이 차이가 까다롭게 보이면, 이는 모든 경제 변수를 화폐로 생각하는 화폐 물신주의—그야말로 해로운 물신주의 때문이다. 그러나 수수께끼는 농부가 토끼풀 사료 재배 과정을 반복하려면 사료를 씨앗으로 교환하는, 즉 또 다른 과정—씨앗과 사료의 거래를 거쳐야만 한다는 것을 깨달을 때 사라진다.

제과정을 해석학적으로 표현한 간단한 '도식'인데, 이는 따지고 보면 결국 투입-산출 표이다. 마르크스의 잘 알려진 곤경의 근원은, 다시 이전의 은유를 사용하면, 망치를 망치질하는 데 사용한 망치를 표현하기 위한 내부 유량이다. 그러나 마르크스는 경제학이 (엄격한 의미에서) **변증법적** 과학이어야 한다고 생각하였기 때문에, 유량과 자금을 구별하지 않고, 따라서 해석학적 자금 대신 내부 유량 개념을 사용하였다. 모든 엄격한 변증법적 접근에서는 **존재**는 곧 **생성**이다. 그렇지만 마르크스는 단순재생산 도식을 그리는 데 해석학에 의지하였다. 바로 이 지점에서 그는 변증법과 해석학을 혼합하였는데, 이를 인식하지 못한 것으로 보인다. 후에 그가 마주한 어려움이 주는 객관적인 교훈은 분명하다. 변증법을 지적 동반자로 삼으면, 변증법과 해석학을 혼합하지 않도록 주의해야 한다는 것이다. 해석학의 엄격한 계율들은 우회할 수도, 어길 수도 없다.

14. 마르크스의 단순재생산 도식과 유량-자금 모형의 비교

마르크스의 해석학적 도식에서 경제는 자본재와 소비재 생산 부문 P_1과 P_2로, 그리고 노동자와 자본가의 소비 부문 P_3와 P_4로 나뉜다.[81] 표 10의 기호는 익숙한 것들이다. v_i와 s_i는 부문 P_i의 노동자와 자본가에 귀속되는 소비재 **유량**이다. c_2는 P_2의 자본을 일정하게 유지하는 데 필요한 유지 **유량** G_1을 나타낸다. c_1이 바로 골칫거리인데, P_1의 자본재 **내부 유량**을, 즉 자본재 생산에 소비된 자본재 유량을 나타낸다. 모든 항은 노동가치로 표시되어 있다.[82]

---

81 자본가 가계와 노동자 가계를 분리하여 경제 분석에서 사회적 차원을 유지한 마르크스의 관점에서 보면, 모든 가계를 똑같은 해석학적 틀에 넣는 현재의 관행은 개탄할 일이다. 경제학은 정치경제로부터 멀어져 거의 완전히 경영과학이 되고 말았다.

82 Marx, *Capital*, II, 458~460; Paul Sweezy, *The Theory of Capitalist Development* (New York, 1942), pp. 75~79. (앞에서 지적한 것처럼 마르크스 역시 서비스라는 용

표 10 마르크스 재생산 도식의 투입-산출 표

	P_1	P_2	P_3	P_4	총계
G_1	c_1	$c_2 = v_1 + s_1$	*	*	$w_1 = c_1 + v_1 + s_1$
G_2	*	*	$v_1 + v_2$	$s_1 + s_2$	$w_2 = s_2 + v_2 + s_2$
H	v_1	v_2	*	*	$v_1 + v_2$

w_i를 구성하는 항들의 이질성을 보이려면, 총가치는 "[생산에] 사용된 불변자본과 자본가와 노동자의 소득"을 합하여 얻어진다고 설명한 스위지(P. M. Sweezy)의 불협화음을 소개할 수도 있다.[83] 마르크스 역시 자본가의 총자본은 불변자본과 가변자본만으로 구성된다고 생각하였다. 분명히 꾸준한 상태의 산업 과정에서는 현재 투입 유량과 유지 유량뿐만 아니라 임금도 관련 생산 유량에서 지불한다. 도식을 좀 더 현실적으로 만들기 위해 사업 중 일어나는 불규칙한 변동에 대비하여 비축하는 자금을 고려할 수도 있겠지만 꾸준한 상태가 유지된다면 자본가가 약간의 운전 자본도 소유하고 있다는 가정을 할 필요가 없다(9절). 그러나 이런 비축 자금은 모든 지불 항목에 대하여 반드시 똑같은 비율로 유지되는 것이 아니다. 그렇지만 마르크스의 도식을 해석학적으로 이해하는 한 가지 방법이 있는데, 이는 그가 『자본론(Capital)』에서 수없이 덧붙인 설명과 일치하는 것이다. 아마도 마르크스가 도식을 만들 때 염두에 두었던 과정은 공업이 아닌 농업 과정이었을 것이다. 마르크스는 유명한 경제 표로 농업경제를 설명하려 했던 케네(F. Quesnay)로부터 도식을 빌려왔다는 사실을 잊어서는 안 된다.[84] 여기서 c_1은 과정 초기에 씨앗으로 사용한

어를 계속 피하고 있지만) 레온티에프와 마찬가지로 노동 서비스를 유량 범주로 다루었기 때문에 표 10에 H 열을 포함하였다.

83 Sweezy, *The Theory*, pp. 76 f.

84 K. Marx and F. Engels, *Correspondence, 1846-1895*(New York, 1935), pp. 153~156 참조. 『AE』에 재수록된 저자의 논문, "The Economic Theory and Agrarian

옥수수와, w_1은 과정 끝에 나오는 옥수수의 총산출과 유사하다. 마르크스가 분석하고자 했던 공업 시스템은 자본이 항상 스스로 유지되는 자금인 일렬의 작업계통 시스템인 반면, 이 도식은 기본과정이 순차적으로 배열되고 지속 자금이 전혀 없는 시스템을 나타낸다.

마르크스의 기본 이론은 잘 알려져 있다. ① 가치가 같은 물건은 동일한 금액에 팔린다는 의미에서 경쟁은 가치와 가격을 일치시킨다. ② 노동자들에게는 자본가들이 매일 강제하는 노동시간과 무관하게, 그들의 가치가, 즉 기본 생계비가 지불된다.[85] ③ 경쟁은 또한 모든 부문에서 노동 착취율을 균등하게 만든다.

(26) $$s_1/v_1 = s_2/v_2$$

마르크스는 이를 기초로 자본주의 체제에서 모든 부문의 이윤율을 같게 하는 가격 형성 메커니즘을 설명할 수 있다고 주장하였다. 그러나 그가 결국 깨달은 것처럼, 식 (26)이 올바르면, 두 부문에서 자본의 유기적 구성이 다를 때, 아래와 같은 이윤율의 균등성은 얻어지지 않는다.

(27) $$s_1/(c_1+v_1) = s_2/(c_2+v_2)$$

즉, 이 식이 성립하려면 아래 식이 성립해야 한다.

(28) $$v_1/c_1 = v_2/c_2$$

이 관계식은 사실 아무리해도 기술(技術)의 일반 법칙으로 받아들일 수 없다.[86] 결과적으로 마르크스는 가격이 가치를 반영할 수 없다고 인정해야 했

Economics" p.384에서 지적한 것처럼, 마르크스의 잉여 가치 법칙—관계 (26)조차 농업의 십일조 시스템을 반영한다.

85 6절에서 언급한, 자금 서비스 가치를 그 자금의 유지 유량으로 완전히 보상한다는 원리가 이 두 이론에 내재해 있다.

표 11 두 부문 경제

	P_1	P_2	P_3	P_4
		유량좌표		
G_1	δx_1	$-\delta x_1$	*	*
G_2	*	δx_2	$-V$	$-(s_1+s_2)$
		자금좌표		
G_1	δK_1	δK_2	*	*
H	δn_1	δn_2	*	*

으며, 주어진 도식에 해당하는 '생산가격'을 결정하는 규칙을 제안하였다. 이윤율을 균등하게 하는 방식으로 총잉여가치 $s=s_1+s_2$를 두 부문에 재분배하는 것이다. 그러나 마르크스는 생산가격이 형성되는 이유나 경로에 대하여 경제학적 설명을 하지 않았다. 이는 무리한 재해석과, 흔히 아주 복잡한 수학을 사용하여 해석학적 난관을 돌파하려 하였던 후대의 많은 경제학자들도 마찬가지이다.[87] 그러나 우리가 마르크스의 유량 고정 관념에 매달리는 한 다람쥐 쳇바퀴 돌기를 할 뿐이다. 이 고정 관념에서 벗어나 유량-자금 모형을 사용하면, 마르크스의 가치론을 훨씬 더 잘 규명할 수 있다.

표 11은 마르크스가 생각했던 것과 똑같은 구조를 과정 형태로 보여준다. 두 부문에서 노동시간 δ는 똑같으며, 노동계급은 기본생계비 V만 받으며, P_1의 생산유량은 P_2의 자본자금 K_2을 유지하기에 딱 맞도록 생산 규모가 조정되고 있다고 가정한다. 다른 기호들은 설명이 필요 없다. K_1은 P_1의 자본자금이며, n_1과 n_2는 두 부문에 고용된 균질의 노동자의 수로, $n=n_1+n_2$이다.

86 마르크스 자신도 *Capital*, III, chap.8에서 이를 비판하였다. 또한 Sweezy, *Theory*, pp.69 f를 보라.

87 내가 알기에 이 모든 해결책은 단지 유량 도식에 관한 것이다. 마르크스의 규칙에 관해서는 *Capital*, III, chap.9과 Sweezy, *Theory*, pp.107~115을 보라. 큰 주목을 끈 보르트키에비츠(L. von Bortkiewicz)의 해결책은 Sweezy, pp.115~125에 나와 있다.

δx_2가 총노동시간 δn과 같도록 G_2의 단위를 정할 수 있으며, 이 경우 이 단위의 노동가치는 1이다. 이 결과 $x_2 = n$이며, 단지 두 개 미지수만 더 결정하면 된다. 하나는 (마르크스의 용어로 필요노동인) '정상(正常)' 노동시간 δ_0이고, 또 하나는 G_1의 가치인 p_0이다. 마르크스의 추론 방향에서 벗어나지 않으려면, 노동착취가 없는 상태에서 p_0를 계산해야 한다.

마르크스에 따르면, 착취가 없다는 말은 $s_1 = s_2 = 0$이라는 의미이며, 이 경우 표 11의 마지막 유량 열로부터 정상 노동시간이 정해진다.

(29) $$\delta_0 = nv/x_2 = v$$

여기서 $v = V/n$은 노동자의 하루 임금이다. δ^*가 노동자의 지속 가능한 하루 최대 노동시간이라면, 표 11로 표현한 시스템의 작동 가능 조건은 $\delta^* - v \geq 0$이다. 어떤 조건에서나 노동은 기본 생계비보다 많이 생산한다는 의미에서 노동이 생산적이라는 사실은 $\delta_0 < \delta^*$를 의미하고, 따라서 $\delta_0 < \delta < \delta^*$인 모든 δ에 대해 다음 관계를 가정할 수 있다.

(30) $$\delta - v > 0$$

(자본 서비스에 대한 몫이 전혀 없는) 가격과 비용의 동등성이 각 부문에 대해 다음 관계를 낳는다.

(31) $$\delta_0 x_1 p_0 = n_1 v, \quad \delta_0 x_2 = \delta_0 x_2 p_0 + n_2 v$$

식 (29)를 사용하여 위 첫 번째 조건으로부터 다음을 얻을 수 있다.

(32) $$p_0 = n_1 / x_1$$

또 $x_2 = n$이기 때문에 이 p_0 값은 두 번째 조건도 만족한다.

이제 마르크스와 마찬가지로 자본가들이 노동시간 $\delta (\delta_0 < \delta \leq \delta^*)$를 부과하고도 노동자들에게 임금은 똑같이 주어도 된다고 가정해보자.[88] 이 경우

(가격이 p_0인 G_1과 함께) 비용방정식으로부터 다음 관계가 얻어진다.

(33) $$s_1^0 = n_1(\delta - \delta_0), \quad s_2^0 = n_2(\delta - \delta_0)$$

따라서 노동자 일인당 착취율은 두 부문에서 똑같이 $(\delta - \delta_0)$이며, 잉여가치에 관한 마르크스의 법칙 (26)은 정당화된다. 그렇지만 자금 요소들이 두 부문에서 똑같은 비율로 결합하지 않으면, 두 부문의 이윤율 $r_1^0 = n_1(\delta - \delta_0)/p_0 K_1$와 $r_2^0 = n_2(\delta - \delta_0)/p_0 K_2$은 같을 수 없다. 즉, 아래 식이 성립해야(이 식은 마르크스의 식 (28)과 동일하다) 이윤율이 균등화된다.

(34) $$n_1/K_1 = n_2/K_2$$

이제 사실 하나를 이 추상적인 분석에 도입해보자. 자본재는 생물의 종(種)과 똑같은 방식으로 만들어진다. 간혹 자본재의 한 '종'은 다른 종으로부터 진화한다. 즉, 새로운 자본재 종이 돌연변이에 의해서 만들어진다. 최초의 돌망치는 자연에서 얻은 물질로 노동에 의해서만 만들어졌으며, 최초의 청동망치는 많은 돌망치를 사용한 노동으로 만들어졌다. 그러나 정상(定常) 상태 경제에는 돌연변이가 존재할 수 없다. 망치(혹은 기계)를 똑같은 종류의 망치(혹은 기계)를 사용하여 재생산한다. 자본은 노동을 절약할 뿐만 아니라 인간의 빈약한 육체적 힘을 증폭한다는 사실을 상기하면, 소비재를 생산하는 데 기계

88 임금률이 '통상적인' 노동시간에 대해 노동자가 겨우 기본생활을 유지할 정도로 정해져야 한다는 생각은 마르크스 시대에 이미 매우 오래된 것이었다. "두 배를 주면, 할 수 있는 일의 절반만 하고, 그렇지 않으면 제대로 할 테니까, 그만큼의 노동성과가 사회적 손실이다." *The Economic Writings of Sir William Petty*, ed. C. H. Hull(2 vols., Cambridge, Eng., 1899), I, 87(저자의 강조). 같은 생각을 케네(François Quesnay)의 저작에서도 볼 수 있는데, 이는 노동시간 공급의 단위 탄력성을 의미하며, 분명히 마르크스의 설명과는 다르다. 당시와 후대 노동자들이 그런 공급계획을 갖게 된 상황에 대해서는 『AE』 p.383에 재수록된 저자의 논문, "The Economic Theory and Agrarian Economics"(1960)를 보라.

들을 사용하는 것보다 기계를 만드는 데 대체적으로 일인당 기계를 더 많이 필요로 하는 것은 당연하다. 이는 꽤나 분명한 사실이며, 두 부문으로 이루어진 정상 상태 경제에 관한 선험적인 종합적 판단이다.[89] 따라서 현실적으로 다음 관계가 성립한다.

$$(35) \qquad n_1/K_1 < n_2/K_2$$

따라서 항상 $r_1^0 < r_2^0$이다. 결과적으로 자본재가 가치 p_0에 팔리는 한, 생산수단 소유자들은 분명히 자본을 P_1에서 P_2로 옮길 것이다. 그 결과 P_1의 생산이 줄어들어, 더는 P_2의 늘어난 자본 자금을 일정하게 유지하기에 충분하지 않게 된다. 결국 불변자본의 전체 자금은 점점 줄어들 것이다.[90]

그러나 이런 일이 일어나기 전에 P_2 부문의 자본가들은 당연히 더 줄어드는 유지 유량 G_1에 대해 경쟁할 것이다. 마르크스 이론의 기본 조건인 경쟁의 결과 자본재의 가격 인상은 필연적이다. 이 결과 P_1에서 P_2로의 자본 이동이,

---

89 똑같은 판단이 어떤 특정 소비재 산업과 마찬가지로 어떤 특정 자본재 산업에 대하여 성립하는지는 완전히 별개 문제이다. 이를 알려면, 모든 K/H^*(여기서는 K_1/n_1)를 정확하게 평가해야 한다. 그러나 10절에서 설명한 이유 때문에, 가장 좋은 제조업 통계에서도 필요한 자료를 얻을 수 없다. 보통의 산업 분류 역시 이 특별한 목적에 적합하지 않다. 노동자 일인당 고정 자본, 생산 노동자 일인당 투자된 자본, 노동자 일인당 에너지, 임금과 급료 단위당 고정 자본 등 대략적인 자본-노동 비율에 따라 (미국 분류의) 19개 기초제조업 분야를 평가하면, 그 순위는 뚜렷한 유사점을 드러내지 않는다. 소비재 산업인 의류, 직물, 피혁, 가구, 인쇄 산업이 대개 모든 순위의 바닥에 있다는 점은 특이하다. 식품 산업만이 중간을 약간 상회한다.

90 관계 (35) 때문에 P_1에서 P_2로 자본이 이동하면 고용이 증가한다. 따라서 임금 총액도 증가할 것이라고 생각할 수 있다. 그렇지만 노동 계급이 정확하게 기본 생계비를 받는다는 생각과 함께 마르크스의 산업예비군 가정을 해석학적으로 판단하면, 임금률은 주어진 데이터가 아니다. 대신 이는 역사적으로 결정된 상수 V와 고용의 크기에 따라 $v = V/n$로 결정된다. 『AE』 p. 400에 재수록된 저자의 논문, "Mathematical Proofs of the Breakdown of Capitalism"을 참조하라.

사실상 총자본 자금의 점진적 감소가 끝난다. 이 결론을 수학적으로 확인하기 위해, 한 부문에서 다른 부문으로 생산수단이 이동해야 할 아무런 유인이 없는 G_1의 화폐 가격을 p라고 하자. 이 가격은 당연히 두 부문의 이윤율을 균등하게 만드는, 즉 $s_1/pK_1 = s_2/pK_2$를 만드는 값이어야 한다. 약간의 수학적 계산을 거치면 이 조건은 다음의 결과를 낳는다.

$$(36)\qquad p = p_0 + \frac{(\delta - \delta_0)(n_2K_1 - n_1K_2)}{\delta x_1(K_1 + K_2)}$$

이 식을 관계 (30), (35)에 비추어보면, 다른 모든 것은 (마르크스의 의미에서) 노동가치로 팔리지만 자본재는 노동가치보다 더 높은 가격에 팔려야 한다.[91] 유일한 예외는 $\delta = \delta_0$인 경우로, $p = p_0$, $s_1 = s_2 = 0$이어야 한다. 그러나 이 경우 자본가들은 어떤 식으로든 자본을 다 써버릴 것이다.[92] 물론 $\delta > \delta_0$이고, (35)의 부등식이 역전되면, 자본재는 그 가치보다 낮은 가격에 팔려야 한다. 자본재가 p_0에 팔리면, 모든 자본은 생산재 산업으로 이동하고, 기계는 단지 기계를 만드는 데만 사용되기 때문에 전체 경제는 멈출 것이다. 소비재 산업이 다른 산업보다 더 자본집약적인, 뒤집혀진 세상은 단지 상상에서만 존재한다는 사실이 이 절의 결론을 선명하게 한다.

자본 자금이 주어진 데이터인 단순재생산 체계 내에서는 왜, 어떻게 자본이 축적되었는지 따져볼 수 없다. 유일하게 생각할 수 있는 문제는 그 자금의

---

91 px_1은 부문 P_2에서 P_1으로의 화폐 이전을 나타내기 때문에 총잉여가치 $s = s_1 + s_2$는 모든 p 값에 대하여 똑같으며, 이는 수학적으로 쉽게 확인할 수 있다. 또한 보르트키에비츠의 해법과 달리 이 해법에는 임금 액수의 재평가가 필요 없기 때문에 마르크스의 의도에 더 부합된다.

92 이 말은 이자율이 0이어도 자본 축적이 어떤 속도로든 이루어질 수 있다는 명제와 모순되지 않는다. 여기서 고려하는 모형에서 노동자 계급은 기본생계비만 받기 때문에 저축을 하지 못한다(이는 개별 노동자들이 노후 대비를 위해 무이자로 서로 간에 돈을 융통하는 상황을 배제하지 않는다). 이 상황에서 생산수단에 대한 소유권을 구매할 사람은 아무도 없을 것이며, 그 시장 가치는 휴지 조각보다 작은 0이다.

유지 방법이다. 몇몇 개인이 생산수단을 소유하지 않는다면, (다른 제도적 요구가 없는 한) 소비재의 총생산유량은 모두 노동자에게 돌아가야 한다. 이 경우, 정상 노동시간은 당시의 기술(技術) 비율 v/x_2에서의 여가와 실질소득에 대한 전체 인구의 선호도에 의해 결정된다. G_1의 평가 가격은 p_0이 되어야 한다. 그러면 시스템은 무한히 재생산될 수 있다. 반면에 앞에서 본 것처럼, 생산수단을 소비재 유량으로 변환할 수 있는 몇몇 개인이 생산수단을 소유하면, 자본 자금 유지를 위해 노동시간은 정상보다 길어져야 한다. 그렇지 않으면, 자본가들은 자본을 소진하게 될 것이다(혹은 노동자들이 굶주릴 것이다). 시스템의 재생산을 위한 그다음 조건은 자본가에게 생기는 소비재 유량의 지분이 각 생산 분야에 투자된 자본의 가치에 비례해야 한다는 것이다. 이 조건으로 인해, 자본재들이 소비재 생산 부문보다 자본재 재생산 부문에서 노동 대비 더 높은 비율로 참여한다는, 기술(技術)과 관련된 확실한 사실이 생겨난다.[93] 이것이 마르크스의 이론에 입각한 노동가치보다 더 높은 가격에 자본재가 팔려야 하는 궁극적인 까닭이다.

15. 상품, 과정, 성장

이제까지 변하지 않는 과정의, 즉 스스로 재생산하는 과정의 해석학적 표현만 생각하였다. 이런 과정이 어떻게 성립하게 되었는지 하는 문제는 건드리지도 않았다. 단지 기계적 운동만 하는 불변의 역학계를 염두에 둔다면, 아리스토텔레스처럼 태초에 이들을 움직이게 만든 원동력을 가정하든지, 뉴턴처럼 관

---

93 물론 자본 소유권이 없는 정상(定常) 상태 경제는 이 비율이 뒤집혀진 세상에서도 무한히 존속할 수 있다. 그렇지만 정상 상태 대신 동적 경제를 생각하면 뜻밖의 어려움이 나타난다. '정상인' 세상은 동적으로 불안정하며, '뒤집혀진' 세상은 안정적이다! $n_1K_2 - n_2K_1$이 0보다 크거나 작거나 같은 각각의 경우에 대한 분석에 관하여 『AE』, p.310 f에 재수록된 저자의 논문, "Relaxation Phenomena in Linear Dynamic Models"을 보라.

성의 법칙(뉴턴 제1법칙)에 입각해서 그 존재를 단순히 인정함으로써 이 질문을 결말지을 수 있다. 그러나 경제학에서는 이런 식으로 질문을 피할 수 없다. 경제과정은 불변의 과정이라도 인간이 시작하고 유지한다. 보다 정확하게 말하면 **상품이 만들어지는 것처럼 경제과정도 만들어진다.** 공장을 생각해보자. 예컨대 방직공장도 한 조각의 천과 마찬가지로 인간 경제활동의 '생산물' 아닌가? 인류의 경제적 진화가 상품을 사용하여 상품을 만드는 단계에 도달한 이래, 더 많은 상품 생산을 위해서는 먼저 추가 과정들을 만들어야 했다. 반면에 추가 과정을 만들기 위해서는 이미 존재하는 상품들을 사용해야 한다. 현실적인 관점에서 **투자**는 추가 과정의 생산이며, **축적**은 이미 존재하는 상품을 이 생산에 할당하는 것이다.

앞에서 살펴본 어떤 해석학적 표현에도 경제활동의 이 중요한 내용을 위한, 즉 과정의 생산을 위한 자리는 없었다. 앞의 표현들은 이미 만들어진 과정들의 재생산을 설명한다. 그러나 경제 문헌의 (성장 모형을 포함한) 모든 동적 모형은 과정의 생산은 고려하지 않고 상품의 생산만을 고려한다. 경제과정에 대한 이론적 이해를 위해서든 경제계획 지침으로서 이들 모형의 (현실) 적합성을 위해서든 이 누락은 작지 않은 문제를 일으킨다. 조금 후에 논의하겠지만, 작금의 모든 동태경제학 모형에 깊이 배어 있는 거의 폭발적인 특성은 이 누락 탓이다.

경제동학 문헌에도 불구하고 성장이 어떻게 일어나고 또 어떻게 가속화되는지를 밝히는 데 동적 모형이 쓸모없는 또 다른 이유가 있다.[94] 정상(定常) 상태 모형 자체가 무한히 먼 과거의 원동력을 내포하듯, 동적 모형은 **시간**의 원점에서 시스템이 성장하도록 한 최초 계획자를 암묵적으로 가정한다. 역학

94 힉스가 J. R. Hicks, "A 'Value and Capital' Growth Model," *Review of Economic Studies*, *26*(1959) 173에서 동적 모형들을 공격한 것처럼, 동적 모형은 정해진 성장 경로 위에서 출발점을 선택하도록 허용할 뿐이다.

과 대비해보면 쟁점을 또렷이 알 수 있다. 관성의 법칙에 따라 일정한 직선 운동으로 평평한 탁자 위에서 (마찰 없이) 움직이는 공을 생각해보자. 관성의 법칙에 따르면, 이 시스템은 스스로 재생산되는 운동 방식을 바꿀 수 없다. 오직 외부의 힘이, 예컨대 공이 탁자 끝에 도달하자마자 작동하는 중력이 작용해야 그 운동 방식을 바꿀 수 있다. 이에 반해, 불변의 경제 시스템에는 그 내부에 더 빠르게 움직이려는, 한 마디로 성장하려는 힘이 존재한다. 두 번째 (훨씬 더 중요한) 차이는 다음과 같다. 중력으로 인해 공이 가속할 때에는 잠시 동안 속도를 줄일 필요가 없다. 반면에 불변의 경제과정은 높이뛰기 선수처럼 도약하기 전에 일정 거리를 물러나야 한다. 동적 모형에서 이 뒷걸음질은 시간 상 무한히 먼 과거로 던져진다.

앞의 내용을 자세히 설명하기 위해, 가장 명확하게 규정된 동적 시스템인 레온티에프 시스템을 사용하고자 한다. 그 틀은 단순하여 상관없는 쟁점들로 논의가 어지럽혀지지 않는다. 마찬가지 이유로 가장 간단한 경우, 즉 두 개의 상품 C_1과 C_2를 만드는 두 개의 생산과정 P_1과 P_2로 이루어진 시스템을 생각해보자. 표 3(13절)의 표기법을 사용하여, 모든 (정적 혹은 동적) 레온티에프 시스템에서 상품 C_i를 만드는 과정에 대한 투입 계수는 다음과 같이 일정하다고 가정한다.[95]

$$(37) \qquad a_{ki} = x^*_{ki}/x^*_i, \quad B_{ki} = X^*_{ki}/x^*_i$$

이 가정을 보다 분명히 하기 위해 다음 관계식을 사용한다.

$$(38) \qquad \begin{aligned} &x^*_1 = x_1\delta_1 a_{11}, \quad x^*_{21} = x_1\delta_1 a_{21}, \quad x^*_2 = x_2\delta_2 a_{22}, \quad x^*_{12} = x_2\delta_2 a_{12}, \\ &X^*_{11} = x_1\delta_1 B_{11}, \quad X^*_{21} = x_1\delta_1 B_{21}, \quad X^*_{12} = x_2\delta_2 B_{12}, \quad X^*_{22} = x_2\delta_2 B_{22} \end{aligned}$$

95 Leontief, *Studies in the Structure of the American Economy*, pp. 18, 56. 레온티에프는 이 동적 시스템에서 노동 투입마저 생략하였다. 이는 아마도 내가 생산함수의 기본 관계를 9절의 식 (18)의 형태로 쓴 것과 같은 이유 때문일 것이다.

여기서 δ_i는 P_i의 노동시간이며, x_i는 해당 단위 과정을 기준으로 P_i의 규모를 나타내는 순수한 숫자이다. 단위 과정들은 다음과 같다.

$$(39) \qquad \begin{aligned} &P_1^0(a_{11}=1, -a_{21}; B_{11}, B_{21}) \\ &P_2^0(-a_{12}, a_{22}=1; B_{12}, B_{22}) \end{aligned}$$

예컨대 P_1^0는 단위 시간당 상품 C_1 한 단위의 유량 속도를 낼 능력이 있는 과정이다.[96] 결과적으로, a_{ik}는 유량 속도이고, B_{ik}는 자금이다. 레온티에프의 표현에 δ_i가 명확하게 나오지 않기 때문에 그가 신고전파 경제학자들처럼 이를 일정한 상수로 생각하였다고 가정할 수 있다.[97] 다음의 논의를 위해서는 그들과 똑같이 $\delta_1=\delta_2=1$로 가정하여도 무방하다.

규모 x_i가 주어지면, 시스템이 생산할 수 있는 순생산물 (y_1, y_2)의 유량 속도는 다음의 잘 알려진 관계식들에 따라 결정된다.[98]

---

96 이제는 분명해졌듯이, *The Structure*, p. 211과 *Studies*, p. 12에 나와 있는, 정적 혹은 단기 분석에서 자금 좌표 B_{ik}를 완전히 무시할 수도 있다는 레온티에프의 관점에 이의를 제기하는 바이다. 단기적으로 존재하는 자금은 고정되어 있다는 것은 사실이다. (37)의 계수가 일정하다고 가정하면, 단기 변동은 δ_i의 변화에, 즉 (x_i들의 변화와 같은) 가동률의 변화에 의해서만 나타날 수 있다. 따라서 각각의 P_i에서 (실제로 관찰되는 유량 계수 a_{ik}가 아닌 존재하는 자금에 의해 결정되는) 기존 생산 능력을 전부 지속적으로 가동하여 생산할 수 있는 최대치를 알아야 한다. P_i로 이전되는 노동력이 얼마든 이 최대치를 초과할 수 없다. 레온티에프 정적 시스템을 실제 적용할 때 일반적으로 이 점이 무시되고 있다.

97 레온티에프도 *The Structure of the American Economy*, p. 160에서 노동시간의 변동 가능성을 언급한다. 하지만 그는 산업 간의 차이만을 염두에 두고 있다. 또한 (38)에서 a_{ik}는 시간에 의존하지만 B_{ik}는 시간과 무관하다는 점을 언급하고자 한다. 물론 레온티에프가 *The Structure*, pp. 188 f와 *Studies*, p. 18에 쓴 것처럼, a_{ik}는 시간과 무관한 좌표인 '단위 산출당 산업[P_k]이 흡수한 상품[C_i]의 물리적 양'과 수치상으로는 같다.

98 이 관계에서 $a_{11}=1$, $a_{22}=1$이다. a_{11}과 a_{22}는 (순수한 숫자가 아니라) 차원을 가진 계수이기 때문에, 이 관계와 후에 나오는 관계들에 차원의 정합성을 쉽게 점검할 수

(40) $$a_{11}x_1 - a_{12}x_2 = y_1, \quad -a_{21}x_1 + a_{22}x_2 = y_2$$

이 관계식들은 다음 조건을 반드시 만족해야 한다.

(41) $$a = a_{11}a_{22} - a_{12}a_{21} > 0$$

이제 다음과 같이 순생산물의 유량 속도를 높일 계획을 세운다고 가정해보자.

(42) $$\Delta y_1 \geq 0, \quad \Delta y_2 \geq 0, \quad \Delta y_1 + \Delta y_2 > 0$$

이렇게 속도가 증가하려면 P_1과 P_2의 **규모**가 Δx_1, Δx_2만큼 증가해야 한다. 이들은 다음 식으로 결정된다.

(43) $$a_{11}\Delta x_1 - a_{12}\Delta x_2 = \Delta y_1, \quad -a_{21}\Delta x_1 + a_{22}\Delta x_2 = \Delta y_2$$

이를 위해서는 존재하는 자금 $B_1 = x_1 B_{11} + x_2 B_{12}$, $B_2 = x_1 B_{21} + x_2 B_{22}$이 그에 맞추어 증가해야 한다. 즉,

(44) $$\Delta B_1 = B_{11}\Delta x_1 + B_{12}\Delta x_2, \quad \Delta B_2 = B_{21}\Delta x_1 + B_{22}\Delta x_2$$

이 추가 자금을 축적하려면, 순생산물의 유량 일부를 일정 기간 Δt 동안 (소비하는 대신) 축적해야 한다. 따라서 이 기간 동안 소비할 수 있는 순생산물의 유량 속도는 다음과 같다.

(45) $$z_1 = y_1 - \Delta B_1/\Delta t, \quad z_2 = y_2 - \Delta B_2/\Delta t$$

(43)과 (44)에서 Δx_1과 Δx_2를 소거하면, 위의 관계식은 다음과 같이 된다.

(46) $$z_1 = y_1 - \frac{a_{22}B_{11} + a_{21}B_{12}}{a}\left(\frac{\Delta y_1}{\Delta t}\right) - \frac{a_{11}B_{12} + a_{12}B_{11}}{a}\left(\frac{\Delta y_2}{\Delta t}\right)$$

있도록 명시적으로 표기하였다.

$$z_2 = y_2 - \frac{a_{22}B_{21} + a_{21}B_{22}}{a}\left(\frac{\Delta y_1}{\Delta t}\right) - \frac{a_{11}B_{22} + a_{12}B_{21}}{a}\left(\frac{\Delta y_2}{\Delta t}\right)$$

이를 더 간단히 하면 다음과 같다.

$$(47) \qquad \begin{aligned} z_1 &= y_1 - M_{11}\left(\frac{\Delta y_1}{\Delta t}\right) - M_{12}\left(\frac{\Delta y_2}{\Delta t}\right) \\ z_2 &= y_2 - M_{21}\left(\frac{\Delta y_1}{\Delta t}\right) - M_{22}\left(\frac{\Delta y_2}{\Delta t}\right) \end{aligned}$$

이 시스템으로부터, 일단 Δy_1과 Δy_2을 선택하면, 기간 Δt, 즉 선택한 수준 $y_{11} = y_1 + \Delta y_1$, $y_{12} = y_2 + \Delta y_2$에 도달하는 데 걸리는 시간에 하한이 존재한다는 것을 알 수 있다. 역으로, Δt를 정하면, Δy_1과 Δy_2에 상한이 존재한다. 또한 (47)은 Δy_1과 Δy_2를 아무리 작게, 혹은 Δt를 아무리 크게 정해도, 이 시스템이 더 높은 소비 수준으로 올라가기 전에 반드시 낮은 소비 수준으로 떨어져야 함을 보여준다. 자금이 축적됨에 따라 추가 자금을 사용하여 이 하락을 줄일 수는 있지만 피할 수는 없다.

기간 Δt가 반복되고, 각 기간 동안 축적한 자금을 그 기간 말에 투자한다고 가정해보자. 각 기간 동안 다음과 유사한 시스템이 얻어진다.

$$(48) \qquad \begin{aligned} z_1^i &= y_1^i - M_{11}\left(\frac{\Delta y_1^i}{\Delta t}\right) - M_{12}\left(\frac{\Delta y_2^i}{\Delta t}\right) \\ z_2^i &= y_2^i - M_{21}\left(\frac{\Delta y_1^i}{\Delta t}\right) - M_{22}\left(\frac{\Delta y_2^i}{\Delta t}\right) \end{aligned}$$

여기서 $y_k^{i+1} = y_k^i + \Delta y_k$, $y_k^0 = y_k$이다. (48)을 이용하면, 정해진 배열 $[z_k^i]$로부터 단계적으로 배열 $[y_k^i]$를 결정할 수 있으며, 그 역도 가능하다. 이는 불변의 과정이 어떻게 성장 과정으로 바뀌는지 분명하게 보여준다.

기간 Δt를 점점 작게 하여 극한에 다다르면, (48)은 다음과 같이 된다.

$$(49) \qquad \begin{aligned} z_1(t) &= y_1(t) - M_{11}\dot{y}_1(t) - M_{12}\dot{y}_2(t), \\ z_2(t) &= y_2(t) - M_{21}\dot{y}_1(t) - M_{22}\dot{y}_2(t) \end{aligned}$$

여기서 방점은 t에 대한 미분을 가리킨다.[99] 이 경우에도 $y_1(t)$와 $y_2(t)$가 주어지면 아주 간단하게 함수 $z_k(t)$를 결정할 수 있다. 그러나 (49)나 다른 동적 시스템을 활용하는 것은 z_k를 임의로 선택하고 시스템을 이용하여 y_k를 결정하고자 하는 경우이다.[100] 미적분학에 따르면 z_k들이 주어질 때 (49)의 일반해에 임의의 상수가 두 개 존재한다[미분방정식은 적분하여 해를 구하는데, 적분할 때 적분 상수가 생긴다 — 옮긴이]. 레온티에프의 설명대로, 초기 조건 $y_1(0) = y_1^0$와 $y_2(0) = y_2^0$으로부터 이 상수들을 결정할 수 있다. 선택한 시점 $t = 0$에서 실제 과정이 이미 가속 과정, 즉 동적 과정이었다면 레온티에프의 설명은 전적으로 옳다. 실제 과정이 정상(定常) 상태였던 과거로부터 시작된다면, z_k를 선택하는 데 몇 가지 제약이 따른다. 가장 중요한 제약은 앞에서 언급한 '하락'의 필요성에서 비롯되는 $z_k(0) < y_k(0)$이다.[101]

이제 분명해졌듯이, 지금까지 아무도 주목하지 않았으나, 동적 모형에는 필요한 자금을 축적하자마자 순생산물 수준이 순식간에 $(y_1 + \Delta y_1,\ y_2 + \Delta y_2)$로 올라간다는 야릇한 가정이 있다. 결과적으로, 순생산물은 이전 소비 수준이 감소하는 바로 그 순간 증가하기 시작한다. 이것이 앞에서 언급한 동

99 y_1과 y_2를 (40)에 주어진 값들로 치환하면, 레온티에프(*Studies*, pp. 56 f)가 사용한 표준 형태를 (49)로부터 유도할 수 있다. (49)는 순생산물과 소비 수준을 직접 비교하기 때문에 편리하다.

100 앞의 책, pp. 57~60.

101 (49)와 같은 동적 시스템에는 예기치 못한 어려움들이 숨겨져 있다. 위에서 언급한 조건도 성장을 지속적으로 유지하는 데 항상 충분하지 않다. 이는 하나의 상품만 있는 시스템에서 쉽게 알 수 있는데, 이 경우 (49)는 $z(t) = y - M\dot{y}$로 환원되고, M을 단위 시간으로 놓으면 $z(t) = y - \dot{y}$로 환원된다. 불변의 시스템 y^0를 성장하는 시스템으로 전환하는 해는 다음과 같다.

$$y(t) = y^0 e^t - e^t \int_0^t e^{-t} z(t)\, dt$$

여기서 $t \geq 0$이다. y가 항상 증가하기 위한 필요충분조건은 $y(t) > z(t)$이다. 또한 앞의 예에서 언급한 공의 운동과 달리 $\dot{y}(t)$는 $t = 0$에서 시스템이 그 시점에 이르기까지의 속도와 똑같은 값을 가질 수 없다.

적 모형의 거의 폭발적인 특성이다. 이 가정이 실제로 옳다면, 단순히 법령을 통해, 예컨대 (다른 모든 것들은 전과 같이 유지하면서) 어떤 상품도 소비 부문으로 유입되지 못하는 주중 하루를 정하여 모든 경제를 놀랍게 성장시킬 수 있을 것이다. 이런 묘기가 현실에서 불가능한 까닭은 생산물 유량이 증가하려면 추가 과정들을 먼저 만들어야 하기 때문이다. 또한 9절에서 본 것처럼, 과정은 마중물을 채운 후에만, 즉 과정-자금 C를 모두 갖춘 후에만 생산물 유량 만들기를 시작한다. 그리고 상품으로부터 과정을 만들고 마중물을 채우는 데는 자금 ΔB_1과 ΔB_2을 축적하는 시간 외에 추가 시간이 더 필요하다. 구체적으로, Δt 동안 추가 자금 $B_{11}\Delta x_1$과 $B_{21}\Delta x_1$을 축적한 후 P_1의 추가 생산물 유량이 발생할 때까지 추가로 τ_1 동안 기다려야 한다. 필요한 축적 $B_{11}\Delta x_1$, $B_{21}\Delta x_1$에 일반 장비뿐만 아니라 과정 자금 C_1이 포함된 것과 마찬가지로, τ_1은 새로운 과정들을 만드는 시간과 마중물을 채우는 시간을 모두 포함한다는 사실이 매우 중요하다. 결국 (48)의 일련의 시스템들에 대해 $y_k^{i+1} = y_k^i + \Delta y_k^i$라고 쓸 수 없다. 이것이 전부가 아니다. 저량의 축적은 시간상 연속으로 일어나는 기계적 운동일 수도 있다. 그러나 과정 만들기는 시간상 한 점으로 환원할 수 없는 사건이다. 결과적으로, 변형된 시스템 (48)에서 Δt를 0으로 수렴하도록 만드는 데는 아무런 문제가 없지만, τ_1과 τ_2도 0으로 수렴하게 하려면 상황은 완전히 엉망이 된다. 따라서 이러한 시차 혹은 지연을 새로운 시스템에 명시적으로 나타내야 하며, 이는 $x_1(t)$와 $x_2(t)$를 기준으로 다음과 같이 표현된다.

$$\text{(50)} \quad \begin{aligned} z_1(t) &= a_{11}x_1(t) - a_{12}x_2(t) - B_{11}\dot{x}_1(t-\tau_1) - B_{12}\dot{x}_2(t-\tau_2) \\ z_2(t) &= -a_{21}x_1(t) + a_{22}x_2(t) - B_{21}\dot{x}_1(t-\tau_1) - B_{22}\dot{x}_2(t-\tau_2) \end{aligned}$$

경제계획의 수단으로서 레온티에프 동적 시스템 (49)의 거의 폭발적인 특성은 이렇게 제거된다. 특히 불변의 경제과정을 성장하는 과정으로 변화시키거나 이미 성장하고 있는 시스템의 성장을 촉진하는 데 (50)을 적용하면, 새로운 축적이 시작한 후 일정 시간(τ_1과 τ_2 중 짧은 기간)이 지나기 전에는 P_1 혹은 P_2의 산출에 아무런 증가가 나타나지 않는다.[102]

그러나 성장하는 과정에서도 성장을 반드시 기다릴 필요는 없다. 축적과 산출 증가 사이에 시차가 발생하는 이유는 각 추가 과정 역시 기본과정의 산물이며 기본과정의 완성에 일정한 기간이, 즉 생산시간이 필요하기 때문이다. 따라서 이 시차의 원인은 소기업 생산의 경우와 마찬가지로 낮은 수요라고 할 수 있다.[103] 그렇지만 경제발전이 어떤 수준에 이르면, 공장에서 상품을 일렬로 계통적으로 만들듯이, 과정 P_1과 P_2를 일렬로 계통적으로 만드는 시스템 Π_1을 확립하는 것이 이익이 될 것이다. 일단 과정 Π_1이 만들어지면, 과정 P_1과 P_2를 지체 없이 만들 수 있다. 상품을 '즉각적으로' 생산하는 공장에 대해 성립하는 것은 과정을 만드는 공장에 대해서도 성립한다. 따라서 경제는 Π_1의 규모에 의해 결정되는 속도로 일정하게 성장할 수 있다. 경제가 더 빠른 속도로 성장하려 할 때에만 지체된다. 더 빠른 속도로 성장하는 데 Π_1의 규모 증가가 필요하고, 이는 과정 Π_1을 계통적으로 만드는 과정 Π_2가 없으면, 일련의 기본과정들을 통해서만 달성할 수 있다. 이 논리에 따르면, 경제는 일정한 가속도(일정하게 증가하는 속도)로 지체 없이 성장할 수 있다. 논리만 보면 이 해석학적 알고리즘에는 한계가 없다.

그렇지만 실제 세상은 이 Π-모형에 잘 맞지 않는다. 최고 선진경제에서도 공장을 만드는 공장을 만드는 공장을 만드는 … 공장을 볼 수 없다. 그렇지만

102 순수한 동적 시스템을 넘어서는 지연 시스템의 해석학적 이점들을 강조하는 문헌들이 다수 있다. 예컨대 Leontief, *Studies*, pp. 82 f; J. D. Sargan "The Instability of the Leontief Dynamic Model," *Econometrica 26*(1958) 381~392. 그러나 그 해(解)가 순수한 동적 시스템처럼 해석학적으로 간결하지 않기 때문에 지연 시스템의 연구는 성과를 많이 거두지 못했고 현실에서 구체적으로 적용되지 못했다. 동적 레온티에프 시스템의 안정성 문제에 관하여 앞의 각주 93에 인용된 논문을 보라.

103 앞의 7절과 11절을 참조하라.

이들 경제에는 일렬 계통 생산까지는 아니지만 거의 유사한 방식으로 끊임없이 공장을 만들어내는 복잡하고 거대한 사업체 망이 존재한다. 일반적인 하청 회사, 건축 용역회사, 건설회사 등등이 이에 속한다. 이들 사업체는 넓은 영역에 활동이 산재되어 있기 때문에 좁은 의미의 공장을 소유하지는 않는다. 하지만 이들 조직은 개별적으로 혹은 연합하여 본질적으로 공장 같이 운영된다. 유연한 공장이기는 하지만 공장은 공장이다.

선진국 경제의 지속적인 성장은 마치 마술처럼 보이고, 바로 이 때문에 개도국의 경제학자들은 헷갈려하고 경제계획자들은 당황한다. 내가 앞에서 전개한 논의의 결론은 이런 마술 같은 성장의 원천이 바로 Π-부문이라는 것이다. 지속적인 성장의 원동력을 경제 내부에 창조하는 데 성공하는 그 순간을, 오늘날 흔한 은유로, 개도국 경제의 '이륙'이라고 한다. 앞의 분석에 비추어보면, 경제는 Π-부문을 개발하는 데 성공할 때에만 '이륙'할 수 있다. 발전의 본질은 물질적으로 구체화된 공장을 통해 상품을 만드는 힘보다 새로운 과정을 창조하는 조직적이고 유연한 힘이라는 것을 깨달아야 한다. 결과적으로, 경제학이 순수학문으로서나 실천적인 도구로서나 세상에 공헌하기 위해서는 경제발전론을 수정해야 한다.

10장

엔트로피, 가치, 발전

1. 엔트로피와 경제적 가치

다사다난했던 열역학 역사의 한 측면은 누구도 간파하지 못한 것 같다. 이는 열역학이 19세기 초 일어난 과학적 태도의 혁명적 변화 덕분에 생겨났다는 사실이다. 천상의 일에만 관심을 가졌던 과학자들이 지상의 문제에도 관심을 두기 시작한 것이 바로 그때였다[천상의 일은 뉴턴 역학을 기반으로 한 천문학을 가리킨다—옮긴이].

이 혁명의 가장 돋보이는 산물은 앞에서도 언급한 바 있는 증기기관의 효율에 관한 카르노의 소책자이다.[1] 카르노가 관심을 가졌던 문제는, 즉 주어진 열량을 투입하여 역학적 일을 최대로 얻을 수 있는 조건을 결정하는 문제는 명백히 경제적 문제이다. 따라서 카르노를 최초의 계량경제학자라고 부를 만하다. 열역학의 첫 삽질이라고 할 그의 소책자가 경제적 거푸집을 사용했다는 것은 단지 우연이 아니었다. 그 뒤 열역학에서 일어난 모든 발전에서 경제 과정과 열역학 원리의 밀접한 관계가 확인되었다. 언뜻 보기에 터무니없어 보

1 5장 4절.

이지만, 카르노가 무의식적으로 한 것처럼, 열역학은 대체로 경제적 가치에 관한 물리학이라고 할 수 있다.

열역학이 정통 물리학이 아니라는 순수주의자들의 주장이 이를 뒷받침하는 주요한 증후이다. 이들이 보기에 순수과학이라면 자연 법칙은 인간 자신의 특성과 무관하다는 신조를 지켜야 하는데, 열역학에는 의심의 여지가 없이 의인관(疑人觀)의 경향이 있다. 그러나 인간이 자연을 완벽하게 인간의 특성과 무관한 용어로 생각할 수 있다는 아이디어는 분명한 자기모순이다.[2] 실제로, 힘, 인력, 파동, 입자, 특히 해석한 방정식 등등이 모두 인간이 만든 개념들이다. 그렇지만 열역학에 대한 순수주의 관점이 터무니없는 것은 아니다. 모든 물리학 개념 중 오직 열역학 개념만이 경제적 가치에 뿌리를 두고 있으며, 따라서 비(非)의인관으로는 전혀 이해될 수 없었다.

질서-엔트로피 개념은 앞에서 본 것처럼, 인간의 목적에 대한 직관적인 파악과 유리될 수 없는 것이기에, 비의인관 사고를 통해 절대 이해할 수 없다. 마찬가지 이유로, 비의인관으로는 왜 가용 에너지와 불가용 에너지를 구분해야 하는지, 심지어 이들 사이에 차이가 있기나 한 것인지 인식하지 못한다. 이런 사고로 인식할 수 있는 것은 에너지가 증감 없이 변화한다는 것뿐이다. 이런 사고를 하는 이들은 모든 개념이 단일 입자 수준에서부터 명확하게 설명되어야 하는데, 이 수준에서는 인간의 관점에서도 가용 에너지와 불가용 에너지를 구별할 수 없다고 반대론을 펼 수도 있다.

열역학에서 바닷물의 열과 선박 엔진 내부의 열을 처음부터 구별하는 유일한 이유는 우리가 후자는 사용할 수 있지만 전자는 사용할 수 없기 때문이다. 경제학과 열역학의 관계는 이보다도 더 밀접하다. 우리가 놓치기 쉬운 사실이지만, 경제활동의 주된 목적은 인류의 자기보존이다. 이를 위해서는 몇 가지 기본적인, 그러면서도 진화하는 욕구를 만족시켜야 한다. 굉장한 사치는 물

2 11장 4절 참조.

론이고, 고금의 많은 인간 사회가 이룩한 안락함으로 인해 우리는 경제생활의 가장 기본적인 사실을, 즉 모든 생활필수품 중에서 순수하게 생물학적인 것만이 생존에 필수불가결하다는 사실을 잊곤 한다. 가난한 사람들은 이를 절대 잊을 수 없다.[3] 그리고 생물은 낮은 엔트로피를 먹고 살기 때문에, 낮은 엔트로피와 경제적 가치의 첫 번째 중요한 연관을 알 수 있다. 인류가 생물학적 욕구 이외의 다른 욕구를 거의 충족시킬 수 없던 시대에 존재했던 경제적 가치의 한 뿌리가 오늘날이라고 없어질 이유는 없다.

일상적인 관찰만으로도 인간의 모든 경제생활은 낮은 엔트로피에 의존한다는 사실을 충분히 알 수 있다. 옷, 목재, 도자기, 구리 등에는 모두 매우 질서정연한 구조가 있다. 이는 놀라운 일이 아니다. 열역학은 경제 문제로부터 발전하였기 때문에 질서를 우리에게 유용한 것이라는 관점에서 정의할 수밖에 없었다. 그래서 예컨대 우리에게 유용한 전기가 통하는 구리 조각과, 똑같은 구리 원자이긴 하지만 흩어져 아무 쓸모가 없는 구리를 구분하게 된다.[4] 낮은 엔트로피는 사물의 유용성을 위한 필요 조건이라고 볼 수 있다.

그러나 경제적 가치와 가격을 혼동하지 않는 예리한 경제학자들도 유용성 그 자체를 경제적 가치의 원인으로 생각하지는 않는다. 리카도의 토지가 경제적 가치를 지녔는지에 관한 오랜 논쟁에서 제기된 날카로운 주장들을 보라. 그런데 유용한 물건에 가격과는 다른 경제적 가치가 있는 이유를 설명해 주는 것은 역시 열역학이다. 예컨대, 토지는 소비할 수 없지만, 두 가지 측면

---

3 이는 욕구의 위계질서와 관련되어 있다. 사람들은 생물학적으로 가장 중요한 욕구가 아니라, 가장 시급하지 않지만 당장 채울 수 있는 욕구에 항상 관심을 둔다. 한 예는 "이 나라에 필요한 것은 양질의 5센트짜리 담배"라는 선전 문구이다. 『AE』에 재수록된 저자의 논문, "Choice, Expectations, and Measurability"(1954) 5절을 참조하라.

4 이 말이 엔트로피 법칙이 단순한 말장난이라는 뜻은 결코 아니다. 그렇지만 의인관을 통해 인식한 순서 역시 모든 인간에게 과거에서 미래라는 똑같은 방향으로 석탄이 재로 변한다는 사실과 부합한다는 것은 기적 같은 일이다.

에서 경제적 가치가 있다. 첫째, 토지는 인간에게 가장 중요한 형태의 낮은 엔트로피를 거두어들일 수 있는 유일한 그물이며, 둘째, 그물의 크기는 불변이다.[5] 다른 것들은 토지와는 다른 의미에서 희소하다. 주변 환경에 존재하는 낮은 엔트로피의 양은 (적어도) 지속적으로 그리고 불가역적으로 감소하며, 주어진 낮은 엔트로피는 단 한 번만 사용할 수 있기 때문이다.

두 가지 희소성이 모두 경제과정에서 작동하지만, 낮은 엔트로피가 토지보다 더 중요하다. 예컨대 석탄 조각을 무한히 반복해서 태울 수 있거나 어떤 금속 조각이든 영원히 쓸 수 있다면, 낮은 엔트로피는 경제적으로 토지와 똑같은 범주에 속할 것이다. 즉, 낮은 엔트로피에는 희소가치만 있을 것이며, 이는 환경의 모든 물자들이 활용되고 있을 때에만 그럴 것이다. 그때 모든 경제적 축적은 영원히 지속될 것이다. 예컨대 일본같이 환경이 열악한 나라도 인구나 소득의 성장을 도모하지 않는다면, 매년 원자재를 계속 수입할 필요가 없을 것이다. 아시아 초원 지대의 사람들은 초지의 영양분이 고갈되어 대이동에 나설 일도 없었을 것이다. 사학자와 인류학자들은 다른, 덜 알려진 "엔트로피로 인한 이동"의 예들을 제시할 수도 있을 것이라고 나는 확신한다.

동일한 가용 에너지를 두 번 쓸 수 없는 이유와 바닷물의 엄청난 열에너지에 경제적 가치가 없는 이유에 대한 고전열역학의 설명은 아주 분명하고 이해하기 쉽다. 그렇지만 통계열역학은 모호한 이론 때문에 높은 질서-엔트로피 역시 쓸모없다는 것을 분명히 보이지 못하였다. 브리지먼은 높은 엔트로피를 낮은 엔트로피로 역전시켜 "엔트로피 훔치기로 주머니를 채울 수 있다"[6]는 풋내기 물리학자들에 관하여 이야기한다. 이는 열역학이 물리학과 경제학의 혼합이라는 주장의 생생한 예시이다.

구리판이 거쳐 온 과정을 생각해보자. 구리판을 만드는 데 들어가는 것은

---

5 9장 6절.

6 P. W. Bridgman, *Reflections of a Physicist*(2nd edn., New York, 1955), p.244.

구리 광석, 몇 가지 다른 물질, (기계나 사람에 의한) 역학적 일 등 뻔하다. 이 모든 것은 궁극적으로 가용 에너지나 주요 물질들의 질서정연한 구조로, 즉 그 무엇도 아닌 환경의 낮은 엔트로피로 귀착한다. 구리판의 질서는 광석보다 훨씬 높다. 그러나 앞에서 언급한 엔트로피 훔치기는 없었다. 맥스웰의 도깨비처럼 구리 원자를 다른 것들로부터 단순히 분류하였지만, 이를 위해 구리판과 광석의 엔트로피 차이보다 더 많은 낮은 엔트로피를 불가역적으로 써버렸다. 인간이나 기계에 의한 역학적 일을 전달하거나 광석을 가열하는 데 사용한 가용 에너지는 불가역적으로 없어져 버렸다.

따라서 구리판과 구리 광석을 비교하여, 인간이 높은 엔트로피에서 낮은 엔트로피를 창조할 수 있다고 결론짓는 일은 커다란 오류이다. 앞의 분석은 그 반대로, 생산은 엔트로피 면에서 적자임을 보여준다. 생산은 생산 활동 없이 자동적으로 일어나는 혼합보다 전체 엔트로피를 훨씬 더 증가시킨다. 실제로 석탄을 땅속에 그대로 둘 때보다 태울 때 가용 에너지는 더 빠르게 퍼져버린다.[7] 진정한 소비의 단계에서만 이러한 의미의 엔트로피 적자가 없다. 구리판이 소비될 때 자동적인 혼합을 통해 원자들이 사방으로 퍼져버린다. "공짜는 없다"는 대중적인 경제 원리는 "낮은 엔트로피를 쓰지 않고 얻을 수 있는 것은 없다"로 바꾸어야 한다.

흩어진 원자들을 다시 모아 구리판을 재구성하지 않는 이유는 무엇인가? 그렇게 상상할 수도 있지만 엔트로피 면에서 그만큼 손해나는 일은 없다. 이는 엔트로피 훔치기를 하려는 이들이 이해하지 못하는 부분이다. 물론 폐기물을 분류하여 낮은 엔트로피를 얻으려는 많은 재활용 운동을 예로 들 수 있다. 이는 주어진 조건에서 예컨대 구리 조각을 분리수거하는 일이 똑같은 양의 구리를 얻는 다른 방법보다 낮은 엔트로피를 적게 소모하기 때문에 성공

7 엔트로피 법칙(5장 4절과 6장 1절)에 따르면, 매장된 석탄의 가용 에너지는 땅속에 있더라도 궁극적으로 쓸모없는 에너지로 분산한다.

하는 것이다. 기술이 발전하며 폐품 활용의 손익계산서를 변화시킬 수도 있지만 역사적으로 볼 때 기술의 진보가 폐품 활용보다 생산의 손을 들어주었다. 육지와 바다 밑에 흩어져 있는 구리 원자를 분리수거하는 일은 너무나 오래 걸려, 이 일에 필요한 장구한 세대 동안 맥스웰의 도깨비를 유지하는 것은 우리 환경에 존재하는 낮은 엔트로피를 전부 사용해도 충분하지 않다.[8] 이는 엔트로피 법칙의 경제적 의미를 정확하게 규정하는 새로운 방법일 수 있다. 그러나 열역학이 등장하기 오래전에 건초 더미에서 바늘 찾기 우화를 통해 이 아이디어의 핵심은 이미 상식이 되었다.

경제학자의 세계관은 열역학 제1법칙에, 즉 물질-에너지 보존 원리의 발견에 반응해왔다. 몇몇 신중한 이들은 인간이 물질도 에너지도 창조할 수 없다는 것을 강조하였다.[9] 그러나 엔트로피 법칙이 물리학과 과학철학에 커다란 파장을 일으켰음에도, 경제학자들은 이상하게도 물리 법칙 중에서 가장 경제적인 이 법칙에 주목하지 않았다. 실제로 현대 경제사상은 노동이 가치의 아버지이며 자연은 그 어머니라는 페티(W. Petty)의 옛 가르침에서 점차 멀어져, 오늘날 학생들은 이를 단지 골동품으로 여긴다.[10] 경제발전에 관한 문헌을 보면, 많은 경제학자들은 엔트로피 훔치기조차 불필요하다는 믿음을, 즉 경제과정은 낮은 엔트로피를 끊임없이 흡수하지 않고도 일어날 수 있고 심지어 성장할 수 있다는 믿음을 지니고 있음이 틀림없다.

이 징후는 이론적 문헌뿐만 아니라 정책 제안에서도 뚜렷이 드러난다. 과잉인구 현상의 부정, 보편적 학교교육이 만병통치약이라는 최근 유행하는 사

8 바닷물에는 약 600만 톤의 금이 녹아 있는 것으로 추정되지만, 마찬가지 이유로 바닷물에서 금을 추출하려는 사람은 없다—옮긴이.

9 예컨대 A. Marshall, *Principles of Economics* (8th edn., New York, 1924), p. 63.

10 "Hands being the Father, as Lands are the Mother and Womb of Wealth," *The Economic Writings of Sir William Petty*, ed. C. H. Hull (2 vols., Cambridge, Eng., 1899), II, 377.

조, 모든 나라에서, 예컨대 소말릴란드[소말리아 북부에 있던 영국의 식민지로 1960년 소말리아와 합병 독립—옮긴이]까지도 경제활동을 이익이 더 큰 부문으로 옮기기만 하면 경제부흥을 이룰 수 있다는 주장 등은 이런 믿음의 결과인 것이다. 스페인은 왜 숙련 노동자를 고생해서 훈련시킨 후에 결국 다른 서유럽 국가들로 보내버리고 마는지,[11] 왜 우리는 경제활동을 지역 내의 보다 효율적인 분야로 이동하여 웨스트버지니아[미국에서 가장 낙후된 주의 하나—옮긴이]의 경제적 어려움을 극복하지 못하는지 의문을 피할 수 없다.

이론적 연구에서 나타나는 증상은 한결 더 심각하다. 첫째, 경제과정의 물질적 측면을 나타내는 수리모형은 환경으로부터의 지속적인 낮은 엔트로피 유입을 완전히 무시하는 **닫힌계**이다.[12] 현대 계량경제학 이전에도 이러한 증상은 경제과정은 완전히 **순환적**이라는 통상적인 관념에 이미 존재했다. 이러한 관념에 부합하는 경제 용어로 우회 과정 혹은 순환 유통 등의 용어가 만들어졌다. 경제과정의 순환성을 각인하기 위해 사용하는 전형적인 도식은 아무 교과서에서나 볼 수 있다.

이론경제학이 그 탄생 이래 집착하고 있는 기계론적 인식론 때문에 경제과정을 닫힌계 혹은 순환유통으로 파악하는 관념이 나왔는데, 앞의 논의를 통해 밝혀진 바와 같이 이 관념은 사실들을 완전히 왜곡하는 것이다. 경제과정의 물질적 측면만 고려하더라도, 경제과정은 순환이 아니라 **한쪽 방향**으로만 작용한다. 경제과정은 낮은 엔트로피에서 높은 엔트로피로의 지속적인 변환, 즉 **불가역적인 폐기물**로의, 혹은 시사적인 용어로, 오염물질로의 변환이다. 세포 혹은 생명체의 생물학적 과정에 대해 슈뢰딩거의 말과 위 말이 일치하는 것을 보면, 생물학적 비유를 즐겨 쓰고 경제학을 "넓은 의미에서 생물학의

11 이 부분을 1963년에 썼지만, 모든 여행자가 알 듯, 1970년대에도 많은 서유럽 국가에서 호텔의 허드렛일은 (최소한) 이탈리아와 스페인에서 온 임시 이민자들이 하고 있다. 이들은 광산과 도로 건설의 육체노동도 도맡아 한다.

12 9장 각주 30을 보라.

한 분야"라고까지 주장한 마셜 같은 경제학자들이 옳았다.[13]

결론적으로, 순수하게 물리적 관점에서 볼 때 경제과정은 엔트로피 과정이다. 경제과정에서 물질이나 에너지는 창조되지도 소비되지도 않으며, 다만 낮은 엔트로피가 높은 엔트로피로 변환된다. 그런데 물질세계에서 일어나는 모든 물리적 과정도 엔트로피 과정이다. 그러면 두 과정의 차이는 무엇인가? 차이는 두 가지인데, 어렵지 않게 알아낼 수 있다.

우선, 물질세계의 엔트로피 과정은 저절로 진행된다는 의미에서 자동이다. 반면에 경제과정은 맥스웰의 도깨비처럼 몇 가지 명확한 규칙에 따라—이 규칙들은 시간과 장소에 따라 변하지만—환경의 낮은 엔트로피를 분리수거하여 사용하는 개개인의 활동에 의존한다. 물질세계에는 혼합만 있지만 경제과정에는 분류, 아니 분류 활동도 있다.

그리고 분류는 물질의 기본 법칙이 아니기 때문에, 분류 활동에는 낮은 엔트로피가 필요하다. 따라서 경제과정은 실제로 자동적인 혼합보다 더 높은 엔트로피를, 즉 폐기물을 더 많이 만든다.[14] 그러면 이런 과정의 존재 이유는 무엇인가? 경제과정의 진정한 '산출'은 폐기물의 물질적 배출이 아닌 삶의 즐거움이다. 이는 경제과정과 물질세계의 엔트로피 과정의 두 번째 차이이다. 이를 인정하지 않고서는, 삶의 즐거움이라는 개념을 분석 도구에 도입하지 않고서는 경제의 세계를 이해할 수 없다. 또한 모든 개인의 삶이 누리는 가치인 경제적 가치의 실질적인 근원도 찾을 수 없다.

따라서 순수하게 물리적 개념에만 머물러서는 경제과정을 제대로 이해할 수 없다. 목적 지향 활동과 삶의 즐거움이라는 개념 없이는 경제의 세계를 이해할 수 없다. 그리고 이 개념들은 모두 기본 물질의 특성에 해당하지 않으며, 물리적 변수들로 표현할 수도 없다.

---

13 Marshall, *Principles*, p.772.

14 7장 7절 참조.

앞에서 서술한 것처럼, 낮은 엔트로피는 사물이 가치를 갖기 위한 필요 조건이지만 충분 조건은 아니다. 경제적 가치와 낮은 엔트로피의 관계는 가격과 경제적 가치의 관계와 똑같다. 경제적 가치가 없으면 어떤 것에도 가격이 있을 수 없다. 그러나 경제적 가치가 있지만 가격은 없을 수 있다. 독버섯에는 낮은 엔트로피가 있지만 경제적 가치는 없다.[15] 또 다른 예, 예컨대 오믈렛처럼 낮은 엔트로피(온전한 달걀)보다 높은 엔트로피(휘저어놓은 달걀)를 선호하는 사람들도 있다. 그러나 브리지 게임에서 카드를 섞는 것처럼, 휘저어놓은 달걀의 자유 에너지는 필연적으로 약간 낮아진다. 경제과정의 각 부분에서 엔트로피가 작동하지만, 유용성 범주를 통해 경제과정이 엮여진다. 따라서 경제과정을 거대한 열역학 시스템과 동일시하고, 열역학 방정식을 본떠 만든 거대한 방정식으로 경제과정을 설명할 수 있다는 주장은 완전한 오류이다. 그런 식으로는, 식용버섯과 독버섯의 경제적 가치도 구분하지 못한다. 경제적 가치는 심지어 석탄, 가스, 벽난로의 나무에서 생긴 열도 각각 구별한다. 그렇지만 이 모든 것이 이 책의 주제에, 즉 경제과정은 기본적으로 엔트로피 과정이며, 궁극적으로 엔트로피 법칙이 경제과정과 그 진화를 지배한다는 주장에 영향을 주는 것은 아니다.

모든 경제적 가치를 낮은 엔트로피의 공통분모로 환원할 수 있다는 주장이 간혹 제기되었다. 화폐가 낮은 엔트로피의 경제적 등가물이라고 처음 주장한 사람은 독일의 물리학자 헬름(G. Helm)이었다.[16] 후에 비니아르스키(L. Winiarski)는 이 개념을 확장하여 다음과 같이 주장하였다. "따라서 상품의 가격은 — 쾌락에 비례한다는 제본스의 정의를 따르든, 노동에 비례한다는 리카도의 정의를 따르든 결론은 똑같다 — 단지 생물학적 에너지의 다양한 표현 계수일

---

15 물론 독버섯도 슈스밀흐(Johann Süssmilch)의 신성한 명령(die göttliche Ordnung)을 통해 간접적으로 쓸모가 있을 수 있다. 그러나 이는 우리 문제와 관계가 없다.

16 G. Helm, *Die Lehre von der Energie*(에너지에서 배울 것)(Leipzig, 1887), pp. 72 ff.

뿐이다." 그의 결론은 놀랍다. "따라서 금[金]은 사회생물학적 에너지의 일반적인 사회적 등가물이며, 그 에너지가 순수하게 체화된 것이다."[17] 낮은 엔트로피와 경제적 가치 사이에 직접적인 동등성은 없지만 각 경우에 전자를 후자로 바꾸는 변환 계수가 있다는 주장으로 헬름과 비니아르스키의 입장을 약간 진전시킨 사람들도 있다. "특정 자판기에서 항상 똑같은 초콜릿이 나오듯이, 비슷한 조건에 있는 사회 조직은 정해진 금액의 화폐에 대하여 (대략) 동일한 양의 선택된 형태의 에너지를 제공한다."[18] 모든 개별 변환 계수를 결정하는 일은 가능할지 모르지만, 그렇더라도 경제학자에게는 별 도움이 되지 않는다. 경제학자는 새롭고 완전히 한가로운 일을, 이들 계수들이 해당 가격 비율과 다른 이유를 설명하는 일에 맞닥뜨릴 것이다.

2. 가치에 관한 일반식

전체 경제과정을 하나의 부분 과정으로 보고, 또 충분히 짧은 시간 동안의 부분 과정을 생각해보면 앞의 내용은 금방 분명해진다. 짧은 시간 동안에는 성장이나 발전을 무시할 수 있기 때문에, 이는 불변의 과정과 아주 비슷하다. 물질적인 측면에서 이를 해석학적으로 표현하기는 쉽다. 토지, 엄밀한 의미의 자본, 총인구 등의 자금은 과정에 투입된 그대로 (9장에서 사용한 '온전하게'라는 의미로) 유지된다. 유량에는 낮은 엔트로피 투입 유량과 높은 엔트로피만, 즉 폐기물 산출 유량만 있다. 이 투입과 산출에 기초하여 가치를 계산하

17 L. Winiarski, "Essai sur la mécanique sociale: L'énergie sociale et ses mensurations (사회적 기계의 분석: 사회적 에너지와 측정)," Part II, *Revue Philosophique*, *49* (1900) 265, 287. 저자의 번역과 강조.

18 Alfred J. Lotka, *Elements of Physical Biology* (Baltimore, 1925), p.356. 로트카 역시 경제과정에서의 낮은 엔트로피의 역할을 논의하는 데 화폐 물신주의를 제거하지 못하였다.

면, 생명을 좌우하는 낮은 엔트로피 유량의 가치는 폐기물 유량의 가치와, 즉 0과 같다는 어처구니없는 결론에 도달한다. 경제과정의 진정한 '생산물'은 물질의 **유량**이 아닌 심리적 **흐름**임을, 즉 모든 사회구성원의 삶의 즐거움임을 인식하면 이 모순은 사라진다. 페터(F. A. Fetter)와 피셔의 주장[19]처럼, 경제 분석에서 소득의 적절한 개념은 바로 이 심리적 흐름이다. 이들의 주장은 그동안 무시되었지만, 이제 뒤늦게라도 옳다고 인정해야 한다.

다른 유량과 마찬가지로, 즐거움의 흐름은 각 순간에 효력을 갖는다. 그러나 물질의 유량과 달리, 저량으로 축적할 수 없다. 지난 삶의 모든 즐거움 중에서 일부를 또렷하게 혹은 희미하게 기억할 따름이다. 주식시장 붕괴로 모든 재산을 잃은 백만장자가 좋았던 시절 삶의 즐거움을 축적해놓은 저장고에서 이를 다시 꺼낼 수는 없는 노릇이다. 노년을 위해 저축하였던 은퇴한 노동자 역시 축적한 삶의 즐거움을 꺼내 쓰고 있다고 말할 수는 없다. 저축한 돈은 인생에서 원하는 정도의 즐거움을 얻기 위한 수단일 뿐, 즐거움 자체는 아니다. 하지만 서비스처럼 **일정 시간** 지속하는 삶의 즐거움의 흐름을 생각할 수도 있다. 문제는 각 순간 느끼는 흐름의 세기는 순서도 정할 수 없을 정도로 측정 불가능한 것이라는 점이다. 이는 경제학자들이 경제적 가치를 설명하기 위해 효용에 주목한 이래, 효용이론가들이 끊임없이 씨름해온 유일한 쟁점이지만, 해답을 찾지는 못했다.[20] 그렇지만 삶의 즐거움의 세기는 지금 우리가 고려하는 짧은 시간 동안에는 그다지 변하지 않는다. 따라서 삶의 즐거움 전체를 그 세기와 지속시간의 곱으로 상징적으로 나타낼 수 있다. 여기서 이 유사(類似) 측도를 사용하여 실제 계산을 하자는 것은 전혀 아니기 때문에 이런

19 F. A. Fetter, *The Principles of Economics*(New York, 1905), chap. 6; Irving Fisher, *The Theory of Interest*(New York, 1930), p. 3.

20 저자의 논문들, 『AE』에 재수록된 논문, "Choice, Expectations, and Measurability"(1954)와 "Utility" *International Encyclopedia of the Social Sciences*(New York, 1968), XVI, 236~267을 참조하라.

생각은 더더욱 정당하다.

삶의 즐거움에 관한 또 하나의 기본적인 사실은 이것이 세 개의 요소, 두 개의 긍정적 요소와 한 개의 부정적 요소에 좌우된다는 것이다. 매일매일의 즐거움은 여가시간뿐만 아니라 소비재 유량이 늘어나면 커진다.[21] 반면에 더 오래, 더 고된 일을 해야 한다면 즐거움은 줄어든다. 즐거움에 대한 노동의 부정적 효과는 여가시간의 감소만이 아니라는 점을 강조할 필요가 있다. 육체적·정신적 일은 여가시간을 줄이기도 하지만, 아울러 노동의 고통으로 삶의 즐거움에 짐이 된다.[22] 결과적으로, 삶의 즐거움을 결정하는 이 세 가지 요소를 해석학적 표현에서 항상 분리해야 한다. 삶의 즐거움 e는 다음과 같이 상징적으로 쓸 수 있다.

(1) $e =$ 소비의 즐거움 + 여가의 즐거움 − 일의 고달픔

이 식에서 (그리고 아래에 사용한 똑같은 특성의 식들에서도) 수학적 부호는 엄격한 의미가 아니라, 긍정 혹은 부정적으로 작용하는 가늠하기 힘든 요소들을 나타내는 편리한 방편이기 때문에 '상징적'이라고 하였다. 이를 감안하여 (1)을 다음과 같이 보다 구체적으로 쓸 수 있다.

(2) $$e = (i_1 \times 1) + [i_2 \times (1 - \delta)] - (j \times \delta)$$

여기서 i_1은 소비하는 즐거움의 세기이고, i_2는 여가시간에서 얻는 즐거움의

---

21 실제로 개인은 일정한 자금 서비스도, 즉 내구재 서비스도 즐긴다. 이 절의 내용과 무관한 복잡함을 피하기 위해 이 요소를 무시한다.

22 여가는 "일의 부담에서 벗어나는 자유로움이며, 거기서 얻는 만족은 일하지 않는 즐거움"이라는 견해가 요즘 대세이다. T. Scitovsky, *Welfare and Competition*(Chicago, 1951), p. 105. 이는 노동의 고통을 무시하는 왈라스의 접근에 근거한다. 반면에 고센(H. Gossen) – 제본스 접근에서는 노동의 고통만 고려하여 여가의 효용에 아무런 주의를 기울이지 않는다. 이 두 가지 불완전한 접근의 차이에 관하여 자세한 내용이 저자의 논문, "Utility" p. 248 f에 나와 있다.

세기이고, j는 노동에서 생기는 고통의 세기이고, δ는 노동시간이다(노동시간이 모든 개인에게 양일 필요는 없다). 소비는 **시간**의 흐름에 방해받지 않고 일어나는 과정이기 때문에 소비의 세기에는 1(하루 종일)을 곱하였다. 우리는 매일 24시간 연속으로, 먹고, 입고, 거주하는 등등을 해야 한다. 노동시간과 달리 소비시간은 의지나 제도로 결정할 수 없다. 삶의 과정은 (공장 과정과 달리) 중도에 멈추었다가 다시 시작할 수 없다.

앞의 논의를 경제과정에 연관시키고자 하면, 경제과정을 생산과정 P_1과 소비과정 P_2라는 두 개의 과정으로 나누는 전통적인 분리 작업을 해야 한다. 불필요한 세부사항들을 제거한 시스템이 표 12에 나와 있는데, 여기서 C는 복합소비재이고, K는 (재고와 과정-자금을 포함한) 복합자본재이고, n은 노동자 교대근무 수이고, $\Delta = n\delta \leq 1$이다.[23] 기호 E^*는 소비영역에서 얻는 삶의 즐거움을, 즉 전체 인구가 누리는 소비와 여가의 즐거움을 나타낸다. 상징적으로, 이를 다음과 같이 분해할 수 있다.

$$(3) \qquad E^* = (H_0 \times I_1) + (H' \times I_2') + [H \times I_2 \times (1 - \delta)]$$

여기서 H_0는 인구의 크기이고, $H' = H_0 - H$는 '피부양 계급'(어린이, 노인, 이자생활자)이고, I_1은 하루 소비의 '평균' 즐거움이고, I_2'과 I_2는 H'과 H에 대한 여가의 즐거움의 '평균' 세기이다.[24] 완전한 설명을 위해, 노동의 고통을 고려한 전체 인구의 하루 삶의 즐거움을 E라고 하면 다음 식이 나온다.

$$(4) \qquad E = E^* - (H \times J \times \delta)$$

---

23 9장의 표 3을 참조하라. 더 정확하게 표현하려면, 생산 부문을 제조업 부문과 (엄밀하게 말하면 노동력 교대가 없는) 농업 부문으로 나누어야 한다. 그렇지만 이런 구분은 이어지는 논의를 불필요하게 복잡하게 만들 뿐이다.

24 이 상징체계를 산술적 의미로 해석해서는 안 된다. 예컨대, 압축적 기호 $H_0 \times I_1$를 사용한다고 해서 개개인의 즐거움들을 의미 있는 하나의 좌표로 합칠 수 있다는 의미는 아니다. 이런 합산은 효용의 측정 가능성에 관한 나의 생각과는 전혀 다른 것이다.

표 12 경제과정의 개략적 표현

	P_1	P_2
	유량좌표	
C	$\Delta \times c$	$-\Delta \times c$
R	$-\Delta \times r$	*
W	$\Delta \times w_1$	w_2
	자금좌표	
토지	$\Delta \times L$	*
자본	$\Delta \times K$	*
노동력	$\delta \times H$	E*

여기서 J는 노동 때문에 생기는 불편함의 '평균' 세기이다.

삶의 즐거움을 직간접으로 지탱하는 것은 모두 경제적 가치 범주에 속한다. 그리고 이 범주에는 엄격한 의미의 측도가 없다. 이는 또한 가격 개념과 다르다. 가격은 가치의 지엽적인 반영일 뿐이다. 우선, 가격은 대상물을 '소유'할 수 있는지, 즉 일부 사회구성원들이 그것의 사용으로부터 배제될 수 있는지에 좌우된다. 반복하지만, 햇빛은 생물체에 가장 가치 있는 요소이지만 토지에 대한 통제 이외에는 햇빛 사용을 통제할 수 없기 때문에 햇빛에는 어떤 가격도 없다[오늘날에는 일조권이 인정된다—옮긴이]. 과거의 순수봉건제 사회나 현대 공산주의 국가 같은 제도 아래에서는 심지어 토지에도 가격이 없다. 또한 가격은 더 흔한 제도적 요소의, 즉 행정부가 가진 재정 권력의 영향을 받는다. 이와 달리, 가치는 지식의 진보에 따라서만 변할 수 있으며, 또 중요도 순서의 변증법적 척도에만 투사할 수 있는 범주이다.

소비재 유량 $\Delta \times c$ 없이는 소비의 즐거움이, 아니 사실상 인간생활도 있을 수 없기 때문에, 소비재 유량은 가치를 지닌다. 그리고 이 유량을 만드는 데 필요한 모든 것 역시 귀속원리[25]에 의하여 가치를 갖는다. 이제 가치에 관한 첫 번째 식을 쓸 수 있다.

$$(5)\quad \text{가치}(H_0 \times I_1) = \text{가치}(\Delta \times c)$$
$$= \text{가치}(\Delta \times r) + \text{가치}(\Delta \times L) + \text{가치}(\Delta \times K) + \text{가치}(\delta \times H)$$

경제과정에서 가치 있는 것은 버리지 않기 때문에 폐기물의 가치는 0이며, 간혹 음의 항으로 나타나는 것을 제외하면 이 식에 나타날 이유가 없다.

생산과정과 삶의 즐거움 사이의 순환은 노동 서비스의 가치와 노동의 고통을 연결하는 두 번째 식으로 완성된다.

$$(6)\quad \text{가치}(\delta \times H) = \text{가치}(H \times J \times \delta)$$

앞의 두 식을 사용하여 식 (4)를 다음과 같이 쓸 수 있다.

$$(\mathrm{G})\quad \text{가치 } E = \text{가치}(\Delta \times r) + \text{가치}(\Delta \times L) + \text{가치}(\Delta \times K)$$
$$+ \text{가치}(H' \times I_2') + \text{가치}[(H \times I_2 \times (1 - \delta)]$$

모든 주요 가치 이론이 이 식의 특별한 경우이기 때문에 이 식을 가치의 일반식이라고 부르고자 한다. 이 식으로 똑같은 배경에 대비되는 이론들의 기본적인 차이를 설명할 수 있다.

가격과 소득 범주로 표현하면 (G)는 다음과 같다.

$$(\mathrm{G1})\quad \text{소득} = \text{사용료} + \text{임대료} + \text{이자} + \text{여가 소득}$$

(5)를 사용하면 다음과 같은 다른 표현도 가능하다.

$$(\mathrm{G2})\quad \text{소득} = \text{순생산} + \text{여가소득} - \text{임금}$$

리카도의 순소득 개념을 먼저 생각해보자.[26]

25 생산재의 가치는 그를 통해 생산하는 소비재의 예상가치의 귀속에 의해 결정된다는 원리—옮긴이.

(R) 소득 = 사용료 + 임대료 + 이자 = 순생산 - 임금

위 식을 (G1)과 (G2)에 비교해보면, 리카도의 개념에는 여가에 아무런 가치가 없다는 아이디어가 내재해 있음을 알 수 있다. 여가는 노동의 직접 생산물이 아니기 때문에 노동가치설에서 여가에 가치가 있다는 것은 모순이라는 생각을 리카도가 하지는 못했을 것이다. 적어도 그런 생각의 증거는 없다. 그는 과세 대상 문제와 연관하여 순수입 개념을 도입하였는데, 분명히 여가는 과세할 수 있는 실체가 아니다. 그렇지만 그는 순수입을 후생 지표로도 사용하였다. 이 경우에도 리카도가 식 (R)에 집착했던 이유를 따져 볼 필요가 있다. 리카도는 『맬서스에 관한 비망록(Notes on Malthus)』에 그 답을 암시하였다. "나의 [후생에 관한] 명제는 임금이 너무 낮아 [노동자들이] 절대적인 생필품 이외에 어떤 잉여물도 누릴 수 없는 경우로 제한하였다."[27] 리카도는 노동자에게 엄밀한 의미에서의 여가가 없을 정도로 노동력에 대한 강력한 착취 상황을 계속 염두에 두고 있었다. 그 후 당연히 후생 지표로서의 순수입에 관하여 입장을 바꿔야 했다. 맬서스의 비판의 일부를 받아넘기는 과정에서 "임금이 노동자에게 순수입의 일부를 주는 것과 같은 수준이 될 수 있다"고 인정한 것이다.[28] 나아가 리카도는 여가, 그리고 노동의 고통을 초과하는 노동자의 소비의 즐거움에 관하여 언급하였다. "노동자의 임금이 높으면 원하는 대로 할 수 있는데, 게으름이나 사치를 좋아할 수도 있다", 혹은 "노동자가 똑같은 시간 동안 똑같은 노동으로 더 많은 생필품을 만들 수 있다면, 노동자의 형편은 나아질 것이다".[29]

---

26 David Ricardo, *On the Principles of Political Economy and Taxation* in *The Works and Correspondence of David Ricardo*, ed. P. Sraffa(10 vols., Cambridge, Eng., 1951~1955), I, chap. 26.

27 Ricardo, *Works*, II, 381.

28 앞의 인용.

연대기상 두 번째 소득 개념은 인간의 노동에 의하지 않으면 어떤 것에도 가치가 없다는 잘 알려진 이론에 기초한 마르크스의 개념이다.[30] 이 이론으로부터 다음 결과가 나온다.

(7) $$\text{가치}(\Delta \times r) = 0, \quad \text{가치}(\Delta \times L) = 0, \quad \text{가치}(\Delta \times K) = 0$$

마르크스가 명시적으로 또 반복적으로 주장한 바와 같이, 자연에 있는 '공짜'와 엄밀한 의미의 자본의 서비스에는 가치가 없다. 마르크스의 저작에 분명하게 나타나 있지 않지만 이는 또한 다음 결과를 가져온다.

(8) $$\text{여가의 가치} = 0$$

(7)과 (8)에 기초하면, 식 (5)는 다음과 같이 된다.

(9) $$\text{가치}(\Delta \times c) = \text{가치}(\delta \times \mathrm{H})$$

이는 마르크스 이론의 토대이다. 리카도의 (화폐로 표시한) 순소득은 자본가가 노동자들로 하여금 그들 자신의 생필품보다 더 많이 생산하도록 강제하여 얻는 '잉여 가치'에 해당한다. 그렇지만 이 노동의 추가적인 고통을 마르크스의 틀에 도입할 수는 없다. 그러려고 하면 (8)에 관한 비대칭이 발생한다.

식 (9)는 가치를 인간의 노동으로만 환원하기 때문에, 몇몇 사람이 그랬듯이, 마르크스 이론은 물질적이라기보다 관념적이라고 생각하기 쉽다. 이는 전혀 사실이 아니다. (7)과 (8)을 고려하면, 식 (G)는 다음과 같이 되기 때문이다.

(M) $$\text{가치 } E = 0$$

---

29 앞의 책, II, 332, 334.

30 Karl Marx, *Capital*(3 vols., Chicago, 1932~1933), I, 47.

이는 가치가 만들어지는 유일한 토대라고 내가 주장해온 삶의 즐거움 자체에 어떤 가치도 없음을 의미한다. 역사적 유물론과 분리하여 생각하더라도, 마르크스의 경제학은 완전한 유물론이라는 데 의심의 여지가 없다.[31]

앞의 분석에서, 일반적인 의견과 달리, 마르크스의 가치 이론이 리카도의 이론과 가깝지 않다는 것을 알 수 있다. 마르크스에 따르면, 리카도의 식 (R)에 있는 모든 항은 0이다. 리카도의 경우에도 인간이 만든 상품의 가격을 궁극적으로 결정하는 것은 노동의 양이라는 것 때문에 착각해서는 안 된다. 리카도의 경우 '토지'와 (유지 범위를 넘어서는 모든) 자본의 서비스에는 가격이 있으며, 노동 공식으로 결정할 수 없음이 분명하다. 하지만 여전히 이 두 경제적 접근에는 중요한 공통점이 하나 있다. 상품가격과 노동가격의 관계를 정립하기 위해, 리카도는 전체 생산물이 노동자에게 귀속하는 한계 경작지에 기댄다. 마르크스 역시 자본이 아직 존재하지 않고 노동이 유일한 생산 주체인 경제사의 한계에 의존한다. 마르크스 역시 리카도만큼 "한계주의자"인 것이다. 노동가치설을 설명하기 위해 『자본론』 1권 도입부에 사용한 주요 사례들에서 이를 분명히 알 수 있다. 계곡에서 주운 돌로 만든 최초의 돌도끼 사례를 생각해보면, 자연이 주는 무언가에 오직 노동만을 사용하여 돌도끼를 만들었다는 마르크스의 주장은 분명 옳다. 하지만 마르크스는, 최초의 돌도끼를 사용하여

---

31 생명에 아무런 가치가 없다는 개념은 마르크스주의 해석자들이 강하게 옹호하는 이론이다. 그렇다면 왜 자살하지 않느냐고 묻자, 한 해석자는 사나 죽으나 차이가 없기 때문이라는 궤변으로 답했다고 한다. 이런 질문들 때문에 폴란드의 철학자 샤프(Adam Schaff)는 "On the Philosophy of Man"이라는 흥미 있는 논문에서 '마르크스주의의 편견'을 비난했다. 이 논문의 번역이 *East Europe, 10*(April 1961) 8~12, 43~45에 나와 있다. 당시 샤프는 폴란드 마르크스주의 학회장이자 공산당 중앙위원회 위원이었다 [여기서 저자는 마르크스가 자본의 논리에 따라 '가치'를 분석한 것을 마르크스 자신이 가치 있다고 보는 것과 동일시한 오류를 범하고 있다. 이 오류는 이 책의 여기저기에 나타나는데, 마르크스 자신의 가장 핵심적인 철학적 개념은 Lebenstätigkeit(삶의 활동성)이다 — 옮긴이].

처음보다 수월하게 다음 돌도끼를 만들었다는 것을 간과하였다.[32]

마지막으로, 현재 표준문헌에서 볼 수 있는 유일한 개념인 소득에 대한 신고전파 개념을 살펴보자. 여기서는 소득을 단순히 생산물의 가치와 동일시한다. 이는 식 (G2)에서 마지막 두 항을 삭제한 것이다. 또는 다음의 유명한 형태로 쓸 수 있다.

(NC) 소득 = 사용료 + 임대료 + 이자 + 임금

이 접근에서는 리카도처럼 여가의 경제적 가치를 부정하지만, 리카도와 달리, 소득에서 노동의 고통을 차감하지는 않는다. 이 접근은 사업자의 관점을 반영한다. 여기서 임금은 사업비용의 일부분이지만, 노동자의 삶의 즐거움에 대한 비용은 아니다.[33]

많은 권위 있는 경제학자들은 논리적 일관성 때문에, 가정의 실제 타당성과 무관하게, 마르크스 가치론의 이론적 골격을 존중한다.[34] 앞의 분석을 보면 이에 반대할 이유가 없다. 둘을 비교해보면, 신고전파의 철학적 빈곤은 더욱 두드러진다. 신고전파 학자들이 임금에 팔린 노동자의 시간에는 관심을 두면서 여가시간의 가치는 송두리째 무시하는 것은 실용주의적 편향 때문일 터이다. 가격을 가치와 동일시하든 가치 측정의 간접적인 수단으로만 여기든, 여가시간의 가치 문제에는 현실적인 난관이 존재한다. 여가시간에는 직

32 기술(技術)적이든 수학적이든, 이렇게 도입된 변화에 대하여 11장 3절에 나와 있다.

33 식 (G1)과 (NC)의 차이는 두 식의 마지막 항뿐이기 때문에 노동의 고통과 여가의 효용이 정확하게 일치한다면 두 식은 같아질 것이다. 노동자는 자신의 여가시간의 효용을 파는 것이라는 왈라스의 개념과 수입에 대한 그의 논평을 연결하여 (G1)을 해석할 수도 있다. Léon Walras, *Elements of Pure Economics*(Homewood, Ill, 1954), pp. 257~260, 378~380을 보라.

34 예컨대 Thorstein Veblen, "The Socialist Economics of Karl Marx and His Followers," *Quarterly Journal of Economics, 20*(1906) 575; J. A. Schumpeter, *Ten Great Economists from Marx to Keynes*(New York, 1951), p. 25.

접 관찰 가능한 가격이 없다는 것이다. 하지만 신고전파의 도구 자체에 매우 간단한 해결책이 있다. 노동 시장과 연관하여, 여가시간은 자기 수요를 나타낸다. 농부 자신이 쓰려고 고른 달걀에 판매한 달걀 가격만큼의 가치가 있는 것처럼, 여가시간에는 노동시간에 대한 시장 임금과 같은 가치가 있다. 물론 이는 노동의 고통과 여가의 즐거움 사이의 본질적인 차이를 무시한 단순화이다. 그렇지만 이런 대담한 단순화 없이는, 중요 부분의 누락으로 손상되지 않은, 사회 복지 수준에 대한 수긍할 만한 유사(類似) 측도를 도출할 수 없다.

후생의 유사 측도에 (이런저런 형태로) 여가시간의 가치를 포함시키는 것은 국가 간 비교와 한 사회의 장기적인 변화를 알아보는 데 긴요하다.[35] 일인당 국민 소득이 똑같은 두 나라 중 어디에 살지 선택할 수 있다면, 다른 사정이 같다는 전제하에 노동시간이 짧고 노동 강도가 약한 나라를 선택할 것은 분명하다. 그렇지만 식 (G2)에 여가에 대한 가격 평가를 대입할 때 주의해야 할 함정이 있다. 인구과잉 국가에는 여가가 너무 많아, 이를 임금으로 평가하면, 인도는 미국보다 복지가 높은 나라로 평가될 수도 있다. 선진국과 달리 인구과잉 국가에서는 대부분의 여가가 원하지 않는 것이다. 이 상황에서 자기 수요는 두 가지 연관된 이유 때문에 의미를 잃는다. 첫째, 농부가 자신의 의도와 달리 달걀을 시장에서 회수할 수밖에 없고 그 달걀을 다른 데 사용할 수도 없다면, 엄격한 의미에서 자기 수요가 아니다. 둘째, 달걀이 너무 많으면 달걀 값이 거의 0이 될 수도 있지만 노동은 그렇지 않다. 임금은 노동의 공급이 과도하더라도 최소 수준 이하로 내려갈 수 없으며, 노동력은 많은 영역에서 그 한계생산성이 0이 될 때까지 사용된다. 결과적으로, 여가가 원하는 것이 아닌 나라의 후생 수준에 대한 유사 측도에서 여가의 가격은 단순히 0으로 해야 한다.[36]

---

35 이 관점을 처음 주장하고 옹호한 학자는 쿠즈네츠(Simon Kuznets)이다. "Long-term Changes in the National Income of the United States of America since 1870" in *Income and Wealth*, Series II, ed. Simon Kuznets(Cambridge, Eng., 1952), pp. 63 ff.

36 『AE』에 재수록된 저자의 논문, "Economic Theory and Agrarian Economics"(1960)

3. 엔트로피와 발전

경제과정은 낮은 엔트로피에서 높은 엔트로피로의 지속적이고 불가역적인 변환이다. 이에 따른 몇 가지 중요한 결과들은 세련된 성장 모형에서 기본적인 사실들로 눈을 돌리면 쉽게 알 수 있다.

우선, 농업과 광업에서 얻는 투입 유량 없이는 제조업에서 어떤 공업 생산물도 만들 수 없다는 의미에서 제조업 부문은 농업과 광업에 완전히 종속되어 있다. 역으로 이 두 부문은 사용 도구와 대부분의 기술 발전이라는 면에서 보면 공업 부문에 종속된다. 그러나 이 상호의존성 때문에, 경제과정의 속도를 제한하는 것이 환경으로부터 낮은 엔트로피를 경제과정으로 투입하는 속도라는 사실과, 경제학자들이 그 나름의 근거를 가지고 구분해놓은 세 부문 사이에 존재하는 특정한 인과 관계를 잊어서는 안 된다.

인간은 비생물학적 욕구를 충족시킬 상품을 만들기 전에 생물학적 욕구를 우선 충족시켜야 한다. 하지만 요즘 사람들은 식품 생산이 다른 소비재 생산에 우선해야 한다는 것을 무시하거나 간혹 부정하기도 한다. 그러나 인간은 **만드는 사람**(homo faber)이 되기 전에 **농사짓는 사람**(homo agricola)이었다. 크세노폰(Xenophon)이 말했듯이, 오랫동안 농업은 "다른 모든 기술의 어머니이자 유모였다".[37] 최초의 기술혁신들이 농업에서 나왔기 때문이다. 퇴비, 윤작, 그리고 무엇보다 이름 없는 농부들이 발명한 '청사진'을 따라 오늘날도 똑같이 만들고 있는 쟁기를 생각해보라. 로빈슨 크루소와 프라이데이 중 한 사람이 모은 먹을거리로 두 사람이 살지 못하는 한, 두 사람 중 누구도 다른 일을 하는 데 자기 시간 전부를 사용할 수 없다. 이 단순한 이유 때문에 농업은 다른 모든 기술의 유모였으며, 이는 여전히 사실이다. 농업이 농부와 다른 활

pp. 387 f을 참조하라.

37 *The Economist of Xenophon*, ed. John Ruskin(London, 1876), V. 17.

동에 종사하는 사람 모두를 먹여 살릴 수 있는 수준까지 자체적으로 발전할 수 없었더라면, 인류는 아직도 대자연 속에서 살고 있을 것이다.

더 세련된 관점에서 생각하더라도, 세계의 모든 선진경제는 발달된 농업을 발판으로 현 수준의 경제발전을 이룩하였다. 물론 오늘날 몇몇 국가는, 예컨대 쿠웨이트는 광물자원만을 발전의 원천으로 삼는다. 그러나 이는, 이제는 이미 발전된 경제에서 이 자원들을 사용할 수 있기 때문이다. 일본의 독특한 사례는 이를 정확히 설명하는 데 특히 도움이 된다.

대개 일본의 경제 기적이라면 제2차 세계 대전 이후 일어난 놀라운 회복과 예외적인 성장률을 일컫는다. 기적이라는 단어를 사용해야 한다면, 나의 판단으로는 메이지 유신(1886) 이후 일어난 일이 진짜 기적이다. 일본의 지리적 조건은 상당히 열악하다. 토양에는 특별한 광물자원이 없으며, (현재 통계로) 지형학적으로 전 국토의 18%만 실질적으로 경작 가능하다. 일본인들은 단백질 먹거리를 위해 험한 바다로 나갔으며, 고도의 노동집약적 경작을 통해 다른 먹거리를 얻었다. 일본은 자국 영토 내에서 얻어지는 아무런 사용료 수익 없이, 이미 제1차 세계 대전 즈음 선진경제를 이루었다. 기적은 일본 경제가 누에나방을 타고 '이륙'한 것이다. 다른 나라에도 누에가 있었지만 똑같은 기회를 잡지는 못했다. 이에 대한 설명은 문화적 차이에서 찾아야 한다. 일본이 다른 국가들에게 사용료를 지불하고 낮은 엔트로피 물질을 수입하여 대단한 산업을 운영할 수 있게 된 것도 역시 문화에 기인한다. 일본은 만만치 않은 인적 자산 덕분에, 매우 상상력이 풍부한 기술 인재뿐만 아니라 매우 효율적이고 쉽게 훈련되는 노동력 덕분에 사용료를 지불하면서도 번영할 수 있다.

그렇지만 일본 경제학자들에게는, 많은 경제학자들과 마찬가지로 경제 현실과 동떨어진 난해한 수학적 모형에 집중하는 대신 관심을 두어야 할 다른 문제가 있다. 일본 경제가 얼마나 오랫동안 위와 같은 방식으로 운영될 수 있는가? 지역공업이 발전하면 사용료는 증가하는 경향이 있다. 현재 일본에 원자재를 수출하는 국가들이 자체적으로 공업을 완전히 발전시킨 후에도 일본은 높아진 사용료를 감당할 수 있는가? 달리 말하면, 비교적 싸고 효율적인 노동력과 새로운 기술적 아이디어에 대한 준지대(準地代)와 같은 현재 일본의 경제적 강점들이 점점 커져가는 어려움 속에서도 지속될 수 있는가?[38] 아주 오랫동안 이어지는 기적은 그야말로 슈퍼-기적이다.

이 문제를 제기하는 까닭은 일반적인 경제활동에서의 낮은 엔트로피의 역할을 강조하기 위해서이기도 하거니와 다음 이유도 있다. 산업화가 만병통치약이라는 현대 경제학 사조에 입각하여 모든 저개발국들은 필요한 자연자원이 자국에 있는지는 생각하지도 않고 지독하게 산업화를 추진한다. 내가 광물자원이 빈약한 몇몇 국가의 계획입안자들에게 이 문제를 제기하였을 때, 그들은 한결같이 일본의 예를 들며, 심지어 중공업 건설계획까지 정당화하였다. 그러나 도깨비가 하룻밤 새 모든 나라의 장기경제계획을 (아마 단기경제계획까지) 실행할 수 있다면, 불충분한 광물자원 때문에 우리가 계획한 거대 생산시설들이 대부분 휴업해야 한다는 것을 바로 다음날 깨닫게 될 것이다. 실제로 이 계획들이 점진적으로 실현됨에 따라 금명간 필연적으로 생산시설의 중복 문제가 나타날 것이다. 이 과도한 계획의 징후로 인해 계획입안자들이 이미 당황하기 시작한 사례들이 나타나고 있다. 조만간 낭비적인 중복 투자를 피하기 위해 국제기구를 통해 모든 국가계획들을 조정해야 하지 않을까 생각한다. 또한 경제발전과 관련되어 지금 우리가 집착하고 있는 많은 생각들을 포기하고, 엔트로피 변환이라는 관점에서 그 생각들을 경제발전의 의미에 관한 더 넓은 시각으로 바꿔야 할 것이다.

지금 유행하는 성장 모형에 따라 입혀진 거추장스런 외양을 모두 제거하면, 경제발전은 단 두 개의 요소로 압축된다. 엄밀한 의미의 발전과, 즉 불가피

38 지대는 토지와 같이 공급이 제한된 생산 요소에 지불되는 대가인데, 이와 유사하게 특허나 남이 모방하기 어려운 기술, 아이디어 혹은 법적 제약 등에 의해 공급이 제한되어 경쟁적 수익 이상으로 발생하는 수익을 독점적 지대 혹은 준지대라 한다 — 옮긴이.

하게 폐기물이 될 낮은 엔트로피의 비율을 줄이기 위해 더욱 정교하게 낮은 엔트로피를 골라내도록 여과기를 혁신하는 것과, 순수한 성장의, 즉 현존하는 여과기를 사용하여 낮은 엔트로피를 골라내는 선별작업의 확대가 그것이다. 인류경제사는 인간의 엔트로피 투쟁을 분명히 보여준다.[39] 그리고 이 투쟁은 여러 법칙을 따르는데, 몇몇은 물질의 물리적 특성에서, 몇몇은 인간 자신의 본성에서 유래한다. 몇몇은 평범하지만 몇몇은 그렇지 않다. 이해하기 쉽게 이 법칙들을 종합적으로 고려해보자.

지금은 공장시스템이 지배적인 제조과정에서 생산물 유량은 생산시설의 가동 시간에 비례한다는 점을 앞서 언급한 바 있다.[40] 이 주장은 나머지 두 부문, 농업과 광업이 제조업의 높아진 생산활동을 지원할 수 있어야 한다는 조건하에서만 성립한다. 제조 부문의 규모를 확장하는 경우도 마찬가지이며, 이는 제조 부문이 공장시스템으로 작동하는지 여부와 무관하다. 결국 수익 문제는 농업과 광업의 수익 문제로 귀결된다. 하지만 농업과 광업의 수익에는 차이가 있다. 농업에서는 햇빛으로 지구에 도달하는 낮은 엔트로피 유량을 주로 사용하고, 광업에서는 지표에 포함된 여러 가지 형태의 낮은 엔트로피 저량을 사용한다.

일정한 설비로 운영하는 광산의 생산물 유량이 하루 조업 시간에 대략 비례하지 않을 이유는 없다. 또한 광산을 추가적으로 개발하여 채굴 자원의 유량을 증가시킬 수 있다. 유일한 제약은 전자의 경우 해당 광산 내에 존재하는 자원의 양이며, 후자의 경우 지구 내부에 존재하는 총매장량이다. 짧은 시간, 예컨대 1년 이내에 매장된 석탄 전부를 채굴할 수도 있겠지만, 그러기 위해서는 광맥을 찾아 지표 속으로 더 깊이 들어가 경제성이 더 낮은 광맥까지 채굴

39 혁신과 확대가 그 자체로 목적은 아님을 지적하고자 한다. 이 야단법석의 유일한 이유는 더 큰 삶의 즐거움이다.

40 9장 10절.

해야 한다. 따라서 어느 한 시점에서 광물자원 채굴을 크게 증가시키려면 낮은 엔트로피로 계산된 단위 비용이 높아진다. 모든 매장 석탄자원을 채굴한 후 일 년 이내에 다 태워버리는 것도 생각해볼 수 있다. 물론 이렇게 짧은 시간에 모든 석탄을 채굴하고 태워버리는 데는 커다란 어려움이 있다.[41] 이런 가상의 예를 든 것은 매장광물을 사용하는 속도가 대체로 우리 자신의 결정에 따른다는 것을 보이기 위해서이다.

제본스는 그의 첫 번째 경제학 저서인 『석탄 문제(The Coal Question)』에서 이 문제를 다루었지만, 거의 인정받지 못하였다. 그는 "어림잡아, 19세기 초 이후 [영국] 인구는 약 네 배가 되었지만 석탄 소비는 열여섯 배, 아니 그 이상 증가하였다"고 지적하였다.[42] 그를 비롯한 많은 이들이 옳게 평가하였듯이, 당시 영국의 경제적 우월성은 풍부한 석탄 자원에 기초하였기 때문에 제본스는 석탄의 빠른 소진을 우려하였던 것이다.[43] 후에 올바른 견해로 밝혀졌듯이, 그는 미국과 다른 나라들의 훨씬 풍부한 석탄 매장량 때문에 결국 영국 우위가 뒤집어질 것이라고 예견하였다.[44]

그러나 제본스는 인류가 가용 에너지 원천으로서 석탄의 대체물을 못 찾을

---

41 Lord Kelvin, "On the Fuel Supply and the Air Supply of the Earth," *Report of the British Association for the Advancement of Science*, 1897, pp. 55 f에 지적한 것처럼, 1년, 아니 10년 이내에 모든 매장된 석탄을 태우는 데는 대기 중 산소보다 많은 양의 산소가 필요할지도 모른다. 이는 오늘날 대기 오염의 한 가지 요소를, 즉 대기 중 산소를 이산화탄소(그리고 일산화탄소)로 변환하는 과도한 속도를 암시한다.

42 W. Stanley Jevons, *The Coal Question*, ed. A. W. Flux(3rd edn., London, 1906), p. 196. 임박한 석탄 매장량의 소진에 대한 제본스의 우려를 판단할 때 1923년에 일류 자연과학자였던 아레니우스가 1950년까지는 석유가 소진될 것이라고 예측한 것을 염두에 두어야 한다! 어쨌든 이런 예측이 오류였다고 해서 지구 자원이 무한한 것은 결코 아니다.

43 앞의 책, pp. 3, 321.

44 앞의 책, 14장. 또한 석유가 상당한 규모로 석탄을 대체하기 전에 이미 균형이 기울기 시작했다는 점에서 볼 때 제본스의 판단은 옳았다.

것이라 굳게 믿었기 때문에 당시 사람들에게 많은 비판을 받았다.[45] 역사적으로 볼 때 제본스는 이 점에 관하여 할 말이 없다. 하지만 그의 출발점을 그가 덧붙인 설명들을 참조하여 재해석하면, 지금은 열역학 원리들이 그 정당성을 입증하고 있다. 그가 "불확실하고 정의하기 어렵기는 하지만 어떤 절대적이고 피할 수 없는 한계"[46]에 관하여 말했을 때 석탄 대신 낮은 엔트로피의 매장량을 언급하였더라면, 또한 가용 에너지를 두 번 다시 사용할 수 없다고 부언하였더라면, 지구에서의 인류 생존을 위한 제한된 지참금 때문에 인류가 수행하는 투쟁의 한 측면을 명확하게 보여주었을 것이다. 이 관점에서 보면, 제본스가 석탄에 관해 도달하였던 것보다 훨씬 강렬한 결론에 이르게 된다. **다른 요소들 때문에 인류의 종말이 좀 더 일찍 올 수도 있지만, 일정한 인구와 일인당 채굴된 자원의 일정한 유량이 유지되기만 하여도 인류의 지참금은 궁극적으로 소진할 것이다.**

후일의 경제학자들과 달리, 제본스에게는 엔트로피 법칙을 무시한 것에 대한 완벽한 변명거리가 있다. 클라우지우스가 이 법칙을 공식화한 것은 제본스의 책이 인쇄된 바로 그해(1865)였다.[47] 똑같은 이유로, 제본스의 아래 진술과 그에 반대하지 않은 동시대인들을 이해할 수 있다. "농장은 아무리 오랫동안이더라도 적절하게만 경작하면 영원히 일정한 소출을 얻을 수 있다. 그러나 광산에는 재생산이 없다. 일단 최대가 된 생산물은 곧 감소하기 시작하여 0이 될 것이다."[48] 흥미롭게도, 똑같은 생각이 더 분명한 형태로 경제학자들뿐만 아니라 농업경제학자들 사이에서도 회자되고 있다. 농업 전문가와 인구 전문가들의 최근 공동연구에 다음 내용이 나온다. "적절하게 관리하면, (지구의 식물은) 스스로의 재생산 능력에 의하여 우리에게 필요한 식량, 목재

45 앞의 책, pp. 8, 183.

46 앞의 책, p. 195.

47 5장 4절을 보라.

48 Jevons, *The Coal Question*, p. 201.

및 다른 자연생산물들을 무한히 공급할 수 있다."[49] 아직 우리는 맬서스(Malthus)가 말하려 했던 내용을 제본스와 마찬가지로 제대로 이해하지 못한 것이 분명하다. 맬서스의 시대에는 경제과정의 기본인 농업과 광업의 근본적인 차이를 이해할 수 없었기 때문에 맬서스의 설명이 서툴렀는지도 모른다.

인간이 사용할 수 있는 낮은 엔트로피의 희소성만으로 경제발전의 특정한 균형과 일반적인 방향을 충분히 설명할 수는 없다. 낮은 엔트로피의 두 원천, 햇빛과 지구 매장물의 비대칭으로 인하여 경제 발전에는 알아채기 어렵지만 지속적인 영향을 미치는 갈등이 존재한다. 이미 살펴본 것처럼, 두 원천의 위치와 특성의 차이가 이 비대칭의 한 원인이다. 마찬가지로 중요한 비대칭의 또 하나의 원인은 낮은 엔트로피의 각 원천이 인간의 생산적인 노력의 주요 범주와 각각 연관되어 있다는 사실이다. 햇빛은 농업, 광물의 낮은 엔트로피는 공업과 주로 연관된다. 자연은 모든 생산 활동에서 인간의 동반자이지만 다른 어떤 분야보다 농업에서 이 동반자 관계가 더욱 결정적이고 미묘하다는 것은 부정할 수 없는 사실이다. 이에 따라 농업과 공업의 구분은 희소성의 비대칭을 더욱 두드러지게 한다.

첫째, 농업의 기본과정이 성공하려면 자연이 정한 시간에 시작해야 하기 때문에 이 동반자 관계는 농업에서 더 결정적이다. 이 때문에 일반적으로 농업에 공장시스템을 적용하지 못한다. 좀 더 집약적인 노동이나 좀 더 긴 노동 서비스를 통해 농업 생산물 유량을 (일정 한도 내에서) 증가시킬 수 있음은 확실하다. 그러나 "똑같은 물질 자금에 대하여 노동시간을 두 배로 하면 생산물 유량이 두 배가 된다"는 말은 농업에는 거의 적용되지 않는다.[50] 공업 시설과

---

49 M. Cépède, F. Houtart, and L. Grond, *Population and Food* (New York, 1964), p. 309. 저자의 강조. 많은 농업경제학자들이 똑같은 오류를 범한다. 또 다른 예로 Q. M. West, "The World Food Supply: Progress and Promise" in *Food: One Tool in International Economic Development*, Iowa State University Center for Agricultural and Economic Adjustment(Ames, Iowa, 1962), p. 103을 보라.

필요한 광물 자원이 있으면, 단순히 하루 8시간 대신 10시간 노동을 함으로써 자동차 생산을 25% 증가시킬 수 있다. 농업에서는 똑같은 방식이 작동하지 않는다는 사실은 생존을 위한 인간의 투쟁에 어쩔 수 없는 장애물이 된다.

위의 동반자 관계가 농업에서 더 결정적인 두 번째 이유는 태양 에너지 저량을 우리가 그때그때 원하는 속도로 퍼낼 수 없다는 사실이다. 우리는 태양에 대한 지구의 위치에 의해 결정되는 속도로, 지구에 도달하는 태양 에너지의 일부분만을 사용할 수 있다. 우리는 지각에 존재하는 낮은 엔트로피 저량을 성급하게 소비할 수도 있다. 실제로 우리의 가장 사치스런 욕망을 충족시키는 상품으로 변환하는 데 성급하게 소비하고 있다. 그러나 태양 에너지 저량의 경우는 이와 다르다. 농업은 인간에게 인내하라고 가르친다, 아니 강요한다. 이 때문에 농부들이 삶에서 가지는 철학적 자세는 공업사회와는 현저히 다르다.

그러나 희소성의 비대칭, 그리고 농업과 공업의 차이에 관한 가장 결정적인 요소는 자연이 농부를 돕는 지극히 정교한 방식이다. 예컨대, 다이너마이트의 화학 에너지나 폭포수의 운동 에너지를 사용할 때 기대하는 결과는 미시적 수준에서 나타나는 불확실한 효과의 통계적인 평균이다. 가장 민감한 기구를 제작할 때도 특정 원자 구조를 정확히 따를 필요는 없다. 거시적인 청사진의 허용 근사치만 만족하면 실제 사용에 충분하다. 화학물질조차도 대량으로 생산할 때에는 절대 순도로 생산할 필요가 없다. 그렇지만 씨앗에서 식물을 기르는 일은 평균 질량 효과의 문제가 아니다. 반대로 모든 세포, 아니

50 9장 9절, 그리고 특히 앞의 각주 49를 참조하라. 제본스는 *The Coal Question*, p. 195에서 "평야의 수확을 두 배로 만들려 할 때, 단순히 노동자를 두 배로 하여 그리 될 수 없다"고 주장하며, 광공업을 농업에 대비하였다. 노동자를 두 배로 하는 것이 "1교대 대신 2교대로 두 배로 하는" 것이 아니라면, 이 주장은 잘못된 것이다. 한 교대에서 노동자 수를 두 배로 하는 것은 광산이나 공장에서도 생산을 두 배로 증가시키지 못한다.

각 세포의 모든 부분이 원자, 심지어 원자 내부 구조까지도 복잡하면서도 절대적으로 엄격한 청사진에 따라 정확하게 발생해야 한다.[51]

특히 요즘, 농업과 광공업의 근본적인 차이에 관한 생각을 낭만적인 생기론이라며 별생각 없이 무시해버리는 경향이 있다. 기껏해야 생물학에서 최근 몇 가지 놀라운 성과를 이루었다고 생각하는 정도이다. 사실 허풍 떨기 좋아하는 언론만이 아니라 우스꽝스런 이상향에 대해 글을 쓸 유혹이나 자화자찬의 열정에 넘어간 몇몇 권위자들도 이 발견들이 생물학 시대에 접근하는 전조라고 광고하고 있기는 하다.[52] 생물학의 여러 세부 분야를 포함하여 어떤 과학의 성과도 부정하거나 폄하할 생각은 없다. 또한 먼 훗날에나 가능할 생물학적 지식이 지금 갑자기 나타난다면 사람들이 경이로워할 것이라는 점도 의심하지 않는다. 그러나 레더버그(J. Lederberg)가 판단하듯이, 분자생물학의 성과에 대한 예측이 최근 너무 보수적이라 하더라도,[53] 이 경향이 영원하리라거나 생물학이 할 수 있는 일에 한계가 없는 것은 아니다.

농업경제학과 광공업경제학의 차이가 미래에도 없어지지 않을 것이라는 나의 입장으로 인해 최고의 찬사를 받을만한 생물학의 수많은 성과가 부정되는 것은 아니다. 마찬가지로 이 성과들이 그 차이에 대한 반박인 것도 아니다. 생명과정을 이해하고 예측하며, 특히 조작하는 것과 관련된 끈질긴 어려움은 나의 입장을 정당화한다. 부록 G에 나와 있는 이 어려움들을 둘러보면, 인간이 생물을 물질만큼 효과적으로 다루는 데 방해가 되는 영구적인 걸림돌

51 사실 여기에는 생물학적 미묘함이 관련된다. 어떤 생물학적 요소들은 화학적으로, 즉 분자 수준에서 약간의 차이가 있더라도 그 생물학적 기능이 동일하게 작동한다 —옮긴이.

52 이러한 권위자의 두드러진 예는 석학 홀데인(J. B. S. Haldane)과 노벨상 수상자인 레더버그(J. Lederberg)이다. 이 문제에 관하여 부록 G에 더 논의되어 있다.

53 Joshua Lederberg, "Biological Future of Man," in *Man and His Future*, ed. G. Wolstenholme(Boston, 1963), p. 266.

은 인간의 본성에 내재한 두 가지 한계라는 것을 알 수 있다.

첫째, 인간은 우주 차원의 시공간에 도달할 수 없다. 인간은 아르키메데스(Archimedes)가 말한 우주 차원의 지렛대와 받침대를 사용할 수 없다. 인간은 시공간적으로 아주 멀리 갈 수 없기 때문에 보렐이 적절하게 명명한 바와 같이 '접근할 수 없는' 숫자들 역시 다룰 수 없다. 생물학 어디에나 이런 숫자들이 넘친다. 예컨대 인간의 유전형은 너무 많아서 인류의 전 생애 동안 모두 발현될 수 없다.

두 번째 한계는 즉각적으로 알 수 없지만 여전히 너무나 엄연하다. 비록 우리가 수백 광년 떨어진 별들을 관찰할 수는 있지만 어떤 지구인도 거기에 닿을 수는 없다. 비슷하게, 물컵에 수많은 원자들을 담을 수는 있지만, 원자 한 개를 집어 올릴 수는 없다. 인간은 미시세계 속으로도 아주 깊이 도달할 수 없다. 예컨대 전자장치나 마천루를 조립하는 것과 똑같이 간단하고 직접적인 방식으로 개별 세포나 심지어 분자의 각 부분을 차례차례 만들 수는 없다. 사실상 "접근할 수 없지만" 설사 우리가 세포의 엄청나게 복잡하고 광대한 청사진을 가졌더라도 원자와 이온들을 집거나 떠서 그것들이 반드시 있어야 할 수학적으로 정확한 자리에 각각 놓을 수 있는 나노족집게나 나노주걱은 없을 것이다. 세포와 생물분자들은 단지 몇 개 원자의 차이로, 예컨대 정상 헤모글로빈과 빈혈을 일으키는 낫 모양 헤모글로빈으로 달라진다.[54] 나노족집게가 없기 때문에 개별 세포, 심지어 고분자를 만드는 일은커녕 그보다 덜 어려운 리모델링조차도 당연히 불가능하다.[55]

---

54 C. H. Waddington, *The Nature of Life* (New York, 1962), pp. 41 f[이 예와 같이 아미노산 한 개 차이가 단백질에, 나아가 세포 전체 구조에 영향을 주는 것은 생물학적으로 예외적이다 — 옮긴이].

55 나노족집게(nanotweezer)라는 단어가 자연과학 문헌에 본격적으로 등장한 것은 1990년대이며, 현재 단일 원자를 다룰 수 있을 정도의 나노과학기술이 존재한다. 그리고 분자생물학의 발전은 인공 생명체의 가능성 역시 기대하게 한다. 이 책이 출판

미시세계에 관한 한계의 근거는 두말할 나위 없이 불확정성 원리이다. 하이젠베르크의 발견 전에는, 원자 하나하나를 조립하여 분자를 만들 수 있고, 시간만 충분히 들이면, 세포까지도 만들 수 있다고 믿기도 하였다. 하이젠베르크 원리가 물질에 대한 객관적인 법칙이라기보다 인간의 감각과 측정도구의 확장된 인지력에 관한 내재적 한계를 표현한다는 나의 견해가 옳다면, 반증의 여지는 없다. 따라서 "나에게 분자보다 작은 족집게를 다오. 그러면 아무것도 없는 상태에서 살아 있는 세포를 만들 수 있다"고 외치는 자는 현대판 아르키메데스일 뿐이다.

인간이 물질을 다룰 수 있는 유일한 방법은 덩어리이며, 화학반응도 예외가 아니다. 가용 에너지를 사용하여 세포의 화학적 구조에 몇몇 변화를 일으키는 여러 가지 개조 기술도 마찬가지이다. 그러나 세포의 광대한 화학적 구조를 생각하면, '제대로 된 결과'를 얻을 확률은 극히 낮다. 반대로, 치명적인 결과를 만들 확률은 매우 높다. 유행하는 용어로 표현하면, 이들 원자 수준의 혼란 하나하나는 매우 '지저분하다'. 따라서 비교적 높은 확률로 제대로 된 결과를 얻으려면 엄청나게 많은 수의 세포를 사용해야 한다. 이런 과정의 비용과 폐기물이 너무 크기 때문에 박테리아, 곤충, 몇몇 식물 외에 다른 생물에 적용하는 것은 경제성이 없다. 이 판단에 비추어보면, 고등동물의 경우에는 실험조차도 그 비용을 감당할 수 없을 것이다.[56]

생물학에 화학을 도입한 이래, 많은 생물학자들은 고전물리학자의 우월감을 떠올리게 하는 우월감을 얻은 듯하며, 그들에게는 분명, 똑같은 운명이 예정되어 있다. 그러나 우리는 당분간 생물학자의 과장된 주장과 굉장한 전망을 듣고 살아야 할 것이다. 이 때문에 메더워(P. B. Medawar)는 일반대중에게

된 1970년대 이래 생물학에는 엄청난 발전이 있었으며, 이 책에서 불가능하다고 예측된 내용의 일부는 실현되었지만, 위 논의와 본질적으로 다른 상황이 된 것은 아니다—옮긴이.

56 앞의 분석에 대한 보다 자세한 내용이 부록 G에 나와 있다.

"선택을 통한 가축 개량에 관한 어떤 포괄적인 이론도 아직 없다는 것을 알면 놀랄 것"이라고 말하였다.[57] 아직도 농업에서 할 수 없는 것이 많다는 뜻이다. 원숙한 생물학자들은 또한 물리학과 화학보다 생물학이 느리게 발전한다는 것을 인식하고 있으며, 생물학이 다른 과학 분야에 종속되어 왔으며, 지금도 그렇다고 생각한다.[58] 그렇지만 위에서 살펴본 바와 같이 생물학과 물리-화학의 차이는 단순한 격차라고 하기에는 너무 크다.

인류가 이룩한 기술발전의 역사는 분명하게 똑같은 방향을 가리킨다. 인류는 물질세계에서 에너지원을 하나씩 정복해왔다. 또한 많은 기술적인 어려움들을 창조적으로 극복해왔다. 그 결과 오늘날 파라오 시대보다 천 배 빠르고 좋게 옷감을 짤 수 있다. 일전에는 세 사람을 태운 부메랑이 달에 다녀왔다[1969년 아폴로 11호가 인류 최초로 달에 착륙하였다—옮긴이]. 하지만 볍씨에서 쌀을 추수하는 데 걸리는 시간은 고대 이집트 때와 거의 같다. 가축의 임신 기간 역시 조금도 짧아지지 않았으며, 성장 시간 역시 거의 비슷하다. 농업에서 이루어진 모든 진보는 단순히 돌연변이가 일어나기를 기다리고 그 후로는 자연선택을 모방한 결과이다. 인공물의 혁신이 더 인상적이라는 당연한 사실 때문에 우리는 인간의 상상력과 인간이 이룩할 수 있는 것에 대한 오도된 생각을 가지게 되었다.

17세기의 기술적 발명품들은 대단한 것도 아니었지만, 지식인 사회에 꽤나 큰 영향을 주었고 많은 이들이 공업 기술로 못할 게 없다고 주장하였다. 처녀지가 아직 남아 있던 지역의 (특히 영국의) 활발한 공업 발전 결과, 공업에 투입할 충분한 인력만 있으면 지상낙원이 도래할 것으로 생각하였다. 늘어나는 인구를 위한 식량 문제는 공업의 진보로 무조건 해결될 것으로 보아 신경쓸 필요도 없는 것으로 여겼다. 페티(W. Petty)는 자연을 부의 원천이라고 보

57 P. B. Medawar, *The Future of Man*(New York, 1960), p. 62.

58 Waddington, *The Nature of Life*, p. 17.

았지만, "인력 부족이 진정한 빈곤이다. 800만 인구를 가진 국가는 똑같은 국토에 단지 400만만 가진 국가보다 두 배 부유하다"고 주장하였다.[59]

인간의 발명 능력을 생각하면 정말 지적 오만에 빠지기 쉽다. 일례로 모건(Lewis H. Morgan)은 "인류는 식량 생산에서 절대적인 통제력을 얻은 유일한 존재"[60]라고 주장하였다. 이는 인구과잉이 상대적 의미로만 존재한다는, 더 정확하게 말하자면 식량 생산은 "어떤 인구 수준에도 맞출 수 있다"는 마르크스주의 교리의 핵심적 부분이다.[61] 하지만 모건을 인용한 엥겔스(F. Engels)조차 '절대적인'이라는 표현을 '상당한'으로 부드럽게 바꾸었다. 인구 증가보다 빠르게 자동차, 텔레비전 등을 생산하는 동시에, 대규모 기아로 위협받는 불안한 세상이 지금 우리 앞에 펼쳐지고 있어 혼란스럽다. 주의 깊은 몇몇 연구가 보여주듯이, 이 위협의 상당 부분은 토지의 부적절한 사용뿐만 아니라 비옥한 토지 대비 인구 분포의 불균형에 기인한다. 또한 가장 효율적인 경작법을 보급하여 세계 식량 생산을 아직도 늘릴 수 있다는 데 의심의 여지가 없다.[62] 그러나 이런 식으로만 사태를 보는 것은 진짜 문제를 호도하는 것이다.

엄밀하게 보아 독립적이지는 않지만, 실제로는 분리해서 따로따로 분석해야 하는 두 가지 차원의 문제가 있다. 그런데 요즘은 이 중 오직 한 차원의 문

59 Petty(앞의 각주 9) I, 34. 공업 노동자의 부족 때문에 자본가와 지주 사이의 이해 갈등, 농업에서 봉건적인 관계의 폐기라는 자본가의 승리로 끝난 갈등이 증폭되었음은 잘 알려진 사실이다. 바로 이러한 초과 수요 때문에 페티 이전의 몇몇 사람을 포함하여 영국의 경제학자들이 노동을 유일한 가치의 원천으로 보았다.

60 Lewis H. Morgan, *Ancient Society, or Researches in the Lines of Human Progress from Savagery through Barbarism and Civilization*(New York, 1878), p.19. F. Engels, *The Origin of the Family, Private Property, and the State*(4th edn., New York, 1942), p. 19에 추가로 인용.

61 이 효과에 관한 몇몇 예전 그리고 최근 설명으로, Cépède *et al. Population and Food*, pp.64~66을 보라.

62 Cépède *et al*, pp.441~461 참조.

제에만 관심을 갖는다. 21세기가 오기 전에 앞에 열거한 어려움들을 극복하고 음식 섭취 습관과 식량 생산 방식에 바람직한 변화들이 일어날 때 얼마나 많은 인구를 부양할 수 있는가?[63] 우리가 무시하고 있는 다른 한 차원의 문제는 그 인구를 얼마나 오랫동안 부양할 수 있는가이다. 똑같은 토지에서 작물을 무한히 재생산할 수 있다는 제본스 등의 견해에 따른다면, 이 문제는 사실상 지워져 버린다.

인구 문제에 관한 페티의 견해를 냉혹하게 비판한 스위프트(Jonathan Swift)[64]는 "전에 옥수수 한 자루, 풀 한 포기만 자라던 땅에 두 자루, 두 포기가 자랄 수 있게 하는 사람은 인간 이상의 존재"[65]라고, 당시로서는 옳게 지적하였다. 엔트로피 법칙에서 알 수 있듯이, 매년 똑같은 곳에서 풀 한 포기가 계속 자라도록 하는 것도 기적이다! 지구에 도달하는 태양 에너지의 감소를 우리의 **시간** 척도에서 느낄 수 없다는 사실과 농업 생산에서의 태양 에너지의 주도적 역할로 인해, 지속적인 경작의 결과 토양이 엔트로피 법칙에 따라 열성화(劣性化)한다는 중요한 사실을 잊어서는 안 된다. 토양의 열성화를 확인하기 위해 지질학적으로 긴 시간 동안 자연을 관찰할 필요는 없다. 거름의 이점을 알아낸 초기의 농부들도 작물 재배가 부분적으로 토양을 고갈시킨다는 것을 너무나 잘 알고 있었다.

그렇지만 거름을 사용하면 엔트로피 법칙을 이겨내고 식량 생산을 무한정한 활동으로 변환할 수 있다고 믿어서는 안 된다. 특정한 방목지대에 들소 떼

63 2000년 세계 인구는 70억 명일 것으로 예측된다. *World Population Prospects as Assessed in 1963*, United Nations, Population Studies, No. 41, 1966, pp. 134~137을 보라[이후 인구증가율이 예측보다 약간 감소하여 2000년 세계 인구는 60억 명이 조금 넘었다—옮긴이].

64 *The Works of Jonathan Swift*, ed. Walter Scott(12 vols., Edinburg, 1814), VII, 454~466를 보라.

65 앞의 책, XII, 176.

가 야생으로 살고 있는 것을 생각해보자. 들소의 수가 늘지 않더라도, 그 지역의 토양은 끊임없이 열성화한다. 생물이 의존하는 낮은 엔트로피에는 태양에서 오는 것뿐만 아니라 지구 환경의 것도 있다. 그렇지 않다면 생물의 천국은 햇빛이 쨍쨍 내려쬐는 사하라 사막일 것이다. 거름을 사용하면 토양의 열성화는 분명히 느려져, 즉각적인 충격을 주지 않을 정도로 할 수 있다. 그러나 이 때문에 식량 생산의 과거와 미래에 관한 거시적인 시간에서 엔트로피 요소를 무시해서는 안 된다. 앞에서 **대이동**에 관하여 언급하였다. 이제 아직 중요하게 생각하고 있지 않지만, 들소, 황소, 말, 그리고 거름과 연관된 최근의 일을 살펴보자.

노동이 삶의 즐거움에 부정적이기 때문에 사람들은 수천 년 전부터 동물을 길들여 농업과 수송에 사용하였다. 토양의 힘을 크게 사용하지 않고도 사람과 동물 모두를 먹일 만한 땅이 아직 많았던 동안에는 이 처방은 훌륭하게 작동하였다. 인구가 증가하여 토지의 부족을 느끼게 됨에 따라 윤작과 거름으로 식량에 대한 압력을 해소하였다. 하지만 종국에는 루마니아 농부들의 속담에 재치 있게 표현된 것처럼, "말이 사람을 먹는다"는 것을 깨닫게 될 정도로 상당히 악화되었다.[66] 세계 곳곳에서 농부들은 견디기 어려운 상황에 처했다. 장기간 사용으로 열성화하고 그나마도 부족한 토지에서 농부는 자신과 (세금을 통해) 도시 사람들의 식량을, 게다가 가축을 먹일 사료까지 재배해야 했다. 어쩔 수 없이, 동력과 거름의 원천으로 이용했던 수레 끄는 동물들은 사라지게 되었다.

농업의 기계화는 설사 단위 면적당 소출을 증가시키지 못하더라도, 세계 모든 지역에서 계속될 것이다. 이 불가피성을 정확히 이해하려면 다음 내용

66 흥미롭게도 무어 역시 같은 생각을 하였다. Thomas More, *Utopia with the 'Dialogue of Comfort* (London, 1913), p. 23. "한때는 너무도 유순하고 길들여지고 조금만 먹던 양(羊)이, 이제는 너무도 많이 먹고 거칠어져 인간까지도 다 먹어버린다."

에 주목해야 한다. 첫째, 기계 소[牛]는 (주로) 철광석과 석탄으로 만들어졌으며, 석유를 먹는다. 둘째, 과거의 소똥 거름을 화학비료로 바꾸어야 한다. 이 결과, 동력과 거름이 수레 끄는 가축을 통해 햇빛의 유량으로부터 생기지 않기 때문에, 지각의 광물자원 저량을 추가적으로 꺼내 써야 한다. 이 낮은 엔트로피 원천의 전환은 인류가 지구상에서 생존할 수 있는 시간이 얼마나 되는지라는 문제에 중요한 함의를 가진다.

전 세계에 걸쳐 철저하고 잘 계획된 농업의 기계화를 통해 인류가 21세기 초에는 70억 이상의 인구를 부양할 수도 있을지도 모른다. 기계화의 이점들은 편의주의 관점에서만 명백하다. 몇몇 사람들이 믿는 것과 달리, 이는 공짜가 아니다. 이는 지구에 있는 낮은 엔트로피 '자본'을 좀 더 빠르게 이용함으로써만 얻을 수 있다. 실제로 농업의 기계화뿐만 아니라 모든 기술적 진보를 위해서 이 엔트로피 비용을 지불해왔으며, 지금도 지불하고 있다. 예컨대 수세기 전에는 나무쟁기를 철기로, 얼마 전에는 쇠를 제련하는 숯을 석탄으로, 오늘날에는 천연재료들을 금속과 합성제품으로 바꾼 것을 생각해보라.

넓게 보면, 인류는 두 가지 부의 원천을 사용하고 있다고 말할 수 있다. 한 가지는 어떤 한계 내에서 거의 원하는 대로 유량으로 소진할 수 있는 지각 광물자원의 한정된 저량이고, 또 다른 한 가지는 인간 마음대로 할 수 없는 햇빛 유량이다. 낮은 엔트로피의 의미에서, 광물자원 저량은 지구에 도달하는 태양 에너지에 비해 극히 작다. 좀 더 정확하게는, 지구에 존재하는 에너지원을 최대로 평가하여도 단지 나흘 동안 태양으로부터 도달하는 가용 에너지보다 작다![67] 또한 햇빛 유량은 앞으로 오랫동안 (실질적으로) 똑같이 지속될 것이다. 이러한 이유들로 인해, 그리고 태양에서 오는 낮은 엔트로피를 대량의 물질로 변환할 수 없기 때문에, 태양의 한정된 에너지 저량은 인류 생존 시간에 제약으로 작용하지 않는다. 대신, 지구상에 있는 자원의 빈약한 저량이 결정

67 Eugene Ayres, "Power from the Sun," *Scientific American 183* (August 1950) 16.

적인 제약이다. 이 저량을 S라고 하고 그 평균 소진 속도를 r라 할 때 $S=r\times t$로, t는 인류의 생존 시간이다. 이 간단한 식은 S를 빨리 소진할수록 t가 짧아짐을 보여준다. r는 두 가지 이유 때문에 커질 수 있다. 첫째, 인구가 증가할 수 있다. 둘째, 똑같은 크기의 인구에 대해 인간의 욕망을, 대개 사치스런 욕망을 만족시키기 위해 자연자원의 소진을 가속할 수 있다.[68]

결론은 단순하다. 본질적으로 지금 한 아기가 태어나는 것은 미래에 한 생명이 적어짐을 의미한다. 또한 언제 만들든 캐딜락 한 대를 생산하는 것도 미래에 생명이 더 적어짐을 의미한다. 오늘날까지 기술 진보의 대가는 낮은 엔트로피의 풍부한 원천으로부터 빈약한 원천으로, 즉 햇빛으로부터 지구 광물자원으로의 이동이었다. 사실 이 진보가 없었다면, 일부 자원에는 어떤 경제적 가치도 없었을 것이다[국제관계에서 간혹 떠오르는 희토류 문제가 적절한 예이다—옮긴이]. 그러나 이 때문에 여기서 제시한 균형이 달라지지 않는다. 인구의 압력과 기술의 진보 모두 인류의 지참금을 더 빨리 소진하기 때문에 **다른 사정이 같다면** 인류의 종말을 앞당긴다. 아마도 태양은 인류의 종말 후에도 거의 지금과 같은 밝기로 지구를 계속 비추고, 아무런 야망이 없는 다른 종들에게 낮은 엔트로피를 계속 줄 것이다. 인류의 특성으로 볼 때, 인류는 길고 지루한 이력보다는 위대했지만 짧은 이력을 선택할 운명임이 틀림없다. 오래전 폰 리비히(Justus von Liebig)가 말한 것처럼, "문명은 **힘**(낮은 엔트로피)의 경제"[69]이지만, 여기서 경제라는 단어는 인류 전체의 역사가 아닌 당대의 문제들에만 적용된다는 점을 깨달아야 한다. 먼 미래에 (제본스가 석탄 매장량에 관하여 경고한 것과 같이) 광물자원의 고갈에 직면하였을 때 인류는 예전으로 되

68 인류의 기술 발전 덕분에 인류가 이용할 수 있는 실질적인 자원의 양이 끊임없이 커져왔기 때문에 많은 사람들이 지구 자원에 제한이 있다고 느끼지 않지만 지구가 한정된 공간이라는 점은 분명하며, 오늘날 환경오염으로 인해 약간씩 이를 실감하고 있다—옮긴이.

69 Jevons, *The Coal Question*, p.142에 인용.

돌아갈 것이라고 말할 수도 있다. 그러나 이는 진화가 불가역적이기 때문에 역사에서 지나온 길을 거슬러 갈 수 없다는 것을 모르는 생각이다.

미래의 불확실성을 감안하면, 인류의 진화에서 일어날 문제와 그 해결 방법을 예견하는 것은 오만이다. 하지만 이 장에서 논한 인간의 엔트로피 조건에 대한 거시적인 분석에서 진화에 대해 매우 느리지만 지속적인 효과를 갖는 중요한 힘들을 알 수 있다. 일반적으로 이런 힘들은 눈에 보이는 속도로 작동하는 힘들보다 더 중요하다. 모든 인간은 태어날 때부터 아니, 그 이전부터 시작하여 느리지만 누적적으로 작동하는 엔트로피 요소들 때문에 노화한다. 이 요소들이 인간의 생물학적 생활에서 가장 중요하다는 것은 생물학적 상식이다. 폐렴이나 등반 사고에 의한 죽음은 아주 빠르게 그 결과를 초래하기 때문에 우리 눈에 띈다. 그렇지만 노인에게 사고로 인한 사망 위험이 더 큰 것은 느리게 작용하는 노화의 결과이다. 마찬가지 이유로, 인류가 할 수 있는 일과 할 수 없는 일을 결정하는 것은 인류의 야심찬 활동의 결과 낮은 엔트로피 지참금을 얼마나 소진하는가에 달려 있다. 이 일반적인 설명에 기초하여, 최소한 가까운 미래에 나타날 몇 가지 경향들을 평가해볼 수 있을 것이다.

가용 에너지의 사용에서, 온 길을 되돌아가는 것은 아니지만 틀림없이 일정한 역전이 있을 것이다. 햇빛에 의해 간접적으로 만들어진 에너지인 수력은 전력 형태의 가용 에너지 원천으로서 그 사용이 증가하고 있다. 이 추세는 더욱 강화될 것이다. 햇빛을 에너지원으로 직접 사용하기 위한 다양한 노력들이 성공하더라도, 인간의 원자력 사용법을 소름끼치는 방법으로 알게 되었을 때처럼 놀라지는 않을 것이다. 하지만 그런 성공은 더 지속적이기 때문에 인류에게 훨씬 더 큰 이익이 될 것이다. 바로 이러한 이유로, 필요성이 절실해짐에 따라 그런 성공이 실현될 것이다.

또한 필요성의 압박은 또한, 가용 에너지와 인공 대체물을 생산하는 데 광물자원을 성급하게 써버리는 현재의 태도를 변화시킬 것이다. 이 필요성은 폐기물의 치명적 효과에서 유래한다. 순수하게 물질의 관점에서 보면, 경제과정은 낮은 엔트로피를 폐기물로 변환시킨다. 경제과정이 빠를수록, 유독한 폐기물이 더 빠르게 축적된다. 지구 전체의 관점에서는 폐기물 처리 과정이 존재하지 않는다. 오랜 쓰레기 수거 경험에서 알고 있듯이, 한번 만들어진 유독한 폐기물은 가용 에너지를 사용하여 처리하지 않는 한 존속한다. 그러나 최근에는 다른 형태의 폐기물들이 생활을 어지럽히기 시작하였으며, 그 제거 비용이 만만치 않다. 공업과정에서 석탄을 태우고, 그렇게 생긴 스모그를 분산시키기 위한 에너지를 얻기 위해 더 많은 석탄을 태워야 하는 악순환이 계속된다. 자원과 인력을 절약하기 위해 합성세제를 사용한 후 호수와 강의 생태계를 회복하느라 큰 비용을 써야 하는 악순환이 있다. 햇빛에서 나온 산업 에너지는 유독한 폐기물을 만들지 않는다. 태양 에너지로 충전한 전지로 움직이는 자동차는 낮은 엔트로피와 건강한 환경 양 측면에서 더 효율적이며, 따라서 전기 자동차가 조만간 나타날 것이다.[70]

마지막으로, 세계 농업을 완전히 재편하여 70억 이상의 인구를 부양하는 문제가 이론적으로는 해결된 것처럼 보이지만, 그 해결책을 실제로 실시하려면 우선 그렇게 많은 사람을 어떻게 조직할 것인가라는 엄청난 문제에 직면할 것이다. 정치적 조직은 유형의 물리적 토대 없이 존재할 수 없기 때문에 그 규모 역시 제한된다. 또한 농업을 완전히 재편하려면, 지금 내구성 소비재 생산에 할당되고 있는 엄청난 양의 자원을 농기구와 인공 비료 생산에 재배치해야 한다. 이러한 재배치는 도시의 전통적인 경제적 특권을 포기해야 가능한데, 이 특권의 토대와 인간의 부도덕한 특성에 비춰보면 이는 거의 불가능하다. 인류의 현존하는 생물학적 경기(驚氣)는 미래 정치 조직에 충격일 수밖에 없다. 근래 무서운 빈도로 나타나는 전쟁과 정치적 격변은 이런 경기의 첫 번째 정치적 징후일 뿐이다. 그리고 아무도 결말을 예상할 수 없지만, 이제껏

70 이 책은 1971년 발간되었으며, 2008년 이후 전기 자동차가 재조명되어 대량 생산되고 있다 — 옮긴이.

정치사의 수레바퀴였던 여러 가지 형태의 사회적 갈등이 해소되리라 믿을 이유는 없다.

4. 엔트로피에 대한 투쟁에서 사회적 갈등으로

내가 이렇게 말하는 이유는, 마르크스와 마찬가지로, 사회적 갈등이 인간의 물질적인 조건들에 근거하지 않은 인간의 단순한 창조물이 아니라고 믿기 때문이다. 그러나 마르크스와 달리, 바로 이 때문에 인간의 결정이나 사회적 진화에 의해서 갈등을 제거할 수 없다고 생각한다. 포괄적인 형태의 마르크스주의 교리를 종종 새로운 종교라고 부른다. 모든 종교와 마찬가지로, 이 교리가 인간의 미래에 영원한 환희의 상태가 있다고 주장한다는 점에서 이 생각은 옳다. 마르크스주의가 종교와 다른 유일한 점은 그런 상태를 여기 지구 상에서 약속한다는 점이다. 공산주의가 도래하여 생산수단을 국유화하면, 모든 사회적 변화는 끝난다. 그 뒤에는 마치 천국에서처럼, 인류는 사회적 증오와 투쟁 없이 영원히 살 것이다. 내가 보기에 이 이론은 여느 종교 못지않게 비과학적이다. 사회적 갈등의 종말은 인간의 본성의, 아니 인간의 생물학적 본성의 근본적인 변화를 의미한다.[71] 더 정확하게 말하면, 여기에는 인간이 진화의 역전에 의해서 다른 동물의 상태로 퇴화해야 한다는 정말로 어처구니없는 사건이 필요하다. 최고봉의 생물학자 로트카(Alfred J. Lotka)가 인간의 엔트로피 투쟁과 다른 생명체의 투쟁 사이의 결정적인 차이를 짚어낸 것은 당연한 일이다.

모든 생명체는 삶을 즐기고 생명을 보존하기 위해 낮은 엔트로피를 분리수거하는 맥스웰의 도깨비처럼 일할 때 생물학적 기관을 사용한다. 기관은 종마다 다르며, 형태도 다양하지만, 각 개체가 기관을 가지고 태어난다는 사실은

---

71 11장 5절 참조.

공통이다. 로트카는 이를 체내기구라 부른다. 몇 가지 미미한 예외를 무시하면, 인간은 자신의 생물학적 구성체의 일부가 아닌 '기관'도 사용하는 유일한 생명체이다. 경제학자들은 이를 자본 장비라고 부르지만, 로트카의 용어 체외기구가 더 의미심장하다.[72] 이 용어는 넓은 의미의 경제활동은 생물학적 활동의 연장이라는 점을 일깨워준다. 동시에, 이 용어에서 한 속(屬)을 구성하는 두 종류 기관의 특별하고 본질적인 차이를 알 수 있다. 넓게 말하면, 체내기관의 진화는 생명체의 엔트로피 효율의 진보로 설명할 수 있다. 인류의 체외기관 진화에도 똑같은 원리가 적용된다. 체외기관은 체내기관만 사용할 때보다 인간 자신의 가용 에너지를 더 적게 사용하면서 똑같은 양의 낮은 엔트로피를 얻을 수 있도록 해준다.[73]

생물 세계의 모든 영역에서 관찰되는 삶을 위한 투쟁이 엔트로피 법칙의 당연한 결과임은 이미 지적한 대로이다. 이 투쟁은 종 사이에서뿐만 아니라 동종 개체들 사이에서도 일어난다. 하지만 오직 인간의 경우에만 사회적 갈등의 형태를 취하기도 한다. 사회적 갈등이 환경에 대한 투쟁의 부산물이라는 것은 사실의 인식일 뿐 설명은 아니다. 사회과학자에게는 설명이 중요하기 때문에, 아래에서 나 나름의 설명을 시도하고자 한다.

흔한 예로, 새는 자신의 날개로 곤충을 쫓아날고 자신의 부리로 곤충을 잡는다. 즉, 태어나면서부터 개체의 소유물인 체내기구를 사용한다. 마르크스가 원시공산주의라고 부른 인류 조직의 최초 단계에서 사용한 원시적인 체외기구도 마찬가지이다. 이 때 각 씨족집단은 자신의 활과 화살 혹은 자신의 그물로 잡은 것으로 살았으며, 모든 구성원들이 기본적인 필요에 따라 적든 많

72 Alfred J. Lotka, "Law of Evolution as a Maximum Principle," *Human Biology*, *17* (1945) 188.

73 끊임없이 보충되는데도 인간 자신의 가용 에너지 소모가 불쾌한 이유는 미해결의 문제이다. 그러나 이 느낌이 없었다면, 인간은 아마도 체외기구를 발명하고, 다른 사람을 노예로 삼고, 짐 운반용 가축을 길들이지 않았을 것이다.

든 생산물을 공유하는 데 아무런 장애가 없었다.

그러나 솜씨와 한가로운 호기심이라는 인간의 본능을 통해 점차 씨족집단이 필요한 것보다 더 많이 생산할 수 있는 체외기구들을 고안하였다. 또한 이 새로운 기구들을, 예컨대 커다란 어선이나 제분기 등을 만들고 작동하는 데 단일 씨족집단보다 더 많은 인력이 필요하였다.[74] 생산이 씨족 활동이 아닌 사회적 활동이 된 것이 바로 이때였다.

이때부터 체외기구와 체내기구의 차이가 작용하게 되었다는 점이 중요하다. 체외기구는 개인의 타고난 확고한 소유물이 아니기 때문에 기구의 완성에서 생기는 이익은 다양한 개인뿐만 아니라 서로 다른 공동체 사이의 불평등의 기초가 되었다. 이렇게 실질적인 소득과 여가시간의 종합으로서의[75] 공동체 소득의 분배는 사회 문제가 되었고, 그 중요성은 지속적으로 증가해왔다. 그리고 이는 인간 사회가 존재하는 한 사회적 갈등의 중심에 있을 것이다.

소득 분배에 관한 사회적 갈등은 인간의 체외 진화 결과 생산이 사회적 일이 되었다는 데 뿌리를 두고 있다. 이 사실이 생산수단의 사회화로 인해 달라지지 않는 것은 분명하다. 모든 가족(혹은 씨족)이 자급자족 경제 단위인 상황으로 되돌아가는 경우에만 인류는 전체 소득 중 익명의 지분에 대한 투쟁을 멈출 것이다. 그러나 인류는 체내기관의 진화와 마찬가지로 체외기구의 진화 역시 되돌릴 수 없다.

또한 마르크스의 주장과 달리, 생산수단의 사회화는 분배 갈등의 합리적 해결을 보장하지 않는다. 이 사안에 대한 평소 생각 때문에 받아들이기 힘들겠지만, 생산수단에 대한 공동 소유권은 십중팔구 어떤 분배 형태와도 양립할 수 있는 유일한 사회제도이다. 적절한 예를 봉건주의에서 볼 수 있다. 봉토가 해체된 이후에야, 즉 농노뿐만 아니라 예전의 영주가 적법하게 토지의 소유자

74 Karl Kautsky, *The Economic Doctrines of Karl Marx* (New York, 1936), pp. 8 ff.

75 이 장의 2절 참조.

가 된 후에야 토지의 사유화가 완성되었다. 게다가 생산수단의 사회적 소유는 전부는 아니라도 몇몇 방향에서는 몇몇 개인들이 실질적으로 거의 무제한의 소득을 차지하는 분배와도 양립할 수 있음이 갈수록 분명해지고 있다.[76]

그렇지만 사회적 소득에 대한 개인의 갈등이 원시공산사회를 제외한 모든 사회에서 필연적으로 계급 갈등을 낳는 데는 또 다른 이유가 있다. 사회적 생산과 그에 부수되는 사회조직이 작동하기 위해서는 특정한 범주의 서비스가 필수적이다. 이 범주에는 감독관, 조정자, 정책결정자, 법률제정자, 목사, 교사, 기자 등등이 있다. 벽돌공, 방직공, 집배원과 달리 이들의 서비스에는 객관적인 측도가 없다. 그렇지만 애덤 스미스를 따라 전자를 **비생산적**, 후자를 **생산적**이라고 분류하는 것은 옳지 않다. 생산에는 둘 다 필요하다.

모든 사회적 생산물을 객관적인 측도가 있는 서비스만으로 얻을 수 있더라도, 소득분배는 여전히 굉장히 곤란한 문제일 것이다. 그러나 객관적인 측도가 없는 서비스도 필요하기 때문에 분배 형태에 새로운 차원의 자유도가 추가된다. 경제학자들은 기업가 정신에 대한 측도를 찾지 못하였기 때문에 이에 관하여 알고 있다. 그렇지만 이 어려움은 실제에서는 문제가 안 된다. 기업가는 자신의 '비생산적' 서비스에 대하여 기업의 실적에 따른 잔여 이익을 받는 데 (최소한 원칙적으로) 만족해야 한다. 실제 문제는 다른 '비생산적' 서비스를 객관적으로 측정할 방법이 전혀 없다는 것이다. 조직사회는 이들에게 기업가에 대한 보상 규칙과 같은 규칙을 적용할 길이 없다. 이 모든 '관리자'는 계약상의 대가를, 즉 **고용되기 전**에 미리 정한 몫을 받아야 한다. 손에 잡

76 사회주의에 강하게 기울어진 여러 나라에서 뚜렷한 예들을 볼 수 있다. 인도네시아에서는 경관이 매우 뛰어난 곳에 화려한 저택 수십 채를 대통령의 별장으로 짓는데, 일 년 동안 모두 방문할 수도 없다. 인도 전체에 의료자원이 부족하지만, 뭄바이에서는 1963년 법령으로 최상급 병원을 지방 정부와 의회 관리의 가족 **전용**으로 배당하였다. '사회주의 태수', '과학의 영주' 같은 표현은 동유럽 사회주의 국가에서 쓰이는 표현인데, 그 상황에 관하여 많은 것을 말해준다.

히는 결과를 만들지 않는 서비스에 대한 적절한 경제적 가치를 평가하는 일은 모든 조직 사회에서 사회적 갈등의 끊임없는 원인이 된다.

인류의 정치사를 알지 못하고 인간의 지적 편견에서 자유로운 외계인은 분명히 지구에서 비생산적 서비스를 하는 사람들이 생산적 노동자가 재량에 따라 정해주는 보수만을 받으리라고 생각할 것이다. 달리 말하면, 인류는 진정한 노동자의 독재하에 있으리라 예상할 것이다. 모든 경제학자에게 외계인의 논리는 명료하다. 비생산적 서비스를 하는 사람은 손에 잡히는 활동 결과를 보일 수 없기 때문에 이 계급은 협상력에서 열세일 것이다. 레닌(V. I. Lenin)의 상상처럼, 모든 사회 구성원에게 "공용 창고에서… 생산물을" 받는 근거인 "이런저런 만큼의 일을 했다는 사회적 증명"을 요구할 때 비생산적 서비스를 하는 사람이 겪을 곤란을 쉽게 이해할 수 있다.[77] 마르크스와 레닌은 생산적 노동자는 "기술자, 관리자, 회계사를 직접 고용하고, 이들 **모두**에게 '국가' 공무원으로서 보통 노동자의 임금을 봉급으로 지불한다"[78]는 규칙을 옹호하였다. 이런 규칙이 지배적인 규칙이라면, 비생산적 서비스를 하는 사람은 꽤나 행복해해야 할 것이다.

그러나 만약 이 외계인이 인간의 본성, 그리고 모든 편견과 약점도 모두 안다면, 이제껏 실제로 그래왔듯이, 비생산적 서비스 계급의 허약한 위치는 사회 갈등에 있어서 강력하고 영구적인 무기로 바뀔 수 있다는 사실을 알아차릴 것이다. 실제로 구체적인 측도가 없는 것에 대해서만 그 중요성을 쉽게 과장할 수 있다. 이 때문에 모든 사회의 특권지배층은 항상 이런저런 형태의 비생산적 서비스를 하는 사람들로 이루어져 왔으며, 앞으로도 그럴 것이다. 이 지배층이 어떤 이름으로 자신의 지분을 받더라도, 설사 그 지분을 노동자의 임금이라고 부르더라도 그것이 노동자의 임금 지분은 절대 아니다.

---

77 V. I. Lenin, *State and Revolution* (New York, 1932), p. 76. 저자의 강조.

78 앞의 책, pp. 43 등.

파레토는 질투하는 소수가 특권층의 권력남용을 비난하여 대중을 선동하고 결국은 지배층을 교체하는, 모든 지배층의 전복 과정을 설명하였다.[79] 그의 말처럼, 지배층은 순환한다. 자연히 그 명칭과 특권의 합리화는 변한다. 그러나 모든 지배층은 새로운 상황을 해석하는 새로운 사회정치적 신화를 주입한다. 이 모든 자기 미화를 관통하는 동일한 주제는 "우리의 서비스가 없다면 사람들은 어떻게 될 것인가?"이다. 고대 이집트의 고위 사제 지배층은 별에서 미래를 읽어 사람들에게 복을 준다고 주장하였다. 로마 제국의 집정관과 장군들은 전 세계로 로마 제국의 평화를 확장하여 진보의 대의를 이룬다고 허풍을 쳤다. 봉건영주들은 이웃 영주들로부터 자신의 신민들을 수호하는 자로 자신을 포장하였다. 최근에는 산업 및 금융계 총수들이 자신들은 노동 대중에게 생계를 제공하는 사람들이라고 주장한다. 지금 부상하는 지배층은 자신의 서비스가 없으면 대중이 경제적으로 번영할 수 없다고 말하는 것 같다. 아주 최근에 한 뛰어난 경제학자는 지식인을 위한 훨씬 더 강력한 주장을 펼쳤다. "지식인의 역할이 모든 문화 영역에서 가치를 해석하는 것이기 때문에, 그들은 사회적 감정의 가장 심오한 경향을 나타내는 열망들을 포착하기에 매우 적절한 위치에 있다."[80] 지식인이 모든 것을 지배해야 한다는 얘기이다.

이 주장 하나하나에는 그 시대와 연관된 상당한 진실이 담겨 있다. 모든 지배층은 그 나름의 유용한 일을 하는데, 그 특성은 인류의 체외 진화에 의해 결정되고 끊임없이 변화한다. 예컨대, 별을 읽는 일은 고대에 농업 활동을 조절하는 데 매우 유용하였다. 그러나 모든 지배층이 손에 잡히고 측정 가능한 결과를 만들지 않는 서비스를 하기 때문에, 위에서 말한 것처럼 경제적 특권을 누릴 뿐만 아니라 온갖 종류의 권력을 남용하게 된다. 모든 지배층은 정치권

79 Vilfredo Pareto, *Les systèmes socialistes*(사회주의 시스템)(2 vols., 2nd edn., Paris, 1926), I, 30 f.

80 Celso Furtado, *Diagnosis of the Brazilian Crisis*(Berkeley, 1965), p.37.

력을 통해 자신의 서비스의 가치를 격찬함으로써 자신의 특권이 늘어나는 것을 대중의 눈에 '논리적'으로 보이도록 한다. 게다가 서비스가 손에 잡히는 결과를 만들어내지 않는 곳에서는 어떤 객관적 방법으로도 검증할 수 없기 때문에 일한 양 부풀리기가 저절로 커진다. 애덤 스미스는 지배층의 권력남용에 따른 경제적 결과에 관심을 가져, 당시 널리 퍼졌던 악습을 꼼꼼하게 묘사하였다.[81] 후에 마르크스와 엥겔스는 더 나아가 『공산당 선언(Communist Manifesto)』에서 당시(1848)까지의 모든 사회운동은 소수의 이익을 위하여 소수가 행한 것이었다고 인정하였다.[82] 물론 그들은 공산혁명이 이 규칙의 예외가 되리라 믿었고, 또 그렇게 주장하였다. 우리는 이제 그렇지 않다는 것을 안다. 모든 공산체제하에서 새로운 특권계급이 끊임없이 생산되고 있다.[83] 역사는 아직 지배층의 영구적 순환에 관한 파레토의 주장을 반증하지 않고 있다. 그리고 이 절의 주장이 옳다면, 인간 사회가 작은 무리로 분열할 가망이 매우 높은 인류의 황혼기에 이르러야만 지배층의 순환을 만들어내는 사회적 요인들도 사라질 것이다.

지배층이 생겨나는 장소도 중요하다. 모든 혁명은 "한 무리 지식인을 다른 무리가 대신하는 것"[84]이라는 소렐(G. Sorel)의 견해는 옳지 않다. 그럼에도 여기서 한 가지 사실을 알 수 있다. 문명 초기부터 모든 지배층의 일부는 엄밀

---

81 Adam Smith, *The Wealth of Nations*, ed. E. Cannan(2 vols., 5th edn., London, 1930), I, 324~326.

82 *The Communist Manifesto of Karl Marx and Friedrich Engels*, ed. D. Ryazanoff (London, 1930), p.40.

83 이 서술을 옹호하기 위하여, Milovan Djilas, *The New Class: An Analysis of the Communist System*(New York, 1957)을 언급할 필요는 없다. 그러나 한 문장(p.39)은 인용할 만하다. "새로운 계급은 그들이 가진 행정적 독점 때문에 특권과 경제적 특혜를 누리는 사람들로 구성되어 있다." 또한 앞의 각주 76을 보라.

84 Vilfredo Pareto, *Manuel d'économie politique*(정치경제학 교과서)(2nd edn., Paris, 1927), p.474에 인용. 저자의 번역.

한 의미의 지식인들이었고, 그 전부는 적어도 넓은 의미의 지식인이었다. 어떤 지배층도 노동자든 농부든 생산적 서비스를 하는 사람들로만 구성된 적은 없었다. 게다가 그런 사람들을 혁명위원회에 포함시킨다고 하더라도 항상 전시 목적일 뿐이었다. 일반적으로, 한때 농부나 노동자였던 사람들도 권력의 위치에 갔을 때에는 이미 농부나 노동자는 아니었다. 모든 지배층은 권력을 갖기 전이나 후에나 그 사회의 일들을 뛰어나게 다룰 수 있다고 주장하기에 당시로서는 충분한 교육을 받은 사람들로 구성되었다. 언제나 대다수의 지배층은 실제로 그럴 능력을 가지고 있었다.

모든 지배층이 도시공동체에서 나타나 뿌리를 박은 이유는 뻔하다. 크세노폰의 말처럼, 산업과 관리 등의 기술은 농업에 의해 유지되지만, 그 기술이 발전하기에 농촌은 적합한 장소가 아니다. 이런 기술의 발전에는 도시처럼 바쁜 장소에만 존재하는 상업적 지적 교류가 필요하다. 농업이 농업에 종사하는 사람보다 더 많은 사람을 먹일 수 있는 수준에 이르자마자 다른 기술들은 자기 영역을 구축하기 위해 농촌을 벗어난다. 마르크스의 표현 중 하나를 사용하자면, 이렇게 도시에 집중된 사회 동력은 생물학적 생존을 위해서는 농촌에 종속됨에도 농촌 공동체에 대한 강한 지배권을 끊임없이 유지해왔다.

독자들은 중세 초기만큼은 예외라고 생각할지도 모르지만, 이 시기에도 몰락한 로마 제국의 옛 도시들이 지배력을 유지하였으며, 또 다른 도시들이 정치권력과 함께 끊임없이 성장하였다. 또한 봉건지배층의 하급 관리자들은 영지 내의 성곽도시에 살았다. 어떤 시대, 어떤 지배층의 유력 인물이 농촌의 작은 마을에 영주하려 한 적이 있단 말인가? 이는 무엇보다 기술적으로도 불가능하다.

오히려 러스킨(J. Ruskin)이 '현대의 야만'이라고 비난하였던 "시골과 도시의 애정 없는 분리"[85]는 인류의 체외 진화와 그로 인한 농업과정과 산업과정

85 *The Economists of Xenophon*, 서문, p. 12.

의 차이가 빚은 당연한 결과이다. "도시가 농촌을 지배하게 된" 것이 부르주아 탓이라는 마르크스의 비난은 정확하지 않다.[86] 이 지배는 산업기술이 분리된 활동으로 발전한 인류 문명의 초기로 거슬러 올라간다. 하지만 마르크스는 "전체 경제사는 이 대립으로, 산업화된(참고로 산업은 공업, 건설토목업, 서비스업 등을 포괄함) 도시와 농사를 짓는 시골의 반목에 의한 대립 운동으로 요약된다"고 언급하기도 하였다.[87] "그렇지만 지금은 그냥 넘어간다"고 덧붙여놓고 다시는 언급하지 않은 것으로 보아, 이는 아마도 실수로 쓴 것이 분명하다[마르크스 저작의 상당 부분은 사후 정리된 것이어서 이렇게 단언하기 어렵다—옮긴이]. 당연히, 이를 다시 언급하였다면, "전 세계 무산계급이여, 단결하라!"는 구호에 의해 배제되기도 하고 동시에 강조되기도 한 하나의 갈등의 전선이 조직사회에 존재한다는 것을 인정해야만 했을 것이다.[88] 엥겔스는 아마도 이 외침에 고무되어 공산주의 국가는 "산업과 농업을 영위하는 시민 공동체가 함께 살… 궁전 같은 집"을 건설할 것이라고 하였다.[89] 신기하게도, 한 '유토피아' 사회주의자가 오래전에 정곡을 찔렀다. "농민을 희생하여 낮은 임금을 유지하는 것이 바로 값싼 먹거리이다."[90] 그리고 도시-시골 갈등이 특별한 여건 덕분에 크게 누그러진 나라에서조차 농민의 평균 소득은 일반적인 도시인뿐

86 *The Communist Manifesto*, p. 31.

87 Marx, *Capital*, I, 387.

88 이후 곧 드러난 바와 같이, 이 구호의 실제 의미는 "단결하여 먼저 자본가에 대항하고, 궁극적으로 농부에 대항하라"는 것이었다. 앞의 각주 36에 인용한 나의 논문 pp. 364~367을 보라.

89 *The Communist Manifesto*, ed. Ryanzoff, p. 332에 재수록된 F. Engels, "Principles of Communism."

90 J. C. L. Simonde de Sismondi, *Nouveaux principes d'économie politique*(새로운 정치경제학 원리)(2 vols., Paris, 1819), I 346. 또한 Max Weber, "The Relations of the Rural Community to Other Branches of Social Science," *International Congress of Arts and Science*(St. Louis, 1904), VII, 727을 보라.

만 아니라 공장 노동자에 비해서도 낮다는 것을 오늘날 누구나 알고 있다.

이 상황을 개선하려면 지배층의 이익을 도시민의 이익으로부터 분리해야 한다. 그렇지만 이는 인간 욕망의 위계질서 때문에 불가능하다. 소득이 커질수록 필연적으로 더 많은, 그리고 더 새로운 산업 상품의 소비를 추구하기 마련이고, 따라서 모든 지배층의 관심은 산업 기술을 향상하는 데 쏠린다.[91] 이는 곧 '값싼 빵'을 필요로 한다. 이 모두는 산업화 자체만으로 경제발전이 자동적으로 일어난다는, 요즘 사람들이 심취한 생각과 일맥상통한다. 앞 절에서 논하였던 도깨비의 마술은 두 가지를 보여줄 것이다. 작금의 경제계획 결과 과도한 중공업 설비가 생겨날 것이며, 많은 계획은 대중 소비재 생산이나 기아 퇴치보다 호화로운 사치품 생산에 목적이 있음이 드러날 것이다. 그러나 이런 편향을 확인하기 위해 도깨비를 불러낼 필요는 없다. 몇몇 사례는 그 자체로 많은 것을 말해준다. 이집트나 인도와 같이 식량을 위해 즉각적인 행동이 필요한 나라에서 상당한 자원을 농민은 물론 도시민 대중도 구매할 수 없는 소비재 생산에 투입하고 있다. 일인당 국민 소득이 200달러 정도인 나라에서 자동차, 냉장고, 텔레비전 등 소비재 공업을 지속적으로 추진하는 것은, 가만히 생각해보면 멍청하기 그지없는 사치이다.[92] 라틴아메리카의 경제발전을 위한 유일한 수단으로 인플레이션을 옹호하는 경제 전문가들은 한 가지 중요한 원리를, 즉 그러한 처방의 결과 거의 전적으로 상류층의 소득만 증가하고 따라서 사치재 산업만 성장한다는 원리를 완전히 간과한다. 주지하는

91 최근 역사는 매우 교훈적이다. 동유럽의 농민당들은 필수적인 지식인 계급의 지지를 받지 못했는데, 그 이유는 바로 그들의 강령이, 까놓고 보면 '비싼 빵'과 더 적은 도시 사치품을 요구한다는 것이었다.

92 이런 문제에서, 변변치 않은 평균 소득조차 실제 상황보다 장밋빛 그림이라는 사실을 간과하는 경우가 많다. 이들 나라에서 대부분 그런 것처럼, 소득 분배가 심하게 경도되어 있으면, 산술 평균 이하에 대다수 사람들이 있다. 이 통계적 특징으로 말미암아, 부자들을 약탈한다는 약속으로 너무도 쉽게 대중을 선동할 수 있다.

바와 같이 인플레이션에 의한 발전은 사회적 갈등을 심화할 뿐만 아니라, 저절로 악화되는 구조적인 족쇄를 만든다.[93] 국가 수준에서라고 사치가 개인 수준에서보다 경제적으로 타당한 것은 아니다. 실제로는 훨씬 더 해롭다.

거센크론(A. Gerschenkron)은 통찰력 넘치는 저작의 결론 부분에서 "[저개발국들은] 산업 발전의 윤곽을 그릴 때 **복지와 행복**의 관점에서 비용을 낮추고 산출을 늘릴 수 있는 길들을 택하기"를 바라는 희망을 피력했다.[94] 많은 저개발국들은 이 희망과는 거리가 멀다. 산업화를 통한 경제발전의 장점을 주장하는 저개발국의 경제계획과 정책은 대개 지배층의 감추어진 동기를 합리화한다. 한 경제전문가는 라틴아메리카의 인플레이션이 "소비 수준을 개선하려는 대중의 열망"에 대한 답이라고 주장한다.[95] 사실은 더 호화로운 생활을 바라는 상류층의 열망에 대한 답이다. 대중의 복지를 말하는 이 사탕발림은 많은 계획경제에 숨겨진 상류 계급의 욕망을 숨기고 있다.

슘페터는, 영국의 엘리자베스 여왕 시대에는 아마도 여왕만이 실크스타킹을 신을 수 있었겠지만 오늘날에는 영국의 모든 여공들도 그럴 수 있다고 지적한 바 있다.[96] 이런 유의 성과가 없다면 경제발전은 공허할 뿐이다. 경제발전을 위해 필요한 일이 실크스타킹 공장이나 자동차 공장을 (이들이 내수 시장

---

93 저자의 논문, "O Estrangulamento: Inflação Estrutural e o Crescimento Econômico(병목: 구조적 인플레이션과 경제 성장)," *Revista Brasileira de Economia 22*(March 1968) 5~14와 "Structural Inflation-Lock and Balanced Growth," *Économie mathématique et Économétrie*(Cahier de l' I.S.E.A., Paris) 4(1970) 557~605를 보라.

94 A. Gerschenkron, *Economic Backwardness in Historical Perspective*(Cambridge, Mass., 1962), p.51. 저자의 강조.

95 Roberto de Oliveira Campos, "Inflation and Balanced Growth," in *Economic Development for Latin America*, Proceedings of a Conference held by the International Economic Association, ed. H. S. Ellis(London, 1962), p.82.

96 Joseph A. Schumpeter, *Capitalism, Socialism and Democracy*(2nd edn., New York, 1947), p.67.

에만 팔리더라도) 짓는 것뿐이라는 뜻은 전혀 아니다. 영국의 경제발전은 실크스타킹 산업의 성장으로 실현되지 않았다. 여공들이 실크스타킹을 살 수 있게 되기 전에 노동계급은 다른 더 기본적인 필요를 점점 더 만족시킬 수 있었다. 실제로 경제사를 보면, 산업의 대중화 혹은 대중 소비재의 활성화가 순전히 경제발전의 윤리적 전제 조건만이 아니라 실은 구조적인 조건임을 알 수 있다. 따라서 약간 다른 맥락이기는 하지만, 맨더빌(Manderville)의 꿀벌의 우화[97]로 거슬러 올라가는 생각은, 즉 사치재 산업만이 경제발전의 점화 동력이라는 생각은 경제적인 측면에서 보면 제정신이 아니다. 요즘 흔히 그런 것처럼 정책결정자가 실제로 이런 생각을 따른다면, 반드시 계급 갈등은 비등점 가까이에 이를 것이다.

앞의 주장은 어떤 산업이나 무역도 사치재를 다루어서는 안 된다는 뜻이 아니다. 인간의 체외 진화 결과 인류를 감독하는 자와 감독받는 자, 지시하는 자와 지시받는 자, 지도자와 추종자로 나눌 영속적인 필요가 생겨났다는 사실에 비추어볼 때 그런 생각은 비현실적인 이상이다. 지배층의 존재는 사치재의 생산을 불가피하게 만든다. 이는 개인의 소득이 공동체 평균 소득보다 크게 높아지기 전에는 나타나지 않는 욕구를 만족시킨다는 사치재의 정의에서 나오는 단순한 결과이다. 아주 간단히 말하면, 이것이 계급갈등의 핵심이다.

따라서 계급 갈등은 그 한 국면이, 예컨대 공업·상업·금융의 총수가 사유재산의 이름으로 자신의 소득을 차지하는 국면이 해소되더라도, 영원히 없어지지는 않을 것이다. 다음 체제가 무엇이 되든, 사회적·정치적 진화가 거기서 멈출 것이라고 믿을 어떤 이유도 없다.

---

97 지나치게 검소하면 경제가 어려워진다는, 개인의 악덕이 공공의 이익을 가져온다는 유효 수요에 관한 최초의 주장 — 옮긴이.

11장

경제과학

몇 가지 일반적인 결론

1. 경제과정의 경계

정도의 차이는 있지만, 문학 비평에서 순수 물리학에 이르는 모든 지적 활동의 영역에서, 논쟁은 끊임없는 자극제가 되었다. 특히 경제사상의 발전은 초보자들에게 골칫덩어리로 보일 만큼 논쟁에 의존해왔다. 그럼에도 몇몇 근본적인 문제에 대한 교조주의적 태도는 경제학의 발전에 해가 된 것은 사실이다. 대표적인 예는 경제학의 경계에 대한, 혹은 똑같은 말이지만, 경제과정의 경계에 대한 논쟁이다.

독일 역사학파가 이 문제를 처음 제기하였지만, 마르크스와 엥겔스가 역사적 유물론을 제창하기 전까지 실질적인 반향은 없었다. 그 이후 역사적 유물론의 첫 번째 기둥을 이루는 명제, 즉 경제과정이 고립된 시스템이 아니라는 명제는 지속적으로 오도된 논쟁의 주제가 되었다. 비(非)마르크스주의 경제학자들은 경제과정에 몇몇 당연한 경계가 있음을 보임으로써 역사적 유물론과 그 귀결인 과학적 사회주의의 황당함까지 폭로하는 셈이라고 믿는 것 같다. 그렇지만 마르크스주의의 다른 기둥들에 관하여 무엇이라 말하든 경제과정이 고립된 시스템이 아니라는 것만큼 분명한 사실은 없을 것이다. 다른 한편, 어떻게든 경제과정의 경계를 정할 필요성 역시 마찬가지로 분명하다. 그렇지 않으면 경제과정에 관한 논의는 아무 의미가 없을 것이다.

이 문제는 내가 이 책에서 확립하고자 한 점과, 즉 실제 대상, 특히 사건의 경계는 변증법적 반(半)그림자라는 점과 관련되어 있다. 예컨대 화학적 과정이 끝나는 지점과 생물학적 과정이 시작하는 지점을 지적하기는 불가능하기 때문에 자연과학에서조차도 명확하고 확고부동한 경계는 존재하지 않는다. 이 점에서 경제학도 예외가 아니다. 어느 모로 보나 경제학의 영역은 어떤 자연과학보다 훨씬 넓은 변증법적 반그림자로 둘러싸여 있다.

미혼 남자가 자신의 가사 도우미와 결혼할 때 일어나는 국민 소득의 변화라는 유명한 수수께끼에서 볼 수 있듯이, 이 넓은 반그림자 속에는 경제·사회·정치가 얽혀 있다. 그렇지 않다면 1000년에 걸친 중세 유럽의 경제 침체를 어떻게 설명할 수 있는가? 그렇지 않다면 해외 시장과 천연자원을 둘러싸고 벌어진 유럽 국가들 사이의 전쟁과 그 전쟁의 결과 나타난 기술 변화를 어떻게 설명할 수 있는가? 사회정치적 요소 차이가 아니라면 천연자원이 비슷하게 풍부한 북미와 남미 사이의 경제 발전이 그렇게 차이가 큰 것을 어떻게 설명할 수 있는가?

맬서스는 인류의 생물학적 성장과 경제과정 사이에도 상호연관성이 있다고 주장하였다. 이제껏 그의 이론을 거부해온 경제학자들은 맬서스가 부적절한 예를 들기는 했어도 본질적으로는 옳았다는 것을 최근에야 깨닫게 되었다. 경제과정을 엔트로피 측면에서 분석해보면 이를 바로 알 수 있다. 생물학적 요소와 경제 요소는 중첩되며 놀라운 방식으로 상호 작용한다는 사실은 매우 잘 정립되어 있지만, 경제학자들에게는 거의 알려져 있지 않다.

세계 곳곳에서 공동체들이 커다란 사회 변혁 없이 수 세기 동안 존속하여 계급 간 분리가 유전에 미친 효과를 거의 최대로 발현할 시간이 있었던 과거에는 쿡 선장[최초로 세계 일주를 한 영국의 탐험가 — 옮긴이]도 태평양 제도 사람들을 보고 알아차릴 만큼, 상류 계급은 공통적으로 다른 계급보다 더 세련된 육체적 특징을 보였다. 영국의 해부학자 로렌스(W. Lawrence)는 유전에 관한 지식이 순전히 경험적인 단계를 넘어서기 오래전에 이 현상을 설명하였다. 그는 이것이 상류 계급 남자들이 아름다운 여자들과 결혼하는 데 유리하기 때문이라 생각했다. 후에 갈턴(F. Galton)은 유명한 『유전적인 천재(Hereditary Genius)』(1869)에서 비슷한 내용을 발전시켰다. 그는 완전한 족보 자료를 분석하여, 분명히 경제적 요소인 부에 관한 욕망 때문에 영국 초기의 31개 귀족 가문 중 12개 가문이 생물학적으로 단절되었음을 보였다. 그는 귀족들이 부유한 상속녀들과 빈번하게 결혼함으로써 가계에 낮은 출산율 유전자가 도입된 것을 발견하였다. 갈턴의 발견 40년 쯤 후에, 콥(J. A. Cobb)은 이 현상이 훨씬 더 일반적이라고 지적하였다. 사유재산 체제처럼, 개인의 부와 사회계급의 상관관계가 높은 사회에서는 낮은 출산율 유전자는 부유한 사람들 사이에, 높은 출산율 유전자는 가난한 사람들 사이에 퍼지는 경향이 있다. 전반적으로, 자녀의 수가 매우 적은 가문은 사회적 지위가 상승하고, 평균보다 많은 자녀를 가진 가문은 그 지위가 내려간다. 게다가 부자는 대개 부자와 결혼하기 때문에 가난한 사람은 가난한 사람과 결혼할 수밖에 없다. 이렇게 생각지도 않은 경제적 요소와 생물학적 요소의 상호 작용을 통해 부자는 더욱 부유해지고 가난한 사람은 더욱 가난해진다.[1]

따라서 경제학의 영역을 정하는 일은 대강 하기에도 난점 투성이이다. 어쨌든 기하학에서 화학을 무시하는 것처럼 경제학은 윤리적 인간, 종교적 인간

1 W. Lawrence, *Lectures on Physiology, Zoology, and the Natural History of Man* (Salem, 1822), pp.389 f; Francis Galton, *Hereditary Genius* (London, 1869), pp. 132~140. 모든 경제학자에게 매우 유익한, 이 범주의 문제를 대가답게 논의한 예로 R. A. Fisher, *The Genetical Theory of Natural Selection* (Oxford, 1930), chaps. 10, 11과 J. B. S. Haldane, *Heredity and Politics* (New York, 1938), pp.118 ff를 보라. 경제학자 중에는 피구만이 경제적 요소와 생물학적 요소들의 상호 작용 가능성을 인식하였다. A. C. Pigou, "Eugenics and Some Wage Problems" in *Essays in Applied Economics* (London, 1924), pp.80~91를 보라.

등 모든 인간형을 추상화하여 무시할 수 있다는 파레토의 주장만큼 상황은 단순하지 않다.[2] 그러나 경제과정에 명확하고 본질적인 범위가 있다고 주장한 것은 파레토만이 아니다. 초기 수학적 한계론자들이 개척한 매력적인 경로를 따르는, 우리가 보통 주류 경제학이라고 부르는 학파 역시 똑같은 입장을 보인다. 이는 경제학의 범위를 주어진 목적을 충족하는 데 주어진 수단을 적용하는 방법에 관한 연구로 한정된다는 입장으로 보다 최근에 공식화되었다.[3] 더 구체적으로, 어떤 순간에나 개인의 미래에 대해서 개인에 따라 목적과 각자에게 허용된 수단은 정해져 있으며, 정해진 목적들을 한꺼번에 혹은 각각 충족하는 데 이 수단들을 직·간접적으로 사용할 수 있는 (기술적·사회적) 방법들도 정해져 있다는 전제 위에서 경제학의 본질을 주어진 목적을 최적으로 충족하기 위해 주어진 수단을 배분하는 것으로 규정한다. 이렇게 해서 경제학은 '효용과 이기심의 역학'으로 환원된다. 실제로 보존 법칙(주어진 수단)과 최대화 규칙(최적의 충족)을 포함하는 모든 시스템은 역학의 유비이다.[4]

주어진 목적을 최적으로 충족하기 위해 주어진 수단을 배분하는 것이 경제적 문제임을 부정할 수는 없다. 이런 배분은 모든 사람들이 항상 신경 쓰고 있는 문제를 추상적으로 표현한 것이다. 모든 필요한 자료가 실제로 주어져 있기 때문에, 이 문제는 빈번히 구체적으로 나타나며, 그 해답을 수치적으로 확정할 수 있다는 것도 부정할 수 없다. 이 방향에서 이루어진 쿠프먼스(T. Koopmans)의 선구적인 업적을 잇는 최근 결과는 최고의 찬사를 받아 마땅하

2 Vilfredo Pareto, *Manuel d'économie politique*(정치경제학 교과서)(Paris, 1927), p. 18.

3 이제까지 이 제한적 관점에 대한 가장 명료한 변호는 Lionel Robbins, *An Essay on the Nature and Significance of Economic Science*(2nd edn., London, 1948), pp. 46 등에 나와 있다.

4 Henri Poincaré, *The Foundations of Science*(Lancaster, Pa., 1946), p. 180. 파레토-왈라스 방식과 라그랑주 방정식의 엄밀한 유비에 관한 자세한 검토로는 V. Pareto, "Considerazioni sui principlii fondamentali dell'economia politica pura(순수정치경제학의 기본 원리에 관한 생각)" *Giornale degli economisti*, *4*(1892) 409 ff를 보라.

다. 이 결과들은 매우 가치가 있지만, 이 새로운 공학적 경제학(혹은 경영경제학)이 전체 경제과정을 다루지 않는다는 것은 농학이 생물학 영역의 모든 중요한 주제를 다루지 않는 것과 마찬가지로 자명하다.

흔히 말하듯이, 주류 경제학은 "가상적인 개인들이 미리 정해진 호가와 매가를 부르는 가상적인 시장"[5]을 다룬다는 것만으로 주류 경제학을 흔히 비판하지만, 이는 명백하게 부적절하다. 비록 **변화**를 소홀히 다루기는 하지만, 추상화는 과학에서 가장 가치 있는 수단으로서 경제과학만의 "배타적인 **혐오스런 특권**"[6]은 아니다. 마르크스가 강력하게 주장한 것처럼, 사회과학에서는 현미경이나 화학 반응 대신 "추상화의 힘"을 사용해야 하기 때문에 추상화는 더더욱 필수불가결하다.[7] 그렇지만 과학의 책무가 가장 편한 추상화 수단만을 사용하여 동일한 순수 물질을 거듭해서 정제하기만 하는 것은 아니다. 경제과정은 필요한 조각들이 주어진 지그소 퍼즐 이상의 것이다. 주류 경제학은 이런 상식적인 주장에 악착같이 반대함으로써 스스로 독단임을 드러내었다. 언제 어디서나 이런 독단은 경제과정에 대한 이해를 위축시키는 **혐오스런 특권**일 뿐이다.

주류 경제학이 마땅히 비판받아야 하는 것은 추상화가 아니라 이 독단 때문이다. 경제 조직의 영역에서 혹은 조직과 개인 사이에서 벌어지는 일을 조금만 관찰해보아도 주어진 규칙에 따라 주어진 목적을 향해 주어진 수단을 활용하는 **암중모색**(tâtonnement)[8] 이외의 현상들을 볼 수 있다. 이 현상들을 보면, 모든 사회에서 전형적인 개인이 표준경제학에서 무시하는 다른 목적

5 Wesley C. Mitchell, "Quantitative Analysis in Economic Theory," *American Economic Review, 15*(1925) 5.

6 Joseph A. Schumpeter, *Essays*, ed. R. V. Clemence(Cambridge, Mass., 1951), p.87.

7 Karl Marx, *Capital*(3 vols., Chicago, 1932~1933), I, 12 초판의 서문.

8 경제학에서 교환 균형이 달성될 때까지 이루어진다고 가정하는 동시다발적인 경매과정 — 옮긴이.

도, 즉 개인의 현재 위치와 분배 규범에 따라 자신의 소득으로 차지할 수 있는 몫의 증가라는 목적도 끊임없이 추구한다는 것을 알 수 있다. 이로써 개인은 경제과정의 진정한 주체가 된다.

개인이 이 목적을 추구하는 데 사용하는 방법에는 두 가지가 있다. 첫째, 이미 가지고 있는 수단들을 **질적으로** 개선하려 한다. 둘째, 사회적 수단의 저량이나 유량의 개인 지분을 늘리려 하는데, 이는 기존의 분배 관계를 변화시키는 것에 해당한다. 심지어 사회주의 사회에서도 개인은 이 목적을 위해 활동하기 때문에 새로운 수단, 새로운 경제적 욕구, 새로운 분배 규칙들이 끊임없이 만들어진다.[9]

경제적 수단, 목적, 분배에 관심을 두는 과학에서 새로운 **경제적** 수단, 목적, 관계가 만들어지는 과정을 연구하기를 교조적으로 거부하는 이유는 무엇인가? 어떤 이는 모든 특정한 과학의 범위에 무엇을 포함시킬 것인지는 관행이나 분업의 문제일 따름이라고 답할지도 모른다. 앞의 비유를 활용하자면, 농학에서 생물학적 진화를 다루지는 않지만, 농학은 엄연한 과학이며 매우 유용한 전문 분야가 아닌가? 그렇지만 경제학이 농학의 예를 따를 수 없는 매우 중요한 이유가 있다.

경제의 '종(種)'의, 즉 수단, 목적, 관계의 진화 속도는 생물종의 경우보다 훨씬 빠르다. 경제의 '종'은 워낙 단명하여 농업처럼 주어진 '종'만 다루어서는 경제적 실재를 제대로 설명할 수 없다. 모든 중요한 구체적인 경제 현상에는 생물학의 경우보다도 진화적 요소가 더욱 지배적이다.[10] 우리의 과학, 경

9 앞의 표현은 Frank H. Knight, *Ethics of Competition*(New York, 1935), pp. 58 ff와 비견된다. 그렇지만 위에 설명한 특정한 활동이 나이트가 '운동경기규칙'이라고 부른 것과 일치하는지는 불확실하다.

10 이는 슘페터가 *Business Cycles*(2 vols., New York, 1939), I, 33에서 지적한, 경제에는 수많은 혼란이 있다는 말과 똑같지 않다. 기계론적 관점에서 보면 모든 구체적인 현상에는 무수한 혼란이 있는 것처럼 보인다.

제학에서 이 요소들을 놓쳐버리면, 구체적인 현상의 그림자만 남는다. 항해사는 바다의 진화를 알 필요가 없다. 파레토의 주장대로, 실제 지형만 알면 된다.[11] 그러나 만일 지구의 지형이 경제 세계의 지형처럼 빠르게 진화한다면, 파레토의 설명은 무용지물이다. 따라서 주류 경제학의 악업은 부적절한 구체성의 오류임이, 즉 화이트헤드가 "실제 존재를 어떤 [미리 선택된] 사고의 범주의 예시로서만 고려할 때, 여기서 행해진 추상화의 정도를 무시하는 것"[12]이라고 한 오류임이 틀림없다.

돌이켜보면, 주류 경제학의 빈약함에 대한 비판이 마르크스와 베블런처럼 수단의 효율적 배분보다 분배관계에 더 관심을 가졌던 사람들에게서 나왔다는 사실은 당연해 보인다. 부적절한 구체성의 오류는 전자보다 후자에서 더 뚜렷하다. 마르크스나 베블런의 제자들은 이 문제를 지적한 것이 전적으로 스승의 공이라고 주장하지만,[13] 리카도에서 출발한 정적(靜的) 분석의 단점들은 마르크스 훨씬 이전에 지적되었다. 예컨대 세이(J. B. Say)는 1821년의 편지에서 리카도의 동시대인들에게 경고하였는데, 리카도의 분석 때문에 기술 진보가 공업노동자의 운명에 미친 영향을 바라볼 때 그들이 갖는 두려움이 후대에는 비웃음을 살 것이라고 하였다.[14] 어쨌든 정적 분석틀을 넘어서는 방법에 대한 유일하게 실질적인 교훈들은 사실상 마르크스, 베블런, 슘페터에게서 유래하였다.[15]

---

11 Pareto, *Manuel*, p.101.

12 Alfred North Whitehead, *Process and Reality: An Essay in Cosmology*(New York, 1929), p.11.

13 예컨대 Karl Korsch, *Karl Marx*(London, 1938), p.156; John S. Gambs, *Beyond Supply and Demand*(New York, 1946), p.10.

14 Jean-Baptiste Say, *Letters to Mr. Malthus*(New York, 1967), p.70.

15 모든 경제학자들이 아는 것처럼 슘페터만이 학파를 만들지 않았다. 미국의 제도학파가 베블런을 창시자로 부르지만 "이론"에 대한 공격적인 조소를 제외하면 그에게서 물려받은 것이 거의 없다. 여하튼 호만(Homan)은 베블런이 제기한 쟁점을 완전히

그렇지만 주류 경제학의 분석 골격에 얼마간의 생명력을 불어넣어준 마셜의 독특한 노력도 인정해야 한다. 슘페터는 "마셜에게는 '사업가들이 자신의 글을 읽어주기를' 바라는 이상한 욕망이 있다!"고 농담조의 평을 하였다.[16] 마셜이 그 시대의 성향을 추종하지 않고 경제학의 현실 적용 가능성을 고집한 것은 정말로 이상한 욕망 때문이었다. 많은 설득력 있는 예 중 하나만 인용해 보자. 마셜은 '수확체증'은 본질적으로 진화 현상으로서, 필연적으로 비가역적, 어쩌면 불가역적이기 때문에 '수확체증' 산업의 공급 곡선 같은 기본 개념조차도 해석학적으로 파악할 수 없다는 것을 가장 확고하게 보여주었다.[17] 마셜은 해석학에 대한 존중을 충분히 표하였지만, "그의 생각은 유기적이고 비가역적 과정으로 구성된 진화적 변화를 축으로 전개되었다".[18] 그러나 슘페터는 "마셜의 경제과정에 관한 통찰력, 방법, 결과는 이제 우리 것이 아니다"라고 하였다.[19] 진화를 매우 중시한 경제학자에게서 나온 이 말은 분명히 아쉬움의 표현일 것이다. 나중에 '독단의 허송세월'[20]에서 깨어난 로빈스(Lionel Robbins) 같은 위대한 사람들은 불행히도 드문 예외이다.

모든 용어에 대하여 계량형태 해석을 주장하지만 않는다면, 경제과정의 경계의 적절한 설정과 관련하여 경제학은 "일상생활을 하는 인류에 관한 연구"[21]라는 마셜의 정의보다 나은 답은 없다. 이 절에서 소개한 내용들만 해도 경제학의 변증법적 반그림자를 찾아내는 데 충분하리라고 본다.

놓치고 있다. Paul T. Homan, "An Appraisal of Institutional Economics," *American Economic Review*, *22*(1932) 10~17.

16 Joseph A. Schumpeter, *Ten Great Economists*(New York, 1951), p.97.

17 Alfred Marshall, *Principles of Economics*(8th edn., New York, 1924), p.808. 또한 Schumpeter, *Essays*, p.52n2와 Knight, *Ethics of Competition*, p.166 f를 보라.

18 Schumpeter, *Ten Great Economists*, p.101.

19 앞의 책, p.92.

20 Lionel Robbins, *The Economic Problems in Peace and War*(London, 1947), pp.67 f.

21 Marshall, *Principles of Economics*, p.1.

2. 왜 경제학은 이론적 지식체계가 아닌가?

누구나 '이론'을 잡다한 의미로 사용한다. 슘페터는 이 단어를 해석학적 도구 '상자'라는 의미로 사용한 적도 있을 정도이다.[22] 그러나 이 단어를 엄밀하게 사용할 때는 일반적으로 논리적 구조를 의미한다. 아니면, 앞에서 구체적으로 설명하였듯이(1장 4절), 이론은 특정한 영역에 존재하는 **모든** 지식의 논리적 정리를 의미하는 것으로, 모든 명제는 논리 토대에 포함되든지 그로부터 추론 가능해야 한다. 이런 정리에 이해 **가능성**이라는 독특한 장점이 있다는 것은 아리스토텔레스로부터 유래하였다. 그렇지만 존재하는 지식을 상대적으로 적은 수의 ω-명제들로 **압축할 가능성**이 없으면 이해 가능성도 없다는 사실에 아무도 주목하지 않는다. 어떤 영역의 지식을 압축할 수 없으면, 즉 논리적 정리 결과 너무 많은 ω-명제가 생기면, 아리스토텔레스의 이해 가능성은 성립하지 않는다. 앞에서, 결합에 의한 새로움이 너무 많아 모든 논리 토대에 β-부문보다 훨씬 많은 명제가 있어야 하는 화학과 연관하여 이를 설명한 바 있다. 이 때문에 화학의 논리 토대는 항상 '건설 중'일 수밖에 없다. 분명히 화학 이론은 만들어봤자 아무런 소용이 없을 것이다.[23] 진화의 현장은 새로움으로 가득 차 있기 때문에 위와 같은 내용은 진화와 관련된 모든 과학에 더 잘 적용된다.

경제학의 범위에 관한 논의에 비추어 이 절의 제목에 대한 답은 너무나 분명하여 그 이상의 논의가 필요 없을 듯하다. 그러나 경제과정에 관한 명제들을 이론으로 정리할 수 있다는 생각이 널리 퍼져 있기 때문에, 이를 지지하는 가장 두드러진 주장들을 간략하게 분석하는 것은 도움이 된다.

가장 오래되고 또 가장 흔한 주장은 모든 경제 현상이 한 줌의 기본 원칙을

22 Schumpeter, *Essays*, p. 227.

23 5장 1절을 보라.

따라 논리적으로 일어나기 때문에 경제학은 필연적으로 이론적 지식체계라는 것이다. 이 아이디어는 고전학파로 거슬러 올라가는데, 그에 따르면 모든 경제현상은 '정상적인 개인'이라면 누구나 갖는 '부에 대한 욕망'에 기초하며, 단 두 개의 일반 법칙만을 따른다. 첫째 법칙은 "작은 이익보다 큰 이익을 선호한다"는 것이며, 둘째는 "최소의 노동과 자기희생을 통해 최대의 부"를 얻으려는 경향이다.[24] 한계론자들은 이 일반 법칙에 더 실질적인 두 원리를, 즉 한계효용 체감의 원리와 수확체감의 원리를 추가하였다. 경제학자들은 사람들이 직관적으로 경제학의 기본을 즉각 알게 되며, 이것이 진실임은 "구체적인 물리적 사실이나 사건에 대한 어떤 진술보다도… 훨씬 확실하고 자신 있게" 믿을 수 있다고 주장해왔다.[25] 더욱 심각하게는, 기본 법칙들의 이러한 특별한 성질 때문에 경제학이 탁월한 연역적 과학이라고 주장하였다. 결과적으로, 모든 경제학 명제들은 어떤 제도적 환경에서도 타당하다.[26]

물론, "개개인은 원하는 대로 행동한다"는 원리는 너무나 뻔한 동어반복일 따름이다.[27] 현대 용어로 똑같은 생각을 표현하면, 모든 사람은 주어진 환경에서 자신의 만족을 최대화하기 위해 행동한다는 것이다. 말할 것도 없이, 덜 행복해지기 원하는 개인이란 다섯 개의 변을 가진 사각형만큼이나 어처구니 없다. 수도승에게 물질의 결핍과 자기 부정의 삶은 분명 최대의 행복이다. 아무도 수도승이 세상의 모든 호사스러움과 경박함을 즐기는 부유한 미식가보다 덜 행복하다고 증명할 수 없다. 반면에, '만족'에 대한 구체적인 규정이 없

24 John Stuart Mill, *A System of Logic*(8th edn., New York, 1874), pp. 623 ff; Knight, *Ethics of Competition*, pp. 135 ff.

25 Frank H. Knight, *On the History and Method of Economics*(Chicago, 1956), p. 164; Stanley Jevons, *The Theory of Political Economy*(4th edn., London, 1924), p. 18.

26 Jevons, *Theory*, p. 19; Knight, *Ethics of Competition*, pp. 137 f 등 참조.

27 Irving Fisher, *Mathematical Investigations in the Theory of Value and Prices*(New Haven, 1925), p. 11; Pareto, *Manuel*, p. 62.

이 최대 만족의 원리와 "구체적인 물리적 사실에 대한 진술"을 비교하는 것은 불가능하다.

이 마지막 조건은 필수적이다. 주류이론도 이를 무시할 수 없다. 그 이론적 구조는 만족에 대한 일반적이고 막연한 개념이 아니라, 개인이 누릴 수 있는 재화와 서비스만이 개인의 만족에 영향을 준다는 특정한 명제에 기초한다. 따라서 주류이론에서 경제적 만족감은 오직 개인이 소비하는 재화와 서비스의 양의 함수이다.

이 특별한 공식은 산업사회의 대규모 도시 공동체에 적절한 (아마도 그에 고유한) 제도적 특성을 반영한다.[28] 주류이론의 또 다른 토대도, 즉 판매자는 '이득'을 금전적 이익만으로 평가한다는 명제도 마찬가지이다. 그러나 마르크스의 주장처럼, "부르주아 정신은 정상적인 인간 정신이 [아니다]".[29] 마셜이 주의 깊게 지적한 것처럼, 이는 부르주아 사회에서조차 일반적인 정신이 아니다.[30] 모든 제도에서 타당한 것은 더더욱 아니다. 실제로 소농 공동체에서는 개인의 행복이 자신이 사용할 수 있는 재화와 서비스의 양뿐만 아니라 다른 사회적 변수에도 좌우되며, 이득은 금전적 이익 이외의 다른 요소에도 좌우된다.

따라서 경제학의 기본원리가 보편적으로 타당하다는 말은 그 형식에 관해서만 옳다. 그 내용은 제도적 환경에 따라 결정된다. 그리고 이 제도적 내용이 없다면, 원리는 공허한 일반론 외에는 아무것도 도출할 수 없는 '텅 빈 상자'이다. 주류이론이 '텅 빈 상자'를 사용한다는 의미는 아니다. 반대로, 이 상자는 부르주아 사회의 문화에서 정제된 제도적 내용으로 채워져 있다. 그럼

28 『AE』에 재수록된 저자의 논문, "Economic Theory and Agrarian Economics"(1960), Section III(2).

29 Karl Marx, *A Contribution to the Critique of Political Economy* (Chicago, 1904), p. 93.

30 Marshall, *Principles*, p. 762 ff.

에도 이 상자는 부분적으로만 채워져 있다. 실제로 주류이론의 기초가 놓인 시점에 부르주아 사회의 많은 특성이 완전히 성숙하지 않았기 때문에, 또 다른 특성들은 이론에 필수적인 계량형태 구조에 맞출 수 없었기 때문에 제외되었다.[31]

여기서 『AE』에 재수록된 논문, 「경제이론과 농업경제학(Economic Theory and Agraian Economics)」(1960)의 논점을 반복하고자 한다. 비(非)자본주의 환경에서 일어나는 경제과정의 연구자들이 주류이론을 거부하는 이유는 바로 주류이론의 상자가 이미 특정 제도의 내용으로 채워져 있기 때문이다. 가장 두드러진 예들은 독일 역사학파와 러시아 나로드니키즘(Narodnikism)[19세기 러시아에서 일어난 농촌공동체 중심의 사회주의 운동 이념—옮긴이]의 연구자들이다. 이 논점은 중요하지만 그다지 관심을 받지 못하였다. 마셜은 주류 경제학을 "세상은 도시민들로 이루어졌다는 암묵적 가정에서 그 이론들"을 전개하였다고 비판한 몇 안 되는 사람들 중 하나이다.[32] 하지만 마셜의 비판도 문제의 핵심을 겨눈 것은 아니다.

어떤 경제학자도, 심지어 리카도나 왈라스까지도 모든 제도적 환경에 대해 적용 가능하고 타당한 이론을 만들지 않았다는 이유로 비판할 수는 없다. 사회는 불변의 존재가 아니라, 시간과 장소에 따라 다른 형태로 쉬지 않고 진화한다. 따라서 위대한 경제학자들이 자신이 가장 잘 아는 사회의, 즉 자신이 살았던 사회의 문화에 입각하여 그 사회의 제도적 내용으로 분석 상자를 채우는 것은 당연하다.

경제학은 실용적 편의주의에 지나지 않는다는 브리지먼의 비판에 경제학

---

31 앞의 결론이 이 주제에 관한 잘 알려진 결론과, 예컨대 Knight, *Ethics of Competition*, pp. 135 ff 또는 J. H. Clapham, "Of Empty Economics Boxes," *Economic Journal*, *32* (1922) 305~314의 결론과 근본적으로 다른 이유는, 이들이 '주류 경제학'의 경제적 만족과 생산함수를 가리키는, 파레토가 말하는 의미의 '내용'을 사용하기 때문이다.

32 Marshall, *Principles*, p. 762.

계는 커다란 자부심을 느껴야 한다.[33] 케네가 18세기 프랑스의 특수한 경제 문제에 관심을 두지 않았다면, 케인스가 현대 국가조직의 경제 문제를 연구하지 않았다면, 오늘날 경제학자들이 이 시대의 최대 문제인 후진경제를 발전시키는 방법에 매료되지 않았다면, 이 얼마나 안타까운 일이겠는가. 자본주의 사회의 모형에 따라 이론을 만들었다고 마르크스를 비난할 수 없는 것처럼, 같은 이유로 주류 경제학자를 비난할 수 없다. 주류 경제학자의 터무니없는 잘못은 다른 종류이다. 주류 경제학자는 경제과정의 진화에 주의를 기울일 필요가 없다고 생각하기 때문에, 필연적으로 자신의 이론이 모든 사회에 타당하다는 독단을 주장하고 실천하게 된다.[34]

유명한 **방법투쟁**(Methodenstreit)[35]은 겉보기에는 방법론에 집중하였다. 그러나 내심 이 **투쟁**은 보편타당한 경제 이론을 만들 수 있다는 주장에 관한 것이었다. 리카도학파의 반대파들은 이 주장과 경제과정의 진화적 성격 사이에 **중대한 모순**이 있다고 주장하였다. 주류 경제학자들은 근본적 경제 법칙들이 **전적으로 직관적인** 기초에 입각해 있다는 주장을 고수했다. 그러나 **중대한 모순**을 해결하려는 또 다른 시도가 **객관적인** 기초에서 진행되고 있다. 이는 본질적으로 사회에 대한 화학이론이다.[36]

---

33 P. W. Bridgman, *Reflections of a Physicist* (2nd edn., New York, 1955), pp. 443 f.

34 마르크스를 공평하게 논하면, 그는 이 입장을 지지하지 않았다. 오히려 그는 자신의 분석이 자본주의 시스템에만 적용된다고 반복하여 강조하였다(예컨대 Marx, *Critique*, p. 269). 또한 그는 프랑스와 독일의 경제학파의 차이가 두 나라의 제도적 차이를 반영한다는 것도 알고 있었다(앞의 책, p. 56n). 하지만 종국에는 자본주의 사회의 법칙들을 시골 농업 사회의 경제에 무차별적으로 확대 적용하는 큰 실수를 범하였다. 『AE』에 재수록된 저자의 논문, "Economic Theory and Agrarian Economics"(1960), Section I (2)을 보라.

35 19세기 말 10여 년 동안 진행되었던 오스트리아 학파와 독일 역사학파 사이의 경제학 논쟁 — 옮긴이.

36 5장 2절을 보라. 실제로 '화학'이라는 용어는 곧 보듯이 잘못 쓰이고 있다.

화학이론은, 첫째, 모든 형태의 사회를 한정된 수의 불변 요소로 객관적으로 분석할 수 있으며, 둘째, 사회에는 그 기본 구성요소에 내재한 성질 외에 다른 성질이 전혀 없다고 주장한다. 따라서 황금군단[몽고 타타르족의 군단—옮긴이], 중세 도시 플로렌스, 20세기 스위스는 각기 특정한 행동을 하는 서로 다른 '동물'이 아니라, 한정된 수의 재료에서 얻을 수 있는, 단지 좀 강하거나 약한 칵테일일 뿐이다.

경제과정에 관한 가장 설득력 있는 화학이론은 오이켄(Walter Eucken)의 이론이다. 그에 따르면, 모든 경제 시스템의 영구적인 요소들은 세 가지 범주에, 즉 (중앙 혹은 다수의) 통제, (표준 형태의) 시장, (상품-현금, 상품-신용, 현금-신용 등) 화폐 제도에 속한다.[37] 모든 경제는 각 범주의 요소들로 이루어진 어떤 조합일 뿐이다. 고려 대상 각각의 특정한 결합 공식만 알면 된다.

이 인식론적 입장을 명확히 하기 위해 오이켄은 한 가지 비유를 한다. 작곡가들의 작품은 서로 다르지만 "모두 제한된 수의 곡조를 결합하여" 만들어졌다는 것이다.[38] 그렇지만 안타깝게도 이 비유를 통해 사회에 대한 모든 화학이론의 기본적인 약점을 무의식중에 드러내고 있다.

음계는 진화해왔으며, 여전히 새로운 음계들이 만들어진다. 게다가 음악에는 악기가 필요하며, 지금도 새로운 악기들이 만들어지고 있다. 따라서 모든 음악을 주어진 선율과 주어진 악기로 분석할 수 있다는 말은 완전히 틀린 얘기이다. 그러나 화학이론에는 이보다도 심각한 결함이 존재한다.

알다시피, 행위자의 통제가 없는 활동을 생각할 수 없고, 시장은 유사 이래 존재하였으며, 고대사회에서도 몇 가지 형태의 자본주의적 활동과 화폐가 존재하였다. 그렇지만 모든 경제가 통제, 시장, 화폐 제도로 이루어져 있다는 일반 명제는 위험한 유혹이다. 이 혼합 공식으로 현존하는 경제의 본질적인

37 Walter Eucken, *The Foundations of Economics* (London, 1950), Part III, chap. 2.

38 앞의 책, pp. 226 f.

측면들을 부분적으로도 설명하지 못한다는 것은 부적절한 구체성의 오류를 범하기로 작정한 자가 아니라면 누구에게나 분명하기 때문이다.

앞에서도 말한 바 있는 것처럼, 모든 화합물에는 그 구성 원소 어떤 것에도 없는 성질들이 존재한다. 게다가 화학식으로부터 화합물의 모든 성질들을 추론할 수 있는 어떤 일반 법칙도 없다. 그렇지 않다면, 그린(P. Green)의 말처럼 우주 전체의 양성자 수를 계산할 수 있는 현대 과학자에게 뉴기니의 한 새가 띠는 색조를 계산으로 알아내는 일은 어린아이 장난일 것이다.[39] 화학 영역에서 '화학' 이론이 작동하지 않는다는 점을 생각하면, 복합적인 요소가 거의 무한하고, 질적 특성이 기본 물질의 영역에서보다 훨씬 지배적인 사회과학에서 화학이론이 성공하리라 기대하는 것은 무모하다.

다음과 같은 결정타를 날린 사람이 중세 신비주의자가 아닌 현대 수학자라는 사실은 의미심장하다. 코끼리의 화학적 구성만 연구해온 학자가 코끼리의 행동에 대하여 무엇을 알 수 있단 말인가?[40] 생물학은 화학 지식에 갈수록 존경을 더 보이고 있기는 하지만, 외부의 개입 없이도 화학이론을 거부하였다. 한 노벨상 수상자의 말대로, 현대생물학에서는 "유전자를 독립적인 성질이 아닌 기능으로 구별한다."[41] 이 간단한 말에는 전체론적 인식론이라고 알려지게 된 새로운 생물학적 관점이 압축되어 있다.[42] 이는 결합에 의한 새로움을 뒤늦게 인정한 것으로서, 여기에 생기론의 느낌은 없다.

이러한 관점이 사회과학에는 제대로 자리 잡지 않았으며, 경제학에서는 더욱 그렇다. 간혹 박사 학위를 마치는 것보다도 더 빠르게 진화하는 과정을 연구하는 경제학자가 누구보다 고전물리학의 객관성을 갈망하는 것은 당연하

39 P. Green, "Time, Space, and Reality," *Philosophy*, *9*(1934) 463.

40 Poincaré, *Foundations of Science*, p. 217.

41 P. B. Medawar, *The Future of Man* (New York, 1960), p. 119. 또 부록 G를 보라.

42 하지만 이 아이디어의 본질은 그 제안자들이 생각하는 것보다 훨씬 더 오래된 것이다. Plato, *Philebus*, 14 ff를 보라.

다. 이런 갈망은 "사회는 개인의 합이 아니다"라는 신조와 같이 수학으로는 도저히 포착할 수 없는 명제에 부딪칠 때 더욱 심해진다. 그렇지만 이는 개개인 자체에는 없는 성질이 사회에 있다는 말을 조금 부적절하게 표현한 것일 뿐이다. 게슈탈트철학에 잘 정리되어 있는 이 논점을 더 곱씹는 것은 불필요하거나 무익해 보일지도 모르겠다.[43] 흥미롭게도, 이 철학에 대한 반대 의견은 자연과학자보다 사회과학자(그리고 물론 실증주의 계열의 철학자들) 사이에 훨씬 더 널리 퍼져 있다. 예컨대, 막스 플랑크는 공개적으로 "전체는 그 다양한 부분들의 단순한 합과 결코 같지 않다"고 인정하였다.[44] 웨일(H. Weyl)은 드리슈가 그렇게 극적으로 옹호하였던 아이디어를 전적으로 지지하였다. 웨일은 양자물리학을 포함한 물질세계에서도 "부분들의 상태로부터 전체 상태를 추론하는 것은 불가능하다"고 경고하였다.[45] 형태(Gestalt)를 설명하기 위해 에렌펠스(C. von Ehrenfels)가 사용한 고전적인 예인 멜로디를 생각해보자. 형태에 대한 비판자들은 각 음표는 멜로디로 연주되든 홀로 소리 나든 항상 똑같은 소리를 내기 때문에 멜로디는 독립적으로 존재하는 특정 음표들의 배열에 지나지 않는다고 주장한다. 불가사의하게도 비판자들은 이 배열에 어떤 음표에도 없는 질(質)(**형태질**)이, 즉 멜로디 그 자체가 존재한다는 사실을

43 이에 관하여 K. Koffka, "Gestalt(형태)," *Encyclopedia of Social Sciences*(New York, 1930~1935), VI, 542~646 또는 *A Source Book of Gestalt Psychology*, ed. Willis D. Ellis(New York, 1938)을 보라. Solomon E. Asch, "Gestalt Theory," *International Encyclopedia of the Social Sciences*(New York, 1968), VI, 158~175에 비판적인 최신 평가가 나와 있다[부분의 특성을 전체에 대한 부분들의 관계에 의존하는 것으로 파악하는 게슈탈트 철학을 형태주의 철학이라고 부르기도 한다 ― 옮긴이].

44 Max Planck, *The New Science*(New York, 1959), p.255. A. S. Eddington, *New Pathways in Science*(Ann Arbor, 1959), p.296을 보라.

45 H. Weyl, *The Open World*(New Haven, 1932), pp.55 f. 게슈탈트 이론의 주창자 중 한 사람이 정전기적 구조에서 매우 재미있는 게슈탈트의 예를 보여주었다. Wolfgang Köhler, "Physical Gestalt"(1920), in *A Source Book of Gestalt Psychology*, ed. Willis D. Ellis, pp.17~54.

보지 않는다.[46] 실제로 수학에서도 이런 형태를 볼 수 있다. 하나의 숫자는 그 자체로서는 유리수도 무리수도 아니며, 연속이지도, 조밀하지도 않다.[47] 오직 한 쌍의 수만 유리수이거나 무리수일 수 있다. 예컨대 π가 무리수라고 할 때, 사실은 쌍 $(1, \pi)$가 그렇다는 의미이다. 또한 전체로서 수의 집합에만 연속 혹은 조밀한 성질이 있다. 라이프니츠의 말처럼, 연속의 개념에서 "전체는 부분에 우선한다". 전체의 성질과 전체에서 따로 떼어낸 부분의 성질을 분석할 때 발생하는 이율배반을 해결할 방법은 없다.[48] 사회 영역에서 나타나는 몇 가지 기본적인 예를 보자. 군중이 남긴 모든 약탈의 흔적은 특정인의 행동으로 소급해서 추적할 수 있지만, 개인 홀로 군중의 특이한 성질들을 보일 수는 없다. 개인은 종교 분파 혹은 종교부흥회의 모든 특징을 보일 수 없다. 마르크스가 독점도 없고, 노동조합도 없고, 희생과 보상의 배분에 대한 갈등도 전혀 없는 로빈슨 크루소 경제학[49]을 업신여긴 것은 전적으로 타당하다.

많은 사람들이 사회는 개인의 합이라는 이론을 포기하지 못하는 것은 역사적인 상황에 뿌리를 두고 있다. 이 이론이 대략이나마 옳은 유일한 예는 헤겔의 시민사회에 가장 가까운 부르주아 사회인데, 우리는 바로 이런 사회에서 양육되었기 때문이다.[50] 그렇지만 부르주아 사회도 진화하며, 아마도 오늘날에는 헤겔의 요건에 맞지 않을 것이다.[51]

---

46 바로 앞에 인용한 *Source Book*, p. 4, Max Wertheimer, "Gestalt Theory"(1925).

47 어떤 집합에 속하는 임의의 점 주변에서 그 집합의 부분집합에 속하는 점을 하나라도 찾을 수 있으면 그 부분집합은 조밀하다 — 옮긴이.

48 실증주의자 중 예외인 러셀은 *The Principles of Mathematics*(Cambridge, Eng., 1903), p. 477에서 이율배반을 숨김없이 인정하였다. 그러나 이율배반이 역학적인 힘의 복합적인 효과에도 적용된다고 한 것은 지나쳤다.

49 Marx, *Critique*, p. 266.

50 *Hegel's Philosophy of Right*, tr. T. M. Knox(Oxford, 1953), pp. 124 ff, 267.

51 이에 관한 간단한 언급으로 『AE』에 실린 저자의 논문, "Economic Theory and Agrarian Economics" Section III(2)을 보라.

현상 영역의 이론적 환원으로서 화학이론은 척도와 무관한 물리적 현상을 제외하면 처음부터 잘못된 것이다. 화학이론은 기껏해야 형태론적 분석을 위한 절차상 규범으로 받아들일 수 있을 뿐이다. 화학이론은 이런 역할을 통해 화학과 핵물리학에서, 그리고 조금 덜하지만 생물학에서 유용성을 보였다. 오이켄 같은 예리한 경제학자마저도 형태론적 분석에서조차 별 가치가 없는 모호한 일반화 몇 개만 얻어낸 것을 보면, 아마도 여기까지가 화학이론의 한계이다. 모든 생명체의 공통분모가 영양, 자기방어, 생식이라고만 말하는 것이 생물학자에게 별 도움이 되지 않는 것처럼, 오이켄의 이론도 경제학자에게 별 도움이 되지 않는다.

경제학이 이론적인 동시에 현실에 부합하는 지식체계가 될 수 없다는 결론은 순전한 탁상공론으로 보일 수 있다. 불행히도 그렇지 않다. 주류이론의 원리들이 보편적으로 타당하기 때문이라고 생각해서든 모든 경제 시스템이 몇 가지 불변 요소의 단순한 혼합물이기 때문이라고 생각해서든, 주류이론이 모든 제도적 환경에서 타당하다는 신조에 집착하는 것은 자본주의 국가와 다른 제도를 가진 나라들의 경제를 발전시키려는 세계적인 노력에 커다란 영향을 미친다. 이 결과는 몇몇 과학의 노예들이 가진 오만한 자기 과신에 대한 최고의 기념비로 역사에 남을 수도 있다.

예컨대, 대부분 경제학자들은 산업 발전이 전체 경제 발전에 이르는, 따라서 농업 발전에도 이르는 유일한 길이라는 원리를 신봉한다. 실제로 이 원리는 마르크스로 거슬러 올라간다. 산업화를 통해 미국 남부가 전반적으로 발전했다는 분명한 사실이 실제 증거로 제시된다. 그러나 한 나라에 좋은 것은 다른 모든 나라에도 좋다는 주류 경제학자의 뿌리 깊은 태도로 인해 두 가지 사실이 가려지고 있다. 첫째, 미국 남부는 가장 발전한 자본주의 경제의 중요 부분이며, 둘째, 미국 농부는 제도적으로 인도 혹은 다른 어떤 지역의 소농과도 같지 않다(비교할 수조차 없다). 사실 인구 과잉과 무질서한 농업 부문에 대한 의존 때문에 고통 받는 저개발국에서는 산업 발전을 더 많이 성취할수록 그런 국가가 보여주는 산업화 원리의 오류가 더 분명해진다. 그런 나라의 소농들은 유효 수요가 춤추는 것을 보며 즐거워하는 배타적인 집단들만 날마다 점점 더 부유해지는 것을 우울하게 쳐다보며, 여전히 전과 같은 가난에 시달린다. 그러나 분배 관계가 경제과정의 중심이라고 믿는 사람에게는 이 상황에 대한 간단한 설명이 존재한다. 이는 사회 갈등의 진화의 한 단계이다.

3. 계량형태 모형과 경제학

자주 인용되는 「신석기 시대에는(In the Neolithic Age)」이라는 시에서 키플링(Rudyard Kipling)은 다음과 같이 노래했다.

> 종족의 매듭을 만드는 데 아홉 하고 육십 가지 방법이 있다
> 그리고 하나하나가 모두 다 옳다!

그렇지만 이는 경제학이 이론적 지식체계가 될 수 없는 이유의 전부가 아니다. 설사 경제의 매듭이 아홉 하고 육십 개만 있다고 하더라도, 경제학의 법칙들을 하나의 논리적 기초로부터 도출할 수는 없다. 예컨대 자본주의 사회의 법칙들은 봉건사회나 과잉 인구의 농업사회에 유효하지 않다. 이것뿐만이 아니다. 경제의 매듭은 무한히 많다. 경제과정은 진화하며, 그 형태가 서로 겹치는 연속 스펙트럼이 만들어지는데, 궁극적으로는 새와 벌레가 다르듯이 완전히 달라진다. 경제과정의 진화하는 성질로 인해 설사 동적(動的) 체계라 하더라도, 계량형태 체계로는 그 중요한 측면들을 전부 파악할 수 없다. 마셜의 주장대로, "경제학자의 메카는 경제동학보다 경제생물학에 있다".[52] 하지만 마셜이 지적하였듯이, 경제동학에서 시작할 수밖에 없다. 그가 말하지 않았지만, 경제동학을 통해 이해해야 하는 것은 주류 경제학이 신봉하는 일반

52 Marshall, *Principles*, p. 14.

동학이 아닌 경제의 매듭 각각의 동학이다.

그렇다면 경제학의 첫 번째 일은 모든 경제 시스템들을 속, 종, 변종으로 분류하기 위한 몇 가지 일반적인 기준을 세우는 일이라 생각할지도 모른다. 불행히도, 이 방면의 경제학 지식은 너무나 부족하여 경제학의 린네도 분류 체계를 고안하지 못할 것이다. 현 단계에서 우리가 할 수 있는 일은 분류상 특징들을 찾을 필요도 없이 각각의 경제적 실재를 관찰하는 것일 뿐이다. 이때 목표는 개별 실재의 특성을 "실용적으로 분명하고 이해할 만하게" 만드는 이상형을 수립하는 것이다.[53] 그러나 분류 기호 없이는 이 작은 일조차 할 수 없다는 주장도 있다. 오늘날 너무도 많은 사람들이 분류 체계나 추상적인 분석 개념이, 심지어 포퍼의 말대로 "이론이 관찰에 앞선다"고도 생각한다.[54] 이는 마치 이런 것들이 기존에 존재하는 것을 과학이 발견했을 뿐이라고 믿는 것과 같다. 과학은 중구난방으로 이루어진 관찰에서 생겨났을 뿐만 아니라 과학적 사고에 앞서 항상 전(前) 과학적 사고가 있다는 사실을 잊어버리는 모양이다.[55]

하나의 예만 인용하자면, 고전경제학자들은 분류 기호가 없었어도 자본주의 경제의 중요한 특징들을 알아낼 수 있었다. 경제학뿐만 아니라 모든 과학에는 상당한 정도의 '미묘하고 섬세한 손길'이 필요한 일들이 있다.[56]

일단 주어진 현실에 대한 서술형 명제들을 만들어내면, 계량형태 모형을 만들기는 비교적 쉽다. 가능한 한 빨리 각 경제 현실에 대해 그런 모형을 만들어야 한다.[57] 자본주의 체제의 경우에도 "이론화하기 너무 이르다"는 태도는

53 Max Weber, *The Methodology of the Social Sciences*(Glencoe, Ill, 1949), p. 90.

54 Karl R. Popper, *The Poverty of Historicism*(Boston, 1957), p. 98. 암시적이든 명시적이든, 이 아이디어는 많은 저작에서 나타난다. 예컨대 Jevons, *Theory*, p. 22.

55 Albert Einstein, *Ideas and Opinions*(New York, 1954), p. 276.

56 Marshall, *Principles*, p. 769.

57 모형이 없어서 생긴 손실에 관하여, 『AE』에 재수록된 저자의 논문, "Economic Theory and Agrarian Economics," Section I(4)을 보라. 분명히, 주류 경제학에서 개발한 분석도구들은 다른 많은 상황에서 편리하다. 이 때문에 슘페터를 따라(Schumpeter,

정말 이해하기 어렵다.[58] 실제로, 좀바르트(W. Sombart) 등 역사적 접근을 시도한 경제학자들이 직면했던 거대한 난관들을 생각해보면, 경제학은 역사화할 만큼 성숙하지 않았다는 마셜의 손을 들어주는 편이 낫다.[59] 오늘날 경제학이 반대 방향으로 움직이는 것처럼 보인다면, 이는 현대 경제학자들이 이론화에, 심지어 헛된 이론화에 대부분의 시간을 쓰기 때문이다.

계량형태 모형은 물리학에서든 다른 과학에서든 **이해**하는 것을 돕고 더 나아가 (내 견해로는) 가르치는 것을 돕는다. 주어진 상황에 대해 언어로 된 분석보다 도식화된 표현과, 약간의 훈련을 받았을 경우, 수학 모형이 더 정확하고 빠르게 이해된다는 것을 부정할 과학자는 아무도 없다. 게다가 모든 과학자들 중에서도 특히 경제학자들은 수학적 도구를 경제 분석에 사용하는 것에 반대하는 어리석음을 범하지 말아야 한다. 그러한 반대는 최대 효율 원리를 거스르는 것과 같기 때문이다. 그러나 간단한 도표로 충분한 경우에도 많은 이들로 하여금 수학적 도구를 사용하도록 유도하는 수학에 대한 과도한 선호 역시 최대 효율 원리에 어긋나는 것으로 개탄스러운 일이다.

또 하나 지적하고 싶은 것은 "수학은 곧 기호체계"[60]라는 많은 경제학자들의 태도 때문에 수학적 도구를 사용할 수 있을 때에는 언제나 일반 논리에만 의존하는 것보다 분석이 더 빠르게 이루어질 수 있다는 사실이 가려지기 쉽다는 점이다. 계통발생적으로 보면 자본장비가 노동으로, 생명체가 기본 물질로 귀착하는 것처럼, 그 기원을 찾아보면, 수학적 도구는 일반 논리의 산물

Essays, p. 274n), 요소 가격이 한계생산성에 비례하지 않는 모형도 "여전히 한계생산성 이론"이라고 해서는 안 된다. 만일 그렇다면, 아인슈타인 이론과 뉴턴 이론 모두에 속도의 합에 관한 공식이 있기 때문에 아인슈타인 이론은 여전히 뉴턴 이론이라고 해야 할 것이다.

58 Gambs, *Beyond Supply and Demand*, p. 64.

59 *Memorials of Alfred Marshall*, ed. A. C. Pigou (London, 1925), p. 489.

60 P. A. Samuelson, "Economic Theory and Mathematics — An Appraisal," *Papers and Proceedings, American Economic Review*, *42*(1952) 56.

이다. 그렇지만 일단 이런 형태들이 그 '질료인'으로부터 생겨나면, 각각 일반 논리, 노동, 기본 물질과는 다른 새로운 질(質)들이 나타난다. 예컨대 말[馬]을 이해하기 위해 말이 무생물 물질로부터 점진적으로 진화해온 과정으로 돌아가 이 과정을 다시 밟지는 않는다. 또한 자연에서 우연히 발견한 돌도끼를 사용하여 쇠망치를 만들지 않는다. 말이 말을 낳고, 자본장비를 사용하여 자본장비를 만들 수 있다는 사실을 이용하는 것이 더 효율적이다. 마찬가지로, 수학적 도구를 사용할 수 있을 때 혹은 수학 명제를 증명하려 할 때마다 일반 논리에만 의존하는 것은 완전히 멍청한 일이다. 학교에서 수학을 기초부터 가르치는 것은 수학적 자본을 유지하고 미래 세대의 수학적 기량을 발전시키기 위해서이다. 현존하는 모든 자본장비를 파괴하는 것은 상상하기 끔찍하지만 모든 사람들이 갑자기 모든 수학을 잊어버리는 상황은 더 끔찍하다. 이상의 논의에서 알 수 있듯이 수학은 질적으로 단순히 언어가 아니며, 인간이 만들었지만, 체스와 같은 기호와 규칙이 있는 자의적인 게임도 아니다.

그리고 **이해**를 위한 계량형태 모형의 커다란 이점 때문에 이 모형의 다른 역할들 역시 사회과학과 자연과학에서 똑같다고 믿어서는 안 된다. 물리학에서 모형은 "해당 물리 계의 물리적 거동에 관한 **모든** 질문의 답을 계산하는 계산 기기"이기도 하다.[61] 이는 공학적 경제학의 모형에서도 마찬가지이다. 물리학 모형의 특수한 역할은, 물리적 실재의 특정 부분에 대한 **정확한 청사진**을 나타낸다는 말에서 더 잘 드러난다. 그러나 (『AE』에 재수록된 논문) 「경제이론과 농업경제학(Economic Theory and Agraian Economics)」에서 논의하였고 지금 더 자세히 설명하고자 하는 바와 같이, 경제 모형은 정확한 청사진이 아니라 **해석학적 직유**이다.

경제학자들은 물리학에서든 경제학에서든 어떤 모형도 절대적인 의미에서 정확하지는 않기 때문에 우리는 더 정확하거나 덜 정확한 모형들 중에서

61 P. W. Bridgman, *The Nature of Physical Theory* (Princeton, 1936), p. 93. 저자의 강조.

선택하는 것뿐이라고 주장한다. 결국 모형이 얼마나 정확해야 하는지는 당면 목적이 무언지에 달려 있다는 지적도 있다. 간혹 덜 정확한 모형을 사용하는 것이 더 합리적일 수도 있다.[62] 이런 주장들은 모두 옳지만, 파레토가 명시적으로 주장했듯이 한 걸음 더 나아가 경제 모형의 부정확성을 지적하는 일이 무의미하다고 주장해서는 안 된다. 이런 태도는 중요한 세부 내용을, 즉 물리학에서는 그 시점에 존재하는 가장 민감한 측정 기구와 비교하여 모형이 정확해야 한다는 점을 무시하고 있다. 그렇지 않은 모형은 폐기된다. 따라서 물리적 모형이 정확하다는 말에는 객관적인 의미가 있으며, 바로 이런 의미에서 '정확한 청사진'이라는 말을 사용한다. 그렇지만 사회과학에는 이런 정확성에 대한 객관적인 기준이 없다. 결과적으로, 경제 모형의 타당성을 엄격하게 시험할 수 없다. 그리고 모형은 "그 대상에 합당한 정도의 정확성을 갖추면 충분하다"[63]는 아리스토텔레스의 가르침은 전혀 도움이 되지 않는다. 누구나 자신의 모형에 적절한 정도의 정확성이 있다고 주장할 수 있기 때문이다. 또한 정확성의 객관적인 기준을 만들지 못하게 하는 요소들이 정확성의 비교 역시 난제로 만든다.

청사진과 직유의 차이를 이해하기 위해 라디오 부품을 조립하는 데 전자공학을 알 필요가 없다는 사실을 생각해보자. 라디오를 조립할 때에는 해당 기호로 작동 내용을 보여주는 청사진을 무의식적으로 따라가면 된다. 반면에, 엄밀한 의미의 어떤 경제 모형도 초보자는 물론 심지어 뛰어난 경제학자의 무의식적 행동에 대한 안내자가 될 수 없다. 평범한 기업 임원들이 자문경제학자의 '우스꽝스러운 이론' 발표를 들은 후에 불만을 토로한 얘기는 누구나 알고 있다. 경제학 강의를 수강한 많은 대학원생들 역시 은행업무, 기획업무,

---

62 Pareto, *Manuel*, pp. 11, 23 등; Milton Friedman, *Essays in Positive Economics* (Chicago, 1953), pp. 3~43.

63 Aristotle, *Ethica Nicomachea*(니코마코스 윤리학), 1094^{b} 12~14.

세무 등에 관하여 배우지 못했다는 데 실망한다. 경제 모형은 단지 직유로서, 고된 훈련을 통해 분석 식견을 갖게 된 입문자들에게만 유용하다. 뛰어난 경제학은 '미묘하고 섬세한 손길' 혹은 기예를 필요로 한다. 간혹 비전문가가 경제학자를 뛰어넘는 경우가 있다는 것은 참으로 안된 일이다. 경제학자의 역할은 정책 분석일 뿐이고, 정책 선택은 정치가의 기술이라는 흔한 견해[64]는 변명이 되지 못한다. 엉성한 분석으로 기예를 대신할 수는 없다.

경제학이 궁극적으로 정밀과학이 되리라는 제본스의 희망에 많은 경제학자들이 들떴었다. 피셔는 80세가 되어서도 여전히 그 희망을 키우고 있었다.[65] 그리고 모든 경제학자들이 정밀과학 혹은 순수과학이란 계산도구의 과학이라는 계몽 시대부터 내려온 정의[66]를 받아들였기 때문에, 모두 경제 영역의 계량적 특성을 지적하려 노력하였다. 슘페터는 제본스보다 훨씬 더 강하게, 경제학의 관찰 대상들은 "그 자체로 숫자로 되어 있기" 때문에 경제학은 "모든 과학 중에서 가장 계량적"이라고 주장하였다.[67] 또한 어떤 이들은 제본스와 마찬가지로 쾌락까지도 정확하게 계산할 수 있다고 주장하였다.[68] 측정과 계산이 무엇인지 정확히 알고 있는 자연과학자들은 이 생각을 일소에 부친다는 사실에 주목한 경제학자는 없다.[69] 그렇지만 몇몇 경제학자들은 계량적 도구와 숫자로 표시된 도구를 구분함으로써 정밀과학의 고전적 정의를 점차 약화시켰다.[70] 경제 모형은 계산기기로 사용되지 못하더라도 실재에 대

---

64 Homan(앞의 각주 15), p. 15 참조.

65 Ranger Frisch, "Irving Fisher at Eighty," *Econometrica*, *15*(1947) 74.

66 *The Logic of Hegel*, tr. W. Wallace(2nd edn., London, 1904), p. 186 참조.

67 Schumpeter, *Essays*, pp. 100 f.

68 놀랍게도 이 개념을 플라톤에서 볼 수 있다. "우리에게 계산 능력이 없다면 미래의 쾌락에 관한 계산을 할 수 없으며, 우리의 삶은 인간이 아닌 굴이나 해파리의 삶일 것이다." *Philebus*, 21.

69 예컨대 Max Planck, *The New Science*, p. 308.

70 Robbins, *An Essay*(앞의 각주 3), p. 66; Joseph A. Schumpeter, *History of Eco-*

한 이론적 표현을 구성하기만 하면 여전히 정밀하다는 것이다.

되돌아보면, 파레토는 왈라스가 경제학을 정밀과학으로 이미 변환하였다고 강하게 주장하였다. 파레토는 우리가 선택한 모든 매개변수의 값을 결정할 수 있다고 주장하였지만, 왈라스와 달리, 구체적인 왈라스 시스템[왈라스가 개발한 일반균형 모형 — 옮긴이]을 효과적으로 해결할 가능성을 믿지 않는다고 분명하게 밝혔다.[71] 파레토는 그보다 앞선 쿠르노(Cournot)처럼, 경제학이 수리과학이 되는 데 유일한 걸림돌은 천문학의 경우와 마찬가지로 방정식의 방대함에 있다고 생각하였다.[72]

아직도 많은 사람들은 왈라스 시스템이 라플라스의 도깨비를 위한 정확한 계산도구가 될 것이라고 생각한다. 그러나 경제적 만족과 생산함수를 모두 결정하는 데 필요한 모든 관찰을 하고, 방정식을 풀고, 관련된 사람 모두에게 해답을 전달하는 일을 순간적으로 해낼 수 있는 새로운 도깨비를 상상해보자. 파레토는 모든 사람이 그 해법에 만족하고, 영원히는 아니더라도 최소한 외부의 새로운 힘이 혼란을 일으킬 때까지는 경제가 균형을 이루리라고 생각한다.

이 논리는 새로운 경제 상황을 경험하는 개인은 자산의 선호를 바꿀 수도 있다는 결정적으로 중요한 현상을 무시하고 있다. 사후(事後)에 그가 도깨비에게 주었던 응답이 옳지 않았음을 깨달을 수 있다. 이렇게 도깨비가 계산한 균형은 외부 요인이 아닌 내생적 원인에 의해 바로 무너진다. 결과적으로, 실

---

nomic Analysis(New York, 1954), p. 955.

71 V. Pareto, "Teoria matematica dei scambi foresteri(국외무역에 관한 수학 이론)," *Giornale degli economisti*, *6*(1894) 162. 파레토가 그의 시스템을 통해 경제학자들이 천문학자와 똑같은 종류의 예측을 할 수 있으리라고 생각했다고 주장한 데마리아가 그르다는 것을 이 논문에서 알 수 있다. V. Pareto, *Scritti teorici*(이론적 저작), ed. G. Demaria(Milan, 1952), p. 19을 보라.

72 A. Cournot, *Researches into the Mathematical Principles of the Theory of Wealth* (New York, 1897), p. 127.

제 일이 일어나기도 전에 전체 세상사를 쓸 수 있는 신성한 능력을 가지지 않는 한, 도깨비는 사라질 균형들을 계속해서 다시 계산해야 할 것이다. 그렇다면 이 도깨비는 이제 '과학적' 도깨비가 아닐 것이다. 파레토는 누구보다도 신통력에 의존하려 하지 않을 것이다.

왈라스 시스템에서 도깨비가 틀림없이 부딪치게 될 난관이 최소한 또 하나 있다. 그것은 오이디푸스 효과로서, 한마디로, 다음에 할 행동을 공표하면 각 개인의 예상의 근거가 변화하며, 따라서 이전 계획을 변경하게 된다는 것이다. 개인의 선호에도 역시 오이디푸스 효과가 나타난다. 캐딜락보다 롤스로이스를 좋아하지만 옆집 사람이 롤스로이스를 산다는 말을 들으면 달라질 수도 있다. 문제는 오이디푸스 효과가 작동하는 어떤 과정도 해석학적 모형으로 표현할 수 없다는 것이다. 정말 간단한 사례를 보자. 주말을 어떻게 보낼지 미리 결정하지 않고 토요일에 결정하려고 마음먹으면, 지금은 일요일에 무슨 일을 할지 절대 알 수 없다. 결과적으로, 어떤 분석 도구를 사용하더라도 자신이 (혹은 다른 사람이) 자신의 미래 행동 방향을 알 수 없으며, 따라서 자신이 속한 공동체의 행동 방향도 알 수 없다.

에지워스(Edgeworth)는 "변수를 상수로 취급하는 것은 비(非)수학적 경제학자의 특징적인 악습"이라 하였다.[73] 그러나 수학 모형에만 매달리는 경제학자는 내생적 변화 가능성을 만드는 질적 요소들을 통째로 무시하는 더 심한 악습을 지니고 있다. 따라서 사회의 실재를 기술하면서 중요한 요소들을 놓치고 있다고 사회과학자들을 비판한 브리지먼은 옳았다.[74]

물리학에서 경제학으로 교리를 들여와 물리학의 장로들보다 더 독실하게 해석하는 폐해를 자주 볼 수 있다.[75] 물리학에서는 감각-인지가 외부 세계와

73 F. Y. Edgeworth, *Mathematical Psychics* (London, 1932), p. 127n.

74 Bridgman, *Reflections*, pp. 447 f.

75 몇몇 경제학자는 경제학에서 계량형태 모형을 전혀 받아들이지 않는다. 예컨대 F. A. Hayek, "The Use of Knowledge in Society," *American Economic Review*, *35* (1945)

의 유일한 접촉점이기 때문에 감각-인지할 수 있는 것만, 즉 관찰 가능한 것만 신뢰한다. 또한 물리학은 이질적인 관찰 대상들을 하나의 그림으로 통합하고 논리적 기초를 단순화하기 위해 관찰 불가능한 것들을 만들어내야 했지만 그럼에도 이들을 허구로 취급하고 불신하는 것도 이해할 수 있다. 그러나 경제학에서 경제 활동의 원천인 욕구, 믿음, 기대, 제도화된 사고방식 등을 허구로 다루어야 할 이유는 없다. 이 요소들은 가격, 판매, 생산 등 경제학의 "관찰 가능한 것들"보다 훨씬 더 친숙하다.

많은 수리경제학자들은 계량형태 모형에 인간의 성향을 고려할 여지가 없다는 것을 잘 알고 있었음에 틀림없다. 제본스가 효용의 기수 척도를 찾는 것을 보고 그들은 깜짝 놀랐다. 최근에는 불확실성의 척도 같은 것을 설정하려는 이들도 있다. 과학에서는 할 수 있는 것은 모두 시도해야 하기 때문에 이 모든 노력에 경의를 표해야 한다. 그렇지만 이런 노력의 결과 기수든 서수든, 측정 가능성에는 매우 엄격한 조건들이 필요하다는 것을 점차 깨닫게 되었다. 『AE』에 재수록된 나의 1936년 논문 「소비자 행동의 순수 이론(The Pure Theory of Consumer's Behavior)」에서 이 조건들의 일부가 최초로 밝혀졌다. 나는 같은 책 2부에 실린 다른 논문들에서 이 생각을 발전시켜 욕구와 기대 모두 측정 가능성 조건들을 만족하지 못한다는 것을, 바라건대 설득력이 있게 증명할 수 있었다. 욕구나 기대에 대한 척도를 설정하는 방법을 보여주는 모든 시도가 견고해 보이는 까닭은 '많음'과 '적음'이 존재하는 구조는 필연적으로 선형 연속이라는 생각에, 즉 내가 '서수주의(序數主義)의 오류'라고 부르는 것에 기인한다.

그러나 측도에 대한 열망이 너무 커서, 어떤 이들은 인간의 정신적 태도를 "과학과 측정에서 다룰 수 없다면, 논의를 시작할 수도 없다"[76]고 주장함으로

519~530. 앞에 분명히 언급하였듯이, 이는 공감하기 어려운 극단적인 태도이다. 이 점에 관하여 마셜이 전적으로 옳았다. Marshall, *Principles*, 부록 D를 보라.

써 인간 성향의 측정 가능성에 반하는 모든 근거와 논리적 주장을 회피하려 한다. 분명, 이 주장이 적용되는 일은 '과학은 측정'이라는 일밖에 없다. 그러나 어떻게 이런 일만이 과학자가 할 수 있는 유일한 일인가? 바로 이 문제에 답하기 위하여 처음에는 아무리 전문적이고 지루해 보일지라도 내가 모을 수 있는 모든 근거를 제시함으로써 과학도 변증법적 개념을 완전히 피할 수 없다는 것을 보여주고자 했다. 앞에서 설명한 것처럼, 그 핵심적 이유는 어떤 과학도 **변화**를 영원히 무시할 수 없다는 것이다. 따라서 경제적 **변화**의 주된 매개체인 인간의 성향이 계량형태 개념이 아니라는 생각은 비과학적인 환상이 결코 아니다.

경제학이 '관찰 가능한' 양(量)들에 관한 과학인 동시에 인간에 관한 과학이 되려면 변증법적 추론을 폭넓게 사용해야 한다.[77] 어쩌면 이것이 마셜이 "미묘하고 섬세한 손길"이라고 표현했던 것일지도 모른다. 그러나 그는 곧바로 경제과학은 "세심한 추론과 분석이라는 견실한 골격을 가져야 한다"[78]고 덧붙였다. 마셜이 '정확한 추론'이라 하지 않은 것은 매우 의미심장하다. 변증법적 추론은 정확할 수 없다. 그러나 앞(2장 6절)에서 주장한 것처럼 변증법적 추론은 옳을 수 있으며, 옳아야 한다. 변증법적 추론을 검증하는 두 가지 방법이, 즉 소크라테스식 해석과 해석학적 직유가 알려져 있다. 놀랍게도, 이 방법들은 『대화(Dialogues)』에서 이들을 자유롭게 사용한 플라톤에 그 기원을 두고 있다.[79] 2000년 후 1690년 페티는 플라톤의 방법 중 하나를 경제적

---

76 S. S. Stevens, "Measurement and Man," *Science*, February 21, 1958, p. 386. 이는 이미 오래전에 벤담이 한 말이다. 그러나 최소한 벤담은 이 내용이 기본적인 사실과 충돌한다고 고백하였다. 4장 각주 4를 보라.

77 변증법적 추론의 의미는 헤겔과, 따라서 마르크스와도 다르다. 2장 각주 27, 아래 각주 83 참조.

78 Marshall, *Principles*, p. 769.

79 "더 고차원의 생각은… 예를 통하지 않고는 설명하기 어렵다"(*Statesman*, 277)는 말이 충분한 예시이다.

추론에 적용하자고 제안하여 정치학자들을 놀라게 하였다. "이를 위하여 내가 취할 방법은 아직 통상적이지 않다. 나는 내 생각을 표현하는 데 비교급이나 최상급 **단어**와 지적인 **주장**만 사용하는 대신 … **숫자**, **무게**, **척도** 등을 사용하였는데, [이들은] 최소한 내가 목적한 그 **지식**에 도달하는 길을 보여주는 **가설**로서 충분하다."[80]

계량형태 모형의 가장 분명한 장점은 변증법적으로 추론하고 수학을 사용하지 않는 경제학자들의 저작의 중요한 오류들을 드러내는 것으로, 이는 수리경제학을 비판하는 사람들도 거의 대부분 인정하는 것이다. 이 점에서, 다른 과학들뿐만 아니라 경제학에서의 수학적 모형의 역할은 산수의 9 뽑아내기 규칙[수의 계산에서 9를 제거하여 검산하는 방법―옮긴이]과 유사하다. 두 방법 모두 지적 작업의 오류를 찾아내는 데 편리하며, 부정하는 방식으로 작동한다. 즉, 오류가 드러나지 않더라도, 변증법적 주장이나 산수 계산이 완전히 옳다는 것을 의미하지는 않다. 이 점이 중요하지만, 나이트(F. H. Knight)만이 경제 이론은 "무엇이 '옳은가'보다는 무엇이 '그른가'"[81]를 보여준다는 것을 깨달은 듯하다.

계량형태 모형의 두 번째 역할은 변증법적 주장의 일부분을 보다 잘 이해할 수 있도록 설명하는 것이다. 예컨대 불확실성에 직면한 개인의 상황을 설명하고자 할 때, 취향 변화의 문제나 확률 분포를 예시적으로 논의하기 위해 특별한 매개 변수를 포함한 경제적 만족 함수를 사용할 수도 있다.[82] 또는 왈

80 *The Economic Writings of Sir William Petty*, ed. C. H. Hull(2 vols., Cambridge, Eng., 1899), I, 244 f.

81 Knight, *On the History*, 앞의 각주 25, p. 177.

82 나는 소비자 선택에서 이력과 새로움 효과를 분석하는 데 바로 이러한 플라톤의 방법을 사용하였다. 『AE』에 재수록된 저자의 논문, "The Theory of Choice and the Constancy of Economic Laws"를 참조하라. 장기 공급 곡선에 관한 마셜의 관찰과 대칭적인 나의 결론은 수요 곡선 역시 비가역적이라는 것이다. 나는 동일한 해석학적 직유를 통해, 개인에 대한 실험 후에도 개인은 실험 시작 때와 같기 때문에 그의 행동

라스나 레온티에프처럼 전체 경제의 중요한 측면들을 설명하기 위하여 특정한 차원의 시스템을 만들 수도 있다.[83]

수학적 모형의 이 두 가지 역할 때문에 현재 '경제이론'으로 받아들여지는 것의 존재 이유가 정해지는데, 이는 변증법적 추론에 '건실한 골격'을 제공하는 것이다. 따라서 해석학적 직유는 사실에 관한 적용과 상관없이 지극히 엄밀하게 공식화되어야 한다. 이 때문에 '순수 이론'에는 물가 지수, 생활비, 총생산 같은 유사 계량형태 개념이 끼어들 여지가 없다. 대다수의 권위 있는 이론가들이 이 개념들을 비판했으며,[84] 이것이 순수 이론에 관한 비판인 한에서는 정당하다.

모든 비판에도 불구하고 이 유사 계량형태 개념들은 갈수록 성공적이었다. 이제 거시경제학은 미시경제학을 거의 완전히 압도하고 있다. 여기에는 매우 단순한 이유가 있다. 생활수준, 실질 국민소득, 총생산 같은 좌표들은 한 개인의 취향이나 한 사업가의 가격 설정 규칙보다 경제과정의 분석에 훨씬 더 큰 의미가 있다. 경제과정의 다른 필수적 좌표들처럼, 이 좌표들은 변증법적 개념이다. 이 좌표들은 추상적으로 한 개인과 한 시점으로 환원하면 숫자로 표현할 수 있다는 점에서만 다른 좌표들과 구분될 뿐이다. 이 숫자로부터 유사(類似) 측도를 만들 수 있는데, 이는 항상 어떤 평균이다. 이 평균을 계산하기 위해 어떤 공식을 선택할지 혹은 어떤 공식으로 계산한 값보다 크거나 작은 수를 사용해도 될지 결코 알 수 없기 때문에 유사 측도는 본질적으

을 완전히 예측할 수 있다는 생각이 완전한 망상임을 정확하게 지적할 수 있었다.

83 마르크스처럼 경제과정에 대한 인식론적 접근에서 헤겔의 변증법을 정확하게 따르는 경우에는 해석학적 직유가 작동하지 않을 것이다. 9장 13, 14절 참조.

84 예컨대 N, G, Pierson, "Further Considerations on Index-Numbers," *Economic Journal*, *6*(1896) 127 ff; Lionel Robbins, *An Essay*, p.66; W. W. Leontief, "Implicit Theorizing: A Methodological Criticism of the Neo-Cambridge School," *Quarterly Journal of Economics*, *51*(1937) 350.

로 변증법적 개념이다.

유사 측도들이 '이론'에 독이 되는 이유는 이들이 구체적인 사실을 설명하고 분석하는 데 성공적인 이유와 같다. 적절하게 사용하면, 지표나 총계는 정밀한 총알이 아니라 '생활수준'이나 '국민 생산' 같은 변증법적 과녁을 총알보다 더 잘 맞추는 진흙 덩어리와 같다. 이 때문에 많은 경제학자들은 거시경제학이 다소 모호하지만, 오컴(Ockham)의 면도날[85] 덕분에 전통적인 미시경제학보다 훨씬 생산적이라는 데 공감한다. 그러나 실제로는, 개인이 아닌 사회에 관한 변수들이 더 중요하다는 것을 결국 깨달았기 때문일 것이다.

이상의 논의를 통해 수학적 거시모형이 경제 청사진 중에서 가장 우월한 것이라고 주장하려는 것은 아니다. 실제로, 청사진으로서 거시모형은 미시모형보다 더 많은 측면에서 취약하다.

우선 거시모형이 왈라스-파레토 모형에 비해 불완전하다는 것은 누구나 인정하는데, 이는 중요한 거시좌표들이 우리의 계산 능력을 넘어설 정도로 많이 있기 때문이라고 한다. 이는 익숙한 변명이다. 사실, 좌표 개수가 분석 능력을 넘어서면, 무엇이 중요한 좌표인지도 알 수 없다. 객관적인 정확도에 대한 앞의 논의를 생각해보면, 몇몇 중요 변수를 생략하였기 때문에 모형이 청사진은 아니라고 사후(事後)에 설명해보았자 별 소용이 없는 이유를 알 수 있다. 하지만 대부분의 경우 이런 설명밖에 할 수 없는 것이 현실이다.

둘째, 일반적으로 거시경제 모형은 특별한 구조의 방정식 시스템이다. 여기에는 해석학적 함수들만 있다. 해석학적 함수 $f(x)$의 특이한 성질은 아무리 작은 구간에서라도 $f(x)$ 값을 알면 모든 x에 대하여 그 값을 완벽하게 결정할 수 있다는 것이다.[86] 이런 함수만 사용하는 이유는 분명하다. 해석학적 함수

85 단순할수록 좋다는 사고(思考) 절약의 원리로, 과학 이론을 구성하는 기본 지침으로 지지를 받지만 항상 옳은 것은 아니다—옮긴이.

86 8장 5절 참조.

가 없으면 모형을 이미 관찰한 것의 범위 너머로 확대할 수가 없다.[87] 그러나 경제학의 법칙을 아니, 다른 어떤 법칙이라도 해석학적 함수로 표현해야 하는 이유는 무엇인가? 분명히 우리는 현실을 고려할 때 실제보다 훨씬 질서 있는 것으로 생각하는 경향이 있다. 물질 유량만 다루는 레온티에프 모형 같은 경우만 예외이고, 선형 거시모형의 경우 특히 그런 경향이 있다. 하지만 선형 거시모형조차도 가장 혹독한 통계 분석의 험로를 성공적으로 헤쳐왔다고 인정받는다. 그러나 그 험로가 순 엉터리가 아니었는지 생각해야 한다. 비-매개변수 검정의 경우에서조차 통계 검정이 타당하기 위한 조건은, 경제과 정같이 빠르게 변화하는 구조는 순전한 우연이 아니고서는 만족할 수 없다. 게다가 한 공식이 검정을 통과하지 못하면, 항상 변수를 새로 넣거나, 다른 변수로 나누는 등 조작할 수 있다. 누구나 조각칼을 영리하게 선택하면, 어떤 나무 속에나 아름다운 성모 마리아가 있다는 것을 항상 보일 수 있다.[88]

셋째, 경제학에서 사용하는 것 같은 유사 측도들 사이의 수학적 (계량형태) 관계라는 생각 자체가 명백한 형용모순이다. 대다수 다른 영역의 경우와는 달리, 경제학에는 예컨대 평균 소득을 모든 시간과, 장소에서 똑같은 공식으로 나타낼 수 있다는 근거가 없다. "평균 실질소득은 국민 총생산 중 산업 생산의 비중이 높을수록 증가한다"는 식의 명제는 엄밀하게 정확하지는 않지만, 복잡한 수학 공식에 비해 문제점이 훨씬 적다. 물론 경제학자든 자연과학자든 분석이라는 요리를 할 때 어떤 재료나 사용할 수 있다. '더 낮은 반(半)연속성', '이중(二重) 촘촘함', '리프쉬츠 조건(Lipschitz condition)' 등 요리에 도움

87 한 가지 중요한 생각을 추가하자면, 해석학적 함수가 없으면 예컨대 규모나 경기 순환 단계에 따라 법칙이 변화한다고 주장할 수도 없을 것이다.

88 G. H. Orcutt, "Toward Partial Redirection of Econometrics," *Review of Economics and Statistics*, *34*(1952) 206~211과 "Further Thoughts on Corrado Gini's *Delusioni dell' econometria*(수리경제학에 관한 착각)," *Metron*, *25*(1966) 265~279에 대한 저자의 "Comments"을 보라.

이 된다고 생각하면, 어떤 재료든지 자유롭게 사용할 수 있어야 한다. 그러나 이런 색다른 재료에 너무 도취되어 애초에 무엇을 하려고 부엌에 갔는지를 잊어서는 안 된다. 오로지 최종 결과의 질(質)만이 중요하다. 한 뛰어난 계량경제학자는 이 질과 관련하여 오랜 경험에서 나온 다음과 같은 의미심장한 결론을 털어놓는다. "우리는 대다수의 경우 정교한 이론적·통계적 도구와 개념을 사용한 모형이 가장 소박하고 단순한 추세의 공식보다 낫다고 확실히 말할 수는 없다는 사실에 직면할 수밖에 없다."[89]

나의 견해로는, 이것이 전부가 아니다. 모형이 복잡하고 사용하는 변수가 많을수록, 모형은 사회과학에서 유일하게 가능한 통제인 우리의 정신적 통제에서 점점 더 벗어난다. 통제가 가능한 사회 현상의 실험실은 없다. 뒤죽박죽인 수많은 사실들로부터 단지 몇 개라도 중요한 요소들을 골라낼 수 있는 수준으로 경제학자의 기량이 발전한다면, 결국은 '소박한' 모형이 경제과정을 더 잘 보여줄 것이다. 푸앵카레와 브리지먼의 주장대로, 중요한 사실의 선택은 모든 과학의 중심 문제이다.[90] 또 다른 뛰어난 계량경제학자 토빈(James Tobin)의 말대로, 이는 경제학에서도 결정적인 문제이다.[91] 또한 몇 개 안 되지만 잘 선택한 요소들로 구성된 '소박한' 모형은 덜 기만적인 행동 지침이다. 이 때문에 경제 발전 전문가들은 수학적 거시모형에서 덜 정확하지만 더 가치 있는, 특히 쿠즈네츠(S. Kuznets)가 주장한 종류의 분석으로 옮겨갔다. 이런 분석은 정교함은 떨어지지만, 정교함 그 자체가 목적은 아니다. 몇몇 물리학자와 경제학자가 말했듯이, "궁극적으로, 당신이 이제껏 해온 일을 모든 사

89 T. C. Koopmans, *Three Essays on the State of Economic Science*(New York, 1957), p. 212. 당연히, 모형의 성공은 변수들의 추정에 사용한 과거의 관찰 결과와 일치시키는 것이 아니라 미래 사건을 예측하는 데 있다. 앞에서 언급한 것처럼, 경제학자가 원하는 대로 과거와 잘 일치하도록 깎을 수 있는 계량경제의 도구는 충분하다.

90 H. Poincaré, *Foundations of Science*, p. 363과 앞의 각주 74.

91 T. C. Koopmans, *Three Essays*, p. 209.

람들에게 설명할 수 없다면, 그 일은 가치가 없다".[92]

어떤 각도에서 계량형태 모형을 들여다보든, 그 역할은 "주장을 손쉽게 하고, 결과를 명쾌하게 하고, 추론의 오류를 방지하는 것, **그것이 전부이다.**"[93] 모두 인정하듯이 이 역할은 유용하며, 일부는 인정하지 않지만 필수불가결하다. 불행히도 우리는 수술용 칼만 생각하고 환자는 잊어버릴 정도로 계량형태 모형이라는 도구에 매료된 듯하다. **검증할 변증법적 추론이 없다면 계량형태 모형에 아무런 가치가 없다**는 것을 잊어서는 안 된다. 앞의 비유로 돌아가자면, 검토할 계산 문제가 없다면 9 뽑아내기 규칙은 아무런 쓸모가 없다. 이를 잊으면, 나이트의 말[94]대로 "먼저 수학자가 되고 나중에 경제학자가 되는" 정도가 아니라 그저 공식 제조기가 되어버릴 위험에 빠진다.

4. 경제학과 인간

다시 말하거니와, 계량형태 모형은 다른 과학에서는 물론 경제학에서도 필수불가결하다. 물론 계량형태 모형으로 경제학에서 해야 할 일을 모두 다 할 수

---

92 E. Schrödinger, *Science and Humanism*(Cambridge, Eng., 1951), pp. 8 f. 몇몇 사람이 똑같은 의견을 주장하였다. Werner Heisenberg, *Physics and Philosophy: The Revolution in Modern Science*(New York, 1958), p. 168; J. K. Galbraith, *Economics and the Art of Controversy*(New Brunswick, N. J., 1955), p. 43.

93 Knut Wicksell, *Value, Capital and Rent*(London, 1954), p. 53. 저자의 강조. 이 생각은 마셜까지 거슬러 올라가는데, 그는 수학적 직유를 자신의 책, *Principles* 맨 뒤에 실음으로써 이러한 생각을 실천하였다. " [경제] 분석의 목적은 기계나 맹목적인 조작 방법을 제공하는 것이 아니라… 특정한 문제를 생각하는 조직적이고 체계적인 방법을 고안하는 것"이라고 주장한 케인스는 또 하나의 위대한 경제학자이다. J. M. Keynes, *The General Theory of Employment, Interest, and Money*(New York, 1936), p. 297. 그리고 위의 경제학자들이 모두 대단히 예리한 수학자였다는 사실은 의미심장하다.

94 Knight, *Ethics of Competition*, p. 49. 또한 Keynes, *General Theory*, p. 298을 보라.

있다는 의미는 아니다. 슈뢰딩거가 생물학적 삶과 관련하여 주장하였듯이, 경제학의 난점은 그것이 필요로 하는 수학이 어렵다는 점이 아니라, 경제학에는 "수학으로 완벽하게 다루기에는 너무 많은 것이 포함되어 있다는 점"이다.[95] 그리고 수학적으로 완벽하게 다룰 수 없게 만드는 요인은 경제과정에서 작용하는 문화적 성향의 역할이다. 실제로 경제 활동이 문화적 성향과 무관하다면, 시대와 지역에 따른 경제 형태의 무한한 가변성을 설명할 방법이 없다.

주류 경제학과 다른 경제학파 사이의 잘 알려진 갈등이 바로 좋은 사례이다. 이 갈등은 각 학파에서 알고 있는 서로 다른 경제과정의 문화적 차이에서 유래한다. 주류 경제학자가 **영혼**, **세계관** 같은 '애매모호한' 개념을 경제과학에 도입하자고 주장하는 독일 경제학자를 이해하지 못하는 것은 지극히 당연하다. 독일 역사학파가 경제과정을 역학의 유비로 환원하는 아이디어를 거부하는 것도 마찬가지이다.

주류 경제학이 훨씬 잘 나가고 있지만, 역사학파의 태도는 기본적으로 옳다. 점점 더 많은 경제학자들이 암묵적이지만 이에 동의하는 것 같다. 그리고 어쩌면 이는 따지고 보면 그리 복잡한 것도 아니다.

오래전부터 자연과학에서는 과학지식은 우리의 관찰 여부와 무관하게 일어나는 현상들만 다루어야 한다는 실증주의 인식론을 소중히 여겨왔다. 간혹 이 기준을 객관성이라 부르는데, 올바른 과학적 표현에는 어떤 식으로든 인간이 포함되어서는 안 되며 과학의 세계에서 "모든 의인관의 요소를 점진적으로 제거해야 한다"는 것이다.[96] 이런 사고방식의 결과, 어떤 이들은 심지어 인간의 사고가 현상이 아니라고 주장한다.[97] 그러나 양자 현상과 불확정성

95 E. Schrödinger, *What is Life?*(Cambridge, Eng., 1944), p. 1.

96 Planck, *The New Science*, p. 188.

97 예컨대 A. J. Ayer, *Language, Truth and Logic*(2nd edn., New York, 1946), pp. 46 f, 57 f 등에 암시된 것을 보라. 그러나 E. Schrödinger, *Nature and the Greek*(Cambridge,

원리가 발견되자 인간 없는 과학이라는 이상은 물리학자들 사이에서 빠르게 쇠퇴하기 시작하였다. 흥미롭게도 과학철학자나 사회과학자보다 물리학자들 사이에서 그 정도가 심하였다.[98] 드브로이의 표현을 빌자면, 자연과학자는 자신이 자연과 끊임없는 육박전을 하고 있다는 것을 깨닫게 되었다.[99] 자연과학자도 인간이기 때문에 "우리의 정신 구조에 상응하는"[100] 용어들이 아니면 결코 자연을 기술할 수 없다. 원자를 더는 작은 당구공으로 생각하지 않고, 대신 일련의 방정식으로 생각하는 것이 사실이다. 또한 순수수학에서는 수를 직관적 실재의 추상적 표현이 아닌, 기호에 의한 연산으로 조작할 수 있는 기호로 생각하는 것이 사실이다. 그러나 이것이 의인관이 과학의 발판이 될 수 없음을 증명하거나 인간 정신이 작동하는 방식을, 즉 "심리학과 무관한 논리나 인식론은 없다"[101]는 푸앵카레의 직관주의적 입장을 반증하는 것은 결코 아니다. 방정식과 기호 연산도 인간이 만들어낸 것 아닌가? 인간의 모든 지적 노력은 인간적인 특성을 가질 수밖에 없으며, 이는 앞으로도 계속 그럴 것이다. 반대 주장들은 (인간의 정신에 초점을 맞추면) 순환논리에 빠져 망가지거나, (그렇지 않으면) 공허하다.

인간의 과학이 그 그림에서 인간을 완전히 제거하는 것은 명백한 허구라는 점은 이제 더는 설명이 필요 없다. 그럼에도 주류 경제학에서는 인간 없는 그림을 그리는 데 특별한 자부심을 갖는다. 파레토가 명시적으로 주장한 것처럼, 일단 개인이 소유한 수단을 확정하고 "그의 취향을 정확하게 알아내면…

Eng., 1954), p. 90 f를 보라.

98 Niels Bohr, *Atomic Physics and Human Knowledge*(New York, 1958), p. 98; Heisenberg, *Physics and Philosophy*, pp. 52 f 참조.

99 Louis de Broglie, *Physics and Microphysics*(London, 1955), p. 131.

100 P. W. Bridgman, "Permanent Elements in the Flux of Present-Day Physics," *Science*, January 10, 1930, p. 20. 또한 Broglie, *Physics and Microphysics*, p. 114; Heisenberg, *Physics and Philosophy*, p. 81.

101 H. Poincaré, *Mathematics and Science: Last Essays*(New York, 1963), p. 64.

그 개인은 지워버려도 된다".[102] 개인은 단지 경제적 만족 함수 $\varphi_i(X)$의 아래첨자로 환원된다. 논리는 완벽하다. 경제과정이 없다는 단순한 이유 때문에 인간은 경제적 행위자가 아니라는 것이다. 주어진 수단을 주어진 목적에 맞추는 지그소 퍼즐만 있을 뿐이며, 여기에는 행위자가 아닌 컴퓨터가 필요한 것이다.

주류 경제학에서 개인을 완전히 추방하지 않은 것은, 앞에 요약한 내용에 조금 약화된 가정이, 즉 각 개인은 자신의 수단과 목적은 알고 있지만 다른 사람의 수단과 목적은 알지 못한다는 가정이 더해졌기 때문이다. "농부는 주어진 시장 가격에서 말과 경운기 중 어떤 것을 사용하는 것이 유리한지 쉽게 알 수 있다… 그러나 어느 누구도 말과 경운기 가격에 대해 [농부의 결정이 미치는] 효과를 알아낼 수 없다."[103] 이 수수께끼는 더듬거리며 답을 찾는 **암중모색**으로만 풀 수 있다. 동시발생적이든 아니든, 이렇게 시행착오를 통해 여러 일들에 자원을 옮기는 것이 주류 경제학에서 개인이 경제활동의 행위자가 되는 유일한 방식이다. 그리고 대부분의 경제학자들처럼 주류 경제학의 창시자들도 자신들이 실제 살았던 현실의 경제를 분석하고자 하였기 때문에, 목적의 성격뿐만 아니라 **암중모색**의 규칙 역시 자본주의 사회에 널리 퍼져 있는 사고방식과 관행을 본보기로 하였다. 자본주의처럼 조율되지 않고 혼란스런 시스템이 어떻게 그 와중에도 작동하는지에 관한 연구가 경제학이라고 한 룩셈부르크(Rosa Luxemburg)의 입장을 이런 관점에서 이해할 수 있을 것이다. 과학적 계획이 **암중모색**을 대신할 사회주의 사회가 도래하면 경제과학은 고사할 것이라는 그녀의 결론은 당연하다.[104]

모든 사회에서 경제 활동은 선택으로 구성된다는 데는 의심의 여지가 없

---

102 Pareto, *Manuel*, p. 170. V. Pareto, "Mathematical Economics," *International Economics Papers*, no 5, 1955, p. 61.

103 Pareto, *Manuel*, p. 335. 저자의 번역.

104 Rosa Luxemburg, "What is Economics?"(등사물, New York, 1954), pp. 46, 49.

다. 경제적 선택의 궁극적 산물을 각 좌표가 상품의 양(量)인 벡터 $X(x_1, x_2, \cdots, x_n)$로 표시할 수 있다는 데도 이론의 여지가 없다. 몇몇 경제적 선택은 자유 선택이다. 즉, 한 벌의 카드에서 한 장을 뽑거나 직선을 이루는 점 중에서 한 점을 선택하는 것처럼 개인은 여러 대안 중 하나를 자유롭게 선택하는 것이다. 그러나 가장 중요한 선택들은 대개 이 의미에서 자유롭지 않은데, 행위자의 행동을 수반하는 선택들이다. 일반적으로, 경제적 선택은 두 상품 벡터 Y와 Z 사이의 선택이 아닌, 두 집합체 (Y, B)와 (Z, C) 사이의 선택이다. 여기서 B와 C는 Y나 Z를 얻을 수 있는 행동을 가리킨다. 예컨대 Y를 얻을 수 있는 방식에는 보통 여러 행동, $B_1, B_2, \cdots, B_k$가 존재한다. 예컨대 1달러를 얻기 위해 구걸할 수도, 금전등록기에서 훔칠 수도, 고용주에게 생활비로 달라고 할 수도 있다. 평균적인 행동은 그가 속한 문화에 좌우된다. 선택의 결과가 Y인지 Z인지는 문화에 의해 결정되는 행동 B, C의 가치에 좌우된다. 단지 다른 고용주가 더 많은 보수를 준다고 해서 오랫동안 함께 일해온 고용주를 떠나는 것은 확실히 어떤 문화전통에도 맞지 않는다. 경기가 나빠지자마자 노동자를 내보내는 것도 마찬가지이다.

문화는 또 다른 중요한 측면에서도 다르다. 어떤 사회에서는 지배적인 문화에 따라 대부분 행동에 매우 긍정적이거나 매우 부정적인 가치가 부여된다. 그러면 개인의 선택에서 이 가치들이 중요하게 고려된다. 반대편 극단에는 성문법으로 특정하여 금지한 행동들만을 제외하고, 상품 벡터 Y와 Z만 놓고 선택하는 시민사회도 있다. 경제적 동물을 상정한 주류 경제학이 그렇게 잘 지탱해온 이유를 이제 명백하게 알 수 있다. 이 경제적 동물은 자유롭게, 즉 단지 상품 벡터만 포함하는 선택-함수에 따라 선택하고 있으니까.

선택이 행동 요소에 의해서도 이루어지는 사회를 보통 '전통사회'라 부른다. 그러나 이 말은 중복 표현이다. 모든 사회에는 고유한 전통이 있다. 시민사회의 전통은 성문법 혹은 법원의 판례에 따라서만 어떤 행동이 허용되는지 금지되는지를 구분하는 것이다. 연방공정거래위원회가 법원에 어떤 행위가 사회적으로 용인된 기준에 부합하는지 결정해달라고 빈번하게 요구하는 것을 상기해보라.

경제적 동물의 선택-함수가, 즉 효용지수가 어떤 사회에서나 경제 행위를 적절하게 표현한다는 견해는 여전히 지배적이다. 행동 B를 통해 얻을 수 있는 x_k와 행동 C를 통해 얻을 수 있는 동일한 x_k를 구분함으로써 상품 벡터에 행동을 포함시킬 수 있다는 주장이 있을 수 있다. 하지만 이는 어려움을 이론 구조 속에 감출 뿐이다. 훨씬 흔한 입장은 "농부가 송아지를 팔 때도 주식 중개인이 주식을 파는 것처럼 영리하고 이기적으로 판다"는 슘페터의 주장에 요약되어 있다.[105] 소농사회에서도 표준적인 효용함수로 충분히 경제적 행동을 설명할 수 있다는 의미이다. 그러나 분명한 것은, 슘페터는 도시의 시장에서 처음 본 사람에게 송아지를 파는 농부를 예로 들었다는 점이다. 하지만 자신의 공동체 안에서 농부는 주식 중개인처럼 처신할 수 없다. 많은 농촌사회 연구자들이 말해주듯이, 예컨대 과부의 생활고 때문에 송아지를 싸게 팔아야 해서 살 수 있는지 여부가 농부에게는 중요하다. 그러나 주식 중개인은 매도인이 싸게 판 이유에 신경 쓰지 않는다. 사실 매도인이 누구인지 알 수도 없다.

최근 많은 경제학자들이 여러 저개발국의 농촌경제 연구에 매달리고 있다. 이들이 '합리적 선택함수'로서 효용 함수와 이윤 함수에 집착한 결과, 농부 그리고 일반적으로 어떤 '전통' 사회의 구성원은 **비합리적으로** 행동한다는 결론을 내렸다. 사실 많은 연구는 농부를 **합리적으로** 행동하도록 만드는 방법에 관한 것이다. 그러나 이 학자들 대부분은 자신들의 정책 제안이 농촌 공동체로 하여금 시민사회처럼 효용 함수와 이윤 함수에 따라 선택하도록 만들자는 것임을 깨닫지 못하는 것 같다. 이런저런 경제 행동의 양식이 합리적인지

---

105 Joseph A. Schumpeter, *The Theory of Economic Development*(Cambridge, Mass., 1949), p.80.

하는 문제는 실제로는 헛것에 지나지 않는다.

5. 합리적 행동과 합리적 사회

결정론의 관점에서 보면, '합리적 행동'이라는 개념은 무의미하다. 취향, 성향, 기질이 정해졌을 때 "흡연은 건강에 해로울 수 있다"는 경고에도 아랑곳하지 않고 담배를 피우는 사람은 확고한 근거 하에 행동하는 것이며, 따라서 비합리적이라 할 수 없다. 그리고 생물학자들이 일란성 쌍둥이 연구에서 얻은 결론을, 즉 사람의 행동은 대체적으로 유전형에 의해 결정된다는 결론을 받아들이면, 범죄자와 전쟁도발자는 평화를 사랑하는 사람들과 똑같이 '합리적'이다.[106] 그리고 결정론자에게는 (생태학적 · 생물학적 · 문화적) 교육도 그와 다를 수 없다. 교육은 본성과 함께 미리 결정된 확고부동한 통제로 개인을 속박한다. 이 때문에 사회과학자가 비합리적인 행동을 논할 때는 보통 규범 기준을 근거로 삼는다. 연례 축제를 위해 실질적으로 마을의 돼지 전부를 도살하는 어떤 마을[뉴기니 — 옮긴이] 주민을 생각해보자. 그들은 축제에서 먹을 수 있는 것보다 더 많은 돼지를 도살할 뿐만 아니라 그 후로 1년 동안 굶주리기 때문에 비합리적이라고 한다. 하지만 내가 주장하는 바는 (인간 혹은 다른 생물의) 어떤 행동도 규범 기준에 따라서는 합리적일 수도, 비합리적일 수도 있다는 것이다. 바로 이 때문에 필리핀 농부는 미국 농부에게 비합리적으로 보인다. 그러나 미국 농부도 필리핀 농부에게는 비합리적으로 보인다. 둘은 서로 다른 생태 환경에 살고 있으며, 서로 다른 세계관을 가지고 있다. 인간에 대한 연구는 특정한 행동에 대한 편들기 이상이어야 한다. 최선의 연구 태도는 두 행동의 차이를 인정하고, 그 차이가 존재하는 이유를 찾고, 그 결과를

106 이를 뒷받침하는 근거로, C. D. Darlington, *Genetics and Man*(New York, 1969), pp. 232~244, 특히 240 f에 있는 유전적으로 전파되는 특성 목록을 보라.

평가하는 것이다.

어떤 행동에 규범적인 비합리성이 없다고 확신하려면 그 행동이 초래할 모든 가능한 결과를 알아야 하는데, 이는 우리의 지적 능력을 넘어선다. 예컨대 인체에 해를 주지 않으면서 감각을 즐겁게 하는 것이 합리적 행동이라고 해보자. 이 기준에 따르면 100년 전에는 흡연이 비합리적이라 하지 않았을 것이다. 당시에는 흡연이 건강을 해친다고 생각하지 않았기 때문이다. 다른 한편으로, 우리의 불완전한 지식에 비추어 볼 때는 제아무리 비합리적으로 보이는 행동일지라도 조물주에게는 궁극적인 '이유'가 있을지도 모른다. 신성한 질서의 존재는 증명도, 반증도 불가능하다.

'비합리적'이라는 말은 한 개인이 어떤 계율을 바람직한 것으로 선언하고, 알 수 없는 이유로 다르게 행동하는 경우를 의미할 수도 있다. 그가 공언한 규범을 따를 수도 있었다는 것을 인정하더라도, '일관성 없음'이 이 상황에 훨씬 적절한 용어이다. 마지막으로, 어떤 예견할 수 있는 규칙도 따르지 않는 행동을 '비합리적'이라고 규정할 수도 있다.

이상의 논의에 비추어보면, "궁극적으로 인류가 훈련을 통해 좀 더 합리적이 될 때까지 진정한 사회과학은 없을 것"[107]이라는 브리지먼의 견해는 분명 혼란스럽다. 이 혼란은 교훈적인 동시에 복잡하다. 이를 통해 20세기의 가장 위대한 물리학자 중 한 사람의 자유 의지에 대한 믿음을 엿볼 수 있다. '비합리적' 행동에서 '합리적' 행동으로 스스로 변화하려면 분명히 자유 의지가 있어야 한다. 그러나 브리지먼은 '합리적인' 것이 무엇인지 설명하지 않았다. 조작주의(operationalism)[구체적인 조작으로 정의할 때 과학 개념이 객관화된다는 설 —옮긴이]의 기초를 놓았고, 과학은 자연의 미래 거동을 예측하는 계산 도구들의 모음이라고 생각한 이 저명한 학자는 가장 중요한 상황에서 인간의 행동이 그런 계산을 허용하지 않기 때문에 인간이 비합리적이라고 느꼈을 것

107 Bridgman, *Reflections*(앞의 각주 33), p. 451. 저자의 강조.

이 틀림없다. 달리 말하면, 인간의 행동이 대부분 내가 3차 합리적 현상이라고 명명한(5장 1절) 범주에 속하기 때문에 비합리적이라고 생각하였을 것이다. 그가 말한 것은 본질적으로, 물질의 거동이 예측 가능하다는 의미와 똑같은 의미에서 인간의 행동이 예측 가능하도록 인류가 스스로 훈련하지 못하면, 진정한 사회과학은 있을 수 없다는 뜻이다. 물론 그는 가능한 행동 중에서 모든 인간이 끊임없이 반복해야 할 행동이 무엇인지는 말하지 않았다. 그러나 그와 같은 정도의 지성이 영속적이고 엄격하게 지켜야 하는 정언명령이라는 것이 야기하는 어마어마한 지적 쟁점을 무시했을 리가 없다.

흥미롭게도, 완전한 계획 사회에 대한 숭배자들은, 특히 마르크스주의자들은 물리학이나 화학과 똑같은 조작 가능성을 지닌 사회과학을 수립하는 것에 관한 브리지먼과 유사한 견해를 가슴에 품어온 지 오래이다. 로웨(A. Lowe)는 최근 저작에서 이와는 조금 다른 각도에서 그러나 학문적으로 능숙하게 이와 같은 견해를 전개했다. 인간은 비합리적으로 (즉 예측 불가능하게) 행동하기 때문에, 사회과학(특히 경제학)의 책무는 인간을 합리적으로 (즉 예측 가능하게) 행동하도록 만드는 것이라는 주장이다. 이는 '산업 시스템의 안정성과 성장, [그리고] 이론적 일반화를 위한 선결조건에 걸맞은 질서' 모두를 성취하자는 일석이조의 제안이다.[108] 나는 주류 경제학에 대한 로웨의 불만에는 공감하지만, 그 의견을 받아들일 수는 없다. 현재의 경제학을 정치경제과학으로—고전적 의미의 정치경제학과 혼동해서는 안 된다[이 때문에 Political Economics를 정치경제과학으로 옮겼다—옮긴이]—바꾸자는 로웨의 제안에는 주류 경제학과 똑같은 오류가 오히려 더 심각한 형태로 존재한다.

로웨가 제안하는 정치경제과학은 '통제된 경제 시스템에 관한 이론'이다.[109]

---

108 Adolph Lowe, *On Economic Knowledge: Toward a Science of Political Economics* (New York, 1965), pp. 18 등.

109 앞의 책, p. 156.

이는 경제의 최적 '거시목표'를 선택할 수 있는 '통제 기관'을 전제한다. 이 기관은 목표 선택 후 다음 과제를 수행한다. ① 선택된 거시목표를 향해 시스템을 움직일 물리적 진로를 결정한다. ② 이 진로에 필요한 행동 양식과 그 양식을 만들어낼 수 있는 동기를 찾아낸다. ③ 이 '목표에 적합한' 동기를 유도할 정부 규제들을 찾아낸다.[110] 객관적인 최적목표 같은 것이 존재하는가, 그런 목표가 있다고 하더라도 통제 기관이 그것을 항상 찾아낼 수 있는가라는 곤란한 질문을 제쳐놓더라도, 또 거시목표를 향한 진로를 이론상 계획할 수 있다고 치더라도, 나머지 두 가지 과제가 제기하는 문제들은 만만치 않다. 로웨가 이 문제들을 풀기 위해 개인에게 강제력을 사용하자는 것이 아님은 분명하기 때문에, 정교한 공학적 장치로 대량의 물질을 효과적으로 통제할 수 있는 것처럼 일상적인 규제들로 동기를 통제할 수 있게 해줄 계산도구들이 있음을 전제로 한 것이 분명하다. 이런 가정은 심지어 **경제적 동물**(homo economicus)에 포함되지 않는 특성까지도 높은 정도의 기계론적 질서를 보인다는 의미로, 주류 경제학의 기본 입장보다도 더 부당하다. 어쨌든 이 가정은 사회공학의 가능성에 대한 믿음의 토대를 이룬다. 그리고 흥미롭게도 로웨의 주장에서 레닌의 『국가와 혁명(The State and the Revolution)』을 관통하는 기본 사상의 흔적을 볼 수 있다. "부과된 거시목표를 완전히 받아들이는 관리들이 중앙 계획의 처방을 수행하는 획일적인 집단주의라는 극단적 경우를 상상해보자. 이런 시스템에서 경제적으로 중요한 과정들은 거의 완벽하게 기술적인 조작의 문제로 귀착된다"[111]고 로웨는 말한다. 그러나 온갖 수단들을 동원해서 관리들이 부과된 거시목표를 완전히 받아들이도록 주입하려고 노력해온 사람들은 종종, 흐루쇼프(Nikita Khrushchyov)가 몇 년 전 말한 것처럼, 그들이 성공적이지 않았다는 것을 알려준다.

---

110 앞의 책, p. 133, 특히 p. 143.

111 앞의 책, p. 142.

관리들이, 나아가 획일적인 통제 사회의 모든 구성원이 거시목표를 완전히 받아들인다는 가정은 자연히 벌, 개미, 흰개미 등 다른 사회적 생물들을 떠올리게 한다. 그리고 그 결과 정치경제과학이나 사회공학 이론들에서 간과한 문제의 핵심에 바로 다다르게 된다. 사회적 곤충의 사회적 생산은 체내기관의 진화에 의해 정해진 분업을 통해 발전하였다. 예컨대 문지기개미는 자신의 체내기관을, 즉 평평한 머리를 사용하여 임무를 수행한다. 나아가 지하통로 입구를 머리로 막는 일이 그 개미가 원하는 전부가 되도록 생물학적 구조가 되어 있다. 반면에 인간의 사회적 생산은 체외 기구가 진화한 결과이다. 평균적으로, 인간은 왕과 인력거꾼의 역할 모두에 적합한 생물학적 구조를 가지고 태어난다. 그리고 보통 사람의 생물학적 구조에 그가 왕을 바라지 않도록 만드는 어떤 요소도 존재하지 않는다. 문제는 왕이 아닌 인력거꾼이 될 수밖에 없는 사정이다.

사회적 곤충이 만들어내는 조화와 대조적으로 인간 사회의 구성원들은 영원히 갈등을 빚어낸다. 이 때문에 사회철학자들은 인간의 생물학적 특성과 경제적 욕망을 구분하는 데 오랫동안 관심을 가져왔다. 소수 엘리트가 통제하는 '합리적' 사회의 최초 주창자인 플라톤은 어떤 사람은 노예가, 어떤 사람은 철인-독재자가 되도록 자연이 의도했다고 생각하여, "자연의 의도대로 각 개인의 위치가 정해져야 한다"[112]고 주장하였다. 플라톤은 모든 동물사회에 있는 생물사회 복합체가 이런 식이라고 인식하여, (플라톤이 초인이라 부른) 관리인이 일반인과 유전적으로 섞여 퇴보하는 것을 막기 위해 몇 가지 관리인 계급 보호 규칙을 만들기까지 하였다.[113] 그러나 당시에 플라톤은 계획사회에 필요한 각각의 작업에 적합한 각각의 사람들이 태어나도록 하는 역방향

112 Plato, *Republic*, II. 374와 V. 423.

113 앞의 책, V. 459~460. 흥미롭게도, 이 규칙들에는 대중을 우민화하고 소수 지배층의 비밀을 유지하기 위한 교묘한 장치들도 있다. 플라톤은 실제로 현대의 정신 조작자들의 걸출한 선구자이다.

조작을 생각할 수는 없었다. 최근까지 이 생각은 프랑스의 백과사전파 디더로(D. Diderot)가 쓴 풍자문학 『달랑베르의 꿈(The Dream of d'Alembert)』과 올더스 헉슬리(Aldous Huxley)의 『멋진 신세계(The Brave New World)』에 나오는 풍자적인 유토피아에만 등장하였다. 그러나 분자생물학의 최근 발견들로 인해, 몇몇 생물학 권위자뿐만 아니라 여러 선동가와 허풍쟁이 언론인들이 들뜨게 되었다. 이 발견들은 인간이 조만간 "유전자를 직접 바꾸거나 생산"할 수 있다는 전조라는 것이다.[114] 그리고 "이는 장기적인 문제가 아니라 지금 우리에게 닥친 문제"라는 주장 때문에, 지난 10년 동안 몇몇 생물학계 최고의 권위자들은 생물학의 시대를 생각하고 준비하기 위해 여러 심포지엄을 갖기도 하였다.[115] 홀데인(J. B. S. Haldane)처럼 위대한 생물학자도 죽기 얼마 전 그중 한 심포지엄에서 미래 인간은 탈리도마이드[서장의 각주 25 참조—옮긴이]를 사용해서 (직업상 짧은 다리가 편리한) 우주인을 만드는 일뿐만 아니라 인간과 다른 동물의 뛰어난 생물학적 특징들을 결합한 키메라의 생산도 볼 수 있을 것이라고 하였다.[116]

그러나 권위자들 중 어느 누구도 레더버그가 일련의 논문에서 곧 도래할

---

114 Joshua Lederberg, "A Crisis in Evolution," *The New Scientist*, January 23, 1964, p. 213. 저자의 강조.

115 다섯 명 이상의 노벨상 수상자들이 *Man and His Future*, ed. G. Wolstenholme (Boston, 1963)에 관한 시바(Ciba) 재단 심포지엄에 참석하였다. 오하이오 주 웨슬리언대학에서 열린 심포지엄, *The Control of Human Heredity and Evolution*, ed. T. M. Sonneborn(New York, 1965)에 노벨상 수상자 세 명이 참석하였다. 본문의 내용은 *Man and His Future*, p.363에서 인용한 것이다.

116 J. B. S. Haldane, "Biological Possibilities for the Human Species in the Next Ten Thousand Years," in *Man and His Future*, ed. Wolstenholme, p.354 f. 애트우드(K. Atwood)는 이 아이디어를 이어받아 그 뒤 심포지엄에서 "철학에 몰두할 수 있는 커다란 뇌와 등에 광합성 기능 중추가 있어 먹을 필요가 없는" 생명체의 생산을 상상하였다. *The Control of Human Heredity and Evolution*, p.37의 "Discussion-Part I"를 보라.

생물학적 기적의 긴 목록을 제시하면서 보여준 정열과 확신을 넘어서지 못했다.[117] 신문 머리기사에도 나왔듯이, 그는 "I.Q. 알약 같은 인간 두뇌의 크기를 조절하는 발생공학 기술의 기초가 조만간 만들어질 것이 틀림없다"[118]고 주장하였다. 특히 우리의 논의를 위해 가장 중요한 것은 그가 인간의 무성 생식을, (레더버그가 좋아하는 용어로는) 인간 복제를, (언론인들의 선정적인 표현에 따르면) '아인슈타인 찍어내기'를 엄청나게 강조한다는 점이다. 그는 이 기적이 인간이 성취하기 직전에 있는 '진화의 요동'이라고 주장한다.[119] 그가 의미하는 복제란 약 20년 전 브리그스(R. Briggs)와 킹(T. J. King)이 처음 시도한 세포 수술을 인간에게 확장하는 것이다. 이 실험은, 다른 사람들도 시도하였는데, 양서류의 체세포 핵을 동일 종(혹은 유사 종)의 핵을 제거한 난자에 옮겨 심는 것이었다[포유류에 대한 시도 중 최초의 성공 사례는 양(Dolly, 1996~2003)이었다—옮긴이]. 이 잡종 난자 중 몇몇은 여러 단계까지 발생하여, 간혹 성체가 되기도 하였다.[120] 자연히, 똑같은 기술을 인간에 적용할 수 있고, 실질적으로 완전한 성공을 거둔다면, 우리가 만들어낼 수 있는 '아인슈타인'의 수에는 제한이 없을 것이다. 이런 환상은 『달랑베르의 꿈』에 나오는 디더로의 상상을 생각나게 한다. "따뜻한 방에 작은 항아리들이 가득 차 있고, 각 항아리에

117 앞의 각주 114에 인용한 논문 외에, Joshua Lederberg, "Biological Future of Man," *Man and His Future*, ed. G. Wolstenholme, pp.263~273과 "Experimental Genetics and Human Evolution," *American Naturalist*, C(1966) 519~531(*Bulletin of the Atomic Scientists*, October 1966, pp.4~11에도 재수록)을 보라.

118 Lederberg, "Biological Future of Man," p.266과 "A Crisis," p.213. 이 기술들은 예전부터 의학에 있던 것인데, 레더버그는 이를 가리켜 '인간개조학(euphenics)'이라는 새로운 용어를 만들었다. "Biological Future of Man," pp.265 f와 "Experimental Genetics," pp.524을 보라.

119 Lederberg, "Experimental Genetics," p.526; "A Crisis," p.213.

120 이 방향의 가장 주목할 만한 결과들을 편리하게 요약한 Morgan Harris, *Cell Culture and Somatic Variation*(New York, 1965), pp.10~20가 있다.

는 꼬리표가 붙어 있다: 군인, 행정관, 철학자, 시인, 보존용 고급 매춘부, 보존용 창부, 보존용 왕."[121]

문외한들은 인간 복제나 인간개조학을 대변하는 놀라운 주장과 해설서들을 읽으면서 스스로 빠져들 수도 있지만, 실질적으로 레더버그의 모든 동료들은 그의 과도한 예견에 반대한다.[122] 몇 개 의견만 인용해보자. 폰테코르보(G. Pontecorvo)는 "우생학적이든 인간개조학적이든 합리적 인간공학이 가능하려면, 인간이 이미 알고 있는, 예컨대 박테리오파지 T4의 유전학에 관한 놀라운 지식보다 훨씬 많은 유전학 지식이 필요하다"고 하며, 메더워는 "인류의 유전적 번영에 대해 이미 일어난 일이나 앞으로 일어날 일에 대해 거창한 주장을 삼가라"고 권한다. 글래스(B. Glass)는 인간의 광범위한 무지를 무시하기로 한 몇몇 사람들의 극단적인 견해 때문에 유전학에 대한 평가가 나빠졌다고 한탄한다.[123] 나의 생각으로는 깊은 생물학 지식이 없더라도 현 시점에서 생물학의 잠재력에 대해 레더버그가 선전하는 경이로운 내용들 대부분을 반박할 수 있는 몇 가지 기본적이지만 결정적인 근거들이 있다.

여기서 브리그스-킹의 세포핵 실험을 인간에게 확장하는 데 놓여 있는 몇 가지 장애물들을 간단히 살펴보자.[124] 첫째, 인간이 나노집게를 갖는 데는 본

---

121 Denis Diderot, *Le réve de d'Alembert*(달랑베르의 꿈)(Paris, 1951), p. 54. 저자의 번역.

122 레더버그 자신은 다른 사람들이 자신의 의견에 동의하지 않는다는 것을 알았지만, 그 차이는 단지 '항아리' 인류가 실현되기까지 걸리는 시간의, 수년 대 수십 년의 차이일 뿐이라고 주장한다("Experimental Genetics," p. 531). 외계인과의 지적 대화를 준비하자는 레더버그의 진지한 제안은 인류 앞에 무엇이 닥쳤는지에 관한 그의 생각을 잘 보여준다("A Crisis," p. 212과 "Biological Future of Man," pp. 270 f).

123 G. Pontecorvo, "Prospect for Genetic Analysis in Man," *Control of Human Heredity*, ed. Sonneborn, p. 89(같은 책, pp. 8, 125에 있는 소네본과 pp. 15 f의 루리아(Luria)의 의견을 보라). P. B. Medawar, *The Future of Man*(New York, 1960), p. 62. B. Glass, "Summary and Conclusion," *Cold Spring Harbor Symposia on Quantitative Biology*, *29*(1964) 480.

질적인 제한이 있다. 나노집게가 없으면, 세포핵 수술은 분자 수준에서는 거대한 상처를 잡종 난자에 남길 수밖에 없다. 당연히 이런 상처는 난자의 정상 발생에 방해가 될 것이다. 둘째, 많은 생물학자들이 어떤 발생 단계를 넘어서면 체세포 핵은 새로운 발생을 유도할 능력을 완전히 잃어버린다는 견해에 공감하는데, 지금까지 이에 대한 반증은 전혀 존재하지 않는다.[125] 따라서 성숙한 개체의 체세포 핵에서 새로운 생명체를 발생시키는 작업은 허황된 일로 간주해야 한다.[126] 마지막으로, 레더버그에 동조하여 애트우드(K. Atwood)가 주장하는 것처럼[127] 브리그스-킹 실험이 인간에게도 가능하다는 주장은, 양서류 난자의 정상적인 발생에는 습지의 연못이나 한 그릇의 물이면 충분하지만 인간의 난자는 엄청나게 복잡하고 섬세한 조건이 필요하다는 기본적인 사실을 무시하고 있다. 모두 알고 있듯이, 예정보다 단 며칠만 일찍 어머니의 자궁을 벗어나게 된 아기를 살리는 일도 의학적으로 쉽지 않다.

메더워는 유전학 지식과 이해가 실제보다 훨씬 크다고 주장하는 경향에 대하여 '유전학주의'이라는 말을 쓴 적이 있다.[128] 비슷하게, 곧 다가올 새로운 ('의과학'이라고 읽는) 인간개조학의 기적과 항아리 인류의 가능성을 칭송하는

124 자세한 내용은 부록 G 4절을 보라.

125 예컨대 James D. Watson, *Molecular Biology of the Gene*(New York, 1965), pp. 416 f; Harris, *Cell Culture*, pp. 149 f; G. Klein, "Discussion-Part II," *Control of Human Heredity*, ed. Sonneborn, p. 94.

126 현재 그 부작용은 아직 정확하게 밝혀지지 않았지만 몇몇 포유동물의 체세포 핵을 이용한 복제가 가능해졌다. 물론 그 포유류의 자궁은 절대적으로 필요하다 ― 옮긴이.

127 "Discussion-Part I," *Control of Human Heredity*, p. 36을 보라. 같은 곳에서, 애트우드는 암토끼의 '무원죄 잉태'[성모 마리아가 처녀 잉태한 순간 원죄가 사해졌다는 기독교의 믿음 ― 옮긴이] 이야기를 언급하면서 똑같은 일이 "인간에게도 분명히 가능하다"고 결론짓는다. *The Future of Man*, ed. Wolstenholm, p. 115에 나오는 여러 생물학자들의 토의에 나와 있듯이, 이 이야기 뒤에 어떤 구체적인 사실이 있는지는 의문이다.

128 Medawar, *Future of Man*, pp. 61 f.

과학적 경향을 '생물학주의'라고 부를 수도 있겠다. 생물학주의의 출현에는 경제학주의, 사회학주의 등 다른 주의(ism)들의 경우처럼 그 나름대로 사정이 있다.

인간은 물리적 과정들을 차례차례로 자신의 목적에 맞게 통제하는 데 성공해왔기 때문에 다른 영역에서도 똑같은 성과를 이룰 수 있다고 믿지 않을 수 없다. 모든 시대는 합리적 사회 건설을 위한 그 시대 나름의 공식을 가졌다. 20세기에는 완전히 통제된 경제가 경제 문제를 모두 해결해줄 것이라는 믿음이 등장함으로써 '경제학주의'가 절정에 이르렀다. 그러나 극단적으로 강제하지 않는 한, 일반적으로 사람들은 위에서 부과한 계획에 공감하지 않는다는 것이 점차 분명해짐에 따라, 인간의 정신을 통제하는 수단에 점점 더 관심을 갖기 시작하였다. 그리고 완전한 통제 경제와 마찬가지로 완전한 인간 정신 통제도 문명의 진화에서 당연한 사건이라고 주장하는 사람들이 나타났다.[129] 앞에서 보았지만, 레더버그는 복제를 통한 인간의 유전학적 통제도 마찬가지라고 주장한다.

이 모든 논의를 통해, 이런저런 수단에 의한 인간 통제를 추구하거나 옹호하는 사람들을 흥분시키는 것은 '합리적' 인간에 대한, 특히 '합리적' 사회에 대한 환상임을 알 수 있다. 그리고 이 책에서 강조해온 것처럼 경제과정은 인간의 생물학적 본질의 연장이기 때문에, 생물학주의의 출현은 충분히 예견된 일이었다. 소련에서 미추린(I. V. Michurin)과 리센코(T. D. Lysenko)의 이론을 크게 부각하고 있는 것은 바로 이런 맥락이다. 생물학주의는 인간이 스스로를 새롭게 창조하는 데 과학이 도움이 될 수 있다는 믿음을 드러내는 마지막 형태일 것이다.[130] 정말이지, 하루 종일 인력거를 끌 수 있는 특별한 힘을 갖

---

129 예컨대 캘리포니아대학 샌프란시스코 종합병원에서 열린 심포지엄, *Man and Civilization: Control of the Mind*, ed. S. M. Farber and R. H. L. Wilson, New York, 1961을 보라.

130 이것이 내가 부록 G에 나와 있는 그대로의 사실들에 비추어 생물학이 처한 난관을 논

고 있으며 다른 삶을 원하지 않는 인력거꾼을 만들어낼 수 있다면, 인간의 정신을 통제할 필요도 없을 것이다. 따라서 계획을 세워달라는 어떤 즉흥적인 요청도 적극 수용할 태세가 되어 있는 오늘날의 경제학자들은 생물학주의에 관심을 둘 것이다. 그러나 어떤 사람을 어떤 비율로 복제할지 알지 못하면, 실제로 인간 복제 방법을 알아낸들 무엇을 하겠는가?

역설적으로, '우리'가 태어날 아기에게 어떤 자질이든 줄 수 있는 운명의 세 여신(Parcae)의 권능을 가지고 있다는 가정은 인간이 '합리적' 사회를 계획할 때 부딪치는 해결할 수 없는 어려움을 드러낸다. 20세기의 가장 세련된 경제학자 중 한 사람인 피구(A. C. Pigou)가 누군가 항아리 인류에 대하여 진지하게 생각하기 오래전에 주장하였듯이, "사회개혁가가 [그런] 전능함을 갑자기 갖게 된다면, 자신이 가엾은 처지에 빠졌음을 깨닫게 될 것이다".[131] 그런 개혁가는 새로운 인간 각각에게 최선인 특질이 무엇인지 알아야 하는데, 이는 그가 전능할 뿐만 아니라 전지하기도 해야 한다는 의미이다. 유전 계획을 옹호하는 사람들이 바람직한 특질의 문제를 얼마나 재빠르게 어물쩍 넘어가는지 보는 것도 흥미롭다. 고작 제시하는 것이라곤 '고도의 유전적 특질', '입증된 능력', '건강한 육체, 높은 지능, 관대한 자비심' 등과 같은 진부한 말들뿐이다.[132] 디더로는 아마도 당시 사회에서 왕, 귀족, 매춘부가 필수적이라고 여겼기 때문에 이런 사람들만 생각하였다. 뮬러(H. J. Muller)는 더 심하여, 정자은행을 이용한 인공수정을 제안하면서 오로지 자기 같은 천재들을, '레닌, 뉴턴, 레오나르도, 파스퇴르, 베토벤, 카이얌(Omar Khayyàm) [페르시아의 시인, 수학자, 천문학자—옮긴이], 푸시킨, 쑨원, 마르크스' 또는 이런 사람들을 결합

의한 주된 이유이다.

131 A. C. Pigou, *Essays in Applied Economics*, p. 82.

132 Julian Huxley, "The Future of Man-Evolutionary Aspects," p. 17; Haldane "Biological Possibilities," p. 352; F. H. C. Crick "Discussion," p. 294, 모두 *Man and His Future*, ed. Wolstenholme.

한 슈퍼 천재들만 언급하였다.[133]

십중팔구, 지식인들은 냉정한 진실에 조만간 맞닥뜨려, 그들이 인간의 정신에 이식하려 한 것의 불쾌한 결과를 보게 될 것이다. 그리고 여기서 강조하고자 하는바, 냉정한 진실은 천재, 과학자, 아니 박사들로만 채워진 세상은 (베르사유의 군중들로만 채워진 세상이나 마찬가지로) 잠시도 존속하지 못한다는 것이다. 수백만의 '아인슈타인'과 '드뷔시'를 찍어낸다고 해도 물리학이나 음악에서 또 다른 혁명을 일으키지는 못할 것이다. 새로운 혁명은 이전의 전환점을 촉진한 정신과는 다른 종류의 정신을 요구한다. 예술뿐만 아니라 과학의 진보는 이미 존재하는 것의 단순한 수적 증가가 아닌 새로움에서 온다. 지식인의 단순한 수적 증가는 어떤 수준을 넘어서면 해로울 수도 있다. 평범하고 사소한 저작들이 봇물처럼 터져 나오면, 사회자원의 낭비는 물론 의사소통이 곤란하게 되고, 결과적으로 지식을 정말로 넓힐 수 있는 사람들에게 불필요한 부담을 줄 것이다.

현실세계에는 우선 농부, 광부, 목수, 환경미화원, 구두닦이, 인력거꾼 같은 '생산적인' 사람이 필요하다. 최고지휘자는 이런 직업에 대하여 적절한 비율로 사람을 '복제'할 계획을 세워야 한다. '드뷔시' 복제인간은 인상파 음악을 작곡하는 일만 하려 할 것임에 틀림없다. 그러나 '합리적' 사회에서 인력거꾼에게 하루 쌀 한 사발 이상을 보장하더라도, 인력거꾼 복제인간이 원하는 것이 인력거 끌기뿐일 것이라는 발상을 받아들이기는 어렵다. 이런 고려는 사회적 갈등이 없는 '합리적' 사회의 꿈에 종지부를 찍을 것이다. 계획 사회의 신봉자들은 노골적인 통제가 그런 계획안에 포함되어야 한다고 인정할 것이다.

133 H. J. Muller, *Out of Night: A Biologist's View of the Future*(New York, 1935), p. 113. 후에 뮬러는 바람직한 특질들을 결정하는 어려움을 인식하였지만, 그럼에도 "뛰어난 정신적 재능, 기질과 성격의 훌륭함, 육체적 건강" 같은 일상적인 상투어에 의지하였다. Muller, "Means and Aims in Human Genetic Betterment," in *Control of Human Heredity*, ed. Sonneborn, pp. 110, 115을 보라.

누구든 '우리'가 사회를 통제할 필요가 있다고 주장할 때, 자기 자신을 통제받는 사람이 아닌 통제하는 '우리'의 한 사람으로 생각하는 것은 너무나 정상적인 사고이다. 그리고 지식인에게는 사람들이 생각하고 느끼고 열망하는 것을 자신이 다른 사람들보다 더 잘 알고 있다는 특유의 확신이 있다. 누가 사회를 통제할 것인가뿐만 아니라 통제의 목적도 미리 판단하는 많은 과학 종사자들의 전망과 열망에는 플라톤의 철인(哲人) 수호자 계급이 어른거린다. 가장 근본적인 질문을 독단적으로 무시할 권리는 과학에도 없다. 사람은 무엇을 위해 사는가? 자신의 삶을 즐기기 위해서인가 아니면 소수의 최고지휘자가 통제하는 사회에서 노예가 되기 위해서인가?

계획 사회를 옹호하는 사람들은 윤리 문제를 달가워하지 않는다. 뮬러나 그의 정자은행 계획을 지지하는 사람들은 일반적으로 여성이 낯선 사람보다 농부인 남편을 닮은 아들을 낳기 원하는지 여부도 묻지 않는다. 크릭(Crick)과 피리(Pirie)는 이런 질문에 대한 과학자들의 태도를 잘 보여주는데, 이들은 사람들이 아이를 가질 권리에 대하여 이의를 제기하며, 아이를 가지려는 욕망은 "사람들이 읽고 본 이야기와 그림"의 결과라고 주장한다.[134] 이 상황을 가장 인상적으로 요약한 말은 아데이만투스(Adeimantus)[플라톤의 맏형—옮긴이]가 플라톤에게 한 말이다. "너는 이 사람들을 위한다는 명목으로 이들을 비참하게 만들고 있어."[135] 그리고 홀데인은 매년 수백만 명의 때 이른 죽음은 생물학자들이 실험실에서 열심히 일할 수 있도록 하기 위해 치르는 적절한 희생이라고 하고 자신의 이상 사회에서는 부모들이 생물 실험에서 아이들의 생명이 위험해지는 것을 개의치 않을 것이라고 하는데,[136] 이는 너무나 끔찍하다. 메더워가 "인간에게 장기적인 우생학적 목적을 설정하도록 허용해

134 *Man and His Future*, ed. Wolstenholme, pp. 275, 283 "Discussion"을 보라. 분명히 이들은 태고 적부터 내려온 농부 가족의 가장 큰 욕망에 대하여 들어본 적이 없다!

135 Plato, *Republic*, IV. 419.

136 *Man and His Future*, pp. 234과 358을 보라.

서는 안 된다"[137]고 한 데에는 다른 이유들이 있었지만, 가장 중요한 이유는 실험에 대한 과도한 열정으로 인해 아우슈비츠에서 행한 일들과 별반 다르지 않은 일들을 부지불식간에 옹호하게 될 수도 있다는 것이다. 매럿(R. R. Marett)의 말처럼, **우생학협회**는 인간을 "천사에게도, 원숭이에게도" 이르게 하지 못할 수 있다.[138] 그러나 분명 마귀에 이르게 할 수는 있다. 저명한 생물학자들 앞에서 한 주의깊은 인류학자가 올바르게 항의한 것처럼, "과학밖에 모르는 과학자들은 세상을 위험에 빠뜨릴 수 있다."[139]

순수한 유전학적 문제들도 결코 만만치 않다. 8장에서 논의한 것처럼, 진화는 불가사의한 개념이 아니다. 진화는 조합에 의한 새로움의 출현과 한쪽 방향으로만 작용하는 엔트로피 법칙을 통해 지속적으로 일어나는 질적 **변화**의 결과이다. 역학계의 경우에는 최소한 원칙적으로는 과거와 미래를 계산할 수 있지만, 이 **변화** 때문에 생물종이나 환경의 진화에 대해서는 그렇게 정확하고 자세하게 예측할 수 없다. 생물학자들은 자주 유전학적 진화가 "낭비, 미봉책, 타협, 실수로 점철된 이야기"라고 선언한다. 이는 교만이다. 메더워를 비롯한 생물학자들의 주장과는 반대로, "자연은 최선을 알지 **못 한다**"는 말은 심오한 진실이 아니다.[140] 이는 오히려 진화의 모든 법칙을 알지 못하기 때문에 생긴 환상이다. 대다수의 생물학자들은 진화가 미래에 적합하지 않은 종들이 살아남도록 해준다고 불평한다. 그러나 이렇게 생각하는 어떤 생물학

---

137 앞의 책, p. 295.

138 R. R. Marett, *Head, Heart, and Hands in Human Evolution*(New York, 1935), p. 72.

139 Carleton S. Coon, "Growth and Development of Social Groups," *Man and His Future*, ed. Wolstenholme, p. 126.

140 Medawar, *Future of Man*, p. 100. Theodosius Dobzhansky, *Genetics and the Origin of Species*(2nd edn., New York, 1941), p. 160과 "Human Genetics: An Outsider's View," *Cold Spring Harbor Symposia on Quantitative Biology*, *29* (1964) 5.

자도 자연 선택에 완벽한 예지력이 있다면 종은 불멸이어야 하며, 이는 엔트로피 법칙에 정면으로 위배된다는 것을 인식하지 못한다. 우리는 자연 선택이 일어난 후에 사후적으로 판단하는 경향이 있지만, 이 판단은 엉터리이다. 예컨대 인류가 지금은 멸종한 수많은 종들을 거치지 않고 원시의 따뜻한 진흙에서 곧바로 나타나는 세상이 가능했으리라는 것을 보이지 못하는 한, 자연을 비난해서는 안 된다.

인위적 선택과 관련해서 "미리 알고 대처하려 해도, … 너무도 자주 우리가 무지하다는 것이 드러난다"[141]면, 어떻게 우리 손으로 우리의 진화를 결정한다는 거창한 계획을 성공시킬 수 있겠는가? 토데이(J. M. Thoday)의 뛰어난 표현을 떠올리면, 결정적인 난관이 분명하게 보인다. "적합한 종이란 현재의 환경에 적합하며 또한 그 자손이 미래의 환경에 적합한 존재이다."[142] 이 말은 (토데이가 의도한) 적합한 종이 아니라 이상적인 불멸의 종에 대한 정의이다. 인류의 유전학적 '개선' 계획이 야심찰수록, 이상적인 종의 가능성에 대한 암묵적 믿음이 강해진다. 거듭 말하지만, 진실은 이런 계획은 인류를 이상적인 종으로 점진적으로 변화시키기보다 막다른 골목에 몰아넣기 더 쉽다는 것이다. 그리고 줄리언 헉슬리, 홀데인, 그리고 특히 레더버그가 제안하는 것처럼, 뛰어난 재능, 높은 지능, 강한 운동 능력만을 가진 사람을 지속적으로 선택함으로써 의외의 환경에 적응하는 능력이 점차 없어진다면 인류는 정말로 막다른 곤경에 처할지도 모른다. 실제로 이 제안들에 따른다면 인간의 인위적 선택이 자연선택보다 더 처참하게 임기응변으로 되기 쉽다. 지금부터 100년 후, 1000년 후는 물론, 30년 후 인류가 감당해야 할 생물-지리학적 환경도 미리 알 길은 없다. 더욱이, 이를 알더라도 성공적으로 대처할 유전학적

---

141 Medawar, *Future of Man*, p. 49.

142 J. M. Thoday, "Natural Selection and Biological Progress," *A Century of Darwin*, ed. S. A. Barnett(Cambridge, Mass., 1958), p. 317. 저자의 강조.

계획을 지금 세울 수는 없다.[143] 아주 장기적인, 아마 불가능할지도 모를 실험을 해야 우리 가운데 누가 각각의 환경에 적합한 유전자를 가지고 있는지 알아낼 수 있을 것이다. 소크라테스는 우생학적 계획에 대해 단지 피상적인 이해만 할 수 있었겠지만, 그럼에도 플라톤의 시스템과 관련하여 절규하였다. "아이고! … 인간에 대해 [동물과] 똑같은 법칙이 적용된다면 우리 지배자들은 얼마나 완벽한 기술을 가져야 할 것인가!"[144]

(다른 모든 사회과학주의뿐만 아니라) 생물학주의의 원초적 과오는 예측 불가능한 영역에서 몇몇 선택된 목적들만 이룰 수 있는 수단이 있다고 무모하게 믿는 것이다. 일상생활에서와 마찬가지로 이 점에서 공짜로 얻을 수 있는 것은 없다. 유일한 차이는 인간이 만든 계획을 통해 생물사회적 목적을 달성하는 데 지불해야 할 비용은 미리 알 수 없다는 것이다. 그리고 모든 주의·주장의 위험성은 신념에 찬 과학자의 선전과는 달리, 지불해야 할 비용이 있으며, 너무 늦게야 그 비용이 너무 크다는 것을 알게 된다는 점이다. 분자생물학자와 생화학자들은 보다 쉽게 생물학주의 빠진다. 반면에 뛰어난 생물학자들은 현재 지식이 "치료가 질병보다 더 나쁘지 않다고 자신할 만한 [유전학적] 치료법을 고안하기에는 명백히 불충분하다"고 경고한다.[145] 그리고 인간은 영원히 신에 근접할 수 없기 때문에, 이는 일시적이 아닌 영원한 난관이다.

경제학이나 정치학보다 생물학적 현상에서 원인을 보다 쉽게 추적할 수 있기 때문에 생물학주의라는 이단의 기념비들은 제법 많다. 아마도 탈리도마이드가 가장 널리 알려진 예이다. 또한 의외의 부작용으로 인해 금지약물이 된

143 흥미롭게도, 홀데인은 다른 면에서는 우리의 무지에 신경 쓰지 않은 듯하지만, 아무도 인종 간 혼합 결과를 확신할 수 없으며, 혼합이 해롭다고 증명되더라도 어느 누구도 유전자를 분리할 수 없다는 근거하에 인종 간 혼합을 반대하였다. Haldane, *Heredity and Politics*, p. 185과 "Biological Possibilities," p. 356.

144 Plato, *Republic*, V. 459.

145 Dobzhansky, "Human Genetics," p. 3.

'경이로운 신약'들을 생각해보라. 그 발견자 중 한 사람에 따르면, '경구 피임약'의 운명도 똑같을 것이다.[146] 그러나 무엇보다도, 이미 조짐을 보이고 있는 항생제 남용의 궁극적인 결과를 생각해보라. 항생제에 내성을 가진 균주의 출현은 잘 알려져 있다. 또한 인간과 미생물 사이에만 한정하더라도, 생태적 균형의 문제는 너무 복잡하여 아무도 이해할 수 없다는 사실을 점차 깨닫고 있다. 한 가지 전염병을 치료하면 다른 미생물을 위한 생태계 공간이 비워지고, 이 미생물이 원래 미생물보다 훨씬 더 위험한 것으로 판명되기도 한다.[147] 문외한들에게는 믿겨지지 않지만, 한 유명한 미생물학자는 심포지엄에서 동료들에게 다음과 같이 권하였다. "만일 만능 항생제를 발견한다면, 즉시 그 사용을 금지하기 위한 단체들을 조직하라."[148]

저명한 경제학자 클락(C. Clark)은 최고의 생물학자들 앞에서, "뛰어나지만 정신 나간 과학자들이 지지하는 우생학과 인간개조학의 새로운 풍조는… 일단의 사기꾼들을 끌어들일 것"[149]이라고 비난하였는데, 지나치게 직설적이기는 했어도 틀린 말은 아니었다. 클락은 나와 마찬가지로 생물학의 문외한이다. 그러나 이 절에서 체계적으로 설명한 것처럼, 반대 주장이 명백하게 타당한 이상, 모든 전문적인 세부 내용을 알지 못한다고 문외한을 무시할 수는 없다. 어떤 전문 세부 내용도 영구적이고 근본적인 장애물을 제거할 수는 없다.

물론 여기서 제시한 형태의 주장을 공격할 수 있는 또 다른 무기가, 즉 반

146 G. Pincus, "Discussion," *Man and His Future*, ed. Wolstenholme, p. 109[핀커스가 발명한 피임약은 1957년 미국 FDA의 승인을 받았는데, 흡연자나 고혈압을 가진 복용자들에서 나타나는 부작용으로 인해 1988년 사용이 중지되었다 — 옮긴이].

147 소아마비 예방 접종조차도 지금은 새로운 바이러스 감염의 길을 터주었다고 의심된다[백신의 안전성에 대한 논쟁은 지금도 계속되고 있다 — 옮긴이]. Hilary Koprowski, "Future of Infections and Maligrant Diseases," pp. 201 f와 Lord Brain "Discussion," p. 367 모두 *Man and His Future*.

148 Koprowski, p. 216.

149 "Discussion," *Man and His Future*, p. 294.

(反)과학적이라는 익숙한 비판이 있다. 비판자들은 불쾌하겠지만, 많은 권위 있는 과학자들이 이 비판에 동의하지 않는다. 메더워는 즉각적으로 클락을 지지하면서, 대규모 우생학 계획입안자들의 극단적 자신감과 그들이 목적뿐만 아니라 목적 달성을 위한 수단도 모두 알고 있다는 완벽한 확신에 놀랐다고 고백하였다.[150] 그리고 이는 과학주의의 잘못의 일부분일 뿐이다. 1969년 11월 순수한 유전자를 분리하는 데 성공한 하버드 그룹의 일원인 샤피로(J. Shapiro)가 최근 "베트남에 살충제를 퍼붓고, 거부 반응에 관하여 먼저 연구하지 않은 채 심장을 이식하고, 필요하지 않는 사람들에게 항생제를 다량 투여하는 사람들",[151] 이야말로 간단히 말해, 자기 행동의 예측할 수 없는 결과에 대하여 조금도 신경 쓰지 않고 생명 과정에 개입하는 사람들이야말로 반과학적이라고 주장한 것은 더욱 의미심장하다. 언론에 따르면, 몇 주 후 바너드(C. Barnard)는 "케이프타운에서 내가 하고자 하는 것은 뇌 이식"이라는 충격적인 발표를 하였다. 만일 그가 그 일에 관해 순수한 외과 기술의 문제 이상을 생각하였다면, 분명히 '뇌 이식'이 아니라 '신체 이식'이라고 말했어야 했다. 바너드가 하려는 수술에서 생명을 구하는 사람은 뇌를 받는 사람이 아니라 뇌를 주는 사람이다. 예컨대 바보 기증자의 뇌를 이식하여 치명적인 뇌종양을 앓는 천재 학자의 생명을 구할 수 없다는 것은 분명하다.

생명, 특히 인간 생명의 신비는 항상 전문가와 문외한을 불문하고 우리 모두의 상상력을 자극한다. 다른 지식과 마찬가지로 생물학의 지식이 이런저런 극적인 돌파구를 통해 발전함에 따라, 소수의 과학자들은 항상 환상적인 인간개조학이나 우생학 계획을 생각해낼 것이다. 그리고 바로 지금 일부 생물학자와 수많은 언론인들이 갑론을박하는 것과 같은, 이런 경이로운 계획들이

---

150 앞의 책, p. 296,

151 James K. Glassman, "Harvard Genetics Researcher Quits Science for Politics," *Science*, February 13, 1970, p. 964.

가까이 다가왔는데도 이를 현명하게 이용할 준비가 되어 있지 않은 상황은 절대 위험하지 않다. 위험은 항상 그 반대로, 즉 계획들을 사려 깊게 살펴보지 않고 적용하는 데만 열성적인 데에서 나올 것이다. 어떤 사회과학에도 '합리적' 사회를 만들 공식이 없다는 것이 갈수록 확실해짐에 따라, 위너가 묘사한 것처럼[152] 아마도 '개미 모형에 기초한 인간 국가에 대한 독재자의 야심'이 점차 더 많은 주목과 열정을 끌어들일 가능성이 농후하다. 인류는 앞으로도 많은 기적 같은 발견을 하겠지만, 인류의 체내기관과 체외기관의 진화가 융합하는 일은 결코 일어나지 않을 것이다. 그 까닭은 위너가 주장하듯이 인간과 개미의 정신적인 특성들이 양립 불가능하기 때문이 아니고, 인간을 개조하기 위해서는 자신을 훨씬 넘어서는 지식과 능력이 모두 필요하기 때문이다. 이것이 과거처럼 미래에도 인간 사회가 한 지배층의 통제에서 다른 지배층의 통제로 이동하는 이유이며, 각 지배층은 겉보기에 다르지만 기본적으로 같은 형태인 신화를 이용하여 사람들의 유전형이 아니라 믿음에 영향을 주어야 하는 이유이다.

6. 인간과 전통

사회적 곤충처럼 인간은 사회를 이루어 살며, 사회적으로 생산하고, 사회적 생산물을 구성원들과 나눈다. 그러나 사회적 곤충과 달리 인간은 생물학적 생활과 사회활동을 모두 조절하는 체내기관을 가지고 태어나지 않는다. 인간은 복잡한 사회활동을 규제하는 체계를 스스로 만들어야 한다. 그 결과물을 전통이라고 부른다. 인간은 전통을 통해 '선천적 결손'을, 즉 타고난 사회적 본능의 결핍을 메운다. 이렇게, 인간은 (생물학적) 체내기관 체계를 가지고,

152 Norbert Wiener, *The Human Use of Human Beings: Cybernetics and Society* (Cambridge, Mass., 1950), p.60.

(사회적) 체외기관 체계 내부에 태어난다. 예컨대 중국인은 체내기관 체계 때문에 눈이 처지고 머리카락이 뻗친다. 필리핀 농부는 체외기관 체계 때문에 다른 모든 필리핀 농부들이 하는 것과 같은 방식으로 농토를 경작하고 특정한 날짜에 마을에서 열리는 요란한 축제에 참가한다. 생물학적 과정을 통해 유전자 군(群)은 한 세대에서 다음 세대로 반드시 전달된다. 전통 역시 '가치'를, 좀 더 적절하게는 '제도'를, 즉 모든 사람이 자신의 공동체 안에서 행동하는 양식을 다음 세대로 전달한다. 이 비교에는 몇 가지 주목할 점들이 있다.

우선, 근본적인 차이로서 생물학적 진화는 획득 형질을 전달하지 않는 다윈(Dawinian) 과정이지만, 전통은 분명히 획득 형질을, 특히 공동체에 유용하다고 증명된 형질들을 전달하는 명백한 라마르크(Lamarckian) 과정이다. 물론 전통은 생물학적 유전과 마찬가지로 그저 그렇거나 해로운 관습들도 전달한다. 수천 년 동안 계속하여 중국인들은 그저 그런 표현형 형질인 뻗친 머리카락을 가지고 태어났다. 유사하게, 악수하는 관습에는 특별한 가치가 없지만, 수 세기 동안 몇몇 공동체에서 지속되고 있다. 그럼에도 모든 전통에 뛰어난 내부 논리가 있다. 바로 이 논리 때문에 무작위로 선택한 원소들을 결합하여 화합물을 만들 수 없고 (애트우드가 예견한 것 같은) 식물과 인간이 결합한 키메라를 번식시킬 수 없으며, 마찬가지로 문화 요소를 임의로 선택하여 지속 가능한 문화 체계를 만들 수 없다. 이 비유를 잘 이해하면 전통의 내부 논리와 유전자나 세포핵 전체의 화학결합을 비교할 수 있다. 이 화학결합은 인간을 비롯한 모든 종의 생물학적 지속성의 바탕이다. 내부 논리는 사회적 동물로서 인간 존재가 지속되는 토대이다. 문화 세계를 구성하는 요소들 사이의 접합은 화학결합보다는 유연한 것이 사실이다. 인간은 접합의 유연성을 통해 자신의 발명품, 수적 증가, 생물지리적 환경의 진화로 인한 점진적인 변화에 보다 쉽고 빠르게 적응할 수 있기 때문에, 유연성은 좋은 것이다. 그렇지만 이 접합은 충분히 강하기 때문에 대부분의 전통이 외부 충격과 맞닥뜨렸을 때 보여주는 때로는 정말 놀라운 관성이 나타난다.

이 관성과 연관하여 짜릿한 사실 하나는, 최근 인류의 유전적 통제를 위한 여러 계획들을 논의하는 한 특별한 모임에서 만난 생물학자들이 결국 더 많은 논의를 한 것은 전통을 통제하는 방법에 관한 것이었다는 점이다. 레더버그는 참석한 대부분 사람들이 "현재 인류가 멸망하는 것을 스스로 막을 만큼 똑똑하지 않다고 믿기" 때문에 모였다고 공개적으로 인정하였다.[153] 인간의 험악한 상황이 전통 때문이라는 주장은 이 외에도 더 있다. 일반적으로 전통은 발전에 장애가 된다고 생각하는데, 이 판단은 어느 정도 옳다. 다른 한편으로, 전통의 관성이 없었더라면 권력에 굶주린 독재자와 자만과 과신에 찬 과학자들이 소위 '합리적' 사회를 만드는 광대한 계획에 손쉽게 인류를 복속시켰을 것이다. 그 결과 아마도 인류는 이미 멸종했을 것이다. 하지만 인류의 삶에서 전통의 역할은 이보다 광범위하다.

경제과정은 저절로 일어나지 않는다. 다른 모든 의식적인 과정과 마찬가지로, 이는 분류로 이루어져 있다. 분류에는 맥스웰의 우화에서 나오는 것과 같은 행위자가 필요하다. 어떤 경우에나 낮은 엔트로피는 높은 엔트로피로 변화하기 때문에, 이 과정에서 가장 중요한 요소는 분류하는 행위자이다. 그러나 과정에 흡수되거나 보존되는, 환경으로부터 얻는 낮은 엔트로피의 양은 분류 활동의 유형에 따라 달라진다. 달리 말하면, 과정을 진행하는 맥스웰의 도깨비의 종류에 따라 달라진다. 모든 맥스웰의 도깨비가 다 똑같지 않다는 것을 납득하려면, 똑같은 환경에 살고 있는 동일종의 두 가지 변종을 생각해보면 된다. 똑같은 혈족의 자손들조차도 항상 똑같은 맥스웰의 도깨비는 아니다.

단일세포의 경우, 해당 맥스웰 활동은 세포에 내재한 물리·화학적 구조에 의해서만 결정되는 것 같다. 고등생물의 경우, 타고난 본능도 작용한다. 독수리는 날개와 날려는 본능 모두를 가지고 태어났기 때문에 날 수 있다. 그러나

153 "Discussion," *Man and His Future*, p. 288.

오늘날에는 날기에 적합한 생물학적 구조나 날려는 본능이 없는 인간도 날 수 있다. 논점은 분명하다. 인간의 맥스웰 활동은 무엇보다 인간의 정신 내부에서 일어나는 것에 좌우된다. 그리고 지식과 성향을 한 세대에서 다음 세대로 전달하는 역할을 하는 것이 바로 전통이다.

'저개발국'의 경제발전 문제에 관한 뜨거운 관심으로 인해 점점 더 많은 연구자들이 많은 '전통사회'와 직접 접촉하게 되었다. 처음에는 대부분의 연구자들이 이런 사회 사람들의 행동 양식이 우리들과, 즉 시민사회의 사람들과 다르기 때문에 이들이 '비합리적으로' 행동한다고 주장했다. 그러나 많은 연구자들이 경제과정에서, 또한 경제발전을 유도하기 위한 전략에서 문화적 성향이 중요하다는 것을 점차 깨닫게 되었다. 그렇지만 불행히도, 대부분의 경제 발전 정책들은 아직도 기계론적 철학이 낳은 오래된 오류에, 즉 인간이 기계를 발전시키는 것이 아니라 기계가 인간을 발전시킨다는 오류에 기초하고 있다. 아주 놀랍게도 이 오류에 대한 가장 솔직하고 정곡을 찌르는 인식은 소비에트 학자에게서 나타났다. "문화의 가장 명백한 표현은 인간이 만든 기계가 아니라 인간 자신이다. 창조자인 인간의 사상과 이상, 사랑과 열망은 복잡하면서도 위대하기 때문이다."[154]

오래전부터 인류학자와 역사가들은 경제적 혁신은 모두 혁신이 도입된 공동체 스스로 문화적으로 이에 적응할 때만, 즉 혁신을 사회적으로 받아들이고 이해할 때만 성공한다고 생각해왔다.[155] 한때 영미 경제학자들 중에서는 베블런 같은 반항아만이 아직도 봉건적인 경제관(經濟觀)을 가진 사람들에게

---

154 S. T. Konenkov, "Communism and Culture," *Kommunist*, no. 7, 1959. 영어 번역은 *Soviet Highlights*, no. 3, I(1959) 3~5. 저자의 강조.

155 G. Gatti, *Le socialism et l'agriculture*(사회주의와 농업)(Paris, 1902), Introduction p.8에 나오는 G. Sorel; Richard Thurnwald, *Economics in Primitive Communities* (London, 1932), p.34; V. Gordon Childe, *Social Evolution*(New York, 1951), p. 33.

현대적 기계를 맡기는 것은 위험하다고 주장하였다.[156] '위험하다'는 표현은 적절하지 않지만, 아마도 베블런은 현대적 산업을 그에 부합하는 성향이 없는 공동체에 강제로 도입할 때 나타나는 커다란 사회적 피해뿐만 아니라 거대한 경제적 손실을 강조하려고 했을 것이다.[157] 그런데 이 점에 관하여 솔직해보자. 누가 원자력의 발견에서 초래된 위험이 새로운 기술과 관련된 인류의 문화적 후진성에서 유래한다는 것을 부정할 수 있는가? 모든 문화는 때로는 많이 때로는 적게, 그 시대의 기술 발전에 항상 뒤처졌다. 그러나 인류 전체로 보든 일부로 보든 지금보다 더 많이 뒤처진 적은 없었다.

이 점은 경제발전을 가속하려는 모든 정책에 대하여 분명한 함의를 갖는다. 산발적으로, 주로 '비주류' 경제학자들이 이를 인식하였다. 예컨대 두브(L. Doob)는 어떤 계획도 사회 환경에 관한, 즉 그 계획에 영향을 받은 사람들의 전통에 관한 지식에 기초하지 않고는 성공할 수 없다고 주장하였다. 슈펭글러(J. J. Spengler)는 더욱 강력한 이론을 내놓았다.[158] 경제성장 속도는 각 문화의 경제적 요소와 비경제적 요소가 일치하는 정도에 달려 있다는 것이다. 대외 경제원조의 결과가 그 양에 비례하지 않는 이유에 대한 모든 분석이 지역의 관행이라는 한 가지 설명에 수렴한다는 사실로부터, 위의 논의가 타당

---

156 Thorstein Veblen, *Imperial Germany and the Industrial Revolution*(New York, 1964), pp. 64~66, *Essays in Our Changing Order*, ed. L. Ardzrooni(New York 1934), pp. 251 f.

157 또는 로젠스타인-로단이 P. N. Rosenstein-Rodan, "Problems of Industrialization of Eastern and South-Eastern Europe," *Economic Journal*, *53*(1943) 204에서 주장하였듯이, "국제적으로 낙후된 지역의 산업화를 성공적으로 수행하는 데 현재와 다른 제도적 틀이 필요하다".

158 Leonard Doob, *The Plans of Men*(New Haven, 1940), pp. 6 f; J. J. Spengler, "Theories of Socio-Economic Growth," in *Problems in the Study of Economic Growth*, National Bureau of Economic Research(New York, 1949), p. 93. 또한 K. Mannheim, "Present Trends in the Building of Society," in *Human Affairs*, ed. R. B. Cattell *et al.*(London, 1937), pp. 278~300.

함을 재확인할 수 있다.

실제로, 경제과정에 대한 경제관의 영향은 위에 인용한 학자들이 생각한 것보다도 훨씬 심오하다는 것을 보여주는 몇 가지 사실이 있다. 가장 확실한 예들만 살펴보자. 소련은 중앙계획 이외의 어떤 혁신도 도입하기 이전에, 대중의 경제관을 바꿀 필요를 느꼈다. "[강제노동 수용소에서의] 정치교육적 노동의 목적은 수용자들에게서 지난 시대의 지배적인 생활양식이 낳은 옛 관습과 전통을 제거하는 것이다."[159] 이와 유사한 수많은 교육 노동을 통해 소련 사람들에게 가해진 압력은 강했지만, 소련 공산당 21차 전당대회에서 흐루쇼프는 다음과 같은 공표를 해야만 했다. "공산주의를 이루기 위해서… 우리는 당장 미래의 인간을 길러야 한다."[160]

훨씬 익숙한 사례로 일본의 경제 기적을 들 수 있다. 나는 일본인의 독특한 경제관만이 이 기적을 설명할 수 있다고 확신한다. 어떤 경제계획 전문가도 1880년 일본의 조건에서 오늘날 일본 경제에 이르게 하는 경제 계획을 세울 수 없었을 것이기 때문이다. 그러기 위해서는 미리 그들이 일본인이라는 것은 물론 모든 경제 데이터에 문화적 성향도 포함시켜야 한다는 것을 알았어야만 한다.

문화적 배경이 다른 사회의 경제관을 연구하는 것은 매우 어렵다. 나 역시 그런 연구를 기계적으로 수행하는 방법에 대한 일련의 지침을 쓸 준비가 되어 있지 않다. 그러나 인간의 공감 능력을 부정하면 철학·문학·과학에서 할 수 있는 일은 없으며, 가정을 꾸릴 수도 없다. 인간에 관한 과학과 물질에 관한 과학의 전략은 똑같지 않다는 것을 인식해야 한다. 파레토 등 많은 사람들의 주장과는 반대로, 진리를 알아내는 데 단 한 가지 방법만 존재하는 것은 아

159 *Report of the Ad Hoc Committee on Forced Labor*, United Nations, ILO, Geneva, 1953, pp. 475 f에 나오는 1931년 전(全) 러시아 사법 노동자회의 결의문.

160 Konenkov, "Communism and Culture"에 인용.

니다.[161]

물리학자는 물질 내부에 있지 않다. 따라서 물리학에서는 측정 기구만 신뢰한다. 하지만 기구의 다른 끝에는 계기를 읽고, 비교하고, 분석할 사람이 있어야 한다. 따라서 연구 과정에서 사람을 기구만큼 신뢰할 수 없다는 생각은 정말 이해하기 어렵다. 흥미롭게도, 물리학자들은 자신의 불리한 점을, 즉 자연에게 질문할 수 없다는 사실을 알고 있다. 그들이 할 수 있는 일은 단지 물질의 거동을 관찰하는 것뿐이다. 여러 위대한 물리학자들이 지적한 것처럼, 인간을 연구하는 사람들에게는 다른 도구가 더 있다. 사실을 느낌으로 파악하거나 성찰의 힘을 빌리거나, 무엇보다도, 연구대상에게 질문을 하여 그 동기를 파악할 수 있다.[162] 말도 안 되는 가정이지만 만약 물리학자가 전자(電子)와 대화할 수 있다면, 전자에게 왜 튀어 올랐냐고 묻지 않겠는가? 물론 그럴 것이다. 하지만 몇몇 사회과학자들은 물리학과의 유사성을 과장한 나머지 우리가 물질과 대화할 수 없기 때문에 사람과도 대화해서는 안 된다는 입장에 이르렀다. 물리학자에게는 순수한 행동주의[7장 각주 90 참조—옮긴이]를 받아들일 근본적인 이유가 있지만, 인간에 관한 과학에 순수한 행동주의의 자리는 없다. 하이에크(F. A. Hayek)가 사회과학에서의 행동주의 학설을 멋지게 비판하였듯이, "우리가 인간에 관하여 말할 때는 필연적으로 어떤 익숙한 정신적 범주의 존재를 전제한다".[163] 곧 말하는 사람이 가진 정신 범주와 똑같은 범주 말이다. 자신의 연구 대상의 본질적 특성을 무시하는 사회과학자에게 심지어 물리학자들조차 "인간의 행동을 이해하는 데 주된 문제는 사람들이 생각하는 방식을, 인간의 정신이 작동하는 방식을 이해하는 것"이라고 충고한다.[164] 그리고 이 책에서 여러 번 주장한 것처럼, 어떤 전극이나 현

161 Pareto, *Manuel*, p. 27.

162 예컨대 Planck, 앞의 책, p. 105; Bohr, 앞의 책, p. 78; H. Margenau, *Open Vistas: Philosophical Perspectives of Modern Science*(New Haven, 1961), p. 198,

163 F. A. Hayek, *The Counter-Revolution of Science*(Glencoe, Ill., 1952), p. 79.

미경, 또는 기묘한 물리적 장치를 동원해도 인간 정신의 작동 방식을 드러낼 수는 없다.[165] 오직 인간만이 서로가 공유하는 친숙한 정신적 범주와 성향으로 생기는 연결을 통해 다른 인간의 정신이 작동하는 방식을 알아낼 수 있다. 인간은 현미경만큼 정확한 기구는 아니지만, 어떤 기구로도 관찰할 수 없는 것을 관찰할 수 있는 유일한 기구이다. 그렇지 않다면, 다른 사람들이 무엇을 생각하고, 무엇을 느끼고, 다음에 무엇을 할지 알아내기 위해 외교관, 상담사, 언론인 등 관찰자들 대신에 정치경(政治鏡)을 보내야 할 것이다. 그리고 아직은 정치경이 없기 때문에 아무것도 보내지 않아야 할 것이다.

그러나 언젠가 인간 역시 기구임을, 인간의 성향을 연구하기 위한 유일한 기구라는 것을 깨닫게 될지도 모른다. 그날이 오면, 오늘날 인간을 연구하여 그들이 생각하고 느끼고 원하는 것을 보고하는 방법을 알지 못한다는 이유로 부당하게 잊혀가는 사람들은 더는 없을 것이다. '평화봉사단(peace corps)'[케네디 대통령이 만든 해외 자원봉사 프로그램—옮긴이]뿐만 아니라 '평화군대(peace army)'[간디 추종자들의 비폭력 운동 자원봉사 프로그램—옮긴이]가 필요하다. 이는 나로드니키즘의 구호, '인민에게로'와 같은 이상주의적 생각일 수 있다. 그러나 이런저런 무비판적인 과학주의가 약속하는 새 세상을 꿈꾸는 이상주의보다 이런 이상주의가 더 바람직하다는 것이 나의 소신이다.

---

164 Bridgman, *Reflections*, p.450.

165 현재 뇌에서 일어나는 변화에 대한 신호를 추적할 수 있는 기기들이 개발되고 있지만 여기서 논의하는 범주는 전혀 아니다—옮긴이.

부록

부록 A

산술적 연속체에 관하여

1.

3장 2절에서 꿰는 줄이 없이 그냥 놓여 있는 별개의 구슬들에 대한 나의 은유를 자연수에 한정했었더라면, 아무런 어려움이 없었을 것이라고 믿는다. 따라서 정렬되어 있지만 꿰어지지 않은 정수들에 기초하여 산술적 연속체를 점진적으로 구성할 때 어떤 것이 그 은유를 잘못된 것으로 만들 수 있는지 살펴보는 문제가 남아 있다. 이 부록에서 나는 이 문제를 3장에서 전개한 내용과의 긴밀한 연관이 요구하는 만큼 넓은 각도에서 검토할 예정이다.

오늘날 인접한 두 정수 사이에 커다란 틈이 있다는 사실은 너무나 자명한 사실로 모두 알고 있다. 하지만 우리는 이웃한 정수 구슬(들)과 서로 닿게 정수 구슬들을 꿰는 것을 쉽게 떠올릴 수 있다. 이에 따라 정수 집합을 그 원소들 사이에 아무런 틈이 없는 연속인 집합체라 해야 하는가? 이렇게 세련된 용어로 표현하지는 않았지만, 사람들은 한때 그렇게 생각하였을 것이다.

어쨌든 나의 논의를 명확하게 하기 위해, 정수 구슬들이 그렇게 배열되어 있다고 상상해보자. 분수(유리수)가 필요해졌을 때, 정수 구슬들 사이를 벌려 다른 구슬들을 놓을 자리를 만드는 데 아무런 어려움이 없었다. 새로운 구슬들이 놓이면 즉각적인 관심을 갖게 되는 한 가지 측면에서만 이전 집합의 구조가 달라진다. 달라진 집합에서는 임의의 두 구슬 사이에 무한히 많은 다른 구슬들이 존재한다. 또한 어떤 구슬 앞뒤에 있는 구슬이 어느 구슬인지 말하는 것은 불가능해진다. 그렇지만 이 차이는 이제 구슬들이 줄로 빈틈없이 고정되어 있다는 것을 의미하지 않는다. 피타고라스 이래 이 달라진 집합 역시 틈으로 가득 차 있다는 것이 알려져 있다. 말하자면, 아직도 고정하는 줄이 없는 것이다. 그러나 피타고라스학파가 약분 불가능성을 발견하기 이전에 사실상 그랬듯이 우리가 이 틈들의 존재를 알지 못하였더라면, 우리 모두는 유리수 '구슬'들의 집합이 줄로 빈틈없이 고정되어 있지 않다는 주장에 당황했을 것이다. 그다음에 일어난 일은 잘 알려져 있다[무리수를 발견하였다—옮긴이].

수에 관한 온갖 새로운 연구들을 통해, 전에는 '연속'인 실체라고 생각하였던 것에서 새로운 일련의 틈들이 발견되었다. 그리고 새로운 틈들이 발견되자마자 이 틈들은 새로운 숫자들로 채워졌다. 수의 집합체가 산술적 연속체라고 알려진 현재의 확장에 이르기까지 이 과정은 여러 차례 반복되었다. 이전의 각 단계에서 그 당시 알려져 있던 수 체계로 표현된 연속성 너머에 어떤 연속성도 없다고 주장할 수 있었던 것은 말할 나위도 없다. 하지만 우리는 그런 주장들이 발표될 때마다 그 모든 주장들이 잘못되었다는 것을 나중에 알게 되었다. 그러면 산술적 연속체에 관한 러셀의 똑같은 주장에 똑같은 종류의 착각이 없을 것이라는 이유가 있는가? 푸앵카레의 말대로 "인간의 창조력은 수학적 연속의 창조로 소진[되지 않는다]".[1] 따라서 새로운 역할을 하는 수는 발견되지 않을 것이라고, 데데킨트(Dedekind)와 칸토어(Cantor)의 연속에서 새로운 틈이 발견되지 않을 것이라고 예상하는 것은 어리석은 일일 것이다.

실제로 우리는 그런 역할을 기다릴 필요도, 멀리서 찾을 필요도 없다. 수리경제학자에게 익숙한 예로, 확률계산에서 완전 연속인 변수 X가 정해진 값 x

1 Henri Poincaré, *The Foundations of Science* (Lancaster, Pa., 1946), p. 50.

를 취할 확률은 0이라고 가르친다. 하지만 이 '영(零)'에는 서로 다르면서 중요한 무한히 많은 경우가 있다. 변수 X가 값 x를 갖는 것이 절대 불가능한 경우가 있다. 예컨대 표본의 분산은 음의 값을 가질 수 없다. 그러나 '영'에는 변수 X가 필연적으로 때로는 x이어야만 하는 경우도 있다. 이론상 키가 정확하게 180cm인 사람들은 무한히 많다. 또한 키가 180cm인 사람들은 키가 210cm인 사람들보다 어떤 명확한 의미에서 더 많다. 하지만 산술적 연속체의 원소들을 사용하여 이 차이들이 직접적으로 표현될 수는 없다. 사실, 우리는 문제를 확률 0인 경우들의 차이에서 확률 밀도들의 차이로 옮긴 것이다. 그러나 이렇게 해도 우리는 $X=x$가 불가능한 경우와 $X=x$가 가능하지만 그 확률 밀도가 0인 경우를 구별할 수 없다.

그리고 우리 대부분과 마찬가지로, 통계학 교사가 학생들에게 $x_1 \leq x \leq x_2$인 모든 x에 대하여 확률 $[X = x] = 0$이지만, 확률 $[x_1 \leq X \leq x_2]$은 양일 수 있는 이유를 완전히 이해시키기는 쉽지 않다. 이 어려움은 통계학 영역 바깥에서 생긴 것이다. 그 뿌리는 수학적 해석 자체 깊은 곳에 놓여 있다. 수학자들은 실수(實數) 체계가 "완전하고 연결되어 있다"고 스스로 확신한 후에도, 실수 체계에 아직도 새로운 수로 채울 수도 있는 틈들이 있어 '불완전'할 수 있다는 생각을 약간 거북하게 여전히 품고 있는지 모른다.[2]

어쨌든, 내가 이 부록에서 보이고자 하는 어려움은 두 가지 원인에 기인한다. 놀랍게 보이지만, 첫 번째 원인은 산술적 해석의 너무 이른 단계에서 측

---

2 연속집합을 완전연결집합으로 정의하는 것은 G. Cantor, *Contributions to the Founding of the Theory of Transfinite Numbers* (New York, n.d.), p.72에 따른다. 선형 연속에 대한 데데킨트의 정의는 R. L. Wilder, *The Foundations of Mathematics* (New York, 1956), pp.140 f를 보라.
집합체의 모든 배열이 극한 원소를 집합체 내부에 가지며, 모든 원소가 그런 배열의 극한 원소일 때 정렬 집합체는 "완전하다". 임의의 두 원소 사이에 또 다른 원소가 있을 때 정렬 집합체는 "연결되어 있다".

도 개념을 몰래 도입하여 생긴 혼동이다. 두 번째 (객관적인) 원인은 실수만 사용해서는 무한히 큰 수나 무한히 작은 수에 대한 만족할 만한 척도를 만들기가 불가능하다는 것이다.

2.

처음부터 두 가지를 아주 분명하게 밝혀야 한다. 첫째, 어떤 사람이 180cm보다 작을 확률과 정확하게 180cm일 확률의 차이 같은 것을 표시하기 위해 반드시 각 원소에 하나의 실수를 정할 필요는 없다. 명시되지 않은 원소들의 집합체에서 모든 확률을 정렬하는 것으로 충분할 것이다. 둘째, 앞 절의 논의에서 지적하였듯이, 정렬 집합체를 둘로 나누어 생긴 '틈'에 새로운 원소를 삽입하지 못하게 막는 것은 아무것도 없다(즉, 정렬과 연관된 어떤 불일치도 생기지 않는다).

수 개념의 뿌리가 원소 정렬 작업이지 알갱이들을 측정하는 작업이 아니라는 것은 오늘날 수학적 상식이다. 달리 말하면, 수 개념의 기본적인 역할은 우리로 하여금 정렬 집합체의 원소들에 대하여 말할 수 있게 해주는 것이다. 전문적인 외형이 제거되면, 수는 정렬 집합체의 구조와 일치하는 방식으로, 그 집합체의 원소들에 주어질 수 있는 이름에 지나지 않는다. 예컨대 실수는 산술적 연속체라고 알려진 집합체의 고유한 성질들을 갖는 정렬 집합체에 그렇게 주어질 수 있는 이름이다. 원소들이 명명되어야 하는 방식을 결정하는 것은 해당 집합체이지, 그 반대가 아니라는 것을 강조해야 한다.

별개인 원소들로 이루어진 임의의 정렬 집합체에 대해, 원소들 사이에 다른 정렬 집합체를 끼워 넣어 또 다른 집합체를 만들 수 있다는 것은 전혀 새롭지 않다. 우리는 이 방식으로 산술적 연속체로부터 유도된 정렬 집합체의 원소를 나타내는 데 '**수**'라고 구별하여 쓸 수도 있다. 그러나 내가 명확하게 하고 싶은 점은 우리가 이 작업을 몇 번이고 반복하더라도, 새로운 집합체의 원소들은 서로 구별되는 성질을 잃어버릴 수 없다는 것이다. 달리 말하면 이들이 아무리 '조밀'하더라도, 우리는 서로 별개인 집합체의 기초로부터 변증법적 연속에 도달할 수 없다.

여기서, **무**(無)라는 의미에서 '**영**(0)'은 정렬 개념과는 완전히 이질적이라는 것도 언급할 가치가 있다. 우리가 만들 수 있는 다른 모든 이름들처럼, 정렬 집합체에서 아무 원소에나 **영**이라고 이름 붙일 수 있다. 그러나 그렇게 이름을 붙임으로써 우리가 그 원소와 **무** 사이에 어떤 관계를 설정한다면, 우리는 뒤섞여진 측도로 정렬 개념을 은연중에 망가뜨리게 된다. 그다음에 우리가 그 구조에 관한 어떤 말을 하더라도 이제 더는 순수한 순서에 관한 것이 아니다. 무한대라는 용어가 실제 무한대를 의미한다면, 정렬 집합체와 연관하여 '무한대'를 어떻게 사용하더라도 마찬가지이다. 페아노(G. Peano)의 유명한 공리[3]와 같이 자연수 체계에 대해 제안된 모든 공리들은 **무** 다음에 첫 번째 원소가 있다고 가정하기 때문에, 이 의미에서 뒤섞인 것이라는 나의 주장은 아무리 강조해도 지나치지 않다.

3.

체계적인 논의를 위해 보통 하듯이, 산술적 연속체를 R로 표시하고 이를 두 개 부분집합으로, 양이 아닌 수의 집합과 양수의 집합으로 나누어보자. 이렇게 생긴 틈에 모든 양수의 정렬 집합으로 이루어진 집합 $[\alpha]$를 놓자. 이 결과 임의의 α와 임의의 양수 r에 대하여 자연스럽게 **영** $\prec \alpha \prec r$ 순서가 생긴다[$\prec$는 크기를 나타내는 $<$와 달리 순서를 나타낸다 — 옮긴이]. 마찬가지로, R의 음수 부분집합과 **영** 사이에 $-r \prec -\alpha \prec$ **영** 순서를 가진 집합 $[-\alpha]$를 대칭적으로 집어넣을 수 있다. 보다 일반적으로, R의 임의의 원소 r와 γ의 복합 형태 $p =$

3 Wilder, *Foundations*, p.66 참조.

(r, γ)로 표시된 **수**의 집합체 $[p]$를 정의하고, 다음 규칙에 따라 이를 정렬해 보자.

(1) $$r_1 < r_2 \text{일 때}, (r_1, \gamma_1) \prec (r_2, \gamma_2)$$
$$\gamma_1 < \gamma_2 \text{일 때}, (r, \gamma_1) \prec (r, \gamma_2)$$

이 정렬은 사전식 규칙에 따른 유클리드 평면의 점들 (r, γ)의 익숙한 배열을 나타내며, 추이적(推移的)임을 바로 알 수 있다. $[p]$에 대한 확정된 덧셈은 다음과 같이 규정할 수 있다.

(2) $$(r_1, \gamma_1) + (r_2, \gamma_2) = (r_1 + r_2, \gamma_1 + \gamma_2)$$

이 작업과 관련하여, $[p]$는 아벨군(Abelian group)[4]이며, 그 단위원(modulo)[5]은 (0, 0)이다.

이제 순서와 덧셈 관계 (2)가 유지되도록 하는 측도(measure)[6]를 $[p]$에 도입해보자. $p = (0, 0)$ 혹은 $(0, 0) \prec p$을 만족하는 모든 p의 부분집합만 생각하면 된다. (1)의 정렬 보존 조건을 만족시키기 위해서는 다음 관계가 필요하다.

(3) $$\text{Meas}(0, 0) < \text{Meas}(0, \gamma) < \text{Meas}(r, 0)$$

여기서 γ는 임의의 양수이다. 식 (2)로부터, 모든 정수 n에 대하여 $n \times (1, 0) = (n, 0)$의 관계가 얻어지며, 또 이 결과로부터, 잘 알려진 과정을 통해 $r \times$

---

4 군(group, 群)은 특정한 성질들을 가진 집합인데, 아벨군은 그중에서 원소들 사이에 교환법칙이 성립하는 집합을 가리킨다 — 옮긴이.

5 $a + x = x$일 때 a가 모듈로이다. 모듈로에는 이 외에도 여러 가지 다른 의미가 있다 — 옮긴이.

6 길이, 넓이, 부피 등의 개념을 집합으로 확장한 개념으로, 집합의 크기에 상응한다 — 옮긴이.

$(1, 0) = (r, 0)$의 관계를 유도할 수 있다. 이 관계는 다음 정의를 할 수 있도록 해준다[Meas (1, 0) = 1. 0과 1 사이의 길이—옮긴이].

$$\text{(4)} \qquad \mathrm{Meas}(r, 0) = r, \quad r \geq 0$$

그리고 모든 양수 r에 대하여 식 (3)은 다음 식으로 바뀐다.

$$\text{(5)} \qquad 0 < \mathrm{Meas}(0, \gamma) < r$$

이제 임의의 양수보다 작은 측도는 0이라는 측도 이론의 기본 원리를 사용한다.[7] 이에 기초하여 식 (5)로부터 모든 양수 γ에 대하여 다음 결론이 얻어진다. 이 결론은 10절에 다시 나온다.

$$\text{(6)} \qquad \mathrm{Meas}(0, \gamma) = 0$$

관계 (1)과 (2)로부터 $r > 0$, $\gamma > 0$일 때 다음 식이 얻어진다는 것을 염두에 두자.

$$\text{(7)} \qquad \boldsymbol{S}_i(0, \gamma) = (0, n\gamma) = n\,(0, \gamma) < (r, 0), \quad i \in [n]$$

여기서 합 $\boldsymbol{S}$에는 집합 $[n] = (1, 2, \cdots, n)$의 멱집합[어떤 집합의 모든 부분집합을 모은 집합—옮긴이]만큼 많은 항이 포함된다. 결과적으로, R과 달리, 집합

---

7 이 원리는 보렐이 현대적인 측도 이론을 창시하기 오래전부터 산술분석에서 사실상 사용되었다. 보렐 자신도 측도 0인 집합의 분석에서 이 원리를 사실상 사용하였으며(Émile Borel, *Leçons sur la théorie des fonctions*(함수 이론 강의), Paris, 1898, p. 47), 그의 저서, *Les nombres inaccessibles*(도달 불가능한 수)(Paris, 1952), p. 128에 더 분명하게 나와 있다. 그렇지만 일반적으로 이 원리는 불완전하게만 표현된다. 예컨대 "선형 구간 (a, b)에 있는 점들의 집합의 선형 측도는 끝 점들의 포함 여부와 무관하게 $(b-a)$로 받아들인다", 혹은 "선형 구간의 평면 측도는 0이다". E. W. Hobson, *The Theory of Functions of a Real Variable and the Theory of Fourier's Series*(2 vols., New York, 1957), I, 165.

$[p]$는 아르키메데스 공리[8]를 만족하지 않는다. 달리 말하면, $(0, \gamma)$의 반복적인 덧셈을 통해 **수** $(r, 0)$을 얻을 수 없다. 우리는 이 사실을 $(0, \gamma)$에 대해 모든 $(r, 0)$은 **무한히** 큰 **수**라는 말로 표현할 수 있다. 이 결론의 완전한 의미를 알기 위해, $(r, 0)$에 대해 사용된 과정과 똑같은 과정을 통해 부분집합 $[(0, \gamma)]$에 대하여 척도를 설정할 수 있다는 점에 주목하자. 이 **두 번째** 척도에 대하여 다음 관계가 얻어진다.

$$\text{(8)} \qquad \text{meas}(0, \gamma) = \gamma, \quad \text{meas}(r, 0) = \infty$$

오른쪽 관계는 또 다른 측도 원리를, 즉 임의의 양수보다 큰 수는 무한대 ∞라는 것을 이용하여 $\text{meas}(0, \gamma) < \text{meas}(r, 0)$ 관계로부터 얻어진다.

관계 (8)은 (4)와 (6)과 명백하게 상관되어 있다. 그리고 측도가 덧셈과 양립하려면, 일반적으로 $r > 0$일 때 관계 (9)가, $r = 0$일 때 관계 (10)이 얻어진다.

$$\text{(9)} \qquad \text{Meas}(r, \gamma) = r$$

$$\text{(10)} \qquad \text{meas}(r, \gamma) = \infty \ (r > 0) \\ = \gamma \ \ (r = 0)$$

4.

뉴턴의 미분에서 나타나, 오랫동안 가장 위대한 수학자들이 참여하였던 논쟁의 대상이었던[9] 무한소 개념과 집합 $[(0, \gamma)]$을 연결하기 위해 추가적인 논의

8 정렬된 군(group)과 같은 대수적 구조에는 무한히 큰 원소나 무한히 작은 원소가 존재하지 않는 성질이 있다는 공리 — 옮긴이.

9 Cantor, *Contributions*, p.81; Hobson, *Theory of Functions*, I, 57 f를 참조.

가 필요하지는 않다. 뉴턴 사후 10년이 되지 않아, 고명한 철학자였던 버클리 주교[Bishop Berkeley, George Berkeley와 동일인—옮긴이]는 무한소를 "이승을 떠난 양(量)들의 유령"이라고 공격하였다. 20세기에 들어 또 다른 고명한 철학자는 "무한소의 철학은… 대체적으로 부정적"이라고 단언하였다.[10] 칸토어와 페아노가 "실질적으로 무한히 작은 크기는 존재하지 않는다"고 증명하였다는 얘기도 종종 들린다.[11]

사실, 이들은 유한소가 산술적 연속체의 모든 공리를 만족하지는 않는다는 것만 증명하였다. 유한소는 미적분의 무한소와의 모든 혼동을 피하기 위해 부르는 이름이다. 이 차이에서 볼 때 "실제로 산술적 해석에 무한소 개념의 자리는 존재하지 않는다"고 판단하는 것이 사리에 맞을지도 모른다. 무한소의 자리는 분명 존재하지 않지만, (아래 10절에서 보듯이) 이는 단지 감춰진 가정에 따라 수학적 해석에서 제거되었기 때문일 뿐이다. 따라서 홉슨(E. W. Hobson)이 이어서 주장하였듯이, 유한소는 "유동적인 상태의 변수이지, 절대로 수가 아니며, … 본질적으로 비-산술적인 사고방식에 호소하는 표현 형태"라고 주장하는 것은 심각한 문제를 버클리-러셀 스타일로 다루는 것이다.[12]

[p]를 구성할 때처럼, 모든 실수 자리에 유한소를 놓으면, 실수 체계의 아르키메데스 성질은 사실상 폐기된다.[13] 그러나 초한기수(超限基數)로, 즉 칸토어의 알레프 수[14]로 R을 완성하는 것도 마찬가지이다. I에 $\aleph_k$의 거듭제곱

---

10 George Berkeley, "The Analyst or, A Discourse Addressed to an Infidel Mathematician," *The Works of George Berkeley* (4 vols., Oxford, 1901), III, 44; Bertrand Russell, *Mysticism and Logic* (New York, 1929), p. 84.

11 Cantor, *Contributions*, 서문의 Philip E. B. Jourdain p. 81.

12 Hobson, *Theory of Functions*, I, 43.

13 완결하자면, R의 또 다른 성질, 분리성도 과장되었다고 덧붙일 수 있다. Wilder, *Foundations*, pp. 140 f 참조.

14 무한집합의 크기를 순서대로 배열한 기수로, 보통 히브리문자 알레프($\aleph$)로 표시한

이 있더라도 초한수들은 다음 관계를 만족한다[여기서 S_i는 관계 (7)에서와 마찬가지로 $\aleph_k$들의 합을 의미한다—옮긴이].

$$(11) \qquad S_i\aleph_k < \aleph_{k+1}, \ i \in I$$

사실, 우리는 초한수에 대한 칸토어의 답변을 인용하여 유한소를 옹호할 수 있다. "이른바 실질적으로 무한한 수들의 불가능성에 대한 모든 증명은 … 그 수에 유한수들의 모든 성질이 있다는 가정에서 출발하는 반면, 무한수는 … 완전히 새로운 종류의 수이어야만 한다는 점에서 옳지 않다."[15]

따라서 유한소에 관한 몇 가지 명제들은, 초한수에 관한 명제들이 처음에 그랬던 것처럼 우리의 보통 일반상식을 거스를 것이 틀림없다. 예컨대 앞 절에서 설정된 관계에 따라 다음이 성립한다.

$$(12) \qquad \text{Meas}(r, 0) + \text{Meas}(0, \gamma) = \text{Meas}(r, 0)$$

분명히 이는 요한 베르누이(Johann Bernoulli), 포아송(S. D. Poisson), 또 다른 많은 고전수학자들이 "무한히 작은 양만큼 증가하거나 감소한 양은 증가하지도 감소하지도 않은 것이다"라고 한 말이 의미하는 바이다. 이 표현 방법이 좋은지는 모르겠다. 그러나 이 개념 자체를 "신비로운 것과 어처구니없는 것"[16] 경계에 있다고 비판하는 것은 부적절한 편파성의 징후이다. 오늘날 우리는 관계 (12)의 상관관계인 아래 식에서 신비롭거나 어처구니없는 어떤 것

다. 자연수 집합의 크기를 $\aleph_0$으로 하고, 그보다 큰 집합의 크기들을 $\aleph_k (k=1, 2, \cdots)$로 표시한다. 초한수는 모든 유한수보다 큰 수를 의미하는데, 초한수 사이에도 크기 비교가 가능하며, $\aleph_0$는 초한기수 중에서 가장 작다. 아래의 각주 18에 나오는 ω는 자연수의 서수 형태로, 초한서수 중에서 가장 작다—옮긴이.

15 Cantor, *Contributions*, p. 74. 저자의 강조.

16 H. Eves and C. V. Newsom, *An Introduction to the Foundations and Fundamental Concepts of Mathematics*(New York, 1958), p. 186. 또한 E. T. Bell, *The Development of Mathematics*(New York, 1940), p. 263.

도 찾을 수 없다.

(13) $$\text{meas}(r, 0) + \text{meas}(0, \gamma) = \text{meas}(r, 0)$$

베로네세(Giuseppe Veronese)는 바로 이 아이디어 위에, 즉 모든 초한수가 유한 척도를 바탕으로 무한 측도를 갖는 것처럼 유한수는 유한소 척도에 대하여 무한 측도를 갖는다는 아이디어 위에 유한소와 초한수의 기하학을 세웠다.[17] 좀 더 일반적으로 표현하면, 이제 곧 논의하겠지만, 자체 척도를 가지고 있는 수의 집단들이 (양쪽 방향으로) 무한히 이어져 있다. 각 집단은 그 척도에 대하여 유한하며, 바로 선행하는 집단의 척도에 대하여 초한이며, 그 뒤에 오는 집단의 척도에 대하여 유한소이다. 어떤 척도를 유한 척도로 선택할지는 직선에서 좌표의 원점을 선택하는 것만큼이나 임의적이다.[18]

5.

해석학적 미세 분할을 통해 만들어져 왔으며, 앞으로도 끊임없이 계속 만들어질 차이들을 유한소 없이는 표현할 수 없음을 보여주는 예들이 헤아릴 수 없이 많다는 것은 의심의 여지가 없다. 집합 [*p*]는 유한소 세계로 들어가는 최

---

17 Giuseppe Veronese, *Fondamenti di Geometria*(기하학 기초)(Padova, 1891). 독일어 번역(Grundzüge der Geometrie, Leipzig, 1894)도 있다.

18 바로 이(직선의 동질성)에 근거하여, 베로네세는 칸토어의 초한서수 수열 ω, $\omega+1$, $\omega+2$, $\omega+3$, …과 대비하여, 그 뒤에 ∞_1+1, ∞_1+2, ∞_1+3, …가 있고, 그 앞에 …, ∞_1-3, ∞_1-2, ∞_1-1가 있는 무한대 ∞_1을 인식해야 한다고 주장하였다(*Foundamenti*, pp. 101~103). 동질의 무한대에는 유한수와 ∞_1 사이에, ∞_1과는 다른 많은 ∞_1-n이 있기 때문에 "첫 번째 무한수는 없다". 칸토어 체계에서 $\aleph_0$가 첫 번째 초한수라는 명제는 단지 체르멜로(E. Zermelo)의 논쟁적인 선택 공리(3장 각주 28에 언급)를 사용해야만 증명된다는 사실과 위 입장을 연관시키는 것이 도움이 된다. Hobson, *Theory of Functions*, I, 208을 보라.

초의 매우 불완전한 단계이지만, 몇 가지 간단한 실례들을 보여준다. 그러므로 절대적으로 연속인 확률변수 X의 가능한 범위가 (A, B)라면, $X = x(A \le x \le B)$일 확률은 어떤 $(0, \gamma)$로 표시되며, $A < x_1 < X \le x_2 < B$인 확률과 $A < x_1 \le X < x_2 < B$인 확률은 서로 다른 두 개의 p, (r, γ_1)과 (r, γ_2)로 표시된다. 보다 더 도움이 되는 예로, $A \le x \le B$인 모든 x에 대하여 확률 $[X = x]$가 $(0, \gamma)$인 간단한 경우를 생각해보자. 이 경우 르베그(Lebesgue) 적분을 유익하게 활용하여 다음과 같이 쓸 수 있다.

(14) $$\boldsymbol{S}_i(0, \gamma) = [\gamma(B - A), 0], \quad i \in (A, B)$$

여기서 $\boldsymbol{S}_i$는 간격 (A, B)의 모든 원소에 대하여 하나의 항이 존재하는 합이다. 이를 가장 간단한 르베그 적분으로 변환하기 위해서는 관계 (14)의 각 변을 해당 측도로 치환하기만 하면 된다. 또한 관계 (14)가 말하는 것은 아르키메데스 공리가 유한소의 셀 수 있는 합의 경우에는 작동하지 않지만, 합의 거듭제곱이 산술적 연속체의 거듭제곱이면 작동할 수도 있다는 것이다. 이 관계가 항상 참은 아니라는 것은 르베그의 완전동일 개념에 따른 다음 사실에서 알 수 있다.

(15) $$\text{Meas}[\boldsymbol{S}_i(0, \gamma)] = 0, \quad i \in \Gamma$$

여기서 Γ는 칸토어의 유명한 삼진집합[3장 각주 39 참조—옮긴이]을 나타낸다.[19]

---

19 이에 관하여, 예컨대 B. R. Gelbaum and J. M. H. Olmsted, *Counter-examples in Analysis*(San Francisco, 1964), pp. 85~87을 보라.

6.

수치 측도의 장막이 실제 존재하는 무수한 차이들을 가려버린다는 것은 부정할 수 없다. 예컨대 N이 모든 자연수의 집합일 때 $\boldsymbol{S}_i(0, \gamma)$, $i \in \Gamma$와 $\boldsymbol{S}_i(0, \gamma)$, $i \in N$의 차이가 그런 예이다. 문제는 이 차이들을 모두 체계적으로 설명할 수 있는 척도의 존재 여부이다.

이런 척도를 만드는 첫 단계는 비교적 간단한 문제를 해결하는 것이다. 앞 문단의 합들이 유한한 측도를 갖기 위해서는 이 합들에서 어떤 유한소로 $(0, \gamma)$을 치환해야 하는가? 달리 말하면, $i \in N$일 때 $\text{Meas}(\boldsymbol{S}_i\pi) = 1$인 유한소 π가 존재하는가? 이 마지막 질문은 아주 간단해 보이지만, 유한소 개념이 만들어낸 쟁점들이 얼마나 복잡한지 보여주는 데 특히 적합하다.

이 질문은 완전히 무작위로, 즉 그 어떤 자연수를 선택하는 확률도 모두 동일하게 되는 것과 같은 방식으로 자연수를 선택하는 문제와 관련되어 있다. 산술적 해석 내에서, 그 답은 이 확률 π가 영이라는 것이다. $\pi = 0$이면, 임의의 n에 대해 n보다 크지 않은 수를 선택할 확률 $\boldsymbol{S}_i\pi = 0$, $i \in [n]$이기 때문에 이는 모순된 답이다. 따라서 우리는 틀림없이 보렐의 주장처럼, 선택한 수가 '도달 불가능한 수'일 것이라고, 즉 상상력이 아닌 우리가 실제 다룰 수 있는 능력의 한계를 넘어서는 수일 것이라고 결론 내릴 것이다. 보렐은 이 모순에 기초하여, 가산(可算) 불가능한 집합 전체에 대해 균일한 분포는 수학적 불합리라고 주장한다. 따라서 도달 불가능한 수에 더 작은 확률을 필연적으로 할당해야 하며, 그 수들이 도달하기 어려울수록 그 확률은 더 작다.[20] 보렐은 이

20 Borel, *Les nombres inaccessibles*(도달 불가능한 수), pp.37~42. 우연히도, 도달 불가능한 수에 대한 보렐의 개념은 나 자신의 의미에서 어디나 존재하는 변증법적 개념의 특별히 흥미로운 예이다. 도달 가능한 수와 불가능한 수를 구분하는 불완전하게 정의된 경계(즉 다른 반(半)그림자에 의해 제한되는 반그림자)만 존재한다. 하지만 이 때문에 11이 도달 가능 수이고 1000^{1000}이 도달 불가능한 수라고 확신하지 못하게

결론이 상당 부분 실용적인 고려에 기초하고 있다고 인정한다. 그러나 의미와 무의미를 분리하는 기준이 실용적인 고려라면, 고등수학으로 간주되는 것 대부분은 무의미에 해당할 것이다.

그렇지만 $\mathrm{Meas}(\boldsymbol{S}_i\pi) = 1$, $i \in N$ 같은 유한소 π의 존재를 가정하여도, 보렐의 주장을 적용할 수 있다. 이 경우 $\mathrm{Meas}(\boldsymbol{S}_i\pi) = 0$, $i \in [n]$이다. 그리고 이는 (14)와 (15)의 비교에서 나타나는 모순과 다르지 않다. 따라서 이를 근거로 가산 불가능한 확률의 경우를 구별해낼 수 없다. 내 생각에, 가산 불가능한 집합 내에 아직 측도 개념이 없다는 사실로 인해 (14)나 (15) 같은 연속의 합에서 가산 불가능한 합을 구별할 수 있다. 이는 보렐이 인식한 사실에 대한, 즉 정수의 무한급수에 대한 수학자의 개념이 "겉보기에는 아주 분명하고 정확하지만", 가산 불가능한 것의 확률 문제는 연속체의 복잡한 구조에서보다 더 난해하다는 사실에 대한 설명이다.[21]

보렐의 개념을 따르면, 가로축에서 점 $(10, 10^2, 10^3, \cdots)$으로 이루어진 집합은 점 $(1, 2, 3, \cdots)$으로 이루어진 집합보다 더 희박하다고 인정할 수도 있다.[22] 원소들이 객관적인 데이터에 따라 정렬되는 경우, 측도 수립에 관한 보

되지는 않는다(Borel, 앞의 책, p. 4).

21 Émile Borel, *Probability and Certainty*(New York, 1963), p. 79; Borel, *Les nombres inaccessibles*(도달 불가능한 수), p. 100. 이 문제는 보렐이 제시한 것보다 더 까다롭다. Paul Lévy, *Théorie de l'addition des variables aléatoires*(무작위 변수의 합에 관한 이론)(Paris, 1937), p. 25에 지적된 것처럼, 연속체보다 더 포괄적인 집합에 대한 확률 분포에는 "완전한 혼돈이 존재한다". 이 상황은, 측도 개념(여기서 이를 받아들이자)이 길이, 면적, 부피에 대한 우리의 직관적인 개념에 근거한다는 사실 때문이다. 유한소와 관계 있는 어떤 것이라도 받아들이기를 부정하면 앞에 제안된 방향에서 문제에 접근하지 못하게 된다. F가 연속체 집합보다 더 포괄적인 집합이면, $\mathrm{Meas}(\boldsymbol{S}_i\sigma) = 1$, $i \in F$에 해당하는 유한소 σ는 어떤 종류인가?

22 Borel, *Les nombres inaccessibles*(도달 불가능한 수), pp. 85 f. 자연히, 가산 불가능의 효력을 분석하는 데 가끔 사용되는 방식으로 집합들이 '다시 섞이도록' 한다면, 희석하는 것은 모든 의미가 없어진다. 그러나 다시 섞기는 연속체에서도 측도를 엉망으

렐의 주장을 쉽게 이용할 수 있다. 주어진 m에 대하여 N의 부분집합 $[mn]$의 측도는 $1/m$이며, $[10^n]$의 측도는 0이다. 그렇지만 가산 불가능한 집합 개념은 원소들을 수열로 완전하게 정렬하는 어떤 방법이 있다는 것을 의미할 뿐, 정해진 방법이 있다는 것은 아니다. 1차원보다 더 높은 차원의 공간에 있는 점으로 이루어진 거의 모든 가산 불가능한 집합들은 '자연스러운' 정렬과 관련이 없다. 보렐이 가산 불가능한 집합 전체에 대해 균일한 분포는 성립할 수 없다는 것을 보여주기 위해 사용한 모순이야말로, 우리가 유한소 π의 존재를 인정하는지 여부와 무관한 그 모순이야말로 이 점을 잘 보여주는 좋은 실례이다.

하우스도르프(F. Hausdorff)는 구 표면에 공통 원소를 갖지 않는 세 개의 가산 불가능한 집합 A, B, C를 만들어, 구를 한 번 회전하면 집합 A는 $(C+B)$와, 또 회전하면 A는 B와, B는 C와, C는 A와 일치하게 되도록 할 수 있음을 보였다. 유클리드 기하학에서 합동인 점집합들에서 한 점을 선택하는 확률이 같다는 명백하게 당연한 생각으로부터, 처음 회전에서 확률 $[x \in A]=$ 확률 $[x \in B]+$확률 $[x \in C]$, 두 번째 회전에서 확률 $[x \in A]=$ 확률 $[x \in B]=$ 확률 $[x \in C]$가 된다. 따라서 이 모든 확률은 분명히 0이다. 그러나 A, B, C가 점이 속한 유일한 집합들이라면, 이 확률들은 합하여 1이 되어야 한다. 따라서 이는 모순이다.[23]

로 만들 것이다. Γ의 다시 섞기를 통해 우리는 우리가 원하는 모든 측도를 Γ 탓으로 돌릴 수 있다. 이것들은 아직 해결되지 않은 수학적인 문제들이다.

23 Borel, *Les nombres inaccessibles*(도달 불가능한 수), pp.95~100, 124~126; Borel, *Les paradoxes de l'infini*(무한대의 역설)(2nd edn., Paris, 1946), pp.198~210. 보렐은 전체 구를 A, B, C와 똑같은 성질을 가진 세 집합으로 나누는 데 체르멜로의 선택 공리를 사용하여, 모순을 더 복잡하게 만들었다. 그렇지만 이 경우, 이 집합들이 계량 불가능하기 때문에 이들과 연관하여 확률을 논해서는 안 된다고 반대할 수도 있다. 수학에서 '확률'과 '계량'은 교환 가능한 개념이다. 결과적으로, 보렐이 Borel, *Les paradoxes*, p.210에서 주장한 것처럼, 하우스도르프 모순이 체르멜로 공리를 폐기

7.

Meas($\boldsymbol{S}_i\tau$) = 1, $i \in \Gamma$을 만족할 유한소 τ는 (14)의 (0, γ)나 Meas($\boldsymbol{S}_i\pi$) = 1, $i \in N$의 π와는 다른 집단에 속해야 한다는 것은 기본적이다. 두 유한소의 곱, (0, γ_1) × (0, γ_2)은 비(非)아르키메데스 구조와 모순되지 않으면서 [p]에 속할 수 없다는 사실 역시 똑같은 결론에 이르게 한다. 따라서 우리는 (0, γ_1) × (0, γ_2) = (0, 0, $\gamma_1\gamma_2$)를 정의하게 되는데, 여기서 (0, 0, $\gamma_1\gamma_2$)는 2차 유한소이다. 이는 칸토어가 아주 예리하게 설명한 것과 똑같은 무한반복으로 이끈다. "수-집단을 연속적으로 생성할 때, 우리는 항상 더 나갈 수는 있지만, 넘어설 수 없는 한계에는 절대 도달할 수 없다. 따라서 우리는 **절대치**에 근사적으로도 도달하지 못한다… **절대치는** [개념적으로 인식할 수] 있을 뿐이며, 근사적으로라도 절대 [다다를 수는] 없다."[24] 차이는 유한소가 반대 방향으로, 즉 유한값에서 **절대적 무**(無)로 움직인다는 것이다. 생각해보면 **절대적 무**란 **절대적 무한대**만큼이나 당혹스러운 철학적 개념이다. 보렐은 심지어 "무한히 작은 것은 무한히 큰 것보다 분명히 우리에게 더 가깝고 익숙하지만, 상대적으로 말하자면 계량하고 이해하기는 더 어렵다"고 생각하였다.[25]

유한소 집단들의 무한반복을 다루는 아주 간단한 방법은 아래 수를 정의하는 것이다.

해야만 한다는 것을 증명했다고 말하기는 힘들다.

24 Cantor, *Contributions*, p.62n. 칸토어는 분명히, 헤겔의 절대 무한대에, 즉 무한대 Ω에 아직 포함되지 않은 것이 없기 때문에 $\Omega+1$로 쓰는 것이 허용되지 않는 무한대 Ω를 생각하였다. 결과적으로, 부랄리-포르티(Burali-Forti)의 모순이나 러셀의 모순 모두 Ω의 경우 작동하지 않는다. 실제, 러셀이 자신의 모순에 대하여 제안한 해결책은, 즉 논리학에서 '모든 집합의 집합' 개념을 제거하는 해결책은, 논리학에서 Ω가 다른 원소들을 포함하는 어떤 집합의 원소도 될 수 없는 유일한 집합이라고 인정해야 한다는 말의 반복이다(언급한 모순들에 관하여, Wilder, pp.55 f, 124를 보라).

25 Émile Borel, *Probability and Certainty*, p.84.

(17) $$\rho = (r_1, r_2, r_3, \cdots)$$

여기서 r_i는 r_{i-1}에 대하여 1차 유한소이며, r_{i-2}에 대하여 2차 유한소이며, … r_{i+1}에 대하여 (칸토어의 의미가 아닌) 1차 초한수이며, 등등이다. 이 새로운 집합체를 사전식 규칙에 따라 정렬하는 것은 자연스럽다. 여러 가지 척도에 대한 측도의 정의들뿐만 아니라 덧셈과 곱셈 작업도 [p]에 사용된 것과 똑같은 방식으로 [ρ]에 쉽게 적용된다. 따라서 나누기 작업은 다음 간단한 경우에서 보듯 단순명료하다.

(18) $$\rho : (1, \gamma) = \rho \times (1, -\gamma, \gamma^2, -\gamma^3, \cdots)$$

데데킨트의 아이디어와 비교할 때 베로네세의 아이디어는 기하학적 선이 그 축이 실수인 점들뿐만 아니라 [ρ]를 축으로 하는 점들로 이루어져 있다는 점에서 새롭다. 그러나 우리는 데데킨트의 공리[26]에 따라서만 선을 생각하는 데 완전하게 길들여져 왔기 때문에 베로네세의 연속으로 선을 표현하는 것이 수학적 오류라고 생각하기 쉽다. 하지만 다른 사람도 아닌, 순수공리주의 기하학의 창시자인 힐베르트(David Hilbert)가 베로네세 기하학과 같은 비-아르키메데스 기하학도 데데킨트 기하학만큼 잘 작동한다는 것을 보였다.[27]

---

26 R. Dedekind, *Essays on the Theory of Numbers*(Chicago, 1924), pp.6~8; 또한 3장 각주 26을 보라.

27 David Hilbert, *The Foundations of Geometry*(2nd edn., Chicago, 1921), pp.34~36. 산술적 연속체의 거친 구성에 관한 나의 논의 내용과 관련하여, 데데킨트는 *Essays*, pp.37 f에서, 우리가 대조적으로 그 축이 초월수인 모든 점을 선에서 제거하여 선을 '가늘게' 하더라도 유클리드 『기하학 원본』의 내용은 달라지지 않는다고 올바르게 생각하였다는 것을 언급하는 것은 매우 중요하다[여기서 공리주의는 axiomatic(公理)을 의미하며, 경제학이나 철학에서 말하는 utilitarianism(公利主義)과는 다르다 — 옮긴이]. .

8.

실질적인 무한소는 그저 존재하지 않는다는 수많은 독단적인 주장들을 반박하기 위해서는 유한소가 평범한 학생도 종이에 그릴 수 있을 정도로 너무도 실질적으로 나타나는 [ρ]의 매우 기본적인 사례를 언급하지 않을 수 없다. 그림 3의 B_1OX 같은 일반적인 평각은 유한한 실수 척도로 측정될 수 있다. 그러나 심지어 그리스 기하학자들도 시도했던 것처럼, 직선과 곡선 혹은 두 개의 곡선으로 된 뿔 모양의 각도 생각할 수 있다. A_1OB_1과 A_2OA_3가 그런 예이다. 뿔 모양의 각 A_1OX가 A_2OX보다 분명히 크다는 것은 당연하다. OA_1과 OA_2에 대한 접선이 만드는 평각들이 부등식 $B_1OX > B_2OX$를 만족한다. 여기서 뿔 모양의 각 A_1OX이 평각 B_1OX보다 분명히 크다고 간주하는 것도 당연하다. 뿔 모양의 각 A_3OX와 A_4OX를 비교해보면 내재된 문제가 더욱 예리하게 드러난다(OA_3과 OA_4는 O에서 OX에 접한다). 두 각에 대한 해당 평각은 0도이기 때문에, 이들 각의 차이는 또 다른 척도, 즉 유한값과 0 사이의 유한소 척도로서만 표시할 수 있다. 그리고 그다음에, 이 척도로 모든 2차적 차이를, 즉 A_3OX와 A_4OX 같은 각들이 보이는 차이들 사이의 차이를 표현하는 것은 가능하지 않다.

원점 주변에서 볼록한, 아래 함수로 표현되는 곡선(OA)들만 고려한다면, [ρ]를 이용하여 이 당황스런 문제를 부분적으로나마 해결할 수 있는 방법은 아주 분명해진다.

(19) $$y = r_1x + r_2x^2 + r_3x^3 + \cdots, \quad r_1 \geq 0, \; r_2 \geq 0$$

원점에서 OX와 이 곡선들로 만들어진 뿔 모양 각들의 집합체는 산술적 연속체로 표현될 수 없는 알갱이 원소들의 정렬된 집합체의 좋은 예에 해당한다. 왜냐하면 이 연속은 '구슬' 방식으로는 충분히 조밀하지 않기 때문이다. 간단한 기하학을 사용하면, 두 곡선 C′과 C″에서 $r_1' > r_1''$이라면, OX와 이루는 뿔

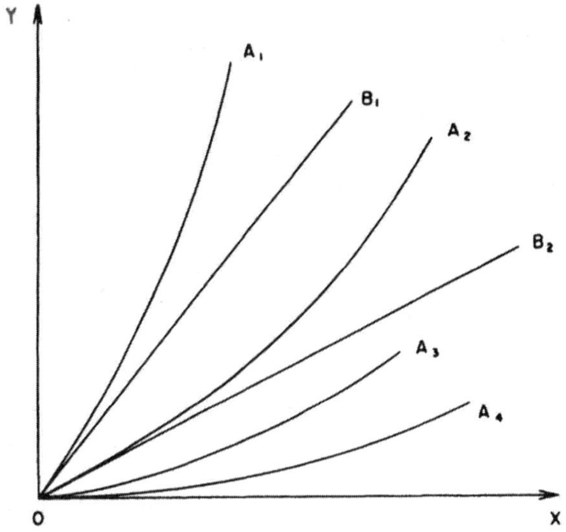

그림 3

모양의 각이 더 큰 것은 C′과 이루는 각이다. OA_3과 OA_4의 경우처럼 $r_1' = r_1''$이지만 $r_2' > r_2''$이면, 앞의 경우와 똑같은 척도에서 측정된 두 각의 차이는 0이지만, 더 큰 각은 C′과 이루는 각이다. A_3OX 같은 모든 뿔 모양의 각은 어떤 유한소를 나타낸다. 따라서 유한소는 없어져 버린 양(量)의 유령이 아니라, 그것을 보려는 모든 사람들을 위해 우리 바로 앞에 '생생하게' 존재한다.

우선, $x = 0$에서 (19) 형태 함수들이 모든 차수의 미분 값을 갖는다면, 이 함수들의 집단은 비(非)해석학적 함수도 포함할 수 있도록 확장될 수 있다. 이와 관련하여, 클라인(Felex Klein)은 $x = 0$에서 모든 차수의 미분 값이 0인 함수 $y = Ae^{-1/x^2}$ $(A > 0)$으로 만들어진 뿔 모양의 각은 곡선 (19)로 만들어진 어떤 각보다 작다는 아주 흥미로운 주장을 하였다.[28] 그렇지만 이 주장

28 Felix Klein, *Elementary Mathematics from an Advanced Standpoint: Geometry* (New York, 1939), p. 206.

으로부터 클라인의 함수들이 유한값과 0 사이의 모든 '공간'을 채웠다고 결론짓는 것은 큰 실수이며, 이런 함수로 0에 도달할 수 있다고 생각하는 것은 더 큰 실수일 것이다. 0은 $y=0$일 때뿐이며, 모든 $A>0$, $x>0$에 대하여 $Ae^{-1/x^2}>0$이다.

더 미묘한 점은 클라인의 함수들의 각보다 더 작은 뿔 모양의 각을 이루는, 예컨대 $y=Ae^{-1/x^4}$ 같은 함수도 있으며, '초(超)클라인' 함수들로 만들어진 각보다 더 작은 각을 이루는 또 다른 함수 등, 무한히 많은 함수가 존재한다. 따라서 $\rho[0, 0, 0, \cdots]$에는 절대적으로 아무 크기가 없는 각뿐만 아니라 끝없이 다양한 뿔 모양의 각들이 포함된다는 것을 알 수 있다. 게다가 서로 다르지만 많은 곡선으로 만들어진 뿔 모양의 각들은 똑같은 ρ로 표현되는데, 그 이유는 위에서 본 것과는 다르다. 예컨대 OX와 곡선 $y=x^{3/2}$과 $y=x^{4/3}$로 만들어진 각들은 똑같이 $\rho=(0, +\infty, -\infty, +\infty, \cdots)$에 해당한다. 따라서 우리는 한 ∞와 또 다른 ∞를 구별하는 방법을 알아내야 한다. 이 모두는 $[\rho]$조차 뿔 모양 각들의 가능한 모든 차이를 설명할 만큼 조밀하지 않다는 것을 보여준다.

9.

유한값에서 절대적 무한대로 옮겨가는 것에 대한 위와 연관된 논점은 얼마 전부터 알려져 있다. 부아-레몽이 발견한 점점 더 증가하는 함수로 된 무한급수가 바로 그것이다.

$$\varphi_1(x) \prec \varphi_2(x) \prec \varphi_3(x) \prec \cdots \prec \varphi_n(x) \prec \cdots \tag{20}$$

'점점 더 증가하는'이라는 표현은, $x>X_n$인 임의의 x에 대하여 $\varphi_{n+1}(x) > K\varphi_n(x)$ 관계를 만족하는 양수 X_n이 임의의 양수 K에 대하여 존재한다는 의미이다. 부아-레몽이 증명한 유명한 정리에 따르면, 임의의 급수 (20)에 대해 더 빠르게 증가하는 함수 φ를, 즉 임의의 n에 대하여 $\varphi_n < \varphi$인 함수를 찾을 수 있다. 두 번째 정리에 따르면, 이 조건을 만족하는 모든 φ에 대하여 $\varphi_n < \psi_1 < \varphi$인 함수 ψ_1이 존재한다. 여기서 n은 임의의 수이다. 이를 반복하면, 다음 순서가 나타난다.

$$\varphi_1 < \varphi_2 < \varphi_3 < \cdots < \psi_3 < \psi_2 < \psi_1 < \varphi \tag{21}$$

이는 무한히 큰 모든 집단에 대하여 아르키메데스 척도가 존재하지 않는다는 것을 의미한다.[29]

의심의 여지 없이, 유한값으로부터 해석학의 영역을 거쳐 **절대적 영**이나 **절대적 무한대**에 이르는 길들은 똑같이 멀 뿐더러, 결코 그 최종 목적지에 닿아 있지 않다. 이 길에 산술적 연속체로 세워진 드문드문한 말뚝만 보려고 해서는 이 사실을 깨닫기가 어려울지도 모른다.

10.

이 부록의 전문적인 내용을 요약하려면, 앞에서 언급한 바와 같이, 산술적 해석에서 **처음부터** 유한소를 금지한 숨겨진 가정을 다시 살펴볼 필요가 있다. 아래 우화를 통해 산술적 사고 습관 때문에 무심코 갖게 된 몇 가지 선입관들

29 G. H. Hardy, *Orders of Infinity: The 'Infinitärcalcül(무한 계산)' of Paul du Bois-Reymond* (Cambridge, Eng., 1924), pp. 11 f. (21)의 순서는 익숙한 접근 방식으로 무리수가 정의되는 증가수열과 감소수열을 상기시키기 때문에, (21)이 절단함수 χ를, 즉 임의의 n과 m에 대하여 $\varphi_n < \chi < \psi_m$인 함수를 반드시 정의하지는 않는다는 것을 지적하는 것이 (나중을 위해) 좋다. 즉, (ψ)를 $\int_0^\infty \psi^{-1}dx$가 존재하는 함수들의 집단 (φ)를 이런 적분이 존재하지 않는 함수들의 집단이라고 해보자. 당연히 어떤 함수도 이런 절단함수에 해당하지 않는다. 척도 문제에 관한 이 논의와 다른 흥미로운 논의로, Borel, *Leçons sur la théorie des fonctions*(함수 이론에 관한 강의), pp. 111~119을 보라.

을 없앨 수 있을 것이다.

다음 시간표에 따라 무한히 '켜졌다', '꺼졌다' 하는 신기한 램프를 상상해 보자. 이 램프는 $t = 0$에서 켜 있다가, 그 뒤에는 매 순간 시점마다 n이 홀수일 때는 '꺼지고', 짝수일 때는 '켜진다'.[30]

$$(22) \qquad t_n = 1 + \frac{1}{2} + \frac{1}{2^2} + \cdots + \frac{1}{2^{n-1}} \qquad (n = 1, 2, 3, \cdots)$$

여기서 시간은 시계의 시간이다. 우선 다음 몇 가지는 즉각적으로 이해할 수 없더라도, 명확하다.

첫째, 모든 t_n은 항상 $t^* = 2$보다 작은 유리수이기 때문에, 어떤 논리를 따르더라도 t^*는 집합체 $(t_1, t_2, t_3, \cdots)$의 요소가 될 수 없다. 둘째, t가 $0 < t < t^*$인 실수라면, 모두 네 가지인 램프의 상태는 임의의 시점 t에서 완전히 결정된다. 셋째, 추가적인 정보가 없으면, $t = 100$ 또는 t^*에서도 램프의 상태를 확인하는 것은 불가능하다. 즉, 이 우화는 이런 상태들에 관하여 어떤 것도 알려주지 않는다.[31] 예컨대 램프는 이 우화와 아무런 모순 없이, t^*에서 '사라져 버릴' 수도 있다. 넷째, 가장 결정적인 점으로, 램프는 t^*보다 앞선 t'에서도 사라질 수 있다.

---

30 어떤 실제 램프도 여기 설명된 방식으로 깜박일 수 없다는 너무나도 분명한 사실은 본질적으로 Aristotle, *Physics*, 263^b 15~35로 거슬러 올라가는데, 모든 철학자들이 당연한 것으로 받아들이지는 않는다. 유한한 시간 동안 무한히 많은 별개의 작업을 하는 것이 논리적인 엉터리가 아니라는 개념을 내놓은 사람은 러셀이었다("The Limits of Empiricism," *Proceedings of the Aristotelian Society*, *36*(1935/6) 143 f). 그렇지만 톰슨은 이 신기한 램프를 통해 이 개념을 반박하였다. J. F. Thomson, "Tasks and Super-Tasks," *Analysis*, *15*(1954) 1~13. 그렇지만 최근에, 원주율 π의 모든 자리수를 인쇄하거나 유한한 시간 내에 모든 정수를 열거하는 것 같은 슈퍼 작업을 수행할 수 있다고 일컬어지는 기계의 청사진에 대한 열망이 커진 듯하다. Grünbaum, "Are 'Infinity Machines' Paradoxical?" *Science*, January 26, 1968, pp. 396~406 참조.

31 바로 앞에 인용한 Thomson, pp. 5 f 참조.

틀림없이 거의 모든 사람은 네 번째 서술이 완전히 어처구니없다고 생각할 것이다. t'이 t^*보다 앞선 시점이라면 t_k가 t'보다 나중이 되도록 하는 k가 존재하며, 그런 시점이 올 것이다. 그리고 이 우화에 따르면, t_k 이후에도 램프는 계속 깜박여야 하기 때문에 램프가 이보다 일찍 사라져버린다는 것은 있을 수 없다.

그렇지만 이렇게 대응하는 것은 본질적인 문제를 무시하는 것이다. t'이 t^*보다 앞선다는 사실, 즉 $t' < t^*$에는, 어떤 k에 대하여 $t' < t_k$라는 사실이 수반되지 않는다. 부아-레몽 정리와 연관하여 앞 절에서 언급된 해석학적 형태는 $t_1 < t_2 < t_3 < \cdots < t^*$ 순서가 모든 k에 대하여 $t_k < t' < t^*$인 t'과 완전히 양립할 수 있다는 것을 보여준다. 이 주장이 이 우화에는 허용되지 않는다는 의심을 떨쳐버리기 위해서는 첫째, 이 우화가 시간 연속체의 구조에 관하여 아무런 제한을 두지 않으며, 둘째, 이 연속체가 앞의 2절에 나온 [p]의 연속체와 유사하다면 $t' = (t^*, \gamma)$, $\gamma < 0$인 시점들이 존재한다는 것을 상기하면 된다. 이런 모든 시점에 대해 $t_k < t' < t^*$ 관계는 임의의 k에 대하여 성립한다.

일련의 가정을 통해 이 마지막 방안을 배제할 수는 있다. 첫 번째 가정은 시간의 기하학화이다.

시간의 연속성과 직선의 연속성은 동등하다.

시계 바늘 끝의 위치에 따라 시간을 측정한다는 논리는 이 가정에 기초한다. 두 번째 가정은 데데킨트의 다음 가정이다.

직선의 연속성과 수의 연속성은 동등하다.

이제 산술적 해석에서 인정하는 범주에 (r, γ) 같은 수가 포함되지 않은 이유를 보이는 일이 남아 있다. 이는 산술적 해석에서 은연중에 끊임없이 사용되지만 문헌에 명시적으로 서술되어 있지 않은, 찾으려 해도 찾을 수 없는 가정의 결과이다. 이를 유한소 부정에 대한 가정이라고 부를 수 있을 것이다.

(부호를 빼고) 어떤 수가 임의의 양의 실수보다 작다면 그 수는 0이다.

앞의 3절에 비추어보면, 이 가정의 근거가 순수한 순서 개념이 아니라 측도 개념임을 알 수 있다. 이 가정의 본질은, 영이 단지 측도가 0인 수이기 때문에 (수를 다르게 쓴 것에 유념하라) 관계 (6)은 $(0, \gamma)$이 0일 수밖에 없다는 것이다. 따라서 유한소는 존재하지 않는다. 측도가 순서 정하기와 무관한 과정이라는 일반적인 주장은 분명히 타당하다. 그러나 마지막 가정이 산술적 해석의 예비절차에 스며들기 때문에, 산술적 해석이 측도 개념과 완전히 무관하다는 마찬가지로 일반적인 주장은 수정될 필요가 있다.

11.

이제 강조해야 할 점은 위에서 제시한 가정들을 전제하더라도 여전히 시간 t^*에서의 신기한 램프의 상태를 결정할 수 없다는 것이다. 이는 수학적 해석에서, 즉 일반적인 불연속 개념에서 명확하게 인식할 수 있다. 그리고 톰슨이 보였듯이, 이는 또한 유한한 시간 내에서 무한한 수의 작업을 수행할 수 있다는 주장에 대한 치명적인 타격이기도 하다.

이에 기초하여, 또한 램프를 켜고 끄는 방식과 제논이 설명한 아킬레스가 거북이를 쫓는 방식의 유사점을 인식하여, 우리는 수학적 해석도 제논을 뒷받침한다고 주장하고 싶은 유혹을 느낄 수도 있다. 그렇지만 두 우화 사이에는 아리스토텔레스가 명확하게 지적하였던 근본적인 차이가 있다. 기계적 운동은 연속의 변화로서 매우 뛰어나다. 동역학 용어를 사용하면, 운동은 연속인 두 변수, 시간과 거리의 연속 함수이다. 따라서 $t^* - t = 0$일 때 아킬레스와 거북이 사이의 거리 역시 막연한 수가 아닌, 0이어야만 한다. 램프를 켜거나 원주율의 또 다른 자릿수를 인쇄하는 것 같은 다른 모든 형태의 변화는 (톰슨의 용어를 사용하면) 분명한 '작업' 또는 (아리스토텔레스의 용어를 사용하면) '실질적인' 단위로 구성되어 있다.[32] 아리스토텔레스가 지적한 바와 같이, 제논의 교묘함은 아킬레스의 운동을 무한히 많은 작업이나 단위로 이루어진 슈퍼 작업인 것처럼 묘사하고, '모순'이라고 외친 것이다.[33] 그렇지만 A에서 B로 이동할 때 B에 **실제 머무르지** 않는다면 (필요한 불연속을 도입하지 않는다면), A에서 B로 이동하는 것은 B에서 C로 계속 이동하는 것과 다른 작업이 아니다.

12.

제논의 역설에 대한 이해하기 쉬운 반증은 다음 무한급수의 합이 $t^* = 2(n \to \infty$일 때, t_n에서 얻어지는 값)라는 사실에 근거한다.

$$1 + \frac{1}{2} + \frac{1}{4} + \cdots + \frac{1}{2^n} + \cdots$$

여기서 **합**은 유한한 수의 항에 적용되는 일반적인 의미의 합이다.[34] 심지어 어떤 이들은 무한히 많은 별개의 덧셈 작업으로 이루어진 슈퍼 작업에 논리적으로 오류가 없다고 주장한다.[35] 나는 이런 생각들이 우리가 간혹 수학 교과서에 슬쩍 집어넣은, 극한 개념의 본질적인 특성을 흐리게 하는 몇몇 부정확한 표현들에서 생겼다고 믿는다. 비록 이 표현들은 산술적 해석 **자체**에는 문제를 야기하지 않지만, 연관된 문제와 관련하여, 특히 유한소의 존재와 그 특성에 관하여 혼란된 사고를 낳기 쉽기 때문에 이 표현들을 피해야만 한다.

극한 개념은 수와 무한급수의 정당한 (그리고 유익한) **결합**이다. 두 용어 사이의 좀 더 밀접한 관계를, 특히 동등성 관계를 시사하는 것은 무엇이든 해석

32 Aristotle, *Physics*, 260^b~261^b, 263^b 4~5.

33 앞의 책, 263^b 22~23.

34 Alfred North Whitehead, *Process and Reality: An Essay in Cosmology*(New York, 1929), p. 107. 화이트헤드 역시 이 태도를 취하고 있는 것을 볼 수 있다.

35 특히 J. Watling, "The Sum of an Infinite Series," *Analysis*, *13*(1952) 39~46을 보라.

학적 혼동을 낳는다. 구체적이고 생생한 예로, 수 0과 양수로 이루어진 급수의 결합을 생각해보자.

(23) $$(a_1,\ a_2,\ a_3, \cdots,\ a_n, \cdots)$$

여기서 임의의 양수 ϵ과, $n > N(\epsilon)$인 임의의 n에 대하여 $a_n < \epsilon$를 만족한다. "$n \to \infty$일 때, $\lim a_n = 0$" 같은 기호나 "a_n은 근사적으로 0" 같은 용어로 이 결합을 표현하는 것은 아무런 문제가 없다. 그러나 예컨대 "$n \to \infty$일 때, $\lim(b_n = 9\sum_1^n 10^{-ㄴ})$" 대신 0.999…로 쓰는 것은 단지 편리한 표기법 때문이라고 명확하게 강조하지 않으면, 혼동을 초래할 수 있다. 불행하게도, 여러 수학 권위자들의 저작조차 1/4을 소수로 표기할 때 0.25와 0.24999… 사이의 본질적인 차이를 언급하고 있지 않다.[36] 그러나 가장 큰 혼동의 근원은 "극한에서" 혹은, 러셀이 사용하곤 하였던 "무한 번 작업 후 a_n은 0이 된다"와 같은 널리 사용되는 표현이다. 진실은 급수 (23)을 따라 아무리 나가더라도 a_n은 절대 0이 되지 않으며, 단지 양수만 있을 것이라는 것이다. 사실이 이러할진대 이 급수의 극한은, 즉 0은 죽어버린 양수들 a_n의 유령이라는 사실은 누구에게나 분명할 것이다. 여기서 버클리 주교의 재치 있는 표현은 극한 개념의 조롱으로서가 아니라 극한 개념에 초한 도약이 포함되어 있다는 것을 강조하기 위해 사용되었다. 여기서 우리는 다시 한 번 칸토어에게 배울 수 있다. 그는 그의 첫 번째 초한수 ω와 정수의 무한급수를 동일시하지 않았다. 또한 유한 정수 n이 극한에서 ω가 된다고도 하지 않았다. 대신 그는 ω를 정수급수의 초한 말단에, 즉 이 정수들을 모두 지난 후에 두었다.

유한소와 극한이 0인 급수 사이의 혼동이 무한소 해석의 많은 착상들에 잠

36 예컨대 Borel, *Les paradoxes de l'infini*(무한대의 역설), p.118에는 "연속성을 금지할 수 없다면", 급수 0.19, 0.199, 0.1999, …의 극한을 0.2가 아닌 0.1999…로 적어야 한다는 이상한 주장이 있다.

재적으로 스며들어 있다. 두드러진 예로, $1 - b_n$이 임의의 양수 ϵ보다 작을 수 있기 때문에, $1-0.999\cdots=0$은 순수하게 산술적 의미에서, 유한소 부재 가정에 근거하여 타당하다는 주장을 간혹 볼 수 있다. 그러나 이는 사실이 아니다. 이 가정은 $1 - b_n$ 같은 '유동 상태' 변수에 관한 것이 아니라 하나의 수에 관한 것이다. 이제 우리는 홉슨이 이 상태와 잘못된 대상을 연결하였다는 것을 알 수 있다. 제대로 생각해보면, 유한소는 모든 유한수나 초한수처럼 고정된 별개의 존재이다.

13.

(일반적인 수로 표현할 수 없는 것과 마찬가지로) 유한소로 **변화**의 계량형태 표현을 할 수 없는 것은 바로 앞에 논의한 성질 때문이다. 그렇지만 이 성질로 인해 보통 수의 '완전한' 집합체에 내재하는 몇 가지 생각하지 못한 결함들을 알아낼 수 있을 뿐만 아니라 그 일부를 제거하는 데도 도움이 된다. 한 실례로, 가능하기는 하지만 확률 측도가 0인 사건으로 되돌아가 보자. 유한소를 사용하면, 우리는 한편으로 유사(類似) 불가능성 혹은 유사 확실성을 정확하게 정의하여 이 두 상황을 분명하게 구분할 수 있고, 또 다른 한편으로 불가능성과 확실성에 대해서도 그렇게 할 수 있다. 내가 다른 곳에서 주장하였듯이,[37] 이런 구분은 불확실성에 직면한 우리의 행동에 항상 관련되지는 않지만 기대를 완벽하게 해석하는 데는 필수적이다. 우리가 "1에 충분히 작은 양만큼 모자라는 확률을 묘사하는 데 **확실함**이라는 단어를 사용하는 것을 두려워하지 말라"[38]는 보렐의 충고에 포함된 해석학적 난점을 피하려면 유한소를 사용

---

37 『AE』에 재수록된 저자의 논문, "The Nature of Expectation and Uncertainty" (1958) pp. 251~253. 이에 관하여 Richard von Mises, *Probability, Statistics and Truth* (2nd edn., London, 1957), pp. 33 f도 보라.

38 Borel, *Probability and Certainty*, p. 7.

하는 수밖에 없다. 이런 확률은 유한하며, 유사 확실함보다도 작다는 것은 사소한 문제이다. 그러나 이를 확실함과 동일시하면 아자이스(Azaïs)와 마르베(Marbe)의 독단에 그대로 빠지게 된다.[39]

14.

이제 우리는 이 부록에서 논의한 전문적이고 복잡한 내용 위에 연속체의 일반적인 개념에 대한 아리스토텔레스의 명쾌한 가르침이 빛나고 있는 것을 볼 수 있다. 우리는 연속체가 어떻게 정의되고 이해되더라도 그것은 아리스토텔레스가 공들여 주장하였던 근본적인 생각 하나와 굳게 연결되어 있다는 것을 분명히 인식할 수 있기 때문이다. 무한히 쪼갤 수 있는 것은 항상 무한히 쪼갤 수 있는 상태로 남는다. 그리고 점은 쪼갤 수 없는 것이기 때문에, 직선의 **일정 부분**과, 즉 직선의 **특정** 속성을 가진 부분과 **점** 사이에는 아무런 연관이 없다. 직선은 연속인 다른 모든 것처럼, "무한히 쪼갤 수 있는 것들로[만] 쪼갤 수 있다".[40] 오늘날 드물지 않은 아리스토텔레스 험담꾼들조차도 이 생각이 산술적 해석 자체에 의해 정당화된다는 사실을 부인하기 어려울 것이다. 실제로, (23)에서 a_n들이 선분의 무한 분할 조각의 연속 부분들을 나타낸다면, 극한의 개념 자체가 남용되지 않을 때, 그 과정에서 점이, 즉 길이가 없는 '부분'이 절대 만들어지지 않을 것임을 알 수 있다.

그러나 아리스토텔레스는 "연속인 어떤 것도 분할 불가능한 것으로 구성

39 이에 관하여 이 책의 부록 C를 보라. 여기서 또 다른 복잡함에 관하여 말하고자 한다. 모든 통계 검정에서 확률을 **양수로** 가정한다. 어느 정도만 확실한 사건의 경우에 대한 검정은 없다. 결과적으로, 초감각적인 인지가 존재한다는 것을 지지하는 통계 검정이 불가능하다는 주장들은 헛일이다. 다시 말하면, 초감각적인 인지는 확률이 0이지만 가능할 수도 있다(이것이 실제라는 의미는 아니다).

40 Aristotle, *Physics*, 231^{b} 15~16.

될 수 없다. 예컨대 직선은 연속이고 점은 분할 불가능하기 때문에 직선은 점으로 구성될 수 없다"고도 주장하였다.[41] 한편, 산술적 연속체는 앞서 나의 비유에 나온 각각의 서로 다른 구슬 같은 분할 불가능한 것들로만 만들어졌다. 많은 수학 권위자들이 이 모순을 지적하였다. "연속인 기하학적 대상과 … 그 대상에 위치한 점 사이의 일반적인 구별은 직접적인 산술적 표현이 불가능하다."[42] 분할 불가능한 것들의 집합체로만 인식되는 산술적 연속체에는 공간 혹은 실제로 다른 모든 연속적인 구조의 계량적인 특성들의 여지가 없다. 러셀이 전에 말했듯이[43] 계량기하학은 '기하학의 작은 일부'이지만, 이 문제에서 그 역할은 핵심적이다. 계량기하학은 산술적 해석 바깥에서 산술적 연속체의 타당성에 대한 유일하게 엄격한 검증 방법을 제공한다. 그리고 거리 공간에서 점을 확인하는 데 거리 좌표를, 즉 길이를 사용해야만 하기 때문에, 그 후 산술적 연속체의 본래 구조에 측도 개념을 엮어 넣어야 했다. 이 방식으로 산술적 연속체는, 아리스토텔레스가 말하였듯이 모든 연속체에 있어야만 하는 무한히 나눌 수 있는 부분들을 부여받았다. 산술적 연속체는, 측도 개념과 분리되면, 다른 수학 분야들에 비해서, 가장 숭고하지만 아무 쓸모없는 인간 정신의 창조물로서 단지 감탄을 받기 위해 유리 상자에 보관되어야만 할 것이다.

산술적 해석에 잠재적으로 존재하던 몇몇 생각들로부터 나온 최근의 또 다른 발전 역시 아리스토텔레스의 의견을 옹호한다. 이는 차원 분석으로, 점, 선, 면 등 사이의 연결할 수 없는 간격을 명시적으로 인정한다. 의심의 여지없이, 아리스토텔레스는 점은 선의 일부분이 아닐 뿐만 아니라, 선은 면의 끝이지만 부분은 아니라고 말하였을 것이다. 아니면 다르게, 면의 수준에서 선

41 앞의 책, 231^b 24~25. 또한 Immanuel Kant, *Critique of Pure Reason*(Everyman's Library edn., New York, 1934), p.136을 보라.

42 Hobson, *Theory of Functions*, I, 89.

43 Russell, *Mysticism and Logic*, p.91.

은 분할 불가능한 것으로 나타난다고 하였을 것이다. 이 말이 틀렸다면, 우리는 아직도 산술적 해석을 통해, 예컨대 $\sqrt{2}$ 차원 역시 의미 있는 개념으로 존재하기 위하여 차원 자체를 연속 개념으로 변환할 수 없는 이유에 대하여 오랫동안 숙고해야 할 것이다. 아마도, 점과 선 사이의 차원이라는 이미지 자체의 황당함으로 인해 그런 식의 차원 해석은 시도된 적도 없다.

일반적으로, 어떤 수(數) 구조를 통해 연속체의 일반적인 개념의 신비를 꿰뚫어보려는 우리의 모든 시도를 가로막는 근본적인 어려움은 불연속성을 완벽하게 피할 수 없다는 데 있어 보인다. 방금 본 것처럼, 불연속성은 차원의 분석에서 불가피하게 나타난다. 또한 불연속성은 논리학에서 받아들여질 만한 기초 위에 초한수나 유한소를 놓으려는 모든 계량형태 모형에서도 피할 수 없다. 가장 투명한 불연속성인 정수 시스템의 불연속성은 $[\rho]$ 시스템이 놓여 있는 원소들뿐만 아니라 칸토어가 초한수 개념을 세웠던 원소들 사이에서도 두드러진 위치를 차지한다. 아마도 이 사실은 연속체를 그 반대인 불연속인 각각의 '수'로 환원하려는 모든 시도가 가진 근원적 오류의 필연적인 결과이다. 불연속성의 씨앗만 뿌리려는 사람은 자신의 수확물에 내재하는 불연속성에 놀라서는 안 된다. 그리고 그 존재를 부정하려 해서도 안 된다.

부록 B

무지, 정보, 엔트로피

1.

5장 4절에서 본 것처럼, 클라우지우스는 처음으로 엔트로피를 직접 측정될 수 있는 거시 변수들의 함수로 정의하였다[압력, 부피, 온도, 물질의 양 등이 거시 변수이다—옮긴이]. 이 정의는 아직도 계의 엔트로피를 실제로 결정할 수 있게 해주는 유일한 정의이다. 통계열역학의 등장과 함께, 엔트로피는 계에 포함된 모든 입자의 위치와 속도의 함수로 새롭게 정의되었다(6장 1절). 이 새로운 정의에 따르면, 이 미시요소들에 관한 지식으로부터 엔트로피를 계산할 수 있다. 물론 그 역은 가능하지 않다. 계의 엔트로피 값이 주어졌을 때 우리는 그로부터 각 입자의 위치와 속도를 유추할 수는 없다. 하지만 실제 미시상태에 대한 우리의 무지가 절대적인 것은 아니며, 이 무지의 정도 역시 각 엔트로피 값에 대해 똑같은 것도 아니다.

U, X, Y, Z로 명시된 네 개 입자와 A, B 두 상태로 이루어진 아주 간단한 예를 생각해보자. U, X, Y는 A 상태에, Z는 B 상태에 있는 미시상태를 상정하고 이 상태의 엔트로피를 S라 표시하자. 거시 변수는 각 상태에 어떤 특정 입자가 있는지에 좌우되지 않기 때문에 임의의 세 개 입자가 A 상태, 나머지 한 개

입자가 B 상태에 있는 모든 미시상태는 똑같은 엔트로피 S를 갖는다. 따라서 우리는 S에 관한 지식으로부터 거시상태를 알 수 있다. 다시 말하면, 우리는 세 개 입자는 A 상태에, 한 개 입자는 B 상태에 있다는 것을 알지만 각 상태에 어떤 입자가 있는지는 알지 못한다. 그렇지만 우리는 S에 상응하는 미시상태가 네 개 있다는 것은 안다. 그리고 우리가 우연히 U와 X가 A 상태에, Y와 Z가 B 상태에 있는 미시상태를 다루게 된다면, 해당 엔트로피가 S'라는 것으로부터 S'에 상응하는 미시상태가 여섯 개 있다는 것을 알 것이다. 볼츠만의 획기적인 발상은 $S = k \ln 4$이고, $S' = k \ln 6$이라는 것이다.[1]

루이스는 이에 기초하여 1930년의 논문에서 계의 엔트로피는 계의 미시구조에 관한 우리의 무지 정도의 지표에 해당한다고 주장하였다. 이 발상은 그럴듯하다. S를 알면, 우리는 네 개의 상응하는 미시상태들 중에서 어느 상태가 실제 상태인지 궁금해진다. S'를 알면, 가능한 경우는 여섯 개로 늘어난다.[2] 따라서 계의 엔트로피가 S에서 S'로 증가함에 따라, 실제 미시상태에 대한 우리의 무지 정도 또는 불확실성의 정도 역시 증가한다. 루이스가 설명하였듯이, "알려져 있는 분포가 알 수 없는 분포가 될 때 엔트로피는 증가한다. 이 손실은 비가역적 과정의 특징인데, 그 내용은 정보의 손실이다".[3]

아래의 논의를 위해 중요한 몇 가지 점들을 지금 분명히 해두고자 한다.

첫째, 앞의 내용은, 예컨대 화성에 생명체가 존재하는지 혹은 방금 합성된 화합물이 건초열을 치료할 수 있는지 궁금할 때처럼, 다른 모든 상황에 대해

---

1 6장 식 (2)를 보라.

2 여기서, 총에너지가 같은 미시상태들만 고려되어야 한다는 것을 상기해야 한다(6장 각주 5 참조). 볼츠만 공식은 한 개 입자는 A 상태, 세 개 입자는 B 상태에 있는 네 개 미시상태 모두에 대해 똑같이 엔트로피가 $S = k \ln 4$라고 하지만, 세 개 입자는 A 상태에, 한 개 입자는 B 상태에 있는 미시상태들로 이루어진 또다른 거시상태는 총에너지가 같더라도, 이에 속한 미시상태들은 무시되어야 한다.

3 G. N. Lewis, "The Symmetry of Time in Physics," *Science*, June 6, 1930, p.573.

무지 정도의 지표가 있다는 의미는 전혀 아니다. 우리가 그로부터 추론할 수 있는 최선은 우리가 모든 가능한 상태에 대하여 어떤 종류의 척도를 설정할 수 있는 경우들에 대해서도 그런 지표가 만들어질 수 있다는 것이다.

둘째, 설사 어떤 척도를 설정할 수 있더라도, 무지의 정도는 측정 가능한 변수가 아니라는 사실을 무시해서는 안 된다. 무지의 정도에는 통계열역학의 질서(혹은 무질서) 개념이나 경제학의 물가 수준 혹은 국내 생산 개념에 있는 것과 똑같은 해석학적 어려움이 있다. 이 변수들은 모두 서수의 의미로도 측정 가능하지 않다. 이 변수들에 대하여 '더' 혹은 '덜'이라는 비교를 할 수는 있지만, 이런 비교는 변증법적으로 이해되어야 한다. 따라서 우리가 기껏 할 수 있는 것은 각각의 변수에 대하여 유사(類似) 척도를 설정하는 일이다. 게다가 유사 척도의 선택 역시 몇몇 조건에 의해서만 한정되기 때문에 이 유사 척도들의 범위는 평균의 범위만큼이나 제한이 없다. 그리고 유사 척도의 변증법적 특성 때문에 하나의 변수에 대해 두 개의 유사 척도가 완전히 다른 순위를 매기는 경우를 제거할 방도가 전혀 없다.

위 논평에 대한 좋은 예는 자신이 '정보 에너지'라고 명명한 것으로 질서(혹은 정보)를 평가하자는 오니세스쿠(O. Onicescu)[4]의 제안이다. 정보 에너지는 다음과 같이 정의된다.

(1) $$\mathcal{E} = \sum_{1}^{s} (N_i/N)^2 = \sum_{1}^{s} f_i^2$$

여기서 $f_i = N_i/N$이다. 분명히 이 정보 에너지는 질서에 대한 좋은 유사 척도로서, 지금 우리가 입자당 네겐트로피라고 부르는 것에 비해 손색이 없다. 후자의 정의는 다음과 같다.[5]

---

4 Octav Onicescu, "Énergie informationnelle(정보 에너지)," *Comptes Rendus de l'Académie des Sciences*, Series A, *263*(1966) 841 f. 6장 식 (8)을 보라.

5 6장 식 (6)을 보라.

$$H = \sum_{1}^{s} (N_i/N) \ln (N_i/N) = \sum_{1}^{s} f_i \ln f_i \quad (2)$$

H와 마찬가지로, $\mathcal{E}$는 가장 낮은 질서를 가진, $f_1 = f_2 = \cdots = f_s$인 미시상태에서 (그리고 단지 이 상태에만 한하여) 최솟값을 가지며, 가장 높은 질서를 가진, $f_k = 1$인 거시상태에서 (그리고 단지 이 상태에만 한하여) 최댓값을 가진다. 그러나 앞에서 언급하였듯이 $\mathcal{E}$는 H와 똑같은 방법으로 질서의 순위를 매기지 않는다.[6] 그렇지만 오니세스쿠가 보인 것처럼, $\mathcal{E}$에는 H만큼이나 흥미로운 해석학적 성질들이 있다.[7] 예컨대 $f_{ik} = f_i' f_k''$가 복합 구조라면, $\mathcal{E}(f) = \mathcal{E}(f')\mathcal{E}(f'')$이 성립한다. 따라서 $\log \mathcal{E}$에는 H와 똑같은 가산 성질이 있다.

정보 에너지와 $(f_1, f_2, \cdots, f_s)$의 표준 편차 사이에 성립하는 아래와 같은 간단한 관계에서 흥미로운 시사점이 나타난다.

$$\mathcal{E} = \sum_{1}^{s} (f_i - 1/s)^2 + 1/s \quad (3)$$

이 관계에서, 열역학적 평형에 도달하는 과정이 가용 열에너지의 점진적인 확산임을, 따라서 에너지 준위 차이의 점진적인 감소로 구성되어 있다는 것을 알 수 있다. 따라서 분산에 대한 거의 모든 유사 척도를 질서에 대한 유사 척도로 사용할 수 있다.[8] 사실 볼츠만의 H-함수는 분산에 대한 유사 척도이

6 이 점은 유사 척도들의 특이성들을 이해하는 데 중요하기 때문에, 그 증명을 보이는 것이 도움이 된다. $\Sigma p_i = 1$이므로 다음 관계가 얻어진다.

$$d\mathcal{E} = \Sigma (p_i - p_s)\, dp_i, \qquad dH = \Sigma (\ln p_i - \ln p_s)\, dp_i$$

$d\mathcal{E}$와 dH의 부호가 모든 dp_i에 대하여 같기 위해서는 이 합들에 있는 dp_i의 계수들이 항상 비례해야 한다. 명확하게, $s = 2$인 경우를 제외하면, 이는 dp_i의 모든 값에 대하여 사실이 아니다.

7 H의 해석학적 성질에 관하여 C. E. Shannon and W. Weaver, *The Mathematical Theory of Communication* (Urbana, Ill., 1949), pp. 19~22를 보라.

8 $s > 3$이고 가장 질서가 높은 경우, 사분위수 범위[통계 변량을 도수 분포로 정리하였을 때 적은 도수로부터 1/4, 3/4 자리의 변량 값 — 옮긴이]는 0이기 때문에 '거의'라고

다. 비교적 간단한 수학을 통해 이를 보일 것이다.

함수 $g(x)$가 닫힌구간 $[a, b]$ $(a < b)$에서 완전히 볼록한 함수라고, 즉 모든 $x \in [a, b]$에 대하여 정의되며, 모든 $x, y \in [a, b]$, $\alpha \in [0, 1]$에 대하여 다음 관계가 성립하는 함수라고 하자.

$$(4) \qquad g[\alpha x + (1 - \alpha)y] \leq \alpha g(x) + (1 - \alpha)g(y)$$

여기서 등호는 $x = y$ 또는 $\alpha = 0, 1$인 경우에만 성립한다. $a \leq x_1 \leq x_2 \leq \cdots x_s \leq b$이고, $G = \sum_1^s g(x_i)$, $X_k = \sum_1^k x_i$, $M_k = X_k / k$라고 하면, (4)로부터 다음 관계가 얻어진다.

$$(5) \qquad g(x_i) \leq \frac{b - x_i}{b - a} g(a) + \frac{x_i - a}{b - a} g(b)$$

그리고 각 항을 더하여 다음 관계가 얻어진다.

$$(6) \qquad \frac{G}{s} \leq \frac{b - M_s}{b - a} g(a) + \frac{M_s - a}{b - a} g(b)$$

여기서 등호는 단지 모든 i에 대해 (5)에서 등호가 성립할 때에만 성립한다. 이 마지막 조건은 다시, 아래의 관계가 성립하는 어떤 j가 존재한다는 것과 동등하다.

$$(7) \qquad a = x_1 = x_2 = \cdots = x_j, \quad x_{j+1} = x_{j+2} = \cdots = x_s = b$$

또한 (4)와 아래 (8)로부터 (9)가 얻어진다.

$$(8) \qquad M_{k-1} \leq M_k = \frac{k-1}{k} M_{k-1} + \frac{1}{k} x_k \leq x_k, \quad 1 < k \leq s$$

$$(9) \qquad g(M_k) \leq \frac{k-1}{k} g(M_{k-1}) + \frac{1}{k} g(x_k)$$

표현하였다.

여기서 등호는 $M_{k-1} = x_k$일 때에만, 즉 다음 경우에만 성립한다.

$$(10) \qquad x_1 = x_2 = \cdots = x_k$$

(9)로부터 다음 관계를 간단히 유추할 수 있다.

$$(11) \qquad g(M_s) \leq G/s$$

여기서 등호는 단지 다음 경우에만 성립한다.

$$(12) \qquad x_1 = x_2 = \cdots = x_s$$

(6)과 (11)로부터 다음 결과가 바로 얻어진다.

보조정리 A: 주어진 자연수 s와 t에 대하여 $(t < s)$, $X_s = ta + (s-t)b$의 제약이 x_i들에 가해지면, G는 (7)의 경우 최대가, (12)의 경우 최소가 된다.

$0 \leq x \leq 1$, $X_s = 1$인 경우를 생각해보자. $g(x) = x \log x \, (g(0) = 0)$인 경우 H의 극한값의 성질을, $g(x) = x^2$인 경우 $\mathcal{E}$의 극한값의 성질을 알 수 있다. $g(x) = x^\alpha (\alpha > 1)$로 표현되는 함수들의 집단은 똑같은 성질을 갖는다. $g(x) = |x - (1/s)|^\alpha \, (\alpha \geq 1)$인 경우, 평균을 중심으로 한 여러 가지 익숙한 모멘트들이 얻어진다.[9]

$(x^0) = (x_1^0, x_2^0, \cdots, x_s^0)$을 $\sum_1^s x_i^0 = 1$과 $0 \leq x_i^0 \leq 1$를 만족하는 집합이라고 하자. 또 $0 \leq k \leq s$인 k에 대하여, $i \leq k$일 때 $x_i^k = x_i^0$, $i > k$일 때 $x_i^k = (\sum_{k+1}^s x_j^0)/(s-k)$인 집합을 $\{x^k\}$로 표시해보자. 분명하게, $\sum_k^s x_j^k = \sum_k^s x_j^{k-1}$이다. 따라서 보조정리 A로부터 다음 관계가 얻어진다.

9 $\alpha = 1$인 경우는 (앞의 각주 6에서처럼) G의 완전 미분의 부호를 조사하여 직접 증명될 수 있다.

$$(13) \qquad \sum_{k}^{s} g(x_j^{k-1}) \leq \sum_{k}^{s} g(x_j^k)$$

$G_k = \sum_{1}^{s} g(x_j^k)$라 하면, (13)으로부터 다음 결과가 얻어진다.

$$(14) \qquad G_0 \leq G_1 \leq \cdots \leq G_{s-1} = G_s$$

이 관계는 후에 유용하게 쓰인다.

우리가 열에 관한 통계 이론을 받아들이면, 그리고 무엇보다도, 볼츠만 공식을 통해 클라우지우스 공식에 따라 실험적으로 결정된 엔트로피 값과 똑같은 값을 각 경우에 대해 얻을 수 있다는 견해를 받아들이면, 우리는 틀림없이 열역학에서의 질서에 대한 다른 어떤 유사 척도보다 볼츠만의 H-함수를 선호할 것이다. 그리고 이제 보게 되듯이, H-함수가 특정 사건의 상대적 빈도와 직접 연결되어 있는 정보 이론에서도 H-함수에는 다른 척도들을 넘어서는 강점이 있다.[10]

2.

그렇지만 엔트로피와 정보 사이에는 앞에 분석한 내용과는 성질이 다른 관계가 존재한다. 이는 우리가 살고 있는 고립계의 전체 엔트로피 증가 없이는 우리는 어떤 종류의 정보도 얻거나 전달하거나 심지어 보관할 수도 없다는 사실에 기인한다. 입자의 속도를 결정하려면 우리는 입자에 빛을 쪼여야만 한다. 이는 필연적으로 가용 에너지의 분산을 일으키며, 따라서 전체 엔트로피를 증가시킨다. 개가 주인에게 집에 들여보내 달라고 알리고 싶어 짖을 때에도 똑같은 결과가 만들어진다. 또한 식자공이 문장을 조판할 때, 설사 아무렇게나 조판하더라도, 식자공은 전체 엔트로피를 증가시킨다. 일반적으로 두

10 아래의 관계 (42).

시점 $t_0 < t_1$ 사이에 어떤 종류든 정보를 얻거나 전달한다면, 엔트로피 증가 $S_1 - S_0$는 두 부분으로 나뉜다. 정보를 얻거나 전달하는 데 필요한 작업들을 하지 않았더라도 일어났을 엔트로피 증가 $S - S_0$와 이 작업들로 인해 일어난 엔트로피 증가 $S_1 - S$가 그것이다. 그 관계는 다음과 같은, 엔트로피 법칙의 동어반복적인 결과이다.

$$S_1 - S_0 = (S - S_0) + (S_1 - S) \qquad (15)$$

질라드는 1929년 논문에서 맥스웰의 도깨비 역설을 깨뜨리기 위해 이를 이용하였다. 질라드는 접근해오는 입자에 대한 정보를 우선 얻지 않으면, 즉 계의 전체 엔트로피를 먼저 증가시키지 않으면 도깨비는 부과된 일을 할 수 없을 것이라고 주장하였다.[11]

이와 관련하여, 기본적인 논점 하나를 제기할 필요가 있다. 우리가 관계 (15)를 약간 변형하고, $S_1 - S$가 전체 엔트로피의 추가적인 증가로 얻어지는 '정보량'의 척도라 한다면, 관계 (15)는 이제 동어반복이 아니다. 물론 '정보량'을 $S_1 - S$와 같은 것으로 은근슬쩍 정의하여 관계 (15)를 동어반복으로 돌아가게 할 수도 있을 것이다. 그러나 이런 암묵적 정의는 많은 까다로운 문제들을 야기한다.

첫째, 실질적으로 이는 관계 (15)의 모든 항이 정보량을 나타낸다고 말할 수밖에 없게 할 것이다. 이 결과 루이스는 "엔트로피 증가는 항상 정보의 손실을 의미하며, 그 이상도 그 이하도 아니다"라고 결론짓게 되었다.[12] 이 연결은 매우 의인화된 것이지만, 엔트로피 법칙은 순수한 물리적 용어로 표현

11 L. Szilard, "Über die Entropieverminderung in einem thermodynamischen System bei Eingriffen intelligenter Wesen(지적 존재의 간섭에 의한 열역학적 계의 엔트로피 감소에 관하여)," *Zeitschrift für Physik*, *53*(1929) 840~856. 맥스웰의 도깨비에 관하여 7장 7절을 보라.

12 Lewis, "Symmetry," p. 573.

될 수 있는 자연의 법칙이다. 루이스의 비틀기에 따르면, 고전적인 정의에 포함된 물리적 변수들을 측정하여 물리학자들의 작업대에서 엔트로피 법칙을 시험하는 것을 포기해야만 하는데, 이는 받아들이기 어렵다. 나는 어떤 화합물의 분자 구조를 논의하는 물리화학자나 열기관을 분석하는 공학자가 해당 계의 엔트로피는 단지 그들 자신의 무지의 정도만 의미한다는 말이 옳다고 주장하는 것을 전혀 상상할 수 없다.

둘째, 관계 (15)에 함축된 정보의 정의는 정보의 기본 개념을 몰라보게, 그리고 쓸모없게 바꿀 것이다. 즉, 완전히 말도 안 되는 내용을 전달하는 것은 매우 중요한 발견을 전달하는 것보다 당연히 전체 엔트로피를 더 많이 증가시키기 쉬울 것이다.

따라서 엔트로피와 정보가 동등한 실재라는 입장이 점차 확산되도록 만든 발상들을 좀 더 자세히 검토하는 것은 분명히 유익하다.

3.

1948년 위너는 확률 분포와 연관하여 '정보량'에 대한 그 나름의 정의를 내렸는데, 그는 (라플라스가 하였듯이) 사전(事前)이 아닌 사후(事後)의 관점에서 문제를 바라보았다.[13] 그의 설명대로 "한 변수가 0과 1 사이에 존재한다는 것을 선험적으로, 그리고 그 변수가 (0, 1) 내부의 범위 (a, b)에 존재한다는 것을 경험적으로 안다면", [(a, b)의 길이]/[(0, 1)의 길이]의 양(陽)의 단순감소함수 모두를 경험적 정보량에 대한 서수 척도로 보는 것은 꽤나 타당하다. 간단히,

(16) 정보량 $= F$([(a, b)의 길이] / [(0, 1)의 길이])

---

13 Norbert Wiener, *Cybernetics*(2nd edn., New York, 1961), pp.61 f. 기본 개념은 훨씬 앞선 1927년 모임에서 주창되었다. R. V. L. Hartley, "Transmission of Information," *Bell System Technical Journal*, *7*(1928) 535~544을 보라.

여기서 함수 $F(x)$는 x에 따라 단순 감소한다. 그러나 (16)은 (a, b)와 같은 길이의 모든 구간에 대해 똑같은 값을 갖는다고 보아야 하기 때문에, (16)과 연관된 변수가 (0, 1) 구간에서 균일하게 분포한다는 가정이 필요하며, 이 경우 [(a, b)의 길이] / [(0, 1)의 길이] 비는 변수가 (a, b) 구간 내부에 존재하는 확률이 된다.

이 문제를 보는 또 다른 방식은 다음과 같다. 트럼프 카드 패에서 한 장을 무작위로 뽑는다고 하자. 그러면 52개 가능성이 있다[각각 13장인 네 종류 무늬의 트럼프 카드—옮긴이]. 그런데 뽑은 카드가 높은 끗수 카드[A, K, Q, J, 10 카드—옮긴이]라고 하면, 32개 가능성은 사라지고 20개 가능성만 남는다. 이 카드가 스페이드 높은 끗수 카드라고 하면, 5개의 가능성만 남는다. 어떤 정보를 갖게 된 후에 처음 불명확한 점의 비율이 작아질수록 그 정보의 중요성(또는 양(量))은 더 크다. 따라서 일반적인 원리는 단순하다. 확률 p인 사건 E가 일어난 것의 정보량 $I(E)$는 다음 공식에 따라 서수로 평가된다.

$$I(E) = F(p) \tag{17}$$

여기서 F는 단순감소함수이며, 이는 당연히 $p = 1$일 때 $F = 0$ 조건을 만족한다고 가정한다. 예컨대 $F = 1 - p^{\alpha}$로 취할 수 있다. 위너는 다음과 같이 음의 로그를 선택하였다.

$$I(E) = -\log p \tag{18}$$

이 선택에는 분명한 장점들이 있다. (16)에서 $a = b$라고 가정하면, 이는 변수를 완전하게 결정하기 때문에 이 정보의 가치는 지극히 크다. (18)에 의하면, (16)의 정보량은 무한대이다. 반면에 $(a, b) = (0, 1)$이면, 이 정보는 우리가 이미 알고 있는 것 이외에 아무것도 알려주지 않는다. 이 경우 (18)의 값은 0이다. 따라서 모든 것은 적절하다.[14] 그러나 로그를 도입한 두드러진 이점은 복합적인 사건에 대한 고전적인 공식의 변환에, 즉 (19)로부터 (20)으로의 변환에 있다.

(19) $$p(A \cap B) = p(A) \times p(B \mid A)$$

(20) $$\log p(A \cap B) = \log p(A) + \log p(B \mid A)$$

(18)로부터, 연속으로 들어오는 정보량이 부가적이라는 것을 알 수 있다.

(21) $$I(A \cap B) = I(A) + I(B \mid A)$$

4.

이 모두는 적절하다. 그러나 위너는 (그가 폰 노이만의 제안이라고 인정한) 매우 애매한 주장을 통해 확률 밀도 $f(x)$와 연관된 '정보량의 합리적인 척도'는 다음과 같다고 결론지었다.

(22) $$\int_{-\infty}^{+\infty} [\log f(x)] f(x)\, dx$$

그리고 그는 더 나아가 이 표현은 "유사한 상황에서 보통 엔트로피로 정의된 값의 음수 값"이라고 주장하였다.[15] 위너의 주장에는 수학적 해석의 기본적인 오류뿐만 아니라 잘못된 유추도 있다. 이 때문에 볼츠만의 H-함수와 정보량의 관계에 관한 문제가 그렇게 오랫동안 명확하게 이해되지 못한 것은

14 우리가 확률 p인 사건 E가 일어날 것에 대한 사전 예측 정도에 관하여 논의하는 한, p의 모든 단순증가함수는 이 예측에 대한 서수 척도를 규정한다는 점을 지적하고자 한다. 게다가 섀클이 G. L. S. Shackle, *Expectations in Economics*(Cambridge, Eng., 1949)에서 주장하였듯이, 사전 예측 정도가 높을수록 사건이 일어난 사후의 놀라움은 작다. 사후의 놀라움과 정보량의 밀접한 관계는 명료하다. 따라서 정보량에 대한 모든 공식은 놀라움의 척도이기도 하며, 그 역도 마찬가지이다.

15 Wiener, p. 62.

전혀 놀랍지 않다.

로그 함수가 (18)과 (22) 모두에 나타난다고 해서 (22)가 정보량의 척도를 나타낸다고 말할 수는 없다. 이상하게도, 위너는 (18)에서는 확률의 로그를 취하였지만, (22)에서 로그가 확률 밀도에 적용된다는 것을 보지 못하였다. 그리고 바로 아래 보이겠지만, (22)를 $H-$함수의 연속 형태로 절대 생각할 수 없다. 게다가 볼츠만이 정의한 것과 같은 엔트로피 개념은, 즉 (2)의 $H-$함수로 정의된 엔트로피 개념은 연속 분포로 확장될 수 없다.

우선, 카드 패에서 높은 끗수 카드를 하나 뽑는 것, 혹은 과녁 주위 두 번째 원 내에 명중시키는 것 등등 어떤 확률 사건의 발생을 전제하지 않으면, 지금은 일반적으로 받아들이는 위너의 정의 (18)에 따라 정보량을 논하는 것은 전혀 정당하지 않다는 것을 인식해야 한다. 따라서 우리는 확률 분포와 연관하여 무엇이 이미 일어난 사건인지 물어야만 한다. 하지만 답은 그런 사건은 없다는 것이다. 하지만 ((18)의 경우처럼 제한적인 의미에서 이해되는) 정보와 $H-$함수 사이에 관계를 설정하는 데는 몇 가지 방식이 있다. 실제로 이를 가능하게 하는 수많은 함수들의 집단이 있다. 나는 이 문제에 볼츠만의 엔트로피 개념이 반드시 필요하지는 않다는 것을 아주 분명하게 하기 위해 일반적인 경우에 대한 논의를 하려고 한다.

확률이 $p_1, p_2, \cdots, p_s$, $\Sigma p_i=1$인 상호 독립적이고 완전히 포괄적인 사건들의 집합을 $E_1, E_2, \cdots, E_s$라고 하자. (17)에 의하면, 사건 E_i가 일어날 때 (또 일어나면), 사건이 일어났다는 정보량은 $F(p_i)$일 것이다. 그러나 우리는 어느 사건이 일어날지 아직 모르기 때문에, 미래 정보량을 합리적으로 추측할 수밖에 없다. 여러 사람들이 이미 밟았던 긴 과정을 따라가면 예상 정보량이 다음과 같이 얻어진다.

(23) $$\Phi_F(p)=\sum_{1}^{s} p_i F(p_i)$$

아니면, Φ_F를 동일한 확률 분포에서 미래의 사건 중 하나로 인한 놀라움의 정도에 대한 기댓값으로 해석할 수도 있다.[16] 두 경우 모두 Φ_F는 사후적 요소에 대한 사전적 평가이다. 해석학적으로, Φ_F는 실제로 분포에 관한 특별한 통계량이지, 단일 사건의 특성은 아니다. 그리고 나는 Φ_F는 오직 분포의 확률들만 포함하는 통계량이기 때문에 '특별한'이라고 표현하였다.

확률 사건의 범위가 주어져 있을 때 그것을 굉장히 많은 방법으로 나눌 수 있다. 그리고 Φ_F 값이 범위를 나눈 방법에 따라 달라진다는 것은 명확하다. 따라서 Φ_F는 확률 사건 범위의 불변 특성이 아니다. 손쉬운 예로, $F(p)=1-p$로 하고, 카드 패에서 무작위로 뽑는 카드의 범위를 생각해보자.[17] 각 카드를 분리된 사건이라고 생각하면, $\Phi_F(p)$는 다음과 같다.

(24) $$\Phi_F(p)=1-(\frac{1}{52})=\frac{51}{52}$$

또 범위를 '높은 끗수 카드'와 '약한 카드'로 나누면, $\Phi_F(p)$는 다음과 같다.

(25) $$\Phi_F(p)=\frac{80}{13^2}$$

앞의 범위를 더 세분화할수록 Φ_F가 더 크다는 사실은 $F(p)$ 함수 집단의 공통적인 성질이다. 여기서는 단지 $h(p)=pF(p)$는 완전히 오목한 함수이고,[18] $h(0)=0$이라는 가정만 필요할 따름이다. 모든 p_k를 다음과 같은 합으로 나누는 방식으로 범위 (p)를 (p')으로 변환해보자.

(26) $$p_k=p_j'+p_{j+1}'+\cdots+p_{j+i}',\quad 0\leq i$$

x, y가 $0<x<y<x+y<1$ 관계를 만족하면, 이 순서 정렬과 완전 오목 조건에서 다음 결과가 얻어진다.

---

16 앞의 각주 14 참조.

17 $F(p)=1-p$이기 때문에 $\Phi=1-\mathcal{E}$이다.

18 함수 $g(x)=-h(x)$가 완전히 볼록하면, 함수 $h(x)$는 완전히 오목하다.

(27) $$h(x) \geq \frac{y-x}{y}h(0) + \frac{x}{y}h(y)$$
$$h(y) \geq \frac{x}{y}h(x) + \frac{y-x}{y}h(x+y)$$

이 부등식으로부터 다음 관계가 나온다.

(28) $$h(x) + h(y) \geq h(x+y)$$

또 몇 단계를 거치면 다음 관계가 나타난다.

(29) $$\Phi_F(p) \leq \Phi_F(p')$$

특히 $-H$와 $1-\mathcal{E}$에 공통적인 이 성질은, 좀 더 세분하면 항상 더 많은 정보를 얻을 수 있다는 사실을 나타낸다.[19] 그러나 이상의 추론으로 착각에 빠져서는 안 된다. (29)는 사실을 증명해주는 것이 아니라 단지 우리의 형식화가 적절하다는 것을 확인해줄 뿐이다.

이제 완전 연속 분포인 확률밀도 $f(x)$를 생각해보자. 아래 관계로부터 각 구간의 확률이 $1/n$인 n개 구간 $-\infty < x_1 < x_2 < \cdots < x_{n-1} < +\infty$를 찾을 수 있다.

(30) $$\int_{-\infty}^{+\infty} f(x)\,dx = 1$$

이 분할에 대하여 (23)은 다음과 같이 된다.

(31) $$\Phi_F(n) = F\left(\frac{1}{n}\right)$$

(27)로부터, $0 < x < y$인 임의의 x에 대하여 다음 관계가 얻어진다.

(32) $$\frac{h(x)}{x} > \frac{h(y)}{y}$$

19 여기서 '더 세분하면'이라는 말은 더 많은 수의(원래 집단들과 중복될 수도 있는) 집단들뿐만 아니라 (26)에 보인 것처럼 원래 집단들을 더 분할하는 것도 의미한다.

따라서 $n \to \infty$일 때, $F(1/n)$은 유한하든 무한하든 극한값을 갖는다. 이를 F_0라 하면, (31)로부터 다음이 얻어진다.

(33) $$\lim_{n\to\infty} \Phi_F(n) = F_0$$

이는 완전 연속 분포에 대해 예상되는 정보량은 분포 자체가 아닌, 선택된 순서 척도에만, 좀 더 정확하게, $p \to 0$일 때 $F(p)$의 극한값에만 좌우된다는 결과를 보여주기 때문에 매우 흥미롭다.

예컨대, $F(p) = 1 - p$(변형된 오니세스쿠 공식)일 때 다음 관계가 성립한다.

(34) $$\lim_{n\to\infty} \Phi_F(n) = 1$$

엔트로피에 대하여, 즉 $F(p) = -\ln p$일 때 다음 관계가 성립한다.

(35) $$\lim_{n\to\infty} \Phi_F(n) = +\infty$$

이로써 볼츠만 H-함수를 연속 분포로 확장할 수 없다는 나의 주장은 증명된다.

5.

H-함수 혹은 그 일반화를 정보와 결부시키는 두 번째 (내 생각에 새로운) 방법이 있다. 각각 토지를 x_i만큼 소유하고 있는 s명의 개인을 $A_1, A_2, \cdots, A_s$이라고 해보자. 처음에 우리는 토지의 총면적 $X = \Sigma x_i$만 알고 있다고 가정해보자. 우리가 상정할 수 있는 유일한 토지의 분포는 불충족이유율[20]에 따른 분

20 principle of insufficient reason. 인식론적 확률을 배정하는 규칙으로 특정 사항을 선호할 이유가 없으면 각각의 가능성을 같다고 보는 원칙으로, 무차별 원칙(principle of indifference)이라고도 한다 — 옮긴이.

포, 즉 모두가 같은 넓이의 토지 X/s를 가진 분포이다. 후에 A_1이 소유한 토지의 넓이를 알게 되면, 다른 사람들에 대한 토지의 분포는 각각 $(X-x_1)/(s-1)$을 소유하는 분포를 상정할 것이다. x_2도 알게 되면, 합리적인 추측은 나머지 다른 사람들이 각각 $(X-x_1-x_2)/(s-2)$을 소유하는 분포이다. 최종적으로 x_{s-1}을 알게 되면, 전체 분포를 알게 된다.

지금 우리에게 필요한 것은 실제 분포가 점진적으로 알려지면서 증가하는 (또는 감소하지는 않는) X의 분포 함수이다. (14)에 의하면, 함수 $G=\Sigma x_i g(x_i)$는 이 조건을 만족한다. 따라서 이를 X의 분포에 대한 정보의 척도로 생각할 수 있다. 실제 분포가 균일하면, $G_0=G_s$이며, 이는 합당하다. 어떤 정보도 입수하기 전에 우리가 상정하였던 그림은 완전한 정보를 얻더라도 조금도 수정되지 않는다.[21]

각각의 x_i가 상대적인 값 $\xi_i=x_i/X$(이 경우 $\Sigma\xi_i=1$)으로 치환되어도 앞의 결과는 분명히 성립한다. 그리고 $G=\Sigma\xi_i g(\xi_i)$의 극한에 관하여 앞의 1절에서 증명한 명제를 돌이켜보면, $H-$함수의 이 일반화된 형태 역시 집중의 척도로 사용될 수도 있다는 것을 알 수 있다.

6.

엔트로피를 정보와 연결하는 또 다른 방법은 위너와 거의 동시에, 통신 이론에 관한 고전적인 논문에서 섀넌(C. E. Shannon)이 제안한 방법이다. 위너와 달리, 섀넌은 메시지를 전달하거나 저장하는 부호 체계의 용량(혹은 능력)의 척도에 관심이 있었다. 또한 위너와 달리, 섀넌은 메시지에 어떤 가치 있는 정보가 담겨 있는지에는 관심이 없었다.[22] 이는 통신 분야 전문가에 대해 충

21 말할 필요도 없이, H와 $\mathcal{E}$에는 (14)의 성질이 있으며, 따라서 이 내용은 확률의 불연속 분포에 관한 가용 정보에 적용된다.

분히 이해할 만한 일이다. 메시지 전달 비용은 사실상, 메시지가 세상에 중요한지 완전히 무의미한지와 무관하다. 통신의 기본 문제는 어느 부호에 최대의 '정보 전달' 능력이 있는지이다.[23] 섀넌은 처음부터 '정보'의 의미를 남다르게 생각하였다. "메시지의 수… 혹은 그 수의 단조함수는 똑같은 길이를 가진 모든 메시지들의 집합으로부터 한 메시지를 선택할 때 만들어지는 정보의 척도로 생각할 수 있다."[24]

N개의 이진법 부호(N개 점 혹은 선)로 구성된 서로 다른 메시지의 수는 2^N이다. 일반적으로 부호가 s개의 신호로 이루어져 있으면, 메시지의 수는 s^N이다. 섀넌은 (앞의 각주 13에 인용된) 하틀리(Hartley)의 제안에 따라 이 수의 로그를 정보 용량의 척도로 취하였다. 나아가 전달, 저장에 쓰이는 전자 시스템에서 사용되는 이진법의 중요한 역할을 생각하면, 밑수를 2로 하는 로그를 사용하는 것이 자연스럽게 보였다. 따라서 N개의 이진법 신호로 이루어진 메시지에 대한 섀넌-정보는 다음과 같이 간단하다.

$$\log_2 2^N = N \tag{36}$$

그 단위는 '이진법 단위(binary unit)'를 줄인 말인 '비트(bits)'이다.[25] $s > 2$일 때, 똑같은 정보는 $N \log_2 s > N$로 평가된다. 따라서 신호당 섀넌-정보는 이진법 부호에서 1비트이며, 일반적으로 $\log_2 s$ 비트이다. 이 정보가 메시지의 길이와 무관하다는 점에서 섀넌-정보는 정보 이론에서 중요한 역할을 한다.

일상 언어로 전달되는 메시지의 경우에는 모든 부호 순서가 메시지를 구성하는 것이 아니기 때문에 사정이 더 복잡하다. 예컨대, 똑같은 문자로 된 긴 배열은 어떤 언어에서나 의미가 없다. 따라서 언어의 정보 용량을 평가할 때

22 Shannon and Weaver, *Mathematical Theory of Communication*, p. 3.

23 앞의 책, 특히 p. 7과 106.

24 앞의 책, p. 3.

25 앞의 책, p. 4와 100.

이런 배열을 고려하면 안 된다. 이런 경우에 적합한 공식을 찾기 위해, 섀넌은 합리적인 해석학적 조건들을 만족시킬 수 있는 함수를 찾아 나섰다.[26] 그렇지만 동일한 공식을 직접적인 방식으로 구할 수 있으며, 이 방식을 따르면 이 공식이 볼츠만의 H-함수와 똑같은 이유를 정확하게 알아낼 수 있다.

우리는 글자, 문장 부호, 빈칸 등 각 문자 기호가 어떤 언어에 나타나는 상대적인 빈도가 의사(疑似) 에르고딕 극한값을 갖는다는 것을 단순한 사실로 여긴다. 이 빈도의 극한값들을 $p_1, p_2, \cdots, p_s$라 하면,[27] N개의 신호로 된 전형적인 메시지에는 각 형태가 $N_1 = p_1N,\ N_2 = p_2N, \cdots, N_s = p_sN$만큼 있어야 한다. 전형적인 메시지들의 총수는 잘 알려진 조합 공식으로 주어진다.

$$W = \frac{N!}{N_1!\ N_2! \cdots N_s!} \tag{37}$$

이제 수수께끼는 풀렸다. (37)은 볼츠만이 매우 큰 N에 대해 그의 H-함수를 유도하였던 공식과 똑같다.

$$\ln W = -N \sum p_i \ \ln p_i \tag{38}$$

이 식은 앞의 6장의 관계 (4)이다. 따라서 신호 당 섀넌-정보는 다음과 같으며, 이 역시 N과 무관한 것으로 관찰된다.

$$(\ln W)/N = -H \tag{39}$$

또한 길이 N인 모든 메시지들 중에서 전형적인 메시지의 상대적인 빈도는 다음과 같이 주어진다는 것을 알 수 있다.

26 앞의 책, pp. 18~20와 82 f.

27 내가 이 계수들을 "확률"이라고 부르지 않는 이유는 6장 3절에서 논의한 내용에서 분명하다. 사실, 문자들은 언어에서 고정된 규칙에 따라 나타나지 않는다. 그러나 주사위 던지기 결과처럼 무작위로 나타나지도 않는다.

(40) $$P = Wp_1^{N_1}\, p_2^{N_2} \cdots p_s^{N_s} = Wp$$

여기서 p는 모든 주어진 특정한 메시지의 빈도이다. 이는 다음 결과를 낳는다.

(41) $$\ln P = \ln W + \ln p$$

그리고 잘 알려진 확률 계산 명제에 따르면 $N \to 1$일 때, $P \to 1$이기 때문에 $\ln W + \ln p = 0$ 또는 다음과 같다.[28]

(42) $$p = e^{NH}$$

이 식은 H-함수와 상대적인 빈도 (혹은 확률) 사이의 흥미로운 관계를 보여준다.

위너와 마찬가지로, 섀넌은 (39)와 볼츠만 공식 사이의 동일성에 주목하였으며, 이를 '확률 $p_1, p_2, \cdots, p_n$으로 구성된 집합의 엔트로피'라고 부르자고 제안하였다.[29] 그러나 이 두 접근 방법에는 기본적인 차이가 있다는 것을 놓쳐서는 안 된다. 전형적인 메시지의 수(섀넌 이론에서 기본 요소)는 (37)로, 혹은 매우 큰 N에 대하여 e^{-NH}로 주어지기 때문에, 섀넌-정보와 H-함수는 필연적으로 연결되어 있다. 따라서 언어의 정보 용량을 평가하는 데 우리가 선택한 W가 어떤 함수이든 우리는 H를 제거할 수 없다. 전형적인 메시지의 경우, 위너의 공식 (18)은 섀넌의 공식 (38)과 똑같은, $-\log(1/W) = \log W = -NH$가 된다. 그러나 섀넌의 경우 이는 순전히 기술적인 좌표인, 길이가 N인 전형적인 메시지의 비트 수를 나타내지만, 위너의 경우에는 똑같은 공식이 정보량을 나타낸다. 게다가 내가 앞의 4절에서 설명한 것처럼, 위너의 접근은 예상 정보(혹은 예상되는 놀라움)로 확장될 수도 있다. H가 모든 분포에 대해 타

28 섀넌은 다른 방식으로 동등한 공식을 유도하였다. Shannon and Weaver, p. 23.

29 앞의 책, p. 20.

당한 것은 단지 이때뿐이다. 그러나 이 공식은 유일하지 않다. 수많은 다른 공식들이 가능하며 이들은 H와 아무런 관계가 없다.

섀넌과 위너 모두의 일반화된 접근에서 H-함수가 나타남에도, 둘의 접근은 동등하지 않다. 물론 이는 둘의 접근에 접촉점이 전혀 없다는 것을 의미하지는 않는다.

7.

위너와 섀넌이 그들의 결과를 발표한 직후, 위버는 "통신 이론에서 엔트로피 개념을 볼 때, 누구나 기본적이고 중요한 무언가를 발견한 것 같은 흥분을 느낄 수 있다"고 하였다.[30] 그리고 실제로, 통신 이론에 엔트로피 공식이 등장한 결과, 사람들은 질라드와 루이스가 가졌던 생각에 다시 관심을 갖게 되었으며, 몇몇 학자들은 정보의 획득과 전달이 엔트로피를 증가시킨다고 주장하였을 뿐만 아니라, 이 분야 권위자인 브리유앵(L. Brillouin)의 표현을 빌자면,[31] '정보 = 네겐트로피'라고까지 주장하게 되었다. "[한] 생명체의 엔트로피는 생명체 구성물들의 평형 엔트로피에서 엔트로피를 알고 있는 평형 상태의 각 성분으로부터 생명체를 만드는 데 필요한 정보 엔트로피를 뺀 것"이라는 레이몬드(R. C. Raymond)의 설명에서,[32] 이 입장의 함의가 잘 드러난다. 레이몬드라면 우주의 엔트로피는 혼돈 상태의 엔트로피에서, 혼돈 상태에서

---

30 앞의 책, p. 103.

31 L. Brillouin, *Science and Information Theory* (2nd edn., New York, 1962), p. 12(저자의 강조). "계의 정보량이 그 계가 조직화된 정도의 척도인 것처럼, 계의 엔트로피는 계가 비(非)조직화된 정도의 척도"라는 위너의 말(*Cybernetics*, p. 11)은 브리유앵의 말과는 다르게 들린다.

32 R. C. Raymond, "Communication, Entropy, and Life," *American Scientist*, *38*(1950) 277.

우주를 원상회복하는 데 필요한 정보를 뺀 것과 같다고 설명하였을 것이다. 그의 설명은 정보와 엔트로피를 연결하는 데 발생하는 기본적인 문제들을, 즉 정보의 정의 그리고 이 정의와 물리적 엔트로피의 동등성 등의 문제들을 무엇보다도 잘 드러내고 있다.

레이몬드의 설명의 요점은 브리유앵이 '정보의 네겐트로피 원리'라고 명명한 내용에 형식화되어 있다.[33] 이는 다음과 같다.

$$S^1 = S^0 - I \tag{43}$$

여기서 S^0는 '외부 행위자'가 계에 정보량 I를 넣기 전 **부분적인**(고립되지 않은) 계의 엔트로피이며, S^1은 계의 최종 엔트로피이다. 그리고 I는 다음과 같으며, k는 볼츠만 상수이다.[34]

$$I = -kNH \tag{44}$$

(43)에 물리적 의미가 있으려면, 기본적으로, I는 엔트로피, 즉 볼츠만 상수와 같은 단위로 측정되어야만 한다. 그러나 정보량을 (44)로 정의해야 하는 이유는 무엇인가? 통신 이론에서 섀넌의 공식 (38)이 중요한 역할을 하며, 이 식과 볼츠만 H-함수가 일치한다는 것은 기껏해야 (43)과 무관하게 (44)를 선택할 수 있도록 한다는 것이다. 그렇다면 (43)이 실제로 옳다는 것을 증명할 필요가 있다. 다른 한편, 만약 정보량을 차이 $(S^0 - S^1)$으로 정의하면, 내가 앞의 2절에서 주장한 것처럼 (43)을 동어반복하는 것이며 정보의 네겐트로피 원리에서 모든 현실적인 의미는 상실되고 만다.

브리유앵이 제안한 이 원리를 증명하는 정교한 방법의 요체는 등식 (41)로

33 Brillouin, *Science and Information*, chap. 12; "Physical Entropy and Information," *Journal of Applied Physics*, *22*(1951) 338~343; "The Negentropy Principle of Information," *Journal of Applied Physics*, *24* (1953) 1152~1163.

34 이 상수에 관하여 6장 1절을 보라.

요약된다. 그는 단지 $k \log P$는 계의 물리적 엔트로피이며 $k \log p$는 주어진 메시지의 엔트로피라고 주장하고, 그 차이 $-k \log W$는 메시지에 담긴 정보량이라고 정의하였다.[35] 후자는 N이 큰 수일 때 (44)로 환원된다. 그러나 이렇게 성립된 관계가 (43)과 일치하지 않는다는 것은 명백하다. 브리유앵이 보인 더 간단한 증명 역시 수학적 동등성에 기초한 것이지만 이를 통해 새로운 깨달음을 얻을 수는 없다.[36] 형식적인 동등성을 가진 용어를 구체적인 용어로 옮기는 것은 사실에 관한 진리를 입증하는 적절한 방법이 전혀 아니다. 이제까지 보았듯이 $H-$함수는 몇 가지 서로 다른 구체적 해석이 가능하기 때문에, 정보의 네겐트로피 원리의 경우에는 이 위험을 더욱 확실하게 볼 수 있다. 그러나 이 원리가 결국은 올바르며 (43)과 (44)는 이를 확인해줄 뿐이라는 생각을 버려야 하는 이유를 강조한 통신전문가들도 적지 않다. 섀넌의 공식 (39)는 단지 최적 부호에서 신호당 비트 수만 알려줄 따름이다. 그 외에는 "이는 물리적 엔트로피와는 상당한 거리가 있다".[37]

정보의 네겐트로피 원리와 그에 기초한 여러 주장에서 모든 것을 아주 분명하게 구분할 수 있도록 하기 위해, 명시적 혹은 묵시적으로 이 원리에 포함된 모든 요소를 한꺼번에 고려해보자. 고립계를 두 부분계 U와 U_1으로 나누고, t_0에서 각각의 엔트로피가 $S^0 > S_1^0$가 되도록 해보자. 그리고 시간이 지난 후 U로 전달된 정보 I를 얻는 데 필요한 작업 결과 생긴 U_1의 엔트로피 증가분을 $(S_1^1 - S_1^0)$라 하자. U_1은 브리유앵의 '외부 행위자'이며, U는 (43)이 나타내는 비고립계이다. 예컨대, U는 U_1이 잃어버린 네겐트로피를 사용하여 나중에 메시지가 기록된 마그네틱 공테이프일 수 있다. 여기서 우리는 브리유앵이 한 것처럼, 정보를 얻고 전달하는 작업과 연관되지 않은 모든 엔트로피

35 Brillouin, "Physical Entropy," pp. 340~342.

36 Brillouin, *Science and Information*, pp. 152 f.

37 D. Gabor, "Communication Theory and Physics," *Philosophical Magazine*, *41* (1950) 1169.

증가를 무시해도 좋을 것이다.[38] 최종 결과는 분명하다. 두 부분계의 엔트로피는 모두 달라진다. 정보의 네겐트로피 원리를 적용하면 부분계 U의 엔트로피는 (S^0-I)이다. 여기서 I는 (44)로 주어지는 정보량이다.

분명히 앞에서 언급한 테이프의 경우와 같이, 우리가 "어떤 특별한 물리적인 문제와 연결된 정보만이… 엔트로피와 연관된 것으로 생각될 것"[39]이라는 말을 듣겠지만, 여전히 한 가지는 명확하지 않다. 만약 테이프가 처음부터 공테이프가 아니었다면, 나중에 기록된 메시지가 엔트로피를 증가시켜 $S^0 < S^1$이 될 수도 있지 않겠는가? 이 가능성을 전혀 배제할 수 없기 때문에, (43)에 있는 I의 부호를 바꾸고, 이 경우 **음의 정보**를 기록했다고 말해야 하는가? 아마도 우리는 실제로 그렇게 말해야 할지도 모르겠다. 브리유앵의 주장처럼,[40] "정보가 네겐트로피로 바뀔 수 있고 **그 역도 가능하다면**", 당연히 음의 정보는 엔트로피로 변해야만 한다. 동등성은 양방향으로 작용해야만 하기 때문이다. 나는 이 점이 정보의 네겐트로피 원리가 단지 말장난에 지나지 않는다는 것을 보여준다고 생각한다. 네겐트로피는 부분계의 엔트로피 감소를 대신하는 말이며, 정보는 네겐트로피를 대신하는 말일 뿐이다. 그리고 우리가 이 원리에서 기본적으로 중요하고 새로운 무언가를 이해하게 되었다고 믿는다면, 이는 착각이다. 이는 한도를 넘어선 주장을 하는 위험에 빠지는 일이다.

정보와 네겐트로피는 완전히 동일하지는 않지만 동등한 개념이라고 일단 생각하기 시작하면, 더 나아가 "과학 법칙의 발견에 사용된 네겐트로피의 양이 이 법칙에 포함된 '절대 정보'에 비례한다"[41]고 주장하는 것은 더할 나위 없이 당연해 보인다. 이 주장에서 '정보'는 이제 (44)에서와 같은 의미가 아니

---

38 Brillouin, *Science and Information*, p. 231.

39 앞의 책, p. 152.

40 앞의 책, p. 184. 저자의 강조.

41 L. Brillouin, "Thermodynamics and Information Theory," *American Scientist*, *28* (1950) 597.

라는 사실을 일단 무시하면, 우리는 이를 다음과 같이 읽을 수 있다.

$$S_1^1 - S_1^0 = \alpha I \tag{45}$$

여기서 α는 보편적 상수이어야 한다. 이 관계는 앞에서 생각한 부분계 U_1의 엔트로피 증가를 보여준다. (45)는 (43)보다 훨씬 설득력 있지만, 이에 대한 증명은 시도조차 되지 않았다. 사실, 나는 이를 증명할 수 없다고 생각하지만 일단 타당하다고 해보자. 그러면 전체 계 $(U+U_1)$의 엔트로피는 $(\alpha-1)I$만큼 증가하는데, 계가 얼마간 일을 하였다는 사실에 비추어보면 이는 분명히 양의 값이어야 한다. 결과적으로, $\alpha=1$은 엔트로피 훔치기와 동어반복이라는 단순한 이유 때문에 절대 일어나지 않을 것이다. 그럼에도 우리는 "정보를 얻기 위해서는 항상 네겐트로피를 지불해야 하는데, 이때 지불하는 값은 얻는 정보량보다 크다(**혹은 같다**)"[42]는 주장이 나온다. 엔트로피 훔치기는 맥스웰의 도깨비에 대한 브리유앵의 개략적인 분석에서 더욱 노골적으로 드러난다. 이 분석에서 도깨비는 전등(부분계 U_1)을 통해 부분계 U로 들어온 정보(네겐트로피)를 사용하여, "미닫이문을 여닫고 네겐트로피를 재구축하여 다음 순환을 완성한다".[43]

네겐트로피 → 정보 → 네겐트로피

이 순환과 연관된 첫 번째 어려움은 명백하다. 정보를 얻을 때뿐만 아니라 사용할 때에도, 심지어 정보를 있는 그대로 보관하는 데도 네겐트로피가 소모된다. 따라서 도깨비는 문을 여닫을 때에도 네겐트로피를 추가로 사용해야

---

42 Brillouin, "The Negentropy Principle," p. 1153. 저자의 강조.

43 Brillouin, *Science and Information*, p. 164. 우리가 살고 있는 계의 엔트로피를 줄이고, 따라서 "앞서 정보를 얻는 데 사용된 네겐트로피의 일부를 회복하는 데" 정보가 사용될 수 있다는 생각(Brillouin, "The Negentropy Principle," p. 1153)은 정보 이론의 확고한 주장처럼 보인다.

만 한다. 우리가 맥스웰의 역설을 엔트로피 법칙의 반증으로 받아들이지 않는 한, 이미 추가적으로 사용된 네겐트로피가 도깨비의 작업으로 절대 만회될 수는 없다. 따라서 이 순환 조작을 통해 정보를 얻는 데 사용된 네겐트로피가 부분적으로 만회될 것이라는 것은 더욱 말이 안 된다.

두 번째 어려움은 앞서도 나왔던, (44)로 측정된 것이 무엇인지, 그리고 현실적으로 (43)의 정확한 의미가 무엇인지에 관한 것이다. 정보 이론에 관하여 브리유앵 등 많은 학자들이 숨김없이 인정하였듯이, (44)로 정의된 정보량은 사고(思考) 요소를 완전히 배제한다.[44] 달리 표현하면, 베토벤 교향곡 악보의 음표들을 마음 내키는 대로 흩트려 놓더라도, 이는 여전히 '교향곡'으로 간주될 것이다. 우리가 도깨비가 필요로 하는 정보를 테이프에 기록해놓았지만 소리를 뒤섞어서 그 의미를 전혀 이해할 수 없게 되었다고 가정해보자. 이렇게 해도 (44)로 정의된바 정보량은 줄어들지 않기 때문에 도깨비가 미닫이문을 효율적으로 여닫는 데 그 정보를 여전히 사용할 수 있다고 말할 수 있겠는가?

정보 이론이 내세우는 또 다른 자랑은 엔트로피 법칙의 일반화를 이루어냈다는 주장이다.[45] 이는 (43)에 있는 엔트로피 항의 부호를 달리 하여 얻어진다. 즉, $\bar{S} = -S$는 음의 엔트로피, 네겐트로피이다. 새로운 관계 $\bar{S}^1 = \bar{S}^0 + I$는 계의 전체 네겐트로피가 네겐트로피와 정보로 구성된다는 것을 의미한다고 받아들여진다. 따라서 전체 엔트로피가 감소할 수 없다는 사실은 다음 부등식으로 표현된다.

(46) $$\Delta(\bar{S} + I) \leq 0$$

44 Brillouin, *Science and Information*, pp. x~xi, 155; "Negentropy and Information Theory, Writing, and Reading," *Journal of Applied Physics*, *25*(1954) 599. 또한 앞의 각주 24에 인용한 새넌을 보라.

45 Brillouin, *Science and Information*, pp. 153~156.

이 식은 $\Delta S \geq 0$의 일반화로 제시된다. 하지만 다시 한 번, 우리는 문자와 기호의 단순한 조작으로 만들어진 이 새로운 법칙의 사실에 입각한 의미에 관한 어떤 언급들도 찾아볼 수 없다. 그리고 나는 정보 이론의 어떤 측면 때문에 (46)을 다음 식으로, 즉 우리가 기억하기에 루이스가 엔트로피 법칙을 표현하는 데 제안한 식으로 바꾸지 못하는지 알 수 없다.

$$(47) \qquad \Delta I \leq 0$$

이 마지막 관계식은 최소한, $\bar{S}$를 I로, 혹은 그 역으로 변환하는 데 따르는 문제를 제기하지는 않는다.

8.

네겐트로피와 유용한 지식이라는 의미에서의 정보 사이에 일정한 관계와 유사성이 존재한다는 데 의문의 여지가 없다. 첫째, 관계 (15)에서 보듯이, 가용 에너지를 사용하지 않고는 어떤 정보도 얻거나 전달하거나 받을 수 없다. 둘째, 가용 에너지(네겐트로피)처럼 정보도 열성화(劣性化)할 수밖에 없다. 정보는 전달될 때 부분적으로 손상될 수 있으며, 받을 때 기록 오류로 왜곡될 수 있고, 저장될 때 질서정연한 구조의 피할 수 없는 엔트로피 열성화로 인해 점차 흐트러진다.[46]

이와 같은 사실들 덕분에 앞 절에 약술되었듯이, 네겐트로피와 정보의 동등성 개념이 나타난 것이 틀림없다. 그러나 섀넌이 원래 네겐트로피라고 불렀던, 전보(電報)를 전달하는 전선을 통해 이동하는 것은 일반적인 의미의 정

46 브리유앵은 '켈빈 경의 유명한 에너지의 열성화 법칙과 아주 비슷한 절대 정보의 열성화 법칙'("Thermodynamics and Information," p. 595)에 관하여 논하였다. 흥미롭게도 그는 정보의 가치의 열성화를 언급하고 있다. 예컨대 뉴턴의 법칙에는 한때 있었던 가치가 이제는 없다.

보와는 희미하게 연관된 개념일 뿐인데, 여기에 '정보'라는 새로운 이름을 붙인 후에는 '정보'의 두 가지 의미를 혼동하는 위험은 피할 수 없는 일이 되어버렸다. 아마도 이 용어가 선택되지 않았더라면, 정보 이론은 그렇게까지 주목을 끌지는 못했을 것이다. 예컨대 드브로이 같은 물리학자를 생각해보라. 그는 처음에 네겐트로피와 정보에 관한 비유조차 "교육적이고 매력적이지만 위험으로 가득 차 있다"고 주장하였지만, 나중에는 앞에서 언급한 엔트로피 법칙의 일반화에 관한 주장을 받아들인 듯하다.[47]

사실, 정보 이론 문헌에는 '정보' *I*를 일반적인 지식이 아니라 (44)로 정의된 특별한 의미로 엄격하게 이해해야만 한다는 얼마 안 되는 경고보다는 희망에 찬 과도한 주장들이 훨씬 많이 나온다. 예컨대, 정보의 네겐트로피 원리는 "물리학이나 공학의 여러 분야와 심지어 인간 지식에 관한 매우 일반적인 문제에도 적합하다"[48]는 주장을 볼 수 있다. 이런 표현은 기계가 생각할 수 있다는 비슷한 주장들을 상기시키는데, 이는 '사고'[기계적 연산을 사고라고 명명한 것을 가리킨다—옮긴이]는 사고와 다른 의미가 있다는 사실에서 벗어난 것이다.[49] 또한 이 주장들은 '정보'는 정보가 아니라는 것을 무시한다.[50] 그리고 인공두뇌학의 창시자조차 "정보는 정보이지, 물질이나 에너지는 아니다"라고 단언하는데, 이는 정보가 엔트로피도 아니라는 것을 의미한다.[51] 어떤 이들은 이 모두가 부질없는 일이었다고 생각한다.

삽과 가래는 유사하며, 과학 용어와 일상용어를 혼동해서는 안 된다는 것

47 Louis de Broglie, *New Perspectives in Physics* (New York, 1962), pp. 66, 72 f.

48 Brillouin, "The Negentropy Principle," p. 1153(저자의 강조); 또한 *Science and Information*, p. 11.

49 3장 10절을 보라.

50 앞에 논의된 것처럼 정보 이론의 정보와 일상생활의 정보는 그 의미가 다르다—옮긴이.

51 Wiener, *Cybernetics*, p. 132.

을 근거로 삶을 '가래'라고 부르는 것이 가져오는 위험을 자주 볼 수 있다. 그러나 우리는 과학 용어와 일상용어를 완전히 분리하여 생각할 수 있을 만큼 우리 정신을 분열시킬 수 없다. 벤담이 '효용'에 관해 말한 것과 내가 이 책 여기저기서 '연속'과 '연산'에 관하여 말한 것이 정보 이론의 '정보'에도 적용된다. 이 단어는 나타내고자 하는 것을 표현하기에는 안타깝게도 잘못 선택된 단어였다.

부록 C

볼츠만의 H-정리에 대한 간단한 모형

에렌페스트 부부(Paul and Tatiana Ehrenfest)는 단지 기계적 운동 법칙만 따르는 입자들로 이루어진 계가 (6장 2절에 언급된) 통계적 가정을 만족할 때 충돌을 통해 무질서한 상태에 이르는 과정을 설명하기 위해 아주 단순한 모형을 생각해냈다. 몇몇 통계역학 교재에도 소개된[1] 이 모형에는 열역학적 지식이 없는 초보자들도 그 내용을 이해할 수 있다는 커다란 장점이 있다. 하지만 흥미롭게도, (나 자신을 포함한) 초보자가 이 모형의 분석을 좀 더 깊이 파고들더라도, 통계적 접근이 기계적 운동과 열역학 현상의 교량이라는 주장의 여러 결점들을 찾아낼 수 있다. 특히 충돌의 존재는 통계역학의 형식적 주장의 대부분이 실제의 계와는 무관하다는 나의 앞선 주장을 뒷받침한다.

어떤 평면에 움직이는 수많은 입자들이 있고, 각각의 초기 속도는 그림 4에 나타난 네 개 방향 중 하나라고 생각해보자. 동일한 평면에 그림에 검은 색으로 표시된 것처럼, 같은 크기의 사각형들로 된 수많은 장애물들이 불규칙

1 P. and T. Ehrenfest, *The Conceptual Foundations of the Statistical Approach in Mechanics*(Ithaca, N. Y., 1959), pp. 10~13. 또한 D. ter Haar, *Elements of Statistical Mechanics*(New York, 1954), pp. 336~339.

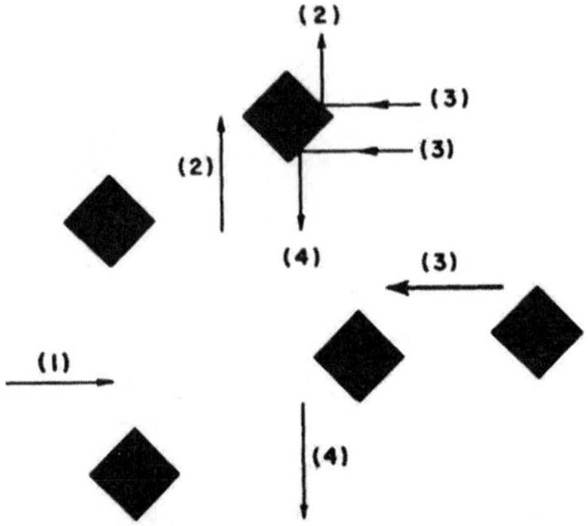

그림 4

하게 배열되어 있다. 장애물이 놓인 방향 때문에 입자의 속도는 장애물과 충돌 후 두 개 다른 방향 중 하나가 된다. 예컨대 방향 1은 2 또는 4로 변화하지, 3이 되지는 않는다. 따라서 계에는 항상 네 개 '상태'(방향)만 있다.

시간 t_n에서 각 상태에 있는 입자의 수를 N_1^n, N_2^n, N_3^n, N_4^n, $\Sigma N_i^n = N$이라고 하고, 시간 $\Delta t_n (= t_{n+1} - t_n)$ 동안 일어나는 충돌의 결과, 상태 i에서 j로 변화된 입자의 수를 N_{ij}^n라고 하자. Δt_n을 아주 작게 하면 이 시간 동안 어떤 입자도 장애물과 두 번 이상 충돌할 수 없도록 할 수 있기 때문에, $N_{13}^n = N_{24}^n = N_{31}^n = N_{42}^n = 0$이다. 따라서 통계적 가정에 따라 t_n에서 입자의 분포는 다음과 같다.

$$(1) \qquad N_{12}^n = N_{14}^n = \kappa N_1^n, \qquad N_{23}^n = N_{21}^n = \kappa N_2^n$$
$$N_{34}^n = N_{32}^n = \kappa N_3^n, \qquad N_{41}^n = N_{43}^n = \kappa N_4^n$$

분명히 $0 < 2\kappa \leq 1$이다. (1)로부터 다음 결과가 얻어진다.

$$(2) \qquad N_1^{n+1} = \kappa(N_2^n + N_4^n - 2N_1^n) + N_1^n$$
$$N_2^{n+1} = \kappa(N_1^n + N_3^n - 2N_2^n) + N_2^n$$

$$N_3^{n+1} = \kappa(N_2^n + N_4^n - 2N_3^n) + N_3^n$$
$$N_4^{n+1} = \kappa(N_1^n + N_3^n - 2N_4^n) + N_4^n$$

또한

(3)
$$N_1^{n+1} - N_3^{n+1} = (1 - 2\kappa)(N_1^n - N_3^n)$$
$$N_2^{n+1} - N_4^{n+1} = (1 - 2\kappa)(N_2^n - N_4^n)$$
$$N_1^{n+1} + N_3^{n+1} - N_2^{n+1} - N_4^{n+1} = (1 - 4\kappa)(N_1^n + N_3^n - N_2^n - N_4^n)$$

여기서 다음과 같은 결과를 얻을 수 있다.

(4)
$$N_1^n - N_3^n = (N_1^0 - N_3^0)(1 - 2\kappa)^n$$
$$N_2^n - N_4^n = (N_2^0 - N_4^0)(1 - 2\kappa)^n$$
$$N_1^n + N_3^n - N_2^n - N_4^n = (N_1^0 + N_3^0 - N_2^0 - N_4^0)(1 - 4\kappa)^n$$

먼저 $|1 - 4\kappa| < 1$이면서 $0 < 1 - 2\kappa < 1$인 경우를 생각해보자. $\Sigma N_i^n = N$과 결합하면, 관계 (4)는 $n \to \infty$일 때 다음 결과를 가져온다.

(5)
$$\lim N_1^n = \lim N_2^n = \lim N_3^n = \lim N_4^n = N/4$$

만약 초기 상태가 무질서한 상태라면, 즉 $N_1^n = N_2^n = N_3^n = N_4^n$이면, (2)에 따라 계는 영원히 똑같은 상태에 있을 것이다. 초기 상태가 무질서한 상태가 아니라면, 관계 (5)에 따라 계는 무질서한 상태로 점차 변해갈 것이다. 이것이 에렌페스트 부부가 얻은 결과이다.[2]

그렇지만 $\kappa = 1/2$인 경우, 관계 (4)는 다음 결과가 된다.

---

[2] 똑같은 결과가 훨씬 더 일반적인 조건에서 나타난다는 것은 흥미롭다. $n \geq 0$인 모든 n에 대하여 $0 < 1 - 2\kappa_n < 1$이면, (1)의 κ가 κ_n으로 치환되더라도 관계 (5)가 얻어진다.

$$(6) \qquad N_1^n = N_3^n = N/4 + (-1)^n (N_1^0 + N_3^0 - N_2^0 - N_4^0)/4$$
$$N_2^n = N_4^n = N/4 - (-1)^n (N_1^0 + N_3^0 - N_2^0 - N_4^0)/4$$

이 경우 특별한 초기 조건 $N_1^0 + N_3^0 = N_2^0 + N_4^0 = N/2$이 동시에 성립하지 않으면, 계는 무질서한 상태가 되지 않는다.[3] 하지만 $\kappa < 1/2$이 되도록 Δt_n를 충분히 작게 설정함으로써 이 예외를 무시할 수도 있을 것이다.

이런 입장을 받아들이면, $\epsilon = (\Delta N_i^n)/N_i$가 우리가 원하는 만큼 작게 되도록 Δt_n를 아주 작게 설정할 수 있다. 그러면 좀 더 엄격한 형태의 볼츠만 H- 정리가 지금 논의하고 있는 모형에 대해 성립한다는 것도 증명할 수 있다. (2)를 정리하면 다음 결과가 얻어진다.

$$(7) \qquad \Delta N_1^n = \kappa(N_2^n + N_4^n - 2N_1^n)$$
$$\Delta N_2^n = \kappa(N_1^n + N_3^n - 2N_2^n)$$
$$\Delta N_3^n = \kappa(N_2^n + N_4^n - 2N_3^n)$$
$$\Delta N_4^n = \kappa(N_1^n + N_3^n - 2N_4^n)$$

여기서 ϵ에 대한 작은 2차 항들을 무시할 수 있기 때문에, 볼츠만 공식 $H = \Sigma(N_i/N)\ln(N_i/N)$과 (7)로부터 다음 식이 얻어진다.

$$(8) \qquad N\Delta H^n = \Sigma\,\Delta N_i^n \ln N_i^n = \kappa\Sigma(N_i^n - N_j^n)\ln(N_j^n/N_i^n) \le 0$$

여기서 마지막 합의 아래 첨자들을 순환적으로 취한다. 이로써 볼츠만 H-정리가 증명되었다.[4]

---

3 초기에 무질서한 상태가 아니라도 첫 번째 시간 간격 Δt_0 후에 무질서한 상태가 되는 계라는 이 이상한 경우는 열역학의 통계적 해석에서 얼마나 많은 내용이 얼버무려지는지 보여주는 흥미로운 예이다.

4 (8)에서 첫 번째 등호 관계는 다음 미분 관계를 이용하여 성립된다. $h = x\ln x$를 미분하면 $dh = (\ln x + 1)dx$, $H = \Sigma h = \Sigma x\ln x$라 할 때 $dH = \Sigma dh = \Sigma(\ln x + 1)dx = \Sigma dx$

그러나 위 증명을 비판적으로 재검토해보자.

첫째, (6장 2절에서 논의하였듯이) 관계 (1)이 실제 하나의 n 값에 대하여 성립한다고 가정할 수도 있을 것이다. 그렇지만 (5)와 (8)의 증명을 위해서는 이 관계가 임의의 n에 대하여 성립해야 한다. 그리고 특별하게 고안된 모형이 아니고서는 이 조건이 만족되지 않음은 물론이다.

둘째, (8)의 증명에는 더 나아가, ϵ이 충분히 작게 되도록 Δt_n을 아주 작게 설정할 수 있다는 조건이 필요하다. 명시적인 조건은 $\kappa = \kappa_0 \Delta t_n$, 즉 κ 자체의 크기가 Δt_n에 대해 1차라는 것이다. 이 조건이 (1)과 연관하여 얼마나 엄격한지는 Δt_n이 충분히 작아 이 시간 동안 어떤 입자도 장애물과 충돌하지 않는 상황을 상상함으로써 알 수 있다. 여기에는 시간은 연속으로 변화하는데 계가 통과하는 상(phase)은 불연속이라는 것과 관련된 까다로운 문제가 있다.[5] 모든 t_n에 대해 (1)이 성립하고 κ가 매우 작아 ϵ이 충분히 작은, 그런 무한급수 $[t_n]$이 존재한다고 하더라도, (5)와 (8)은 불연속 급수 $[t_n]$의 시점들에서 성립한다는 것만 증명할 수 있을 따름이다. 결과적으로 $t \neq t_n$인 임의의 시점에서 계의 상태에 대해서는 아무것도 말할 수 없다. 즉, 우리는 $t \neq t_n$인 시점에서 상태 i에 존재하는 입자의 수 N_i^t가 $t \to \infty$일 때 $N/4$로 수렴하는지 알 수 없다. 또한 t와 t'이 급수 $[t_n]$에 속하지 않는다면, t와 t' 사이에서 ΔH^n이 증가할 것인지도 알 수 없다.

셋째, 앞에 언급된 난점들을 무시하고 계가 (1)로 표현된 통계적 가정을 만족한다고 가정해보자. 그리고 $n > 0$인 t_n에서 모든 속도를 역전시켜 얻어진 계를 생각해보자. 이 계는 정리 (5)와 (8)의 증명에 필요한 통계적 가정을 만족하지 않는다. 왜냐하면 이 계가 그러한 가정을 만족한다면, κ를 다른 κ'으

$\ln x + \Sigma dx$. 그런데 $\Sigma dx = 0$이므로 ($\Sigma N_i^n = N =$ 상수), $dH = \Sigma dx \ln x$가 된다 — 옮긴이.

5 여기서 상은 입자의 위치, 속도로 표현되는 입자들의 총체적인 상태를 가리킨다 — 옮긴이.

로 바꾸고 n을 $n+1$로 바꾼 후에도 (3)의 관계들이 성립해야만 하기 때문이다. 이 조건의 결과는 $(1-2\kappa)(1-2\kappa')=1$인데, $0 \leq 1-2\kappa < 1$과 $0 \leq 1-2\kappa' < 1$이라는 사실을 생각하면, 이는 성립할 수 없다.[6]

6 물론 t_0에서 모든 속도를 역전시켜 얻어진 계에 관하여 아무것도 말할 수 없다.

부록 D

H-곡선에 대한 볼츠만의 비유

볼츠만은 엔트로피 법칙이 H-곡선에 반영되는 방식을 설명하기 위하여 몇 가지 효과적인 비유를 생각하였다.[1] 일련의 동전 던지기를 통해 이 비유들 중 하나를 재검토해보자. k 번째 동전 던지기 결과를 '동전의 면'에 따라 $e_k=1$ 또는 0으로 표현해보자. 정수 n에 대하여, $a_i=e_i+e_{i+1}+\cdots+e_{i+2n-1}$을 수열 (e_i)의 $2n$번 움직임의 합이라고 하자. 아래 점들을 그려보면, 볼츠만이 이 '동전 던지기'의 H-곡선이라고 부른 형태가 얻어진다.

$$x_i=\frac{i}{n},\quad y_i=\left|1-\frac{a_i}{n}\right| \tag{1}$$

통계학의 기본적인 내용을 보면, 이 점들의 대부분은 x축 근처에 모이며, y_i 값이 1에 가까운 점은 매우 드물다는 것을 알 수 있다. 이 드문 점들은 증가 혹은 감소하는 과정에 놓이기보다 H-곡선의 '정점'일 가능성이 높다는 볼츠만의 결론은 옳다. 즉 $y_{i-1}<y_i$이며 $y_{i+1}<y_i$일 확률이 $y_{i-1}\gtreqless y_i\gtreqless y_{i+1}$일 확률보다 크다. 이에 대한 증명은 일반적인 수학적 추론으로 할 수 있지만, 여기 소개하기에는 너무 복잡하다. 그리고 똑같은 추론을 통해 볼츠만이 다

1 앞의 6장 각주 25를 보라.

루지 않은 내용이 드러난다. y_i가 0에 아주 가깝다면, $y_i < y_{i+1}$일 확률은 $y_i \geq y_{i+1}$일 확률과 거의 같다. 즉 이 비유에 따르면, 일단 무질서한 상태가 생기면 무질서한 상태가 꽤나 오랫동안 지속될 가능성은 볼츠만이 엔트로피 법칙을 형식화할 때 주장한 것만큼 크지 않다.

H-곡선의 평균적인 '경향'에 관한 볼츠만의 주장에 결정적인 해석학적 사례와 기체의 실제 미시상태 사이의 한 가지 차이는 수열 (a_i)의 특별한 구조에서 볼 수 있다. 즉 $y_i = 1$이면, $y_{i+1} = 1$일 확률과 $y_{i+1} < 1$일 확률은 똑같은 1/2이다.[2] 게다가 $y_i = 1$이고 $y_{i+1} = 1 - 1/n$이면, $k \leq 2n$인 임의의 k에 대하여 $y_{i+k} \leq y_{i+2}$이다. $y_i = 1$, $y_{i+1} = 1 - 1/n$, $y_{i+2} \leq y_{i+1}$인 경우에 대해서도 비슷한 명제가 성립한다. 이것이 비유적으로 말해주는 것은 엔트로피가 가장 낮은 수준으로부터 증가하기 시작하면, 엔트로피는 계가 N번, 즉 계에 있는 입자의 수만큼 더 변화하기 전에는 절대로 그 수준으로 되돌아갈 수 없다는 것이다. 기체의 경우 N은 엄청나게 큰, 10^{23} 수준이다[분자의 수에 대한 단위는 몰(mole)인데 1몰은 6×10^{23}개이다—옮긴이]. 한편, 미시상태들의 확률이 똑같아서, $y_i = 1$에서 $y_{i+1} = 1 - 1/n$로 변화를 초래한 분자가 그 후 이전 상태로 되돌아가지 못하게 된다고 추정하는 것은 옳지 않다. 반대로, 열역학적 확률에 대한 공식 6장의 (5) 또는 (6)은 연이은 미시상태들의 완전한 독립성을 가정한 것에 기초한다. 즉, 모든 거시상태는 바로 최소 확률을 가진 거시상태로 이어진다. 따라서 볼츠만의 열역학적 확률과 그의 '동전 던지기' 사이에는 차이가 있다. 즉, 동전 던지기에서 a_i는 모든 a_k로부터 독립적인 것이 아니라 $a_{i+1}, a_{i+2}, \cdots, a_{i+2n-1}$과 확률적으로 연관된다. 볼츠만은 연이은 거시상태들 사이에 어떤 '상관관계'가 있어야만 한다는 직관적인 아이디어를 이 비유에

2 대신 $2n$개 동전을 한꺼번에 독립적으로 던져 각각의 a_i가 결정된다면, $y_{i+1} = 1$일 확률은 $y_i = 1$인지와 무관하며, 항상 $1/2^{2n}$이다. 볼츠만은 N개 연이은 a_i들로 이루어진 수열에서 $y_i = 1$인 경우의 평균을 결정할 때, 이 공식을 사용하였다(이는 실수였다).

무의식적으로 반영하려 한 듯하다. 실제로, 짧은 시간 Δt 동안 용기의 한 구석에 있는 기체 분자가 반대쪽 구석의 기체와 충돌할 '가능성'이 이웃한 분자들과 충돌할 가능성과 똑같다고 생각하기는 어렵다.[3] 이 아이디어는 직관적이지만, 이로 인해 볼츠만은 확률적 순서와 역학계의 위상 순서의 기본적인 차이에 다시 맞닥뜨렸기 때문에, 이에 관하여 아무런 언급을 하지 않은 듯하다.

---

3 P. W. Bridgman, *Reflections of a Physicist*(2nd edn., New York, 1955), pp. 255~257 참조.

부록 E

버코프의 정리들

D가 경계가 정해진 영역이고, T가 영역 D에서 그 자체로 변환하는 일대일 변환이라고 하자. 즉, T는 D에 있는 모든 점 M에 대하여 D에 있는 유일한 점 M_1으로의 변환인 $M_1 = T(M)$이며, 그 역도 성립한다. 또한 D의 부분집합 S가 부분집합 S'으로 변환될 때 S와 S'의 측도가 같다는 의미에서 T는 측도 보존 변환이라고 하자. 또 D의 어떤 부분집합 S에 속하는 아래 점들의 상대 빈도를 $f_n(M; S)$이라고 해보자.

$$(1) \qquad M, \quad M_1 = T(M), \quad M_2 = T(M_1) = T^2(M), \cdots, M_n = T^n(M)$$

버코프의 '에르고딕' 정리[1]에 따르면, T에 위 성질들이 있을 때 다음이 성립한다.

$$(2) \qquad \lim_{n\to\infty} f_n(M; S) = f(M; S)$$

달리 말하면, 상대 빈도 f_n은 S뿐만 아니라 M에도 의존하는 극한값을 갖는다.

또한 T에 다음 성질도 있다고 가정해보자. T에 의해 자체로 변환되는, D의

1 앞의 6장 각주 46을 보라.

모든 고유한 부분집합 S의 측도는 0이거나 D의 측도와 같다. 이 경우 T에는 **계량적 이행성(추이성), 분해 불가능성** 혹은 **에르고딕** 성질이 있다고 한다. 버코프의 두 번째 정리[2]에 따르면, 보다 엄격한 이 조건하에서 다음이 성립한다.

$$(3) \qquad \lim_{n\to\infty} f_n(M; S) = \frac{S\text{의 측도}}{D\text{의 측도}} = f(S)$$

달리 말하면, f_n의 극한값은 초기상태와 무관하게 똑같다. 결과적으로 모든 전체 상태는 계량적 추이성이 있는 모든 역학계에서 똑같은 빈도로 나타날 것이다.

완전탄성 당구공의 간단한 계[3]와 관련된 비(非)이행적 연속 변환의 예로, D는 $0 < x \leq 1$, $0 \leq y \leq 1$인 정사각형이고, $x+y \leq 1$일 때 $M_1(x+y, y) = M(x, y)$, $x+y > 1$일 때 $M_1(x+y-1, y) = M(x, y)$인 변환을 생각해보자. 이 변환은 D를 D 자체로 변환시키는 일대일 변환이며, 그 면적은 보존되지만 에르고딕하지 않은 변환이다. 즉, 넓이가 $b-a \neq 0$인 부분집합 $0 < x \leq 1$, $0 < a \leq y \leq b < 1$은 그 자체로 변환된다. 무리수 y_0와 $M_0(x_0, y_0)$에 대하여, 상대빈도 $f_n(M_0, S)$의 극한값은 σ가 되는데, σ는 S와 직선 $y = y_0$의 교차선의 선형 측도[길이 —옮긴이]이다. 분명히 σ는 0과 1 사이의 어떤 값이나 될 수 있다. 유리수 y_0에 대하여, D와 직선 $y = y_0$의 교차 변환 역시 비이행적이며, 따라서 (3)은 성립하지 않는다. 즉 $f_n(M_0, S)$의 극한값 역시 M_0에 따라 달라진다.

---

2 앞의 6장 각주 41을 보라.

3 앞의 6장 그림 1, 2와 각주 49.

부록 F

확률과 시간 차원

1.

많은 권위자들이 오랜 세월에 걸쳐 우리에게 전하는 명제들은 놀라운 복원력을 갖기 쉽다. 내가 6장 4절에서 오류라고 비판한 명제가, 즉 아래 명제가 이 경우에 해당한다.

A. 불확실한 사건이 계속 관찰하는 동안 일어나지 않았다면, 우리는 충분히 오랫동안 기다리지 않은 것이다.

이 명제는 몇몇 확률 문제들에 관해 수다를 떨 때 종종 언급될 뿐만 아니라 많은 전문가들의 공식적인 주장들에도 나타난다. 푸앵카레 같은 확률의 권위자도 "아마도 [엔트로피] 역행을 허용하는 상황들의 조합이 발생하기까지는 매우 오랫동안 기다려야 할 것이다. 그러나 아주 긴 시간, 햇수를 표시하는 데 수백만 자리를 써야 할 정도로 긴 시간이 흐른 후 언젠가는 일어날 것"이라고 주장함으로써 통계열역학의 논리적 견고함을 지지하려 하였다.[1] 더 최근

[1] H. Poincaré, *The Foundations of Science*(Lancaster, Pa., 1946), p.304.

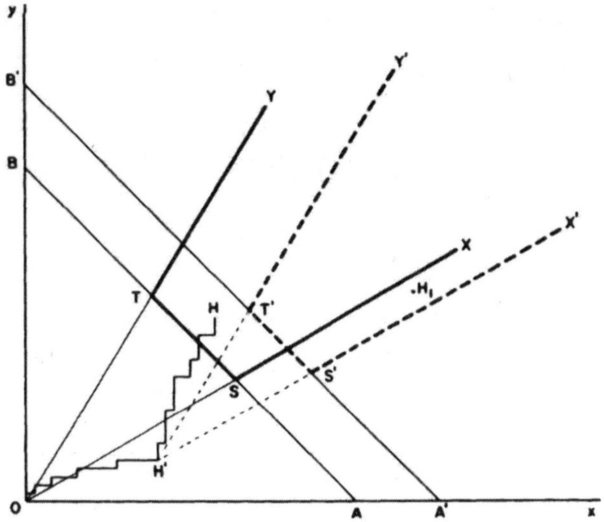

그림 5

에는 왈드(A. Wald)가 확률 빈도주의(頻度主義) 학파를 변호하는 데 비슷한 아이디어를 사용하였다.[2] 사실 이 아이디어는 이 학파의 절대적인 기반이다. 더듬어보면, 빈도주의에서는 무한히 오랫동안 관찰한 결과 나타나는 관찰 빈도 f_n의 극한값으로 사건 E의 확률계수 p를 정의한다. 즉, $n \geq N(\epsilon)$인 임의의 n에 대하여, 다음을 만족하는 $N(\epsilon)$이 임의의 양수 ϵ에 대하여 존재한다.

(1) $$| f_n - p | < \epsilon$$

실제로 물리적 사실에 대한 가정을 의미하는 이 정의와 수학적 극한에 대한 정의의 유일한 차이는, 빈도주의에서 명시적으로 주장하듯이, $N(\epsilon)$는 단지 존재할 뿐 지정할 수 없다는 것이다.[3] 이 조건에도 불구하고 빈도주의에 따르

2 A. Wald, "Die Widerspruchsfreiheit des Kollektivbegriffes(종합개념의 자유모순)," *Colloque consacré à la théorie des probabilités*(Paris, 1938), II, 92.

3 이 점에 관하여 왈드의 앞의 책 p.92과 특히 Ernest Nagel, "Principles of the Theory of Probability," *International Encyclopedia of Unified Science*(Chicago, 1955), vol.

면, 확률 개념이 무력화된다는 것을 어렵지 않게 보일 수 있다.[4] 그러나 빈도주의의 입장과 명제 A 사이의 숨겨진 관계 때문에 몇 가지 예비 작업이 필요하다.

$p = 1/2$인 간단한 경우, 일련의 관찰에서 사건 E와 E가 아닌 사건이 관찰되는 절대빈도를 각각 Ox, Oy 좌표로 표시해보자(그림 5를 보라). 이런 일련의 모든 사건들의 이력은 OH와 같은 계단식 선으로 표시된다. n번 관찰한 후 가능한 모든 결과는 직선 $x+y=n$ 위의 점들이다. $0<\epsilon<1/2$이고, 직선 OX와 OY는 각각 $y=(1-2\epsilon)x/(1+2\epsilon)$와 $y=(1+2\epsilon)x/(1-2\epsilon)$에 해당한다고 해보자. 직선 AB는 $x+y=N(\epsilon)$에 해당한다고 하자. 이제 위의 조건 (1)은 다음과 같이 해석될 수 있다. AB 너머에서 어떤 이력선도 영역 $XSTY$ 바깥으로 나갈 수 없지만, 그 정확한 형태를 사전(事前)에 알 수도 없다. 따라서 이력선이 AB에 닿기 전에 삼각형 OST 바깥으로 나가거나 $XSTY$ 내부의 임의로 선택된 점을 지나갈 가능성을 사전에 배제할 수 없다는 것도 알아야 한다.

이 경우를 점 $H'(x', y')$가 OST 바깥에 있는 경우라고 가정하고 $x'+y'=n'$이라고 해보자. 처음 n'번의 관찰을 무시하고, 나머지 부분에 위 논의를 적용해보자. 그러니까 직선 $H'X'$과 $H'T'$은 각각 OX와 OY에 평행하고, 직선 $A'B'$은 $x+y=N'(\epsilon)+n'$이다. 여기서 $N'(\epsilon)$은 일부를 생략한 급수로, $N(\epsilon)$과 같을 필요는 없다. 따라서 H'에서 나온 이력선은 $X'S'T'Y'$ 내부에 계속 있어야

I, part 2, pp. 363, 369을 보라. Hans Reichenbach, *The Theory of Probability* (Berkeley, 1949), p. 347에 나와 있듯이, 라이헨바흐는 수열 f_n이 반(半)수렴하기만 하면 어려움을 피할 수 있다고 믿는데, 여기서 반수렴은 인간이 관찰할 수 있는 유한한 수열 f_n만이 "'합리적으로' 수렴할" 것이라는 의미이다. 심지어 그는 무한한 나머지가 수렴하지 않더라도, "그런 발산은 우리에게 문제가 되지 않을 것"이라고 부언한다. 이 제안은 유한한 수열에 대하여 수렴을 정의하는 어려움을 무시하거나 분명한 실증주의 철학에 변증법을 "합리적으로" 몰래 들여놓는 것이다.

4 『AE』에 재수록된 저자의 논문, "The Nature of Expectation and Uncertainty"(1958) 2절 참조.

하며, 이 영역 내 어떤 특별한 점도 제외할 수 없다고 말할 수 있다. 달리 말하면, 이력선은 H_1을 지날 수도 있다. 그러나 이는 처음 '예측'과 모순된다. 또한 이 모순의 증명에는 $N(\epsilon)$과 $N'(\epsilon)$이 존재한다는 조건만 필요하지, 이들이 지정될 수 있어야 한다는 조건은 필요하지 않다는 것을 잊지 말아야 한다.

다음과 같은 이상한 원리를 추가적으로 도입한다면, 이 모순을 수정할 수 있을 것이다. 어떤 현상을 관찰하는 사람이 이미 있으면, 다른 구경꾼은 그 관찰자의 예측과 모순되는 상황을 피하기 위하여 어떤 확률적 예측도 해서는 안 된다는 원리 말이다. 자연을 영원히 관찰하는 신적인 존재를 생각해보면, 인간은 누구나 구경꾼이기 때문에 이 말이 얼마나 이상한지 알 수 있다. 결론은 신적인 존재만이 타당한 확률적 예측을 할 수 있으며, 그것도 우리 그림의 원점 O가 우주의 원점에 해당할 때에만 그렇다는 것이다! 따라서 이 원점과 연관해서만 관찰자가 '충분히 오래' 기다렸는지 여부를 말할 수 있다. 일련의 관찰을 시작한 원점이 우주 시간의 척도에서 임의로 움직이도록 하면 위에서 파헤친 풀어놓은 모순에 이른다.

2.

보렐이 확률과 연관하여 생각한 여러 가지 역설들 중에서 가장 재미있는 것은 우연히 예컨대 셰익스피어의 전 작품을 타이핑하는 원숭이에 관한 역설이다. 이 역설의 교훈은, 설사 이론적인 계산 결과 어떤 사건의 확률이 양(陽)이라 하더라도 그 사건이 실제로 관찰되어야 할 필요는 없다는 것이다. 그리고 알다시피, 이 역설과 똑같은 형태가 열역학의 확률론적 해석을 장식한다. 즉, 엔트로피 역전 확률은 양이지만 관찰된 적은 없다. 1절의 명제 A의 목적은 정확하게, 이 형태의 역설을 제거하는 것이다. 흥미롭게도, 이 명제는 확률이 극도로 낮은 사건들과 연관해서만 인용된다. 다른 경우들에서, 일반적인 교훈은 사건이 일어나지 않았다면 더 기다리기보다 계산에 사용된 선험적인 확률을 수정하는 편이 더 낫다는 것이다.

명제 A가 참인 명제와 언어적인 속임수로 약간 변형된 그 역을 혼동하기 때문에 거짓이라는 것이 나의 주장이다. 참인 명제는 일련의 미래 관찰에서 무작위의 사건이 일어날 확률은 관찰 횟수가 무한정 증가함에 따라 1에 근접한다는 것이다.[5] 일상 언어로 옮기면, "충분히 오랜 시간 동안 기다릴 준비가 되어 있으면, 사건은 반드시 일어난다"는 것이고, 이 명제는 그다음에 "충분히 오랜 시간 동안 기다릴 때에만, 사건은 일어날 것이다"로 바뀐다.

우선 이 과정에서 '충분히 많은 수의 관찰'이 '충분히 오랜 시간'으로 바뀌었음에 주목해야 한다. 몇 가지 걸리는 점은 있지만, 그래도 첫 번째 표현에는 어떤 객관적인 의미가 있다고 인정할 수도 있다. 두 번째 표현의 의미는 무엇인가? 시간은 순수한 숫자가 아니라 차원이 있는 양이다. 차원이 있는 다른 요소들과 마찬가지로, 그 크기는 사용된 단위에 따라 엄청나게 작을 수도, 클 수도 있다. 그러나 이 문제는 잠시 미루어두고 두 번째 논점을 살펴보자. 미심쩍은 일상 언어로의 전환은 제쳐놓더라도 어떤 확률 이론도 변형된 명제를 실증하지 않는다. 반대로, 일반적인 이론은 이 명제가 분명히 틀렸다고 말한다. 이 이론에 따르면, 브리지 게임에서 모두 스페이드인 패는 '드문 사건'이지만 맨 처음 게임에서 나올 수도 있다. 패를 백만 번 나누는 동안 이 패가 한 번도 나오지 않았더라도 바로 그다음에 나올 확률은 다른 어떤 경우보다 더 크지 않다. 또한 방금 전 나눈 패에서 이 패가 나온 경우에도 다시 나올 확률은 더 낮지 않다. 따라서 "충분히 오래 기다리지 않았다"는 얼핏 보기에는 문제가 없어 보이는 대답에는 본질적으로 확률을 보정하는 아자이스와 마르베의 이단적 교리가 깊이 숨겨져 있는 것을 알 수 있다.[6] 이 이단에 대한 간단한

5 앞의 2장 7절을 보라.

6 이에 관하여 『AE』 p. 250을 보라. 내가 나중에 알게 되었듯이, 달랑베르는 아자이스와 마르베의 선배였다. J. L. d'Alembert, *Mélanges de littérature, d'histoire et de philosophie*(문학, 역사, 철학의 혼합물)(5 vols., Amsterdam, 1767), V, 283을 보라.

반증은, 정통 이론이 말하듯이, 동전 던지기에서 오랫동안 연속으로 '뒷면'이 나온 후에도 백만 명이 각자 동전을 던진다면 약 절반은 '뒷면'이 나온다는 사실이다. 그리고 마르베-아자이스 이론은 똑같은 동전을 던지는 경우에만 적용된다는 근거 없는 해석으로 누군가 반론을 펴려한다면, "동전에는 의식도, 기억도 없다"[7]는 버트랑(J. Bertrand)의 유명한 말을 상기시켜야 할 것이다.

보렐의 역설이 주관적인 믿음과 연관된 정신 상태나 확률 게임에서의 합리적 선택이 아닌 물리적 사실에 관한 것이라는 점도 분명히 해야 한다. 즉, 물 한 방울에서도 엔트로피 역전이 일어날 확률은 너무 작아 "무시할 수 있다"는 주장은 물을 마실지 말지에 관한 결정에는 적용될 수도 있지만, 역설에는 적합하지 않다. 하지만 분자물리학에 관한 연구로 노벨상을 수상한 과학자도 "우리에게 실질적인 의미가 있는 크기 수준에서 2차 영구 운동은 일반적으로 너무나 보잘 것이 없어 이를 고려하는 것은 멍청한 일일 것"[8]이라고 하였다. "우리는 앞으로 10억 세대 동안 [엔트로피 역전이 일어나지 않을 것이라고] 단언할 수 있다"[9]는 말도 마찬가지로 익숙하다. 신의 존재에 대한 내기에서 믿는 것이 유리하다는 파스칼의 계산이 사실상 신의 존재를 증명하지 않는 것처럼 이런 말들이 역설을 없애지는 못한다.

확률을 물리적 요소로 생각하는 논의만이 이 문제의 핵심을 찌를 수 있다. 예상 밖의 장애는 이 경우 양(陽)의 확률은 아무리 작더라도 정의에 따라 해

달랑베르는 동전의 '앞면'이 절대 나오지 않을 것이라는 추측은 "수학적인 엄밀함 내에서 가능하다. 이 명제가 거짓이라는 것은 단지 자연의 법칙을 따르는 것"이라고 주장한다. 그리고 아자이스와 마르베와 마찬가지로, 그는 '앞면'이 오랫동안 나온 후에는 "많은 도박사들처럼" '뒷면'에 걸어야 한다고 충고한다(p. 289). 저자의 번역.

7 Joseph Bertrand, *Calcul des probabilité*(확률 계산)(Paris, 1889), p. 22. 저자의 번역.

8 Jean Perrin, *Atoms*(London, 1920), p. 87; K. Mendelssohn, "Probability enters Physics," in *Turning Points in Physics*, ed. R. J. Blin-Stoyle(Amsterdam, 1959), p. 51.

9 Philipp Frank, "Foundations of Physics," *International Encyclopedia of Unified Science*(Chicago, 1955), II, 451.

당 사건은 가끔 일어나야만 하며, 단지 우리는 언제 일어날지 모른다는 것이다.[10] 어떤 믿음도, 내기도 이 진실을 바꿀 수 없다.

3.

물리적 확률에 기초한 주장의 쉬운 예로, 브리지먼 같은 권위자를 보자. "[엔트로피 역전] 확률은 너무 작아서 인류의 전(全) 역사에서조차 그런 일이 일어날 '가능성'은 너무나 작다. 물론 어떤 개인이 자신의 일생 동안 그런 일을 관찰할 가능성은 훨씬 더 작다."[11] 볼츠만에 기원을 둔, 똑같은 개념에 대한 더 엄격한 설명이 여러 책에서 계속 반복되고 있다. "적절한 확률 법칙을 사용한 간단한 계산 결과는 [혼합된] 수소와 산소가 원래 [위치]대로 돌아가도록 할 운동의 우연한 조합은 $10^{10^{10}}$년 동안 일어나지 않을 … 것임을 [보여준다]."[12]

이런 종류의 문제에서 시간 차원이 매우 중요한 역할을 하지만 완전히 무시되고 있다는 것을 알 수 있다. 예컨대 어떤 사건 E가 일어날 확률이 10^{-4}이라고 가정해보자. 이 확률은 작지만, 2.3×10^5번 시행하면 사건 E가 최소

---

10 이 주장은 유사(類似) 불가능 사건들에도 적용된다. 그러나 이 범주에는 위 주장과 관련된 특이점이 전혀 없다.

11 P. W. Bridgman, *The Nature of Thermodynamics*(Cambridge, Mass., 1941), pp. 162 f. 또한 Mendelssohn, "Probability enters Physics," p. 53을 보라. 하지만 브리지먼은 다른 곳, *Reflections of a Physicist*(2nd edn., New York, 1955), p. 261에서 "순수하게 논리적인 통계적 고려를 통해, 너무나 드물어 아직 관찰된 적이 없는 사건을 예측하는 것은 절대로 정당화될 수 없다"고 주장하였다. 이는 내가 전적으로 동의하는 입장이다.

12 David Bohm, *Causality and Chance in Modern Physics*(London 1957), p. 161(저자의 강조); 또한 Perrin, *Atoms*, p. 87n를 보라. '마법의 수' $10^{10^{10}}$은 볼츠만의 1898년 저작 *Lectures on Gas Theory*(Berkeley, 1964), p. 444으로 거슬러 올라간다. 그의 계산 방법은 앞의 6장 각주 33에 인용된 논문에 나와 있으며, D. ter Haar, *Elements of Statistical Mechanics*(New York, 1954), p. 342에도 상세히 설명되어 있다. 이 방법에 대한 나의 비판은 6장 2절에 나와 있다.

한 번 일어날 확률은 매우 높은 $1-10^{-10}$[$=0.9999999999$]이다. 매초 한 번씩 시행하면, 사건 E를 확실하게 관찰하기 위해서 단 3일만 기다리면 된다. 이 경우, 사건 E는 드문 일이라고 말하기는 힘들다. 그러나 시행 속도가 한 세기에 한 번이라면, 똑같은 사건 E는 지구의 역사에서도 매우 드문 일일 것이다.

주어진 메커니즘을 통해 결과를 단 한 번만 만들어내는 데 걸리는 시간을 Δ라고 해보자. 시간을 Δ로 적절히 나누면, 각 Δ 동안 특정 사건 E는 기껏해야 한 번만 일어날 것이다. 상황에 알맞게, 이 메커니즘이 시간과 무관하다고 (즉 시간이 지나도 변하지 않는다고) 가정해보자. 또 사건 E가 Δ 동안 일어날 확률을 p, 시행 결과를 관찰할 수 있는 시간을 $t=n\Delta$라고 해보자. 사건 E가 t 동안 일어날 확률은 $P(t)=1-(1-p)^n=1-(1-p)^{t/\Delta}$이다. 이 결과는, p가 너무도 작기 때문에 $P(t)$가 작다는 브리지먼의 주장이 Δ가 아주 작아서 t/Δ가 너무도 크면 성립하지 않는다는 것을 분명하게 보여준다. $P(t)$의 크기에 대하여 무언가를 말하려면, 문제의 메커니즘이 결과를 만들어내는 속도 $1/\Delta$를 반드시 알아야 한다. t가 길고 짧은지는 단지 단위가 되는 Δ와 연관해서만 말할 수 있다.

다른 한편으로, 열역학 법칙들은 거시상태가 시계의 시간과 연관하여 변화하는 속도에 관하여 아무것도 말해주지 않는다. 따라서 엄격한 의미에서 엔트로피 흐름에 관한 아무런 기준이 없다.[13] 이 때문에 열역학은 역학과 똑같은 방식으로 예측하지 못한다.[14] 따라서 브리지먼의 주장은 공허하다. 실제로 $P(t)$가 작다고 하더라도 이는 마찬가지일 것이다.

---

13 Bridgman, *The Nature of Thermodynamics*, pp. 140 f.

14 앞의 5장 각주 67을 보라.

4.

엔트로피 역전이 아직 관찰되지 않은 이유를 설명하기 위해 몇몇 학자들은 시간과 무관한 또 다른 명제를 추가로 도입하였다. 특히 보렐은 "확률이 극도로 작은 사건들은 절대 일어나지 않는다[실제로 불가능하다]"는 공리가 물리적 확률의 중요한 기초라고 주장하였다고 알려져 있다. 앞에 이미 인용된 많은 사람들과 마찬가지로, 보렐은 예를 통해, 사건의 확률이 10^{-200} 정도라면 그 사건은 "절대 관찰되지 않으며 전 우주에서 어떤 인간도 절대 관찰하지 못할 것"이라고 주장하였다.[15] 이 엄격한 형태의 주장은 지구상의 생명체가 단지 우연의 조합이라는 방법에 의해 생겨났다는 현재 받아들여지고 있는 의견에 반한다.[16]

보렐의 공리와 연관하여 아주 심각한 난제가 있다. 이 공리가 10^{-199}, 10^{-198} 등등에 관하여 성립할 것인가? 어디서부터 멈춰야 하는가? 그러나 논의를 위해 '극도로 작은 확률의' 범주에 최소 상한값 π가 있다고 인정해보자. 달리 말하면, 확률에도 기본적인 알갱이가 존재한다고 가정해보자.[17] 현재 확률 이론 관점에서 보면, 이 의견에는 몇 가지 심각한 문제가 있다. 첫째, 확률 계산의 기본 공식이 새로운 법칙에 따라 어떻게 변형되어야 할지 추측하기조차 어렵다. 둘째, 이는 더 중요한데, 확률 알갱이의 존재로 인해, 확률 $p > \pi$인 임의의 사건에 대해 부등식 $p^{r+1} < \pi \leq p^r$으로 결정되는 r보다 더 많이 시행

15 Émile Borel, *Elements of the Theory of Probability*(rev. edn., Englewood Cliffs, N. J., 1965), pp.57 ff. 볼츠만은 *Gas Theory*, p.444에서 똑같은 개념을 변증법적 형식으로 표현하였다. 극도로 작은 확률은 "절대와 실제로 동등하다." 그러나 이 아이디어는 앞의 각주 6의 달랑베르까지 거슬러 올라간다.

16 P. Lecomte du Noüy, *The Road to Reason*(New York, 1948), pp.122~126.

17 R. B. Linsay and H. Margenau, *Foundations of Physics*(New York, 1936), p.167의 제안과 같이.

할 수 없다고 인정해야 할 것이다. 달랑베르, 아자이스, 마르베를 수치심에서 벗어나게 할 뿐만 아니라 명예롭게 소생시켜야 할 것이다.

부록 G

생물학의 한계와 확장

1.

이 책에서 전개한 변화에 관한 이론의 주요 내용 중 하나는 연구자의 관심이 무기물에서 초유기물 영역으로 점차 옮아감에 따라 현실이 드러나는 방식의 본질적인 차이에 관한 것이다. 앞서 경제적 쟁점을 논의하면서 두 차례에 걸쳐 생물학과 물리-화학 영역 사이의 차이를 자세히 설파하였다. 나의 입장은 일반적으로 생물학에서는 물질과학에서와 같이 실용적으로 중요한 성취가 있을 수 없다는 것이었다. 특히 과도하게 열정적인 생물학자들이 가까운 장래에 실현되리라 주장하는 비현실적인 일들[1]이 일어날 수 없다고 생각한다. 나와 같은 비전문가가 이런 입장을 정당화하려면, 많은 권위자들도 이런 저런 형태로 이 입장을 공유하고 있다는 증거를 보이는 것으로 충분할 것이다.[2] 이는 비전문가의 특별한 권한이다. 대신 비전문가에게는 오역하거나 과장한다는 일반적인 편견이 커다란 부담으로 지워진다. 샤가프(E. Chargaff)의

1 10장 3절과 11장 5절을 보라.

2 11장 5절, 특히 각주 123을 보라.

최근 의견은 나의 입장이 경솔하지 않다는 것을 보여준다고 생각한다. 샤가프는 여러 가지 핵산을 어렵게 분석하여 세포핵 분야의 최근 진보에 필수적인 발판을 만든 과학자로, 분명히 상황을 평가하기에 특별한 적임자이다. 상황에 대한 그의 강한 표현을 들어보자. "어리석게도 홈쇼핑 우생학을 통한(집집마다 클레오파트라의 코로 장식된 아인슈타인이 있는) 인스턴트 행복을 예언하는 것은 인간성이 점점 더 잔인해지는 데서 입증되듯이 야만이 시작되는 징후로 생각해도 된다."[3]

그럼에도 나는 생물학에서 인간의 능력(그리고 어느 정도까지 인간의 이해)을 제한하는 걸림돌들이 바로 인간의 존재 조건에 내재하며, 따라서 이 조건들만큼 영속할 것이라는 내 나름대로의 의견을 흥미를 가진 독자들에게 간략하고 분명하게 밝혀야 한다고 생각한다.

2.

100년 이상 오락가락한 후에 지금은 실질적으로 모든 생화학자들이, 적어도 세포가 물리-화학적 방법으로 실험실에서 조사할 수 있는 상태[대개 결정(結晶) 상태]에 있을 때에는 분명한 분자 구조를 갖는다는 데 동의하고 있다. 그렇지만 살아 있는 세포의 성분들 중에서 가장 많고 가장 중요한 성분들은 몇 가지 결정적인 측면에서 보통 분자들과 다르다.

첫째, 생물분자들은 차원 면에서 엄청나다. 이제는 많은 입문서에 나와 있듯이, 대부분 생물분자들은 거대분자, 즉 "변화무쌍하고 환상적인 모양의 전자구름으로 둘러싸인"[4] 원자핵들의 복잡한 거대 집합체이다. 박테리오파지

3 Erwin Chargaff, "What Really is DNA? Remarks on the Changing Aspects of a Scientific Concepts," *Progress in Nucleic Acid Research and Molecular Biology*, 8 (1968) 329.

4 Albert Szent-Györgyi, "The Promise of Medical Science," in *Man and His Future*,

T4와 같이 작은 바이러스의 기본 염색체 DNA에는 100개 유전자를 구성하는 약 20만 개 핵산 쌍(약 1.3×10^8달톤)이 있다.[5] 몇몇 수생동물의 염색체에는 10^{11}~10^{12}개 핵산 쌍이 있다. 사람에게는 다른 포유동물과 유사한 약 3×10^9개 염기쌍이 있다.[6] [원서에 5×10^9이라고 나와 있던 것을 정확하게 바꾸었다 — 옮긴이] 그러나 생물분자 한 개만 해도 분자량이 10^8 정도(어떤 경우에는 10^{11})이다. 이는 생물 분자 하나에 중간 크기 국가의 인구나 평균 은하의 별만큼이나 많은 원자가 있다는 의미이다. 이들과의 차이는 분자 구조가 너무도 질서정연하고 미묘하여 몇 개 원자가 달라져도 생물분자의 정성적인 기능이 완전히 달라질 수도 있다는 것이다.[7]

두 번째 차이는 거대분자들이 고분자, 즉 몇 가지 작은 표준 조각 분자들로 이루어진 큰 분자라는 것이다. 단백질은 20가지 아미노산이, 핵산은 5가지 유기 염기가 결합된 고분자이다. 예컨대 소듐(나트륨)과 염소가 서로 다른 비율로 결합된 화합물들이 존재한다면, 소듐과 염소의 수가 같다는 것만 보여주는 분석 결과만으로는 분석된 '물질'이 보통 소금이라고 추측할 수는 없을

---

ed. G. Wolstenholme(Boston, 1963), p. 192; James D. Watson, *Molecular Biology of the Gene*(New York, 1965), pp. 111~115.

5 정확하게는 289개 유전자와 17만 개 핵산 쌍이며, 1달톤은 양성자 한 개의 질량에 해당한다 — 옮긴이.

6 세포와 거대분자의 구조에 관하여 Watson, *Molecular Biology*, pp. 2~10, 69, 80~93 등을 보라. DNA에 관한 전문적인 설명으로 Watson, pp. 261~296과, 특히 (앞에 인용한) 샤가프를 보라. 더 간명하고 단순화된 설명은 다음 문헌들에서 볼 수 있다. C. H. Waddington, *The Nature of Life*(New York, 1962), pp. 36~52; S. E. Luria, "Directed Genetic Change: Perspectives from Molecular Genetics," *The Control of Human Heredity and Evolution*, ed. T. M. Sonneborn(New York, 1965), pp. 4~9; C. D. Darlington, *Genetics and Man*(New York, 1969), pp. 119~123.

7 정상 헤모글로빈과 겸상(낫 모양) 헤모글로빈의 차이가 단 하나의 아미노산이라는 인그램의 발견이 10장(각주 54를 보라)에 언급되어 있다. 반면에, 아주 큰 단백질의 경우 아미노산의 상당수가 달라지기 전에는 뚜렷한 차이가 나타나지 않을 수 있다.

것이다. 요점은 수많은 고분자나 이성질체[원자 구성은 같지만 구조와 성질이 다른 형태의 분자—옮긴이]로 존재할 수도 있는 물질들을 생각하면 '순수한 물질'이라는 말은 그 의미를 잃는다는 것이다. 이 영역의 많은 부분에는 단지 그림자만 존재한다. 실제로 거대분자 물질을 다루는 화학자는 사람들이 소금이나 아스피린을 볼 수 있는 것처럼 거대분자를 결코 볼 수는 없다[지금은 일부 거대분자들을 어렴풋이나마 볼 수 있다—옮긴이]. 이런 이유들 때문에 몇몇 생화학 권위자들은 예컨대 고전적인 의미의 분자로서 DNA 분자를 논할 수 있는지 의문을 표한다.[8]

세 번째 차이는 생물분자들이 거대하지만 그들을 구성하는 사슬들은 약한 화학 결합[수소 원자를 매개로 하는 수소 결합—옮긴이]으로, 말하자면 느슨하게 결합되어 있다는 것이다. 그 결과 부서지기 쉬운 생물분자를 작은 분자들로 쪼개는 데 그다지 큰 에너지가 필요하지 않다. 예컨대 DNA 이중나선은 약간만 가열되어도 두 개 나선으로 분리된다. 이 사실은 보통 생리 온도의 살아 있는 세포 속에서 약한 결합들이 거의 연속적으로 끊어지고 다시 만들어지는 과정을 부분적으로 이해하는 데 도움이 된다. 다시 만들어지는 과정은 아직 비밀로 싸여 있지만.[9]

네 번째 차이는 우리가 "이 물질들이 **무엇인지뿐만** 아니라 뭘 **하는지**" 묻는 순간 분명해진다.[10] 이 질문은 분명히 우리를 화학 너머 양자역학으로 이끈다. 아마도 세포를 움직이게 하는 것은 "폭포처럼 내려가 에너지를 조금씩 방

---

8 N. W. Pirie, "Patterns of Assumption about Large Molecules," *Archives of Biochemistry and Biophysics*, Suppl. 1, 1962, pp. 21~29과 Chargaff, "What Really is DNA?" pp. 320~323, 327.

9 Watson, pp. 60 f, 102~139, 285; Chargaff, "What Really is DNA?" p. 323[이제 DNA가 다시 만들어지는 과정도 꽤나 정확히 이해하고 있다. 2015년 노벨화학상은 잘못된 DNA가 수선되는 과정에 관한 연구에 대해 수여되었다—옮긴이].

10 Albert Szent-Györgyi, *Introduction to a Submolecular Biology*(New York, 1960), p. 10.

출하는" 낱개 전자의 특별한 흐름이다. 따라서 살아 있는 상태는 일반적인 분리된 분자가 아닌 "농도 차이 경사를 거슬러 이온들을 축적하는 전하전달 복합체로 이루어져 있으며, 죽음에 이르러 농도들은 모두 같아진다".[11] 이 견해가 점차 확산되고 있는 것은 분명하지만, 그렇다고 생명의 신비를 말끔히 해소하지는 못할 것이다. 그러나 이 견해는 약한 결합 구조와 함께, 많은 반응들이 시험관에서는 재현 불가능한 방식으로 살아 있는 세포 속에서 일어난다는 일반적인 생각을 이론적으로 뒷받침해준다.[12] 익숙한 예들은 열손실이 극히 작은 글루코오스의 대사 과정과 상온의 토양에서 일어나는 콩과 식물의 질소 고정이다. 세포 밖에서 합성한 많은 단백질에는 생물학적 활성이 없다는 사실과 생물학적 활성을 가진 단백질의 대부분을 세포 밖에서 합성할 수 없다는 사실은 훨씬 더 중요하다. 암과 이식 거부 반응에 대한 싸움이 매우 어려운 것은 생체 외부에서 항체를 만드는 것이 불가능하기 때문이다.[13]

3.

왓슨 같은 분자생물학의 최고 권위자가 "단백질 합성은 작은 분자의 합성을 지배하는 규칙들을 따라 일어나지 않는다"[14]며, 살아 있는 상태에는 특별한 화학이 있다고 결국 인정한 이유는 이상의 논의에서 분명해졌다.

우리에게 물질의 구조에 대한 청사진이 없으면 어떤 물질이든 그 합성을

---

11 앞의 책, pp. 25, 64, 132~134. 특히 앞의 책, 3장에 나오는 광합성에 대한 센트-죄르지(Szent-Györgyi)의 훌륭한 설명을 보라. 농도 경사와 해당 엔트로피 변환에 관하여 Watson, pp. 80~83, 102~109, 138, 160도 보라.

12 Albert Szent-Györgyi, *Nature of Life: A study on Muscle*(New York, 1948), pp. 17, 69 f, 76 f.

13 Watson, pp. 396, 437, 441.

14 Watson, pp. 160. 이는 p. 68에 나와 있는 왓슨의 이전 의견과 비교되어야 한다.

생각할 수 없다. 그리고 거대분자의 경우 이 분석 작업조차 만만치 않다. 단지 51개 아미노산으로 이루어진 특이하지 않은, 꽤나 작은 단백질인 인슐린의 선형 구조를 푸는 것이 노벨상[1958년 생거(F. Sanger)]을 받을 만한 업적이었다. 이 분자들의 크기를 감안하면, 비교적 작은 단백질 분자의 선형 구조를 푸는 일은 최근 개발된 도구들을 사용하여도 수년이 걸리는 고된 작업이다.[15] 그리고 생물분자들은 거대한 복합체일 뿐만 아니라 모든 종류의 가능한 분자의 수 역시 상상을 초월한다. 예컨대 2만 달톤, 약 170개 아미노산으로 이루어진 중간 크기 단백질을 생각해보자. 아미노산이 20가지뿐이기 때문에,[16] 이 크기를 가진 단백질의 모든 가능한 수는 20^{170}이다. 각 형태 분자 한 개를 넣을 수 있는 정육면체 상자 한 변의 길이는 10^{50}광년이다! 우주의 빅뱅 이론을 믿는다면, 우주의 나이는 이런 분자 모두가 존재할 만큼 충분한 시간이 되지 못한다. 인류에게 남아 있는 시간 동안 이 분자들이 모두 관찰되지도 못할 것이다.[17] 이런 차원은 '초(超)우주적'이라는 말로밖에는 표현할 수 없다.

이 엄청난 다양성이 실제 지식을 일반적인 방식으로 구체화하는 데 모든 면에서 불리하게 작용한다는 것은 말할 나위가 없다. 대부분 성공적인 시도들은 단지 특별한 조건에서만 작동한다. 따라서 이 시점에서, 궁극적으로 모든 거대분자에 대해 합성 자체는 차치하고, 일반적인 방식을 통해 청사진을 얻을 수 있으리라고 생각하기도 어렵다. 실제로 작은 무생물 분자 합성에 대

15 앞의 책, p. 170[이제 단백질 분자의 선형 구조(아미노산의 연결 순서) 분석은 몇 시간 단위의 시간이 소요되는 일이다. 단백질 분자의 3차원 구조 분석은 아직도 쉽지 않은 일이지만 관련 기술이 빠르게 발전하고 있다 — 옮긴이].

16 아미노산은 아미노기($-NH_2$)와 유기산($-COOH$)을 가진 화합물 군을 가리키며, 이 중 20가지가 지구상 생명체의 단백질을 구성한다 — 옮긴이.

17 Harold C. Urey, "The Origin of Organic Molecules," *The Nature of Biological Diversity*, ed. John M. Allen(New York, 1963), p. 2.

해서도 일반적인 방식은 없다. 현실을 적절하게 평가하는 분자생물학자들은 박테리아 세포에도 3000~6000개 생물분자가 있으며, 이 중 대략 절반은 거대 단백질 분자라는 사실을 간과하지 않는다. 그들의 결론은 "우리는 가까운 미래에(아마도 먼 미래에도) 가장 작은 세포 속에 있는 모든 분자들의 정확한 3차원 구조를 알지 못할 것"[18]이라는 것이다.[19] 분명히, 그들은 세포의 전체 구조를 아주 자세히 알 수 있으리라 기대하지 않으며, 그 기본 요소인 원자와 전자로 세포를 만들 수 있으리라고는 더더욱 기대하지 않는다. 그들은 세포 속에서 일어나는 일에 관하여 점점 더 많이 이해하고 있다는 희망에 만족하며, 이는 그 자체로 거대한 가능성이다.

문제는 분명히 미시적 영역에서의 인간의 조작 능력에 관한 것이다. 그리고 내가 10장 3절에서 주장하였듯이, 불확정성 원리 때문에 인간은 이런 능력을 가질 수 없다. 인간이 다룰 수 있는 물질의 유일한 형태는 거대한 덩어리이다. 크고 작은 분자로 된 물질을 합성하려면, 원자들이 초기 결합으로부터 자유로워지고 여러 가지 분자 내 힘을 통해 새로운 결합으로 재배열되는 화학 반응이 일어나야만 한다. 그러나 약한 결합[앞에서 언급한 수소 결합—옮긴이]이 없는 매우 단순한 구조라도, 처음 시도하는 모든 반응에서 반응에 사용할 화합물과 그 반응을 일으킬 자유 에너지를 결정하는 일은 결코 간단하지 않다. 거대분자 화합물의 합성의 경우 그 걸림돌들은 만만치 않은데, 그 이유를

18 Watson, p. 100. 또한 Chargaff, "What Really is DNA?" p. 329을 보라. 우리는 여기서 다시, 페루츠와 켄드루가 헤모글로빈과 마이오글로빈의 3차원 구조를 해석한 공로로 1962년 노벨상을 공동 수상하였다는 사실을 알아야 한다.

19 이 책의 출간 40여 년이 지난 2015년 현재 단백질 분자의 3차원 구조를 모아놓은 단백질 정보은행(Protein Data Bank)에는 생물체에서 발견된 단백질 약 11만 개의 구조가 실려 있으며, 매년 약 8000개 단백질 구조가 새롭게 해석되고 있는데 이 속도는 점차 빨라질 것이다. 하지만 지구에 존재하는 생물종들이 가지고 있는 단백질의 정확한 수는 아직 어림하기도 힘들고, 세포에는 단백질 이외에도 많은 거대분자들이 있다—옮긴이.

쉽게 알 수 있다. 수백만 원자들을 해당 3차원 구조의 정확한 위치에 놓이게 할 확실한 방법이 전혀 없기 때문이다. 게다가 수많은 약한 결합들이 문제를 더욱 복잡하게 만든다. 즉, 화학 구조가 완전히 만들어지기 전에 조각나 버리기 쉽다.

구조를 아는 고분자를 단계적으로 조각조각 결합하여 합성하려는 노력이 이루어지고 있는 것은 사실이다. 1953년 최초로 단백질을 합성한 듀비뇨(V. du Vigneaud)의 묘기는 (실제 그렇게 되고 있듯이) 분명 다른 생물분자에도 되풀이될 것이다. 그러나 각각의 합성에서 부딪치는 고유한 어려움 때문에 이러한 묘기가 자동적으로 확장되지 않을 것이라는 사실을 무시하더라도, 듀비뇨가 합성한 옥시토신(oxytocin)[뇌에서 신경전달물질로 작용하는 포유류 호르몬—옮긴이]은 단 여덟 개 조각[정확하게는 여덟 종류 아홉 개 아미노산—옮긴이]으로 이루어져 있다는 것을 직시해야 한다! 아마도 이 숫자는 단백질 단순성의 하한값일 것이다.[20] 그러나 보통 화학 반응을 통해 올바른 방식으로 인간이 조합할 수 있는 조각의 수에는 분명히 상한이 있다는 것도 마찬가지로 확실하다.

이제 우리는 자연이 가장 간단한 세포를 만드는 데 지구상에서 수십억 년이 걸렸으며, 우주의 다른 곳에서도 마찬가지로 긴 시간이 걸리는 이유를 이해할 수 있다. 하지만 지금 많은 생화학자들은 인간이 훨씬 짧은 시간에 훨씬 더 뛰어난 방법으로 똑같은 업적을 이루기 직전이라고 믿는다. 시험관에 무생물 요소들을 혼합하고, 성서에서 창세기가 시작된 방식으로 '시작'을 외친다. 생물학의 능력을 영광스럽게 훑어보는 데 밀러(S. L. Miller)의 실험을, 즉 간단한 화합물의 혼합물에 고전압을 방전시켜 (일부 아미노산을 포함한) 몇 가지 전형적인 유기화합물들의 혼합물을 얻은 실험을 언급하지 않을 수 없

20 이렇게 작은 수의 아미노산이 결합된 물질은 단백질이라기보다 펩타이드라고 부른다—옮긴이.

다.[21] 그럼에도 살아 있는 세포의 전하전달 복합체의 깊이를 헤아릴 수 없는 복잡함뿐만 아니라 거대분자의 체계적인 합성과 연관된 혼란스러움을 감안할 때 인간이 생명을 주는 존재가 될 수 없다는 것을 확신할 수 있다. 소란스런 언론 보도에도 불구하고, 단백질의 종류는 물론 얼마나 많은 수가 가장 작은 세포 속에 있는지 아직도 알지 못한다는 사실을 생각해보라. 그리고 이 수는 내가 앞에서 지적한 것처럼, 손가락으로 셀 수 있는 정도가 아니다. 최근의 대약진 결과 "조만간 살아 있는 상태의 모든 기본적인 특징들을 이해할 수 있을 것"이라고 공언하는 일부 생물학자들조차 "세포의 구조는 절대 물이나 글루코오스 분자와 똑같은 방식으로 이해될 수 없을 것"이라고 인정한다.[22]

4.

반드시 어떤 원리를 이해해야만 그 일을 할 수 있는 것은 아니다. 돌 던지기, 불 피우기, 광석 제련 외에도 많은 것들이 그런 예이다. 우리는 아직도 대부분의 의약품이 (생명체 자체가 만들어내는 약도 예외가 아닌데) 효과를 내는 방식에 대하여 거의 이해하지 못하고 있다. 생물학자들은 이런 상황에 너무나 익숙하여, 최근의 이론적 성과에 환호하는 사람들도 생물학의 가능성에 대한 과도한 열정을 정당화하기 위해서 반(半)맹목적인 경험적 발견 가능성에 의존한다.[23] 어떤 종류의 경험적 성공이 이런 열정을 낳았는가?

---

21 S. L. Miller, "Production of Some Organic Compounds Under Possible Primitive Earth Conditions," *Journal of the American Chemical Society*, 77(1955) 2351~2361; S. L. Miller and H. C. Urey, "Organic Compound Synthesis on the Primitive Earth," *Science*, July 31, 1959, pp. 245~251.

22 Watson, pp. 69, 85. "히스톤[세포핵 속 DNA 구조 유지에 중요한 역할을 하는 단백질 —옮긴이]의 주요 기능"에서 시작하여 정상 세포가 "성장을 멈추고 적절한 시간에 분열하는" 것으로 끝나는 왓슨의 생물학적 신비에 관한 긴 목록을 훑어보는 것이 독자들에게 큰 도움이 될 것이다. 앞의 책, pp. 185, 442 등.

우리는 집짓기와 똑같은 방식으로 살아 있는 세포를 조립할 수 없기 때문에, 기존 세포를 원하는 대로 '개조하는' 방향으로 생각을 바꾸어야만 했다. 화학 반응에 대한 대용품으로 고안된 이 방법은, 셀 수 없이 많은 당구공이 몰려 있는 곳에 당구공 무더기를 쏘아대면서 그들의 충돌 반응으로 몇몇 의도한 형태가 나타나기를 바라는 것이나 마찬가지이다. 이 비유는 빛이나 돌연변이 유도제의 사용뿐만 아니라 최근의 연유술(鍊遺術, algeny)에도 적용된다.[24] 연유술은 레더버그가 만든 용어로 유전학적 **연금술**(genetic alchemy)의 준말이다. 이 새로운 기술은 변환, 형질 도입, 결합으로 구성된다.[25] 치명적이거나 원하지 않는 돌연변이의 확률이 매우 높고, 형질 도입에서처럼 일부 공들이 바이러스에 실려 전달되더라도, 명중 확률이 매우 낮은 이유를 이 비유에서 명확하게 볼 수 있다. 이런 낮은 효율 때문에, 연유술은 제한된 응용 영역에만 적용된다.[26] 그리고 거대분자의 특성에 내재한 어려움이라는 측면

---

23 예컨대, E. L. Tatum, "Perspectives from Physiological Genetics," p.28과 특히 Sonneborn, "Discussion-Part III" p.126. 두 문헌 모두 *Control of Human Heredity*에 실려 있다.

24 Joshua Lederberg, "Experimental Genetics and Human Evolution," *American Naturalist*, *100*(1966) 521.

25 형질 변환은 세포핵의 DNA 사슬을 제거하고 동등한 DNA 사슬로 교환하는 데 사용되는 과정이다. 형질 도입에서는 바이러스가 세포핵 내에서 사슬의 운반체로 사용된다. 세포 접합은 세포 교배와 유사한 과정에 해당한다. Morgan Harris, *Cell Culture and Somatic Variation*(New York, 1964), pp.84~85; Watson, pp.215~228; Darlington, *Genetics and Man*, pp.174~176을 보라.

26 생물학적 지식을 농업에 실제 응용하는 것에 대한 나의 평가와 연관하여(10장 3절), 식물에서 간혹 일어나는 바람직한 돌연변이는 빛이나 화학적 돌연변이 유도제로 얻어졌다고 부언해야만 한다. 하지만 이제까지 농업에서 일어난 대부분의 발전은 잡종에서 나타나는 '우연'의 결과였으며, 가장 유명한 예인 잡종 옥수수 역시 예외가 아니다. 흥미로운 총설로 Paul Mangelsdorf, "Genetics, Agriculture, and the World Food Problem," *Proceedings of the American Philosophical Society*, *109*(1965) 242~248이 있다.

에서 보면, 이 효율이 가까운 혹은 먼 미래에 크게 개선되기는 힘들어 보인다. 엄청나게 많은 세포들 중 몇 개가 아닌 단 하나의 세포만이 우리가 원하는 대로 정확하게 개조될 만큼 이 효율을 완벽하게 향상시킬 수는 더더욱 없다. 이 점은 이런 기술 없이는 생명공학이 실용적인 가치를 거의 가질 수 없기 때문에 중요하다. 또한 이 점은 유전학의 황금시대를 주창하는 이들이 주목하지 않는 또 다른 강력한 걸림돌이 된다.

논의의 전개를 위해, 단일 세포를 미리 선택한 형태로 개조하는 방법을 알았다고 가정해보자. 세포든 건물이든, 구조만 개조하려 하더라도 완전한 청사진이 분명히 필요하다. 또한 이는 앞에서 언급한 것처럼 어려운 일이지만, 이것도 해결되었다고 가정해보자. 그래도 분자생물학자들이 놓치기 쉬운 또 다른 어려움이 남아 있다. 분자생물학자는 거의 전적으로 다량의 박테리오파지와 박테리아를 연구하기 때문에 자신의 입장을 화학자와 동일시하는 경향이 있다. 실제로, 분자생물학자가 박테리아 한 개에서 배양한 군체 중 박테리아 하나의 구조를 해석하면, 그는 실질적으로 그 군체에서 배양된 다른 박테리아들도 똑같은 구조를 가질 것이라고 확신한다.[27] 알다시피 돌연변이의 가능성이 매우 낮기 때문이다.

고등동물의, 특히 인간의 난자를 개조하려는 경우 문제는 근본적으로 달라진다. (성별을 제외하면) 유전적으로 일치하는 완전히 동형 접합체 부모라는 부적절한 경우를 별개로 하면, 양성생식으로 번식하는 모든 종의 수정란은 그 복제를 얻기가 절대적으로 불가능하다는 의미에서 유일한 존재이다.[28] 생식

---

27 더 말할 필요도 없이, 똑같은 내용이 무성생식으로 번식된 동물의 난자에 적용된다. 또한 나는 군체의 구조를 결정하기 위해서 실제로 상당히 많은 수의 개체를 희생해야 한다는 것을 지적하고자 한다.

28 이는 단지 **귀류법**[간접 증명. 명제가 참이라는 것을 보이기 위해 그 결론을 부정하여 가정 혹은 공리가 모순이라는 것을 보여 간접적으로 증명하는 방법 — 옮긴이]에 따른 주장이기 때문에, 완전히 동형 집합체라면 고등동물일수록 생명력이 없다는 사실을

세포도, 즉 난자나 정자도 마찬가지이다. 우리가 유일한 세포를 분석하는 데 그 세포를 사용하면, 개조할 세포는 없기 때문에 이 난관은 해결 불가능하다.

5.

우생공학을 가로막는 넘을 수 없는 장벽은 거의 모든 방향에서 나타난다. 예컨대 세포나 어떤 화합물의 화학적 구조를 바꾸려 한다면, 이는 구조 자체가 아니라 질적인 기능 때문이라는 것을 알아야 한다. 결과적으로, 유전공학이 실질적인 현실이 되려면, 세포 C_1을 C_2로 바꾸는 방법뿐만 아니라 모든 세포 구조와 연관된 질적인 특성들도 알아야 한다. 달리 말하면, 우리가 개조하려는 모든 종의 동물, 식물, 박테리아에 대하여 유전자형과 표현형 사이의 완전한 관계를 알아야만 한다.

이제 거의 모든 분자생물학자들은 특성들이 단지 예외적으로만 잘 정의된 화학 반응들과 관련되어 있다는 것을 솔직히 받아들이고 있다. 또한 일부 학자들은 거의 모든 특성들이 '너무도 복잡하여',[29] 표현형을 완전하게 설명하는 것만도 불가능한 작업이라고 생각한다. 게다가 (내가 5장 1절에서 설명한) 화학자의 어려움이 분자유전학자의 경우에는 더욱 가중된다. 대부분의 경우 그 질(質)들을 알려면 먼저 화학적 구조를 관찰해야 하기 때문에, 분자유전학자는 모든 가능한 유전자형의 표현형을 관찰하고 설명해야 한다. 언제나처럼, 조금만 계산해보면 이 선행조건을 만족시키기가 불가능하다는 것을 알 수 있다.

먼저 DNA의 몇 가지 성질을 상기할 필요가 있다. 알다시피, 크릭과 왓슨은 각 뉴클레오타이드[DNA의 구성 단위—옮긴이]가 네 가지 유기 염기, 아데

무시하고 있다. 동형 접합체 상태에는 항상 치명적인 유전자들이 존재한다.

29 Watson, p. 420.

닌(A), 시토신(C), 구아닌(G), 티민(T) 중 하나와 결합되어 있으며, A는 항상 T와, C는 항상 G와 쌍을 이루고 있다는 것을 발견하였다.[30] 또한 샤가프는 더 오래되고 더 중요한 사실을, 즉 모든 개체의 DNA에서 (A, T) 쌍, 따라서 (C, G) 쌍의 비율은 똑같다는 것을 발견하였다.[31] 마지막으로, 이중나선의 두 가닥은 서로 교환 가능하지 않기 때문에 한 쌍의 위치만 서로 바꿔도 다른 DNA가 된다는 것을 고려해야 한다.[32]

어떤 종의 DNA에서 뉴클레오타이드 쌍의 전체 수를 N이라고 하고, (A, T), (C, G) 쌍의 비율을 $f_1, f_2 (f_1 + f_2 = 1)$이라고 하자. 이 종의 생존 가능성과 무관하게 가능한 유전자형의 전체 수는 다음과 같다.

$$(1) \qquad \Gamma = \frac{N!}{N_1!\,N_2!} 2^N$$

여기서 $N_i = f_i N$이다.

여기서 볼츠만의 H-공식, 유사(類似) 엔트로피가 다시 나타난다! N이 아주 큰 수일 때, 10을 밑으로 하는 로그를 사용하면 (1)은 다음과 같다.[33]

$$(2) \qquad \Gamma \approx 10^{N(\log 2 - H_{10})}$$

---

30 Watson, p. 261.

31 Erwin Chargaff, "Chemical Specificity of Nucleic Acids and Mechanism of their Enzymatic Degradation," *Experientia*, *6*(1950) 201~209; Chargaff, "Isolation and Composition of Deoxypentose Nucleic Acids and of the Corresponding Nucleoproteins," in *The Nucleic Acids*, eds. E. Chargaff and J. N. Davidson(3 vols., New York 1955~1960), I, 350~360. 또한 Watson, pp. 265 f.

32 Chargaff, "What Really is DNA?" p. 319.

33 여기서 한 가지 세부적인 내용이 잘 표시되어야 한다. 스털링 공식의 로그 형태, $\log n! \approx n \log(n/e) + (1/2) \log(2\pi n)$에서, 마지막 항은 n이 매우 클 때 무시할 수 있다. 5장의 식 (4)와 부록 B의 식 (38)에서 이 항을 무시하였다. $\log \Gamma$가 아닌 Γ에 주로 관심이 있지만, 그 크기에만 관심이 있으므로 여기서는 계속 이 항을 무시할 수 있다.

2를 밑으로 하는 로그를 사용하면 다음과 같다[$H = \Sigma f_i \log f_i$이며, 로그의 밑이 (2)에서는 10, 아래 (3)에서는 2이다 — 옮긴이].

$$\Gamma \approx 2^{N(1-H_2)} \tag{3}$$

인간의 경우 N은 대략 3×10^9임을 상기해보자. 그리고 샤가프의 결과에 따르면,[34] $f_1 = 0.605$이다. 따라서 (3)에 따르면, 인간의 유전자는 10^{10}비트의 정보 용량을 갖는다. 이 숫자는 또한 나, 독자, 그리고 모든 인간의 DNA에 포함된 (위너의 의미에서[35]) 정보의 양을 나타낸다.

(2)로부터 인간 유전자형과 표현형 사이의 관계를 더 직접적으로 파악할 수 있는데, 이는 $\Gamma \approx 10^{2\times10^9}$으로, 볼츠만이 실질적인 무한대라고 생각했던 마법의 수 $10^{10^{10}}$과 거의 같다.[36] 사실 Γ에 포함된 DNA 중 얼마나 많은 것이 생존 가능한지 알지 못한다(앞으로도 절대 알지 못할 것이다).[37] 그러나 Γ의 엄청난 크기를 감안하면, 생존 가능한 것의 수는 우주에 존재하는 모든 양성자의 수(에딩턴의 추측에 의하면 10^{79})보다 더 많을 것이다. 또한 뉴클레오타이드

34 Chargaff, "Isolation and Composition," p.353.

35 앞의 부록 B의 공식 (18)을 보라.

36 앞의 부록 F의 각주 12.

37 인간 DNA 복합체에 대한 지식의 부족은 몇몇 사람들이 우생학의, 심지어 인간개조 공학의 임박한 가능성에서 드러낸 자신감과 분명한 대조를 이루는 또 다른 요소이다. 인간 염색체의 수가 오랫동안 믿었던 48이 아닌 46임을 알아낸 것은 겨우 몇 년 전이다. J. H. Tjio and A. Levan, "The Chromosome Number of Man," *Hereditas*, *42* (1956), 1~6. 인간 유전자는 작게는 5만에서 많게는 100만이라는 추측이 있을 뿐이다. 이 중에서 약 100개만 확인되었으며, 단지 몇 개의 위치만 피상적으로 결정되었다[2003년 인간유전체 프로젝트가 끝난 후 인간 유전자는 약 5만 4000개 정도로 밝혀졌는데, 이는 초파리 유전자의 세 배 정도이며, 인체에 있는 10만 종류 이상의 단백질에 비해 상당히 적다. 단백질 종류가 유전자 수보다 훨씬 많은 상황은 아직 정확하게 이해되고 있지 못하다 — 옮긴이]. G. Pontecorvo, "Prospects for Genetic Analysis in Man," *Control of Human Heredity*, ed. Sonneborn, p.89를 보라.

한 쌍의 분자량이 660달톤 정도이기 때문에, 인간 DNA의 분자량은 2×10^{12}으로, 즉 앞의 3절에서 언급된 초우주적 상자에 존재하는 단백질의 분자량보다 10^8배 크다[이 문단의 수치들은 인간의 정확한 염기쌍 수에 따라 보정한 값들이다—옮긴이]. 이 분자량은 너무나 커서 생존 가능한 것만 상자에 넣더라도, 그 상자 역시 초우주적 크기일 것이다.

다른 한편으로 매우 놀랍게도, 현재 세계 인구의 모든 DNA는 작은 골무에 쉽게 저장될 수도 있을 것이다! 만약 생물학자가 현재 살아 있는 모든 사람을 유전학적으로 분석하고 표현형으로 설명하는 불가능한 일을 이룩한다고 해도, 그 표본은 이제까지 살았던 모든 인류의 모집단에 비해 비례적으로 지구 모든 대양에서 물방울 하나를 취한 것보다 훨씬 작을 것이다. 이런 표본은 그 엄청난 절대량에도 불구하고, 질적인 변수(표현형)의 관계에 관한 어떤 실질적인 내용을 추정하는 데에도 형편없이 불충분할 것이다.

많은 인간을 유전학적으로 분석하겠다는 생각은 더 기본적인 어려움에 부딪히는데, 모든 사람을 분석할 수 있는 의료원을 필요로 하는 우생학적 계획들은 불가사의하게도 이를 무시한다. DNA 단 한 가닥에 들어 있는 뉴클레오타이드의 순서를 A, T, G, C 첫 글자로 그저 인쇄하는 데만 지금 읽고 있는 이 책과 똑같은 크기의 책 약 6000권이 필요하다. 믿기지 않겠지만, 한 사람의 완전한 신분증은 작은 도서관이며, 더구나 거기에는 단 하나의 오자도 있어서는 안 된다! 따라서 유전학적 진료에 관한 아이디어를 선전하기 전에, 이 일을 하는 데 얼마나 많은 인쇄소와 완벽한 교정관이 필요할지, 또 이 상황에서 세계는 다른 출판 활동을 할 수 있을지 잠시 생각해보아야 한다. 글래스(B. Glass)가 판단하였듯이, 유전학 진료의 전망을 표현하는 데 적절한 단어는 확실히 '악몽'이다.[38]

---

38 Bentley Glass, "Summary and Concluding Remarks," *Cold Spring Harbor Symposia on Quantitative Biology*, *29*(1964) 478. 내가 특별한 어려움, 즉 손상되지 않은 염색

나는 어떤 것도 실질적인 분석과학으로서 생물공학의 문제를 이보다 극적으로 보일 수 없다고 생각한다. 한 끝에는 개인적으로 고유한 천문학적 수의 표현형 지도를 가진 천문학적 수의 DNA가 존재하며, 다른 끝에는 제거, 치환, 이동시켜야 하는 거대한 복합체의 성분들이 만드는 극미세 차원이 존재한다.[39]

6.

다른 어떤 자연과학 분야보다도 생물학에서, 대다수의 실용 가치가 있는 많은 발견들이 직관적이지만 반(半)맹목적인 탐구의 산물이라는 사실은 이제까지 나의 논의와 대치된다고 말할 수도 있다. 이미 내가 언급한 것처럼, 이러한 입장에서 보면, 인류를 위한 인간개조학과 우생학의 황금시대는 실험실에서의 운 좋은 발견들을 통해서만 이루어진다. 따라서 앞 절에서 논의된 종류의 완전한 관계에 관한 지식이 실용적인 성공을 위해 꼭 필요한 선행조건은 아니다. 그렇지만 이런 입장이 시간이 흐르면 언젠가는 돌파구가 생길 수도 있다는 손쉬운 주장에만 의존하는 것은 아니다.[40] 일반적으로, 돌파구는 경

체의 분리 방법, 작은 DNA 분자의 서열 결정 방법 등등에 관하여 현재 아무것도 모른다는 것을 굳이 언급할 필요는 없다[21세기 초반인 현재 이들 문제는 완전히 해결되었다 — 옮긴이]. Chargaff, "What Really is DNA?" pp.327~329 참조; H. J. Muller, "Means and Aims in Human Genetic Betterment," in *Control of Human Heredity*, p.107.

39 현재 컴퓨터 관련 기술의 발전으로 정보 저장 문제는 해결되었지만, 분류와 해석의 문제는 여전히 남아 있다. 이를 위해 생물정보학이라는 분야가 만들어졌지만 아직은 제한된 분야에서만 활용되고 있다 — 옮긴이.

40 예컨대 Tatum, "Perspectives," p.34과 Robert DeMars in "Investigations in Human Genetics with Cultivated Human Cells: A Summary of Present Knowledge," in *Control of Human Heredity*, p.77에 이 점이 나와 있다.

험적으로 정립된 사실들로부터 마련되어, 분자생물학의 여러 실행 가능한 원리들을 만들어내기도 한다. 그러나 무엇보다도 우리의 관심을 끄는 것은 이런 (최소한 모든 매우 중요한) 확장들은 다른 자연과학 분야에서 경험하였던 확장들과는 그 성질이 똑같지 않다는 사실이다. 후자는 대개 양적인 확장이다. 전자는 박테리오파지에서 포유류에 이르는 모든 것을 포함할 만큼 넓은 질적인 범위에 걸쳐 있다. 단지 이 이유 때문에, 우리는 생물학적 확장이 매우 기본적인 검증만 해봐도 대개 실패로 드러날 것이라 예상하며, 그리고 대부분 그렇다.

우리는 미생물이, 특히 박테리오파지가 분자생물학자와 화학생물학자가 선호하는 연구대상인 이유를 쉽게 이해할 수 있다. 박테리아와 바이러스는 값싸며, 무엇보다도, 단 몇 분 만에 다음 세대를 만든다. 그렇지만 이 편리함에는 대가가 따른다. 소수의 예외를 제외하면, 분자생물학자들은 직업병처럼, 소위 박테리아 고정 관념을, 즉 "미생물의 유전 물질을 조작하거나 조절할 때 얻어진 모든 성공적인 결과는 궁극적으로 인간을 포함한 다세포 생물에도 적용할 수 있다"[41]는 독단을 갖게 된다. 이 예단을 정당화하기 위해서는 세포 생화학이 두 경우 모두에서 똑같은 법칙을 따라야만 한다는 단순한 소견 이상의 더 많은, 극도로 많은 지식이 필요하다. 관련 구조들이 박테리아와 인간처럼 현저하게 다르면, 원리가 같다고 해서 동등한 결과가 반드시 보장되지 않는다. 고등생물의 세포에는 단순한 한 쌍이 아닌 두 쌍의 염색체가 있기 때문에 박테리아보다 훨씬 복잡하다. 많은 차이점들 중에는 이 두 종류의 세포에 존재하는 세포막과 핵막의 차이도 있다.

그러나 가장 중요한 차이는 박테리아나 박테리오파지의 군체가 다세포 생

---

41 Tatum, "Perspectives," p. 22. 그러나 테이텀은 대다수의 뛰어난 동료들과 마찬가지로, 얼마 되지 않아 모든 "미생물 유전공학 기술들에 인간과 같은 고등생물의 예외적인 상황 너머로 우생학적 응용 가능성을 담보할 수 있는 충분한 효율과 전문성이 있는지" 의구심을 갖게 되었다. 앞의 책, p. 28.

물의 체세포와 달리 균일한 덩어리에 해당한다는 사실에 뿌리를 두고 있다. 박테리아와 박테리오파지는 자신을 끊임없이, 대부분의 시간 동안 똑같이 복제하기만 한다. 반면에 고등생물의 수정란은 그 범주가 질적으로 다른, 엄청난 수의 새로운 세포들을 만든다. 이 세포들 중 어떤 것도 수정란과 같지 않으며, 비슷하지조차 않다.

다세포 생물로부터 떼어낸 체세포는 성장에 적절한 조건이 주어지면, 분열하여 군체를 이룬다. 그러나 이 경우에도 그 과정은 박테리아와 똑같지 않다. 많은 전문가들이 강조하듯이, 모든 세포 배양은 궁극적으로 정상세포보다는 암세포에 가까운 퇴화된 세포의 군체로 귀결된다.[42]

박테리아가 박테리오파지와 접촉하게 되면, 우리는 무슨 일이 일어날지 알고 있다. 예컨대 파지는 박테리아 세포로 뚫고 들어가, 상황에 따라 세포를 파괴하든지 내부와 통합될 것이다. 그러나 바이러스가 인체에 들어오면, 아무도 어떤 세포가 영향을 받을지, 인체 자체에 무슨 일이 생길지 정확하게 예측할 수 없다. 이는 잘못된 유전자를 연유술적으로 치환하여 당뇨병이나 다른 유전적 결함을 치료할 수 있다는 많은 생물학자들의 생각과 관련하여 매우 중요한 점이다. 추측건대 그런 생각에 따르면, 생명체의 모든 세포에서 잘못된 유전자를 바꿔야 할 것이다. 하지만 어느 누구도 그런 엄청난 작업을 수행할 방법을 제안조차 하지 않았다. 인체에는 체세포가 10^{13}~10^{14}개 있다!

이상에서 설명한 이유들과 또 다른 좀 더 전문적인 이유들 때문에 많은 생물학자들은 미생물 시스템이나 세포배양을 단지 유용한 모형으로, 즉 미래를 위한 '기법을 배우고 기술을 발전시킬 도구'[43]로 여겨야 한다고 주장한다. 그

---

42 Harris, *Cell Culture*, pp.162~169, 176; Alex Comfort, "Longevity of Man and his Tissue," in *Man and His Future*, p.225; G. Klein, "Discussion-Part II," in *Control of Human Heredity*, p.93. 이 사실은 레더버그가 그다운 드높은 희망의 부분적 토대로 삼은 또 다른 확장에 커다란 의문을 제기한다. 그의 "Biological Future of Man," in *Man and His Future*, ed. Wolstenholme, p.265을 보라.

리고 바로 이 생물학자들은 단세포 구조에서 타당한 연유술 조치들을 다세포 생물로 확장할 때 생기는 잘못된 희망에 대하여 이구동성으로 경고한다. 왓슨은 "과거의 성공 때문에 박테리아를 사용하여 분자 수준에서 이룩한 업적들이 자동적으로 [지극히 복잡한 대상인] 고등동식물의 세포로 확장될 수 있다는 무비판적인 주장에 홀려서는 안 된다"[44]고 경고한다. 그러나 아마도 핵심적인 난관을 폭로하는 가장 간단하고 직접적인 말은 클라인의 결론적인 단언이다. "인간 세포가… 미생물처럼 행동할 때, 그것은 더는 인간 세포가 아니며, 인간은 더더욱 아니다."[45]

7.

앞의 9장 5절에 언급된 것처럼, 브리그스와 킹이 양서류를 대상으로 시작한 실험은 인간복제가 임박한 생물학적 대걸작이라는 주장의 기초가 되었다. 이 확장은 미생물에서 인간으로의 확장보다는 훨씬 온당하지만, 다른 모든 과장된 인간개조학적 혹은 우생학적 환상의 경우와 마찬가지로, 수많은 원리와 사실의 혼란에 기초하고 있다.

인간뿐만 아니라 유성생식으로 번식하는 모든 종의 복제 가능성에 필수적인 이론적 기초가 되는 두 개 원리를 처음부터 명심해야 한다. ① **염색체 충분** 원리에 따르면, 생명체의 발생과 기능에 필요한 모든 정보가 수정란의 염색체 DNA에 포함되어 있다. ② **염색체 일치** 원리에 따르면, 모든 체세포의 염색체는 그 생명체가 발생한 수정란과 일치한다.[46]

---

43 G. Pontecorvo, "Discussion-Part II," *Man and His Future*, p.96.

44 Watson, p.414. 많은 다른 학자들은 비슷하지만 더 강력한 경고를 한다. 예컨대 Luria, "Directed Genetic Change," pp.14~16; R. D. Hotchkiss, G. Klein, "Discussion-Part I," in *Man and His Future*, pp.41~44; Pontecorvo, "Perspectives," p.89.

45 Klein, "Discussion-Part II," in *Man and His Future*, p.92.

인위적인 복제 가능성을 암시하는 사실들은 생명체가 수정란뿐만 아니라 아주 초기 단계 배아에서 온 체세포에서도 발생할 수 있다는 것을 보여준 드리슈의 유명한 실험(1891)들로 거슬러 올라간다.[47] 브리그스와 킹의 성과는 똑같은 방향에서 이루어진 새로운 진척에 해당한다. 그들은 핵을 제거한 난자에 체세포 핵이 이식되었을 때 체세포의 핵이 후기 발생 단계에서도 발생을 유도할 수 있다는 것을 보였다. 그러나 그들은 마찬가지로 중요한 사실도, 즉 체세포 핵을 얻은 단계가 더 진행된 단계일수록 조작된 난자가 어떤 단계를 넘어서까지 발생할 확률이 더 작아진다는 사실도 보여주었다. 달리 말하면, 발생 단계가 진행됨에 따라 체세포의 핵은 발생을 유도할 힘을 점진적으로 잃어버린다. 너무 진행된 단계라면, 핵은 발생을 더는 유도할 수 없다.[48]

개조된 인간의 난자가 안전하게 발생을 마치는 단계에 대한 논의는 빼더라도(거부 반응 문제를 간과해서는 안 된다), 브리그스-킹 실험은 단지 배아세포로부터의 인간복제만 정당화한다. 그렇지만 배아 수준에는 아인슈타인이나 베토벤의 재능은 없다. 최종 분석을 보면, 브리그스와 킹이 (그리고 후에 다른 사람들이) 얻은 결과들은 복제 가능성을 옹호하는 사람들의 생각과 정반대 방향을 가리킨다. 이 결과들은 복제 가능성을 지지하는 것이 아니라 그에 대한 몇 가지 중요한 걸림돌들을 보여준다. 첫째, 최소한 그 결과들은 염색체 일치

46 이 원리들에 관하여, Watson, pp. 10 f, 255, 418을 보라(염색체 일치 원리와 샤가프가 확립한 DNA 특이성을 혼동해서는 안 된다).

47 앞의 5장 1절, 특히 각주 16~18을 보라. 또한 Jacques Loeb, *The Organism as a Whole from a Physicochemical Viewpoint*(New York, 1916), chap. vi; Harris, pp. 3~5.

48 R. Briggs and T. J. King, "Changes in the Nuclei of Differentiating Gastrula Cells, as Demonstrated by Nuclear Transplantation," *Proceedings of the National Academy of Sciences, 41*(1955), 322와 "Nuclear Transplantation Studies on the Early Gastrula, *Rana pipiens*(송장개구리)," *Developmental Biology, 2*(1960), 252, 266. 또한 앞의 11장 각주 120을 보라.

원리의 타당성에 의문을 제기한다. 게다가 그 결과들은 수정란이 생명체로 발생하는 과정이 비가역적 (아니, 오히려 불가역적) 현상이라는 입장을 약화시키는 것이 아니라 강화한다. 완전히 분화된 체세포는, 예컨대 완전한 성체의 신경, 간, 골수세포는 저절로, 혹은 인간의 개입을 통해 새로운 생명체로 발생할 수 있는 수정란의 초기 상태로 돌아갈 수 없다.[49]

흥미롭게도, 염색체 일치 원리에서 꿈쩍 않는 생물학자들도 이 원리와 명백하게 모순인 이 비가역성을 받아들인다. 따라서 이 생물학자들 중 몇몇이 하나의 세포에서 생명체 전체가 발생하는 과정이 생물학자들에게 영원한 난제라고 결국 인정하더라도 놀랍지 않다.[50] 이 점에서 이들은, 분자 관점에서 볼 때 모든 조직화 수준에서의 발생이 아직도 "전반적으로 범접하기 어려운 과정"이라고 주장하였던 '전통적인' 생물학자들과 같다.[51]

발생 과정의 심각한 어려움들의 대부분은 염색체 충분 원리 및 일치 원리와 관련하여 나타난다. 이를 간단히 살펴보기 위해, C_i^k를 수정란 C_1^0가 k번 분열한 후 생긴 세포 중 하나라고 해보자. 드리슈의 발견에 따르면, C_1^1과 C_2^1가 이 단계에서 분리되면 모두 성체로 발생할 수 있다. 따라서 이들은 C_1^0와 완전히 같다. 그러나 이 경우 분리되지 않고 남은 똑같은 세포들이 하나의 성체로 발생하는 이유는 무엇인가? 또한 $C_1^0 \equiv C_1^1 \equiv C_2^1$이라면, 귀납법에 따라 임의의 i, k에 대하여 $C_1^0 \equiv C_i^k$이어야 한다. 즉, 박테리아의 경우처럼 발생은 없고 성장만 있어야 한다. 반면에, 발생이 어떤 분열 이후에만 시작한다는 아이디어를 받아들이면, 물리-화학적 관점에서 정당화하기 힘든 질적 비약이 생긴다. 아마도 수정란 내부에 어떤 종류의 시간-메커니즘이 있다고 가정해야 할 것이다. 그러나 그런 경우 어떻게 발생과 염색체 일치 원리를 조화

49 참고 문헌으로 앞의 11장 각주 125를 보라.

50 Watson, p. 416.

51 Darlington, p. 162.

시킬 수 있는가?

염색체 일치 원리를 지키기 위해, 모든 유전자가 항상 활동하지는 않는다는 제안이 나왔다. 이 아이디어는 후에 매우 복잡한 '억제체(repressor)'와 '유도체(inducer)' 시스템에 이르게 되었다. 그러나 이 억제-활성화 시스템에 관한 모든 근거 또한 박테리오파지나 박테리아에서 나온 것이다.[52] 게다가, 미생물의 경우에도 이 시스템이 거동의 차이를 설명하는 데 충분하다고 주장할 사람은 없어 보인다. 무엇보다도, 억제체-활성체(derepressor) 때문에 간세포가 신경세포와는 다른 단백질을 합성한다는 것을 보여주는 증거는 전혀 없다. 아마도 몇몇 생물학자들의 주장처럼, 억제된 유전자는 '아예 존재하지 않을지도' 모른다[억제체-유도체는 모든 고등동물에서도 확인되었다—옮긴이]. 그리고 그들은 염색체 일치 원리에 대한 아무런 증거가 없다고 올바르게 주장하기도 한다.[53]

이 (억제체-활성체 시스템으로 수정된) 원리에 대한 간접적인 방어 논리는 체세포 발생의 "화학적 세부 내용 **전체를 아무도** 알아낼 수 없을 것이며", 우리는 여전히 "**온전한 생명체 바깥에서 분열을 연구**"할 수 없다는 것이다.[54] 이런 식으로, 우리는 생명체 발생이 개별 세포의 생물학으로 환원될 수 없다는 진실을 은폐하는 데만 성공하였다. 발생은 수정란 그리고 나중에는 모든 체

---

52 이 시스템과 체세포 분열 문제에 관하여 Watson, chaps. 14, 15을 보라. 최근에는 (박테리아와 박테리오파지에 관한) 증거들이 몇몇 '억제체'의 성공적인 분리로 축적되었다. 예컨대 W. Gilbert and B. Müller-Hill, "Isolation of the Lac Repressor," *Proceedings of the National Academy of Sciences*, *56*(1966) 1891~1898 같은 저자들의 "The Lac Operator Is DNA," 앞의 학술지, *58*(1967) 2415~2421[Lac=락토스 오페론(lactose operon), 락토스 분해와 관련된 효소들을 만드는 유전자군—옮긴이].

53 Klein(각주 42에 인용), p.94. 이 의문과 관련하여, 암컷의 세포들은 유전학적으로 일치하지 않는다는, 즉 어떤 세포의 두 X 염색체와 다른 세포들의 두 X 염색체 사이에는 뚜렷한 차이가 있다는 최근 정립된 사실을 주목할 수도 있다. Watson, p.419.

54 Watson, pp.418, 438.

세포의 (염색체 DNA뿐만 아니라) 모든 부분을 포함하는 과정이다. 내 생각에 이 결론은 종합적인 판단이며, 여기에는 아무런 증명이 필요 없다. 극단적인 기계론적 철학만이 사람들이 이 판단을 거부하도록 만들 수 있었다. 그래서 이제 사람들은 그 타당성에 대한 모든 실험적 증명이 그 특정한 의미가 정당화하였을 내용보다 훨씬 가치 있다고 생각하고 있다.[55]

브리그스-킹 결과와 연관하여 염색체 충분 원리 역시 까다로운 문제를 제기한다. 세포질이 발생에서 뚜렷한 역할을 전혀 하지 않는다면, 체세포 핵이 난자의 세포질 내에 이식될 때만 발생을 유도하는 이유는 무엇인가? 내가 아는 범위에서, 어떤 생물학자도 이 질문을 제기한 적은 없다. 내 생각에, 그 설명은 아주 단순하지만 꽤나 의미심장하다.

현대 생물학자들은 간단한 멘델 모형에 따른 조합 계산에, 그리고 더 최근에 유전 부호와 코돈(codon)[각 아미노산과 연관된 세 개의 DNA 염기 서열—옮긴이]에 매료되어 있지만, 아무도 완두꽃의 색이 분홍인 '원인'보다 완두가 꽃을 만드는 '원인'을 아는 것이 훨씬 중요하다는 것을 깨닫지 못한 듯하다.[56] 생

---

55 이는 세포 상호 작용에 관한 몇 가지 증명이 그 자체로 아주 놀랍지 않다는 것을 의미하지 않는다. 이런 증명으로, 예컨대 W. R. Loewenstein, "Communication through Cell Junctions: Implications in Growth Control and Differentiation," *Developmental Biology*, 1968, Suppl. 2, pp. 151~183를 보라.

56 단순한 멘델 모형에서는 각 특징에 다른 특징들과는 무관하게 한 쌍의 대립 형질에 의해 조절되는 단지 두 가지 형태만, 예컨대 붉은색과 흰색만 있다고 가정한다. 그렇지만 거의 항상, 하나의 유전자가 여러 특성을 조절하며(유전자 다발현상), 또한 하나의 특성은 여러 유전자에 의해 조절된다(다원 유전자). 게다가 다원 유전자의 작동 방식은 아직도 커다란 불가사의로, 이 사실은 실용적인 우생학을 강력하게 제한한다. P. B. Medawar, *The Future of Man*(New York, 1960), pp. 54 f; Theodosius Dobzhansky, "Human Genetics: An Outsider's View," *Cold Spring Harbor Symposia on Quantitative Biology*, *29*(1964) 3을 참조하라. 이 점은 단 하나의 유전자가 선천적인 결함의 원인이라는 아이디어에 기초하는, 앞에 언급된 인간개조학과 관계가 있다.

물학자들이 하나둘씩 말로는 관념주의를 거부한다고 하면서, 물질 없는 형태에서만, 즉 특성의 결정인자에 대해서만 논의하는 것은 참 흥미로운 일이다. 생물학을 분자 현상으로 환원하지 않으려는 생물학자들조차도 우리가 타고난 것은 단지 이런저런 특징을 발현할 가능성뿐이라고 가르친다.[57] 이런 식으로, 흰쥐의 수정란이 흰 토끼가, 심지어 흰 곰이 되지 않는 이유가 무엇인가라는 아주 기본적인 질문이 묻혀버린다. 특징뿐만 아니라 물질적인 본체에 관하여 말하려면, 유전과 체세포의 발생 모두에서 세포질 역시 일정한 역할을 한다고 인정해야 한다. 이 역할은 이제 더는 의심의 대상이 아니지만, 멘델 모형에는 맞지 않는다는 것이 중요하다.[58] 달링턴은 세포질 유전자들이 (잘 알려지지 않은 세포질 결정인자들이) '세포의 진짜 생명'[59]이라는 바로 그 까닭에 우리가 이를 이해하지 못한다는 논평으로, DNA-생물학의 약점을 지적하였다.

이 모든 것은 염색체 충분 원리도 폐기해야 한다고 말하고 있다. 그러나 이 경우 브리그스-킹의 이식으로 발생된 개체들이 핵을 제공한 개체의 실제 복제인지, 즉 똑같은 쌍둥이 형제들인지 논리적으로 생각해보아야 한다. 이들 특징의 일부는 난자 제공자에게서 나올 수 있다. 이는 어떤 생물학자들도 제기하지 않은 중요한 문제이다. 그러나 누구에게도 잘못은 없다. 살아 있는 상태가 드러내는 무한히 많은 질(質)과 형태 때문에 생물학에는 항상 우리를 괴롭히는 유별나게 많은 문제들이 있다. 우리는 필연적으로 이들 중 많은 문제

57 예컨대 C. H. Waddington, *Nature of Life*, p. 29.

58 유전에서 세포질의 활동 요소인 세포질 유전자들의 역할에 관하여 전문 서적을, 예컨대 Harris, pp. 2, 95~113을 대개 참조하였다. 덜 전문적인 내용으로는 Darlington, pp. 146~149, 157~163을 보라. 나는 브리그스-킹 결과를 통해 발생에서 세포질의 역할이 증명되었다고 믿는다[간단히 말하면, 유전 물질인 DNA는 고등 생물의 세포핵 이외에 세포질에도 다수 존재한다 — 옮긴이].

59 Darlington, p. 153.

들을, 아마도 지금 우리가 무척 해결하고자 노력하고 있는 문제보다 훨씬 더 많은 문제들을 언제나 간과할 수밖에 없다. 이 부록에서 내가 설명하려 하였듯이, 전체 상황은 초우주적 차원으로 뻗어 있지만 명확한 윤곽은 너무나 불충분하다. 이 두 특징은 동전의 양면이다.

찾아보기

숫자

알파벳

ㄱ

ㄴ

ㄷ

ㅂ

ㅅ

ㅇ

ㅈ

ㅊ

ㅋ

ㅌ

지은이

_ 니콜라스 게오르게스쿠-뢰겐 (Nicholas Georgescu-Roegen, 1906~1994)

루마니아 태생의 수학자·통계학자·경제학자로, 생태경제학(ecological economics)의 선구자이다. 부쿠레슈티, 파리, 런던에서 수학한 후 부쿠레슈티대학을 거쳐 미국 테네시주 벤더빌트대학에서 1976년 은퇴했다.
슘페터(Joseph Schumpeter)의 제자로도 알려져 있는데, 이 책의 내용 중 일부는 한국에 비교적 널리 알려진 리프킨(Jeremy Rifkin)의 책 『엔트로피(Entropy: A New World View)』(1980)의 여러 부분에 인용되고 있다. 게오르게스쿠-뢰겐은 그 책의 발문을 썼으며, 리프킨은 그 책을 스승인 게오르게스쿠-뢰겐에게 바친다고 책머리에 적고 있다.

옮긴이

_ 김 학 진

서울대와 일리노이대학에서 화학을 공부했으며, 스탠퍼드대학 박사후 연구원을 거쳐 충남대 화학과에 재직 중이다.

_ 유 종 일

서울대와 하버드대학에서 경제학을 공부했으며, 노트르담대학, 케임브리지대학, 리츠메이칸대학, 캘리포니아대학, 베이징대학 등에서 가르쳤고, 현재 KDI 국제정책대학원 교수로 재직 중이다.
주요 저서로 『진보경제학』, 『경제 119』, 『위기의 경제』, 『한국경제 새판짜기』(공저), *Democracy, Market Economics and Development*(편저) 등이 있다.

한울아카데미 1962
엔트로피와 경제
인간 활동에 관한 또 다른 시각

지 은 이 | 니콜라스 게오르게스쿠-뢰겐
옮 긴 이 | 김학진·유종일
펴 낸 이 | 김종수
펴 낸 곳 | 한울엠플러스(주)
편집책임 | 배유진

초판 1쇄 인쇄 | 2017년 2월 20일
초판 1쇄 발행 | 2017년 3월 6일

주소 | 10881 경기도 파주시 광인사길 153 한울시소빌딩 3층
전화 | 031-955-0655
팩스 | 031-955-0656
홈페이지 | www.hanulmplus.kr
등록번호 | 제406-2015-000143호

Printed in Korea.
ISBN 978-89-460-5962-7 93320 (양장)
978-89-460-6291-7 93320 (학생판)

* 책값은 겉표지에 표시되어 있습니다.
* 이 책은 강의를 위한 학생판 교재를 따로 준비했습니다.
강의 교재로 사용하실 때에는 본사로 연락해주십시오.